GRUNDRISS DER GESCHICHTE

Band 1

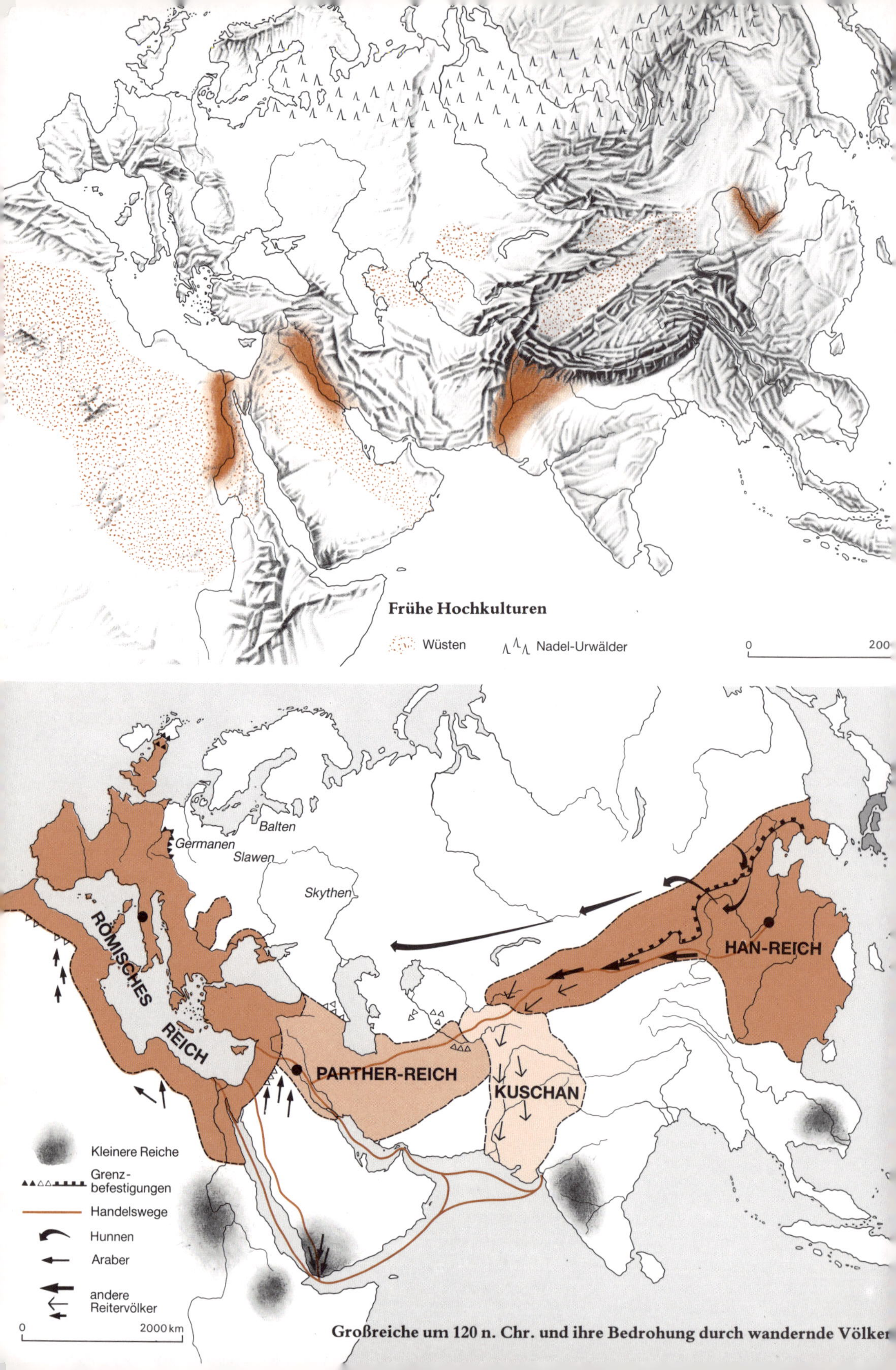
Frühe Hochkulturen
Wüsten
Nadel-Urwälder
0
200
Balten
Germanen
Slawen
Skythen
RÖMISCHES
REICH
PARTHER-REICH
KUSCHAN
HAN-REICH
Kleinere Reiche
Grenz-
befestigungen
Handelswege
Hunnen
Araber
andere
Reitervölker
0
2000 km
Großreiche um 120 n. Chr. und ihre Bedrohung durch wandernde Völker

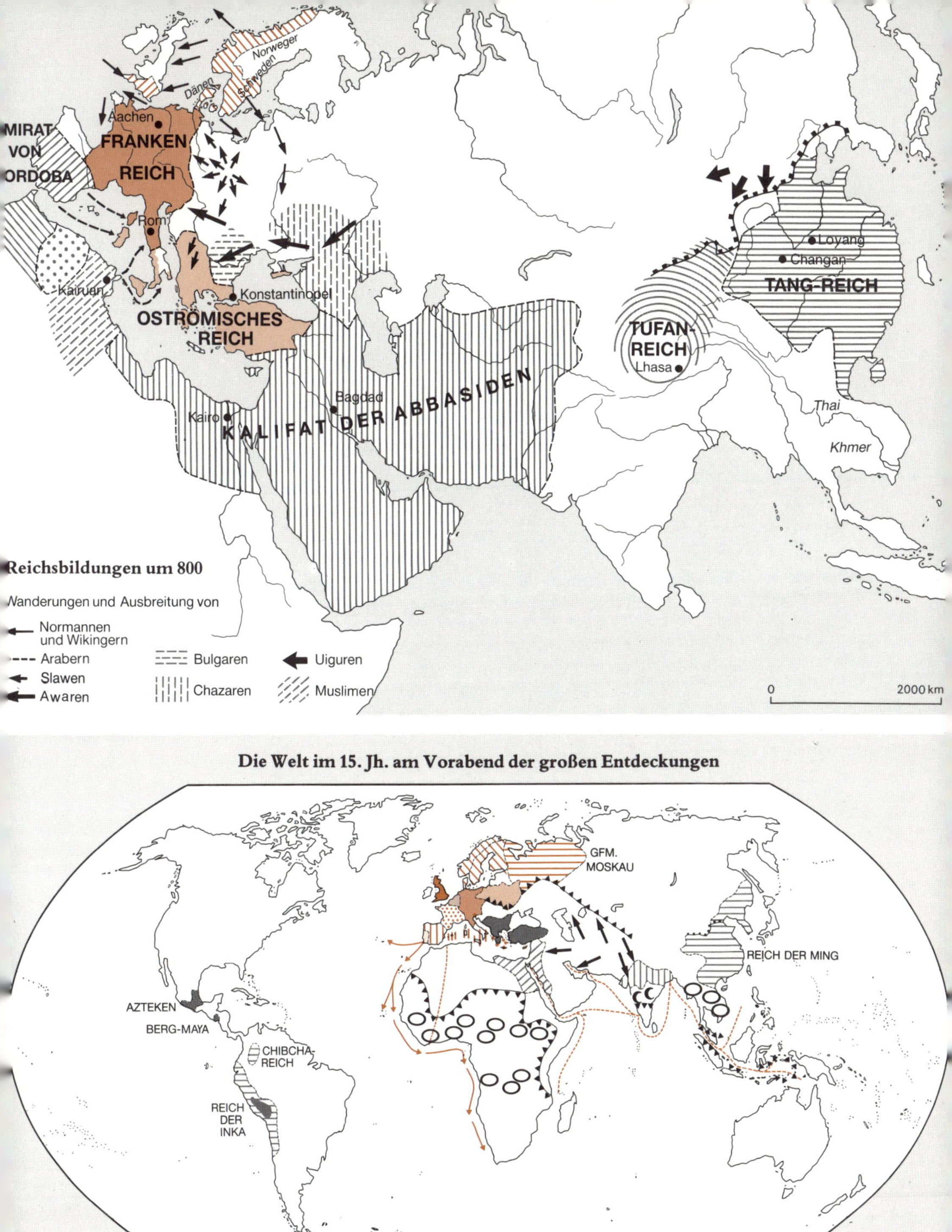

Die Welt im 15. Jh. am Vorabend der großen Entdeckungen

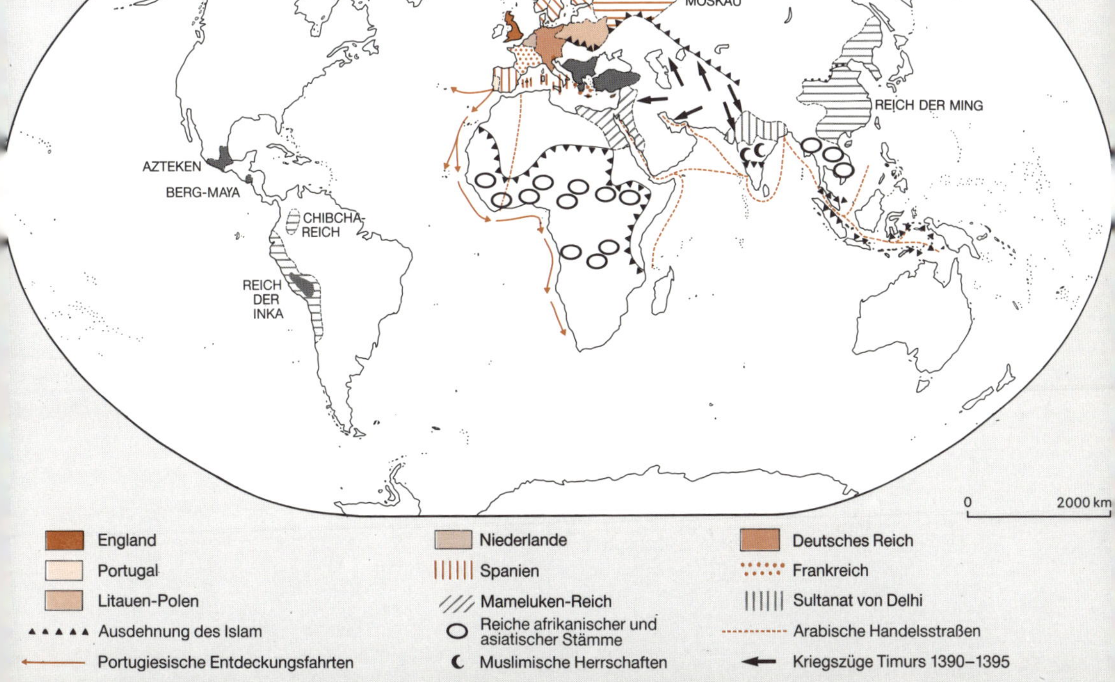

GRUNDRISS DER GESCHICHTE

Band 1

Altertum
Mittelalter
Frühe Neuzeit

Von
Volker Dotterweich
Andreas Mehl
Helmut G. Walther
Eberhardt Schwalm
Maria Würfel

Ernst Klett Schulbuchverlag
Stuttgart Düsseldorf Berlin Leipzig

Grundriß der Geschichte

Verfaßt von Prof. Dr. Peter Alter, Akad. Direktor Dr. Volker Dotterweich, Prof. Dr. Gerhard Hufnagel, Prof. Dr. Andreas Mehl, StD Dr. Eberhardt Schwalm, Prof. Dr. Bernd Sösemann, Prof. Dr. Peter Steinbach, Prof. Dr. Helmut G. Walther, Gym.-Prof. Maria Würfel

Im Rahmen der für das Werk insgesamt verantwortlichen Miturhebergemeinschaft verfaßten
Andreas Mehl: »Orientalisch-mittelmeerische Frühgeschichte und griechisch-römisches Altertum«
Helmut G. Walther: »Mittelalter«
Volker Dotterweich: »Frühe Neuzeit«
Maria Würfel: Farbtafeln. »Handreichungen für den Schüler: Zum methodischen Umgang mit dem Grundriß der Geschichte«
Eberhardt Schwalm: Karten

Reinzeichnung der Karten: Karl-F. Harig
Grafiken: Rudolf Hungreder
Einband: Manfred Muraro
Titelfoto: Sogenannter Athlet von Tralles (Kleinasien) aus Augusteischer Zeit.
(© Beny, Thames & Hudson, London)

Neue, um geschlechtergeschichtliche Kapitel, Forschungkontroversen, historisch-politische Grundbegriffe und Quellen- und Literaturnachweise erweiterte Auflage. Sie hat eine neue ISBN erhalten.

Gedruckt auf Neoprint, hergestellt von Stora Papyrus aus chlorfrei gebleichtem Zellstoff, säurefrei. Umschlag mit PP-Folie kaschiert, umweltverträglich und recycelbar.

1. Auflage 1 5 4 3 2 1 | 1996 95 94 93 92

Alle Drucke dieser Auflage können im Unterricht nebeneinander benutzt werden, sie sind untereinander unverändert. Die letzte Zahl bezeichnet das Jahr dieses Druckes.

Redaktion: Helmut Heuß, Verlagsredakteur

Satz: Steffen Hahn FotoSatzEtc., Kornwestheim
Druck: KLETT-DRUCK H. S. GmbH, Korb
ISBN 3-12-401130-9

Vorwort

Es gibt vor allem zwei Wege, sich Vergangenes zu vergegenwärtigen – das Studium der Quellen und die Lektüre historischer Darstellungen. Quellen und historische Darstellungen sind wie Anschauung und Begriff aufeinander bezogen. Denn wie sich das Ganze aus vielen Einzelheiten zusammenfügt, so läßt sich das Einzelne nicht ohne eine Vorstellung vom Ganzen einordnen, verstehen und bewerten. Die Interpretation von Quellen und die vertiefende Betrachtung von geschichtlichen Sachverhalten und Problemzusammenhängen stehen im Mittelpunkt von Grund- und Leistungskursen auf der Oberstufe der Gymnasien. Dies setzt nicht allein ein sicheres historisches Grundwissen, sondern auch die Kenntnis übergreifender historischer Zusammenhänge voraus. Beides will der »Grundriß der Geschichte« vermitteln und beschreitet dazu den zweiten Weg, nämlich den der historischen Darstellung.

Der »Grundriß der Geschichte« zeichnet Hauptlinien geschichtlicher Entwicklungen nach. Er vergegenwärtigt historische Zusammenhänge nicht nur der deutschen und europäischen, sondern schwerpunktmäßig auch der außereuropäischen Geschichte; er führt zu historischen Problemen hin und fragt nach Motiven und Absichten der Handelnden. Je nach Gegenstand und Forschungslage akzentuiert der »Grundriß der Geschichte« die politische Geschichte, die Sozial- und Wirtschaftsgeschichte, die Kulturgeschichte. Dementsprechend wechselt auch die Darstellungsweise: Neben strukturgeschichtlichen Querschnitten, die epochenspezifische Erscheinungen darstellen, stehen ereignisgeschichtliche Längsschnitte, welche die Grundzüge politischer Entwicklungen herausarbeiten. Wichtige historisch-politische Grundbegriffe werden epochenübergreifend erklärt. Bei einigen bedeutsamen Problemen wird gezeigt und durch Literaturnachweise belegt, welche unterschiedlichen Auffassungen innerhalb der Geschichtswissenschaft vertreten werden.

»Wer nicht von dreitausend Jahren / Sich weiß Rechenschaft zu geben, / Bleib im Dunkel unerfahren, / Mag von Tag zu Tage leben«, heißt es in Goethes »West-östlichem Divan«. Auch wer Goethes Sentenz nicht unbedingt wörtlich nehmen will, wird beim Studium der Geschichte erfahren, daß die Geschichte zwar keine Rezepte für die Gegenwart bereithält, jedoch die Kenntnis gerade auch entfernter Epochen dazu anregen kann, uns selbst mit fremden Augen zu sehen. Erst angesichts der Vergangenheit wird uns bewußt, daß die selbsterlebte Zeit einen Abschnitt der sich in die Zukunft entwickelnden Geschichte bildet. So bereichert der Umgang mit der Vergangenheit immer auch die eigene Lebensgeschichte.

Inhalt

Orientalisch-mittelmeerische Frühgeschichte und griechisch-römisches Altertum

Mittelalter

Frühe Neuzeit

Handreichungen für den Schüler

Orientalisch-mittelmeerische Frühgeschichte und griechisch-römisches Altertum

Die frühe Geschichte und ihre Quellen

Die Frühzeit menschlichen Lebens aufzuhellen ist besonders schwierig: Schriftliche Nachrichten setzen innerhalb der Entwicklung des Menschen äußerst spät ein. Um so wichtiger für unser Wissen vom Leben der frühen Menschen sind deren *dingliche Hinterlassenschaften*. Sie ermöglichen freilich nur ganz selten die Rekonstruktion einzelner Ereignisse. Erst Entstehung und Gebrauch der *Schrift* in den altorientalischen Reichen lassen tiefreichende Einblicke in das gesellschaftliche, staatliche und kulturelle Leben zu; allerdings fehlen noch Geschichtsbewußtsein und Geschichtsschreibung, wie wir sie kennen. Eine *Geschichtsdarstellung,* die wesentlich die politischen Ereignisse im Blick hat, aber auch zivilisatorische und kulturelle Entwicklungen einbezieht, gibt es im europäisch-vorderasiatischen Bereich erst seit den Griechen der sogenannten Klassik. Da jedoch bereits vor dieser Epoche das Leben der Menschen grundlegende Entwicklungen durchgemacht hat, sollen daraus hier einige Einzelheiten betrachtet werden, die eine lange, teilweise bis in die Gegenwart reichende Wirkung hatten. Dabei bleiben jedoch die frühen Kulturen am Hwangho und am Indus außer Betracht.

A. Frühe Zivilisationen und Reiche

Die Menschen werden seßhaft

In der jüngeren Steinzeit (Neolithikum) setzten Entwicklungen ein, die die menschliche Existenz grundlegend veränderten. Bis zum Beginn des 8. Jahrtausends v. Chr. hatte der Nahrungserwerb durch Jagd auf Tiere und Sammeln von wilden Früchten die Menschen zu unstetem Leben gezwungen und zugleich die Zahl von Menschen, die in Horden miteinander leben konnten, eng begrenzt. Die wesentliche, aufgrund archäologischer Befunde feststellbare *Neuerung* bestand nun darin, daß (1) Menschen in größerer Zahl *Wohnplätze* errichteten und über mehrere Generationen hinweg kontinuierlich besiedelten und daß (2) etwa gleichzeitig dieselben Menschen von bloßer Aneignung der lebensnotwendigen Dinge zu eigener *Produktion* übergingen. Die Menschen pflanzten insbesondere Vorformen heutiger Getreidesorten an. Sie horteten die Ernten. Und sie hielten und züchteten verschiedene Haustiere. Auch zogen sie Faserpflanzen für die Textilherstellung. Bald fertigte der Mensch nicht mehr nur Gegenstände aus Stein und Bein, sondern auch solche aus Ton. Er erfand Rad und Wagen und begann, das Rind als Zugtier zu verwenden. Vor allem aber

stellte er hakenförmige Pflüge und andere Geräte für den Ackerbau her. Gewerbliche Tätigkeiten bildeten sich; jedoch entstanden wohl noch nicht Berufe in unserem Sinn.
Die größere Anzahl ständig zusammenlebender Menschen, die einsetzende Differenzierung von einigen ihrer Tätigkeiten und die sich daraus ergebenden Interessenaufspaltungen bewirkten, daß sich die Organisationsformen des Zusammenlebens änderten. Auch die religiösen Handlungen und die hinter ihnen stehenden, nur begrenzt erschließbaren Vorstellungen paßten sich den neuen Lebensverhältnissen an: Göttliche Mächte, die Jagd und Fang garantierten, verloren an Bedeutung; dafür wurden solche wichtig, die Wachstum, Ernte und gedeihenden Viehbestand sicherstellten.

I. Vorderer Orient mit Ägypten

Wohl am frühesten setzten die oben allgemein beschriebenen Änderungen in Vorderasien ein. In den Grenzgebieten zwischen Iran, Irak und der Türkei, im Inneren der Türkei, besonders in Anatolien, sowie in Gebieten, die heute zu Israel, Libanon und Syrien gehören, wurden frühe neolithische Siedlungen nachgewiesen. Lage, Klima und Boden ermöglichten dort den Ackerbau ohne Be- und Entwässerungsmaßnahmen.

seit 8000	Neolithische »Revolution«, beginnend im Vorderen Orient
seit 3000	Hochkultur in den sumerischen Stadtstaaten
3000	Erfindung der Schrift bei Sumerern und Ägyptern
seit 2800	Pharaonenreich in Ägypten und ägyptische Hochkultur
1700	Gesetze des babylonischen Königs Hammurabi
14. Jh.	Monotheismus des Pharaos Amenophis IV. (= Echnaton)
1000	Gründung des Königreichs Israel durch David
seit 550	Errichtung des Perserreichs

Merkmale der frühesten Siedlungen

Zwei der zahlreichen Ausgrabungsstätten sind besonders aufschlußreich: *Jericho* in Israel, vielleicht die älteste Stadt der Welt, verfügte bereits in der ersten Phase, in der die Bewohner noch nicht Tonwaren herstellten, über *Verteidigungsanlagen.* Dieses Faktum muß sich in der Organisation der Bewohnerschaft niedergeschlagen haben. Die Häuser von *Çatal Hüyük* in Anatolien hatten Mörtelfußboden und figürlich bemalte Wände. Ortsfremde Gegenstände, z. B. Geräte aus seltenen Gesteinen, die in Jericho, Çatal Hüyük und anderen frühneolithischen Siedlungen gefunden wurden, weisen auf *Handel* zwischen Plätzen hin, die bisweilen Hunderte von Kilometern voneinander entfernt waren.
Wahrscheinlich infolge der verbesserten Lebensbedingungen vermehrte sich die Bevölkerung der festen Siedlungen. Nun besiedelten die Menschen die *Tiefländer.* In ihnen war es nur durch *Wasserregulierung* möglich, Pflanzen anzubauen

und Vieh zu halten. Im Vorderen Orient waren dies in erster Linie die beiden großen Flußsysteme: das von Euphrat und Tigris gebildete *Zweistromland* und der Unterlauf des *Nil*.

Gesellschaftliche Ordnung

Hier entstanden politische Einheiten, die über eine Siedlung und bald auch über eine Region hinausgriffen. Ihre Herrschaftsverhältnisse waren *theokratisch*. Der oberste Priester oder der Fürst bezog die Berechtigung zur Herrschaft daher, daß er als Verwalter oder Schützling einer Gottheit, als deren Sohn oder gar selbst als Gott galt. Aus der Masse herausgehoben waren die Stände der Priester und der »Funktionäre«. Die übrige Bevölkerung war in Freie, Halbfreie und Unfreie untergliedert; sie alle waren bloße Untertanen. Sicherlich muß man diese Unterordnung auch als Folge der Kanal- und Deichbauten sehen, die die ganze Gemeinschaft betrafen.

Geistige Leistungen und ihre Nutzanwendungen

Die schwierigeren Lebensbedingungen in den Tiefländern stellten eine Herausforderung an den menschlichen Geist dar; die ersten *Hochkulturen* entstanden. Die jahreszeitlich wechselnden Wasserstände der Flüsse machten die Festlegung der gemeinsam durchzuführenden Arbeiten nach einem *Kalender* nötig; Die ersten bekannten *astronomischen Beobachtungen* und daraus abgeleiteten Schätzungen und Berechnungen für die Zukunft wurden an Euphrat, Tigris und Nil angestellt. Darüber hinaus bezogen die Priester, die die Gestirne beobachteten, alle Himmelserscheinungen auf das menschliche Leben überhaupt: Die *Astrologie* entstand. Die gegen Ende des 4. Jahrtausends im Zweistromland und am Nil etwa gleichzeitig aus Bildzeichen entwickelte *Kunst des Schreibens* diente von Anfang an als Mittel, das Funktionieren der *zentral gelenkten Gemein-*

Gewichtsstein in Entengestalt *aus Ur (Babylonien), um 2100 v. Chr. Mit Gewichten wie dem hier abgebildeten wurden nicht nur Waren wie Getreide, sondern auch Edelmetall, vor allem Silber, als »Geld« abgewogen. Der Keilschrifttext auf der Ente lautet: »Für (den Mondgott) Nanna, seinen Herrn, hat Schulgi, der starke Mann, König von Ur, König der vier Weltgegenden, (das Gewicht von) fünf Minen (ca. 2500 g) genau festgelegt.«*

schaft zu garantieren: Die ältesten bekannten Dokumente – auf Papyrus, Tontäfelchen oder Stein – sind Anweisungen bzw. Belege über Arbeitsverpflichtungen, erbrachte Leistungen, Abgaben und ähnliches. Auch für die Überlieferung von Kultvorschriften und Glaubensgut sollte die Schrift Bedeutung erlangen. Dementsprechend war das Schreiben vor allem Sache der »Beamten« oder »Funktionäre« und der Priester.

1. Zweistromland und Iran

Mesopotamien und Babylonien, das Land an und zwischen den beiden Strömen Euphrat und Tigris sowie ihren Nebenflüssen, war seit frühgeschichtlicher Zeit ein Schmelztiegel verschiedener Völker, die unterschiedlichen Sprachgruppen angehörten und höchst verschiedene Zivilisationsformen mitbrachten. Schon in antiker Zeit wurde Babylon zum bekannten und zugleich verrufenen Beispiel einer Stadt, in der Angehörige vieler Nationen lebten.

Sumerische Stadtstaaten

Die ersten uns dem Namen nach bekannten Träger städtischer Zivilisation (ab etwa 3000) waren die aus unbekannter Gegend in den südlichen Teil des Zweistromlandes eingewanderten *Sumerer.* Sie schufen einen im Vorderen Orient fortwirkenden *theokratischen Staats- und Gesellschaftsaufbau:* An der Spitze des Stadtstaates standen der Priesterfürst und die Priester des Tempels einer Gottheit. Ihr gehörte die Stadt mit dem umliegenden Land; daher war der Tempel dieser Gottheit auch wirtschaftliches Zentrum des Stadtstaates (*Tempelwirtschaft*). Die peinlich genaue, bereits auf Anwendung der Schrift beruhende *Verwaltung* des Stadtstaates stellte eine ständige Rechenschaftslegung gegenüber der Gottheit dar. Wenn es auch an Bemühungen einzelner Herrscher von Städten wie Ur, Uruk, Lagasch oder Umma nicht fehlte, ihre Territorien zu vergrößern, blieben doch die von ihnen beherrschten Gebiete klein.

Semitische Reiche

Neben den Sumerern waren auch *Semiten* in das Zweistromland eingewandert. Einer ihrer Fürsten, *Sargon* aus der Stadt Kisch, schloß um 2300 zahlreiche Stadtstaaten zwischen Syrien, Kleinasien und dem Persischen Golf zusammen; er schuf so das *Reich Akkad.* Indem er versuchte, alles erreichbare zivilisierte Land und Volk zu beherrschen, erhob er den Anspruch auf *Weltherrschaft:* Er war der erste Herrscher, der sich »König des Landes bis zu den Ufern des Meeres« oder »König der Könige« nannte. Ein späterer semitischer König, *Hammurabi,* der um 1700 von *Babylon* aus das Zweistromland beherrschte, ließ alle in seinem Reich gültigen *Gesetze* aufzeichnen.

Perserreich

Nach einer wechselvollen Geschichte wurde das Land zwischen Euphrat und Tigris Teil eines besonders weit ausgreifenden Reiches: Die *Perser,* ein indogermanisches Volk, das sich im Süden des Iran angesiedelt hatte, unterwarfen unter ihrem Reichsgründer *Kyros* aus der Familie der Achaimeniden zwischen 550 und 539 die ihnen stammverwandten benachbarten *Meder,* darauf in Kleinasien die *Lyder* und die *Griechen,* die an den Küsten Kleinasiens siedelten, und schließlich die *Babylonier.* Die ersten Nachfolger des Kyros, Kambyses und *Dareios I.,* dehnten die Grenzen des Perserreiches weiter aus. Es erstreckte sich nun

Pavian und Schreiber mit Papyrusrolle und Tintenfaß *aus Tell el-Amarna (Ägypten), Zeit Amenophis' IV. Der Pavian ist mit Mondsichel und Sonnenscheibe als Thot, als Gott des Kalenders und der Wissenschaft und Schutzherr der Schreiber, dargestellt.*

vom Tal des Indus bis zum Ägäischen Meer und von Syene in Ägypten bis zum Kaspischen Meer und den Flüssen Oxus und Jaxartes. Der *Großkönig Dareios* organisierte sein Herrschaftsgebiet in zwanzig Verwaltungsbezirken: *Satrapien,* die einem Satrapen unterstanden. Reisende Beauftragte des Großkönigs, seine »Augen und Ohren«, überwachten die Amtsführung der Satrapen. Straßen sollten zum Zusammenhalt des riesigen Reiches beitragen; die *Königsstraße* verband die persische Hauptstadt *Susa* mit Sardes, der weit im Westen gelegenen ehemaligen Hauptstadt des Lyderreiches. Bereits um 600 hatte der Iraner *Zarathustra* eine neue religiöse Lehre verkündet. Danach hatte *ein* Gott, Ahura Mazda, die ganze Welt geschaffen; er setzte die Könige ein und beschützte sie. Ihm stand Ahriman als Vertreter des Bösen gegenüber. Viele Perser folgten mehr oder weniger genau dieser Lehre oder einer ihrer Varianten. Dareios und seine Nachfolger, die Achaimeniden, fühlten sich als Schützlinge Ahura Mazdas zur Weltherrschaft berufen.

2. Ägypten

Das Pharaonenreich

Das Niltal war durch dünn besiedelte Steppen und Wüsten von anderen Zivilisationsräumen getrennt und vor wandernden Völkern geschützt. Lediglich das Nildelta lag für den Austausch von Gütern, Ideen und Menschen, aber auch für Angriffe offen da und war als Basis für ein Ausgreifen in den Mittelmeerraum, speziell in die nahe syrische Region, geeignet. Durch den Zusammenschluß der regionalen Herrschaften von Unter- und Oberägypten entstand um 2800 das *Königreich Ägypten,* das 2300 Jahre lang unter verschiedenen Dynastien der *Pharaonen* existierte. Die Pharaonen dehnten ihre Macht zeitweilig bis nach Syrien hinein aus.

Kultur der Ägypter

Ägypten, seine Bewohner und Einzelheiten ihrer Zivilisation und Kultur wie die *tiergestaltigen Götter,* die als Gräber errichteten *Pyramiden,* die *Bestattungssitten* oder die Bildzeichenschrift (*Hieroglyphen*) wurden bereits von den Griechen und Römern als Besonderheiten empfunden. Die ägyptische Kultur beeinflußte andere Kulturen, z. B. die kretisch-minoische (▷ S. 14 f.) und die griechische (▷ S. 19). Der Versuch des Pharaos *Amenophis IV.* (Echnaton), die überkommene Göttervielfalt durch einen *Monotheismus* der Sonnengottheit und eine durchgeistigte Gottesauffassung abzulösen (Mitte 14. Jh.), scheiterte in Ägypten; er könnte aber über die Person des Mose, der von seinem Namen her Ägypter gewesen sein kann, die Entstehung des jüdischen Monotheismus beeinflußt haben.

3. Israel und die jüdische Religion

Volk und Staat Israel

Mose und seine Nachfolger führten ab etwa 1250 israelitische Stämme aus Ägypten nach Südsyrien; dort hatte sich der biblischen Überlieferung nach bereits der Erzvater *Abraham* niedergelassen. Durch Kriege mit den teils schon länger ansässigen, teils inzwischen eingewanderten Völkern unterschiedlicher Herkunft und durch Vermischung mit ihnen entstanden Volk und Reich *Israel* als historisch faßbare Größen. Israel hatte seine größte Machtentfaltung unter den Königen *David* und *Salomon* (1007–930); Hauptstadt war das neugegründete *Jerusalem.* Nach Salomons Tod zerfiel das Reich in zwei *Teilreiche,* Israel im Norden und Juda im Süden. Die Einbeziehung Syriens in die machtpolitischen Interessen sowohl des Pharaonenreiches als auch der vorderasiatischen Reiche hatte zur Folge, daß die Reiche Israel (721) und Juda (587) zerstört und die Juden in die *Babylonische Gefangenschaft* geführt wurden.

Jüdische Religion

In der Zeit der beiden Königreiche Israel und Juda und in der des Babylonischen Exils übten einzelne Persönlichkeiten, die *Propheten,* immer wieder Kritik daran, daß ihre Landsleute in die Verehrung vieler Götter zurückfielen, daß die Könige von Israel und Juda eine unvorsichtige Politik gegenüber den mächtigeren Nachbarreichen betrieben und daß einige Reiche – vor allem das Babylonische – und ihre Könige eine Zwingherrschaft über andere Völker ausübten. Die Propheten sagten den Sturz aller Ungerechten und Gottlosen und die *Erhöhung der Gerechten und Frommen* voraus.

Die deportierten Juden lebten zwei bis drei Generationen lang in Babylonien. Dann, ab 539, ließen die neuen Herrscher über Vorderasien, die persischen Großkönige, die Juden in ihre Heimat zurückkehren und erlaubten ihnen den Wiederaufbau des zerstörten Tempels. Die Erfahrungen im und nach dem Exil haben stark auf die Ausformung der klassischen jüdischen Religion eingewirkt, deren Glaubensgut erst jetzt schriftlich niedergelegt wurde. Die Entwicklung des strikten *Gut- Böse-Gegensatzes* und des *Erlöser-Gedankens* ist ohne die beiden Mächte Babylon und Persien, ohne die den Juden gegenüber hilfreichen persischen Großkönige Kyros II. und Dareios I. und ohne den Kontakt mit der religiösen Lehre Zarathustras kaum vorstellbar.

II. Der europäische Teil des Mittelmeerraumes

Zwei Zivilisationen, die eine räumlich und zeitlich weitreichende Wirkung haben sollten, die griechische und die italisch-römische, bildeten sich im südlichen Teil der Balkanhalbinsel, einschließlich der ägäischen Inselwelt und der kleinasiatischen Westküste sowie auf der Apenninhalbinsel.

seit 2600	Minoische Kultur auf Kreta, ab 2000 Paläste
seit 1600	Mykenische Kultur in Griechenland
seit 1500	Träger der mykenischen Kultur beherrschen Kreta. Linear-B-Schrift
1200/1100	Seevölkersturm und Dorische Wanderung
1000	Italiker und Illyrer wandern in die italische Halbinsel ein
seit 750	Etruskische Stadtstaaten in Mittelitalien, griechische Kolonien in Unteritalien und auf Sizilien

1. Ägäische Kultur

Minoisches Kreta

Wohl unter östlichen Einflüssen haben sich um 6000 erste ständige Siedlungen in Thessalien/Makedonien entwickelt. Die früheste Hochkultur im griechischen Raum entstand ab 2600 auf der ägäischen Insel Kreta. Wir nennen sie nach dem sagenhaften König Minos *minoische Kultur.* Für ihre Deutung sind wir fast ausschließlich auf ihre materielle Hinterlassenschaft, insbesondere die sogenannten Paläste und ihre Einrichtungen, angewiesen. Alle künstlerischen Darstellungen und kunsthandwerklichen Produkte erwecken auch dort, wo religiöse Themen dargestellt sein mögen, den Eindruck von Eleganz und *verfei-*

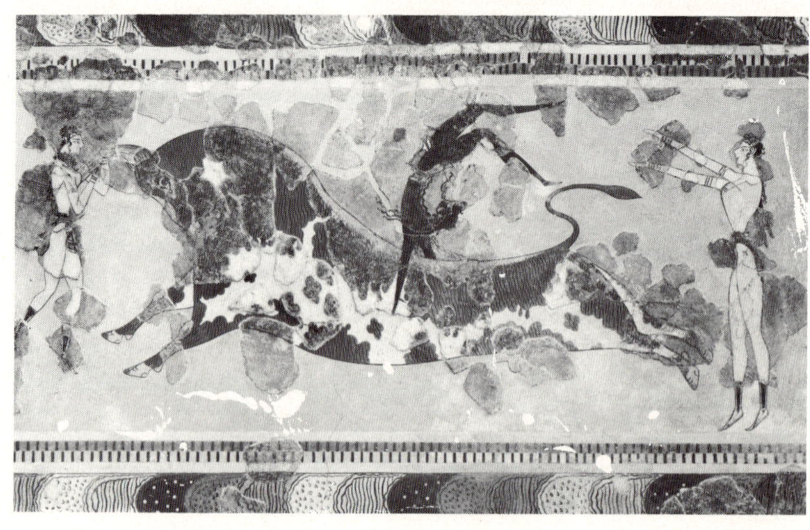

Kultisches Stierspiel. *Wandgemälde aus dem Palast von Knossos (Kreta), Anfang 15. Jh. v. Chr. Derartige »Spiele« scheinen auf offenen Plätzen in minoischen Palastanlagen üblich gewesen zu sein. Das anmutige Bild kann Kulthandlungen darstellen, die zur Sage vom menschenfressenden Minotaurus (»Stier des Minos«) geführt haben mögen.*

nerter Lebensführung. In ihrer abschließenden Phase (15. Jh.) weist die minoische Kultur gegenüber den früheren Phasen *Veränderungen* auf, die auf die Einwanderung neuer Bevölkerungselemente zurückgeführt werden müssen: Im Gegensatz zur früheren Zeit treten jetzt *kriegerische Wesenszüge* hervor. Neben den bisherigen Schriftsystemen wird im »Palast« von Knossos ein neues, *Linear B* genanntes verwendet. Es ist im Gegensatz zu den älteren kretischen Schriftsystemen seit längerem entziffert; seine Sprache ist als eine *Frühform des Griechischen* erkannt. Über das historische Geschehen geben die Linear-B-Tafeln mit ihren Auflistungen von Waren, Personen und Dienstleistungen allerdings keine Auskunft.

Mykenisches Griechenland

Zwischen der Spätphase der Kultur auf Kreta und der Entwicklung auf dem griechischen Festland ab etwa 1600 bestanden Beziehungen. So schrieben auch die Verwalter des Palastes von Pylos an der Südwestküste der Peloponnes Linear B. Die Siedlungen, deren bekannteste wie *Mykene,* Tiryns oder Pylos auf der Peloponnes liegen, weisen nach der Beschaffenheit der gefundenen Gegenstände auf eine *kriegerische Gesellschaft* hin, die Langschwert (aus Bronze) und Streitwagen gebrauchte. Die Mittelpunkte dieser wohl in mehrere Herrschaften aufgeteilten *mykenischen Kultur* wurden in der Spätzeit zu Festungen ausgebaut.

Seevölkersturm und Dorische Wanderung

Als von Norden her kommende, mit Eisenwaffen ausgerüstete indogermanische Völkerschaften, die »Seevölker« oder »Kreter und Philister«, hereinbrachen, wurde der östliche Mittelmeerraum von der Balkanhalbinsel über Kleinasien und Syrien bis Ägypten politisch und kulturell nachhaltig verändert. Die mykenische Zivilisation ging dabei unter (um 1100). Aus der Verbindung von Einwanderern mit bereits vorher ansässigen mittelmeerischen und indogermanischen, insbesondere frühgriechischen Bevölkerungsgruppen dürfte zumindest der größte Stamm des klassischen Griechentums, die *Dorer,* hervorgegangen sein. Während der auf den Seevölkersturm folgenden Dorischen Wanderung fanden neue Völker in Griechenland Siedlungsraum.

2. Italische Kultur

Wesentliche Veränderungen in der Bevölkerung Italiens und in ihren kulturellen Äußerungen verursachten die indogermanischen *Illyrer* und *Italiker,* als sie um 1000 von Norden her die Apenninhalbinsel besiedelten. Aus einem anderen Raum kamen möglicherweise die *Etrusker* auf die italische Halbinsel; vielleicht aber waren sie alteingesessen: Schon antike Autoren äußerten über die Herkunft der Etrusker unterschiedliche Ansichten; auch heute ist die Frage offen.[1] In Mittelitalien wurden die Etrusker bald politisch und kulturell führend (ab 750). Für die Italiker wurden sie insbesondere dadurch wichtig, daß sie von den *Griechen* Alphabet, plastische Kunst und anderes übernahmen und weitergaben. Seit der Mitte des 8. Jahrhunderts besiedelten Griechen Küstenplätze Siziliens und Unteritaliens. Beide, Etrusker wie Griechen, lebten in Städten und breiteten in Italien den Stadtstaat aus.

B. Die Griechen

In der Folge der Dorischen Wanderung bildeten sich die Griechen als ein in viele *Stämme* gegliedertes Volk mit gleicher, allerdings in Dialekte aufgesplitterter *Sprache* heraus. Nach den wichtigsten Dialektgruppen unterscheiden wir die drei Stämme der Ioner, der Aioler und der bereits genannten Dorer. Die Geschichte der Griechen im Altertum ist nicht die eines Staates, sondern die einer *kulturellen Gemeinschaft.*

I. Die Dunklen Jahrhunderte und der Beginn der Archaischen Epoche

Unser Wissen über eine Zeit von mehreren Jahrhunderten nach dem Zusammenbruch der mykenischen Kultur ist so gering, daß diese Zeit als »dunkel« bezeichnet wird (12.–8. Jh.). Darauf folgt eine Epoche, die wir mit einem vorwiegend kunsthistorischen Ausdruck »archaisch« (früh, altertümlich) nennen (bis 500). Beide Epochen gehen ineinander über.

1100–800	»Dunkle Jahrhunderte«
um 1000	Griechen besiedeln die ägäischen Inseln und die Westküste Kleinasiens
800–500	Archaische Zeit
8. Jh.	Attika wird zur Polis Athen
776	Erste Eintragung in die Siegerliste der Olympischen Spiele
um 750	Beginn der Großen Kolonisation
750–700	Ilias und Odyssee, Hesiod

1. Adelige und bäuerliche Gesellschaft und Kultur

Die Kultur der nachmykenischen Zeit und ihre Quellen

Die Zivilisation in Griechenland büßte nach der Dorischen Wanderung viel von ihrer früheren Pracht ein. Der Gebrauch der Schrift ging verloren. Dennoch kann man nicht von einem vollständigen Bruch zwischen einer alten, hochentwickelten und einer neuen, primitiven Kultur sprechen: Die Gefäße bewahrten zunächst den mykenischen Stil. Erinnerungen an Ereignisse der (spät)mykenischen Epoche wurden mündlich weitergegeben, dabei von fahrenden *Dichter-Sängern* wie Homer verändert und schließlich schriftlich niedergelegt. Nach wie vor ist freilich die Frage offen, wieweit man *Ilias und Odyssee* historisch ausdeuten darf[2]: Die beiden *Homer* zugeschriebenen, in der zweiten Hälfte des 8. Jahrhunderts in größerem zeitlichen Abstand zueinander abgefaßten Epen nennen zwar zutreffend Siedlungsplätze und Herrschersitze der mykenischen Epoche, doch lassen sich Einzelheiten, wie der Gebrauch eiserner Geräte und Waffen, nicht mit den archäologischen Befunden der mykenischen

Kultur und andere Angaben hinwiederum nicht mit der Kultur der Archaischen Zeit, in der beide Epen ihre uns vorliegende Form erhalten haben, in Einklang bringen; sie sind vielleicht der Kultur der Dunklen Jahrhunderte entnommen.

Die homerische Adelswelt

In Homers Götterwelt spiegelt sich seine nachmykenische Adelswelt; beide sind kaum hierarchisch geordnet: Zeus ist zwar oberster Gott, aber er übt über die anderen Götter nur eine lockere Herrschaft aus. Ihr entspricht die Stellung Agamemnons, des sagenumwobenen Königs von Mykene, der den Zug der Griechen gegen Troja anführt, gegenüber den eher verbündeten als untergebenen Fürsten oder auch die des Odysseus, des Königs der Insel Ithaka, und seines Sohnes Telemach gegenüber den Adeligen ihres Königreiches. Die tatsächliche Macht des Königs hängt direkt von seiner Gegenwärtigkeit und seinem Ansehen, seinem *Ruhm,* und dieser auch vom sichtbaren Reichtum ab. Seinen Besitz vermehrt der König oder Fürst – und in seinem Gefolge die Adeligen – im Krieg, auf Beutezügen und im Handel. Der Wert von Gastgeschenken, die in dieser Adelswelt gang und gäbe sind, und das Prestige ihres Gebers oder eines früheren Besitzers bestimmen das Ansehen des Beschenkten. Das Volk hat im Frieden und im Krieg, den in erster Linie Könige und Fürsten in Zweikämpfen entscheiden, die Rolle des Statisten.

Hesiods ethisches Anliegen

Der boiotische *Bauer* Hesiod (vor oder um 700) bringt die Götter in eine festgefügte Ordnung der Zeit und des Ranges. Hierin folgt er östlichen Vorbildern. In neuartiger und für die griechisch-römische Antike traditionsbildender Weise äußert sich Hesiod zu Religion und Moral nicht als Priester, sondern als Laie, und erhebt Anspruch auf gültige Erkenntnis, da ihn die Musen zum Wahrheit verkündenden Dichter geweiht haben. Sein Auftreten ähnelt dem der Propheten in Israel und Juda. Hesiod will erreichen, daß die Macht *Gerechtigkeit,* die er als Gottheit auffaßt, verwirklicht wird. Wie der Ruhm bei Homer, so hat gerechtes und ungerechtes Handeln bei Hesiod eine materielle Komponente: Dem Gerechten geht es besser als dem Ungerechten. Doch die in Hesiods Zeit Herrschenden verwirklichen gerade nicht Gerechtigkeit; sie »essen Bestechungsgeschenke«.

Die Welt der Bauern bei Homer und Hesiod

Die Lebensbedingungen der Bauern bei Homer und Hesiod unterscheiden sich nur teilweise voneinander: Homer beschreibt Odysseus, dessen Sohn Telemach und Vater Laertes als *adelige Großgrundbesitzer* mit Ländereien, die Abhängige bewirtschaften. Die Erwartung der Abhängigen, für gute Arbeit mit wirtschaftlicher Selbständigkeit als Bauern belohnt zu werden, erscheint nicht unrealistisch. Der Gutsbesitzer arbeitet selbst in der Landwirtschaft mit, seine Frau, z.B. Odysseus' Gattin Penelope, in der Hauswirtschaft. Hesiod berichtet vom Leben des *kleinen selbständigen Bauern,* der so frei ist, daß er wie Hesiods Vater seinen bisherigen Wohnsitz aufgeben und seine Landwirtschaft an einem anderen Ort neu beginnen kann. Diese Bauern leben, auch wenn sie über einen oder zwei Knechte oder Mägde verfügen, nahe am Existenzminimum. Einige versuchen daher, dann, wenn ihnen die Landwirtschaft freie Zeit läßt, als Seekaufleute ihre Einnahmen zu verbessern. Berufliche Differenzierungen im hand-

Bauern bei der Feldarbeit. *Vasenbild um 500 v. Chr.*

werklich-technischen Bereich sind sowohl bei Homer als auch bei Hesiod zu erkennen. Allerdings soll nach Hesiod der Bauer möglichst viele handwerkliche Tätigkeiten für den Eigenbedarf selbst ausüben; z. B. soll er die hölzernen Teile von Wagen, Pflügen oder anderen Geräten selbst anfertigen. Hesiod zeichnet auf diese Weise ein Bild vom Landwirt, das für die gesamte griechisch-römische Antike gilt: Der landwirtschaftliche Betrieb versorgt sich mit handwerklichen Produkten und Dienstleistungen weitgehend selbst.

2. Polis, Bürgerschaft und Nation

Der Stadtstaat

Das griechische Festland, die Peloponnes und festlandnahe Inseln waren nach der Dorischen Wanderung in viele autonome und autarke, also politisch und wirtschaftlich voneinander unabhängige Stadtstaaten, die *Poleis* (Einzahl: *Polis*), aufgeteilt. Die Siedlungen waren oft durch unwegsame Gebirgszüge voneinander getrennt. Allerdings darf man aus der natürlichen Gliederung Griechenlands in viele kleine Siedlungskammern und -taschen nicht die Schlußfolgerung ziehen, die Existenz kleiner selbständiger Gemeinschaften sei eine zwangsläufige Folge der geographischen Gegebenheiten gewesen;[3] denn in einigen kleingegliederten Gegenden wie Arkadien oder Aitolien schlossen sich jeweils mehrere Gemeinden zu einer Föderation zusammen, und auf der deutlich in sich gegliederten Halbinsel Attika bildete sich nach der Einbeziehung von Eleusis in die Stadt Athen eine Polis (8. Jh.). Doch überwiegend wollten die Griechen aus eigenem Entschluß in kleinen, übersichtlichen, anfangs fast noch familiengebundenen politischen Einheiten leben. Die Kleinheit der Stadtstaaten bewirkte, daß der einzelne Bürger von jedem staatlichen Ereignis direkt betroffen wurde und sich auch betroffen fühlte. Dementsprechend nahm der Bürger, soweit die Verfassung seiner Polis es ihm ermöglichte, aktiven Anteil an der *Politik.*

Die hellenische Nation

Ungeachtet ihrer Aufsplitterung in viele selbständige Stadtstaaten, betrachteten sich die Griechen als zusammengehörig. Seit etwa dem 8. Jahrhundert nannten sie sich selbst *Hellenen* und alle anderen Völker »Barbaren«. Alle Griechen verehrten – abgesehen von regionalen und lokalen Gottheiten – die gleichen Götter, z. B. Zeus, Hera, Athene und Apollon. Obwohl ein gemeinsames Oberpriestertum fehlte, zeigte sich im *Götterkult* die Gemeinschaft der Griechen von der Früh- bis in die Spätzeit besonders deutlich. Die Olympischen Spiele zu Ehren des Zeus entwickelten sich seit dem 8. Jahrhundert zu einem zentralen Ereignis für alle Griechen. In gleicher Weise erlangten das Orakel von Delphi und einige andere Heiligtümer überregionale Bedeutung. Wenn man »Nation« als Gemeinschaft von Menschen gleicher Sprache und Kultur definiert, zu der in früheren Zeiten wesentlich der Kultus gehört hat, dann haben die Griechen eine Nation gebildet.

3. Seefahrt und überseeische Kolonisation

Die Griechen und die Völker des östlichen Mittelmeerraumes

Bald nach der Dorischen Wanderung besiedelten Griechen der drei großen Stammesgruppen die Inseln der Ägäis und die Westküste Kleinasiens. Die Ägäis wurde zu einem Binnenmeer der Griechen. Diese kamen bei weiteren Fahrten über das Meer in Kontakt mit den Völkern Zyperns, der syrischen Küste und Ägyptens und schließlich mit dem ganzen Vorderen Orient. Von dort übernahmen sie *kulturelle Errungenschaften,* z.B. Genealogie und hierarchischen Aufbau der Götterwelt, Sternenglauben, Alphabet und – mit einigem Zögern – Prinzipien der malerischen Gestaltung insbesondere von Tongefäßen (orientalisierender Stil) sowie – aus Ägypten – die vollplastischen lebens- und überlebensgroßen Menschendarstellungen.

Bei Homer sind die Seekaufleute noch Phoiniker; bei Hesiod treiben auch Griechen bisweilen Seehandel. Später sind bei den Griechen Seemann und Seekaufmann eine Selbstverständlichkeit. Als *Handelsstützpunkte* griechischer Seefahrer sind seit etwa 800 v.Chr. ein Ort an der Orontes-Mündung (heute Al-Mina) und das kilikische Tarsos nachgewiesen, seit etwa 650 v.Chr. Naukratis im Nildelta und aus späterer Zeit einige Orte mit dem Namen »Emporion« (= Stapelplatz).

Die Große Kolonisation

Noch vor der Mitte des 8. Jahrhunderts setzte eine neue überseeische Siedlungsbewegung der Griechen ein. Sie gründeten sowohl vom Mutterland als auch

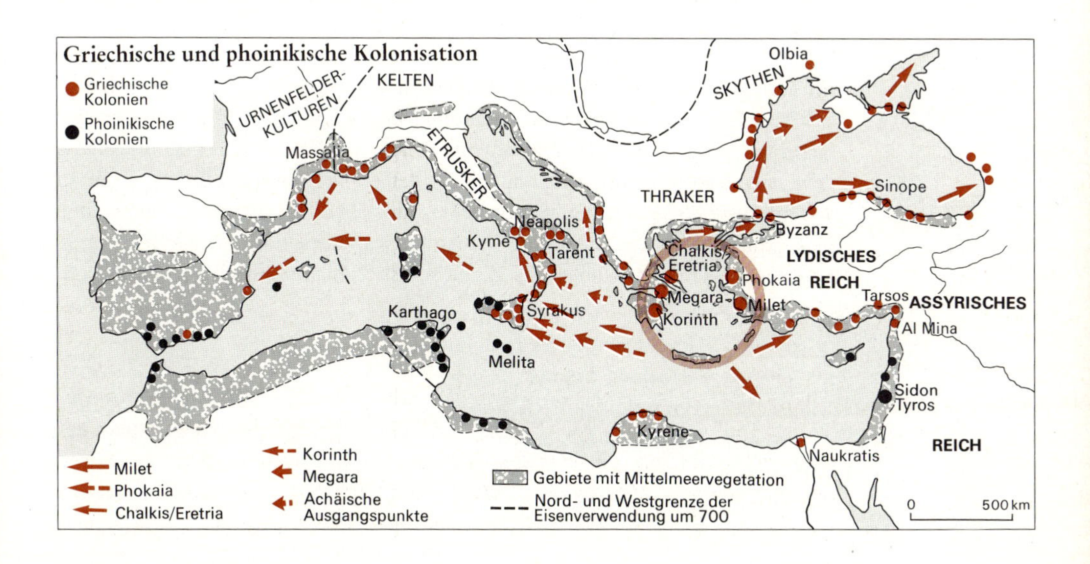

von ägäischen Inseln und der Westküste Kleinasiens aus überall dort Kolonien, wo nicht andere Völker und Mächte wie Phoiniker bzw. Karthager oder Etrusker ihr Seßhaftwerden behinderten oder unterbanden (▷ Karte S. 19). *Ursachen und Ziele* dieser weitausgreifenden, nicht zentral gelenkten Bewegung werden bis heute kontrovers diskutiert:[4] Man nimmt an, daß eine starke Zunahme der Bevölkerung oder auch innere Auseinandersetzungen in vielen Poleis die auslösenden Faktoren waren. Die Gewinnung von neuen Siedlungs- und Nahrungsräumen, aber auch die Ausweitung des Überseehandels durch Errichtung von Stapelplätzen werden als Ziele erwogen. Handelsbeziehungen der neuen Siedlungen mit den Poleis daheim, insbesondere mit der jeweiligen Mutterstadt, gab es von Anfang an, aber sie hatten nicht Vorrang. Die neuen Städte wurden vor allem dort errichtet, wo die flachgehenden griechischen Schiffe leicht an Land gezogen werden konnten und wo der Boden sich zugleich für den Ackerbau eignete. So ist die *Topographie* vieler neuer Städte vergleichbar mit der der Mutterstädte, die nicht des Handels wegen gegründet worden waren. Auch muß die *Bevölkerung* und vor allem ihre politisch führende Schicht daheim und in der Ferne gleichartige wirtschaftliche Interessen verfolgt haben. Ähnlich wie in der als Mutterstadt vieler Schwarzmeerkolonien bedeutenden Polis Milet noch im 6. Jahrhundert der Vollbürgerstatus an Grundbesitz gebunden war, bildete in der korinthischen Kolonie Syrakus die Gruppe der »Landbesitzer« die Elite der Bürger. Die bereits erwähnten Stapelplätze wurden niemals Poleis; die meisten Neugründungen während der Großen Kolonisation waren jedoch von der Landnahme an als selbständige Stadtstaaten konzipiert, auch wenn Verbindungen mit ihrer Mutterstadt erhalten blieben. Man wird die neuen Poleis genauso wie die alten am treffendsten als *Ackerbaustädte mit zusätzlichen Seehandelsinteressen* charakterisieren.

II. Archaische Zeit und Klassische Epoche

Im 7. und 6. Jahrhundert können wir, da die schriftlichen Nachrichten allmählich zunehmen, Entwicklungen erkennen, die sich bis zum Ende der Griechischen Klassik in der zweiten Hälfte des 4. Jahrhunderts erstreckten. Die Griechen entwickelten nun ihre eigene Dynamik und beeinflußten mit ihren Schöpfungen die Kulturen der Etrusker, italischer Stämme, auch der Kelten und später, in der Epoche des Hellenismus, sogar orientalische Zivilisationen, von denen sie einst bedeutende Errungenschaften übernommen hatten.

um 620	Gesetzgebung Drakons
594/3	Reformen Solons
561–510	Tyrannis des Peisistratos und seiner Söhne
seit 508	Reformen des Kleisthenes: Beginn der attischen Demokratie
462–450	Entstehung der »radikalen« Demokratie
460–429	Besondere Machtstellung des Perikles

1. Gesellschaft und Verfassung der Polis

Vom Königtum zur Adelsherrschaft

a) Grundzüge. Das als Institution nicht gefestigte Königtum der Dunklen Jahrhunderte wurde in den meisten Poleis durch eine auf mehrere Personen verteilte Herrschaft des Adels, die *Aristokratie,* abgelöst. Die neue Regierungsform scheint nicht gewaltsam eingerichtet worden zu sein; denn Funktionen des Königs wurden auf adelige Inhaber verschiedener Ämter übertragen, und zugleich wurden alte Bezeichnungen für den König weiterhin verwendet: So findet man in Kos noch Jahrhunderte später den Monarchos, in Athen den Archon Basileus oder in Lokroi (Unteritalien) den Basileus. Nach einem der Amtsinhaber – in Athen dem Archon Eponymos, in Milet dem Stephanephor – wurden das regierende Adelskollegium und seine Amtszeit benannt. Der Namengeber hatte freilich nicht mehr Macht als seine gleichzeitig regierenden Kollegen. Die Möglichkeit der Machtanhäufung in den Händen einzelner wurde nach und nach eingeschränkt; so wurde in Dreros auf Kreta bereits vor oder um 600 verboten, ein Amt innerhalb eines festgelegten Zeitraums mehrmals zu bekleiden, und andernorts wurde die Amtsführung zeitlich – zumeist auf ein Jahr – begrenzt.

Die adeligen Familien besaßen Ländereien; in Chalkis auf Euboia hießen sie »Rossezüchter«, in Syrakus »Landbesitzer«. In diesen Kreisen huldigte man dem *Wettkampf,* der dem einzelnen die Möglichkeit bot, durch körperliche oder auch musische Leistungen in seiner Polis und über sie hinaus Ruhm und Ehre zu erwerben. So wollten die Adeligen ihr Ideal vom »schönen und guten« Menschen verwirklichen.

Gesellschaftliche Auswirkungen der Kolonisation

Dem Adel stand das *Volk* gegenüber: kleine Bauern, die mit ihrer Familie den Hof bewirtschafteten, Handwerker, Fischer, Seeleute und Überseekaufleute. Die bäuerliche Bevölkerung war zunächst in der Überzahl; ihre ökonomische Lage verschlechterte sich allerdings durch die Große Kolonisation: Das Hauptnahrungsmittel Getreide konnte in den neuen Poleis am Schwarzen Meer oder auf Sizilien günstiger angebaut und in den Städten des Ägäisraumes billiger verkauft werden als deren eigene Anbauprodukte. So mußten sich die Bauern im älteren Siedlungsgebiet der Griechen umstellen; statt Getreide produzierten sie nun vielfach Wein und Oliven. Die Umstellung erforderte Kapital; die adeligen Großgrundbesitzer hatten es, die kleinen Bauern nicht. Die Ärmeren verschuldeten sich bei Adeligen, verpfändeten ihnen dafür Land und gerieten oft in *Schuldknechtschaft.* So nahm die Zahl der freien Bauern ab; der Grundbesitz der Adeligen nahm hingegen zu. Auf die nicht in der Landwirtschaft Tätigen wirkte sich die Kolonisation eher günstig aus: Die Absatzmöglichkeiten für handwerkliche und künstlerische Produkte erweiterten sich. Die gewerbetreibende Schicht gewann dadurch auch politisch an Gewicht.

Von der Aristokratie zur Demokratie

Zwischen dem regierenden Adel und dem nicht an der Regierung beteiligten Volk kam es im 7. und 6. Jahrhundert zu heftigen *Auseinandersetzungen.* Die Gründe lagen teils in der ungleichmäßiger werdenden Eigentumsverteilung, teils in der Handhabung des ungeschriebenen Rechts durch den Adel, die Angehörige des niederen Volks als willkürlich empfanden. Die Debatten und

Kämpfe führten zu Polis-Verfassungen, in denen die ganze Bürgerschaft (Demos) an der Staatsgewalt Anteil nahm, und somit zur *Demokratie.* Das Volk konnte seine Teilhabe an der Macht nicht zuletzt deswegen erringen, weil es militärisch unverzichtbar geworden war: Statt einzelner Fürsten oder Adeliger, wie es noch Homer beschreibt, und statt kleiner Heere adeliger Reiter kämpften nun größere geschlossene Einheiten, die aus schwerbewaffneten Infanteristen (Hopliten) gebildet wurden. Hierfür wurde eine große Zahl der Bürger benötigt. In den Poleis Thessaliens blieb jedoch die Reiterei der entscheidende Truppenteil; die Verfassungen behielten dort ihren aristokratischen Charakter.

Bürger und Nichtbürger

Die *Bürgerschaft* einer Polis läßt sich am einfachsten negativ beschreiben: Nicht an politischen Beschlüssen und an der Rechtsprechung beteiligt waren minderjährige Angehörige des männlichen Geschlechts, Frauen jeglichen Alters, Metöken oder mit ähnlichen Begriffen Bezeichnete und Unfreie. Die *Unfreien,* in erster Linie Sklaven einzelner Privatpersonen, wurden rechtlich wie Sachen behandelt. *Metöken* (so die attische Bezeichnung) waren Polisbürger, die für längere Zeit im »Ausland«, d. h. in einer anderen Polis, lebten und dort meist in Handel und Gewerbe arbeiteten; sie genossen den Schutz ihrer Gastgeberstadt und waren in ihr zum Kriegsdienst verpflichtet, hatten aber nicht das Recht, an Abstimmungen und Wahlen teilzunehmen oder sich in ein Amt oder eine Funktion wählen zu lassen. Auch eine demokratisch verfaßte Polis wurde also nur von einer Minderzahl ihrer erwachsenen Einwohner regiert.

Moderne Schätzungen der Bevölkerung[5]	*in Athen* um 480	um 360	*in Boiotien* 5. Jh.
Bürger	25–30 000	28–30 000	28–30 000
Familienangehörige der Bürger	55–70 000	57–80 000	57–65 000
Metöken mit Familie	9–12 000	25–45 000	5–10 000
Sklaven	30–40 000	60–100 000	20 000

Tyrannis und Oligarchie

Nur im nachhinein erscheint die Entwicklung zur Demokratie hin als geradlinig, zwangsläufig und nicht umkehrbar. In Athen und anderen Poleis führte der Weg von der Aristokratie zur Demokratie über die Herrschaft eines im allgemeinen dem Adel entstammenden Mannes, die *Tyrannis.* In keiner Polis war die einmal eingerichtete Volksherrschaft unwiderruflich. *Oligarchien,* d.h. Regierungen weniger Bürger, in denen zumeist der Besitz des einzelnen über seine Teilhabe an der Regierung entschied, aber auch erneute Tyrannenherrschaften konnten sich hier und da für längere oder kürzere Zeit durchsetzen.

b) Gesellschafts- und Verfassungsentwicklung in Athen. Am Beispiel Athens läßt sich am besten die Gesellschafts- und Verfassungsentwicklung beschreiben, die zur antiken Demokratie geführt hat, weil nur hier genügend Quellenmaterial vorhanden ist. Allerdings können keineswegs alle Einzelheiten der Entwicklung in Athen auf die anderen Poleis übertragen werden. Auch scheint Athen nicht als erste Polis demokratische Einrichtungen geschaffen zu haben. In Chios gab es einer Inschrift zufolge bereits in der ersten Hälfte des 6. Jahrhunderts eine politische Beteiligung aller Bürger: Ein »Volksrat soll die Angelegenheiten des Volkes behandeln«[6] und ist Appellationsinstanz.

Die Zeit der Aristokratie – Krisen und Lösungsversuche

In der attischen Aristokratie lag die politische Führung in den Händen von neun *Archonten,* die aus den adeligen Familien Jahr für Jahr ausgewählt wurden. Nach Ablauf ihrer Amtszeit wurden die Archonten Mitglieder des obersten beschließenden und richtenden Gremiums, des *Areopags.* Auf Beschwerden vieler einfacher Bürger, die den Adeligen Willkür in der Handhabung des damals noch ungeschriebenen Rechts vorwarfen, statteten die Adelsfamilien ihren Standesgenossen *Drakon* mit Vollmachten zur Abschaffung vorhandener Mißstände aus (um 620). Drakon legte die wichtigsten praktizierten Gesetze und Rechtsbräuche schriftlich nieder. Dadurch wurde die Härte des geltenden Rechts offenbar, insbesondere traten die rechtlichen Grundlagen der Schuldknechtschaft zutage. Drakon änderte jedoch nichts an dieser Einrichtung. Indem er die Ahndung von Tötungsdelikten an den Areopag überwies, unterband er die zwischen den Geschlechtern geübte Blutrache und stärkte ihnen gegenüber die Polis.

Eine Generation später waren umfassende Eingriffe in die wirtschaftlich-gesellschaftlichen Verhältnisse und in die Staatsverfassung überfällig: Als Archon mit besonderer Vollmacht befreite *Solon* 594/3 die sogenannten »Sechsteiler« von der Abgabenpflicht gegenüber ihren Grundherren, schaffte die persönliche Unfreiheit der Schuldknechtschaft ab und wollte wohl die Selbstversorgung Attikas mit dem Grundnahrungsmittel Getreide durch das Verbot sichern, andere Pflanzenprodukte als Oliven bzw. deren Öl auszuführen. Er ersetzte die Aristokratie, die »Herrschaft der Besten«, nicht durch ein für alle Bürger gleiches Wahl- und Stimmrecht, sondern durch eine Einteilung der Bürger in *Vermögensklassen* und eine diesen entsprechend *gestaffelte Teilhabe an der Regierung* (Timokratie als besondere Form der Oligarchie). Nach wie vor konnten nur Adelige eine Archontenstelle erhalten; denn nur sie waren reich genug. So blieb auch der Areopag eine reine Adelsversammlung. Ein nach den überkommenen vier attischen »Stämmen« (Phylen) zusammengesetzter *Rat* (Boulé) von 400 Mitgliedern kann ebenfalls auf Solon zurückgehen. Schließlich schuf Solon ein *Appellationsgericht.* Es war letzte und entscheidende Instanz auch gegenüber Amtshandlungen der Archonten; in ihm hatten alle Bürger Stimmrecht.

Spätere Griechen, so der Philosoph und Staatstheoretiker *Aristoteles,* mochten in Solon einen Urheber der attischen Demokratie erblicken; doch ist diese aus der weiteren Verfassungsentwicklung Athens herausgelesene Deutung problematisch. Sie läßt sich insbesondere nicht in Einklang bringen mit der Darstellung, die Solon selbst von seinem Wirken gegeben hat:

»Ich gewährte dem Volke so viele Gewalt, wie ihm zukommt,/Nahm seiner Würde nichts weg, fügte auch keine hinzu./Wiederum ließ ich nicht zu, daß die reichen und mächtigen Herren/Mehr sich nähmen als das, was ihnen rechtens gebührt./Also bewehrte mit starkem Schild ich beide Parteien,/Daß nicht wider das Recht eine die andre bedrückt.«[7]

Tyrannis

Auch Solons Reformen stellten den inneren Frieden nicht für längere Zeit her. Die gesellschaftlichen Verhältnisse waren bereits vor Solons Wirken dadurch verwickelter geworden, daß sich einzelne Adelige bzw. Adelsfamilien, gestützt auf ihre jeweilige lokale Machtbasis innerhalb Attikas, bemühten, für sich eine monarchische Vorrangstellung, eine Tyrannis, aufzurichten. Schließlich gelang es *Peisistratos,* mit Hilfe von Bewohnern des attischen Binnenlandes und mit Waffengewalt die Alleinherrschaft zu erringen (ab 561). Peisistratos trat – wie vor ihm bereits Solon – für Athens äußeren Machtzuwachs ein. Ebenso wie andere Adelige unterhielt Peisistratos freundschaftliche und verwandtschaftliche Beziehungen zu Adelsfamilien der eigenen Polis und zu adeligen Familien und Tyrannen anderer Poleis. Im Inneren förderte er den Bauernstand, dem er wesentliche Unterstützung verdankte, durch Vergabe von Land und Erhebung einer nur mäßigen Bodensteuer. Der ländlichen Bevölkerung zuliebe richtete Peisistratos einen aufwendigen, für die ganze Bürgerschaft verbindlichen Kult des bäuerlichen Gottes Dionysos ein; dazu gehörten auch Theaterwettbewerbe. Daß die attische Bürgerschaft noch im späten 5. Jahrhundert eine stark mittelständisch-agrarische Prägung hatte, war auch eine Folge von Peisistratos' Maßnahmen.

In der zweiten Generation konnte sich die Tyrannis nicht halten: Die Adelsfamilie der Alkmeoniden, die zuvor mit Peisistratos befreundet gewesen war, opponierte, ging ins Exil und arbeitete von außen gegen die Herrschaft der Peisistratos-Söhne Hippias und Hipparch. *Hipparch* wurde von zwei Athenern aus

---

Tafel 1 Kalbträger, *Vollplastik von der Akropolis, um 570 v. Chr. entstanden (Athen, Akropolismuseum). Obwohl die Statue als Weihegeschenk des Rhombos bezeichnet ist und damit ein stellvertretendes Opfer meint, handelt es sich nicht um eine individuelle Darstellung dieses Stifters. Das Motiv des Kalbträgers stammt aus dem Orient, erfuhr in Griechenland formale Veränderungen und erhielt schließlich, als es von christlichen Künstlern übernommen wurde, eine neue Aussage (▷ Tafel 7). – Sogenannter* Krieger von Riace, *griechische Bronzeplastik – keine römische Kopie – des 5. Jh.s, vor der kalabrischen Küste 1972 gefunden (Reggio Calabria, Museo Nazionale). Der hier abgebildete Kämpfer ist eines von zwei monumentalen Standbildern (2,05 m und 1,97 m Höhe). Es ist umstritten, ob die Kämpfer Krieger, Athleten oder Heroen darstellen. Das Band im Haar deutet auf eine im sportlichen Wettkampf errungene Siegerbinde hin. Neben Jagd und Krieg war der Wettkampf die bevorzugte Ausdrucksform der adeligen Grundhaltung der Griechen: »Immer der Erste zu sein von allen.«*

Tafel 2 *Sogenannte* Sinnende Athene, *Relief von der Akropolis, um 470–460 v. Chr. entstanden (Athen, Akropolismuseum). Diese Darstellung der Stadtgöttin von Athen – sie ist an ihren Attributen, dem Helm und der Lanze, kenntlich – ist ein Zeugnis dafür, wie intensiv in der klassischen Zeit sich die griechischen Künstler um die Erfassung des Menschlichen auch im Götterbild bemühten.* – Grabrelief der Mnesarete *aus Athen, um 380 v. Chr. entstanden (München, Glyptothek). Die Szene von Herrin und Dienerin zeigt die traditionelle Form der Darstellung der Trauer auf attischen Grabmälern. –* Der Kampf mit dem Kalydonischen Eber, *schwarzfigurige Vasenmalerei des Kleitias um 570 v. Chr. (Florenz, Museo Archeologico). Der Künstler zeigt das Kräftemessen zwischen Mensch und Tier, wie es der adelige Krieger auf der Jagd erfahren konnte, dargestellt in einer mythologischen Szene. Die Beschriftung muß teilweise von rechts nach links entziffert werden. Die Größe der Wiedergabe entspricht ungefähr der des Originals.*

Tafel 4

privatem Anlaß ermordet; *Hippias* scheint den Mord an seinem Bruder jedoch als Angriff auf die Herrschaft seiner Familie aufgefaßt zu haben. Er machte nun aus seiner Tyrannis eine Gewaltherrschaft. In dieser Situation versuchten die Alkmeoniden, nach Athen zurückzukehren und Hippias mit seiner Familie zu verbannen und zu ächten. Das gelang ihnen freilich nur mit der militärischen Hilfe Spartas und seiner peloponnesischen Bundesgenossen (510).

Errichtung der Demokratie

In den folgenden Jahren setzte sich der Alkmeonide *Kleisthenes* gegen eine aristokratisch oder oligarchisch eingestellte Gruppe von Athenern und gegen Interventionen Spartas, Boiotiens und Chalkis' durch. Im Hinblick auf die attischen Adelsfamilien und ihre überwiegend lokalen Anhängerschaften änderte er den Staatsaufbau so, daß er einige Elemente der Solonischen Verfassung übernahm, andere umformte und gänzlich neue schuf (ab 508): Kleisthenes behielt den Archontat bei. Nach wie vor war dieses Amt nur Angehörigen der obersten solonischen Vermögensklasse zugänglich, und die Amtszeit blieb auf ein Jahr befristet. Die überkommene Einteilung der attischen Bürgerschaft in vier »Stämme« beseitigte Kleisthenes als politisch wirksame Instanzen. An ihre Stelle traten *zehn neue Phylen*, deren jede aus drei nicht notwendig zusammenhängenden Teilen, je einem Stück »Küste«, »Stadt« und »Binnenland« bestand. Er löste den auf der alten Phyleneinteilung beruhenden Rat der 400 durch den *Rat der Fünfhundert* ab: In einem jedem Bürger offenstehenden kombinierten Wahl- und Losverfahren wurden je Phyle jährlich 50 Ratsherren bestimmt. Der jeweils für ein Zehntel des Jahres geschäftsführende *Ausschuß der 50 Ratsmitglieder* einer Phyle (Prytanie) übte einen wesentlichen Teil der Regierungsgewalt aus; der Rat selbst bereitete Gesetze vor und konnte gerichtlich tätig sein. Über Krieg und Frieden und über Gesetzesvorschläge wurde im Zusammenwirken von Rat und Volksversammlung debattiert und beschlossen. In allen Dingen,

Tafel 3 Gefäß zum Wasserholen für rituelle Handlungen *bei Hochzeiten und im Totenkult (Lutrophoros), entstanden 8./7. Jh. in Attika (Paris, Louvre). Der Krug ist ein Zeugnis für die Übernahme orientalischer Ornamente im griechischen Raum; nachweislich geschah dies erstmals in Korinth. Die attischen Vasenmaler jedoch begnügten sich damit nicht, sondern zeigten schon in dieser frühen Zeit ein deutliches Interesse an der Darstellung des Menschen: am Gefäßhals ein Flötenspieler mit zwei tanzenden Paaren, am Gefäßkörper vier Wagenlenker mit dem Stachelstab, die Zügel fest in der Hand.*

Tafel 4 *Der* Mischkrug *(Krater) entstand um 590 v. Chr. in einer korinthischen Werkstatt und wurde in der etruskischen Stadt Caere gefunden (Paris, Louvre). Vasenmalereien sind wichtige Bildquellen für die Lebensweise der Griechen. Wesentlicher Bestandteil adeliger Lebensformen war das Symposion, das Festmahl. Der Mischkrug gibt zwar eine mythologische Szene wieder (Herakles beim Mahle), ist aber ein Zeugnis für die zeitgenössischen Tischgewohnheiten der griechischen Oberschicht: Zum Mahle legte man sich auf Klinen, Ruhebetten, über die eine Decke gebreitet war. Die Mahlzeiten wurden halb liegend eingenommen.* – Kriegers Abschied, *rotfigurige Vasenmalerei auf einem Vorratsgefäß (Stamnos) des Kleophonmalers, eines attischen Vasenmalers des 5. Jh.s (München, Museum für antike Kleinkunst). In seiner klaren Linienführung und der Konzentration auf das Wesentlichste ist das Vasenbild ein eindrucksvolles Beispiel für die Darstellung eines Themas, das sich über die folgenden Jahrhunderte erhalten hat.*

einschließlich der ständigen Aufsicht über die obersten ausführenden Organe, auch über die Archonten, lag die letzte Entscheidung bei der *Volksversammlung* (Ekklesia), so daß das direkte Element der attischen Demokratie sehr stark war. Die Gerichtsbarkeit war an *Geschworenengerichte* delegiert, sie konnte aber auch von der Volksversammlung wahrgenommen werden. Jede Phyle stellte eine Heeresabteilung, die ein *Stratege* befehligte. Dieses Amt konnte jeder Bürger ausüben; kontinuierliche Wiederwahl war hier beliebig oft möglich. Einzelne Bürger, deren Machtmöglichkeiten der Mehrzahl der Bürger zu groß erschienen, konnten durch Abstimmung im *»Scherbengericht«* (Ostrakismos), das zur Zeit des Kleisthenes oder etwas später geschaffen worden war, ohne Verlust an Ehre und Vermögen für befristete Zeit aus Attika verbannt werden. Dieses Verfahren wurde freilich nur bis in den Peloponnesischen Krieg (Ende des 5. Jahrhunderts) angewendet.

Demokratie und Bürger

Resultat von Kleisthenes' Reformen war der attische Einheitsstaat mit weitgehend *gleichen Rechten* für seine Bürger (Isonomie). Die Bürgerschaft erhielt als Kollektiv eindeutigen Vorrang gegenüber dem herausragenden Individuum, das in Grenzen gewiesen war und als Inhaber eines Amtes unter der Aufsicht des Volkes stand. Allerdings hatte jeder einzelne Bürger die Möglichkeit, durch sein Auftreten in der Volksversammlung die Entscheidungen seiner Polis zu beeinflussen; er mußte nur geschickt argumentieren und sicher und eindrucksvoll reden, brauchte aber kein Amt zu bekleiden und war so von der Pflicht der Rechenschaftsablegung frei. Hier lag der Beginn der *Demagogie* (»Volksführung«, aber auch »Volksverführung«).

Entwicklung zur »radikalen« Demokratie

Nicht ohne Widerstand von aristokratisch oder oligarchisch eingestellten und zugleich spartafreundlichen Politikern wie *Kimon* setzten Männer wie *Ephialtes* und der adelige *Perikles* den von Kleisthenes eingeschlagenen Weg fort und schufen die »radikale« Demokratie (462–450): Sie nahmen dem Areopag jegliche politische Führungsfunktion. Sie machten den Archontat, der allerdings durch die Existenz der anderen Ämter und Instanzen an Bedeutung verloren hatte, auch weniger begüterten Bürgern zugänglich. Sie setzten durch, daß die meisten Ämter schließlich nur noch durch das Los vergeben wurden. Jedoch blieb die bereits erwähnte Strategie ein Wahlamt. Insbesondere Perikles benutzte sie, um während einer Zeitspanne von über 30 Jahren die Innen- und Außenpolitik Athens zu bestimmen und innerhalb einer demokratischen Verfassung eine geradezu monarchische Stellung einzunehmen. Damit Armut kein Hindernis sei, wurden Ämter und Tätigkeiten bezahlt. Reichen Bürgern wurden besondere Pflichten, Leiturgien, auferlegt: ein Kriegsschiff auszurüsten und zu unterhalten, Festgesandtschaften auszurichten und Theaterwettbewerbe zu finanzieren. Die erfolgreiche Erfüllung dieser Pflichten brachte Ehre und Auszeichnung und entsprach so eher aristokratischer als demokratischer Grundhaltung. Das attische Volk grenzte sich schließlich deutlich von »Ausländern« ab, um seine Privilegien für sich zu behalten; es veranlaßte jedoch hier und da solche Poleis, die von Athen abhängig waren, demokratische Verfassungen ähnlich der athenischen einzurichten.

Mit seiner radikal-demokratischen Verfassung und einer an sie gewöhnten Bürgerschaft ging Athen in seine schwerste äußere und innere Belastung, den Peloponnesischen Krieg (▷ S. 40 f.). Tendenzen, die Demokratie durch oligarchische Regierungsformen zu ersetzen, wurden erst spät stark (411/10). Die extrem oligarchische Herrschaft der »dreißig Tyrannen« war von kurzer Dauer und von Sparta deutlich begünstigt oder sogar aufgezwungen (404/3). Die danach neu eingerichtete Demokratie dämmte die zuvor fast unkontrollierte Gesetzgebungsflut ein, indem sie ein mehrstufiges Gesetzgebungsverfahren einrichtete, das die Souveränität der Volksversammlung einschränkte.

c) Verfassung und Gesellschaft Spartas. Ganz anders als in Athen ist die Entwicklung in Sparta verlaufen: Schon in der Antike wurden Verfassung und Gesellschaft dieser Polis als Besonderheit angesehen. In der Tat sind wesentliche Züge des spartanischen Staats- und Gesellschaftsaufbaus nur mit dorischen Poleis auf Kreta, sein Gesamtaufbau und das politische Leben wohl mit keiner Polis vergleichbar. Die spartanische Verfassung der Klassischen Zeit ist ähnlich wie die athenische in mehreren Jahrhunderten teils allmählich, teils in Schüben entstanden. Allerdings läßt sich die Entwicklung der spartanischen Verfassung infolge ungünstiger Quellenlage nur schwer beschreiben.

Verfassungsorgane

Die Spartiaten behielten ihr *Königtum* stets bei. Es hatte die wohl auf das anfängliche Nebeneinander zweier dorischer Eroberergruppen zurückgehende Besonderheit, daß stets zwei Männer aus zwei bestimmten Familien Könige waren. Die königliche Machtausübung war durch diese Zweiheit und durch weitere Verfassungsorgane eingeschränkt: Der *Rat der Alten* (Gerusia) wurde aus 28 über sechzigjährigen, von der Volksversammlung auf Lebenszeit gewählten Adeligen und den beiden Königen gebildet. Die Gerusia war Gericht und einflußreiches Ratgeberkollegium zugleich; sie bereitete auch die Volksversammlungen vor. In der *Volksversammlung* hatte jeder über 30jährige Spartiate Stimmrecht. Die Volksversammlung durfte nur über Vorlagen der Gerusia oder der »Aufseher«, *Ephoren,* debattieren und abstimmen, und ihre Abstimmungsergebnisse konnten von den Ephoren für ungültig erklärt werden. Das im Hinblick auf seine Machtbefugnis jüngste Verfassungsorgan war das fünfköpfige *Ephorat,* das den fünf spartanischen Bezirken entsprach. Jeder Spartiate konnte von der Volksversammlung in dieses alljährlich neu zu besetzende Amt gewählt werden. Die Ephoren kontrollierten die Regierung und insbesondere die Feldherrntätigkeit der Könige, sie bildeten den obersten zivilen Gerichtshof, sie leiteten die Volksversammlungen und bestätigten oder verwarfen ihre Beschlüsse, und sie überwachten die besondere spartanische Lebensweise. In der Klassischen Zeit bildeten die Ephoren die eigentliche *Regierung.* Diese umfassende, von der Volksversammlung delegierte Macht ist den Ephoren nach Ansicht der Forschung in Auseinandersetzungen des Volkes mit dem Adel und dem auf seiner Seite stehenden Königtum zuteil geworden.

Bevölkerungsgruppen

Bereits bei der Landnahme hatten die dorischen Eroberer Entscheidungen getroffen, nach denen sie sich auch später richteten; daraus entstand Spartas

Besonderheit. Die Eroberer – nur sie und ihre Nachkommen wurden als *Spartiaten* bezeichnet – nahmen der in Lakonien ansässigen vordorischen Bevölkerung alles Land weg und verteilten es gleichmäßig untereinander. Sie töteten die Enteigneten jedoch nicht, verkauften sie auch nicht als Sklaven ins »Ausland«, sondern machten sie zu ortsansässigen Unfreien, die als der Gemeinde gehörende Sklaven, als *Heloten,* das Land für die neuen Herren zu bestellen hatten. Ebenso verfuhren die Spartaner, als sie gegen Ende des 8. Jahrhunderts Messenien, den Südwestteil der Peloponnes, unterwarfen und in der Mitte des 7. Jahrhunderts im Zweiten Messenischen Krieg unter großen Anstrengungen sicherten. Eine zweite Gruppe von Bewohnern Lakoniens ohne Bürgerrecht waren die *Periöken,* möglicherweise wie die Spartiaten Dorer, die aber schon früher im Land ansässig geworden waren. Sie blieben persönlich frei, trieben Landwirtschaft und Handel und waren zum Militärdienst verpflichtet.
Allein die Spartiaten bildeten die Polis-Bürgerschaft. Sie waren ursprünglich durch gleichgroße Landlose einander ökonomisch gleichgestellt; doch traten im Lauf der Jahrhunderte starke Besitzverschiebungen ein. Sie hatten Spannungen innerhalb der Bürgerschaft zur Folge. Die von Anfang an kleine Zahl der Spartiaten wurde immer geringer. Dies alles sowie die fehlende Bereitschaft, Gesellschaft und Staatsaufbau zu ändern, führte zu einer Erstarrung des spartanischen Staatswesens. Im 4./3. Jahrhundert sank Sparta zu einer Kleinstadt herab, die im Gegensatz zu Athen nicht einmal mehr kulturell bedeutend war.

Moderne Schätzungen der Bevölkerung Spartas [8]

	480/60	371	3. Jh.
Spartiaten	4– 5 000	2,5–3000	2–2500 (?)
Familienangehörige der Spartiaten	8– 10 000	4,5–6000	4–5500 (?)
Periöken	40– 60 000 (?)	etwa gleichbleibend	
Heloten	140–200 000 (?)	etwa gleichbleibend	

Lebensführung

Das Leben der Spartiaten war lange Zeit hindurch nicht wesentlich anders als das der übrigen Griechen. Auch in Sparta schuf man Werke der bildenden und der dichtenden Kunst. Seit den harten Kämpfen des Zweiten Messenischen Krieges und etwa gleichzeitigen Auseinandersetzungen unter den Spartiaten selbst erhielt die Lebensführung der Spartiaten jedoch ein rein *militärisches Gepräge:* Jeder männliche Spartiate mußte sich vom achten Lebensjahr an ständiger, zentral beaufsichtigter militärischer Übung und einer »kasernierten« Lebensweise unterwerfen. Seither stehen militärisch knappe Ausdrucksweise und strikte Disziplin, gepaart mit Anspruchslosigkeit in der Lebenshaltung, für Sparta schlechthin. So rühmt das Grabgedicht für die an den Thermopylen in aussichtsloser Situation gefallenen Spartaner:

»Wanderer, kommst du nach Sparta, verkündige dorten, du habest/ Uns hier liegen gesehn, wie das Gesetz es befahl.« [9]

Die *Frauen* der Spartiaten führten ihr Leben weitgehend getrennt von den Männern und genossen dabei mehr persönliche Freiheit als die Frauen in anderen Poleis. (▷ S. 42 f.)

Verknüpfung von Innen- und Außenpolitik

Der spartanische »Militarismus« war nach innen, auf den Zusammenhalt der eigenen Polis gerichtet. Diesem Zweck diente auch die Geheimpolizei junger Spartiaten, die die Heloten zu überwachen und Verdächtige unter ihnen zu töten hatte. Die Ephoren erklärten alljährlich bei ihrem Amtsantritt den Heloten aufs neue den Krieg. So lebten die Spartiaten in ständigem Kriegszustand mit den von ihnen Unterworfenen. Kriege gegen andere Poleis erklärte Sparta nur selten und immer mit Rücksicht auf den inneren Feind. Den *Peloponnesischen Bund,* dem in erster Linie benachbarte Poleis angehörten, gründete und führte Sparta vor allem zur eigenen Absicherung.

d) Griechische Verfassungstheorie. Der Polis-Staat der Griechen erfuhr seit Kleisthenes' Reformen keine grundsätzlichen Neuerungen mehr. Nun setzte nachträglich die theoretische und insbesondere vergleichende Beschäftigung mit Gesellschaft und Staatsverfassung ein. In den Erörterungen der Autoren des 5. und 4. Jahrhunderts war der Stadtstaat, wie ihn jeder Grieche aus eigener Anschauung kannte, selbstverständliche Voraussetzung aller Überlegungen. Daß bei der Abwägung der Verfassungen die Demokratie Athens und die eigentümliche Staatsform Spartas gegeneinandergehalten wurden, verwundert bei der zeitweiligen Gegnerschaft beider Poleis nicht.

Ansichten von Historikern

Zuerst schrieben Historiker über die Verfassungen oder Staatsformen: *Herodot* verlegte eine vergleichende Diskussion über Monarchie, Demokratie und Aristokratie in das Perserreich; entsprechend der dortigen Regierungsform setzte sich in der von Herodot wiedergegebenen oder erfundenen Debatte das Königtum durch. Im Werk des Atheners *Thukydides* pries der attische Politiker Perikles die Gesellschaft seiner Polis und ihre Demokratie mit deutlicher Frontstellung gegen Sparta:

»Die Verfassung, die wir haben, richtet sich nach keinen fremden Gesetzen; viel eher sind wir für sonst jemand ein Vorbild als von anderen abhängig. Mit Namen heißt sie, weil der Staat nicht auf wenige Bürger, sondern auf eine größere Zahl gestellt ist, Volksherrschaft. Es haben aber nach dem Gesetz in dem, was den einzelnen angeht, alle gleichen Teil, und der Geltung nach hat im öffentlichen Wesen den Vorzug, wer sich irgendwie Ansehen erworben hat, nicht nach irgendeiner Zugehörigkeit, sondern nach seinem Verdienst; und ebenso wird keiner aus Armut, wenn er für die Stadt etwas leisten könnte, durch die Unscheinbarkeit seines Namens verhindert. Sondern frei leben wir miteinander im Staat und im gegenseitigen Geltenlassen des alltäglichen Treibens ...«[10]

Theorien von Philosophen

Etwas später maßen Philosophen die Verfassungen an ihren sittlichen Auswirkungen auf den Menschen, typisierten Staatsformen und ordneten sie in eine chronologische Reihenfolge ein oder schufen rein erdachte Idealverfassungen. Hier ist neben Platon und Aristoteles (▷ S. 32 f.) Polybios zu nennen. *Polybios* griff als philosophisch gebildeter Historiker die Vorstellung vom zwangsläufigen Kreislauf aller Verfassungen, den schon Aristoteles beschrieben hatte, auf und entwickelte die Lehre einer allein beständigen »gemischten Verfassung«. Polybios meinte eine solche Mischverfassung im römischen Staat zu erkennen.

2. Kultus und Kultur in der Polis

Religion

Die Polis war nicht nur eine »politische«, sondern auch eine *kultische Gemeinschaft.* Die Teilnahme aller Bürger an städtischen Kulthandlungen war üblich und geradezu Pflicht. Zu ihnen gehörten auch als Wettbewerbe veranstaltete Aufführungen von Werken der Dichtkunst wie bei den athenischen Festen zu Ehren des Dionysos. Meistens leiteten Bürger die Prozessionen, Opferhandlungen, Theateraufführungen usw. Das Glaubensgut der Griechen sammelte sich in den *Mythen* an, Geschichten über Taten der zumeist menschengestaltigen, wie Menschen fühlenden und handelnden Götter oder auch über Taten und Leiden hervorragender Menschen, die nach ihrem Tod bisweilen als Halbgötter (Heroen) verehrt wurden. Diese Mythen konnten inhaltlich abgeändert werden. Der Himmel der vielen Götter stand neuen Gottheiten anderer Völker und Kulturkreise und neuen Glaubensvorstellungen offen. Seit etwa dem 7. Jahrhundert sind besondere *religiöse Bewegungen* greifbar: Mysterienkulte wie der der Demeter von Eleusis verlangten vom Gläubigen Sich-Versenken und Außer-sich-Sein (Ekstase) und versprachen ihm in schwierigen Lebensbedingungen eine Befreiung oder Erlösung in einer jenseitigen Welt.

Entdeckung subjektiver Regungen

Die Mysterienkulte breiteten sich in der gleichen Zeit aus, in der persönliches Bewußtsein erwachte: Die Dichter Archilochos und Alkaios und die Dichterin Sappho entwickelten vor und um 600 teilweise gegen das Herkommen gerichtete Vorstellungen über ihr eigenes Verhalten und beschrieben eigene Gefühlsregungen. So äußerte Archilochos eine sehr nüchterne und unkonventionelle Ansicht über die Bedeutung des Schildes für den Soldaten:

»Mag sich ein Saïer freun an dem Schild, den beim Busch ich zurückließ,/ – meine vortreffliche Wehr, ungern nur gab ich sie preis! –/ Retten konnt' ich mein Leben: Was schiert jener Schild mich noch länger!/ Kaufen will ich mir bald einen, der ebenso gut.«[11]

Solon drückte in seinen Elegien seinen Stolz darüber aus, daß er, als einzelner zwischen den »Parteien« stehend, Athen geeint habe.

»Vom Mythos zum Logos«: frühe philosophische Lehren

Das Aufkommen subjektiven Bewußtseins verband sich bei den frühen griechischen Denkern mit dem Anspruch, *Wahrheit* zu erkennen und zu verkünden, wie ihn ähnlich bereits Hesiod erhoben hatte. Sie suchten die Rolle der Götter und der Menschen und die Welt *verstandesmäßig,* mit dem Logos, zu erfassen und bemühten sich, hinter den scheinbar planlosen sinnlich wahrnehmbaren

7.–6. Jh.	Frühe griechische Lyriker, z. B. Archilochos, Sappho und Alkaios
600 bis nach 400	Frühe Philosophen, z. B. Thales, Pythagoras, Heraklit und Demokrit
500 bis um 320	Klassische Epoche der griechischen Kultur
5. Jh.	Blütezeit der Tragödie: Aischylos, Sophokles und Euripides; Komödien des Aristophanes; Blütezeit der darstellenden Kunst, z. B. Phidias und Polyklet
seit etwa 450	Neubau der Akropolis in Athen
450–400	Beginn und Höhepunkt der Geschichtsschreibung: Herodot und Thukydides; Sophisten, z. B. Protagoras, Kritias und Gorgias
430 bis um 320	Klassische Philosophie: Sokrates, Platon und Aristoteles

Die Entwicklung einer Polis *läßt sich auch an ihrem Aufbau nachvollziehen: Während die nach den Perserkriegen neugegründete Stadt Milet einen Grundriß nach rationalistischen Vorstellungen des 5. Jh.s besitzt, zeigt Delos die Struktur einer Stadt, die über Jahrhunderte hinweg ohne einheitliche Planung gewachsen ist.*

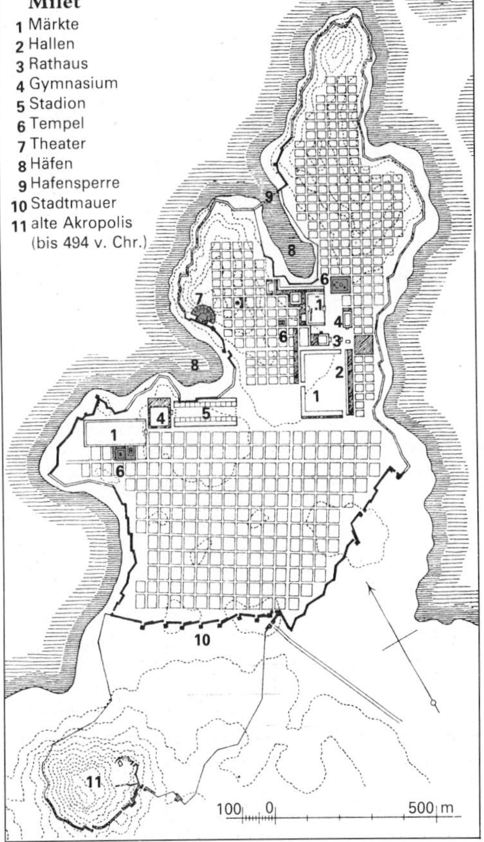

Veränderungen, vor allem hinter Werden und Vergehen, etwas stets Gleichbleibendes zu finden. Die als gleichbleibender Seinsgrund gedeuteten *Urelemente* wurden von verschiedenen Denkern unterschiedlich eingestuft. Jenseits solcher Elemente wie Erde, Luft, Wasser und Feuer nahmen einige Philosophen schließlich kleinste, nur gedanklich erfaßbare Teilchen an, die Atome. Durch ihre gegenseitige Bewegung und Lage zueinander im leeren Raum und durch wenige einfache Eigenschaften wie »spitz« oder »rund« bewirkten sie alle sinnlich feststellbaren Zustände und Veränderungen. Die Erkenntnis von den Grenzen sinnlicher Wahrnehmung führte manchen Denker dazu, Sehen, Hören, Tasten usw. bei der Wahrheitssuche als ungeeignet beiseite zu lassen. Andere leiteten aus allgemein feststellbaren Zustandsveränderungen und Gegensätzen wie Geburt – Tod, Frieden – Krieg usw. eine Ordnung ab, deren Grundlage gerade das Nicht-Beständige bildete:

»Man kann nicht zweimal in denselben Fluß steigen« (Heraklit).[12]

In den Denksystemen dieser frühen Philosophen war für die allzu menschlichen Götter der griechischen Religion kein Platz. An ihre Stelle traten ideelle, an ihrem Wirken erkennbare Götter oder eine allumfassende Gottheit, sofern man nicht bewußt darauf verzichtete, Aussagen über Göttliches zu machen. Die hohe Einschätzung des Verstandes bedingte Kritik am blinden, durch Augenblicksregungen getriebenen Verhalten der meisten Menschen: Indem die Philosophen durch Denken eine *beständige Weltordnung* suchten, wollten sie den Menschen jenseits aller Veränderungen des äußeren Lebens eine Lebensführung in Stetigkeit und *Seelenruhe* verschaffen.

»Aufklärung« durch die Sophisten

Eine neue geistige Strömung kam um die Mitte des 5. Jahrhunderts auf: Die Sophisten befaßten sich anscheinend nur wenig mit kosmischen Fragestellungen, dafür um so mehr mit dem Verhalten der Menschen untereinander. Sie lehrten, daß Gegensatzpaare wie gut – schlecht, schön – häßlich, recht – unrecht *relative* Werte seien, die bloß auf Herkommen oder Übereinkunft beruhten. Folglich hatten für sie die Zusammenschlüsse der Menschen, ihre Herrschaftsformen und Rechtsnormen *Vertragscharakter.* Der Mensch hatte die Freiheit, über sein Verhalten selbst zu entscheiden und seinen natürlichen Veranlagungen, der Physis, entsprechend zu leben (*Naturrecht* im ursprünglichen Wortsinn). Die Sophisten vermittelten ihre Erkenntnisse und Lehren in bezahltem Vortrag. Die Frage, wie ein Vortragender seine Zuhörer am besten überzeugen könne, führte sie zur quasiwissenschaftlichen Beschäftigung mit der Sprache. Die in demokratisch verfaßten Poleis so wichtige *Rhetorik* (Redekunst) nahm hier ihren Anfang.

Beginn der Geschichtsschreibung

Zunächst noch geprägt von der herkömmlichen Religion und Weltanschauung, jedoch sehr bald beeinflußt von Lehren und Methoden der »Naturphilosophen«, sodann auch der Sophisten, entstand und entwickelte sich die Geschichtsforschung und Geschichtsschreibung. Sie wurde schnell zu einem selbständigen Wissensgebiet und zu einer eigenen Literaturgattung. Ihre beiden ersten herausragenden Vertreter waren Herodot und Thukydides. Behandelte *Herodot* in seiner Forschung und Darstellung (beides ist »Historia«) noch jeden Gegenstand, der irgendwie mit den Menschen zusammenhing, so engte *Thukydides* seine Thematik weitestgehend auf »politische« Geschichte ein. Herodot beschrieb noch, wie Götter – etwa mit Orakelsprüchen – in die menschliche Sphäre eingreifen und so auch politische Ereignisse von großer Tragweite lenken; Thukydides hingegen forschte nach Ursachen und Folgen, die sich allein aus dem Handeln der Menschen ergeben. Damit scheint er die Forschungsmethode des zeitgenössischen Arztes *Hippokrates* auf die Geschichte übertragen zu haben.

Die Klassische Philosophie

Eine im Resultat völlig neuartige Synthese einzelner Elemente der ionischen Naturphilosophie und der Sophistik boten *Sokrates* und *Platon.* Aus unterschiedlichen Aussagen über den gleichen Gegenstand entwickelten sie das Prinzip der *Dialektik,* das der Wahrheitsfindung diente. Ebenfalls zur wahren und sicheren Erkenntnis sollte das Lehrgespräch führen, das Platon im Wechsel von Frage und Antwort entfaltete:

»Sokrates: Wohlan! Was man schneiden muß, muß man doch, sagen wir, vermittels etwas schneiden. Hermogenes: Ja. S.: Und was weben, vermittels etwas weben, und was bohren, mittels etwas bohren? H.: Freilich. S.: Also auch was man benennen muß, muß man mittels etwas benennen? H.: So ist es. S.: Was ist nun jenes, womit man bohren muß? H.: Der Bohrer. S.: Und womit man weben muß? H.: Die Weberlade. S.: Und was, womit benennen? H.: Das Wort. S.: Richtig. Ein Werkzeug ist also auch das Wort. H.: Freilich...« (Platon, Dialog »Kratylos«[13]).

Bereits Sokrates oder auch erst Platon ersetzte die Relativität der *Werte* durch eine eindeutig bestimmte Abstufung: Es gibt das wahrhaft und ohne Einschränkung Gute und genauso das wahrhaft Schöne (beides hat freilich nichts mehr mit den gleichen Begriffen der Adelswelt gemeinsam; ▷ S. 21). Das Gute und das Schöne liegen hinter allem sinnlich Erkennbaren in der Welt der *Ideen;* das höchste Gut ist die Idee des Guten. Die vornehmste Aufgabe des Philosophen ist es, die geistige Schau dieser Idee zu vermitteln. Jegliche Ethik und der Aufbau des idealen Staates, an dessen Spitze Philosophen stehen, werden von der Idee des Guten abgeleitet. Inwieweit Platon seinen Idealstaat für realisierbar gehalten hat, läßt sich nicht mit Sicherheit entscheiden. In der Realität der griechischen Poleis entsprach Platons Modellstaat eher der elitären spartanischen als der nivellierenden athenischen Staatsverfassung. 387 hat Platon im Gymnasion des Akademos in Athen eine Schule, die *Akademie,* gegründet. Sie war eine Forschungsstätte und fast ein Jahrtausend lang für Griechen und Römer der unbestrittene Mittelpunkt philosophischen Lehrens und Lernens.

Bei aller Zuversicht der Philosophen bis hin zu Platon, Wahrheit erkennen und vermitteln zu können, fehlten ihren Lehren wesentliche methodische Grundlagen. Erst Platons Schüler *Aristoteles* half diesem Mangel ab: Er entwickelte eine für wissenschaftliche Aussagen jeglicher Art gültige *Logik* mit Definitionen, Postulaten und Axiomen. Außerdem sammelte er mit seinen Schülern Daten und Fakten in allen Wissensgebieten und ordnete sie nach ihnen eigenen Gesichtspunkten; so war er wohl der erste »Wissenschaftler«, der *Empirie* und *Systematik* miteinander verband. Für seine neue Forschungsrichtung gründete Aristoteles eine eigene Schule, den Peripatos. Als Konsequenz seiner Methode lehnte Aristoteles die Ideenlehre Platons ab, und in bewußtem Gegensatz zu Platons Konstruktion eines Idealstaates beschrieb er real existierende *Staatsverfassungen* in ihrer historischen Entwicklung und ordnete sie definierten Typen zu, die in einer festgelegten Abfolge stehen sollten.

Auswirkungen der Philosophie auf die Polis

Die Philosophen und ihre Zuhörer waren Bürger. Teils lehrte und debattierte man im kleinen, privaten Zirkel, teils in aller Öffentlichkeit, etwa auf dem Marktplatz. Wenn sich um einen Philosophen eine regelrechte Anhängerschaft bildete, konnte es vorkommen, daß diese Gruppe aktiv und bestimmend in die Geschicke der Polis eingriff, wie dies Pythagoras und sein Kreis in Kroton taten. Manche Lehren mußten sich auf das *Verhalten* der Philosophen und ihrer Schüler als Bürger auswirken. Insbesondere sophistische Ansichten konnten zur Rechtfertigung der Tyrannis oder der Oligarchie als der Herrschaftsformen der von Natur aus stärkeren Menschen herangezogen werden: Naturrecht war hier nichts anderes als das *Recht des Stärkeren.* Die latent vorhandene Spannung zwi-

schen der Polis und einigen aus der Masse herausragenden Bürgern konnte man eindeutig zugunsten der vollständigen *Freiheit* der starken Persönlichkeit gegenüber der Gemeinschaft entscheiden. Beispiele für philosophisch geschulte, selbstherrliche und skrupellose Naturen sind die attischen Politiker Alkibiades, ein Schüler des Sokrates, und Kritias, ein ebenfalls im Kreis des Sokrates verkehrender Sophist. Alkibiades, der während des Peloponnesischen Krieges mehrfach die Fronten wechselte, war bestrebt, in allen seinen politischen Vorhaben ausschließlich sein eigenes Prestige zu mehren und seine Karriere zu fördern; Kritias richtete am Ende dieses Krieges zusammen mit einigen Gesinnungsgenossen die »Tyrannis der Dreißig« auf (▷ S. 27).
Einerseits waren viele Bürger mit philosophischen Lehren und ihren Folgeerscheinungen in der Polis konfrontiert; andererseits ergriff der Drang zum Philosophieren nur einen kleinen Teil der Polis-Bevölkerung. Daher bildete sich bei der Mehrheit der Bürgerschaft leicht Mißtrauen und *Aggression* gegen die intellektuelle Avantgarde. Das führte beispielsweise zur Verfolgung und Tötung von politisch engagierten und dabei aristokratisch eingestellten Pythagoräern in Kroton und anderen italischen Griechenstädten (um 450) oder zu *Strafprozessen* wie denen gegen den »Naturphilosophen« Anaxagoras, den Sophisten Protagoras oder gegen Sokrates (in Athen um 430 bzw. 399). Von der Warte philosophisch nicht geschulter Bürger aus war, bei aller Offenheit der griechischen Religion, die Lehre mancher Philosophen Gottlosigkeit.

Das Verhältnis der klassischen Dichtung zur Polis

Die wohl wichtigsten Gattungen der Dichtung in der klassischen Epoche, Tragödie und Komödie, sind ähnlich wie die bildende Kunst (▷ Tafeln 1–4) den Weg der Philosophie zu kritischem Rationalismus oder gar zur Relativität der Werte und zum Subjektivismus nicht oder nur in sehr beschränktem Maß mitgegangen: Die Mythen um die Familien des Oidipus oder des Agamemnon und um andere Helden wurden in den Tragödien vor allem des *Aischylos* und des *Sophokles* so gedeutet, daß sie die hergebrachte *Sitte* und die *Religion* nicht gefährdeten. Allein *Euripides* untersuchte das *Verhalten der Menschen* mit den Mitteln der zeitgenössischen Philosophie, in erster Linie der Sophistik, ohne freilich ihre ethisch brisanten Schlußfolgerungen zu übernehmen. Aischylos und Sophokles glaubten noch an eine Weltordnung, in der die *Götter* den Menschen aus ihren Problemen heraushelfen konnten; Euripides war davon nicht mehr vollständig überzeugt. Mit seiner teilweise pessimistischen Weltsicht fand er allerdings wenig Anklang beim zeitgenössischen Publikum, das eine von den Göttern garantierte »heile« Weltordnung bevorzugte, wie sie von den beiden anderen großen Tragödiendichtern dargestellt wurde.
Die Behandlung zeitgenössischer Ereignisse blieb eine Ausnahme. Immerhin spielten die Tragödiendichter innerhalb des dramatisierten Mythos hier und da auf *aktuelle Ereignisse* oder Zustände an und legten – allerdings nur in Umrissen – ihre Vorstellungen von Staat, Gesellschaft und Politik dar wie Aischylos in den »Eumeniden«: Hier stiftet die Göttin Athene den Areopag (▷ S. 23) als Blutgericht und beruft als seine Mitglieder die »edelsten Bürger«. Dies führte Aischylos den Athenern in einer Zeit vor, als dem Areopag seine bisherige poli-

tische Führungsfunktion genommen, die Blutgerichtsbarkeit jedoch belassen wurde (▷ S. 26). In einigen Stücken verfolgten die Tragödiendichter *patriotische Absichten* zugunsten der Polis Athen und ihrer Bürger, die ja die Zuschauer der Theateraufführungen waren: So priesen Aischylos in den bereits genannten »Eumeniden«, Euripides in mehreren Dramen und Sophokles in seinem spätesten Drama, dem »Oidipus auf Kolonos«, Athens humane Gerechtigkeit und gottgefällige Hilfsbereitschaft wie auch seine gottgewollte Stärke.
Die vielfach den Tagesereignissen zugewandte Alte Komödie, die fast nur in Werken des *Aristophanes* überliefert ist, zeigt eine gesellschaftspolitisch genauso wie intellektuell und weltanschaulich konservative Haltung: Aristophanes akzeptierte die Demokratie nur in ihrer gemäßigten Form; als für die Polis wesentlich galten ihm die *agrarisch lebenden Schichten.* Aristophanes zog Aischylos und auch Sophokles dem von der Aufklärung der Sophisten beeinflußten Euripides vor, und recht grob verzeichnete er Sokrates und andere Philosophen wohl aus purem Unverständnis. Zwar bezog Aristophanes Götter in die bisweilen derben Handlungen seiner Komödien ein, doch ließ er die Religion der Polis unangetastet.

3. Auseinandersetzungen mit Nichtgriechen

546	Die Perser unterwerfen die Griechen Kleinasiens
499–494	Ionischer Aufstand
492–479	Abwehrkriege der Griechen des Mutterlandes gegen Angriffe der Perser. Griechische Siege 490 bei Marathon, 480 bei Salamis und 479 bei Plataiai
480, 474	Siege westgriechischer Aufgebote bei Himera über die Karthager und bei Kyme über die Etrusker
477	Gründung des Attisch-Delischen Seebundes
449/8	Kallias-Frieden

Kolonisation und Überseehandel brachten die Griechen in vielfältige Kontakte mit anderen Völkern des Mittelmeerraumes. Macht- und handelspolitische Interessen führten zu kriegerischen Auseinandersetzungen zwischen griechischen Poleis und fremden Staaten.

Griechen gegen Karthager, Etrusker und Italiker

Karthager und Etrusker hatten sich im westlichen Mittelmeerraum auf *Interessensphären* geeinigt. Sie wahrten diese um 540 erfolgreich gegen die Phokaier, die sich nach Aufgabe ihrer kleinasiatischen Siedlung auf *Korsika* festzusetzen versucht hatten, und verhinderten so ein »Kolonialreich« Phokaias und seiner Tochterstadt Massalia (▷ Karte S. 19) am westlichen Mittelmeer. Zwischen dem 8. und dem 6. Jahrhundert besiedelten die Karthager Küstenstriche *Siziliens* von Westen, die Griechen von Osten her. Zum militärischen *Zusammenstoß* kam es zwischen beiden zum gleichen Zeitpunkt, als sich die Griechen im

Achilleus, *der Held der Ilias,* triumphiert über *die Amazonenkönigin* Penthesilea. *Geschnittener Stein, Anfang 5. Jh. v. Chr. Der Kampf dieser beiden Sagengestalten kann als Gleichnis für den siegreichen Kampf der Griechen gegen ein »barbarisches« Volk aus dem Osten gedeutet werden.*

Mutterland der Invasion der Perser zu erwehren hatten; möglicherweise hatten sich die Karthager mit dem persischen Großkönig abgesprochen. Geführt von Gelon und Theron, den Tyrannen der beiden größten Poleis Syrakus und Akragas, siegten zwar die sizilischen Griechen 480 bei Himera über das große karthagische Aufgebot, sie konnten aber die Karthager nicht aus Sizilien vertreiben und vermochten dies auch späterhin nicht aus eigener Kraft. Am Ende des 5. Jahrhunderts weiteten die Karthager ihren Macht- und Einflußbereich sogar wieder aus. Der Ausbreitung der Etrusker in *Kampanien* und somit in unmittelbarer Nachbarschaft griechischer Siedlungen setzte ein Sieg, den eine griechische Flotte unter dem Tyrannen Hieron von Syrakus im Jahr 474 vor Kyme errang, eine Grenze. Allerdings konnten die unteritalischen Griechen diesen Erfolg nicht ausnutzen; denn von nun an breiteten sich *italische Völkerschaften* aus dem Landesinneren bis in die von den Griechen besiedelten Küstenzonen aus und drangen nach und nach in die meisten Griechenstädte ein. Bereits im Jahr nach der Schlacht von Kyme erlitt Tarent, die damals bedeutendste Polis auf der italischen Halbinsel, eine schwere Niederlage gegen das Aufgebot zweier italischer Völker.

Die kleinasiatischen Griechen und das Perserreich

Die Griechenstädte Kleinasiens mußten sich nacheinander der Macht des Lyderreiches und nach dessen Annexion durch Kyros (546/5) der des expandierenden Perserreiches beugen (▷ S. 11 f.). Die Verbindungen mit einem weiten Hinterland brachte ihnen wahrscheinlich Vorteile für den Handel; doch empfand ein Teil der kleinasiatischen Griechen die *persische Oberherrschaft* von vornherein als bedrückend: Die Bürgerschaften von Teos und Phokaia gaben ihre bisherigen Städte auf und wanderten aus. In anderen Poleis, die sich der persischen Macht unterworfen hatten, äußerte sich Unzufriedenheit allerdings erst, als der persische Großkönig und seine Satrapen lokale Tyrannen unterstützten und damit eine Opposition von Bürgern hervorriefen, die demokratische Gedanken entwickelten. Ein gegen die persische Oberherrschaft gerichteter Aufstand kleinasiatischer Griechenstädte, der *Ionische Aufstand* (499–494), scheiterte nach einigen Jahren; die siegreichen Perser zerstörten Milet, das Zentrum des Aufstands.

Eretria auf Euboia und Athen hatten die aufständischen Griechen Kleinasiens unterstützt. Gegen die beiden Poleis richtete sich ein persischer Feldzug. Er

Verteidigungskrieg der Griechen gegen die Perser

nahm ein plötzliches Ende, als die Athener unter Miltiades durch einen kurzentschlossenen Aufmarsch und Angriff das bei dem attischen Ort *Marathon* gelandete persische Heer besiegten (490). Dieser Sieg forderte die persischen Großkönige Dareios und Xerxes zu verstärkten Rüstungen heraus. Seit 482 baute und bemannte auch Athen eine große *Kriegsflotte;* nach dem Erfolg der athenischen Landstreitmacht bei Marathon war das geradezu revolutionär. Der attische Politiker *Themistokles,* der bereits Archon gewesen war und seit vielen Jahren für die Umwandlung Athens zur Seemacht eintrat, setzte den Bau der Kriegsflotte durch. Opponenten schaltete er durch das Scherbengericht aus.

Die Poleis des griechischen Mutterlandes verhielten sich gegenüber dem zweiten persischen Angriff, der ganz Griechenland galt, unterschiedlich; konsequenter Widerstandswillen war nur bei einigen vorhanden: Sparta, das den Peloponnesischen Bund mobilisierte, und Athen brachten mit anderen Poleis einen eidlich abgesicherten *Kampfbund* zustande (481). Dieser nahm sich das Recht, über Poleis außerhalb des Kampfbundes zu verfügen, die sich, wie es Theben tat, freiwillig den Persern anschlossen. Hier zeigte sich die griechische Nation als politische Gemeinschaft; dies blieb freilich ein Einzelfall in der Geschichte der Griechen. Trotz aller Bemühungen, möglichst viele Poleis für den Verteidigungskrieg zu gewinnen, waren die unter Spartas Führung verbündeten Griechen den Persern militärisch unterlegen. Der Versuch, das diesmal von Norden her auf dem Landweg vorrückende Perserheer aufzuhalten, scheiterte in Mittelgriechenland an den *Thermopylen* (August 480). Gegen den hartnäckigen Widerstand seiner Mitbürger setzte Themistokles durch, daß die Athener ihre Stadt räumten und dem Feind überließen, um die Rettung mit Hilfe der Kriegsflotte zu versuchen. Das persische Heer besetzte und zerstörte Athen. In der von Themistokles provozierten Seeschlacht im engen Sund zwischen Attika und der Insel *Salamis* wurde den Persern ihre Überlegenheit an Zahl und Größe der Schiffe zum Verhängnis (September 480). Im folgenden Jahr fanden sich die verbündeten Griechen auf athenischen Druck hin zur Landschlacht gegen das persische Heer bereit. Trotz mangelnder Koordination siegten bei *Plataiai* die Griechen dank der Feldherrntüchtigkeit des spartanischen Königs Pausanias und der Tapferkeit seiner Spartiaten. Insgesamt lag das Verdienst für die Abwehr der Perser jedoch bei der opferbereiten *Bürgerschaft Athens* und ihrem tatkräftigen und ideenreichen Politiker *Themistokles.*

Griechischer Gegenangriff unter der Führung Athens

Die Griechen trugen den Krieg nun nach *Kleinasien.* Damit schlug die Verteidigung der Festlandsgriechen in einen Angriffskrieg um. Er galt der Befreiung der Griechen, die die ägäischen Inseln und die kleinasiatische Westküste bewohnten. Dazu war die Landmacht Sparta nicht in der Lage, und daran war sie auch nicht interessiert. So führte Athen, das über die größte Kriegsflotte verfügte, die weiteren militärischen und diplomatischen Aktionen gegen die Perser an; und neben dem allgemeingriechischen Zusammenschluß, dem nach den Siegen von Salamis und Plataiai weitere Poleis beigetreten waren, entstand seit 477 ein neuer Bund, der *Attisch-Delische Seebund.* In ihm wurden Athen und fast alle Poleis der kleinasiatischen Westküste, der Küste Thrakiens und der Ägäisinseln und später auch Poleis in anderen Gegenden Mitglieder. Die Kämpfe gegen das Perserreich wurden erst drei Jahrzehnte später und – trotz militärischer Siege, die insbesondere der Athener *Kimon,* ein Sohn des Miltiades, errang – mit nur geringem Erfolg für die griechische Seite beendet (Kallias-Frieden 449/8).

Bedeutung der griechischen Abwehrkriege

Die Bedeutung des Kampfes zwischen Griechen und Persern und ähnlich zwischen Griechen und Karthagern bzw. Etruskern wird in der Forschung unterschiedlich bewertet. Daß der für die Griechen siegreiche Ausgang der Perserkriege die *politische Geschichte des Mittelmeerraums* geprägt hat, ist angesichts des persischen Weltherrschaftsanspruchs und einer von ihm bestimmten Politik offenkundig. Doch sind die Griechen über bloße Verteidigungserfolge kaum hinausgekommen. Ob die Einbeziehung Griechenlands in das Perserreich die *griechische Kultur* und insbesondere ihre sehr weit reichende Geistesfreiheit gefährdet hätte, darf bezweifelt werden,[14] denn die Perser regierten ihr ethnisch und kulturell vielfältiges Reich mit einer bis dahin unbekannten Toleranz. Griechischer Geist hatte sich in Ionien während der Perserherrschaft unbeeinträchtigt regen können. Wie die Perser haben die Karthager, die ja Phoiniker waren, denen die griechische Zivilisation einiges verdankte, und die Etrusker, die manches Element der griechischen Kultur übernahmen, die Griechen kulturell nie unterdrückt. Der Unabhängigkeitskampf hat allerdings das *Selbstbewußtsein* der Griechen gestärkt; und die besondere Leistung der Athener in diesem Kampf lieferte ein gewichtiges Argument für die Vorherrschaft Athens in den folgenden Jahrzehnten.

4. Das Vormachtstreben Athens

477	Gründung des Attisch-Delischen Seebundes
454	Die Bundeskasse wird von Delos nach Athen gebracht
431–404	Peloponnesischer Krieg
387/6	Königsfrieden

Expansion Athens und anderer Poleis

Die Geschichte der griechischen Stadtstaaten nach der Abwehr der Perser ist durch das Machtstreben und die Vormachtstellung Athens geprägt. Dabei war freilich das Bestreben der Athener, die Macht ihrer Stadt auszuweiten, innerhalb der griechischen Poliswelt nicht ungewöhnlich oder neu. Im Mutterland war es zwar Jahrhunderte hindurch, bedingt durch die annähernd gleiche Größe der Stadtstaaten und ihre Nähe zueinander, bei eng *begrenztem Gebietszuwachs* einzelner Polis geblieben; doch auf kolonialem Boden bildeten sich einige *größere Staaten,* die für längere Zeit Bestand hatten (so Kyrene, Syrakus, Bosporanisches Reich). *Athen* hatte im 8. Jahrhundert Attika seiner Herrschaft unterworfen. Seit ungefähr 600 hatten die Athener, die an der Großen Kolonisation nicht beteiligt gewesen zu sein scheinen, Stützpunkte auf dem Weg zum getreide- und fischreichen Schwarzmeergebiet erworben.

Athen und der Seebund

Nach der Abwehr der Perser wurde Athen als größte Seemacht geradezu automatisch zur *Vormacht* der Poleis an und in der Ägäis. Die Athener bauten den bereits erwähnten Attisch-Delischen Seebund schnell zum Instrument ihrer eigenen *Machtpolitik* aus: Athen schloß zweiseitige Verträge mit beitrittswilligen Stadtstaaten. Die Verbündeten mußten Schiffe stellen oder Jahr für Jahr finanzielle Beiträge leisten. Da die meisten Poleis die Geldzahlung bevorzugten, überwogen in der gemeinsamen Kriegsflotte bald athenische Schiffe und Mannschaften. Die Kasse des Bundes befand sich zunächst auf der Insel Delos. Nachdem in einer Situation äußerer Gefahr die Bundeskasse nach Athen übergeführt worden war, hatte die Vormacht des Bundes praktisch volle Verfügungsgewalt über die einlaufenden und gehorteten Gelder. Unter *Perikles'* Führung benutzten die Athener den stetigen Zufluß von Geldern aus dem Seebund zur bündnismäßigen Unterhaltung der Kriegsflotte und zu einem geringen Teil auch zum Wiederaufbau und zur prächtigen Ausgestaltung der eigenen Stadt, insbesondere ihrer Akropolis. In seinen Bauten zeigte sich Athen als »Hauptstadt« eines Bundes, der sich immer mehr zu einem *zentral gelenkten »Reich«* entwickelte.

Athens beherrschende Stellung im Seebund eröffnete vielen Menschen *neue Betätigungs- und Verdienstmöglichkeiten:* Zahlreiche ärmere Athener erwarben von nun an ihren Lebensunterhalt durch Dienst in der Kriegsflotte. Gewerbetreibende und Handwerker, unter ihnen viele Fremde, erhielten durch öffentliche Bauaufträge Arbeit und Verdienst. Die Ausübung öffentlicher Ämter und Funktionen und sogar die bloße Anwesenheit in Volksversammlungen und auch bei Theateraufführungen wurde nun vergütet (sogenannte Diäten). Die *Zahlungen der Bündner* halfen Perikles und anderen attischen Politikern, die »radikale« attische Demokratie zu verwirklichen.

Die Führungsposition Athens war im Seebund nicht unangefochten. Aber Athen unterdrückte vor allem unter Perikles alle Ausscherversuche von Verbündeten notfalls mit Waffengewalt und bestimmte bisweilen auch über ihre Polisverfassungen. Dieser *Zwangsherrschaft* waren sich Perikles und einige seiner Anhänger bewußt; sie war fester Bestandteil ihrer Politik, während sie andere Politiker, allerdings vergeblich, ablehnten. Ihr Wesen und ihre Funktion traten voll in Erscheinung, als mit dem Kallias-Frieden zwischen Athen und dem Großkönig dem Bund die ursprüngliche Grundlage, der Kampf gegen das Perserreich, entzogen wurde. In dem Bestreben, den Seebund um jeden Preis zu vergrößern oder wenigstens zu halten, griff Athen auch in das Verhältnis zwischen der Handelsmacht *Korinth* und einigen ihrer Tochterstädte ein (433/2).

Versuch einer territorialen Ausdehnung

Die Athener versuchten auch wiederholt, mit Waffengewalt von Attika aus ein möglichst großes geschlossenes Gebiet in Mittelgriechenland zu beherrschen. Davon waren in erster Linie die Nachbarn Athens, die Boioter mit ihrem Vorort *Theben* und die Polis Megara, indirekt aber auch *Sparta* als die bislang allgemein anerkannte griechische Vormacht zu Land betroffen. Ein gutes Verhältnis zu Sparta konnten die Athener jedoch nur bei vorsichtigem Ausbau ihrer eigenen Machtposition bewahren. Für eine solche Politik trat der gemäßigt demo-

Parthenon, *Hauptheiligtum der Göttin Athene auf der Akropolis von Athen, Neubau aus der Zeit des Perikles, 447–438 v. Chr. Dieser wohl vollendetste Tempelbau im dorischen Stil wurde von vielen kleinen Handwerksbetrieben in Gemeinschaftsarbeit errichtet und steht so für die Bürgergemeinde des demokratischen Athen.*

kratische und spartafreundliche *Kimon* ein; ohne Rücksicht auf Sparta wollten hingegen die »radikalen« Demokraten, vor allem *Perikles,* Athens politische Macht und Wirtschaftskraft stärken. Doch sah sich Athen gezwungen, in einem 446/5 mit Sparta geschlossenen dreißigjährigen Frieden auf alle Eroberungen in Griechenland zu verzichten. Fortan konzentrierte sich die athenische Machtpolitik auf die *Vorherrschaft zur See.*

Der Peloponnesische Krieg und seine Folgen

Die Machtausübung Athens im Seebund und die Versuche der Athener, Rivalen unter den griechischen Poleis zu schwächen, führten zum *Peloponnesischen Krieg* (431–404). An ihm waren die meisten Poleis des Mutterlandes, der Ägäis und Kleinasiens und auch solche in Sizilien und an der Adria beteiligt. Nach erbittert geführten, fast dreißigjährigen Kämpfen siegte Sparta mit seinen Verbündeten, unter ihnen vor allem Korinth, Theben und Syrakus, über Athen, das kapitulieren mußte. Der Sieger bestimmte die *Auflösung des Seebundes.* Doch der Sieg Spartas war teuer erkauft: *Persische Gelder* hatten Sparta wesentlich gestärkt; nun erwartete der Geldgeber Gegenleistungen. Der *Friedensschluß* unter den Griechen kam erst 387/6 zustande, also viele Jahre nach der Kapitulation Athens und nach weiteren kriegerischen Auseinandersetzungen unter den Griechen. Er war der Form nach ein Erlaß des persischen *Großkönigs,* gliederte die Griechenstädte Kleinasiens dem Persischen Reich ein und entsprach damit den Herrschaftsvorstellungen der Perser. Alle übrigen Griechenstädte erhielten Autonomie; ihre »Befreiung« hatte Sparta auf Befehl des Großkönigs zu überwachen. So drohte die versprochene Freiheit vom Joch Athens in *neue Abhängigkeit* umzuschlagen.

Der Peloponnesische Krieg selbst und seine Begleiterscheinungen wie die große Seuche der Jahre von 430 an führten zu *Bevölkerungsverlusten* bei Siegern wie Besiegten. Handwerk und Handel lagen danieder, die Landwirtschaft war in vielen Gegenden schwer getroffen. *Soziale Spannungen* und sogar Unruhen waren in vielen Poleis die Folge. Ganz Griechenland ging aus dem Krieg geschwächt hervor. Sparta konnte mit seinen wenigen Vollbürgern auf Dauer nicht Führungsmacht sein. Athens Versuch, durch Neugründung eines Seebundes (ab 377) wieder die Vormacht in der Ägäis zu werden, hatte nur zeitweiligen und geographisch begrenzten Erfolg. Auch *Theben* konnte lediglich für knapp zehn Jahre (371–362) eine Vormachtstellung auf dem griechischen Festland halten. So kennzeichnen *wechselnde Macht- und Vormachtkonstellationen* die Jahrzehnte bis zum Eingreifen und zur Vorherrschaft der neuen Macht Makedonien.

5. Wirtschaft und Gesellschaft

Gewerbe, Handel und Landwirtschaft

Die Folgen der Kolonisation waren die ganze Klassische Epoche hindurch spürbar. Den Import eines Teils der grundlegenden Versorgungsgüter, vor allem des Getreides, glichen die Poleis des Mutterlandes durch vermehrte *Herstellung und Ausfuhr gewerblicher Waren* aus. Am deutlichsten läßt sich dieser Warenaustausch an den zahlreichen in Korinth und mehr noch in Athen hergestellten Tongefäßen nachweisen, die zum Transport, zur Vorratshaltung, zum Kochen, zur Körperpflege, zum Totenkult und zu anderen Zwecken dienten und teilweise kunstvoll bemalt waren; sie sind in vielen Griechenstädten der Kolonisationsgebiete und darüber hinaus in den Küstenorten des Mittelmeerraumes sowie in angrenzenden Gebieten gefunden worden. Städte wie Korinth lebten wesentlich vom Überseehandel. Im griechischen Mutterland hatte er seinen Höhepunkt vor dem Ausbruch des Peloponnesischen Krieges und erreichte dort nach dessen Ende sein früheres Ausmaß nie wieder. Seit dem 6./5. Jahrhundert wurde in den meisten griechischen Poleis Edelmetall, vor allem Silber, zu *Münzgeld* ausgeprägt. Es erleichterte den Handel von Stadt zu Stadt. Die *agrarische Grundlage* der Handels- und Gewerbezentren ging indessen niemals völlig verloren; so versorgte sich Athen noch im 4. Jahrhundert etwa zur Hälfte mit Getreide aus seinem Umland.

Veränderungen in der Gesellschaft

Die veränderten wirtschaftlichen Verhältnisse beeinflußten das gesellschaftliche Gefüge der Poleis: Hatte Solon die athenischen Bürger wohl in erster Linie noch nach landwirtschaftlichem Besitz und agrarischer Produktion in »Fünfhundertscheffler« usw. eingeteilt, so dienten später andere Vermögenswerte und Besitz an Münzgeld als Kriterien für die Klassenzugehörigkeit der Athener. Zu den führenden Politikern aus den adelig-agrarischen Kreisen traten solche, die Händler, Handwerker oder »Fabrikanten« waren wie in Athen zur Zeit des Peloponnesischen Krieges der Gerber Kleon, der wegen seines Einflusses in der Bürgerschaft als Demagoge berüchtigt war.

Sklaverei

In Sparta sorgten die Heloten für die Ernährung der Vollbürger; freilich ist Sparta nicht typisch für die griechischen Poleis. Die zahlreichen Unfreien in Athen waren nur etwa zur Hälfte bei der Herstellung von Waren eingesetzt; der andere Teil leistete in den Haushalten Dienste. Die handwerklich tätigen Sklaven arbeiteten meist in kleineren Manufakturen oder in Familienbetrieben. Wenn sie an öffentlichen Aufträgen, z.B. dem Wiederaufbau und der künstlerischen Gestaltung der athenischen Akropolis, mitwirkten, zahlte die Polis für ihre Arbeit den gleichen Lohn wie für die gleichartige Leistung eines Freien. Sehr hart war die Arbeit in Bergwerken, z.B. in den attischen Silberminen; doch waren hier genauso wie in den meisten anderen Produktionszweigen Sklaven und Freie tätig. Sklaven konnten sogar Schürfrechte vom Staat pachten und selbst ein Bergwerk leiten.

Angesichts dieser Tatsachen kann die Existenz der vielen Sklaven zumindest nicht ausschließlich mit wirtschaftlichen Bedürfnissen der Poleis und ihrer Bürger erklärt werden.[15] Man darf Sklaverei im klassischen Griechenland – im Gegensatz zu späteren Epochen der antiken Geschichte – nicht mit konsequenter und rigoroser Ausbeutung gleichsetzen. Insbesondere ist die »radikale« Demokratie der Athener nicht durch Sklavenarbeit, sondern durch den Seebund und weitere Faktoren ermöglicht worden. Unfreiheit war allerdings so selbstverständlich, daß die Griechen eigene Landsleute genauso versklavten wie »Barbaren«.

Das Los der Frauen

Die Sippenverbände (*Phratrien* u.a.), welche die Familien zusammenhielten, waren schon vor der klassischen Zeit bedeutungslos geworden. Ehegatten, Kinder, bisweilen auch die Eltern des Mannes und, sofern vorhanden, Haussklaven lebten als Kleinfamilie zusammen. Die Ehe kam durch Vereinbarung zwischen dem Vater oder Vormund der Braut und dem Bräutigam zustande; das Mädchen bzw. die junge Frau hatte zumindest dem Recht nach keine Mitsprache. Als Einzelkind konnte eine Tochter zur Erhaltung der Vaterslinie als sogenannte Erbtochter mit einem Verwandten väterlicherseits verheiratet werden. Weder innerhalb noch außerhalb der Ehe erreichte eine Frau Mündigkeit und eigene Geschäftsfähigkeit; sie war entweder der Entscheidungsgewalt (*Kyria*) ihres Vaters, Bruders oder eines Verwandten der väterlichen Seite oder eines bestellten Vormunds unterworfen. Wenn eine Frau als Marktverkäuferin oder als Handwerkerin tätig war, dann stand als eigentliches Rechtssubjekt immer ein Mann hinter ihr – mochte die Frau auch de facto selbst für ihren Unterhalt und, etwa als Witwe, auch für den ihrer Kinder sorgen.

Die verheiratete Frau lebte innerhalb des Hauses ihres Mannes in eigenen Gemächern und nahm an seinem häuslichen Leben kaum teil. In der Öffentlichkeit trat sie nicht auf; dies war Sache des Mannes. So beteiligte sich die Frau an der »Politik«, einem männlichen Reservat schlechthin, nicht. Es war sogar die Regel, daß das Einkaufen der Mann besorgte. Die Beschränkung der Frauen auf das Haus zeigt auch die bildende Kunst der Zeit (▷ Tafeln 2 und 4). Die Frau führte den Haushalt, war also für Kochen, Lebensmittelbevorratung, Spinnen, Weben usw. zuständig, allerdings unter Aufsicht des Gatten. Auch oblag ihr nur die Erziehung der Säuglinge und Kleinkinder bis zu etwa sechs Jahren.

Diese Einengung resultierte aus zwei weiteren Benachteiligungen der Frau:

Griechische Frauen beim Verfertigen von Kleidung *auf einem attischen schwarzfigurigen Lekythos (Henkelkrug) des Amasis-Malers, um 540 v. Chr. Das Herunterspinnen von einer herabhängenden Spindel (links) ist heute noch in ländlichen Bezirken zu sehen. Die Weberinnen am Webebalken, von dem die Kettengewichte herabhängen (oben), mußten hin und her gehen, während sie ihre Weberschiffchen durch die Kettenfäden führten.*

Jungen wurde Bildung und Ausbildung bis in das Mannesalter hinein vermittelt, Mädchen dagegen erhielten nur eine rudimentäre Ausbildung in Kindesjahren. Männer waren bei ihrer (ersten) Heirat etwa dreißig Jahre alt, Frauen, besser gesagt: Mädchen, halb so alt und bei Eintritt in den Ehestand in jeder Hinsicht unerfahren. Von daher war der Mann, sofern er sich um seine Frau kümmerte, ihr Lehrmeister:

»Was konnte meine Frau schon wissen, als ich sie zu mir nahm, da sie zur Zeit der Heirat noch nicht einmal 15 Jahre alt war, die Jahre zuvor aber gerade unter der Fürsorge verbracht hatte, daß sie so wenig wie möglich sähe, möglichst wenig höre und ebensowenig frage ... [Als meine Frau in mein Haus kam,] opferte ich und betete zu den Göttern, daß wir, ich als Lehrender und sie als Lernende, das Beste für uns zwei erlangten« (Xenophon, Schrift über die Hauswirtschaft[16]).

Extrem ungleich waren auch die Bedingungen in der Ehe. Die verheiratete Frau war vollständig von ihrem Ehemann abhängig. Dieser galt auch dann als treu, wenn er eine oder mehrere Geliebte, ja Nebenfrauen hatte oder wenn er intime gleichgeschlechtliche Kontakte unterhielt. Der Mann konnte die Ehe einseitig aufkündigen; er mußte der Frau, die er fortschickte, nur ihre Mitgift zurückgeben.

Sicher gab es auch Ausnahmen von dieser Unfreiheit und Enge weiblicher Lebensführung: in Sparta generell (▷S. 28 f.), aber in Einzelfällen, die als spektakulär empfunden wurden, auch anderswo. So zeigte sich in Athen, wo die Demokratie den Frauen keine Emanzipation gebracht hatte (▷ S. 25 f.), die Milesierin Aspasia als bürgerrechtlich nicht vollwertige Gattin des Perikles mit diesem zusammen immer wieder in der Öffentlichkeit und nahm dank ihrer unüblichen Bildung an Gastmählern der Männer mit ihren lebhaften Diskussionen teil. Aspasia erregte dadurch bei den Athenern Anstoß. Eine gewisse Eigenständigkeit genossen Frauen in der Ausübung einiger Kulte. Doch verband damit die Männerwelt die Vorstellung sexueller Freizügigkeit. In der Staats- und Gesellschaftstheorie (▷ S. 32 f.) wurde immerhin an gleiche Behandlung und Stellung von Mann und Frau gedacht, allerdings innerhalb mehr oder weniger utopischer Entwürfe, nämlich in Platons »Staat« und »Gesetzen«, während eine die damalige Lebenswirklichkeit lediglich systematisierende Betrachtung, wie Aristoteles sie in seiner »Politik« bot, die Zurücksetzung der Frau gegenüber dem Mann festschrieb.

III. Die Epoche des Hellenismus: Makedonen, Griechen und der Orient

338	Sieg der Makedonen unter Philipp II. über Athener und Thebaner bei Chaironeia. Gründung des Korinthischen Bundes
336–323	Alexander III., der Große, König der Makedonen
334–325	Alexander erobert das Perserreich und angrenzende Gebiete
323–276	Mehrere kleine und drei große Reiche entstehen auf dem Boden des Alexanderreichs
323–30	Herrschaft der Ptolemäer über Ägypten
312–64	Reich der Seleukiden in Vorder- und Mittelasien
276–168	Herrschaft der Antigoniden über Makedonien und Teile Griechenlands
seit 320	Hellenismus. Neue philosophische Richtungen: Kynismus, Epikureismus, Stoa. Blüte der Wissenschaften

1. Makedonien und Griechenland in den Regierungszeiten Philipps II. und Alexanders III.

Makedonien vor Philipp II.

Im Norden des griechischen Festlands lebten mehr oder weniger zur griechischen Nation gehörende Völkerschaften, die nicht in Poleis, sondern in *Flächen-*

staaten zusammengeschlossen waren und *monarchische Regierungsformen* beibehalten hatten. Aus dem Kreis dieser Königreiche erlangte *Makedonien* höchste politische Bedeutung. Das makedonische Königshaus der *Argeaden* – und wohl auch der Adel – suchte und fand seit der ersten Hälfte des 5. Jahrhunderts Anschluß an Griechenland. Wiederholte Auseinandersetzungen mit Nachbarvölkern im Westen, Norden und Osten, wie auch Streitigkeiten und Morde innerhalb der Königsfamilie, ließen Makedonien trotz aller Möglichkeiten, aus innergriechischen Konflikten Nutzen zu ziehen, lange Zeit hindurch ein machtpolitisch unwesentlicher Randbezirk Griechenlands bleiben. Dies änderte sich grundlegend in den 23 Regierungsjahren des Königs *Philipp II.* (359–336), der freilich auf wichtigen Reformen einiger seiner Vorgänger aufbauen konnte.

Innen- und Außenpolitik Philipps II.

Stärkung des Königtums und Aufbau eines schlagkräftigen Heeres waren die wesentlichen Grundlagen für den schnellen Aufstieg Makedoniens. Adelige, die sich mit dem König als gleichrangig betrachteten, stellten die Reiterei. Hierzu wurde als militärische Ergänzung und zugleich als innenpolitisches Gegengewicht eine nach griechischem Vorbild geschlossen kämpfende, aber mit größeren Lanzen bewaffnete Infanterie aus dem zahlenmäßig starken Bauerntum geschaffen. Die adeligen Reiter waren als *Gefährten* und die bäuerlichen Infanteristen als *Gefährten zu Fuß* dem König in Loyalität verbunden. Mit diesem Heer unternahm Philipp Feldzüge und band es dadurch noch enger an sich, daß er Land aus der Kriegsbeute vergab. Indem Philipp griechische Hafenstädte an der makedonischen Küste und auf der Halbinsel Chalkidike eroberte und eine Flotte bauen ließ, öffnete er sich neue Möglichkeiten der *Machtpolitik.* Philipp war so vorsichtig, daß er die Makedonien umgebenden Fürstentümer und Stadtstaaten einzeln angriff und die jeweils anderen durch Versprechungen und Verträge hinhielt. So konnte er aus der reinen Verteidigungslage, die er bei Übernahme der Regierung vorfand, schnell zu Offensiven übergehen, die trotz zwischenzeitlicher Mißerfolge Makedonien zum einzigen bedeutenden Staat und Philipp zum einzigen mächtigen Mann im griechischen Raum machten.

Die Griechen angesichts der neuen Macht Makedonien

Philipps Erfolge wurden dadurch erleichtert, daß seine Gegner, insbesondere die Griechen in den Poleis, kaum jemals gemeinsame Sache gegen ihn machten. Philipps geschickte und skrupellose Diplomatie, zu der auch die Bestechung auswärtiger Politiker gehörte, beschwichtigte zeitweilig sogar den Redner *Demosthenes* und damit den Politiker, der am entschiedensten gegen Philipp Stellung bezog und *Athen,* die einzige noch halbwegs militärisch bedeutsame und finanzkräftige Polis, zum Kampf antrieb. Demosthenes trat für eine offensive Verteidigung gegen den Makedonenkönig ein. Doch nicht einmal das von Demosthenes im letzten Augenblick zustande gebrachte Kampfbündnis der ehemals miteinander verfeindeten Poleis Theben und Athen war gegen Philipp stark genug: Beide erlitten 338 bei *Chaironeia* in Boiotien die entscheidende Niederlage.

Die unentschiedene Haltung vieler griechischer Bürger gegenüber Philipp hatte tieferliegende Gründe: Seit Platon wandten sich Intellektuelle von den bestehenden Stadtstaaten ab und einem rein gedanklichen Idealstaat zu. *Desinteresse an der Polis* ergriff in demokratisch regierten Städten besonders die Wohlhabenden, die ja Leiturgien finanzieren mußten, ohne die Politik ihrer Stadt in besonderem Maße bestimmen zu dürfen. An die Stelle erreichbarer Zielsetzungen traten *hochfliegende Ideen,* insbesondere die, daß man nach den vielen innergriechischen Kriegen einen von zahlreichen Zeitgenossen erwünschten gesamtgriechischen Frieden schließen solle, um dann gemeinsam den »Erbfeind« Persien zu bekriegen. Dieser Gedanke war zum erstenmal 408, also gegen Ende des Peloponnesischen Krieges, vor dem Publikum der Olympischen Spiele vom Sophisten Gorgias geäußert worden. Der attische Redner *Isokrates* griff ihn auf und richtete die Aufforderung zur Einigung der Griechen und zur Führerschaft im Perserkrieg nacheinander an Athen und an verschiedene Machthaber, schließlich, ab 359, an Philipp II. Grundhaltungen, wie die hier beschriebenen, waren für konsequente Opposition gegen den Makedonenkönig nicht geeignet.

Philipp II. und die Griechen nach der Schlacht von Chaironeia

Philipp unterwarf nach seinem Sieg bei Chaironeia die griechischen Poleis nur einer *indirekten Herrschaft:* Die Freiheit jeder Polis blieb der Form nach erhalten. Philipp veranlaßte die griechischen Stadtstaaten, in Korinth einen *allgemeinen Frieden* zu schließen und einen *Bund* mit gemeinsamer Beitragskasse und militärischer Exekutionsgewalt zu gründen. Makedonien gehörte dem Korinthischen Bund absichtlich nicht an, aber Philipp ließ sich zum Führer und sodann zum *Bevollmächtigten Feldherrn* des Bundes wählen, weil er schon längst im eigenen Interesse plante, gegen Persien militärisch vorzugehen. Er erklärte nun im Anschluß an die Aufrufe des Isokrates den *Krieg gegen die Perser* zum gemeingriechischen Rachefeldzug; so konnte er mehr Menschen und größere Mittel heranziehen und gleichzeitig seine indirekte Macht über die griechischen Poleis ausbauen. Doch bevor Philipp seinen Plan ausführen konnte, wurde er ermordet (Sommer 336); der Anschlag ging möglicherweise auf eine von Philipps Frauen, auf Alexanders III. Mutter Olympia, zurück. Philipps Nachfolger *Alexander,* gerade erst 20 Jahre alt, bemühte sich, zuerst seine Herrschaft im eigenen Haus und Land zu sichern, in die persönlichen Herrschaftstitel und -positionen seines Vaters einzutreten und eigenes Ansehen zu erlangen. Dann erst griff er das gegen das Perserreich gerichtete Vorhaben seines Vaters auf.

Die griechischen Stadtstaaten und Alexander III.

Die wirtschaftliche Depression, in der sich die griechischen Städte seit dem Peloponnesischen Krieg befanden, und die aus ihr entstandenen Spannungen zwischen reichen und armen Bevölkerungsgruppen wurden dadurch, daß viele mittel- und arbeitslose Griechen in Alexanders Heer eintraten und mit ihm nach Asien fortzogen, nicht beseitigt. Die Unzufriedenheit der Polisbürger richtete sich auch gegen die *neue Vormacht Makedonien;* die meisten Poleis akzeptierten Alexanders Führerrolle nur unwillig oder – wie Theben und Sparta – zeitweilig gar nicht, so daß Alexander gegen sie zu Feld zog oder sie bekriegen ließ. Alexanders – als historische Tatsache nicht unumstrittene – Forderung nach göttlicher Verehrung (324) und entschieden mehr noch der im gleichen Jahr an die Griechenstädte erlassene Befehl, die zahlreichen aus parteipolitischen Gründen Verbannten zurückkehren und wieder in ihre Eigentumsrechte eintreten zu lassen, führten zu einem *Aufstand* Athens und anderer Poleis gegen die makedonische Herrschaft (323/2). In ihm engagierte sich Demosthenes ein letztes Mal. Der Befreiungsversuch der Poleis scheiterte. Die Souveränität vieler griechischer Stadtstaaten beschränkte sich von nun an auf den kommunalen Bereich; die Regierungsform und die Außenpolitik beeinflußte oft ein von außen her eingreifender Monarch. Der Gedanke der Polis-Freiheit (Autonomie) war freilich noch Generationen später stark genug, um das politische Geschehen in Griechenland zu bestimmen.

2. Alexander III., der Große, und sein Reich

Der Alexanderzug

Mit einem kleinen, aber schlagkräftigen Heer von Makedonen und Angehörigen unterworfener Balkanvölker und mit Truppenteilen, die die griechischen Poleis stellten, annektierte Alexander 334 nach einem Sieg über ein Aufgebot persischer Satrapen große Teile des westlichen Kleinasiens. Nur hier und da, etwa in Milet, stieß er auf Widerstand. Im folgenden Jahr 333 errang er bei *Issos* (in Südost-Kilikien) seinen ersten Sieg über ein vom persischen Großkönig *Dareios III.* selbst geführtes Heer. Alexander folgte dem Geschlagenen nicht; vielmehr zog er mit seinen Truppen nach Syrien und Phoinikien. Er eroberte dort nach siebenmonatiger Belagerung die bedeutende Seefahrts- und Handelsstadt Tyros. Dann wandte er sich nach Ägypten, das die Perserherrschaft nur ungern trug. Durch den Erwerb Phoinikiens und Ägyptens schnitt Alexander das Perserreich von seiner im Mittelmeer operierenden Flotte ab. Um über sich selbst und seine möglicherweise göttliche Herkunft Näheres zu erfahren, besuchte Alexander das Amun-Orakel in der Libyschen Wüste.

Bei *Gaugamela,* östlich des Tigris, siegte Alexander erneut über Dareios (331). Mesopotamien, Babylonien, Susiane und Persis lagen nun offen vor ihm. Alexander ließ die persische Residenz *Persepolis* plündern und einäschern. Mit dieser Maßnahme führte er den »Rachefeldzug« der Griechen gegen die Perser zu Ende; er entließ nun die von den griechischen Städten gestellten Truppenteile. Indessen beendete er den Krieg gegen die Perser nicht. Damit zeigte er an, daß er sich entweder ein neues Ziel, die Eroberung des gesamten Perserreiches, gesetzt hatte oder daß er den griechischen »Rachefeldzug« von Anfang an nur als Mittel angesehen hatte, um für sich selbst die Herrschaft über das Perserreich zu erwerben. Alexander verfolgte Dareios III. weiter und, nachdem der Großkönig von hohen persischen Würdenträgern ermordet worden war, seine Mörder. Alexander trat jetzt als *Rächer und Erbe des letzten Achaimeniden* auf. Er stieß immer weiter in den Nordosten Irans vor. Die Adeligen der dortigen Satrapien und ihr Anhang leisteten erbitterten Widerstand. Ihn zu brechen, benötigte Alexander zwei bis drei Jahre. Nun zog Alexanders Heer nach Nordwest-Indien bis über die damaligen Grenzen des Achaimenidenreiches hinaus. Erst eine Meuterei der Truppen, die seit Jahren übermenschliche Anstrengungen aushalten mußten, setzte Alexanders *Eroberungs- und Entdeckungsdrang* am

Szene aus der Schlacht bei Issos. *Römische Mosaiknachbildung eines hellenistischen Gemäldes, Pompeji, vor 79 n. Chr. Alexander stürmt von links hoch zu Roß heran und durchbohrt mit seiner Lanze einen Perser. Der Großkönig Dareios III. wendet seinen Kampfwagen mit erregter Geste zur Flucht.*

Fluß Hyphasis (Beas) eine Grenze. Danach erkundete und bekriegte Alexander die Indus-Gegend. Der Rückweg nach Persien, teils zu Wasser, teils zu Land, verlangte nochmals größte Leistungen von den Soldaten (325/4). Alexander traf nun einzelne Maßnahmen zur Neuordnung des Reiches. Doch schon bald, im Juni 323, starb er, ohne einen anerkannten lebenden Erben zu hinterlassen.

Alexanders Reich

Ob Alexander wußte, wie er die von ihm beherrschten Territorien in einem Reich fest zusammenfügen wollte, ist schon deswegen ungewiß, weil er das von ihm beherrschte Gebiet fast ständig vergrößerte und noch unmittelbar vor seinem Tod neue Eroberungen geplant hat. Er ordnete immer nur einzelne Regionen, insbesondere die jeweiligen Neuerwerbungen. Er ließ die achaimenidischen *Satrapien* bestehen und übernahm hier und da, wie in Babylonien oder Persis, sogar die Satrapen; doch stellte er persischen Statthaltern *makedonische Militärbefehlshaber* und bisweilen auch Finanzverwalter zur Seite. In gefährdeten oder strategisch wichtigen Gebieten gründete er *Militärsiedlungen und Städte* nach griechischem Muster, als erste Alexandria an der Nilmündung (332), als von Griechenland am weitesten entfernte Alexandria am Jaxartes (heute Chodschent am Syr-Darja). Je länger Alexanders Feldzüge dauerten, desto bunter wurde das *Völkergemisch* in seinem Heer. Schließlich stellte Alexander eine Kampftruppe von Iranern auf, deren Aufbau dem des makedonischen Heeresteils gleich war. Ob er darüber hinaus an eine Verschmelzung von Makedonen und Iranern gedacht hat, ist umstritten.[17] Immerhin stiftete er in der »Massenhochzeit« von Susa (324) familiäre Bande zwischen den Führungseliten beider Völker.

Alexander und seine Umgebung

Alexanders Umgebung war von seiner außergewöhnlichen Persönlichkeit geprägt: Da gab es *Gelehrte,* die alles erreichbare Wissen über die von Alexanders Heer durchzogenen Gegenden und ihre Bevölkerungen sammelten und nach Griechenland, vor allem an Alexanders Lehrer Aristoteles, weitergaben, Literaten, die den König verherrlichen sollten, und babylonische Astrologen. Zumeist nahe bei ihrem König weilte die Mehrzahl der *politisch-militärischen Helfer* Alexanders. Die meisten waren vornehme Makedonen, einige Griechen; fast alle waren Altersgenossen und Jugendkameraden des Königs. Sie gliederten sich in den inneren Zirkel der »Leibwächter« und den äußeren der »Kameraden«. Diese Gruppierung um den König entsprach der *makedonischen Adelsgesellschaft,* in der der König nur Erster unter Gleichen war, und zugleich der ihr wesensverwandten *homerischen Gesellschaft,* die Alexander durch Lektüre der »Ilias« in sich aufgenommen hatte: Er fühlte sich als Achill, sein Jugendfreund Hephaistion war sein Patroklos. In ähnlicher Weise wirkten die Mythen über den Gott *Dionysos* und den Heroen *Herakles* auf Alexander: Mit seinem Zug nach Indien wollte er anscheinend Taten dieser beiden Mythenhelden nachahmen und, wenn möglich, sogar übertreffen.

Alexander als Herrscher

Bei aller Vorliebe für Homer war Alexander entschlossen, über die Stellung eines homerischen Königs oder auch die seines Vaters Philipp von Makedonien hinauszuwachsen; er strebte die Machtfülle eines *absoluten Monarchen* an. Alexanders Zielvorstellung ist ohne die Heraushebung der Herrscherpersönlichkeit in der zeitgenössischen griechischen Philosophie und Publizistik, aber auch ohne das persische Großkönigtum nicht denkbar; sein *Anspruch auf göttliche Verehrung* zu Lebzeiten entsprach griechischen Vorstellungen, gewann aber erst in Verbindung mit dem absoluten Herrschaftsanspruch östlicher Prägung seine besondere politische Kraft. Alexander ließ es seine Freunde in konkreten Handlungen, symbolischen Akten und täglichem Umgang spüren, daß er davon durchdrungen war, unerreichbar weit über ihnen zu stehen. *Opposition und Verschwörungen* erhoben sich unter Soldaten und Vertrauten Alexanders wegen seines freundlichen Verhaltens gegenüber den Iranern und wegen seines Auftretens als Herrscher. Dennoch wirkte Alexanders Herrschertum auf seine Umgebung so intensiv, daß seine Nachfolger, soweit sie es vermochten, ihre Herrschaft dem Vorbild Alexanders anglichen.

3. Die drei großen Monarchien in der Nachfolge des Alexanderreiches

Unmittelbar nach Alexanders Tod stritten sich seine engsten Freunde und Helfer um die Führung des Reiches oder von Teilen daraus. Aus den propagandistisch und vor allem immer wieder kriegerisch geführten wechselhaften Auseinandersetzungen der *Diadochen* (= »Nachfolger«) gingen bis um 280 v. Chr. *drei größere Monarchien* hervor: die Reiche des Ptolemaios Soter (ab 323), des Seleukos Nikator (ab 312) und des Antigonos Gonatas (ab 276). Ohne Absicht der Diadochen, aber im Zusammenhang mit ihren Kämpfen entstan-

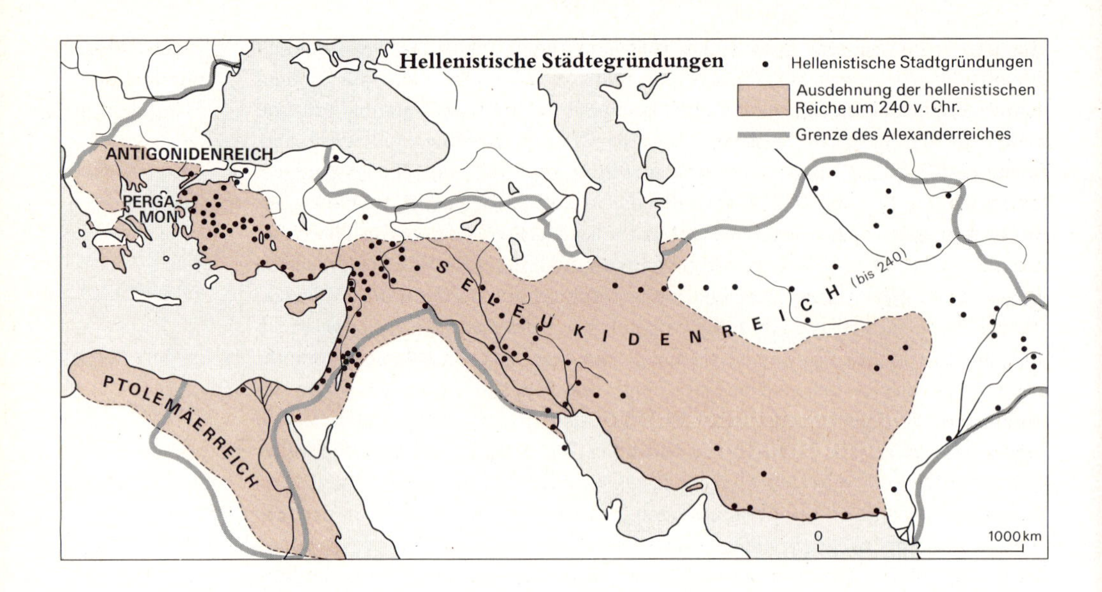

den in Kleinasien mehrere kleine Königreiche. Abgesehen von Pergamon, unterstanden sie nicht makedonisch-griechischen Dynastien, wurden aber nach und nach hellenisch beeinflußt.

Das Reich der Antigoniden

Die Antigoniden herrschten über Makedonien sowie Teile des griechischen Festlands und der Ägäis. Hauptproblem dieses Reiches war der von den *Poleis* immer wieder erhobene Anspruch auf Autonomie, der eine direkte Herrschaftsausübung des makedonischen Königs über Griechenland ausschloß. In der Tat hat die Antigonidendynastie zu keiner Zeit über ganz Griechenland geherrscht. Die absolute Monarchie konnte in Makedonien wegen der starken Adels-Traditionen nicht durchgesetzt werden; die Apotheose (Vergottung) des lebenden Herrschers war hier undenkbar.

Das Reich der Ptolemäer

Das Ptolemäerreich war dank des aus der Pharaonenzeit stammenden *Staatswirtschaftssystems,* das die neuen Herrscher in Ägypten übernahmen und ausbauten, ein in seiner Verwaltung und seinen Finanzen solider Staat. Die ständigen dirigistischen Eingriffe des Staates in Produktion und Handel machten freilich ökonomische Initiativen der Untertanen unmöglich. Gefährdungen von außen waren bei der Randlage Ägyptens selten. Eher warfen dynastische Auseinandersetzungen und ein mehrere Jahre (200–183) dauernder Aufstand der Einheimischen Probleme auf. Ägypten bot sich den Ptolemäern als Machtbasis für *Außenbesitzungen* an: Handelsniederlassungen an der afrikanischen Küste des Roten Meeres, die Landschaften Kyrenaika und Südsyrien/Phoinikien, die Insel Zypern und Städte an der kleinasiatischen Süd- und Westküste sowie in der Ägäis. Einige dieser Außenbesitzungen gingen bald wieder verloren, andere wurden für kürzer oder länger von Mitgliedern der Ptolemäerfamilie mehr oder weniger unabhängig von Ägypten regiert.

Das Reich der Seleukiden

Das Seleukidenreich, das große Teile Vorder- und Mittelasiens umfaßte, dürfte das am schwersten regierbare Diadochenreich gewesen sein. Seine riesige Ausdehnung, die langen Grenzen, höchst unterschiedliche Bevölkerungsgruppen und Wirtschaftsformen machten einen *dezentralen Reichsaufbau* nötig. Die Seleukiden verwirklichten ihn mit vielen Satrapien und zwei übergeordneten Instanzen in Sardes und Seleukeia/Tigris. An der kleinasiatischen Westküste war das Reich in die griechischen Polis-Probleme hineingezogen. Im kleinasiatischen Binnenland gründeten Kelten Stammesfürstentümer (ab 278); die Attaliden, die seit 282 über Pergamon herrschten, brachen nach und nach Teile aus dem Seleukidenreich heraus. Im Nordosten bedrohten Steppenvölker die iranischen Reichsgebiete; der Stamm der *Parther* fiel um die Mitte des 3. Jahrhunderts in Medien und Persien ein und errichtete dort ein eigenes Königreich. Dadurch wurden die am weitesten im Nordosten gelegenen Satrapien vom Seleukidenreich abgeschnitten; Mitglieder der griechischen Führungsschicht Baktriens gründeten daraufhin ein eigenes Königreich. Antiochos III. (223–187) vermochte in seinem großangelegten Rückeroberungsversuch die meisten Gebiete nur in loser Oberherrschaft und für wenige Jahre zurückzugewinnen. Als sein jüngerer Sohn Antiochos IV. (175–164/3) auf jüdischen Wunsch hin Jerusalem zu einer griechischen Polis umgestalten wollte, erweckte er den Widerstand traditionell gesonnener jüdischer Kreise. Unter der Führung der *Makkabäer-Familie* löste sich Judäa nach jahrzehntelangen Kämpfen (167–129) aus dem Seleukidenreich. Dieses war schließlich auf Nordsyrien beschränkt und siechte unter dynastischen Wirren dahin.

Die Gesellschaft in den neuen Monarchien

Die ptolemäischen und seleukidischen Könige sowie Herrscher einiger kleinerer Königreiche übten ihre *absolute Macht* in der ersten Generation aufgrund militärischer Erfolge, in späteren Generationen kraft Erbfolge aus. Der *König* konnte schon zu Lebzeiten als *»rettender« und »wohltätiger« Gott* verehrt werden (Soter, Euergetes). Aus seiner engeren Umgebung gingen die Träger hoher staatlicher Funktionen hervor. Bald bildete sich eine *Führungskaste* heraus. Unter dieser hauptsächlich, aber nicht ausschließlich makedonisch-griechischen Führungselite stand die große Schar kleiner Beamter und einfacher Soldaten und darunter wieder die Masse der bloßen *Untertanen,* deren Rechtsstellungen je nach Nationalität, Status vor der Errichtung des Alexanderreiches und persönlichen Bedingungen variierten. Vielfältig waren auch die Bedingungen persönlicher oder kollektiver Unfreiheit. Es gab Landwirtschafts- und Gewerbebetriebe, deren Produktion ausschließlich auf *Sklavenarbeit* beruhte.

Außenpolitik der drei großen Monarchien

Die großen Monarchien stießen in *zwei Konfliktzonen* mehrfach aufeinander: Um Südsyrien/Phoinikien stritten sich Seleukiden und Ptolemäer in sieben Kriegen, in denen man sogar die Besetzung des gegnerischen Thrones beeinflußte (zwischen etwa 280 und 170). Jede der drei Großmächte verfolgte in der Ägäis und im griechischen Mutterland Interessen, die gegen die anderen beiden Monarchien zielten. Die Politik der drei großen Monarchien war auf den jeweils eigenen Vorrang ausgerichtet, jedoch nicht auf die Zerstörung oder Annexion einer oder beider anderen Mächte; sie bestand also in einer *dynami-*

schen Ausbalancierung der Kräfte. Seit den Niederlagen, die 196 der Antigonide Philipp V. und 190 der Seleukide Antiochos III. gegen römische Heere erlitten, beeinflußte und entschied eine im östlichen Mittelmeerraum neue Macht die Geschicke aller griechischen und griechisch beeinflußten Staaten: Mit Ausnahme des Partherreichs und des fernen gräkobaktrischen Reichs gingen sie alle früher oder später im *Römischen Reich* auf.

4. Hellenismus als Folge griechisch-makedonischer Ausbreitung im Orient

Eine neue Kolonisation und ihre Besonderheiten

Alexander und einige seiner Nachfolger siedelten im Orient viele Griechen und Makedonen an; dadurch vergrößerten diese Herrscher den bislang von griechischer Zivilisation geprägten oder beeinflußten Raum um ein Vielfaches (▷ Karte S. 50). Die neuen griechischen Militärsiedlungen und Städte waren allerdings ungleichmäßig verteilt. In Ägypten wurde nur eine Stadt gegründet: *Alexandria;* doch wuchs gerade diese Gründung Alexanders zur größten griechischen Stadt überhaupt heran. Die *Seleukiden* richteten in wohl allen Satrapien ihres Reichs griechische und makedonische Siedlungen ein, in Nordsyrien und Nordost-Iran sogar in besonderer Dichte. Die Loslösung Baktriens vom Seleukidenreich und die Expansion dieses neuen Königreichs bis Nordwest-Indien ließ die griechische Kultur noch weiter ausstrahlen. Die Parther wurden ebenfalls von griechischer Zivilisation berührt.

Wesensmerkmale der neuen Siedlungen

Im Gegensatz zur Großen Kolonisation in der Archaischen Zeit lagen die neuen Siedlungen nur noch zum geringsten Teil am Meer, die meisten entsprechend dem kontinentalen Charakter des Seleukidenreichs im Binnenland. Theater, Gymnasien und Tempel wurden in den neuen Siedlungen errichtet. Doch fehlte das wesentlichste Element des Polislebens, die *Autonomie:* Da alle, auch die griechischen und makedonischen Siedler, einem Monarchen und seinem Regierungsapparat unterstanden, beschränkte sich die Freiheit der neuen Städte noch stärker als die der Poleis im Mutterland auf die lokale Selbstverwaltung. In den Orient wurde also nicht die klassische Polis verpflanzt. Sicherlich wanderte nicht die Elite der griechischen Polis-Bürgerschaften in den Orient aus; doch entfalteten die Siedler und ihre Nachkommen *künstlerisches und intellektuelles Leben.*

Griechen und Orientalen: »Hellenismus«

Im Zusammenleben von Griechen und Orientalen zeigten sich drei Tendenzen; aus den beiden ersten entstand eine *neue Zivilisation und Kultur,* die wir *Hellenismus* nennen:

(1) Die *griechische Lebensweise* war für die Einheimischen attraktiv: Sie ahmten griechische Kunst nach und besuchten die Theater und die sportlichen und geistigen Bildungsstätten der griechischen Jugend, die Gymnasien, die über ihre engere Funktion hinaus Zentren des Polislebens waren. Kaufleute und Literaten erlernten die *griechische Sprache.* Die Diadochen hatten für den Hof- und Amtsgebrauch den attischen Dialekt übernommen. Daraus entwickelte sich die griechische Allgemeinsprache, die *Koiné.* Der Gebrauch dieser »neuen Spra-

che« reichte so weit, daß die sicherste Art, ein breites Publikum zu erreichen, die Veröffentlichung literarischer Werke in der Koiné war. So wurde seit der ersten Hälfte des 3. Jahrhunderts die hebräische Glaubensüberlieferung ins Griechische übersetzt (Septuaginta) und später Jesu Leben und Lehre in der Koiné aufgezeichnet.

(2) Den Hellenisierungstendenzen in orientalischen Bevölkerungskreisen entsprachen *Orientalisierungsvorgänge* bei der griechischen Bevölkerung aller Schichten: Schon früher waren die Griechen von ägyptischer und babylonischer (»chaldäischer«) Astrologie eingenommen gewesen; jetzt konnten sie direkt aus den Quellen schöpfen. *Orientalische Kulte und Religionsvorstellungen* waren längst nach Griechenland gelangt; jetzt konnten die Griechen sie in ihren Ursprungsgebieten genauer kennenlernen und mit Eigenem verbinden. Es waren der Herkunft und dem Wesen nach so unterschiedliche Kulte wie die weiblicher und männlicher Gottheiten aus Syrien, der Isis und des Serapis aus Ägypten und später des persischen Mithras. Die Religionen, die den größten Zulauf und die stärkste Fernwirkung hatten, waren Mysterienkulte.

(3) *Griechen und Orientalen grenzten sich aber auch voneinander ab:* So waren die Griechen im ägyptischen Alexandria bestrebt, ihre zahlreichen jüdischen Mitbewohner vom Gymnasium und von anderen Polis-Einrichtungen fernzuhalten. Viele Orientalen waren stolz auf ihre eigene Kultur und hielten sie für älter als die griechische, in der sie eher die Übernahme östlicher Errungenschaften als Originalität erkennen wollten. Neben den Versuchen des Babyloniers Berossos und des Ägypters Manetho, die Griechen mit der babylonischen bzw. ägyptischen Geschichte und Kultur bekannt zu machen, stand die *Ablehnung der griechischen Zivilisation durch Orientalen.* Sie ist unter anderem an Einzelheiten des Alltagslebens zu erkennen: Hellenisierte Orientstädte legten nach einigen Generationen ihren griechischen Namen zugunsten des alten wieder ab; als Beispiel sei Beryt/Laodikeia (Beirut) genannt. Einige Angehörige der babylonischen Oberschicht trugen griechische Namen; doch setzte sich dieser Brauch nicht allgemein durch.

Besonders deutlich war der Widerstand gegen griechische Überformung in einem Teil des *Judentums* ausgeprägt; doch waren selbst die Griechenfeinde unter den Juden nicht frei von griechischer Beeinflussung. Sie zeigte sich vor allem in der Glaubensvorstellung vom künftigen zugleich göttlichen und menschlichen Erretter (Messias, Soter), der in mehreren historisch nachweisbaren Gestalten konkrete Formen annahm und der in *Jesu Leben und Lehre,* wie sie Apostel und Evangelisten sahen und überlieferten, zur Grundlage der christlichen Religion wurde.

Hellenistische Geisteskultur und ihr Verhältnis zum Staat

Im Geistesleben des Hellenismus machten sich Strömungen bemerkbar, die gegenüber der griechischen Klassik *grundlegend Neues* aufwiesen: Die Aufteilung der Philosophie in *Einzelwissenschaften,* die sich bereits im Wirken des Aristoteles und seiner Schüler ankündigte, brachte der Medizin, Physiologie, Geometrie und Stereometrie, Astronomie, Mechanik, Geographie, Literatur- und Sprachwissenschaft großen Aufschwung, der sich besonders deutlich in den

Der »Tempel Salomonis« *mit Priester, Tempeldienern und Opfertieren. Wandgemälde der Synagoge in der von Seleukos Nikator gegründeten Stadt Dura-Europos am Euphrat, 244/5 n. Chr. Daß Juden hier entgegen ihrem Bilderverbot gehandelt haben, ist auf griechische oder östliche Einflüsse zurückzuführen. Das Bild ist ein Teil eines Zyklus mit Szenen aus der jüdischen Glaubensüberlieferung. Das in seinen Anfängen auf König Salomon zurückgehende Hauptheiligtum der Juden in Jerusalem ist entgegen der historischen Wirklichkeit als griechischer Tempel mit umlaufenden korinthischen Säulen, Giebeldach und Siegesgöttinnen auf den Giebelenden dargestellt. Die rein frontale Darstellung der Menschen entspricht dem Usus der sogenannten parthischen Kunst. So mischen sich in Dargestelltem und Malweise Elemente dreier Kunst- und Kulturkreise. Die Synagoge von Dura-Europos mit ihrer reichhaltigen Ausstattung ist auch ein Dokument dafür, daß die Juden außerhalb Palästinas nach der Zerstörung Jerusalems durch die Römer 70 n. Chr. ihre Religion ungehindert ausübten.*

Erkenntnissen zeigt, zu denen Wissenschaftler des 3. Jahrhunderts gelangten: Die Ärzte Erasistratos und Herophilos entdeckten die Nerven von Mensch und Tier. Eratosthenes berechnete erstmals den Umfang der Erde. Aristarch postulierte, allerdings ohne sich durchsetzen zu können, das heliozentrische Planetensystem mit einer zweifachen Drehung der Erde um die Sonne und um sich selbst. Die *Herrscher* förderten diese und weitere Forschungen. Die Gelehrten betrieben sie in der Abgeschiedenheit einer Akademie wie des alexandrinischen *Museions.* Erwerb und Vermittlung neuer Erkenntnisse waren nicht mehr Teil des bürgerlichen Lebens einer Polis.
Eine parallele Wendung nahm die *Philosophie* mit ihren neuen Richtungen oder Schulen Kynismus, Epikureismus und Stoa. Alle drei wurden in erster Linie durch ihre *ethischen Lehren* bedeutend: Die Kyniker und noch deutlicher und konsequenter die Stoiker stellten rigorose Forderungen an das Pflichtbewußt-

sein der Menschen; die Epikureer hingegen machten die Befriedigung der elementaren Bedürfnisse des Individuums zur Grundlage eines glücklichen Lebens. Die Polis als Gegenstand philosophischer Debatte wurde abgelöst durch die *Monarchie;* und an die Stelle des Polisbürgers trat der *apolitische Weltbürger* (Kosmopolit). Die Schule Epikurs empfahl dem Bürger und Untertan sogar den Rückzug ins Privatleben. Allein die Gesinnung des Herrschers war für das Wohl des Staates entscheidend; staatsphilosophisches Schrifttum, das vor allem von Stoikern, aber auch von Kynikern verfaßt wurde, wandelte sich so zur Gattung des »Fürstenspiegels«. In die philosophische Idealgestalt des Herrschers flossen neben Erkenntnissen der sittlichen Vernunft starke religiöse Gefühle der Hoffnung auf den »Erlöser« und »Wohltäter« ein. Dem hier von der Philosophie gezeichneten Bild entsprach die *Dichtkunst* auf ihre Weise: Neben Herrscherlobpreisungen und gelehrter Dichtung wurden idyllische Szenen oder apolitische Komödien wie »Der Menschenfeind« (von Menander) geschrieben. Philosophie und Dichtung spiegelten dabei nur die tatsächlichen Verhältnisse in den weitgehend entpolitisierten Bürgerkreisen der Poleis in Griechenland und in den hierarchisch gegliederten Gesellschaften der östlichen Monarchien wider.

Fortwirken des Hellenismus

Die hellenistische Zivilisation und Kultur sollte lange und weit fortwirken: Seit dem ausgehenden 3. Jahrhundert übte sie starken *Einfluß auf die Römer* aus, die erst über den »Umweg« des Hellenismus allmählich auch die griechische Kultur der Klassik kennen- und schätzenlernten. Da der Osten des späteren Römischen Reiches nicht an der Romanisierung des Westens teilhatte, sondern weiterhin der Kultur und Zivilisation verhaftet blieb, die sich unter den Nachfolgern Alexanders des Großen herausgebildet hatte, existierten hier für mehrere Jahrhunderte *Hellenismus und Christentum* nebeneinander. Die starke philosophische Prägung sehr vieler früher östlicher Kirchenlehrer ist nur durch deren ständigen Kontakt mit der hellenistisch-heidnischen Geisteswelt zu erklären.

C. Rom und das Römische Reich

Unter der Geschichte Roms verstehen wir die Entwicklung der Stadt Rom zu einem Weltreich, dessen Bestehen unter sich stark verändernden inneren und äußeren Existenzbedingungen und das Ende der westlichen Hälfte dieses Reiches. Mit der Expansion Roms weitet sich auch die Bedeutung des Namens »Römer«: Heißen so am Anfang nur die Bürger eines kleines Stadtstaates, sind am Ende alle Bewohner des riesigen Reiches unabhängig von ihrer ethnischen, sprachlichen und kulturellen Herkunft Römer.

I. Die Anfänge der Stadt Rom

Unser heutiges keineswegs sicheres Wissen über Entstehung und Frühzeit Roms resultiert aus den Bemühungen moderner Historiker, Deutungen *materieller Hinterlassenschaften* der frühen Römer und Angaben in antiken *literarischen Quellen* einander gegenüberzustellen und, wenn möglich, miteinander zu verbinden.[18] Dieses Verfahren ist deswegen notwendig, weil die literarische Tradition über die ersten Jahrhunderte Roms sehr viele phantastische Ereignisse berichtet, die als Ganzes dem Reich der Legende zugewiesen werden müssen, auch wenn sie gewiß nicht in allen Einzelheiten erfunden sind und überdies das Selbstverständnis der Römer geprägt haben. So soll *Romulus,* der sagenhafte Gründer Roms, Sohn des Kriegsgottes Mars gewesen und zusammen mit seinem Zwillingsbruder Remus von einer Wölfin aufgezogen worden sein. Das, was wir im Zusammenhang mit der Entstehung Roms als *historische Realität* bezeichnen können, ist demgegenüber viel nüchterner:

um 600	Rom entwickelt sich zur Stadt
6. Jh.	Etruskische Herrschaft über Rom

Entstehung der Stadt Rom

Eine Ansammlung einfacher Hütten auf einem Hügel, dem Mons Palatinus nahe dem Unterlauf des Flusses Tiber, wuchs mit ähnlichen Siedlungen auf anderen Hügeln, Quirinal und Esquilin, zusammen. Die sumpfige Niederung zwischen den Höhen, die bis dahin überwiegend als Begräbnisstätte gedient hatte, wurde nun trockengelegt und als städtisches Zentrum, als *Forum,* ausgestaltet; daher datiert man heute den *Zusammenschluß der Siedlungen auf Palatin und Quirinal* in die Zeit zwischen dem Ende der Bestattungen in der Forumssenke (Ende 7. Jh.) und dem Beginn ihrer städtischen Nutzung (älteste aufgefundene Pflasterung um 575). Wenn man die Vereinigung von Palatin und Quirinal als die »Gründung« Roms ansieht, dann ist diese entgegen der literarischen Tradition, die ein Jahr um 753 angibt, erst in die Zeit um 600 zu datieren. Angehörige zweier italischer Stämme, der *Latiner* (Palatin) und der *Sabiner*

Wandbild aus einem etruskischen Grab (»Tomba degli Auguri«) in Tarquinia *(Mittelitalien) 550–500 v. Chr. Zwei Männer, überwacht von einem Kampfrichter, ringen um Siegespreise in Form von bronzenen Becken. Die Römer übernahmen von den Etruskern diese und weitere Wettkampfarten, die ursprünglich Bestandteile von Totenfeiern waren und vielfach blutig endeten, und ebenso Insignien wie den hier links sichtbaren Krummstab.*

(Quirinal), bildeten die Bürgerschaft der jungen Stadt. Sehr bald kamen *Etrusker,* deren nächstgelegener Stadtstaat Veii nur wenige Kilometer nördlich von Rom lag, hinzu. Wahrscheinlich haben *sie* Rom zu einem selbständigen *Stadtstaat* erhoben; denn der Name »Rom« scheint etruskischen Ursprungs zu sein. Rund hundert Jahre lang wurde Rom von Etrurien her politisch beherrscht und kulturell geprägt; der *kulturelle Einfluß der Etrusker* auf die Römer – z. B. Beobachtung des Vogelfluges, Leberschau und andere religiöse Riten, wie der *Triumph* nach siegreich beendetem Krieg, Beil-Ruten-Bündel (Fasces) der Amtsdiener, Städtebau sowie die gegenüber Griechenland freiere Stellung der Frau – wirkte, auch wenn die Römer ihn später gerne leugneten, über diese Zeit weit hinaus.

Staatsverfassung und Gesellschaft

»Am Anfang herrschten *Könige* über die Stadt Rom.«[19] Dies stellte zu Beginn des zweiten Jahrhunderts n. Chr. der römische Historiker Tacitus fest. Das römische Königtum war nicht erblich.

Der *Senat,* die Versammlung der Oberhäupter der vornehmen landbesitzenden Familien, der *Patrizier,* einigte sich über die Person des Königs. Dabei wirkte das *versammelte Heer* bzw. die *Versammlung der waffenfähigen Männer* (comitia centuriata) mit, die ähnlich wie die Volksversammlungen in griechischen Poleis zu Wahlen und zu Abstimmungen über Krieg und Frieden sowie über Gesetzesvorschläge einberufen wurde und als letzte Gerichtsinstanz diente. Die *Plebejer,* die die Masse der zum Heeresdienst verpflichteten freien Bevölkerung bildeten und als kleine Bauern oder Handwerker ihren Lebensunterhalt verdienten, waren zwar in den Komitien, aber nicht im Senat vertreten. Jeder Plebejer gehörte anfangs wohl nur über sein Schutz- und Treueverhältnis zu einer patrizischen Sippe, die *Klientel,* zur Bürgerschaft Roms. Die Plebejer waren nicht Vollbürger; so durften sie nicht in patrizische Familien einheiraten. Für die politische Entwicklung Roms waren zunächst ausschließlich der Willen und die Auffassung der Patrizier entscheidend.

II. Die römische Republik

Ähnlich wie in den meisten griechischen Poleis wurde das römische Königtum von einer Aristokratie abgelöst. Dann jedoch entwickelten sich Gesellschaft und Staatsverfassung in Rom anders als in den griechischen Stadtstaaten. Zeitlich parallel zu den inneren Veränderungen weitete sich der äußere Machtbereich Roms; dabei beeinflußte bisweilen das eine das andere.

1. Ständekämpfe und Expansion der Römer auf der italischen Halbinsel

um 500	Ablösung des Königtums durch die Herrschaft der Patrizier
5.–4. Jh.	Ständekämpfe zwischen Patriziern und Plebejern
um 450	Zwölftafelgesetze; Eheerlaubnis zwischen Patriziern und Plebejern
um 396	Eroberung der Etruskerstadt Veii
um 390	Eroberung und Einäscherung Roms durch wandernde Gallier
366	Zulassung der Plebejer zum Konsulat
340–338	Krieg der Latiner gegen Rom
300	Öffnung der hohen Priesterämter für die Plebejer Provokationsrecht für die Volkstribunen
290	Nach jahrzehntelangen Kriegen Unterwerfung der Samniten
287	Plebiszite erhalten Gesetzeskraft
282/1–272	Krieg gegen Tarent und König Pyrrhos von Epirus

Beginn der Republik

a) Von der Monarchie zur aristokratischen Republik. Nach der antiken Tradition haben die Römer im Jahre 510 den – legendären – König Tarquinius

Superbus vertrieben und ohne Übergang eine »Republik« gegründet. Einzelne in antiken Quellen greifbare Entwicklungsstufen legen es jedoch nahe, die Entstehung dieser *res publica Romana* als sehr allmähliche Evolution zu rekonstruieren:[20] Die im Königtum ursprünglich vereinigten Aufgaben und Vollmachten wurden zunächst (um 500) in sakrale und politische Bereiche aufgegliedert und damit das Königtum abgeschafft. Die neue zivile und militärische Führungsposition, die die Römer wohl *Praetur* nannten, wurde wahrscheinlich nur mit *einer* Person besetzt; die Amtsdauer des Praetors war zeitlich vielleicht von vornherein auf ein Jahr begrenzt. Durch Aufgabendifferenzierung entstanden bald weitere Ämter, *Magistraturen,* die alle den Namen »Praetur« trugen; der Inhaber des allen anderen übergeordneten Amtes war der *Praetor Maximus.*

Ständekämpfe zwischen Patriziern und Plebejern

Die weitere Entwicklung der Staatsverfassung wurde bestimmt durch Auseinandersetzungen zwischen Patriziern und Plebejern, die »Ständekämpfe«: Die Plebejer wollten ihre Stellung in Staat und Gesellschaft verbessern; die Patrizier gaben nur zögernd nach. Mindestens einmal (494?) wanderten die Plebejer aus Rom aus, um ihren Forderungen Nachdruck zu verleihen. Diese galten drei Zielen: (1) dem *Schutz* vor willkürlich erscheinenden Amtshandlungen des Senats oder der Magistrate, (2) der zivil- und strafrechtlichen *Gleichstellung* und Gleichbehandlung mit den Patriziern und (3) der Teilhabe an der *Staatsführung.*
Das erste Ziel verwirklichten die Plebejer in der ersten Hälfte des 5. Jahrhunderts dadurch, daß sie auf dem Aventin, auch örtlich von der Gemeinde der Patrizier getrennt, eine eigene Volksversammlung (concilium plebis) einrichteten und abhielten. Von ihr eingesetzte Magistrate, vor allem die *Volkstribunen* (tribuni plebis), übten die wichtigsten Funktionen für das einfache Volk, die Plebs, aus. Die Volkstribunen sollten Plebejer vor Zugriffen von patrizischen Amtsinhabern schützen und gegen mißliebige Beschlüsse des Senats Einspruch, *Interzession,* erheben. Dafür sicherte ihnen die Plebs *Unverletzlichkeit* zu.
Um die Mitte des 5. Jahrhunderts setzten die Plebejer sodann durch, daß die Patrizier ein für alle freien Bewohner Roms gleiches Straf- und Zivilrecht in den *Zwölftafelgesetzen* schriftlich fixierten und Ehen zwischen Plebejern und Patriziern als gültig anerkannten (conubium).

Einigung von Patriziern und Plebejern

Schließlich schufen die Römer nach über hundertjährigen inneren Auseinandersetzungen durch zwei sehr verschiedene Maßnahmen-Bündel den *patrizisch-plebejischen Staat* und mit ihm die klassische Form der *römischen Republik:* (a) Das Amt des Praetor Maximus wurde verdoppelt; einer der beiden Amtsinhaber mußte von nun an ein Plebejer sein (367/66). Die Römer nannten das zweifach besetzte Amt *Konsulat.* Durch die Bekleidung des Konsulats – später auch der anderen hohen Staatsämter – gelangte ein Magistrat als *Senator* in den Senat. Da die höchsten Beamten von den Königen die Aufgabe der *Götterbefragung* (Auspizien) übernommen hatten, erlangten die Plebejer mit ihrer Zulassung zum Konsulat auch das Recht zur Ausübung dieser für den Staat wichtigen Riten. Danach stand einer Öffnung der hohen *Priesterstellen* für Plebejer grundsätzlich nichts mehr im Wege; seit dem Jahre 300 hatten Plebejer zu ihnen Zugang. (b) Der Standesunterschied zwischen Patriziern und Plebejern wurde nicht aufgehoben. Die plebejischen Einrichtungen wurden in den Staatsaufbau integriert. Sie erhielten so eine neue Funktion: Seit 366 konnten die Patrizier und Plebejer *Aedilen* der Gesamtgemeinde werden. Das *Volkstribunat* wurde zur regulären, wenn auch weiterhin nur Plebejern offenstehenden Magistratur mit Antragsrecht im Senat, Einspruchsrecht gegenüber den Gerichten und Interzessionsrecht (spätestens 300). Die Beschlüsse der Plebsversammlungen (plebis scita) erhielten 287 die gleiche Gesetzeskraft, welche die Vorlagen besaßen, die im Zusammenwirken des Senats mit den Zenturiatskomitien verabschiedet wurden.

Römer, Etrusker und Italiker

b) Expansion Roms in Mittel- und Unteritalien. Als sich Rom in der Übergangszeit zwischen Monarchie und aristokratischer Republik befand, versuchten etruskische Machthaber und Stadtstaaten mehrfach, *Rom und Latium,* das Bindeglied zwischen den etruskischen Poleis in Mittelitalien und denen in Kampanien, für sich zu gewinnen. Nicht zufällig kämpften zur gleichen Zeit die *Griechen* Unteritaliens gegen die Etrusker und schickten den Latinern einmal sogar ein Heer zu Hilfe. Kaum hatten Griechen, Latiner und Römer sich der Etrusker erwehrt, weiteten in den Apenninen lebende *italische Völkerschaften,* die Aequer, Volsker, Samniten, Lukaner und andere, ihre Territorien in Richtung zum Meer aus. Damit brachten sie die Griechenpoleis Unteritaliens und die Städte Latiums in Bedrängnis. Die Verbindung, die Rom in der Zeit der Etruskerherrschaft mit der *griechischen Kultur* hatte, wurde durch das Vordringen der italischen Stämme unterbrochen. So entwickelten sich Rom und Latium ohne stärkere Berührung mit der griechischen Klassik.

Expansion Roms auf der italischen Halbinsel

Vielleicht schon in der Königszeit hatte Rom vorübergehend eine Vormachtstellung über die Städte Latiums besessen. Angeblich 493 schlossen die Römer einen Vertrag mit dem Latinischen Bund, in dem Rom als Einzelstadt der Gesamtheit der latinischen Städte gegenüberstand. In den beiden folgenden Jahrhunderten errichteten die Römer eine teils *direkte,* teils *indirekte Herrschaft* über den größten Teil Halbinsel-Italiens: Sie wandten sich zuerst gegen die Etrusker. Ungefähr 396 eroberten sie nach langem Kampf das benachbarte Veii und gliederten es in ihr Staatsgebiet ein. Nach einem vergeblichen Krieg der Latiner gegen Rom lösten die Sieger 338 den Latinischen Bund auf, schlugen die meisten Städte Latiums dem Territorium der eigenen Stadt zu und gaben deren Bürgern teils das volle, teils ein eingeschränktes römisches *Bürgerrecht.* Einige andere, Rom treugebliebene Städte behielten zwar ihre Selbständigkeit, wurden jedoch durch *Verträge* als *Bundesgenossen* (socii) auf ewig an Rom und seine Politik gebunden und insbesondere zur Heeresfolge verpflichtet. Ähnlich verfuhren die Römer mit den übrigen etruskischen Stadtstaaten und den mittelitalischen Gebirgsstämmen. Die süditalischen Völker, in erster Linie die Samniten, wurden von den Römern nach harten und verlustreichen Kriegen (seit 343?) zu Bundesgenossen gemacht (290). Als Rom nach seinem Sieg über die Samniten die stärkste Macht in Süditalien geworden war, übernahm es den Schutz einiger Griechenstädte. Darüber kam es zum Krieg mit *Tarent* (282/1).

Der oberste römische Gott Jupiter und die Siegesgöttin Victoria fahren auf einem Streitwagen, *Römische Silbermünze, 235 v. Chr.: Rom erringt seine Siege unter göttlichem Schutz. Das Münzbild mag auch daran erinnern, daß der triumphierende römische Feldherr als Jupiter ausgestattet war.*

In dieser Auseinandersetzung, in die König *Pyrrhos* von Epirus auf Bitten der Tarentiner mit Söldnern und Kriegselefanten eingriff, mußte Rom zum erstenmal gegen eine außeritalische Macht kämpfen. Rom focht auch diesen Krieg erfolgreich durch und hielt nun, ab etwa 270, ganz Unteritalien.

Römer und Gallier

Die Römer dehnten ihren Machtbereich in Mittel- und Unteritalien nicht ohne Rückschläge und Niederlagen aus. Um 390 wurde die Stadt Rom von einer Schar wandernder keltischer *Gallier* erobert und weitgehend zerstört. Trotz dieser Katastrophe verloren die Römer ihr damaliges Herrschaftsgebiet nicht. Rund hundert Jahre später weiteten sie im Kampf gegen die Gallier ihr Territorium bis zur nördlichen Adria auf der Linie Ancona–Ariminum aus. Dennoch bewirkte die Einnahme Roms durch die Gallier, daß die Römer noch Jahrhunderte später vor allen Kelten und vor Völkern, die sie den Kelten zurechneten, große *Furcht* hegten.

Kolonien und Straßen als strategische Mittel

Um den Feind in seinem eigenen Gebiet ständig bedrohen zu können, hatten die Römer während der Samnitenkriege waffenfähige Mitbürger in eroberten Plätzen des feindlichen Territoriums angesiedelt (seit 314). Diese *Kolonien* waren zwar selbständige Stadtstaaten, standen aber in einem unauflösbaren Bündnisverhältnis mit der Mutterstadt Rom (coloniae Latinae). Die Römer gründeten auch später überall dort Kolonien, wo sie hinzuerworbenes Land sichern wollten oder auch, um Teile der eigenen Bürgerschaft mit Land zu versorgen. Die meisten *dieser* Kolonien waren jedoch rechtlich Teile Roms (coloniae civium Romanorum). Während der Samnitenkriege hatten die Römer auch eine Überlandstraße für den militärischen Vormarsch gebaut: Die *Via Appia,* benannt nach dem Patrizier Appius Claudius Caecus, der den Bau anregte (312), führte von Rom zunächst bis Capua. Ihr sollten viele Straßen gleicher Art und gleichen Zwecks folgen.

Oft mußten die Römer an zwei oder drei Fronten gleichzeitig kämpfen, weil sich mehrere Gegner zu gemeinsamem Vorgehen gegen Rom verbündet hatten. Doch verstanden es die Römer immer wieder, die gegnerischen Bündnisse durch Kampf und Verhandlungen aufzubrechen, und ihre eigenen maßgeblichen Politiker ließen sich auch durch verlockende Angebote des Gegners nie von ihrem einmal gefaßten Kriegsziel abbringen.

2. Die Machtausweitung Roms im Mittelmeerraum und ihre Rückwirkung auf die Republik

264–241	Erster Punischer Krieg
227	Sizilien und Sardinien werden römische Provinzen
218–201	Zweiter Punischer (Hannibalischer) Krieg
218	Beschränkung der Größe von Handelsschiffen im Besitz von Senatoren
200–133	Rom greift mehrfach in Makedonien, Griechenland und Kleinasien ein und richtet dort schließlich Provinzen ein
197–133	Spanische Kriege
180	Festlegung der Ämterlaufbahn durch Gesetz
136–71	Zeit der großen Sklavenaufstände

Erster Punischer Krieg

a) Rom, Karthago und die Staaten im Ägäisraum. Im Krieg gegen Tarent und König Pyrrhos hatten die Römer ihre Macht- und Einflußzone bis an die Straße von Messina vorgeschoben. Bald danach wurden *Rom und Karthago* in einen Konflikt zweier sizilischer Staaten, Messina und Syrakus, so hineingezogen, daß sie sich schließlich feindlich gegenüberstanden (264). Karthago war in seinen Kriegen gegen die sizilischen Griechen die stärkste Seehandelsstadt und politische Macht des westlichen Mittelmeerraumes geblieben und verfügte über Stützpunkte in Übersee und über Landbesitz in Sizilien. Vielleicht schon seit der etruskischen Zeit Roms waren Karthago und Rom durch *Verträge* miteinander verbunden gewesen und hatten ihre Interessensphären abgesteckt. Da Karthago seine militärische Stärke zur See hatte, schufen die Römer während des Krieges eine *Kriegsflotte.* Teilerfolge und Ermattung auf beiden Seiten, die einen entscheidenden Schlag unmöglich machte, sowie die Weigerung Roms, auf karthagische Kompromißangebote einzugehen, zogen den Krieg in die Länge. Als ein Versuch Karthagos, seine letzte Stellung auf Sizilien zu entsetzen, in einer Niederlage der Hilfsflotte endete, waren die Karthager bereit, als Verlierer *Frieden* zu schließen (241): Karthago mußte eine hohe Geldsumme von 3200 Talenten (über 80 Tonnen Silber!) als Kriegsentschädigung zahlen und auf *Sizilien* verzichten. Das Reich von Syrakus blieb unter seinem Fürsten Hieron erhalten; doch der größere Teil der Insel wurde *römisch.* Wenig später, nachdem sich die von Karthago im Krieg gegen Rom angeworbenen Söldner zusammen mit der einheimischen Bevölkerung im nordafrikanischen Herrschaftsgebiet Karthagos erhoben hatten, erpreßte Rom von Karthago die Herausgabe der Inseln *Sardinien* und *Korsika* (238).

Rom und Karthago nach dem Krieg

Durch seinen Sieg errang Rom die *Vorherrschaft* im westlichen Mittelmeer. Es war gesonnen, die Erwerbungen selbst zu verwalten: Je ein Praetor regierte seit 227 als Militärbefehlshaber, Richter und oberster Zivilbeamter Sizilien und Sardinien, Roms erste *Provinzen.* Der Praetor übte eine *direkte Herrschaft* über die Provinzbewohner aus, die nicht Bürger, sondern abgabepflichtige *Unterta-*

nen der Römer waren. Die Römer richteten fortan überall dort Provinzen ein, wo sie selbst die Verhältnisse auf Dauer bestimmen wollten.
Die Karthager verschafften sich nach ihrer Niederlage gegen Rom schnell Ersatz für die erlittenen Verluste: *Hamilkar Barkas,* sein Schwiegersohn Hasdrubal und sein Sohn *Hannibal* eroberten für Karthago große Teile der *Iberischen Halbinsel* und schufen dort sich und ihrer Familie, den *Barkiden,* eine Hausmacht. Die Römer, die bei der Verfolgung der Kelten Oberitalien eroberten und die Illyrer an der Adria bekriegten, wollten das Ausgreifen der Karthager durch einen *Vertrag* begrenzen, in dem sie mit Hasdrubal den Ebro als Grenze der beiderseitigen Interessen festlegten (226). Trotzdem gaben sie 221/20 der südlich des Ebro gelegenen Stadt *Sagunt* ein Hilfsversprechen gegen karthagische Einmischungen. Als Hannibal die Stadt belagerte und einnahm, war dies für Rom der Anlaß, Karthago erneut den Krieg zu erklären (218).

Zweiter Punischer Krieg

Hannibal zog in kurzer Zeit mit einem Heer von rund 60 000 Söldnern und 40 Kriegselefanten über die Pyrenäen und Westalpen nach Italien und zwang so die Römer, die eine Offensive gegen Karthago und gegen Hannibals Hausmacht in Spanien vorbereitet hatten, in die Verteidigung. Da die Römer über die Art der Kriegführung gegen Hannibal, dessen Feldherrngenie schon in der Antike anerkannt worden ist, uneins waren, erlitten sie zwei geradezu vernichtende Niederlagen: 217 am Trasimenischen See und 216 bei *Cannae.* Allein bei Cannae fielen rund 50 000 Römer, aber nur 6000 Karthager. Nun lösten sich einige wichtige Verbündete, vor allem Capua, Tarent und Syrakus, von Rom und verkleinerten seine Machtbasis in Italien. Doch blieb in Mittelitalien das römische *Bündnissystem* bestehen, und vor allem ließen die Römer selbst nach der Katastrophe von Cannae den Mut nicht sinken. Sie führten in den nächsten Jahren beharrlich *Kleinkriege* in Spanien, Sizilien und Italien und gewannen auf diese Weise verlorenes Terrain zurück, schnitten Hannibal von seinen Nachschubbasen und Nachschubwegen ab und engten seinen Bewegungsspielraum in Italien stärker ein (bis 206). Die Karthager selbst halfen den Römern, indem ihre führenden Politiker – möglicherweise aus rein kaufmännischem Denken heraus – Hannibal, je schwächer seine Position wurde, desto weniger unterstützten. Nach heftigen Debatten im Römischen Senat setzte Publius Cornelius *Scipio,* der die Karthager aus Spanien verdrängt hatte, den *Angriff auf Karthago* unter seiner eigenen Leitung durch (205). Nachdem auch Hannibal nach Nordafrika übergesetzt war, kam es bei *Zama* zur Entscheidungsschlacht (202).

Friedensschluß und Situation in der Folgezeit

Der Sieg der Römer führte zum *Friedensschluß* (201): Die Karthager mußten eine mehr als dreimal so hohe Kriegsentschädigung wie 40 Jahre zuvor zahlen, ihre Kriegsflotte wurde auf wenige Schiffe, ihr Machtbereich auf Nordafrika beschränkt und dort der mit Rom verbündete Numiderfürst *Massinissa* mit einem eigenen Reich als Gegengewicht zu Karthago belohnt. Nur mit römischer Erlaubnis durften die Karthager fortan Kriege führen. Obwohl Karthago infolge dieses Friedensschlusses auf die Stufe eines kleinen Stadtstaates zurücksank, blühte es doch wirtschaftlich bald wieder auf. *Neid* nicht weniger Römer, als deren Wortführer Marcus Porcius *Cato* auftrat, und ihre Angst vor dem erneuten Erstarken des gedemütigten Gegners führten schließlich zum *Dritten Punischen Krieg* (149). Die Karthager selbst gaben den Römern dazu den Anlaß, indem sie sich gegen Massinissa, der sich karthagische Territorien Stück für Stück aneignete, militärisch zur Wehr setzen und so gegen eine Klausel des Friedens von 201 verstießen. Ein römisches Heer unter dem Befehl des Publius Cornelius *Scipio Aemilianus,* eines Adoptivenkels des Siegers über Hannibal, eroberte das einstmals so mächtige Karthago und zerstörte es (146).

Die Spanischen Kriege der Römer

Bereits während des Zweiten Punischen Krieges (206) hatten die Römer die Karthager aus Spanien vertrieben und die Pyrenäenhalbinsel besetzt. Doch schon bald mußten sie gegen die einheimischen *Keltiberer* Krieg führen (seit 197). Jahrzehntelange Kämpfe, verursacht teils durch den unbändigen Freiheitswillen der Keltiberer, teils durch die Unfähigkeit römischer Feldherren, brachten den Römern außergewöhnlich hohe *Menschenverluste.* Erst unter Scipio Aemilianus konnten sie den Widerstand der Keltiberer brechen; nach harter Belagerung nahmen sie deren Hauptfestung *Numantia* ein (133).

Rom und der östliche Mittelmeerraum

Die Auseinandersetzungen mit Karthago hatten den Blick der Römer nach Westen gelenkt. Immerhin hatte ein Bündnis, das Hannibal mit König Philipp V. von Makedonien geschlossen hatte, einen – militärisch freilich unbedeutenden – Krieg zwischen Rom und Makedonien zur Folge gehabt (214–205). Bereits ein Jahr nach dem Friedensschluß mit Karthago setzten die Konsuln gegen den Widerstand der kriegsmüden Bürgerschaft eine erneute *Kriegserklärung an Philipp V.* durch (200). Ein Hilfeersuchen des seit einigen Jahren mit Rom verbündeten Königreichs *Pergamon,* das durch Philipps Expansionspolitik in der Ägäis bedroht war, und des Inselstaats Rhodos sicherte das Eingreifen der Römer im östlichen Mittelmeerraum völkerrechtlich ab. Der Konsul Titus Quinctius *Flamininus* führte den Krieg gegen Philipp und ordnete nach seinem Sieg über ihn Griechenland im Sinne der *»griechischen Freiheit«*: Die Römer beschränkten Philipp auf Makedonien und überließen die Griechen sich selbst (196). Doch flammten wie in früheren Zeiten schnell Auseinandersetzungen zwischen den griechischen Stadtstaaten und Bünden auf. Sie wurden von außen her durch den Seleukidenkönig *Antiochos III.* geschürt, der im Begriff stand, das Reich seiner Vorfahren auch im Westen wiederherzustellen und zu diesem Zweck die Griechenpoleis an der Westküste Kleinasiens und sogar Thrakien seiner Herrschaft zu unterwerfen (seit 197). Die Aitoler forderten Antiochos auf, im griechischen Mutterland einzugreifen. In dieser Situation trat nach mehrmaligen diplomatischen Verhandlungen Rom schon fast automatisch in den *Krieg gegen Antiochos* und seine griechischen Bündnispartner ein. Auch in diesem Krieg war die Position der Römer durch Hilfeersuchen griechischer Poleis legitimiert. Der Sieg der Römer über Antiochos (190) hatte zur Folge, daß die Seleukiden Kleinasien verloren (188). Hier stärkten die Römer das Königreich Pergamon; auch den Rhodiern gaben sie kleinasiatisches Territorium. Rom wollte weiterhin nur *indirekten Einfluß* im Ägäisraum ausüben.

Die Unfähigkeit der Römer, vielleicht auch die objektive Unmöglichkeit, auf die Fehden zwischen den griechischen Staaten sowie ihre anhaltenden inneren

Schwierigkeiten zu reagieren, führte zu *Frontbildungen gegen die neue Vormacht,* die sich in Aufständen, überwiegend aber publizistisch im sogenannten geistigen Widerstand äußerten. Rom griff in Makedonien und Griechenland noch zweimal militärisch ein (172–167 und 149–146). Pergamon und Rhodos, die sich nach Ansicht der Römer durch ungenügenden Einsatz für Roms Politik verdächtig gemacht hatten, wurden gedemütigt (seit 167). *Makedonien* wurde zusammen mit *Griechenland römische Provinz* (147/6). Angesichts der Übermacht Roms vermachte Attalos III. sein Reich *Pergamon* testamentarisch den Römern (133); es wurde die *erste Provinz* der Römer *auf asiatischem Boden.*

Kennzeichen römischer Außenpolitik

Seit dem Ersten Punischen Krieg schlossen die Römer fast alle Friedensverträge mit Gegnern außerhalb Italiens mit dem Ziel, daß diese ihnen nach menschlichem Ermessen fortan nicht mehr als ebenbürtige Feinde entgegentreten konnten. Von Friedensschluß zu Friedensschluß schraubten sie trotz der reichen Kriegsbeute, die sie bei ihren Feldzügen machten, ihre *finanziellen Forderungen* höher. Dadurch schwächten sie ihre Gegner auch wirtschaftlich, während in Rom unermeßlich viel Geld, Edelmetall und andere Kostbarkeiten zusammenströmten. Gleichzeitig übten die Römer immer schärfere und grausamere *Vergeltungsmaßnahmen* gegen die besiegte Bevölkerung; so versklavten sie im Jahr 167 im nordwestlichen Teil Griechenlands 150 000 Menschen. Die Zerstörung Korinths (146) war in keiner Weise gerechtfertigt.

Ämterlaufbahn und Senat

b) Gesellschaft, Wirtschaft und Politik in Rom. Sehr allmählich bildete sich eine feste *Abfolge der Magistraturen* (cursus honorum) samt der ihnen zugewiesenen Aufgaben heraus. Beides wurde erstmals im frühen 2. Jahrhundert gesetzlich fixiert:

Quaestur: Staatskasse, Kriegskasse, Staatsarchiv.
Volkstribunat *oder* Aedilität: öffentliche Ordnung, Getreideversorgung, öffentliche Spiele.
Praetur: Rechtsprechung, Provinzverwaltung; auch Heereskommando möglich.
Konsulat: Heereskommando (*imperium*), Leitung der Volksversammlung und der Senatssitzungen, Gesetzes- und Wahlvorschläge.
Censur: Steuereinschätzung der Bürger, Kontrolle über Senatoren und Ritter (Aufnahme in und Ausschluß aus beiden Ständen), Verpachtung von Steuern, Zöllen, Bergwerken und ähnlichem, Vergabe öffentlicher Arbeiten (Straßen usw.).
Die Diktatur war außerhalb des cursus honorum ein Ausnahmeamt für nur sechs Monate mit voller militärischer und ziviler Befehlsgewalt.

Abgesehen von der Diktatur und der zumeist nur alle fünf Jahre neu besetzten Zensur waren diese Ämter auf ein Jahr begrenzt (*Annuität*). Sie wurden – außer der Diktatur – mit zwei oder einem Vielfachen von zwei Männern besetzt (*Kollegialität*). Wiederwahl in eine gleichrangige Magistratur oder Wahl in eine höhere Magistratur war nur nach einem Intervall ohne Amt möglich *(Iterationsverbot).* Die Magistrate konnten nicht abgesetzt, jedoch nach Beendigung ihrer Amtszeit zur Rechenschaft gezogen werden. Ein positives Weisungsrecht

Sarkophag.
Die Inschrift lautet: »Cornelius, Lucius, Scipio, Barbatus, gezeugt von dem Vater Gnaeus, ein tapferer und kluger Mann, dessen Aussehen seiner Tugend gleichkam. Er war Konsul, [298 v. Chr.] Censor und Aedil bei euch. Taurasia und Cisauna in Samnium nahm er ein, unterwarf auch ganz Lukanien und führte weg die Geiseln.«

gegenüber Kollegen oder Inhabern einer niederen Amtsstufe besaßen sie nicht; sie konnten lediglich Maßnahmen eines gleich- oder niederrangigen Kollegen durch *Interzession* verhindern. Der *Senat,* die Versammlung der gegenwärtigen und früheren Magistrate, war nicht dem alljährlichen Ämterwechsel unterworfen; daher übte er die eigentliche Regierung und die Kontrolle über die Magistrate aus. Seine *»Ratschläge«* (senatus consulta) wurden zu Anweisungen, denen auch die Konsuln folgen mußten.

Die Herrschaft der Nobilität

Seit der Beendigung der Ständekämpfe bildete sich eine neue politisch führende Oberschicht, die *Nobilität,* heraus. Ihr gehörten nicht nur die Patrizier, sondern auch diejenigen plebejischen Familien an, in denen mindestens ein Mitglied eines der hohen Ämter, möglichst das Konsulat, erreicht hatte. Die Nobilität gliederte sich in Gruppen (Faktionen) mit von Fall zu Fall unterschiedlichen Zielen; als Ganzes schloß sie sich nach außen hin ab. Durch Wahlabsprachen verteilten die Nobiles die hohen Ämter oft schon vor dem Wahltag oder engten den Kreis der voraussichtlich erfolgreichen Kandidaten ein. So hatten Außenstehende verminderte Chancen. Gelang einem Außenseiter, einem *homo novus,* der Aufstieg, so war dies meistens nur durch Anlehnung an eine der führenden Familien möglich. Dies band den Aufsteiger in das System ein und beraubte ihn weitgehend der Möglichkeit, solche politischen Vorstellungen zu verwirklichen, die die Mehrheit der Nobilität mißbilligte. Allerdings wurde die Nobilität als eine exklusive, auf *Gleichheit ihrer Mitglieder* beruhende Elite nach dem Zweiten Punischen Krieg hier und da in Frage gestellt. Mehrjährige außerordentliche Kommandos wie die für Scipio Africanus, die Machtfülle der nicht der Kollegialität unterworfenen Provinzstatthalter und der Einfluß griechischen Denkens, insbesondere griechischer Herrschaftsvorstellungen, veranlaßten einzelne Persönlichkeiten, für sich besondere Beachtung und eine außergewöhnliche Karriere zu beanspruchen. Scipio scheiterte zwar am Gleichheitsanspruch seiner Standesgenossen; doch konnte zur gleichen Zeit Flamininus im Osten des Mittelmeerraumes göttliche Ehren empfangen.

Geringe Beteiligung des Volkes an der Regierung

Die Schicht der einfachen Bürger war durch Einbürgerung vieler Latiner und Italiker stark angewachsen. Die Volksmenge hatte jedoch nur geringe Möglichkeiten, sich an politischen Entscheidungen zu beteiligen. Die Zenturiatskomitien (▷ S. 57 f.), in denen Praetoren und Konsuln gewählt und über Krieg und Frieden abgestimmt wurde, waren so organisiert, daß in ihnen die Besitzenden die *Stimmenmehrheit* hatten. Es wurden nämlich nicht die Voten der einzelnen Bürger gezählt, sondern die Ergebnisse von Stimmabteilungen (Zenturien), in denen die Bürger entsprechend ihrem Vermögen zusammengefaßt waren. Die Zahl der Stimmberechtigten je Zenturie variierte extrem; in den Stimmabteilungen der armen Bürger war sie sehr hoch, in denen für die Wohlhabenden sehr klein. Es gab mehr Zenturien für Besitzende als für Arme. Weiter hatte die Volksversammlung nicht das Recht, selbst Tagesordnungspunkte festzulegen oder Wahl- und Gesetzesvorschläge zu unterbreiten; das konnten nur die leitenden Magistrate im Einvernehmen mit dem Senat tun. So setzten im Jahre 200 Konsuln und Senat die Kriegserklärung an Philipp V. gegen den zunächst geäußerten Willen der Volksversammlung durch. Schließlich band den einfachen Mann sein *Klientelverhältnis* an eine der Nobilität angehörende Familie und deren politische Absichten. Die klassische römische Republik war – wenn man die Begriffe der griechischen Staatstheorie zugrunde legt – keine Demokratie, sondern eher eine *Oligarchie* einiger wohlhabender und seit Generationen an der Regierung beteiligter Sippen.

Wandel der wirtschaftlichen Interessen bei den Wohlhabenden

Die Expansion der Römer veränderte ihre wirtschaftlichen Verhältnisse grundlegend: In der Nobilität, die vor allem *Landgüter* (villae) besaß, wurden auch Interessen wach, die sich auf *Geldkapital* und dessen gewinnbringende Anlage in *Handel und Gewerbe* richteten. Appius Claudius Caecus berücksichtigte in seiner Censur (312) erstmals bewegliches Vermögen. Ein Teil der Nobilität sah die wirtschaftliche Neuorientierung ihrer Standesgenossen mit Sorge und versuchte seit ungefähr 220, durch Verbot reiner Handelstätigkeit für Senatoren und durch einschränkende Vorschriften, wie die über die Maximalgröße von Schiffen in senatorischem Besitz, die agrarische Grundlage und das entsprechende traditionelle Denk- und Verhaltensschema der Führungsschicht zu erhalten oder wiederherzustellen. Man bemühte sich auch, den mit den neuen Wirtschaftsformen aufgekommenen materiellen *Luxus* einzudämmen. Die tatsächlichen Ergebnisse dieser Versuche entsprachen nur teilweise den Absichten der konservativen Reformer: An Geld, Handel und Gewerbe interessierte Nobiles mußten auf eine politische Karriere verzichten. Diese Bürger bildeten mit der Zeit eine eigene Gruppe, den *»Ritterstand«* (ordo equester). Die Senatoren dagegen konnten Kapitalvermögen nur in Form vermehrten Grundbesitzes anlegen und mußten Handelsgeschäfte größeren Ausmaßes meiden – oder im Widerspruch zu den von ihrer Gesellschaftsschicht offiziell vertretenen Regeln über Strohmänner abwickeln. Die meisten Senatoren erwarben oder pachteten erobertes Land (Staatsland = ager publicus) in Italien, Sizilien und anderswo und kauften für wenig Geld mit Schulden belastete landwirtschaftliche Familienbetriebe auf. Nach Vorbildern aus dem östlichen Mittelmeerraum und aus Nordafrika (Karthago) gingen sie auf ihren Gütern, neben dem Anbau von Getreide und Futtermitteln für den eigenen Bedarf, zu intensiver Kultur von Wein, Obst und Oliven für den Markt über oder nutzten ihr Land zur Viehzucht (Rinder, Schweine, Schafe, Ziegen). Als Arbeitskräfte dienten ihnen Stammannschaften von ca. 10 Sklaven je Gut und bäuerliche Saisonarbeiter. Ein typischer Großgrundbesitzer in der ersten Hälfte des 2. Jahrhunderts war Marcus Porcius *Cato,* der es als homo novus bis zum Konsulat und zur Censur brachte: Er kaufte viele Landgüter zusammen und bewirtschaftete sie nach den damals modernsten Methoden, so daß sie einen ansehnlichen Überschuß abwarfen. Cato beschäftigte sich auch literarisch mit der Landwirtschaft (in seinem Buch »de agricultura«).

Absinken der Bauern ins Proletariat

Vor allem der Zweite Punische Krieg und die Kriege in Spanien hatten verheerende Auswirkungen auf den Stand der Kleinbauern gehabt: Zahlreiche Bauern, die in diesen Kriegen das Rückgrat der römischen Heere gebildet hatten, standen vor zerstörten Höfen und hatten kaum Kapital zum Wiederaufbau; viele Betriebe waren durch die lange kriegsbedingte Abwesenheit des Familienvaters und seiner Söhne oder gar, weil sie gefallen waren, heruntergewirtschaftet und verschuldet und mußten verkauft werden. Der italische Bauernstand verarmte und sank zum *Proletariat* ab, das teils auf den Gütern der Reichen Saisonarbeit leistete, teils in die Städte, vor allem nach Rom, zog und dort ein ärmliches und unausgefülltes Leben führte. Diese besitz- und arbeitslosen Massen veränderten die Struktur der Bevölkerung und insbesondere die der römischen Bürgerschaft: Als Wähler und Stimmberechtigte waren die Proletarier leicht durch *»Brot und Spiele«* käuflich; zum Kriegsdienst konnten sie als Besitzlose nach den geltenden Regeln nicht mehr eingezogen werden. Um so länger und häufiger mußten diejenigen, die noch etwas besaßen, ins Feld ziehen. Um die Mitte des 2. Jahrhunderts kam es daher zu Kriegsdienstverweigerungen, die einige Volkstribunen gegen die amtierenden Konsuln unterstützten.

Benachteiligung der Italiker und Ausbeutung der Provinzialbevölkerung

Gegenüber Rom waren die verbündeten Italiker-Gemeinden grundsätzlich benachteiligt. Sie waren den Römern zur Heeresfolge verpflichtet, und ihre Kontingente wurden nach dem Willen der Römer eingesetzt, doch deren Vorteile, etwa bei der Landvergabe nach siegreich beendetem Krieg oder bei der Verteilung der Kriegsbeute, genossen die Italiker nicht. Unter starkem wirtschaftlichen Druck standen die Untertanen in den Provinzen, die zumeist Klienten führender Sippen in Rom geworden waren: Von ihnen trieben private Gesellschaften römischer Ritter als *Steuer- und Zollpächter* des Staates (publicani) auf eigene Rechnung und weitgehend ohne staatliche Kontrolle Abgaben in oft nicht gerechtfertigter Höhe ein. Wohl noch schlimmer war die illegale Ausbeutung der Provinzen durch *senatorische Statthalter,* die nach hohen Ausgaben für »Brot und Spiele« sowie für eine standesgemäße Lebensführung sich für ihre weitere politische Karriere Geld beschaffen wollten. Die Nobilität ver-

Halsband und Plakette: Kennzeichen der Sklaverei. *Die ersten Zeilen der Plaketteninschrift lauten:* „TENE ME NE FUGIA [M] ET REVOCA ME AD DOMINUM“ *(Halte mich fest, damit ich nicht fliehe, und gib mich meinem Herrn zurück.).*

suchte zwar, durch besondere Gerichtshöfe und Prozesse, die *Repetundenverfahren* (seit 149), widerrechtliche Bereicherung durch Statthalter zu bestrafen und den Geschädigten zu ihrem Eigentum zu verhelfen (res repetundae = zurückzuforderndes Hab und Gut); doch verfuhr man gegenüber den eigenen Standesgenossen, die sich verfehlt hatten, allzu nachsichtig, so daß keine echten Erfolge im Kampf gegen die Aussaugung der Provinzialbevölkerung erzielt wurden.

Sklaven und Sklavenaufstände

Die Sklaven, die die Großgrundbesitzer auf ihren Gütern beschäftigten, waren ehemalige Kriegsgefangene, aber auch Menschen, die z. B. von Seeräubern im östlichen Mittelmeerraum gefangen und auf *Sklavenmärkte* gebracht worden waren. Deren Zentrum wurde die Ägäisinsel *Delos*; hier wurden Tag für Tag Tausende von Sklaven angeboten und verkauft. Die Sklaven waren als *Produktivkräfte* auch deswegen besonders begehrt, weil sie nie zum Heeresdienst eingezogen wurden und somit ihren Herren stets zur Verfügung standen. In der Landwirtschaft und im Bergbau wurden sie bis aufs Blut ausgebeutet. Ihre bedrückende Situation führte immer wieder zu Fluchtversuchen und zwischen 136 und 71 zu einigen großen Aufständen auf Sizilien, in der Provinz Asia und in Unteritalien, die von den Römern grausam niedergeworfen wurden. In ihren Revolten versuchten die Sklaven, das Verhältnis Herr–Sklave umzudrehen oder ihre Rückkehr in die Heimat zu erzwingen; jedoch wollten sie niemals die Sklaverei als Einrichtung abschaffen. Durch die starke Sklavenzufuhr änderte sich schließlich die Bevölkerungszusammensetzung der großen Städte.

III. Der Untergang der römischen Republik

Nur wenige Jahre nachdem die Römer Karthago und Korinth zerstört hatten, brachen in der römischen Bürgerschaft über Fragen der *Gesellschafts- und Verfassungsordnung* Auseinandersetzungen aus, die mit allen politischen Mitteln, vor allem aber mit Gewalt geführt wurden. Diese *Bürgerkriege,* in die auch Verbündete und Untertanen der Römer hineingezogen wurden, sollten – mit nur wenigen Intervallen der Ruhe – rund hundert Jahre dauern. Standen anfangs soziale Probleme, Versuche ihrer Lösung und Widerstände dagegen im Vordergrund, ging es später nur noch um die Frage, ob Rom weiterhin Republik bleiben oder unter die Herrschaft *eines* Mannes geraten solle.

1. Der Kampf um soziale Reformen: Von den Gracchen bis zu Pompeius

133–121	Reformversuche der Gracchen
113–101	Kriege gegen Kimbern und Teutonen
112–106	Krieg gegen den Numiderkönig Jugurtha
107–100	Marius innerhalb von acht Jahren sechsmal Konsul; Heeresreform
91–88	Bundesgenossenkrieg: Die Italiker erringen das römische Bürgerrecht
88	Erster Marsch Sullas auf Rom
88–85	Erster Krieg gegen König Mithradates von Pontos
82	Zweite Einnahme Roms durch Sulla; Proskriptionen
82–79	Diktatur Sullas. Konservative Neuordnung der Staatsverfassung
78	Änderungen und Zurücknahmen wichtiger Bestimmungen der Sullanischen Verfassung
77–62	Außerordentliche Kommandos des Pompeius gegen populare Römer in Spanien (77–71), die Seeräuber und König Mithradates (67–62)
70	Pompeius ohne Absolvierung der Ämterlaufbahn Konsul

Die Reformversuche der Gracchen

Die erste Bürgerkriegsphase war gekennzeichnet durch die Vorhaben und Maßnahmen der Brüder Tiberius und Gaius Sempronius *Gracchus,* die der Nobilität angehörten, und durch den Widerstand, den die Nobilitätsmehrheit dagegensetzte: *Tiberius Gracchus* wollte das römische Bürger- und Bauernheer wiederherstellen; daher versuchte er, die Ursachen und die Existenz des Proletariats durch *Vergabe von Ackerland* rückgängig zu machen. Er ließ sich dazu in das *Volkstribunat* wählen (133) und griff zurück auf dessen unter der Nobilitätsherrschaft nicht mehr ausgeübte ursprüngliche Funktion, die Fürsorge für die Plebs. Das benötigte Ackerland wollte Tiberius durch die zugunsten der Rei-

Römischer Bürger in der Volksversammlung bei der Stimmabgabe, *Silbermünze, um 52 v.Chr. Schriftliche und geheime Abstimmungen wurden erst in den dreißiger Jahren des 2. Jh.s v.Chr. eingeführt. Sie erleichterten dem einfachen Bürger eine Stimmabgabe unabhängig von den politischen Vorstellungen seines Klientelherrn, des Patronus.*

chen abgemilderte Neufassung eines alten, seit langem nicht mehr angewandten Gesetzes beschaffen. In Tiberius' *Gesetzesantrag* war vorgesehen, daß keine Familie mehr als 1000 Morgen Staatsland besitzen durfte und daß Acker- und Weideland, das das erlaubte Maß überschritt, dem Staat zurückgegeben werden mußte. Die freiwerdenden Ländereien sollten an besitzlose Bürger vergeben werden. Gegen diesen Gesetzesantrag wandten sich viele Nobiles, da sie Verluste für sich und ihre Familien befürchteten. Sie stifteten einen Kollegen des Tiberius an, gegen dessen Gesetzesantrag vor der Volksversammlung Interzession einzulegen. Daraufhin ließ Tiberius seinen Widersacher durch Plebiszit aus dem Volkstribunat entfernen. Das war ein Verstoß gegen die bisher unangetasteten Prinzipien der Unabsetzbarkeit eines Magistrates und der Unantastbarkeit der Volkstribunen. Die Volksversammlung verabschiedete nun Tiberius' Gesetzesantrag. Die Ausstattung der Siedler sollte nach Tiberius' Willen mit den Einnahmen aus dem Königreich Pergamon finanziert werden, das der römische Staat soeben geerbt hatte (▷ S. 65). Hierzu schaltete Tiberius entgegen der Verfassungstradition nicht den Senat ein, sondern führte einen Volksbeschluß herbei. Um die Durchführung des Ackergesetzes zu sichern, bewarb sich Tiberius – wiederum entgegen dem Verfassungsbrauch – um das Volkstribunat des folgenden Jahres. Während die Volksversammlung zur Wahl schreiten wollte, kam es zu einem Tumult; Tiberius Gracchus wurde von einer Senatorengruppe erschlagen.

Zehn Jahre später (123) ließ *Gaius Gracchus* einige der verfassungswidrigen Maßnahmen seines älteren Bruders durch Volksbeschluß zu Gesetzen und somit zu Bestandteilen der römischen Staatsverfassung erheben. Dann versuchte er, die *Ritterschaft* als politisches Gegengewicht zur Nobilität aufzubauen und gleichzeitig zur Unterstützung seines eigentlichen Vorhabens, der *Fortführung der Landreform,* zu gewinnen: Gaius ließ den publicani die Steuerpacht in der neuen Provinz Asia zukommen und sorgte dafür, daß die Repetundengerichte fortan ausschließlich mit Richtern aus dem Ritterstand besetzt wurden. Die Ritter nahmen alle diese Bevorzugungen an; doch da sie an einem Zusammengehen mit der Unterschicht kein Interesse haben konnten, unterstützten sie Gaius Gracchus und seine Maßnahmen zugunsten der armen Römer nicht. Als Gaius schließlich *Bauernstellen in Übersee* einrichten und obendrein den *italischen Bundesgenossen* eingeschränktes oder sogar volles Bürgerrecht verschaffen wollte, ließ ihn seine Anhängerschaft im Stich; scheinbar günstigere Gesetzesvorschläge eines anderen Volkstribunen, der mit dem Senat zusammenarbeitete, hatten dies bewirkt. Nun erklärte der Senat – erstmals – den *Staatsnotstand* (senatus consultum ultimum), um gegen Gaius ungehindert vorgehen zu können (121). Wie schon sein Bruder kam Gaius um.

Optimaten und Populare

Die Agrarreform, die die beiden Gracchen in Gang gesetzt hatten, wurde von der Mehrheit des Senats sabotiert und bald aufgegeben. Sowohl die Agrar- als auch die Bundesgenossenfrage verloren freilich nichts von dem in ihnen enthaltenen Zündstoff. Sie mit Hilfe der Institutionen Volksversammlung und Volkstribunat neu aufzurollen, galt nach dem Scheitern der Gracchen als ein Verhalten von »Volksfreunden«, *Popularen,* das gegen die Nobilität gerichtet war, die sich jetzt als Schicht oder Kaste der »Besten«, *Optimaten,* verstand. Doch setzten sich immer wieder Politiker, gerade auch solche aus alten Familien, für die Lösung der als popular gebrandmarkten Probleme ein. Daß damit die bisherige innere Geschlossenheit der Nobilität und des Senats verlorenging, ist ein wesentliches Merkmal der Bürgerkriegszeit.

Die Feldherrnkarriere des Popularen Marius

Als die Römer den Numiderkönig *Jugurtha* bekriegten (seit 112), zog sich der Krieg möglicherweise deshalb in die Länge, weil *Angehörige der Nobilität* von Jugurtha *bestochen* worden waren. Die Unzufriedenheit der Römer mit der Kriegführung führte dazu, daß schließlich der homo novus Gaius *Marius* zum Konsul gewählt wurde und entgegen dem Willen des Senats den Oberbefehl gegen Jugurtha erhielt. Marius beendete den Krieg erfolgreich (107–105). Daher erhielt er auch erneut das Amt des Konsuls und den Oberbefehl in einem anderen gleichzeitigen Abwehrkrieg an den Nordgrenzen Italiens. Die wandernden germanischen Stämme der *Kimbern und Teutonen,* die die Römer für Kelten hielten und daher fürchteten, hatten zweimal römische Heere vernichtend besiegt (113 und 105). Marius trainierte und vermehrte sein siegreich aus Afrika heimgekehrtes Heer und vernichtete Teutonen und Kimbern (102/101). Danach sofort wieder zum Konsul gewählt, kam Marius innerhalb von nur acht Jahren auf die unerhörte Zahl von sechs Konsulaten. Das Versagen der Nobilität hatte diese Karriere eines Aufsteigers ermöglicht, dessen Ansehen und Wirkungsmöglichkeiten allein auf seinen Erfolgen als Feldherr beruhten.

Veteranenversorgung und militärische Gefolgschaft

Marius hatte entgegen dem Brauch in großer Zahl Proletarier in das Heer aufgenommen. Sie dienten nicht mehr als zeitweilig einberufene Bürger-Miliz, sondern als *Berufssoldaten.* Diese Besitzlosen mußten nach ihrer Militärdienstzeit versorgt werden; das konnte nach damaliger Vorstellung nur durch *Landverteilung* geschehen. So bekam das Agrarproblem durch die Veteranenversorgung eine neue Dimension, die den weiteren Verlauf der Bürgerkriegszeit mitbestimmen sollte: Jeder erfolgreiche Feldherr wollte und mußte von nun an die Soldaten, die seine Siege erfochten hatten, materiell absichern. Wenn ihm dies gelang, standen seine Soldaten und auch seine Veteranen so fest hinter ihm, daß er sie als seine *militärische Klientel* sogar gegen den römischen Staat einsetzen konnte. Die Nobilität arbeitete gegen die Bemühungen der Feldherren, ihre Soldaten mit Land zu versorgen; besonders intensiv tat sie dies dann, wenn der Feldherr nicht dem eigenen Kreis der Nobiles angehörte. Daher verbündete

Silbermünze der Italiker, um 90 v. Chr. Ein Stier, *Symbol der gegen Rom kämpfenden italischen Bundesgenossen,* zertritt die römische Wölfin.

sich Marius nach seinen großen Siegen mit popularen Politikern, um die Verteilung von Land an seine Veteranen durchzusetzen; doch war er in parteipolitisch-taktischen Auseinandersetzungen derart unerfahren, daß er scheiterte (100).

Reformversuch des Livius Drusus und Bundesgenossenkrieg

Im Jahr 91 griff der von seinem Herkommen und in seinen Absichten durchaus nicht populare Volkstribun Marcus Livius *Drusus* Agrar- und Bundesgenossenfrage zugleich auf. Er wurde zwar von einigen besonders angesehenen Senatoren unterstützt, die die Notwendigkeit von Reformen erkannten; doch stieß er auf viele Widerstände und wurde ermordet. Diese Ereignisse führten zum *Aufstand der italischen Bundesgenossen* gegen Rom (ab 91). Die Römer beendeten den von beiden Seiten erbittert geführten und verlustreichen Bundesgenossenkrieg nur mit Mühe, indem sie schließlich den Italikern das volle *römische Bürgerrecht* gewährten (89/88).

Aufstieg, Diktatur und reaktionäre Reformen des Optimaten Sulla

An Marius' Sieg über Jugurtha war der Patrizier und Optimat Lucius Cornelius *Sulla* entscheidend beteiligt gewesen, ohne dafür Ruhm erlangen zu können: Seither waren Marius und Sulla miteinander verfeindet. Als der König *Mithradates* von Pontos Verbündete Roms bekriegte, mit Rauben und Morden die Provinz Asia überzog und dabei die Unterstützung der von den Römern ausgebeuteten Bevölkerung erhielt, stritten sich Optimaten und Populare über den Oberbefehl gegen den kleinasiatischen König. Sulla setzte sich durch, indem er mit dem ihm für den Krieg gegen Mithradates anvertrauten Heer Rom besetzte (88). Nach seinem Friedensschluß mit Mithradates (85), nach dem Sieg über Aufgebote der Popularen in Italien (83/2), wobei er mit seinem Heer *Rom eroberte*, und nach einer grausamen Verfolgung seiner innenpolitischen Gegner, den *Proskriptionen* (82), ließ sich Sulla vom Senat, in dem nur noch seine Anhänger Sitz und Stimme hatten, zum *Diktator* ernennen (81). Die Diktatur war seit dem Zweiten Punischen Krieg nicht mehr vergeben worden; auch waren Sullas Aufgaben neuartig für dieses Ausnahmeamt: Er sollte den vom Bürgerkrieg zerrütteten Staat neu aufbauen. Dies tat Sulla so, daß der republikanisch-oligarchische Staatsapparat besser als bisher der Regierung eines großen Reiches angepaßt und der *Senat,* erweitert durch den zuverlässigsten Teil der Ritterschaft, wieder zum *Zentrum der politischen Entscheidungen* wurde. Sulla entmachtete das populare Instrument Volkstribunat und nahm ihm seine bisherige Stellung innerhalb der Magistratslaufbahn. Praetur und Konsulat teilte Sulla in zwei Phasen von je einem Jahr Dauer ein: Die erste, die eigentliche *Magistratur,* mußte in Rom und Italien, die zweite, die sich als *Promagistratur* unmittelbar

Roma, *den rechten Fuß auf einen Globus setzend und in der linken Hand einen Speer haltend, und* Italia, *die ein Füllhorn trägt, reichen sich ihre rechten Hände. Römische Silbermünze, 70(?) v. Chr.*

anschloß, in den Provinzen ausgeübt werden. Nur Propraetur und Proconsulat waren mit einem militärischen Kommando ausgestattet; Konsuln und Praetoren verfügten seither in Italien nicht mehr über Truppen. Sulla wollte offensichtlich Bürgerkriege in Rom und Italien, wie er sie selbst zweimal geführt hatte, unmöglich machen. Sullas Staatsverfassung wurde nach der freiwilligen Abdankung ihres Schöpfers (79) bald entschärft und in ihren gegen die Popularen gerichteten Teilen aufgehoben. Nicht einmal alle Optimaten – von den Popularen ganz zu schweigen – akzeptierten Sullas revolutionär wirkendes, doch nach rückwärts gewandtes Verfassungswerk.

Cicero und die Catilinarische Verschwörung

Zeitweilig zwischen den Fronten von Optimaten und Popularen befand sich der homo novus Marcus Tullius *Cicero,* der seit seiner Quaestur (75) in vorgeschriebener Folge die Ämterlaufbahn absolvierte. Cicero gelangte nicht als erfolgreicher Feldherr, sondern als *philosophisch gebildeter Redner* in die höchsten Staatsämter und genoß als Schriftsteller auch bei politischen Gegnern Ansehen. Als in seinem Konsulatsjahr (63) eine Gruppe von deklassierten und besitzlosen Römern unter dem ehrgeizigen aber unbedeutenden Politiker Lucius Sergius *Catilina* einen Putsch plante, griff Cicero härter durch, als die Situation es erforderte und die Gesetzte es erlaubten. Dafür büßte er wenige Jahre später mit einem kurzen Exil (58/57). Die Verschwörung des Catilina gefährdete den römischen Staat zwar kaum, doch war sie ein weiteres Zeichen dafür, daß sich die *Verfassungswirklichkeit* der Republik *gewandelt* hatte, da ein einzelner mit seiner Gefolgschaft sich ihren Normen nicht mehr hatte beugen wollen.

Die Karriere des Feldherrn Pompeius zwischen Senat und Volk

Zu Sullas Erfolg gegen die Popularen hatte ein junger Mann namens Gnaeus *Pompeius* militärisch besonders viel beigetragen und erhielt dafür zunächst eine Vorzugsstellung. Sodann übernahm er, ohne die Ämterlaufbahn beschritten zu haben, ein Militärkommando gegen eine Gruppe popularer Römer in Spanien (77–71), bekleidete das Konsulat (70) und erhielt mit besonders weitreichenden Vollmachten den Oberbefehl im östlichen Mittelmeerraum und in angrenzenden Ländern und Provinzen gegen die Seeräuber und gegen Mithradates (67–62). Die meisten Senatoren wollten die beiden letztgenannten *außerordentlichen Kommandos* lieber einem der Ihren übertragen, der den üblichen cursus honorum durchlaufen hatte und vollständig in die Nobilität eingebunden war, doch hatten sich Volk und Ritter, unterstützt durch Ciceros Redegabe, eindeutig für Pompeius entschieden. Als dieser aus dem Osten zurückgekehrt war, weigerte sich der Senat, die von ihm in Kleinasien und Syrien getroffenen politischen und administrativen Regelungen zu bestätigen und seine Veteranen zu versorgen (61).

2. Republik oder Alleinherrschaft? Von Caesar bis Octavian

60	Erstes Triumvirat: Caesar, Pompeius und Crassus
59	Caesar Konsul
58–51	Eroberung Galliens durch Caesar
52	Schwere Unruhen in Rom, Pompeius »Konsul ohne Kollegen«
49–45	Bürgerkrieg: Pompeius und die Senatsmehrheit gegen Caesar
46	Caesar Diktator auf zehn Jahre
44	Caesar Diktator auf Lebenszeit; seine Ermordung (15.3.44)
43	Octavius (Octavian) tritt mit eigenem Heer in den Bürgerkrieg zwischen dem Senat und Antonius ein und wird Konsul
	Zweites Triumvirat: Octavian, Antonius und Lepidus
42	Sieg des Antonius bei Philippi über die Caesarmörder
36	Octavians Feldherr Agrippa siegt über die Republikaner unter Sextus
	Pompeius. Ausschaltung des Lepidus
31–30	Sieg Octavians über Antonius und Kleopatra

Aufstieg Caesars

Pompeius' Niederlage im Senat ergriff der populare Politiker Gaius Julius *Caesar,* der einer der vornehmsten patrizischen Familien Roms entstammte, jedoch auch mit Marius verwandt war, als Chance für das weitere eigene Vorankommen. Caesar versprach Pompeius Hilfe bei der Veteranenversorgung. Eine Vereinbarung, die Pompeius, Caesar und der überaus reiche Politiker Marcus Licinius Crassus trafen, hatte das Ziel, jedem der drei Anteil an der Macht im Staat zu verschaffen und Pompeius' Probleme zu lösen (60). Den größten Nutzen aus diesem Dreimännerbund (*Triumvirat*) zog Caesar: Er wurde im folgenden Jahr 59 Konsul und danach für zweimal fünf Jahre als Prokonsul Statthalter in den Provinzen Illyricum, Gallia Cisalpina und Gallia Narbonensis. Zwischen 58 und 51 eroberte Caesar – nicht ohne Rückschläge – *Gallien,* das heißt ganz Westeuropa westlich des Rheines. Er tat dies ohne Senatsauftrag auf eigene Faust, um sein politisches Gewicht in Rom zu mehren und sich ein ihm *ergebenes Heer* aufzubauen.

Auseinandersetzungen mit der Senatspartei

Während Caesars Abwesenheit von Rom arbeiteten seine *optimatischen Gegner* an seinem Sturz. Handhaben hierzu hatte Caesar geliefert, als er während seines Konsulatsjahrs im Kampf gegen die Optimaten mehrfach gegen die Verfassung verstieß. In den Jahren nach 55, in denen in Rom zeitweise Straßenschlachten an der Tagesordnung waren, gelang es den Optimaten, nachdem Crassus in einer Schlacht gegen die Parther gefallen war (53), *Pompeius* auf ihre Seite zu ziehen, der als *Konsul ohne Kollegen* Recht und Ordnung wiederherstellen sollte (52). Nun verschärften sich die Spannungen zwischen Caesar einerseits und Pompeius und der Senatsmehrheit andererseits. Auf dem Verhandlungsweg konnte Caesar sein Ziel, ein weiteres Konsulat im Anschluß an die gallische Statthalterschaft und damit einstweilen Schutz vor gerichtlicher Verfolgung, nicht erreichen. Als der Senat gegen ihn das senatus consultum ultimum erließ, überschritt Caesar mit seinem Heer den Grenzfluß *Rubico* und marschierte in Italien ein (Januar 49). Der Konflikt wurde nun (49–45) militärisch ausgetragen und durch Caesars *Siege über Pompeius und andere Heerführer* der Optimaten entschieden.

Caesar als Alleinherrscher

Caesar ließ sich von den wenigen Anhängern im Senat, die im Gegensatz zur Mehrheit der Senatoren Italien nicht verlassen hatten, zum *Diktator* ernennen (erstmals 49). Seine zur Schau gestellte milde Behandlung gefangener Gegner zeigte wenig Wirkung. Die meisten Nobiles standen nach wie vor gegen ihn. Daher mußte Caesar Männer aus seiner eigenen, teilweise römischem Standesdenken nicht entsprechenden Anhängerschaft einsetzen. Unter den *neuernannten Senatoren* waren auch viele Nicht-Italiker. Selbst nachdem Caesar die Optimaten fast vollständig niedergerungen hatte, war seine Position nicht so beschaffen, daß er als allgemein geschätzter und von sachkundigen Männern umgebener Staatsmann – trotz gesetzgeberischer Maßnahmen zur Kalenderreform, zur städtischen Selbstverwaltung u. a. m. – Rom und das Reich planvoll hätte umgestalten und neu ordnen können. Große Teile des Volkes und sogar Freunde und Schützlinge Caesars empfanden seine Dikatur als bedenklich. Versuche aus Caesars Umgebung, den Römern seine Machtausübung als *Herrschaft auf Lebenszeit,* als Monarchie schmackhaft zu machen und Caesar in göttliche Sphären zu rücken, riefen breite Ablehnung hervor:

»Auch das Volk selbst war nicht mehr mit der gegenwärtigen Lage zufrieden, sondern gab sein Mißvergnügen über [Caesars] absolute Herrschaft zu erkennen und verlangte nach Befreiern« (Sueton in seiner Biographie Caesars,[21] um 120 n.Chr.).

Eine Gruppe von Senatoren verschwor sich unter der Führung von Marcus Junius *Brutus* und Gaius *Cassius* Longinus zu *Caesars Ermordung.* Sie sahen in ihrer Tat, die sie an den Iden des März (15.3.) 44 ausführten, die ethisch gerechtfertigte Beseitigung eines Tyrannen.

Dreiteilung der Herrschaft über das Reich

Den Caesarmördern und ihrem Anhang fehlte jedoch jegliches Konzept zur Wiederherstellung der Republik. Damit rechtfertigten sie nachträglich Caesars Ausspruch: »Die Republik ist ein Nichts, ein bloßer Name ohne Körper und greifbare Gestalt« (Sueton) [22]. Indem sie sich mit Caesars Parteigänger Marcus *Antonius* auf einen Kompromiß in der Aufteilung der Staatsgewalt einließen, gaben sie diesem gefährliche Machtmittel in die Hand. Bald brach denn auch eine militärische Auseinandersetzung zwischen dem Senat und Antonius aus (44–43). Da schien es den Senatoren für die eigene Sache günstig zu sein, daß Caesars erst 19 Jahre alter Großneffe und Adoptivsohn *Octavian* auf eigene Kosten aus Caesars Veteranen ein privates Heer aufstellte und es dem Senat zur Unterstützung anbot. Auf Ciceros Fürsprache hin stattete der Senat Octavian zum Kampf gegen Antonius mit der Befehlsgewalt eines Propraetors aus (Januar 43). Doch ausgerechnet der junge, politisch und militärisch unerfahrene Octavian wandte sich schnell gegen seine Fürsprecher: Indem er sich als

Caesars Sohn herausstellte, ertrotzte er im Sommer 43 durch einen Marsch auf Rom vom Senat das Konsulat für sich und die Ächtung sowie Strafverfolgung der Caesarmörder. Noch im Herbst 43 einigte sich Octavian mit Antonius, den er nicht lange zuvor bekämpft hatte, und mit dem Caesaranhänger Marcus Aemilius *Lepidus* in einem neuen Dreimännerbund. Dieses *Zweite Trimvirat* wurde als Dreiteilung der Macht im Staate gesetzlich sanktioniert. Seine Anfänge waren in der Nachfolge der Proskriptionen Sullas von blutigen *Verfolgungen der Caesargegner* gekennzeichnet; ihnen fiel auch Cicero als Feind des Antonius zum Opfer. Antonius' Sieg bei Philippi (42) über die Caesarmörder Brutus und Cassius, die im Osten ein großes Heer aufgestellt hatten, ließ fast das ganze römische Herrschaftsgebiet in die Verfügungsgewalt der Triumvirn übergehen.

Octavians Sieg über Antonius und Kleopatra

Octavian hatte mit Italien die innenpolitisch und strategisch schwierigste Position. Doch schaltete er nach einigen Jahren Sextus Pompeius, den letzten Gegner aus dem republikanischen Lager, und den Triumvirn Lepidus aus (36). Nun konnte er die alles entscheidende *Auseinandersetzung mit Antonius* wagen, die sich seit dem Jahr 41 mehrfach angebahnt hatte. Octavian ließ sich dazu von der Bevölkerung seines Machtbereichs durch Eid besondere Vollmachten geben. Vor der Öffentlichkeit stellte er den in Alexandria weilenden Antonius so hin, als sei er seiner Geliebten, der ägyptischen Königin *Kleopatra,* hörig und bezichtigte ihn des Verrats an Rom. Schließlich schlug Octavians Feldherr Marcus Vipsanius *Agrippa* bei *Actium* (31) Kleopatra und Antonius. Octavian marschierte in Alexandria ein und liquidierte das letzte Diadochenreich (30). Antonius und Kleopatra begingen Selbstmord. Die Caesarmörder waren vernichtet und Octavians Rivalen in der eigenen »Partei« beseitigt. Den Zeitgenossen stellte sich nun die Frage, welche Form der römische Staat erhalten und welche Stellung in ihm Octavian einnehmen würde.

3. Die Zeit der Bürgerkriege – eine römische Revolution?

Einige moderne Historiker bezeichnen die Bürgerkriege oder wenigstens ihren letzten Abschnitt als »Römische Revolution«.[23] In der Tat wurde in den rund hundert Jahren zwischen dem Tribunat des Tiberius Gracchus und der Neuordnung Roms und seines Reiches durch Octavian nach seinem Sieg über Antonius und Kleopatra immer wieder das gerade Gültige unter Gewaltandrohung und Gewaltanwendung annulliert und durch etwas anderes ersetzt. Allerdings decken sich diese gewaltsamen und umstürzlerischen Maßnahmen nicht mit dem modernen Revolutionsbegriff: Die Gracchen und Sulla wollten – jeder auf seine Weise – frühere oder als früher vorhanden geglaubte Zustände ungefähr wiederherstellen; sie hatten also letztlich restaurative Ziele. Caesar hatte, abgesehen von seiner eigenen Stellung als Alleinherrscher, entweder keine klare Vorstellung davon, wie die neue Staatsverfassung und die sie tragende Gesellschaft beschaffen sein sollten, oder er hatte zwar eine Konzeption, vermochte sie aber unter den waltenden Umständen nicht zu verwirklichen. Auch Octavian schuf nichts grundsätzlich oder vollkommen Neues (▷ S. 84 ff.).

4. »Imperialismus« und »gerechter Krieg«

Imperialismus – Handlungsprinzip der Römer?

Der Weg Roms vom Stadtstaat zum Weltreich hat zu allen Zeiten Betrachter veranlaßt, darüber nachzudenken, ob diese Entwicklung auf *Zufall oder zielstrebige Eroberungspolitik* zurückzuführen, römischer »Imperialismus« also die Triebfeder gewesen ist.[24] Der Begriff wurde jedoch im Hinblick auf Entstehung und Ausbreitung der Kolonialreiche des 19./20. Jahrhunderts entwickelt und erst in zweiter Linie auf die Römer bezogen. Mit ihm bezeichnet man zielstrebige Mehrung politischer und wirtschaftlicher Macht und deutlich herausgestelltes kulturelles oder rassisches Überlegenheitsgefühl. Wieweit diese Kriterien auf die Politik der Römer angesichts ihrer Eroberungen zutreffen, ist fraglich: Die Rassen-Komponente scheidet aus. Der Anspruch auf kulturelle und zivilisatorische *Überlegenheit* kann nach Äußerungen römischer Autoren eine Rolle bei den späten Annexionen der Römer im keltischen und germanischen Raum gespielt haben; doch gilt für das Verhältnis zwischen Römern und Griechen ein Wort des Dichters Horaz:

»Das eroberte Griechenland bezwang den wilden Sieger und brachte die Künste ins ländlich ungebildete Latium.«[25]

Daß Rom um wirtschaftlicher Vorteile willen oder auch zur Vermeidung ökonomischer Nachteile Staaten zerstört und Länder annektiert hat, ist schwer zu beweisen; immerhin haben sich die *Kapitalinteressen* der Ritter in der späten Zeit der Republik auf die Außenpolitik ausgewirkt und hat Handelsneid die Zerstörung Karthagos mit herbeigeführt.

Eroberungswillen und adeliger Wettbewerb

Nicht leicht ist auch die Rolle des *Eroberungswillens* der Römer zu beurteilen, vor allem dann, wenn man in ihm ein konsequent angewandtes Handlungsprinzip von den ersten Eroberungen der Römer in Latium und im südlichen Etrurien bis hin zu den entlegensten Erwerbungen in Germanien und Britannien erkennen will: Ist eine solche Konstanz über ungefähr zwanzig Generationen hinweg und bei sich ändernden politischen, gesellschaftlichen und kulturellen Verhältnissen im Staat des Eroberers überhaupt denkbar? Rom ist längst nicht in alle Kriege, die ihm Gebietszuwachs brachten, mit offensiver Absicht oder offensiver Kriegführung eingetreten; und seine Versuche, im östlichen Mittelmeerraum nur indirekt Macht auszuüben (▷ S. 64), sprechen nicht für ein ungehemmtes Bedürfnis nach Herrschaft. *Weltherrschaft* durch die Römer lehnte noch Scipio Aemilianus, der Zerstörer Karthagos, ab; sie wurde – unter zunehmendem östlichen Einfluß – von den Römern erst seit etwa der Diktatur Sullas propagiert.
Ein wichtiges, vielleicht sogar entscheidendes Antriebsmoment für die römische Expansion war hingegen das *Wertesystem* der führenden Gesellschaftsschicht der Römer: Der Ehrgeiz des *nobilis,* für seine Person – und darüber hinaus die Familie – in besonderem Maß Ruhm beim Volk und Anerkennung bei der Nobilität zu finden, um so »erster unter Gleichen« zu sein (▷ S. 66 u. S. 81), fand die Möglichkeit zur Befriedigung vor allem in *außenpolitisch-militärischen Erfolgen.* Dieses *Wettbewerbsverhalten* nahm gegen Ende der Republik stark zu. So

Köpfe zweier allegorischer Gottheiten: honor *(Ehrenhaftigkeit) mit Kranz und* virtus *(militärische Tüchtigkeit) mit Soldatenhelm. Römische Silbermünze, 70 (?) v. Chr.*

beklagte der in erster Linie durch seine Reden vor Gericht und in Senat und Volksversammlung bekannt gewordene und selbst ehrgeizige *Cicero,* »daß militärischer Ruhm viel mehr Würde zur Erlangung des Konsulats beibringe als juristischer« (Rede für Murena,[26] 63 v. Chr.). Auch die Eroberung Galliens durch *Caesar* hatte ihre Ursache in dieser Ausformung des Wettbewerbs-Denkens.

Römische Stimmen zur Expansion Roms

Römer selbst haben sich zur Expansion ihres Staates geäußert; freilich begannen sie damit erst, als der sogenannte geistige Widerstand der Griechen gegen die römische Politik (▷ S. 65) Erklärungen und Rechtfertigungen nötig machte. Erhalten sind Darlegungen lateinischer Autoren des ersten Jahrhunderts v. Chr., vor allem *Ciceros,* und solcher aus späteren Zeiten. Hinter Ciceros Erörterungen steht die für den formal-rechtlich denkenden Römer typische Vorstellung vom *»gerechten Krieg«*: Ein Krieg ist dann gerecht, wenn er gemäß einem bestimmten, religiös begründeten Ritus erklärt worden ist. Sowohl solche Kriege, die um die Vormacht, insbesondere mit rivalisierenden Staaten, als auch solche, die zur Verteidigung des eigenen Staates oder verbündeter Mächte geführt werden, können gerecht sein. Rom – und hierin folgt um 400 n. Chr. sogar der Kirchenvater *Augustinus,* obwohl er sonst die Größe und Bedeutung Roms abwertet (▷ S. 111), der Darlegung Ciceros – ist vor allem durch *Verteidigung* des eigenen Staates und durch *Hilfe* für seine Bundesgenossen zur Weltmacht geworden; keineswegs waren Expansionskriege entscheidend für das Wachstum Roms. Mit dieser Feststellung Ciceros und Augustins kontrastieren Verse des zur Zeit des Octavian-Augustus wirkenden Dichters *Vergil,* die den kulturellen Leistungen anderer Völker die *Berufung der Römer zur Weltherrschaft* gegenüberstellen, und ähnliche Aussagen anderer Römer, die den Anspruch Roms auf universale Herrschaft und ihr Bestehen als selbstverständlich hinstellen. In sich gegensätzlich erscheint die Haltung des Historikers *Tacitus* (um 100 n. Chr.), der einerseits von den römischen Kaisern weitere Vergrößerung des Reiches fordert, andererseits den Expansionsdrang und die weltweite Herrschaftsausübung der Römer im Mund von »Barbaren« negativ bewertet.

IV. Aspekte der römisch-republikanischen Gesellschaft

1. Römertum und Griechentum

»Römertum«

Angehörige später republikanischer Generationen wie der historisch-politische Schriftsteller *Sallust,* ein Zeitgenosse Ciceros und Caesars, haben in den Auseinandersetzungen ihrer Lebenszeit der *»guten alten Zeit«* Roms nachgetrauert. Ihr Bild des Römers früherer Jahrhunderte war ein *Gegenentwurf* zum Römer der eigenen Zeit:

»So achtete man die gute Sitte in Krieg und Frieden; der Gemeinschaftsgeist der Römer war sehr groß, ganz gering ihr Eigennutz. Recht und Sittlichkeit hatten in ihnen Kraft weniger durch Gesetze als durch ihr ritterliches Empfinden« (Sallust in der »Verschwörung Catilinas«,[27] um 44–40 v.Chr.).

Diese Äußerung mag aus aktuellem Bedürfnis heraus stark idealisiert sein, hat aber einen wahren Kern: Der *Römer der Frühzeit* lebte in bescheidenen äußeren Verhältnissen; intellektuelle Brillanz lag ihm fern. Er fühlte sich in ein System dunkler, nur an ihrem Wirken erkennbarer *göttlicher Mächte* (numina) und in die *festgefügten Gemeinschaften* der patriarchalisch organisierten Familie und der Standesgenossen eingebunden. Die *Erfüllung der Pflichten* gegenüber den Göttern (pietas) war für ihn genauso selbstverständlich wie die der Pflichten gegenüber der Familie, gegenüber Stand und Gemeinde (virtutes). Für besondere Leistungen, die ein Römer aus der Oberschicht als Feldherr erbracht hatte, gewährte der Senat zur Belohnung den *Triumph.* Der damit Geehrte ragte – freilich nur für die kurze Zeitspanne, die das Fest währte – über alle anderen Römer deutlich hinaus.

Griechische Einflüsse und Widerstände dagegen

Bereits in der Zeit der etruskischen Vorherrschaft über Mittelitalien hatten die Römer Fremdartiges kennengelernt: eine großzügige Lebensführung, die den Etruskern den Ruf übermäßigen Luxus' einbrachte, und die Vorstellung von vermenschlichten Göttern. Doch wandelte sich die römische Kultur erst Jahrhunderte später grundlegend, nachdem die Römer, etwa seit dem Krieg gegen Pyrrhos, in engen und dauernden Kontakt mit den *Griechen* getreten waren. Vorbild war freilich nicht mehr das Griechentum der Klassik, sondern das des *Hellenismus:* Abgesehen von der *Odyssee,* die in der zweiten Hälfte des 3. Jahrhunderts v.Chr. ins Lateinische übersetzt wurde, lernten die Römer hellenistische Literatur kennen, am gründlichsten wohl die intellektuell anspruchslose

2. Hälfte 3. Jh.	»Odusia«: lateinische Übersetzung der Odyssee durch Livius Andronicus
Ende 3. Jh. bis um 160	Komödien des Plautus und Terenz
Mitte 2. Jh.	Scipionenkreis: Ihm gehören Scipio Aemilianus, Polybios, zeitweilig der Stoiker Panaitios und andere an.
um Mitte 1. Jh.	Höhepunkt der lateinischen Prosa: Cicero, Caesar (Kommentare über den Gallischen Krieg und über den von ihm geführten Bürgerkrieg), Sallust (Jugurthinischer Krieg, Verschwörung Catilinas, Römische Zeitgeschichte) – »Neue« Dichtung Catulls

und vor allem apolitische jüngere *attische Komödie,* deren Werke von *Plautus* und *Terenz* ins Lateinische übertragen und umgedichtet wurden. Erst um die Mitte und in der zweiten Hälfte des 1. Jahrhunderts v. Chr. beschäftigten sich Dichter wie *Catull* oder *Horaz* mit *klassischer und archaischer Dichtung der Griechen.* Entsprechendes läßt sich für die bildende Kunst nachweisen (▷ S. 75; Tafeln 5 f.). Der hellenistischen Philosophie, vor allem der *Stoa,* öffneten sich gebildete Römer und entnahmen ihr für den praktischen Gebrauch ethische Lehren, die ihren eigenen Pflichtvorstellungen verwandt waren. Zwar hatte bereits *Scipio* Aemilianus, dessen Lehrer und Freund der griechische Historiker *Polybios* war, um die Mitte des 2. Jahrhunderts v. Chr. einen *um griechische Bildung bemühten Kreis von Römern* um sich geschart; doch blieben viele Mitbürger – unter ihnen der homo novus *Cato* – noch lange gegenüber intellektueller und künstlerischer Betätigung, wie sie bei den Griechen selbstverständlich war, zurückhaltend und sogar ablehnend eingestellt. Sallust entschuldigte sich geradezu dafür, daß er, gezwungenermaßen, nicht mehr aktiv an der Staatsführung beteiligt war und sich nur noch literarisch betätigte; und *Cicero* pochte immer wieder darauf, daß er als philosophisch geschulter Redner eine staatsmännische Karriere gemacht hatte. In seiner *Staatsphilosophie* verband er überkommene römische Vorstellungen vom Staat und von den Pflichten des Bürgers und Staatsmannes mit griechischer Philosophie, besonders Stoa und Akademie, und mit einer jenseitigen Belohnung des guten Staatsmannes nach Platons Vorbild.

Vorbereitung der Monarchie durch griechische Einflüsse

Einzelne römische Politiker, wie zuerst Scipio Africanus, erhoben den Anspruch, aus der geschlossenen Elite der Nobilität deutlich herauszuragen und besondere Aufmerksamkeit und sogar Verehrung zu erhalten (▷ S. 66 f.). Vorbild hierfür war auch die alle Menschen überragende gottnahe oder *gottgleiche Stellung des hellenistischen Monarchen.* Die Lehren der Stoa über Staat und Politik betrafen ja nicht mehr die republikanische Polis der griechischen Klassik, sondern den monarchisch regierten Flächen- und Vielvölkerstaat (▷ S. 54 f.). Das Königtum, das *Caesar* offensichtlich anstrebte, ist unabhängig von der Frage, ob es etruskisch-altrömisches oder hellenistisch-östliches Kolorit tragen sollte, ohne Alexander den Großen und seine Nachfolger nicht vorstellbar. Das *römische Kaisertum* schließlich sollte Vorstellungen wie die des Monarchen als eines Wächters, Wohltäters und Retters aus der Herrschaftsideologie der hellenistischen Königreiche übernehmen.

2. Eine patriarchalische Gesellschaft und ihr Wandel

Frührömische Entscheidungs- und Verfügungsgewalt des Mannes

Bei grundsätzlichem Vorrang der Männer über die Frauen hatte in der frührömischen Gesellschaft in einer Großfamilie oder Sippe (*gens*) nur *ein* Mann Entscheidungs- und Verfügungsgewalt (*patria potestas*), nämlich der Ehemann und Vater in der jeweils ältesten Generation, von dem mit Ausnahme der eingeheirateten Frauen alle abstammten. Dieser *pater familias* verfügte über das gesamte Vermögen der Sippe und übte das »Recht über Leben und Tod« der Sippenmitglieder aus, in Schranken gehalten nur durch Mitsprache der erwachsenen Männer in seiner Nachkommenschaft (sog. Familiengericht) sowie durch die Sittenaufsicht der Censoren (▷ S. 65). Erwachsene Männer erhielten persönliche Freiheit nur dann, wenn kein Vater, Groß-, Urgroßvater usw. in männlicher Linie mehr am Leben war oder wenn ihr pater familias sie durch den Rechtsakt der *emancipatio* in die Freiheit versetzte. Dadurch entstand jeweils eine eigene Familie, in welcher der »Emanzipierte« der pater familias wurde. Jede Familie hatte ihren eigenen Familien- und Vorfahrenkult mit Schutz- und Hausgöttern, den Laren und Penaten, sowie dem Genius, d. h. der Zeugungskraft, ihres Familienoberhauptes.

Die Frau, angesehen im Haus und in der Öffentlichkeit

Eine dem pater familias vergleichbare rechtliche Stellung hatte die »Familienmutter«, die *matrona,* nicht. Doch genoß sie, wohl durch etruskischen Einfluß (▷ S. 57), ähnlich wie heute in europäischen Mittelmeerländern Ansehen und Autorität, die schon in republikanischer Zeit bis in die große Politik hinein wirksam werden konnten. Wurden auch einer Braut entsprechend dem Frauen zugedachten Ideal bei der Hochzeit Spindel und Wirtel in die Hand gegeben und einer gestorbenen Frau die Worte *lanam fecit:* »sie hat Wolle hergestellt«[28] als höchstes Lob auf den Grabstein gesetzt, so beschränkte sich doch, anders als bei den Griechen (▷ S. 42 f.), das Wirken der verheirateten Frau nicht auf das Haus des Ehegatten und in ihm nicht auf den Wirtschaftsteil; die Frau nahm vielmehr am Leben des Mannes drinnen und draußen teil. Öffentliche Einrichtungen wie Thermen standen zu festgelegten Zeiten oder mit eigener Abteilung Frauen offen. Zwar galt das weibliche Geschlecht als geistig-moralisch weniger begabt, doch wurde – seit man sich unter griechischem Einfluß um intellektuelle Erziehung bemühte – Mädchen, anders als bei den Griechen (▷ S. 43), eine Elementar-Bildung in Schreiben, Grammatik und Rechnen zuteil, die derjenigen der Knaben gleich war.

Von der Vormundschaft zur partnerschaftlichen Ehe

Im frühen Rom war die rechtliche Unselbständigkeit der Frauen selbstverständlich gewesen: »Unsere Altvorderen wollten nämlich, daß Frauen auch im Erwachsenenalter wegen ihrer geistig-moralischen Schwäche unter Vormundschaft stehen«, erklärten am Ende der Republik Cicero[29] und in der Kaiserzeit der Jurist Gaius eine ihren Zeitgenossen schon längst nicht mehr recht verständliche frühere Situation. Die alte Unfreiheit der Frau bedeutete, daß diese bei ihrer Heirat von der Gewalt ihres Vaters bzw. pater familias in die Gewalt (*manus*) ihres Ehemannes bzw. dessen pater familias überging. Man konnte allerdings auch – etwa aus vermögensrechtlichem Interesse – die Ehefrau in ihrer ursprünglichen Sippe belassen, indem man ihre »Ersitzung« durch den Ehemann dadurch verhinderte, daß die Frau drei Nächte im Jahr außerhalb des Hauses ihres Gatten verbrachte. Diese Form der Ehe, ebenfalls sehr alt, da bereits in den Zwölf-Tafel-Gesetzen (▷ S. 58 f.) vorgesehen, ermöglichte eine Ehescheidung auch von seiten der Frau bzw. ihrer Familie. Sicherlich hat diese »gewaltfreie« (*sine manu*) Ehe, die immer häufiger praktiziert wurde, die Emanzipation der Frau in Rom gefördert, weil eine auf diese Weise verheiratete Frau der einen Gemeinschaft rechtlich angehörte und in der anderen lebte, so daß

Bildnis eines Ehepaares. *Wandgemälde aus Pompeji, um 75 n. Chr. Der Mann hält in der Hand eine Schriftrolle, seine Frau Wachstäfelchen zum Notieren von Haushaltsausgaben und einen Schreibgriffel.*

faktisch keine voll über sie verfügen konnte. Die weitere Entwicklung führte zum Abschluß regelrechter Eheverträge, in denen die Frau als eigenes Rechtssubjekt auftrat. »Die Ehe wird durch übereinstimmende Erklärung (*consensus*) der Partner geschlossen; es ist unabdingbar, daß die Familientochter zu ihrer Heirat ihre Zustimmung gibt«,[30] formulierten die großen Juristen der Kaiserzeit und fixierten eine schon gegen Ende der Republik geübte Praxis als Rechtsgrundsatz.

Frauen in der Öffentlichkeit

Von den Wirren der Bürgerkriegszeit (▷ S. 70 ff.) waren die Frauen in den führenden Familien nicht weniger betroffen als die Männer. Immer wieder ergaben sich für Frauen Situationen öffentlichen Auftretens und Redens und ihrer öffentlichen Würdigung. So hielt Caesar öffentliche Leichenreden auf seine Tante Julia, Witwe des Marius, und auf seine Gattin Cornelia, Tochter des berühmt-berüchtigten Cinna. Vielfach mußten Frauen auf längere Zeit stellvertretend für ihren abwesenden Mann handeln, ja in einigen Fällen ihren Gatten sogar aus Todesgefahr retten, wie dies eindrucksvoll eine inschriftlich erhaltene Grabrede vom Ende der Bürgerkriegszeit, die sogenannte *laudatio Turiae,* vorführt. Frauen nahmen auch aktiv an politischen Bestrebungen und Bewegungen teil, so etwa Sempronia an der Catilinarischen Verschwörung (▷ S. 74); oder sie traten vermittelnd zwischen die Parteien wie Octavia, die zwischen ihrem Bruder Octavian und ihrem Ehemann Marcus Antonius Frieden und Bündnis stiftete (▷ S. 76 f.).

Die Schranke der überkommenen Normen

Dennoch brachte die Bürgerkriegszeit den Frauen keine vollständige Freiheit und Gleichberechtigung mit den Männern. Die in der damals stark familien- und personenbezogenen »Parteipolitik« immer wieder zwischen den politischen Gruppierungen, aber auch innerhalb dieser selbst vorgenommenen Bündnis- und Frontwechsel führten häufig zu rein strategischen Verheiratungen, zu Eheauflösung und zum Wechsel des Ehepartners. Die Frauen dürften hierunter mehr gelitten haben als die Männer. Auch Cicero trennte sich, aus für seine Schicht typischer wirtschaftlicher Erwägung, von seiner langjährigen und treuen Gattin Terentia. Konservative Anschauungen von Frau, Ehe und Familie hegten nicht nur Männer, sondern auch Frauen: Jene Turia, die so bravourös »ihren Mann gestanden« hatte, suchte später, als ihre Ehe kinderlos blieb, den Grund hierfür nur bei sich selbst und schlug ihrem Gatten die Scheidung und als Alternative eine Art Bigamie mit einer Leihmutter vor. Die Welt der überkommenen Normen war in den Köpfen so verfestigt, daß sich für Frau und Mann völlig neuartige rechtliche und tatsächliche Verhältnisse nicht finden und durchsetzen ließen.

V. Kaisertum und römisches Weltreich von Augustus bis Diokletian

Daß mit Caesar oder Octavian-Augustus der römische Staat in eine neue Phase eingetreten sei, haben bereits antike Autoren festgestellt. Da Caesar keine über seine persönliche Machtstellung hinausreichende Reform der Regierung, Verwaltung und Gesellschaft des Reiches verwirklichte, liegt es nahe, die neue Epoche, die wir Kaiserzeit nennen, erst mit Octavian-Augustus beginnen zu lassen.

Januar 27	Neuordnung des römischen Staates unter der Führung Octavians, der »Augustus« wird
27 v. bis 68 n. Chr.	Julisch-Claudische Dynastie: Augustus (bis 14 n. Chr.), Tiberius, Caligula, Claudius, Nero
69	Vier Kaiser kämpfen um die Macht
69–96	Flavische Dynastie: Vespasian, Titus, Domitian
96–192	»Adoptivkaiser«: Nerva, Traian, Hadrian, Antoninus Pius, Marcus Aurelius, Commodus
193	Fünf Kaiser kämpfen um die Macht
193–235	Severische Dynastie: Septimius Severus, Caracalla, Elagabal, Alexander Severus

1. Die Grundlegung des Kaisertums durch Octavian-Augustus

Nach den von Caesar, Antonius und Octavian geführten Bürgerkriegen waren nur noch wenige kompromißlos gesonnene und zugleich in den Regierungsgeschäften erfahrene Männer am Leben. Der von Octavian erreichte *Friede* brachte nach 100 Jahren blutiger Kriege endlich allen Reichsbewohnern, Verbündeten und Untertanen genauso wie Bürgern, Ruhe und Sicherheit nach

Notwendigkeit und Rahmen einer Verfassungsänderung

innen wie nach außen. Als Pax Augusta wurde er bald zu einem festen Begriff, und für viele Zeitgenossen war er ein kostbareres Gut als die Herrschaft der Nobilität. Ihnen leuchtete ein, daß die *unterschiedlichen Bedürfnisse Roms und Italiens* einerseits *sowie des Reiches* mit seinen zahlreichen Provinzen und abhängigen Staaten andererseits besser aufeinander abgestimmt werden mußten, als dies in der republikanischen auf einen kleinen Stadtstaat zugeschnittenen Verfassung selbst nach Sullas Reformen möglich gewesen war. *Octavian* verband die notwendige *Verfassungsreform* mit seiner Absicht, seine zentrale Machtposition im Staat zu halten, auszubauen und zugleich nach dem warnenden Beispiel seines Adoptivvaters Caesar die Monarchie als Staatsform zu vermeiden: Für die vielen Regierungs- und Verwaltungsposten wurden zahlreiche in öffentlichen Tätigkeiten ausgewiesene Männer benötigt. Diesen Führungskräften mußte die neue Staatsverfassung – und sei es nur äußerlich – die gesellschaftliche und politische Bedeutung zukommen lassen, die sie von der Republik her gewohnt waren. Daher tastete Octavian die Existenz des *Senats* und der *senatorischen Ämter* nicht an; vielmehr beschritt er folgenden Weg:

Octavians Weg zu einer verfassungsgemäßen Herrschaft

Ungefähr eineinhalb Jahre nach seiner Rückkehr aus Ägypten, im Januar 27, gab er nach Absprache mit befreundeten Senatoren seine Vollmachten zurück, die er vor dem Kampf gegen Kleopatra und Antonius erhalten hatte, und kündigte – zum Schein – seinen Rückzug in das Privatleben an. Auf Bitte des Senats, den Staat doch nicht allein zu lassen und in ihm die Stelle des »ersten Bürgers«, des *Princeps,* zu übernehmen, erklärte Octavian sich bereit, für Rom weiterhin tätig zu sein – unter einer Bedingung, die ihm erfüllt wurde: Er erhielt *prokonsularische Gewalt* (imperium proconsulare) über die noch nicht befriedeten und die neuerworbenen Provinzen und damit das Kommando über den weitaus größten Teil des Heeres, das der Verfügungsgewalt des Senats und seiner Magistrate fortan entzogen war. Zugleich gab der Senat Octavian den Ehrennamen *Augustus* (»der Erhabene«), der ihn in eine sakrale Sphäre hob, ohne mit verfänglichen Vorstellungen von Königtum oder gar Gottkönigtum verbunden zu sein. Die Octavian schon einige Jahre zuvor verliehene *Unverletzlichkeit eines Volkstribunen* blieb ihm erhalten. Zusammen mit seiner in den folgenden Jahren stetig wiederholten Wahl zum *Konsul* verfügte Augustus über eine fast unbegrenzte Machtfülle, die dennoch hinsichtlich seiner verfassungsrechtlichen Stellung in Rom und Italien nicht über das republikanische Maß hinausging.

Augustus' »Kaisertum«

In den nächsten Jahren ließ sich Augustus weitere Aufgaben und zumeist *zeitlich begrenzte Amtsgewalten* übertragen, ohne die Ämter an sich zu führen, und vermied auf diese Weise eine unzulässige Häufung republikanischer Ämter und den Anschein monarchischer Machtvollkommenheit. Hervorzuheben sind die Erweiterung der prokonsularischen Gewalt als Oberaufsicht über die noch dem Senat unterstehenden Provinzen (23), die Übertragung der *Amtsgewalt eines Volkstribunen* (tribinucia potestas, ebenfalls 23) und die Annahme der Amtsgewalt eines Konsuls (19), die es unnötig machte, eines der beiden Jahres-Konsulate zu bekleiden. Augustus wurden außerdem *Ehren* zuteil, die zwar mit keiner

Tempel mit Statue Caesars und dem Stern der julischen Familiengöttin Venus. *Goldmünze, 36 v. Chr. Octavian, der spätere Augustus, wies die Römer mit dieser Münze auf die Göttlichkeit (»divo Julio«) seines (Adoptiv-)Vaters hin, um seinen Anspruch auf Herrschaft zu begründen.*

Amtsgewalt verbunden waren, jedoch den Princeps weit über seine Mitbürger hinaushoben. Im Jahr 12 v.Chr. übernahm Augustus das Amt des obersten Priesters (pontifex maximus). Seit 2 v.Chr. war er »Vater des Vaterlandes« (pater patriae). Bereits seit der Apotheose seines Adoptivvaters Caesar (43/42) hatte er sich als »Sohn des Vergöttlichten« (Divi filius) bezeichnet. Der Name »Augustus« (27) band ihn nochmals in die *religiöse Sphäre* ein. Und bereits zu Lebzeiten wurde Augustus in den Provinzen zusammen mit der Göttin Roma als Gott verehrt. In Italien und Rom, wo man auf die Denkweise der Nobilität Rücksicht nehmen mußte, galt Augustus erst nach seinem Tod (14 n.Chr.) offiziell als Gott, der einen eigenen Kult und eigene Priester erhielt.

Viele, aber nicht alle Amtsgewalten und Ehrenstellungen wurden zu Namens- und Titulaturbestandteilen des Augustus und genauso seiner Nachfolger. So kann man in einer Inschrift des Jahres 7/8 n.Chr. lesen: »Imperator, Caesar, Sohn des Vergöttlichten, Augustus, Oberster Priester, Vater des Vaterlandes (drei weitere hohe Priesterämter folgen), Konsul im 13. Jahr, siegreicher Feldherr zum 17. Mal, Inhaber der tribunizischen Amtsgewalt im 30. Jahr«.[31] Die Angaben zeigen, daß es ein Kaiseramt als solches nicht gab, sondern die besondere Stellung des Augustus und seiner Nachfolger sich aus einer *Summe von Amtsgewalten und Ehren* zusammensetzte. Wir nennen diese Quasi-Monarchie *Prinzipat,* gebrauchen aber auch die Bezeichnung »Kaisertum«.

Die Nachfolge des Princeps Augustus

Entgegen dem äußeren Schein und seiner eigenen Propaganda, die die Wiederherstellung der Republik feierte, war sich Augustus seiner *monarchischen Stellung* bewußt. Das zeigte bereits den Zeitgenossen sein Versuch, zur eigenen Lebenszeit einen Nachfolger »aufzubauen«, obwohl es in einer Republik eine Erbfolge der Herrschaft nicht geben konnte und als staatlich sanktionierte Regelung unter Augustus und seinen Nachfolgern auch nicht gab. Doch zog Augustus – da er keine eigenen Söhne hatte – Schwiegersöhne, Enkel und schließlich (seit 4 n.Chr.) *Tiberius,* den ältesten Stiefsohn aus seiner zweiten, mit Livia geschlossenen Ehe, zur Nachfolge heran. Augustus ließ dem jeweils in Aussicht genommenen Nachfolger, sofern er erwachsen war, tribunizische und prokonsularische Gewalt zukommen. Außerdem übernahm Tiberius als Haupterbe die reichsweite *Klientel* des Augustus und verfügte über den größten Teil von Augustus' Vermögen. So war er der weitaus reichste Mann im Reich, der einzige, der, da ein regelrechter Staatshaushalt fehlte, das Reich finanziell aushalten konnte. Dies waren die wesentlichen Machtstellungen, von denen aus der Nachfolger nach dem Ableben des Vorgängers selbst Princeps werden konnte.

2. Selbstbehauptung und wichtigste Aufgaben des Kaisertums

Kaiser, Senatoren und Soldaten

Die besonderen Bedingungen, unter denen das Prinzipat entstanden war, bewirkten immer wieder Krisen und Erschütterungen während der Regierungen einzelner Kaiser und oft gewaltsame Übergänge von einem zum nächsten Herrscher. Die Kaiser vermochten es kaum, den Elementen der Monarchie und der Republik im römischen Staatsaufbau zugleich gerecht zu werden: Das Fehlen einer gesetzlich abgesicherten Erbfolge stellte jeden Kaiser vor das *Problem der Herrschaftsübergabe und -übernahme.* Der Senat oder wenigstens einzelne Senatoren verstanden sich immer wieder als Gegengewicht zum Kaiser und zu seinem zumeist nicht aus Senatoren gebildeten Kabinett. Die Expansions- und Weltreichsideologie der Nobilität forderte von den Kaisern Feldherrentalent und die Führung von Eroberungskriegen, obwohl die Situation des Reiches und auch mangelnde militärische Fähigkeiten einiger Herrscher die bloße Wahrung des Bestandes angeraten sein ließen. Angesichts dieser und weiterer Probleme waren die Kaiser oft zum Lavieren gezwungen; das trug ihnen den Vorwurf der Heuchelei und Verstellung ein. Wie schon in Augustus' Zeit gab es mehrfach *Verschwörungen* gegen Kaiser. Bisweilen witterten Kaiser ohne wirklichen Grund Attentate auf ihre Person und Angriffe auf ihre Würde: Zahlreiche *Majestätsprozesse* unter *Tiberius* und Verfolgungen von Senatoren, zeitweilig auch von Rittern durch verschiedene Kaiser, dezimierten die alte Führungsschicht und ließen manchen Herrscher als blutrünstigen Tyrannen erscheinen. An Intrigen und Mordanschlägen innerhalb der Kaiserfamilie beteiligten sich männliche und weibliche Angehörige des jeweils regierenden Hauses. Einige Kaiser zeigten wohl psychopathische Verhaltensformen.

Die *Senatoren* waren zu Kritik, aber kaum zur Entwicklung oder gar Durchsetzung einer alternativen Staatsverfassung fähig: So wurde nach dem Anschlag auf *Caligula* noch die Wiederherstellung der Republik erwogen, aber schon nach dem Selbstmord *Neros,* der sich zuletzt als *absoluter Monarch* gebärdet hatte, war die *Beibehaltung des Kaisertums* selbstverständlich, und das weitere Geschick des Staates hing lediglich von der Persönlichkeit des neuen Kaisers ab. Die tatsächliche Entscheidung über das Schicksal eines Kaisers und die Bestellung seines Nachfolgers lag bald bei der kaiserlichen Leibwache, den *Prätorianern* mit ihren Präfekten und schließlich bei den Truppen in den Provinzen.

Das Kaisertum nach den Julio-Claudiern

Auf die Thronwirren nach dem kläglichen Ende *Neros* folgte die Herrschaft der *Flavischen Dynastie: Vespasian* war der erste nicht aus stadtrömischem Adel stammende Kaiser; er erhielt die Vollmachten seiner Vorgänger; seine Rechte und Vorrechte wurden konstitutionell in einem Senatsbeschluß verankert. Als die

Kaiser und Prätorianer. *Goldmünze des Kaisers Claudius, 41 n. Chr. Kaiser und Prätorianer geben sich die Hand zum Zeichen ihrer besonderen Verbundenheit und gegenseitigen Abhängigkeit.*

wohl glücklichste Periode kann die Zeit der *Adoptivkaiser* gewertet werden, in der die Herrscher, weil sie keine Erben hatten, ihren jeweiligen Nachfolger durch Adoption eines geeignet erscheinenden Verwandten bestimmten. Bedeutend waren vor allem der als Feldherr erfolgreiche *Traian* und die beiden philosophisch gebildeten Kaiser *Hadrian* und *Marc Aurel.* Doch auch diese Blütezeit endete in Mord und Thronwirren, in die zum erstenmal weite Teile des Reiches hineingezogen wurden. Danach konnte die aus Nordafrika und Syrien stammende *Dynastie der Severer* trotz interner Auseinandersetzungen nochmals für einige Jahrzehnte das Reich stabilisieren.

Kaiserliche Verwaltung, Rechtsprechung, Gesetzessammlungen

Die neue, von Augustus geschaffene Regierungsform hatte Änderungen in der Reichsverwaltung mit sich gebracht: Erst jetzt entstand der Kern einer *Bürokratie* mit bezahlten Beamten in den hohen Rängen. Die Regierungsgeschäfte des Kaisers übte sein *Kabinett* aus. Es bestand aus seinen persönlichen Vertrauten, die fast immer Ritter oder freigelassene Sklaven waren. Auch die Kontrolle und Verfügung über die staatlichen Einnahmen und deren Verwendung konzentrierte sich beim Kaiser (fiscus Caesaris seit Claudius bzw. Vespasian).

Vom Kaiserhof aus wurde auch das Recht in einer für alle Reichsteile und ihre Bewohner verbindlichen Weise ausgelegt und angewandt. Die Kaiser waren die *obersten Richter.* An ihre Seite traten als Vorinstanz die *Prätorianerpräfekten,* die bald auch anstelle der Kaiser richterliche Entscheidungen in letzter Instanz trafen. Da die zahlreichen kaiserlichen Gesetze, Erlasse und rechtsbildenden Einzelentscheidungen der Kommentierung und systematischen Sammlung bedurften, besann man sich auf Vorbilder im republikanischen Rom, wo die Übernahme abstrahierender und definierender Methoden der griechischen Philosophie zu einer wissenschaftlich-systematischen Erfassung des Rechts geführt hatte. So schrieben (Ende 2./Anfang 3. Jh. n. Chr.) *Berufsjuristen* wie vor allem Gaius, Papinian, Ulpian und Paulus, von denen einige Prätorianerpräfekten waren, *Kommentare zum römischen Recht.* Die erste von Staats wegen veranlaßte umfassende Gesetzessammlung wurde jedoch erst mit dem *Codex Theodosianus* verwirklicht (438/9 n. Chr.). Das grundlegende Sammel-, Erklärungs- und Einführungswerk, das *Corpus Iuris* (▷ S. 121), wurde noch später, unter dem Kaiser *Justinian,* herausgebracht (528–34); es war teilweise vom Geist der früheren römischen Juristen bestimmt und in der Hauptsache in lateinischer Sprache und Schrift abgefaßt.

3. Das Reich, seine Grenzen und seine Provinzen bis um 200 n. Chr.

58–51 v. Chr.	Eroberung Galliens
seit 35	Eroberung Illyricums und der Alpenzone
30	Eroberung Ägyptens
seit 15	Eroberung des nördlichen Alpenvorlandes
9 n. Chr.	Niederlage des Varus im »Teutoburger Wald«
42	Mauretanien römische Provinz
seit 43	Eroberung Britanniens
82–90	Einrichtung der Provinzen Germania superior und Germania inferior
106	Einrichtung der Provinz Dacia
150–160	In Mitteleuropa Einrichtung des »äußeren Limes«
166–180	Verteidigungskriege gegen Markomannen und Quaden
212	Römisches Bürgerrecht für alle freien Reichsbewohner (Constitutio Antoniniana)

Die Römer in Mittel- und Westeuropa

Die Eroberung Galliens und seine Eingliederung in das Reich durch Caesar fand ihre Fortsetzung in der Unterwerfung des Balkans südlich der Donau (seit 35 v. Chr.), der Alpen (seit 34) sowie des nördlichen Voralpenlandes (seit 15) und in dem Vorhaben des Augustus, die *Rhein-Donau-Grenze* nach Eroberung des rechtsrheinischen Germaniens durch eine bedeutend kürzere Elbe-Donau-Grenze zu ersetzen. Augustus gab diesen Plan jedoch auf, nachdem sein Feldherr *Varus* im »Teutoburger Wald« durch germanische Stämme eine vernichtende Niederlage erlitten hatte (9 n. Chr.). Spätere Kaiser annektierten kleinere rechtsrheinische Gebiete, die schließlich durch den heute vielfach noch sichtbaren *Limes* mit Türmen, Graben und Wall oder Mauer gegen das freie Germanien abgegrenzt wurden. Aus einer vorübergehenden Grenzmarkierung wurde hier und ähnlich an anderen Grenzabschnitten des Reiches allmählich eine ständige Beobachtungs- und Verteidigungslinie. Seit 43 n. Chr. gliederten sich die Römer unter Claudius noch keltisches Siedlungsgebiet in *Britannien* ein: das heutige England (ohne Schottland und Irland).

Im *rechtsrheinischen römischen Gebiet,* das vor allem von der *Landwirtschaft* geprägt war, sind Reste zahlreicher römerzeitlicher *Bauernhöfe* (villae rusticae) gefunden worden, allein im ehemals römischen Teil Baden-Württembergs weit über tausend. Zwar fehlten auch hier nicht kleine stadtartige Siedlungen, doch war der mittelmeerisch-städtische Charakter in den bedeutend länger von Rom beherrschten *linksrheinischen* Teilen der *Provinzen* Germania superior und inferior sowie in der Provinz Gallia Belgica mit den Hauptstädten *Mainz, Köln und Trier* stärker. Hier gab es manufakturartige *Gewerbebetriebe* wie die Textilunternehmen des Trierer Raums oder die Keramikhersteller von Rheinzabern. Sie produzierten für einen großen Kundenkreis und einen ausgedehnten Markt.

Villa Rustica der Gegend um Augusta Treverorum *(Trier). Wandgemälde eines Wohnhauses, nicht genauer datiert. Der heimkehrende Gutsherr, der einen einheimischen Kapuzenmantel trägt, wird von Dienern oder Knechten begrüßt. Die »Herrenhäuser« der römerzeitlichen Gutshöfe in Mitteleuropa weisen oft eine Hauptfront mit Säulengang (Porticus) und Ecktürmen (Risaliten) auf. Insbesondere das Gutshaus ist perspektivisch wiedergegeben; doch fehlt – wie in antiker Malerei überhaupt – die Zentralperspektive.*

Die Dichte der mittelalterlichen Städte und Bischofssitze am Westufer des Rheins und in seinem Hinterland kann als Folge der vielen von den Römern ganz bewußt gegründeten *Städte* angesehen werden (▷ S. 149).

Die Römer im Mittelmeerraum und in angrenzenden Gebieten

Nach der Eroberung Ägyptens durch Octavian schloß die *Annexion Mauretaniens* unter Claudius den Ring der römischen Mittelmeerländer (42 n. Chr.). Die Kaiser wandelten verbündete und abhängige *Fürstentümer des kleinasiatisch-syrischen Raums* nach und nach zu *Provinzen* um. Nur die Nordost- und Nordwestküsten des Schwarzen Meeres wurden nie Provinzen, doch genossen das *Bosporanische Reich* und einige Griechenpoleis römischen *Militärschutz.* Seine *größte Ausdehnung* erreichte das *Römische Reich* unter Kaiser *Traian*, der in seinem Partherfeldzug die östlich des Euphrats gelegenen Landschaften Mesopotamien und Assyrien sowie das zwischen Römern und Parthern immer wieder umkämpfte Königreich Armenien zu Provinzen machte, die freilich nur wenige Jahre bis zu seinem Tod (117) zum Reich gehörten. Zuvor hatte Traian in seinen Feldzügen gegen die Daker die weit über die Donau nach Norden hinausragende *Provinz Dacia* eingerichtet (106); sie blieb für eineinhalb Jahrhunderte römisch.

Das Römische Reich und seine Gegner

Nach Traian wurde die Sicherung des Erworbenen vordringlich; ihr widmeten sich seine Nachfolger Hadrian und Antoninus Pius durch den *Ausbau der Grenzverteidigungsanlagen*. Marc Aurel war zu langwierigen und verlustreichen *Abwehrkämpfen* im mittleren Donauraum gegen die eindringenden germanischen Stämme der *Markomannen* und *Quaden* gezwungen (166–180). Verschiedene Germanenstämme bedrohten danach zwar immer wieder nördliche Provinzen, doch der für Rom gefährlichste Staat war das *Reich der Parther* im Iran und Zweistromland. Augustus hatte mit ihm einen Verständigungsfrieden geschlossen (20 v. Chr.) und es auf diese Weise als Rom ebenbürtige Macht anerkannt. Die Grenzen zwischen dem Partherreich und dem Römischen Reich verschoben sich danach mehrfach, je nachdem, welche der beiden Mächte gerade militärisch und diplomatisch erfolgreicher war.

Verschiebbare Reichsgrenzen

Das Territorium des Römischen Reiches war nicht so eindeutig festgelegt, wie man es aus den Grenzmarkierungen und -befestigungen erschließen mag. Für eine Macht, die den Anspruch erhob, Weltreich zu sein, war eine unverrückbare Grenze unmöglich. Rom war auch außerhalb der direkt beherrschten Gebiete gegenwärtig: Die Kaiser scheinen Landgüter jenseits des obergermanischen Limes besessen zu haben; in Mauretanien gründeten die Römer Städte, noch ehe das Land Provinz war. Abhängige Staaten jenseits der äußersten Provinzen bildeten einen *Sicherheitsgürtel* indirekter Herrschaft, die freilich oft mit Geld erkauft werden mußte.

Provinzverwaltung und kommunale Selbstverwaltung

Die Provinzen wurden teils im Auftrag des Senats durch Prokonsuln, teils in dem des Kaisers durch Propraetoren (legati Augusti pro praetore) verwaltet (▷ S. 85). *Ägypten* war persönlicher Besitz des Kaisers und unterstand einem Ritter als Präfekten; hier galten besondere Rechtsverhältnisse. Einige kleinere kaiserliche Provinzen wurden von Rittern als Prokuratoren des Kaisers verwaltet. Für die Finanzen und für kaiserliche Besitzungen, insbesondere Ländereien in den Provinzen, waren ebenfalls Prokuratoren zuständig. Die Statthalter wurden aus der Staatskasse bezahlt. Für *wirksame und gerechte Verwaltung* war weitgehend gesorgt.

Die Regelung regionaler und lokaler Belange bezüglich Ortsstraßen, Wasserversorgung, Thermen, Tempel, Kulte usw. war weitestgehend *kommunaler Selbstverwaltung* überlassen. Diese war an die Organisationsform *»Stadt«* gebunden, d. h. an *municipia* ursprünglicher Untertanen oder an *coloniae* römischer Bürger auf dem Boden einer Provinz. Dort, wo stadtartige Siedlungen fehlten oder zu weit gestreut lagen, nahmen *Landbezirke, civitates,* die Stelle sich selbst verwaltender Kommunen ein. Die in den westlichen und nordwestlichen Provinzen durchgehend nach römisch-italischem Muster eingerichteten Ämter der Städte und Landbezirke wurden auf Zeit von wohlhabenden Bürgern der jeweiligen Selbstverwaltungseinheit ausgeübt. Reichsweit entstanden lokale und regionale, an römischen Maßstäben orientierte

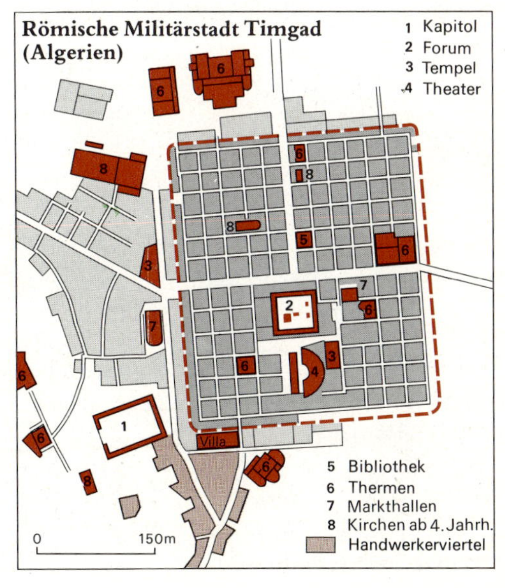

Oberschichten. Nicht zuletzt durch die Vergabe des *römischen Bürgerrechts* an Inhaber städtischer Ämter und ihre Familien förderten die Kaiser die Beteiligung an der städtischen Selbstverwaltung und damit auch Herausbildung, Bestehen und Gedeihen der Kommunen.

Bedeutung der Provinzen für das Reich

Die Beiträge der einzelnen Provinzen zum Bestand des Reiches und zu seiner Wirtschaft waren höchst unterschiedlich. Die *landwirtschaftliche Produktion* einiger Provinzen, etwa Ägyptens oder Afrikas, ernährte die Einwohner der vielen Städte am Mittelmeer, vor allem der Hauptstadt Rom. Um die Versorgung Roms zu sichern, wurden seit Kaiser Claudius die Häfen von Ostia und Portus links und rechts der Tibermündung ausgebaut. Die Bedeutung der westlichen und nördlichen Provinzen nahm in dem Maße zu, in dem sie von der römischen Zivilisation geprägt wurden; denn dieser Vorgang ging mit einer Intensivierung der Landwirtschaft und der Gewerbe einher.

Die Untertanen und Rom

Die unterworfenen Völker billigten und befürworteten weithin die Machtausübung der Römer. Wesentlich trug hierzu im 1. und 2. Jahrhundert der Sicherheit gewährende allgemeine *Friede,* die Pax Augusta, bei. Nur in wenigen Situationen war er durch Auseinandersetzungen um das Kaiseramt gefährdet. Auch verstanden es die Römer, die *materiellen Annehmlichkeiten* ihrer Zivilisation den Untertanen schmackhaft zu machen (▷ Karte S. 98). Sie griffen möglichst wenig in deren Recht, Sitten und Religionen ein. Einen großen Anreiz übte der römische *Militärdienst* auf »Barbaren« in den Provinzen und in den abhängigen oder verbündeten Staaten aus: Durch die fünfundzwanzigjährige Dienstzeit konnten sie für sich und ihre Nachkommen das (stadt)römische *Bürgerrecht* erwerben. Ebenso wurden, wie bereits dargestellt, Untertanen durch Bekleidung öffentlicher Funktionen in der kommunalen Selbstverwaltung wie auch durch Einzelentscheidungen des Kaisers in den römischen Bürgerstand erhoben. Mit der Ausweitung des Bürgerrechts stiegen Provinziale aus vielen Gegenden des Reiches in *hohe Staatsstellungen* auf und gelangten sogar zur *Kaiserwürde.* Schließlich wurden durch kaiserlichen Erlaß alle freien Reichsbewohner römische Bürger (212).

Der Kaiser läßt gefangene Feinde hinrichten. *Relief von der Marc-Aurel-Säule, Rom, zwischen 180 und 193 n. Chr. Die Säule, fast 30 m hoch, wurde nach dem Vorbild der Traianssäule errichtet und zeigt wie eine Papyrusrolle in aufeinanderfolgenden Szenen die beiden Kriege, die Marc Aurel an der mittleren Donau führte.*

Innere und äußere Gefahren für den Bestand des Reiches

Wenn dennoch die Reichsstruktur weniger solide war, als es den Anschein haben mochte, so lag dies an mehreren Faktoren: an der unabänderlichen *Zweiteilung des Reichs* in eine romanisierte und eine gräzisierte Hälfte (▷ Karte S. 98), an dem starken *wirtschaftlichen Gefälle* zwischen den Provinzen, das das Reich niemals zu *einem* Wirtschaftsraum werden ließ, am *Ungleichgewicht* zwischen dem *Land* als dem Produzenten fast aller lebensnotwendigen Dinge und den vielen *Städten* im Mittelmeerraum als Zentren des Konsums und Produzenten eher luxuriöser Güter sowie am *Abfluß von Wirtschaftskraft* in Form von Edelmetallen in das »barbarische« Ausland zur Truppenwerbung und Friedenssicherung, aber auch zum Erwerb von Luxusgütern wie Edelsteinen, Pelzen und Gewürzen durch die wohlhabendsten Reichsbewohner. Schließlich waren auch die *Länge der Reichsgrenzen* und die zahlreichen grenznah lebenden Völker dem Bestand des Reichs ungünstig. Zu einer echten Bedrohung wurden sie vom 3. Jahrhundert an.

4. Die Krise des 3. Jahrhunderts und die Reformen Diokletians

227	Ablösung des Partherreichs durch das Reich der Sassaniden
235–284	Zeit der »Soldatenkaiser«: in 50 Jahren ungefähr 20, zumeist aus dem Soldatenstand stammende Kaiser, zahlreiche Thronprätendenten sowie einige Herrscher von Sonderreichen
um 250	Aufgabe der Gebiete östlich des Rheins und nördlich der Donau
284–305	Diokletian; seit 285/6 Maximian Mitkaiser; seit 293 Tetrarchie
301	Höchstpreisedikt
ab 303	Christenverfolgung: im Westen nur bis 306, im Osten 311 durch das Toleranzedikt des Galerius aufgehoben
305	Abdankung Diokletians und Maximians
313	Sogenanntes Toleranzedikt von Mailand der Kaiser Konstantin und Licinius

Bedrohung des Reiches von außen und innen

Gegen Ende des 2. Jahrhunderts zeigten sich im Römischen Reich äußere und innere Schwierigkeiten; sie nahmen im 3. Jahrhundert so zu, daß das Römische Reich zeitweilig zur Auflösung verurteilt schien. Der *Bevölkerungsdruck* aus den Siedlungsgebieten der *Germanen* wurde so stark, daß germanische Völker vorübergehend weit in das Reichsinnere vordringen und die östlich des Rheins und nördlich der Donau gelegenen Reichsgebiete auf Dauer besetzen konnten. Auf diese Weise gingen dem Reich Teile der Provinzen Germania inferior/superior und Raetia sowie die ganze Provinz Dacia verloren (um 250). Auch im Osten wurde der Druck auf die Grenzen stärker, nachdem das neupersische *Sas-*

sanidenreich das der Parther abgelöst hatte (227). Zugleich scheint es im Inneren an Menschen gemangelt zu haben, jedenfalls an Menschen, die zum Militärdienst bereit waren. Vor allem aber hatte das Reich *keine kontinuierliche Führung.* Allein die große Zahl der von römischen Heeren ein- und abgesetzten und oft auch ermordeten Kaiser, der sogenannten *Soldatenkaiser,* in dem halben Jahrhundert zwischen 235 und 284 und die Tatsache, daß manche von ihnen gleichzeitig regierten, zeigen die Schwere der inneren Krise auf: Die Kaiser und ihre Heere kämpften gegeneinander auf dem Boden des Reiches; das schwächte die Verteidigung nach außen und zog im Inneren des Reiches Stadt und Land in Mitleidenschaft. Einige Machthaber errichteten – freilich nur kurzlebige – *Sonderreiche* wie das gallische oder palmyrenische, um wenigstens Teilen des Reiches Sicherheit zu verschaffen. Die *wirtschaftliche Lage* hatte sich, soweit dies an der Abnahme des Edelmetalls in Silbermünzen abgelesen werden kann, schon unter Kaisern wie Nero verschlechtert. Im 3. Jahrhundert wurde sie katastrophal, denn die ständigen *Plünderungen und Zerstörungen* minderten die landwirtschaftliche und gewerbliche Produktion und den Warenaustausch erheblich. Die umfassende Krise drang in das Bewußtsein der Zeitgenossen ein: Der schon im 2. Jahrhundert spürbare Trend zu *Weltflucht,* zu jenseitigen Erlösungsvorstellungen verdichtete sich. Eine solche Geisteshaltung verschärfte durch ihren Einfluß auf das Verhalten der Menschen die allgemeine Notlage.

Reformversuche von Soldatenkaisern

Einige aus der Masse ihrer Kollegen herausragende Soldatenkaiser gingen die Probleme an; doch blieben wegen der kurzen Regierungszeiten und wegen häufiger Usurpationen alle Anstrengungen in den Ansätzen stecken. Erwähnt seien hier Gallienus' (253–268) Reformmaßnahmen im Militärwesen sowie die Bemühungen der Kaiser Aurelian (270–275) und Probus (276–282) um Reichseinheit, Verteidigung und Offensiven gegen äußere Feinde.

Diokletians Reichsreform

Erst die Konsolidierung der Kaiserherrschaft unter partieller Veränderung des Staatsaufbaus konnte die Chance eröffnen, das Reich nach außen und innen zu festigen. Dies vollbrachte wenigstens teilweise der aus Illyricum stammende General und Kaiser *Diokletian.* Wohl um einer Usurpation vorzubeugen, ernannte Diokletian den General *Maximian* zum Mitkaiser (285/6) und errichtete einige Jahre später (293) ein *System von vier Herrschern* (Tetrarchie):[37] Zwei Kaisern (Augusti) waren zwei Unterkaiser (Caesares) beigegeben, die zu künftigen Augusti ausersehen waren. Alle vier Herrscher waren *für verschiedene Reichsteile und -grenzen zuständig.* Das Reich erhielt so vier »Hauptstädte«. Zu ihnen gehörte auch Trier. Als mit einigen Vorrechten und mit Vorrang ausgestatteter »senior Augustus« wahrte Diokletian die *Reichseinheit.*

Diokletian änderte die *Staats- und Gesellschaftsordnung*: An die Spitze einer festgefügten, durch ein System von Titulaturen verdeutlichten Rangordnung trat der Kaiser – beziehungsweise die Gesamtheit der vier Herrscher – als *absoluter, dem Volk entrückter Monarch* (dominus, daher die Verfassungsbezeichnung *Dominat*). Der Kaiser war von einem strengen Hofzeremoniell umgeben. Das Reich erhielt einen neuartigen *mehrstufigen Aufbau*: Das gesamte Reich einschließlich Italiens wurde in etwa einhundert Provinzen, diese in zwölf Diözesen und letztere in vier Präfekturen zusammengefaßt. Die Präfekturen unterstanden der kaiserlichen Regierung. Alle Stufen der Reichsverwaltung wurden bürokratisch durchorganisiert. Militärwesen und Zivilverwaltung wurden getrennt. Die hohen militärischen Kommandoposten waren nur noch *Rittern* zugänglich, da nur sie eine festgelegte militärische Laufbahn hatten. Der *Senatorenstand* blieb an Rang und Würde zwar die oberste Schicht der Gesellschaft, aber seine Magistraturen waren durch die Existenz des kaiserlichen Kabinetts schon längst entwertet, und nun wurde ihnen jegliche militärische Kommandogewalt entzogen. Amtsinhaber aller Ränge wurden durch Beobachtung und Bespitzelung anderer, gesellschaftlich niedriger gestellter Beamter und besonderer Agenten kontrolliert. Die *Armee* wurde entsprechend den Provinzen in viele kleinere Legionen aufgeteilt und in Grenztruppen und mobile Eingreiftruppen aufgegliedert.

Ein Ergebnis der Reform: der Zwangsstaat

Hauptaufgabe der Bevölkerung des ganzen Reiches, auch der Italiens und Roms, war es, ein *Maximum an Leistung für den Staat* zu erbringen, damit dieser (1) das gegen die nach wie vor drohende Invasionsgefahr jetzt über fünfhunderttausend Mann starke Heer und (2) die aufwendige Verwaltung zur Eintreibung und Kontrolle der verordneten Steuern und Dienstleistungen unterhalten konnte. Als Diokletian der Geldentwertung durch eine *Münzreform* und den Preissteigerungen dadurch Einhalt zu gebieten versuchte, daß er *Höchstpreise* für Waren und Dienstleistungen im ganzen Reich festlegte, wollte er sicherstellen, daß Beamte und Soldaten an allen Orten des Reiches gleichmäßig versorgt wurden. Zur Erreichung dieses Ziels war jedes *Zwangsmittel* gegenüber der Bevölkerung recht: Ratsherren hafteten für die Leistungspflichten ihrer Stadt; jedermann hatte auf seinem Posten zu bleiben; der Sohn mußte dem Vater im Beruf folgen. Für die Kolonen begann die erbliche Bindung an das von ihnen bearbeitete Land: Im Codex Theodosianus und Corpus Iuris (▷ S. 88) wurden sie als »Eigentum« ihres Grundherrn und als »Sklaven der Scholle« bezeichnet. So entstand eine *neue Form der Abhängigkeit.*

Religion im Dienst des Staates

Eine *Erneuerung heidnischer Religion* sollte die Menschen seelisch motivieren, für den Staat zu kämpfen und zu arbeiten. Die bunte heidnische Götterwelt war schon vorher hierarchisch geordnet und in Richtung auf einen Monotheismus vereinheitlicht worden. Der oberste Gott Jupiter wurde nun zum persönlichen Beschützer und Vater des »senior Augustus« Diokletian, der sich den Namen Jovius beilegte; der zweite Augustus hatte den Beinamen Herculius. So nahm der Staat sogar die Götter und ihren Kult in die Pflicht. Die Religion konnte ihre Aufgabe für die Erhaltung und Einheit des Reiches allerdings nur dann leisten, wenn die Reichsbevölkerung sie allgemein akzeptierte. Hier lag die Ursache für die letzte reichsweite und zugleich größte *Christenverfolgung,* die in mehreren Wellen den Besitz der Kirche, den Klerus und die Gläubigen traf (seit 303); doch sie scheiterte an der Standfestigkeit der meisten Christen. Diokletian mußte noch erleben, wie von seinen Nachfolgern zuerst Constantius (306), dann Galerius (311), Maximinus Daia (313) und schließlich Konstantin und Licinius (313) die Verfolgung abbrachen und das Christentum rechtlich auf eine Stufe mit dem Heidentum stellten. *Galerius* verband sein *Toleranzedikt* mit der Aufforderung an die Christen, genauso wie die Heiden für den römischen Staat einzutreten: Wenn man das Christentum schon nicht ausrotten oder in den heidnischen Reichskult einbringen konnte, so wollte man es als eigenständige Bewegung doch dem Staat dienstbar machen.

VI. Die römische Gesellschaft

1. Einheitliche Zivilisation – zweigeteilte Kultur

»Reichszivilisation«

Überall dort, wo sich die römische Staatsmacht festgesetzt hat, findet man heute *gleichartige Hinterlassenschaften* wie Kastelle, Stadtanlagen (▷ Karte S. 91) mit Foren, Säulenhallen, Theatern oder Amphitheatern und Badeanlagen, Überlandstraßen und Aquädukte. Bei allen regionalen Unterschieden in Einzelheiten läßt sich daraus eine einheitliche Reichszivilisation erschließen. Darüber hinaus vermitteln Überreste etwa von Mithras- oder Serapis-Heiligtümern in vielen Teilen des Reiches den Eindruck, daß die Bevölkerung überall die *gleichen Gottheiten* verehrt hat, wobei, wie man an Inschriften und bildlichen Darstellungen auf Weihesteinen erkennen kann, griechische, römische, orientalische, keltische und germanische Götter vielfach gleichgesetzt worden sind.

Provinziale als »Römer«

Diejenigen Provinzialen, die in den Ritter- oder Senatorenstand oder sogar zu Kaisern aufstiegen, glichen sich an die in Rom üblichen Verhaltens- und Denkmuster an: Sie wurden »Römer«, ihr Patriotismus stand in nichts dem der gebürtigen Römer und Italiker nach. So beging der Kaiser Philippus *Arabs* im Jahr 248 ganz selbstverständlich die Tausendjahrfeier der Stadt Rom. Und aus den Provinzen stammende Senatoren übernahmen dieselben *Vorbehalte,* die

---

Tafel 5 Vornehmer Römer mit seinen Ahnenbildern, *sogenannter Brutus Barberini, Marmorplastik, Höhe 1,65 m, aus Augusteischer Zeit (Rom, Konservatorenpalast). In den Ahnenporträts wurden die verstorbenen Vorfahren der Sippe verehrt. Zugleich ist diese Plastik ein Zeugnis für die hochentwickelte Porträtkunst der römischen Bildhauer.* – Grabstein des Annaius *aus Bingerbrück, um 50 n. Chr., aus einer mittelrheinischen Werkstatt (Bad Kreuznach, Heimatmuseum). Die Gewohnheit, Grabsteine mit Großplastiken zu schmücken, war aus Oberitalien mit den Legionen an den Rhein gekommen. Der Soldat Annaius trägt Schwert, Dolch, zwei Lanzen und Schild.*

Tafel 6 »Gemma Augustea«, *ein Kameo, d. h. ein erhaben herausgearbeiteter Steinschnitt aus einem farbig geschichteten Halbedelstein, um 10 n. Chr. (Wien, Kunsthistorisches Museum). Augustus thront neben Roma, der Personifikation Roms, und blickt auf seinen Adoptivsohn und Nachfolger Tiberius, der vom Siegeswagen steigt. Rechts neben ihm steht, schon für den nächsten Kampf gerüstet, Germanicus. Beide Prinzen erhalten die Fähigkeit zu siegen von Augustus, dargestellt in der Gestalt Jupiters, dessen heiliges Tier, der Adler, zu seinen Füßen sitzt. Neben dem Princeps stehen Personifikationen der durch seine Herrschaft beglückten Welt. In der unteren Bildhälfte werden gefangene Barbaren als die Unterlegenen gezwungen, ein Siegeszeichen für Rom zu errichten.*

13
ANNAIVS PRAVAI F DAVERZVS
MIL EX COH IIII DELMATARVM
ANN XXXVI STIPEND XV

MVNIFICENTIA.LEONIS.XIII.P.M.

Tafel 8

CUM SEDEAT KAROLUS MAGNO CORONATUS HONORE
EST IOSIAE SIMILIS · PARQUE THEODOSIO

ihre römisch-italischen Kollegen gegen einzelne Kaiser oder das aisertum hegten.

Griechische und lateinische Sprache als Barrieren

Allerdings verlief mitten durch das Reich eine *Sprachgrenze,* die Osten und Westen trennte: In Griechenland und den hellenisierten Ostgebieten (▷ S. 52 f.) sowie in den Siedlungsgebieten der Großen Kolonisation (▷ Karte S. 19) sprach man – abgesehen von regional verbreiteten orientalischen Sprachen – *griechisch*; im größten Teil Italiens, in der westlichen Hälfte Nordafrikas, in Gallien – mit Ausnahme einiger südgallischer Griechenstädte – und allgemein in den nördlichen und westlichen Provinzen wurde *Latein* allmählich zur Amts-, Umgangs- und Bildungssprache, hier entwickelten sich die heutigen *romanischen Sprachen.*

Zwischen Latein und Griechisch existierte auch für die Intellektuellen eine Barriere: Griechen hielten es kaum jemals für nötig, sich mit lateinischer Literatur zu befassen. Die gebildeten Römer der späten Republik dagegen waren mit der griechischen Sprache vertraut gewesen; denn mancher von ihnen hatte in Griechenland studiert. Doch nahm die Beschäftigung der Römer mit griechischer Literatur bereits im ersten Jahrhundert n. Chr. stark ab. Die *christlichen Theologen des Westens* kannten um 400 die griechische Sprache fast oder gar nicht mehr, obwohl die christliche Glaubensüberlieferung im Neuen Testament in Griechisch abgefaßt war. Daher war die *Übersetzung des Neuen Testaments und der gesamten Bibel* in das Lateinische, gipfelnd in der *Vulgata* des *Hieronymus* (um 400), eine Notwendigkeit. Schon aufgrund der Sprachverschiedenheit verstanden die lateinischen Christen die lebhaften theologisch-dogmatischen Diskussionen, die im griechischen Osten geführt wurden, kaum in ihrer tieferen Bedeutung.

Dichter und Schriftsteller der Kaiserzeit

In augusteischer Zeit war für Historiker wie *Livius* und Dichter wie *Vergil* und – mit gewissen Einschränkungen – *Horaz* das *politische Programm des Augustus* ein Leitbild. Andere, wie die Dichter *Properz, Tibull* und *Ovid,* standen einzelnen Aspekten des Programms wie der »Sittenerneuerung« oder der Expansions-

Tafel 7 Guter Hirte, *Darstellung auf einem römischen Sarkophag des 3. Jh.s (Rom, Vatikanisches Museum). Die Darstellung Christi als Guter Hirte (Johannes 10, 11) ist Ausdruck des Erlösungsglaubens der Christen. Das Motiv stammt aus der vorchristlichen Kunst (▷ Tafel 1), deshalb können nur jene Darstellungen des Hirten als Christusbilder gewertet werden, die ihn zusammen mit anderen christlichen Motiven – z. B. den mit erhobenen Händen betenden Frauen (Orantinnen) – zeigen. – Der weströmische Heermeister* Stilicho und seine Gemahlin Serena *mit dem Sohn Honorius, Elfenbeinschnitzerei, Höhe 32,2 cm, um 400 n. Chr. (Monza, Domschatz). Der Germane Stilicho trägt römische Tracht, auf seinem Schild das Doppelbildnis der Kaiser des Westens und des Ostens; seine Gemahlin war eine Nichte von Kaiser Theodosius I.*

Tafel 8 Karl der Kahle, *Miniatur aus seinem Psalter, wohl in Corbie zwischen 843 und 869 entstanden (Paris, Bibliothèque Nationale). Das Bild enthält alle Elemente der Darstellung eines Herrschers von Gottes Gnaden sowie Hinweise auf die römische Herkunft des Kaisertums: Karl thront im antiken Herrschermantel, der über der Schulter mit einer Spange zusammengehalten wird; er trägt Zepter und Reichsapfel. Die antiken Bauelemente heben Karl aus seiner Umgebung heraus, der Vorhang stellt die Verbindung zur überirdischen Welt her. Und die Hand Gottes segnet ihn aus den Wolken. Die vorherrschenden Farben sind Purpur und Gold, die wegen ihrer Kostbarkeit, die auf der Seltenheit der Stoffe beruht, aus denen sie gewonnen werden, den Kaisern vorbehalten waren. Die Inschrift sieht in König Josia von Juda und im christlich-römischen Kaiser Theodosius zwei Vorbilder Karls.*

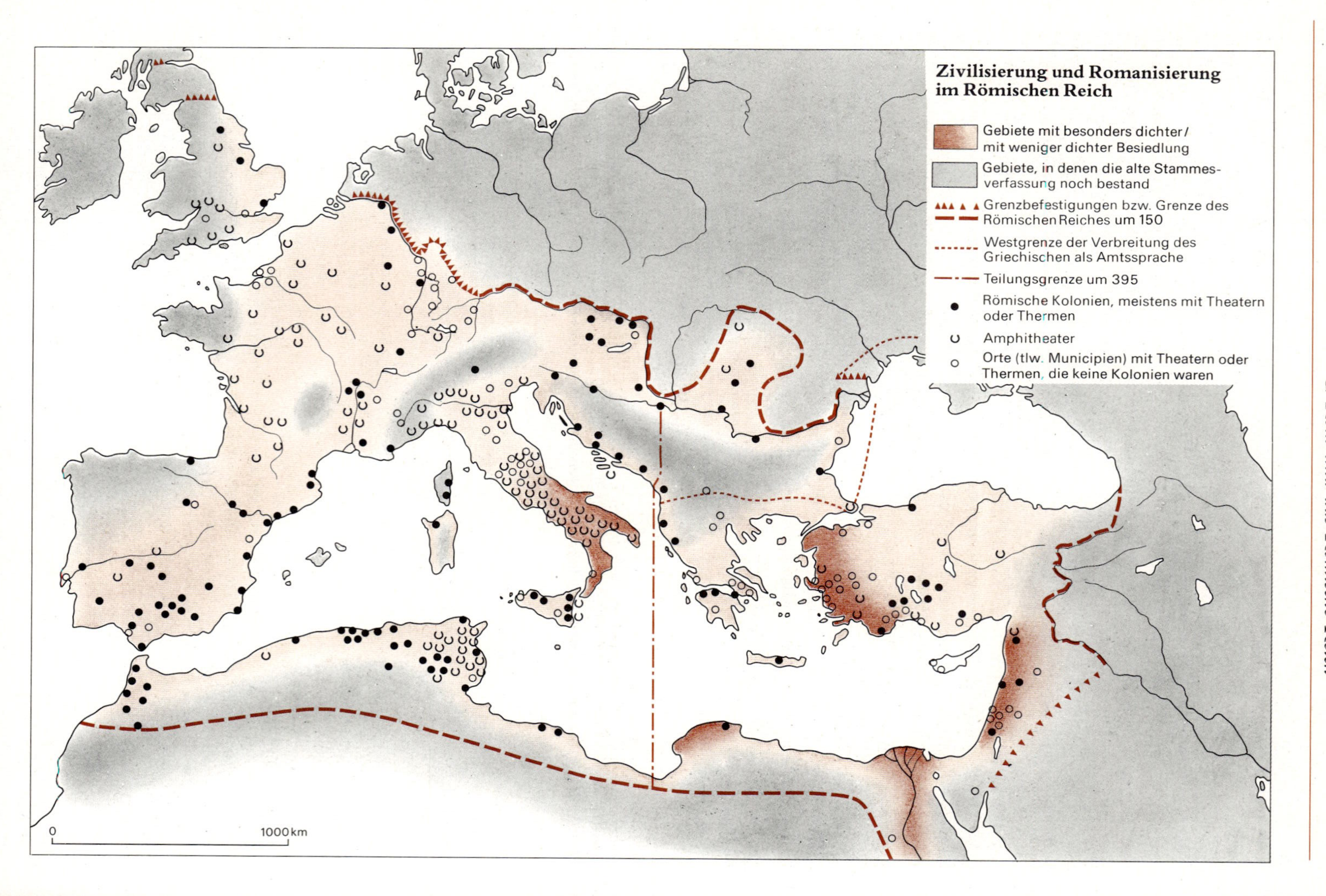

Zivilisierung und Romanisierung im Römischen Reich
Gebiete mit besonders dichter / mit weniger dichter Besiedlung
Gebiete, in denen die alte Stammesverfassung noch bestand
Grenzbefestigungen bzw. Grenze des Römischen Reiches um 150
Westgrenze der Verbreitung des Griechischen als Amtssprache
Teilungsgrenze um 395
Römische Kolonien, meistens mit Theatern oder Thermen
Amphitheater
Orte (tlw. Municipien) mit Theatern oder Thermen, die keine Kolonien waren
0
1000 km

Ladenstraße in Pompeji. *Der Ausbruch des Vesuvs im Jahr 79 n. Chr. verschüttete Pompeji und weitere Städte teils mit Lapilli, teils mit Lava und erhielt sie so der Nachwelt als einzigartige historische Dokumente. Die Häuser im Zentrum römischer Städte hatten an der Straßenfront Geschäfte, Schenken, Imbißstände und Werkstätten. Die Straßen verfügten über hohe Gehwege. Die Trittsteine zum Wechseln der Straßenseite hatten normierte Maße und Abstände, damit Wagen mit entsprechenden Spurbreiten hindurchfahren konnten. Brunnen am Straßenrand und auf Plätzen versorgten auch den ärmeren Teil der Bevölkerung mit frischem Quellwasser. Für den Transport der Abwässer sorgte eine Kanalisation.*

ideologie skeptisch gegenüber. Auch im 1. und frühen 2. Jahrhundert n. Chr. wirkten hervorragende Dichter und Schriftsteller, von denen hier nur der Philosoph und Dramatiker *Seneca,* Neros zeitweiliger Erzieher, und der gegenüber den Kaisern äußerst kritische Historiker *Tacitus* genannt seien. Dichter wurden häufig materiell unterstützt; noch heute steht der Name von Augustus' Freund *Maecenas* dafür, der der Förderer und Inspirator eines Dichterkreises war. Auch einige *Kaiser* sind musisch begabt und schriftstellerisch tätig gewesen: Augustus, Claudius, Nero und später Marc Aurel.
Die griechische Geisteskultur der Kaiserzeit entfaltete sich besonders in Philosophie und Rhetorik. *Plutarch* verfaßte Biographien von Griechen und Römern und philosophische Schriften. Eine stark transzendental ausgerichtete Philosophie, insbesondere der von *Plotin* begründete *Neuplatonismus,* behandelte die abgestufte Durchdringung der Materie als des Schlechten durch den schöpferischen Geist als das Gute. In der Ethik folgten daraus Weltflucht und Sinnenfeindlichkeit.

2. Hälfte 1. Jh. v. Chr. bis um 20 n. Chr.	Höhepunkt der lateinischen *Dichtung* in der Zeit des Augustus. *Vergil* ist besonders mit seiner »Aeneis« der Schöpfer des römischen Nationalepos (Trojaner unter Aeneas gründen in Italien ein neues Reich; »prophetische« Ausblicke auf die Entwicklung Roms bis hin zu Augustus als Gipfelpunkt der römischen Geschichte); *Horaz, Tibull, Properz* und *Ovid* nehmen sich für ihre Lyrik archaische, klassische und hellenistische Dichtung der Griechen zum Vorbild (Lob des Augustus und seiner Politik, aber auch Kritik). *Geschichtsbeschreibung: Livius* schreibt 142 Bücher (= Papyrusrollen) über die geschichtliche Entwicklung Roms von der Gründung (»ab urbe condita«) bis in die Zeit des Augustus.
Mitte 1. Jh. n. Chr.	*Seneca* verfaßt, beeinflußt vor allem von der Stoa, philosophische Werke, u. a. einen »Fürstenspiegel« für den jungen Nero; in seinen Tragödien treten besonders die Affekte der handelnden und leidenden Personen hervor.
um 100	*Tacitus* schreibt neben kleineren Werken über die Germanen und über seinen Schwiegervater Agricola, der die Eroberung Britanniens vollendete, eine zweiteilige Geschichte Roms vom Tod des Augustus bis zum Ende Domitians. *Plutarch* veröffentlicht vergleichende Biographien von Griechen und Römern sowie philosophische Schriften.
seit 230	Übergang der westlichen Christengemeinden zur lateinischen Sprache
seit etwa 245	Neuplatonische Lehre Plotins

2. Heidentum und Christentum im Römischen Reich bis um 300

33 (?)	Kreuzigung Jesu
seit 45	Missionsreisen des Apostels Paulus
64	Neros Christenverfolgung in der Stadt Rom
seit 100	Festlegung (Kanonisierung) der Schriften des Neuen Testaments
seit 250	Reichsweite Christenverfolgungen, besonders unter Decius (250/251) und Diokletian sowie seinen Mitkaisern (seit 303)
um 320	Erste Klöster in Ägypten

Alte und neue Religionen als Konkurrenten

Neben die überkommene Religion der Römer traten seit der Zeit des Hannibalischen Krieges *Kulte und Religionsvorstellungen aus dem Osten,* so der Kult der »Großen Mutter«, die von Staats wegen aus Kleinasien feierlich abgeholt wurde, oder der Isis- und Serapis-Kult aus Ägypten, der des Mithras aus Iran und Vorderasien, des Jupiter Dolichenus aus Syrien (▷ S. 53). Die neuen Kulte enthielten viele für die Römer *fremdartige Züge*: Kastraten als Priester, orgiastische Feiern, Gottesdienste in kleinen geschlossenen Gruppen, zu denen man nur nach Einweihung Zutritt hatte, und Erlösungsvorstellungen. Die Mehrheit der Nobilität und damit die Staatsführung standen diesen Bewegungen argwöhnisch gegenüber und befürchteten Geheimbündelei. Diese Haltung fand ihren Ausdruck bereits im *Verbot des Bacchus-Kultes* (186 v. Chr.). *Augustus* – und später auch Claudius – versuchte, im Rahmen der »Sittenerneuerung« die *römische und römisch-etruskische Religion* wieder stärker in das Bewußtsein der Bevölkerung zu rücken. Er wollte fast vergessene Priesterkollegien und ihre uralten Riten wiederbeleben und den klassischen Göttern Apoll, Mars und Venus, die als seine Beschützer galten, einen besonderen Kult zukommen lassen. Doch blieben diese Versuche *ohne echte Resonanz.* Die östlichen Kulte hatten weiter Zulauf. Den Regierenden blieb nichts anderes übrig, als sie auch in der Stadt Rom zuzulassen, so unter Kaiser Caligula den Kult der »Weltmutter« Isis. Die Kulte und Mysterien der kämpferischen, siegreichen Gottheiten Mithras und Jupiter Dolichenus wurden besonders bei Soldaten beliebt und breiteten sich mit Kriegszügen und Truppenstationierungen weit aus.

Anfänge des Christentums

Mit den östlichen Kulten, nicht so sehr mit der altgriechischen oder altrömischen Religion, trat das Christentum in Konkurrenz, weil Ähnlichkeiten in einzelnen Riten und Glaubensvorstellungen bestanden. Jesus lehrte und starb in der Zeit des Kaisers Tiberius; der christliche Glaube formte sich in den zwei bis drei darauffolgenden Generationen aus. Das Christentum hatte sich in einer Zeit lebhaftester religiöser Diskussionen und gewaltsamer Auseinandersetzungen im Judentum gebildet. Daher nahm das Christentum wesentliche *jüdische Glaubenselemente* auf, vor allem den Glauben an einen unsichtbaren, gestaltlosen, absoluten Gott, der seinen Gläubigen Gesetze und eine geschriebene Glaubensüberlieferung gibt. Durch hellenistische Strömungen im Judentum und neue Kontakte zur spätgriechischen Philosophie absorbierte die christliche Religion auch *griechisches und hellenistisch-orientalisches Gedankengut*: Zu nennen sind vor allem der Erlösungsglaube, der mit der Gottessohnschaft des Erlösers verbunden ist, die Vorstellung der jungfräulichen Empfängnis und Geburt, Sinnen- und Leibfeindlichkeit und schließlich die Deutung Gottes als Geist. Vom nationalen Eifer anderer gleichzeitiger jüdischer Glaubensbewegungen war das Christentum nicht erfüllt. Die frühen Christen lehnten zwar einerseits das Römische Reich – wie alle Reiche und vor allem Weltreiche – ab, weil sie an das nahe Ende der Welt, an das unmittelbar bevorstehende Jüngste Gericht und das dann beginnende *Reich Gottes* glaubten; andererseits aber verhielten sie sich gegenüber dem Römischen Reich freundlich-passiv. Diese Haltung konnte zur Verweigerung des Militärdienstes führen, schloß jedoch *Gebete für die Wohlfahrt von Kaiser und Reich* nicht aus. Nicht wenige Christen waren sich auch des Reichsfriedens als eines Vorteils für die eigene Missionstätigkeit bewußt.

Christliche Mission und Christenverfolgungen

In ihrer Mission hatten die Christen seit den *Aposteln Petrus und Paulus* schon früh *Erfolge,* die sie im Gegensatz zum Judentum zunächst mehr in unteren und untersten Gesellschaftsschichten und außerdem in den Städten mehr als auf dem Land erzielten. Doch stieß das Christentum auch auf deutliche *Ablehnung.* Diese knüpfte etwa an die abstrakte Gottesvorstellung oder die fleischliche Wiederauferstehung an und führte zu verleumderischen *Vorurteilen,* die sich z.B. darin zeigten, daß der Gott der Christen in Eselsgestalt dargestellt und Christen des rituellen Kindermordes bezichtigt wurden. Mit diesen Vorurteilen hatte die reservierte Einstellung des römischen Staates gegenüber neuen Religionen, die sich auch dem Christentum gegenüber zeigte, nichts gemeinsam; jedoch erleichterten die über das Christentum umlaufenden Gerüchte Maßnahmen wie die *Christenverfolgung des Kaisers Nero* in der Stadt Rom (64) und *Gerichtsverfahren,* die bis um die Mitte des 3. Jahrhunderts in verschiedenen Provinzen vom jeweiligen Statthalter gegen Christen geführt wurden. Den Christen wurde hierbei das Christsein an sich vorgeworfen, weil der Staat ihre Kirche offensichtlich für eine kriminelle und politisch subversive Organisation hielt. Seit Kaiser Decius (250) versuchte man in einer Zeit schwerster Bedrängnis des Reiches und seines Kaisertums, durch Opfer- und Verehrungsgebote die gesamte Reichsbevölkerung und speziell die Christen zu Loyalitätsbekundungen gegenüber Reich und Kaiser zu veranlassen und gleichzeitig die Zuwendung der – herkömmlichen heidnischen – Götter zum römischen Staat zu erlangen. Christen, die um ihres Glaubens willen diesen Geboten nicht nachkamen, wurden bis in den Tod verfolgt.

Entstehung und Entfaltung der Kirche und der Klöster

Die Verfolgungen schwächten die *Christengemeinden* und die sich aus ihnen bildende Kirche keineswegs, sondern stärkten sie moralisch. Die lokalen Oberhäupter der Gemeinden, die *Bischöfe* (Episkopoi = »Aufseher«), führten ihre Gemeinden straff und hielten auch in Verfolgungszeiten Verbindung mit Gemeinden in anderen Orten. Bereits vor der letzten allgemeinen Christenverfolgung Diokletians (seit 303) war das Christentum die *relativ größte Religionsgemeinschaft* und durch die aus seinem Besitz finanzierten *kirchlichen Wohltätigkeiten* ein unübersehbarer gesellschaftlicher und ökonomischer Faktor im Römischen Reich. Als Opposition gegen eine Verweltlichung der Kirche, die noch in der Zeit der Christenverfolgungen einsetzte, zogen einzelne Christen in die Einsamkeit, um dort Askese zu üben. In Ägypten entstanden Eremitenkolonien. Aus ihnen entwickelten sich um 320 die ersten *klösterlichen Gemeinschaften*; sie wurden bald im ganzen Reich nachgeahmt (▷ S. 115 ff.).

3. Staat und Wirtschaft

Wandel des Senatoren- und Ritterstandes

In der oberen Schicht der römischen Bürger schlossen sich seit Augustus die beiden Stände der Senatoren und der Ritter nach unten und voneinander ab. Das lag im Interesse des Kaisers: Die republikanische Führungsschicht sollte für die Reichsverwaltung erhalten und gefestigt werden, und so war die Heraushebung des *Senatorenstandes* als Prestigegewinn für die Nobilität gedacht, um deren Verlust an tatsächlicher politischer Macht auszugleichen. Die *Ritter* wurden – neben freigelassenen Sklaven – die engsten Mitarbeiter der Kaiser. Für sie wurde allmählich eine *neue Militär- und Verwaltungslaufbahn* geschaffen, die vom Kommandanten einer Infanterie-Kohorte mit fünfhundert Soldaten bis zum Prokurator oder gar Präfekten von Ägypten, zu einem kaiserlichen Minister oder zum Prätorianerpräfekten führen konnte. Die Zusammensetzung beider Stände, deren Zugehörigkeit erblich und zugleich an ein bestimmtes Vermögen gebunden war, veränderte sich im Laufe der Zeit erheblich, weil ganze Fami-

Kolonen. *Sandsteinrelief von einem Grabmal aus Neumagen bei Trier, nach 200 n. Chr. Die Szene wird vielfach so gedeutet, daß sie Bauern (mit Kapuzenmantel) darstellt, die ihre Pacht zahlen.*

lien von Kaisern ausgerottet wurden oder ausstarben, und weil andere Familien, nicht zuletzt solche aus den Provinzen, von Kaisern in den Ritter- oder Senatorenrang gehoben wurden. So waren die beiden obersten Gesellschaftsschichten des Reiches, obwohl sie in ihrer Abgeschlossenheit fast schon Kasten darstellten, durch festgelegte *Aufstiegsmöglichkeiten* gegen Erstarrung und Auszehrung gesichert.

Existenzverbesserungen für Sklaven und Freigelassene

Die Zahl der vor allem in der agrarischen Produktion tätigen Sklaven nahm seit Augustus ab; gleichzeitig ging die Landwirtschaft zum System kleiner Pachthöfe, dem *Kolonat,* über. Zwischen beiden Entwicklungen müssen Zusammenhänge bestanden haben, die wir allerdings nicht genau kennen.[32] Viele Sklaven wurden im letzten Jahrhundert der Republik und in der Kaiserzeit *freigelassen.* Die Kaiser erließen *Gesetze* zur Erleichterung des Sklavendaseins. Eine besondere Stellung erlangten Unfreie und freigelassene Sklaven im Haus als Lehrer der Kinder, Vertraute des Hausherrn oder der Hausfrau und als Verwalter des Familienvermögens. Freigelassene der Kaiserfamilie übten großen Einfluß auf die Regierungsgeschäfte aus. Zeitweise, besonders unter Claudius, waren sie Minister im kaiserlichen Kabinett. Es kam vor, daß Kaiser ihre Freigelassenen in den Ritterstand erhoben oder ihnen sogar das Rangabzeichen eines senatorischen Magistrats verliehen.

Abhängige Kolonen

Im Gegensatz zur Lage der Sklaven verschlechterten sich die Lebensbedingungen der Kolonen. Sie waren Pächter auf kaiserlichem und auf privatem Land und konnten römische Bürger sein. Oft wurden sie durch den Eigentümer des Landes, das sie bestellten, oder durch einen Oberpächter, der zwischen sie und die kaiserliche Domänenverwaltung trat, zu *rechtswidrigen Arbeitsleistungen und Abgaben* gezwungen. Versuche einiger Kaiser, dagegen anzugehen, blieben vergeblich.

4. Mann und Frau, Ehe und Familie bei Heiden und Christen

Recht und Sitte im Reich

Kommunale Selbstverwaltung und Bürgerrechtsvergabe bewirkten im lateinischen Westen eine gewisse Angleichung rechtlicher und teilweise auch zivilisatorischer Verhältnisse (▷ S. 91 f. und 96). Doch war es nie Absicht der Reichsregierung, Recht und Sitte Roms und Mittelitaliens für alle Reichsbewohner oder auch nur für alle römischen Bürger zur einzigen Norm zu machen (▷ S. 92). Im Gegenteil: Bürgerrechtsverleihungen enthielten stillschweigend oder sogar ausdrücklich das Zugeständnis *salvo iure gentis* = »unter Gewährleistung des Volksrechts«[33] und zeigten damit an, daß neue römische Bürger in den Traditionen und Rechtsverhältnissen ihrer eigenen Nation verbleiben durften. »Römische Gesellschaft« zielt hier wegen der Vielfalt der Verhältnisse also nicht in gleicher Weise auf das ganze Reich, sondern in einigen Punkten – wie dies übrigens auch die Mehrzahl der verfügbaren Quellen nahelegt – auf die Führungsschicht des Römischen Reiches, die sich in der Stadt Rom zusammenfand.

Ehepraxis

Die auf beiderseitige Zustimmung gegründete Ehe der Römer (▷ S. 82 f.) fand ihren Ausdruck in der wechselseitigen Zusicherung der beiden Eheschließenden: »Wo du bist, Gaius, bin auch ich, Gaia – Wo du bist, Gaia, bin auch ich, Gaius«[34] – Worte, die in Erfüllung gehen konnten. So schreibt Tacitus über seine Schwiegereltern: »Sie lebten in wundervoller Eintracht, beiderseitiger Zuneigung und indem jeder dem Partner den Vorrang gab.«[35] Die Eheschließungsworte konnten aber auch zur nichtssagenden Floskel werden: Gerade in der führenden Gesellschaft waren aus unterschiedlichen Gründen auch nach dem Ende der Bürgerkriege Ehescheidung, Ehebruch und schnell wechselnde Verbindungen häufig (▷ S. 83 f.).

Entwicklung des Eherechts

Die Institution »Ehe, Familie« und mit ihr die Position der verheirateten Frau und Mutter änderte sich unter Augustus durch dessen Gesetzgebung zur Stärkung der beiden obersten Stände im Reich, also der Senatoren und Ritter (18 v. und 9 n. Chr.): Ehescheidung auf Betreiben nur eines Ehepartners, sei es Mann oder Frau, wurde – mit dem angestrebten Ziel erneuter Verheiratungen nach der Trennung – erleichtert. Das *ius trium liberorum* (Vorrechte des Mannes und der Frau bei drei eigenen Kindern), als kaiserliche Gunst auch ohne das Vorhandensein dreier Kinder vergeben, und sodann seit Kaiser Hadrian der bloße Zustand des Verheiratetseins brachten den Frauen die vollständige Befreiung von Vormundschaft, mithin bei der längst üblichen Ehe *sine manu* (▷ S. 82) die gleiche Freiheit und Selbständigkeit der Person, die der Mann schon lange besaß; denn die *patria potestas* (▷ S. 81) war im Hinblick auf erwachsene Nachkommen längst außer Anwendung gekommen und hatte nach römischem Rechtsverständnis damit ihre Qualität als Rechtseinrichtung verloren. Auch gegenüber den eigenen Kindern wurde die Stellung der Frau aufgewertet: Seit einer Entscheidung des Kaisers Antonius Pius konnte die Mutter das alleinige Erziehungsrecht über ihre Kinder erhalten.

Konkubinat und Erbrecht

Allerdings hatte die sich verstärkende Position der Frau in Ehe und Familie auch die Folge, daß die Männer zwar erlaubten, aber für die Frau dem Recht wie auch dem allgemeinen Ansehen nach minderwertigen Formen bloß eheähnlichen Zusammenlebens, insbesondere dem *Konkubinat,* den Vorrang gaben. Dafür fanden sie Frauen vor allem aus niederem Stand und oft auch eigens dafür freigelassene Sklavinnen. Die Kaiser Vespasian und Marc Aurel gingen solche Beziehungen nach dem Tod ihrer Ehefrauen ein; Helena, die Mutter Kaiser Konstantins, war Konkubine des Caesars Constantius Chlorus. Kinder aus derartigen Verbindungen konnten nur durch Adoption oder andere Rechtsakte zu vollbürtigen Söhnen und Töchtern ihres Erzeugers werden. Schließlich wurde im Hinblick auf die veränderten Formen des Zusammenlebens und auf die Rechtsposition der Frau das Erbrecht von Kindern, Ehegatten und Eltern so umgestaltet, daß das bisherige Recht der Vaterslinie – und existierte sie auch nur per Adoption – zugunsten der Blutsverwandtschaft, gleich ob in väterlicher oder mütterlicher Richtung, zurückgedrängt wurde.

Tätigkeitsfelder von Frauen

Schwächer werdende Vormundschaft bzw. die Befreiung von ihr ermöglichten der Frau selbständige Geschäftsführung. So kann man aufgrund von Inschriften und Bildwerken Frauen im Berufsleben, als Gewerbetreibende, auch als Eigentümer und »Chefs« von Gewerbebetrieben nachweisen. Frauen konnten sich in Vereinen organisieren. In Stadt und Staat wurden Frauen allerdings niemals amtsfähig. Frauen und Töchter von Aristokraten gaben sich je nach Neigung intellektueller oder sportlicher Betätigung hin. Dies forderte einerseits den Spott des Satirendichters Juvenal heraus, entsprach andererseits jedoch der Lehre beispielsweise des stoischen Philosophen Musonius von der gleichen geistigen und ethischen Veranlagung beider Geschlechter.

Christliche Ehe und Weltordnung

Das weibliche Geschlecht und die Vereinigung von Mann und Frau in der Ehe abwertende Tendenzen ergaben sich aus der Körper- und Sinnenfeindlichkeit sowie der Weltflucht spätantiker philosophischer und religiöser Strömungen einschließlich des frühen Christentums (▷ S. 101 und 102). Zu Jesu Jüngern hatten nur Männer gehört, obwohl es im weiteren Kreis auch Frauen unterschiedlicher Lebensführung und Herkunft gab, mit denen Jesus nicht anders als mit den Männern um ihn herum Umgang pflegte. Das erregte innerhalb des damaligen Judentums, in dem die Frau ähnlich unfrei wie bei den Griechen der klassischen Zeit lebte (▷ S. 42 f.), Erstaunen und Anstoß. Doch waren Jesu Lehräußerungen hinsichtlich Frau, Ehe und Familie nur in einem Punkt revolutionär: Da für ihn die Ehe Teil von Gottes Schöpfungsplan und damit auch seiner Weltordnung war, galt sie ihm als unauflöslich. Freilich folgte daraus nicht ein absoluter Vorrang der Geschlechtlichkeit – im Gegenteil: Nach Jesus gibt es zwei Weltordnungen, die künftige himmlische und die derzeitige weltliche. Geschlechtlichkeit und ihre Regelung durch die Ehe hatten nur hier Platz, nicht im Jenseits. Als Vorbereitung auf das Ewige Leben war daher Verzicht auf alles Geschlechtliche, somit auch auf Ehe, angeraten. Aus Jesu Position heraus wurden von Aposteln und Kirchenvätern Lehren entwickelt, die, wie bereits angedeutet, Parallelen im gleichzeitigen Heidentum hatten, ja von dorther beeinflußt sein dürften. Dementsprechend stellten sich die Christen in ihren an die heidnische Adresse gerichteten Verteidigungsschriften mit denjenigen Heiden auf eine Stufe, die ein sittsames, womöglich asketisches Leben anstrebten.

Christliches Eheideal und römische Form der Eheschließung

Der die baldige Wiederkunft Christi erwartende Christ benötigt keine Familie: Die Kirche war seine »Mutter«, »verheiratet« sein durfte er nur mit Christus. Daher wurde von Priestern Askese, ja Ehelosigkeit gefordert (als Konzilsvorschrift erstmals 310 n. Chr.). Abgesehen von Sekten, die Geschlecht und Ehe konsequent ablehnten, gab es in christlichen Gemeinden Männer und Frauen, die sich in der Ehe verbanden und Kinder hatten. Sie lebten in der auch von Kirchenvätern, etwa Irenaeus und Clemens, geäußerten Überzeugung, hiermit Gottgewolltes und zugleich für die Gemeinschaft – die eigene Gemeinde, aber auch das Römische Reich – Nützliches zu tun. Da freilich das Geschlechtliche nicht das Fundament der christlichen Ehe sein durfte, mußte das Ehegattensein ethisch überhöht werden: Die Ehegatten verpflichteten sich zur Einehe über den Tod des Partners hinaus wie auch zur Liebe in gegenseitiger Achtung und Hilfestellung. Dieses Eheideal machte es den Christen leicht, das *consensus*-Prinzip der römischen Eheschließung (▷ S. 104) anzuerkennen und zu übernehmen. Eine eigene Form der Eheschließung, etwa Heirat in einer Kirche mit dem Segen des Priesters, entwickelte das antike Christentum daher nicht; sogar die einzelnen Riten der Trauungszeremonie übernahmen die Christen aus ihrer heidnischen Umwelt. Als das Römische Reich im 4. Jahrhundert christlich wurde, stellte sich also die Frage, was im Hinblick auf Mann und Frau, Ehe und Familie gesetzlich neu zu regeln wäre, gar nicht.

Frauen im Schatten von Eva

Die Frau hatte als Gebärerin ihren festen und notwendigen Platz in der diesseitigen Körperwelt. Als Hervorbringerin neuen leiblichen Lebens galt sie allerdings auch als der Leiblichkeit und damit der Sinnlichkeit in besonderem Maß zugehörig und daher als dem Jenseits besonders fern. Bei einigen christlichen Gruppierungen, deren Anschauung sich beispielsweise dem sogenannten Thomasevangelium entnehmen läßt, mußte daher eine Frau, um in das Himmelreich eingehen zu können, zuvor zum Mann werden. In Recht und Lebenspraxis der Römer angelegte Tendenzen zur Emanzipation der Frau konnten sich also im frühen Christentum nicht entfalten. Zur Fruchtbarkeit, die auch innerhalb der christlichen Gemeinde als Hauptaufgabe der Frau betrachtet wurde, war die Frau nicht etwa berufen, sondern als Folge des durch Eva ausgelösten Sündenfalls verurteilt. Zwar wurde eine grundsätzliche Unterscheidung von Mann und Frau im Sinne von Gut – Schlecht abgelehnt, und der Frau wurde wie dem Mann die Gabe der Prophetie zugebilligt, doch galt – nicht ohne Einfluß des jüdischen Herkommens – das Pauluswort: »Die Frau hat in der Gemeindeversammlung zu schweigen!«[36] Priester und Bischöfe konnten nur Männer werden, für Frauen war in der sich entwickelnden kirchlichen Hierarchie kein Platz. Ihnen blieben, als Jungfrau oder als Witwe, nicht etwa als verheirateter Frau, lediglich die karitativen Hilfsfunktionen der Diakonie bzw. des apostolisch so genannten »Witwenamtes«.

VII. Das christliche Römische Reich

Diokletian und Maximian dankten im Jahr 305 freiwillig ab; die beiden bisherigen Caesaren Galerius und Constantius rückten zu Augusti auf, und die beiden Caesarenstellen wurden neu besetzt. In den folgenden Jahren kämpften Augusti, Caesaren und Thronprätendenten erneut um die Macht. Aus diesen Auseinandersetzungen gingen Constantius' Sohn *Konstantin* als Augustus der westlichen und Licinius Licinianus als Augustus der östlichen Reichshälfte hervor (312/13). Nach einem weiteren Krieg wurde Konstantin *Alleinherrscher* über das ganze Reich (324). Das tetrarchische System erwies sich als Episode.

1. Kaisertum und Reich

324–337	Konstantin »der Große« Herrscher über das ganze Reich
337–363	Söhne und Neffen Konstantins, vor allem Constantius II. und Julian »der Abtrünnige« (Apostata)
364–392	Valentinianische Dynastie (im Osten nur bis 378): Valentinian I., Valens, Gratian und Valentinian II.
378	Niederlage gegen die Westgoten bei Adrianopel
392–394	Kampf des Theodosius gegen den westlichen Augustus Eugenius und seinen Heermeister Arbogast
394/5	Das Römische Reich zum letztenmal unter einem Kaiser: Theodosius (bereits seit 379 Kaiser des Ostens)
395	Aufteilung des Reiches unter beide Söhne des Theodosius; Grenze in Europa etwa von der Mündung der Save in die Donau nach Süden, in Nordafrika durch die Große Syrte (▷ Karte S. 98)
395–476	Weströmisches Reich
um 400	Aufgabe der Rhein-Donau-Grenze; Germanen in Gallien und Spanien
410	Eroberung Roms durch die Westgoten
395–1453	Oströmisches bzw. Byzantinisches Reich

Herrschaft Konstantins

Konstantin brachte viele Reformen Diokletians zum Abschluß. Die Zurückstufung Italiens auf das Niveau einer abgabepflichtigen Provinz hatte ihre Fortsetzung darin, daß die Stadt *Rom* nicht länger Residenz des Kaisers und Sitz der Reichsregierung blieb: Konstantin und seine Nachfolger bauten das an den Meerengen zwischen Ägäis und Schwarzem Meer gelegene Byzanz als *Konstantinopel* oder »Neu-Rom« zur Residenz- und Hauptstadt aus. Konstantinopel hatte zwischen der gefährdeten Ostgrenze in Asien und der ebenfalls bedrohten europäischen Rhein-Donau-Grenze eine günstige strategische Lage. Genauso wie in früheren römischen Kaiserhäusern gab es auch in Konstantins

Kaiserdynastien bis um 400

Familie Intrigen, Hinrichtungen und Mordanschläge. Ihr letzter Herrscher war ein Neffe Konstantins, der philosophisch gebildete *Julian* (361–363), der dem Heidentum, so wie er es verstand, zu neuer Blüte verhelfen wollte. Die danach regierende *Valentinianische Dynastie* endete schon in der zweiten Generation: Der letzte Sproß der Familie, Valentinian II., fiel einer Verschwörung seines germanisch-heidnischen Heermeisters *Arbogast* und eines hohen Verwaltungsbeamten namens Eugenius zum Opfer, hinter denen eine Clique heidnischer römischer Senatoren stand. Seit der Zeit Valentinians I. und seines Bruders Valens (seit 364) regierten mit Ausnahme der nicht einmal einjährigen Alleinregierung des *Theodosius* (394/5) stets *zwei Augusti*: einer im Westen und einer im Osten. Unter Theodosius' beiden Söhnen (seit 395) wurde die Reichseinheit, ähnlich wie in der Tetrarchie, durch die Vorrangstellung eines der beiden Augusti gewahrt; doch trieben beide Reichsteile durch unterschiedliche äußere Entwicklungen schnell auseinander.

Verteidigung des Reiches und Auflösung seiner westlichen Hälfte

Immer wieder mußten die Kaiser des 4. Jahrhunderts um die Erhaltung der Reichsgrenzen kämpfen. Doch waren in der *Abwehr der Germanen,* insbesondere der Alemannen und Franken, die mehrfach über den Rhein in das Reichsgebiet vordrangen, auch Erfolge zu verzeichnen, wie Gegenoffensiven und die Errichtung von Festungen auf der östlichen Rheinseite durch Julian und Valentinian I. In England wehrten römische Heere Angriffe keltischer und germanischer Stämme ab. Nach Julians Tod gaben die Römer nach einem gegen das Sassanidenreich geführten Feldzug (363) die Erwerbungen wieder auf, die sie unter Diokletian gemacht hatten. Auf dem Balkan mußten die Römer nach der Niederlage des Kaisers Valens bei Adrianopel (378) den *Westgoten,* die von den in Osteuropa eingefallenen *Hunnen* bedrängt wurden, Reichsgebiet zur Siedlung überlassen. Die Hunnen waren ein zentralasiatisches Reitervolk. Ihre Wanderung nach Westen übte auf die *Ostgermanen* – Goten, Vandalen, Burgunder und andere – einen starken Druck aus, der sich in der germanischen *Völkerwanderung* (ab 375) auswirkte. In ihrem Verlauf wurden Germanenstämme auf dem Boden des Römischen Reiches ansässig. Im 5. Jahrhundert sollten die Hunnen unter ihrem König *Attila* die westliche Hälfte des Römischen Reiches unmittelbar bedrohen.

Eine auf längere Sicht riskante Situation für die Reichsverteidigung, vor allem gegen die Germanen, trat im 4. Jahrhundert auch dadurch ein, daß immer mehr Soldaten aus den wandernden und das Reich angreifenden Germanenvölkern angeworben werden mußten, weil die Reichsbevölkerung dafür nicht ausreichte oder sich dem Militärdienst entzog. Germanen wie der Franke *Arbogast* oder der Vandale *Stilicho* stiegen auf bis zum höchsten militärischen Dienstgrad, dem des *Heermeisters* (magister militum).

Neue Angriffe verschiedener Germanenstämme führten bald nach 400 zur militärischen *Aufgabe der Rhein-Donau-Grenze.* Ungehindert zogen germanische Stämme durch die westliche Reichshälfte und siedelten sich am Rhein, in Gallien und sogar in Spanien an. Die Verteidigungskraft wurde durch antigermanische Intrigen an beiden Kaiserhöfen geschwächt, denen auch Stilicho zum

Opfer fiel (408). Im Jahr 410 eroberten die Westgoten unter ihrem König *Alarich Rom,* die »Herrin der Welt«. Mancher Zeitgenosse glaubte, ein Abschnitt der Weltgeschichte sei zu Ende gegangen. Noch im 5. Jahrhundert wurden *auf dem Boden der westlichen Reichshälfte* mehrere *germanische Königreiche* gegründet (▷ S. 124 f.).

2. Kaiser, Reich und christliche Kirche

seit 310	Donatistischer Streit in Nordafrika
312	»Bekehrung« Konstantins
313	»Toleranzedikt« von Mailand
seit 318	Arianischer Streit
325	Konzil in Nikaia
361–363	Politik des Kaisers Julian zugunsten der Heiden
379	Gratian legt die Würde des Pontifex maximus ab
392	Heidnische Reaktion in der westlichen Reichshälfte; Christentum durch Edikt des Kaisers Theodosius Staatsreligion
nach 410	Orosius' Geschichtswerk »Gegen die Heiden« und Augustins Schrift vom »Gottesstaat«

Das Christentum wird Staatsreligion

Konstantin soll vor der Schlacht an der Milvischen Brücke gegen seinen Mitkaiser Maxentius (312) einen Traum gehabt haben, der ihn zur *Bekehrung* veranlaßte. Dies mag Legende sein, doch gilt Konstantin zu Recht als *der erste christliche Kaiser*: Er gab nach und nach den Kult seines Hauptgottes Apoll, in den Vorstellungen vom Sonnengott eingegangen waren, auf und wandte sich der Verehrung des christlichen Gottes zu. Der Glaubenswechsel war für Konstantin weniger eine Entscheidung des Entweder-Oder als vielmehr Resultat des Bestrebens, dem stärksten und hilfreichsten Gott besonders nahe zu sein. Konstantin ging schnell über die bloße Duldung der christlichen Kirche hinaus: Er gab ihr all ihren Besitz zurück; und er ließ ihr auch bald *Privilegien* wie die Einsetzung der Bischöfe als zivile Gerichtsinstanzen zukommen. Dadurch wurde das Christentum für solche Bewohner des Römischen Reichs attraktiv, die bisher aus Furcht vor persönlichen Nachteilen von seiten des Staates nicht der christlichen Glaubensgemeinschaft beigetreten waren. Konstantin begann auch mit der *Organisation der christlichen Kirche* parallel zum Reich und seinen neuen Verwaltungsinstanzen; und er bezog Position in innerkirchlichen Streitigkeiten. Die kurze Regierungszeit des Heiden Julian (361–363) änderte nichts an der Stellung der christlichen Kirche im Staat. Kaiser Gratian verzichtete 379 auf die Würde des heidnischen Pontifex maximus, die seit Augustus Bestandteil des römischen Kaisertums gewesen war. Die rechtliche Gleichstellung der christlichen Religion mit den heidnischen Kulten währte nur wenige Jahrzehnte. Bald schränkten kaiserliche Edikte die *heidnische Religionsausübung* so

Inneres der Kathedrale von Syrakus *(Sizilien). Die Kirche wurde im 7. Jh. n. Chr. in einen der Athene/ Minerva geweihten Tempel dorischen Stils hineingebaut. Sie dokumentiert – wie viele andere in oder auf heidnischen Heiligtümern errichtete Kirchen und Klöster – den Sieg des Christentums über das Heidentum.*

weit ein, daß die rechtliche Situation einem *Religionsverbot* gleichkam. Kaiser *Theodosius* machte dann das *Christentum* endgültig zur allein erlaubten Religion, zur *Staatsreligion;* Tempel und Heiligtümer der Heiden wurden nun geschlossen und auch jegliche private heidnische Kultausübung verboten (392).

Konflikte zwischen Christen und Heiden

Hier und da griffen Christen Heiden und heidnische Kultstätten tätlich an. Nach den Demütigungen vergangener Jahrzehnte begleitete *Fanatismus* den schnellen Aufstieg des Christentums; er rief eine gleichartige Haltung der Heiden hervor: Sowohl die christliche als auch die heidnische Seite führten den Kampf zwischen den Kaisern Theodosius und Eugenius (393–4) als *Glaubenskrieg* in der Überzeugung, daß die Religion des Siegers die stärkere und damit richtige sei. Für die Niederlagen, die das christianisierte Reich gegen äußere Feinde erlitt, machten Heiden und Christen die jeweils andere Religion verantwortlich. Seinen Höhepunkt und im westlichen Reichsteil auch sein Ende fand dieser Propagandakrieg bald nach der Einnahme Roms durch die Westgoten. Die andauernde Schwächung des Heidentums ließ es fortan nur noch im Untergrund wirken.

Kaiser und Reich in christlicher Vorstellung

Kaiser und Reich anzuerkennen, war schon früher für die Christen kein unüberwindliches Problem gewesen. Man hatte sich in einem innerkirchlichen Streit sogar an den Christenverfolger Aurelian mit der Bitte um Entscheidung gewandt. Zwar konnte kein Christ den Kaiser als Gott oder Sohn eines Gottes akzeptieren, aber es war ihm möglich, den Kaiser in Gottes Nähe zu stellen: Eine diesseitige Heilsvorstellung machte Reich und Kaiser zu *Werkzeugen Gottes;* und der Glaube an *einen* Gott fand seine irdische Fortsetzung in der Losung »Ein Gott ein Reich ein Kaiser«, die Konstantins Zeitgenosse *Eusebios,* Bischof von Kaisareia, sinngemäß prägte.[38] Für die allegorisierende Denkweise der Zeit war es nicht schwer, in Kaiser und Kronprinz das Abbild von Gott Vater und Gott Sohn zu sehen. Solcher Denkart und nicht reinem Nutzdenken entsprach auch der bereits erwähnte Aufbau der Kirchenorganisationen parallel zu der des Reiches.

Christliche Deutungen der Krisen des Reiches

Klerus und Laienchristen bejahten ihre neue Rolle. Daher verflocht sich das Schicksal der Kirche so eng mit dem des Reiches, daß sie auf alle seine Krisen eine Antwort gegenüber Christen und Heiden finden mußte. Anläßlich des epochemachenden Ereignisses von 410 traten *zwei Positionen* deutlich hervor: Der Nordafrikaner *Augustinus* war von spätantik-griechischer Philosophie geprägt. Er trennte den *Diesseitsstaat* (civitas terrena) strikt vom *Jenseitsstaat* (civitas Dei) und löste so die in seiner Zeit gängige Interessenidentifikation von Römischem Reich und christlicher Glaubensgemeinschaft in nichts auf (▷ S. 79). Hingegen übernahm sein jüngerer Zeitgenosse *Orosius* wesentliche Elemente des herkömmlichen Rom-Patriotismus und der jüdisch-vorderasiatischen Lehre von vier aufeinanderfolgenden Weltreichen und stellte das Römische Reich als letzte Etappe eines irdischen Heilsplans Gottes dar. Orosius sah in der Christianisierung des Römischen Reiches die vollständige *Einswerdung von Romanitas und Christianitas*: Eben hierin bestand für ihn das Ziel der diesseitig gedachten Heilsentfaltung. Orosius' Vorstellung sollte das Selbstverständnis des mittelalterlichen »Heiligen Römischen Reiches« prägen.

Verhalten der Kaiser in innerchristlichen Auseinandersetzungen

Die gottnahe Stellung, die die Mehrheit innerhalb der Kirche dem christlichen Kaiser anfänglich zubilligte, ließ dessen *Eingreifen in Glaubensstreitigkeiten* als selbstverständlich erscheinen. Zwei derartige Auseinandersetzungen wurden bereits in Konstantins Zeit – und noch Jahrzehnte danach – ausgetragen: (1) Die *donatistische Bewegung* im lateinisch sprechenden Teil Nordafrikas verlangte von Christen und besonders von solchen in kirchlichen Funktionen uneingeschränkte *Märtyrerhaltung in Verfolgungen.* Sie geriet damit in Konflikt mit dem größeren Teil der Kirche; denn diese hielt es für angemessen, Leugnern des Glaubens zu verzeihen, sofern sie ihm nicht endgültig abtrünnig geworden waren. Konstantin erkannte den Kirchenstatus der Donatisten nicht an; er setzte zeitweilig sogar Militär gegen sie ein. (2) Ein mit den Namen zweier Geistlicher, des *Athanasius* und des *Arius,* verbundener, im griechischsprachigen Osten entstandener dogmatischer Streit galt dem Verhältnis von Gott Vater und Gott Sohn zueinander. Konstantin berief eine reichsweite Kirchenversammlung, ein ökumenisches *Konzil,* in die kleinasiatische Stadt *Nikaia* ein

(325). Die Geistlichen entschieden sich zugunsten des athanasischen Standpunktes, dem zufolge Jesus Christus wesenseins mit Gott Vater ist. Dennoch folgten Konstantin selbst und einige seiner Nachfolger in ihrem eigenen Glauben der arianischen Lehre, nach der Jesus vorzeitliches Geschöpf Gott Vaters und diesem daher nicht gleich ist. Constantius II. versuchte, das arianische Bekenntnis für das ganze Reich verbindlich zu machen, und scheute dabei nicht vor Druck auf widerstrebende Bischöfe zurück (350–360). Die zeitweiligen Erfolge des Arianismus im Osten des Reiches bewirkten, daß die von Konstantinopel aus christianisierten *Ostgermanen* das *Christentum in der arianischen Form* annahmen, die sich jedoch im Römischen Reich nicht durchsetzte.

Der Kaiser über oder in der Kirche?

Diese und weitere Eingriffe von Kaisern in Glaubensfragen ließen Zweifel aufkommen, ob der Kaiser als Laie zusammen mit den Bischöfen entscheiden und ihnen sogar Vorschriften machen dürfe. *Ambrosius,* Bischof von Mailand, vertrat gegen Ende des 4. Jahrhunderts mit seinen Direktiven an die Kaiser Gratian, Valentinian II. und Theodosius die Ansicht, daß *der Kaiser* als Christ nicht über, sondern *in der Kirche* und als Laie *unter der Autorität der Bischöfe* stehe. Wie Ambrosius im Umgang mit Theodosius deutlich zeigte, konnte ein Bischof sogar den Kaiser exkommunizieren und zum Gehorsam gegenüber der kirchlichen Amtsgewalt zwingen. Ambrosius' Theorie und Praxis des Verhältnisses Kirche–Kaiser sollten im Mittelalter große Bedeutung erlangen.

Mittelalter

Etwas *wie im Mittelalter* zu finden, genügt in der Umgangssprache als ausreichende Begründung dafür, eine Sache als völlig rückständig abzulehnen; denn sie läßt sich einem Zeitraum zuordnen, der als sprichwörtliches *Finsteres Mittelalter* anzeigt, daß die Menschen seit den damaligen Zeiten klüger geworden seien und nun alles schöner und besser machen könnten. Mit einer solchen Einstellung folgen wir noch immer der Methode, mit der zuerst Gelehrte des 14. und 15. Jahrhunderts versuchten, die Zeit vor ihrer eigenen Gegenwart herabzuwürdigen, da sie ein finsteres Zeitalter des Verfalls gewesen sei. Für ihre eigene Gegenwart glaubten sie an eine Wiedergeburt der Antike und damit an ein neues, helles Zeitalter in der Geschichte der Menschheit, für das deshalb der Name *Neuzeit* geprägt wurde. Für das dazwischenliegende, mittlere Zeitalter bürgerte sich dann seit dem 17. Jahrhundert der Verlegenheitsbegriff des »Mittelalters« ein.
Ganz gleich aber, ob Historiker oder Philosophen das Mittelalter durch Jahresdaten aus der Geistes-, Kirchen- oder Politikgeschichte abgrenzen wollten, folgten sie dabei bisher stets wie selbstverständlich dem Schema von drei aufeinanderfolgenden, deutlich unterscheidbaren Geschichtsperioden.
Aus solchen Periodisierungsvorschlägen ist zu lernen, daß mit der Verwendung des Begriffs »Mittelalter« noch nichts über das Eigentümliche des damit bezeichneten Zeitalters ausgesagt ist. Andererseits hat dieser Begriff den Vorteil, uns nicht auf eine bestimmte Betrachtungsweise der Geschichte festzulegen. Als einen solchen *Hilfsbegriff,* der den Zeitraum von 500 bis 1500 n. Chr. meinen soll, wollen wir ihn verwenden, ohne damit von vornherein jene 1000 Jahre geschichtlicher Entwicklungen einem bestimmten Erklärungsschema der Gesamtgeschichte zuordnen zu wollen.

A. Erbschaft und Neubeginn: Das Frühmittelalter (500–1000)

I. Ordnungen des Zusammenlebens von Germanen und Romanen im Westen Europas

1. Soziale und wirtschaftliche Grundlagen

Seit dem 5. Jahrhundert waren germanische Heeresverbände und Stämme als Siedler auf römischem Reichsboden besonders im Westteil (▷ Karte S. 98) auf Dauer zu Nachbarn der Romanen geworden. Als Ergebnis zeichnen sich besondere *Strukturmerkmale* ab: Wo schon zuvor eine starke Romanisierung bestand (wie im östlichen Nordgallien), bildete sich schnell eine romanisch-germanische Mischkultur aus. Träger und Vermittler von Elementen der römischen Zivilisation wurde immer stärker allein die christliche Kirche. Da ihre Institutionen des Mönchtums und des Papsttums seit dem 5. Jahrhundert eine Missionierung auch außerhalb der Grenzen des Imperiums vorantrieben, begann sich seither in den von der römischen Zivilisation gar nicht oder nur sehr wenig beeinflußten Siedlungsgebieten von Kelten, Germanen und Slawen eine ähnliche Sozial- und Wirtschaftsstruktur herauszubilden, je weiter sich dort das Christentum durchsetzte.

Lebensverhältnisse bei Romanen und Germanen

Die Herrschaft germanischer Könige auf römischem Reichsboden brachte für die überwiegende Zahl der Romanen kaum Änderungen in ihrer wirtschaftlichen und sozialen Stellung. Der bereits vorher einsetzende *Schrumpfungsprozeß der städtischen Bevölkerung* hielt an; umgekehrt wuchs die Bedeutung der Landwirtschaft. In ihr gaben die Grundbesitzer aus der Schicht des römischen Provinzialadels den Ton an. Ihre Latifundien hatten sie in Herrenhöfe mit einem Kranz von Bauernstellen umgestaltet, auf denen abhängige, schollengebundene Kolonen das Land bestellten. So trat seit dem 6. Jahrhundert neben die römische Verwaltungseinheit der *»civitas«*, die das städtische Zentrum mit seinem Umland zusammengefaßt hatte, die *Grundherrschaft.* Da für die Versorgung der Regionen eigene landwirtschaftliche Tätigkeit immer wichtiger wurde, blieb die Tendenz zur *Reagrarisierung der Wirtschaft* seit der Spätantike ungebrochen.
Für Germanen galten andere Verwandtschaftsvorstellungen als für Romanen, die den Kreis der engsten Verwandten durch den gemeinsamen *Familiennamen* abgrenzten. Bei den Germanen wurde nach Meinung der Forscher wohl erst in der Völkerwanderungszeit eine genaue Begrenzung des Verwandtenkreises nötig. Wenn man dies in Form einer Gruppe tat, die *Sippe* genannt wurde, so unterschied man dabei zwei Formen: entweder wurden nur direkt Blutsverwandte oder auch die über die eingeheirateten Frauen Verschwägerten hinzugerechnet (agnatische oder cognatische Sippe).

Gesellschaft und Herrschaft – Gefolgschaft und Personenverband

Archäologische Grabungsbefunde haben erkennen lassen, daß unter den Germanen bereits vor der Völkerwanderungszeit erhebliche soziale Unterschiede bestanden, daß man also von verschiedenen Formen von Abhängigkeit und Unfreiheit ausgehen muß. Die Frage nach einer bereits in damaliger Zeit vorhandenen Führungsschicht, dem sog. Uradel, ist bis heute ein heftiger Streitpunkt der Historiker geblieben. In den germanischen Reichen nach der Völkerwanderung ist aber eine *Führungsschicht* nachzuweisen, die sich durch den Umfang ihres Grundbesitzes und die Anzahl der ihnen hörigen *Unfreien* von den übrigen Stammesangehörigen unterscheidet. Die zwischen dem 6. und dem 9. Jahrhundert aufgezeichneten *Volksrechte* für die verschiedenen Stammesgruppen in den einzelnen Reichen bezeugen die Existenz von Unfreien, die aber regional ganz unterschiedlich benannt und rechtlich ungleich behandelt wurden. Ob es andererseits einen als *Adel* aus dem *Stand der Freien* herausgehobenen Personenkreis gab, der Herrschaftsrechte über andere Personengruppen vererben konnte, wissen wir nicht. Die Mehrzahl der Historiker nimmt aber an, daß sich in der Wanderzeit und nach der Ansiedelung auf provinzialrömischem Boden bei den Germanen die besondere Herrschaftsform der *Gefolg-*

schaft herausbildete. Die wirtschaftliche Gewichtsverlagerung bei den Romanen traf sich mit der überkommenen Lebensweise der germanischen Neusiedler. Anders als die Romanen betrieben sie als Bauern mehr *Viehzucht* als Ackerbau und gingen der Jagd nach. Ehemaliges Staatsland oder enteigneter senatorialer Grundbesitz diente ihnen als Siedelland. Von ihren ursprünglichen Lebensverhältnissen her waren die Germanen ohnehin nicht an Stadtkultur gewöhnt, sondern hatten auch vor der Wanderzeit in *Weilern* oder kleinen *Gruppensiedlungen* gewohnt. *Herrschaft* gründete sich bei ihnen – anders als bei den Romanen – nicht in erster Linie auf dem Besitz von Grund und Boden, sondern auf der Befehlsgewalt über Menschen *(munt)*, die aus der Stellung als Hausherr erwuchs. Die besonderen Verhältnisse der Wanderzeit verstärkten sicherlich diesen personenbezogenen Charakter der Herrschaft.

Einem Mächtigen unterstellten sich Freie als Gefolgsmänner, wobei Herr und Mann sich wechselseitig Treueide für Schutz und Hilfe leisteten. Freilich kannten auch die Romanen einen solchen Herrschaftsverband in Form des *Klientelwesens* eines Grundherrn, wenn auch in diesem Falle wohl das sachliche Element des Landbesitzes stärker herrschaftsbegründend wirkte.

In einer Welt, in der die öffentlichen Einrichtungen der römischen Staatsverwaltung nur noch teilweise funktionierten, war es ganz natürlich, daß sich der einzelne im Notfall am besten Hilfe von derjenigen Personengruppe erhoffen konnte, der er verwandtschaftlich, nachbarlich oder vertraglich verbunden war. Ein Mächtiger mochte sich noch allein helfen können; für die weniger Mächtigen waren *Personenverbände* nötig. Die Gefolgschaften und Schutzverhältnisse wurden seit dem 6. Jahrhundert immer zahlreicher, da sie sich zu Institutionen *adeliger Herrschaft* umgestalteten. Die Lebensformen der Romanen und Germanen ähnelten sich nun also sehr.

2. Die Rolle der Kirche

Die ehemalige Kaiserstadt Trier war am Beginn des 5. Jahrhunderts mehrfach von germanischen Heeren erobert und geplündert worden. Der vornehme Galloromane *Salvian* verurteilte trotzdem nicht die Eindringlinge als bloße Barbaren. In seinem Werk über »Die Weltregierung Gottes« suchte Salvian nach einer Erklärung für die Heimsuchung des Imperiums. Er war der Auffassung, Gott wollte die sittenlos gewordenen Romanen züchtigen. Ihm selbst erschien die Lebensführung der Germanen vorbildlich.

Ein deutlicher Beweis für die *Reformbedürftigkeit der Lebensverhältnisse* in Gallien war Salvian auch das Verhalten der armen Bauern, die sich auf die Seite der germanischen Westgoten schlugen, um den sie bedrückenden und ausbeutenden romanischen Grundherren zu entkommen. Salvian schien es deshalb am besten, mit Frau und Tochter dieser Welt den Rücken zu kehren. Alle drei traten in Gemeinschaften ein, die wahres christliches Leben in bewußter Abgeschlossenheit von der Welt (lat. claustrum) verwirklichen wollten: im *Kloster.*

im 4. Jh.	Der Ägypter Pachomius und der kleinasiatische Bischof Basilius schafften Regeln zur Ordnung des Gemeinschaftslebens der Mönche
5./6. Jh.	Neue Mönchsregeln in Italien, am bedeutendsten diejenige des Abtes Benedikt von Nursia († 547)
440–461	Der römische Bischof Leo I., der Große, formuliert den Anspruch der Nachfolger des Petrus in Rom, päpstlicher Leiter der gesamten christlichen Kirche zu sein
590–604	Papst Gregor der Große betreibt als »Konsul Gottes« eine eigenständige Politik in Italien zur Verteidigung Roms und zum Schutz der Besitztümer der römischen Kirche

Anfänge des christlichen Mönchtums

Seit dem 3. Jahrhundert hatte sich zunächst im Osten des Römischen Reiches eine Bewegung gebildet, die persönliche Heilsgewißheit durch die Befolgung der sogenannten *evangelischen Räte* der Armut und der Ehelosigkeit außerhalb des christlichen Gemeindelebens erreichen wollte. Das Musterland für asketisch lebende Männer, die sich in die Wüste (griech. eremia) als Eremiten, *Einsiedler* zurückgezogen hatten, wurde Ägypten. Je vorbildlicher aber eine solche Lebensform erschien, desto mehr Nachahmer fand sie, so daß bald ganze Eremitenkolonien entstanden. Damit bestand das Problem, wie das Zusammenleben solcher Asketen geregelt werden sollte, für die sich wegen ihres ursprünglichen Lebens als einzelne die Bezeichnung »monachoi«, *Mönche,* durchgesetzt hatte. Der Ägypter Pachomius schuf noch vor der Mitte des 4. Jahrhunderts eine erste Regel, in die er nach dem Vorbild der christlichen Urgemeinde neben die evangelischen Räte die Grundsätze des gemeinsamen Gottesdienstes und des Gehorsams gegenüber einem Leiter der Mönchsgemeinschaft stellte. Wenig später schuf der Mönch und spätere Bischof in Kleinasien *Basilius* (gest. 379) die für den Osten des Reiches verbindliche Regel für das mönchische Leben in klösterlicher Gemeinschaft. Basilius verhinderte damit, daß sich das Mönchtum völlig aus der Organisation der christlichen Gemeinden löste. Das Konzil von Chalkedon legte 451 dann fest, daß der Bischof als Oberhaupt der Gemeinden auch die Klöster beaufsichtigen solle.

Mönchtum im Westen: Benedikts Regel

Auch im Westen förderten seit dem ausgehenden 4. Jahrhundert Bischöfe die Einrichtung asketischer Gemeinschaften. Der Kirchenvater Hieronymus zog sich selbst als Klosterleiter nach Bethlehem zurück; Bischof Ambrosius von Mailand förderte asketische Gemeinschaften von Frauen, den *Nonnen;* Augustin strebte sogar ein mönchsgleiches Leben der Priester seiner nordafrikanischen Diözese an. Im nordwestlichen Gallien richtete der bald als Heiliger verehrte Bischof *Martin von Tours* an seinem Bischofssitz ein Kloster ein, in Südgallien entstand auf den Inseln vor der Rhônemündung eine Reihe von Klöstern, in denen dann Salvian mit seiner Familie Zuflucht fand.

Noch vor der Mitte des 6. Jahrhunderts versuchte der aus senatorialer Familie stammende Leiter des von ihm selbst gegründeten Klosters Montecassino in

Süditalien *Benedikt* (aus Nursia), die Erfahrungen aus den bisherigen verschiedenen Mönchsregeln zu nutzen: Prinzip der Gemeinschaft sollte die *Verbindung von Gebet und Arbeit* der Mönche sein (»ora et labora«). Zugleich wurden die Mönche einer bestimmten *Klostergemeinschaft* fest zugeordnet (»stabilitas loci«). Der Klostervorsteher sollte nach dem Muster eines römischen Familienvaters als *Abt* (aramäisch abba = Vater) mit Strenge und Fürsorge die ihm anvertraute Gemeinschaft leiten. In der psychologisch geschickten Regelung der Askese des einzelnen Mönchs und der gemeinschaftlichen Lebensform der Klostergemeinde darf der Grund für den Erfolg dieser Regel vermutet werden, die sich seit dem 7. Jahrhundert im Abendland immer stärker durchsetzte.

Bedeutung der Klöster für die Kirche

Die Klöster erwiesen sich trotz der Vielfalt ihrer Lebensregeln von großem Nutzen für die Christianisierung der germanischen Reiche auf römischem Reichsboden, wenn erst einmal die Könige und Adelsgruppen zum Christentum übergetreten waren. Die Organisation der Kirche nach *Bistümern* war ja der städtischen Verwaltungsstruktur des Römischen Reiches nachgebildet; für die Vermittlung des Christentums an die neuen Herren und ihre Abhängigen besaßen die auf dem Lande errichteten Klöster die besseren Voraussetzungen. Als Angehörige der Oberschichten verfolgten die Äbte auch weiterhin Herrschaftsinteressen, so daß sich im Mönchtum des Westens niemals eine so völlige Weltabkehr wie im östlichen Eremitentum breitmachen konnte. Im keltischen *Irland,* das nie dem Römischen Reich angehört hatte, organisierte sich die gesamte Kirche seit dem 5. Jahrhundert in *Klosterverbänden,* die ein *Abt-Bischof* leitete. Als am Ende des 6. Jahrhunderts irische Mönche, denen Missionstätigkeit in der Fremde als besonders verdienstvoll galt, auch ins Reich der Franken nach Gallien kamen, benutzte der dortige Adel dieses neue *irofränkische Mönchtum* als Stütze seiner Herrschaft über die Kirche.

Anfänge des römischen Papsttums

Unter allen Bischöfen im Römischen Reich beanspruchten diejenigen der Hauptstadt Rom seit dem 3. Jahrhundert immer nachdrücklicher eine besondere Stellung in der Kirche, da in der Metropole am Tiber die Apostel Petrus und Paulus das Martyrium erlitten hätten. Zugleich entfalteten die römischen Bischöfe in Auseinandersetzung mit anderen Bischöfen, vor allem denjenigen, deren Sitze ebenfalls von Aposteln begründet worden waren (den *Patriarchaten*), die Lehre, ihnen komme als *Nachfolgern des Petrus* besondere Autorität zu: Christus habe dem Petrus nach dem Wortlaut des Matthäusevangeliums (Kap. 16, Vers 18 u. 19) einzigartige umfassende Vollmachten für die Gesamtkirche (die sog. *»Schlüsselgewalt«*) übertragen. Erst im 5. Jahrhundert versuchten die römischen Bischöfe, die nun auch für sich allein den *Titel papa* (= Vater) beanspruchten, zumindest in der lateinischsprachigen Kirche des Westens diese *Autoritätsstellung* auch praktisch durchzusetzen.

Stellung des Papstes in der Kirche

So formulierte Papst *Leo I.,* daß Petrus eine *Gewaltenfülle* von Christus übertragen erhalten habe, die ihn und die Päpste als Erben seiner Amtsgewalt weit über die anderen Apostel und deren bischöfliche Nachfolger hinaushöben. Papst *Gelasius I.* schrieb am Ende des 5. Jahrhunderts dem Kaiser in Konstantinopel, die Welt werde durch die geheiligte Autorität der Bischöfe und die kai-

Papst Gregor der Große in der Sicht des Mittelalters: *Der Papst diktiert einem Schreiber seine Werke. Dieser sieht durch ein Loch im Vorhang, daß der Hl. Geist selbst in Gestalt einer Taube Gregor inspiriert. Trierer Handschrift des 10. Jh.s. der Briefsammlung Gregors d. Gr.*

serliche Gewalt regiert. *Das geistliche Amt* sei *das höherstehende,* da dessen Inhaber vor Gottes Gericht auch die Amtsführung der Könige rechtfertigen müsse. Ein solcher Anspruch auf monarchische Leitung der Gesamtkirche stellte zunächst als Theorie die traditionelle Stellung der römischen Kaiser in der Kirche in Frage.

Politische Rolle des Papsttums

Nord- und Süditalien waren damals weitgehend von Langobarden besetzt, die auch die restlichen von Ostrom verwalteten Gebiete zu erobern trachteten. Der Bischof von Rom mußte deshalb eine eigenständige politische Rolle in Italien spielen. Papst *Gregor I.* stellte sich dieser Aufgabe. Er stammte aus einer römischen Senatorenfamilie, hatte zunächst Verwaltungsposten bekleidet, dann aber aus väterlichem Vermögen sechs Klöster in Sizilien und in Rom gegründet und war selbst Mönch geworden. Gegen seinen Willen zum Papst gewählt, wirkte Gregor wie ein *weltlicher Stadtherr,* benutzte kirchliche Einkünfte, um die Verteidigungs Roms gegen die langobardischen Belagerungen zu finanzieren, sorgte mit den Erträgen kirchlichen Grundbesitzes auch für die Ernährung der Stadtbevölkerung. Diese eigenständige und eigenwillige Politik erregte Mißtrauen beim Kaiser im fernen Konstantinopel, zumal Gregor auch unbeirrt den *gesamtkirchlichen Anspruch* seines Papstamtes vertrat. Die Grabinschrift versuchte die Besonderheit seiner Amtsführung in der Bezeichnung »Konsul Gottes« zu erfassen.

Das neue christlich-kirchliche Bildungsideal

Wie wenig der Mönchspapst Gregor mit seiner Amtsführung den Erwartungen der Mehrzahl der römischen Geistlichen entsprach, bewies ihre starke Kritik an seinem Verhalten zu seinen Lebzeiten. Spätere Jahrhunderte gaben Gregor dagegen den Beinamen »der Große« und verehrten ihn als Heiligen, dem der Hl. Geist selbst seine Schriften diktiert habe. In diesen Werken war Gregor ganz Mönch und Vertreter eines neuen christlichen Bildungsideals, das sich bewußt von der heidnisch-antiken Bildung abkehrte. Der Papst hielt nichts von den Normen der Redekunst, die ihn doch nur daran hinderten, vom einfachen Volk verstanden zu werden. Denn die Romanen des 6. und 7. Jahrhunderts sprachen nur noch *Vulgärlatein.* Papst Gregor sah als Hauptaufgabe der Geistlichen die *Seelsorge*; deshalb tadelte er einen gallischen Bischof, der Grammatikunterricht erteilt hatte. Trotzdem waren es in der Folgezeit gerade die kirchlichen Einrichtungen der Klöster, in denen *antike Literatur bewahrt* wurde, weil deren Handschriften immer neu abgeschrieben und im *Unterricht* verwendet wurden. Denn wenn die Mönche und alle Geistlichen die Bibel und die theologischen Werke der Kirchenväter lesen und verstehen wollten, wie es die Klosterregeln vorsahen, mußten sie über einen hohen Bildungsgrad verfügen. Nicht alle Mönche waren deshalb so ablehnend gegenüber der antiken Bildung wie Papst Gregor. Welcher *Umfang an Bildung* nötig war und welche heidnischen Literaturwerke zum Erwerb der nötigen Fertigkeiten gelesen werden sollten, blieb in den Klöstern des Mittelalters stets ein *heißdiskutierter Streitpunkt.*

II. Die politische Neuordnung der Mittelmeerwelt im 6. und 7. Jahrhundert

1. Die Anfänge des Byzantinischen Reiches

Die Kaiser in Konstantinopel bezeichneten sich und ihr Reich bis zu seinem Ende im 15. Jahrhundert als römisch. Die Abendländer bestritten diesen Anspruch seit dem 9. Jahrhundert, und die modernen Historiker nennen das Reich »byzantinisch«, nach dem Namen Byzantion, den Konstantinopel vor seiner Neugründung durch Kaiser Konstantin 324 getragen hatte. Damit wollen sie darauf hinweisen, daß dieses »Byzantinische Reich« etwas Neues darstellte, das nicht mehr spätantiken Lebensformen entsprach und doch anders war als der ebenfalls christliche Westen. Eine wirkliche Neu- und Andersartigkeit stellte sich im Ostreich erst nach einer mehrhundertjährigen Entwicklung ein. Zwar hatte man sich hier schon in der Antike aufgrund der hellenischen Kulturtradition und einer anderen Wirtschaftsstruktur unterschieden, doch überwog erst seit dem 5. Jahrhundert das Trennende das Gemeinsame.

527–565	Reichsreform unter Kaiser Justinian I. und Wiedereroberung ehemaliger Provinzen des Westreiches
531–579	Das persische Großreich der Sassaniden erreicht unter Chosroes I. den Höhepunkt seiner Macht
610–641	Kaiser Herakleios behauptet die Großmachtstellung des Byzantinischen Reiches gegen Awaren und Sassaniden. Beginn der neuen Militär- und Verwaltungsordnung des Reiches nach Themen

Spätantike Elemente in Staat und Gesellschaft

Die Kaiser Konstantinopels trugen perlengeschmückte Diademe, Purpurmäntel, Szepter und Globen, ließen bei feierlichen Aufzügen ihre Person von Weihrauch umwallen und verlangten von allen Untertanen kniefällige Ehrerweisung. Dieses sorgfältig in allen Einzelheiten festgelegte *Hofzeremoniell,* das wir mit dem Schimpfwort »Byzantinismus« abfällig beurteilen, verrät, daß sich das Kaisertum Ostroms an den jahrtausendealten *orientalischen Traditionen* der Monarchie orientierte.

Für die innere Erholung des Ostreichs war es von Vorteil, daß die Kaiser in Konstantinopel es verstanden hatten, die militärischen Bedrohungen durch die Hunnen und die Ostgoten ins ohnehin schon geplagte Westreich abzulenken.

Da das Ostreich weniger durch Einfälle erschüttert worden war als der Westen, gelang es hier den Kaisern, die Funktionstüchtigkeit der *bürokratischen Zentralverwaltung* wieder zu festigen. Erhalten blieben auch die *Strukturen der spätantiken Gesellschaft.* Einflußreichste Gesellschaftsschicht war daher die Gruppe der rund 2000 Senatoren als *Großgrundbesitzer.* Noch immer gab es im Ostreich auch zahlreiche kleinere oder mittelgroße landwirtschaftliche Betriebe selbständiger *Bauern.* Auch der Handel, getragen von der Mittelschicht der *Handwerker* und *Kaufleute,* erreichte im 5. Jahrhundert wieder einen ansehnlichen Umfang. So konnte statt Silbermünzen der *Goldsolidus* zur stabilen Währungsgrundlage des *Fernhandels* werden. Durch ihn wurden Konstantinopel und die anderen Großstädte des Oströmischen Reiches in Kleinasien, Syrien und Ägypten mit den nötigen Nahrungsmitteln versorgt.

Neue Glaubensspaltung

Einen erneuten *Theologenstreit* um die göttliche oder menschliche Natur in Christus (▷ S. 111 f.) konnten die Kaiser nicht beilegen. Die Mehrheit der kleinasiatischen Bischöfe und auch der Papst als Wortführer der lateinischen Kirche unterstützten die Lehre von den *zwei Naturen Christi.* In Syrien und Ägypten beharrten die Theologen auch nach einem gegenteiligen Konzilsentscheid auf ihrer Lehre von der nur göttlichen Natur Christi *(Monophysitismus).* Diese religiöse Sonderlehre führte zur eigenständigen ägyptischen Kirche der *Kopten,* die sich als nationale Gegenkraft zur hellenisierten Oberschicht des Landes betrachtete. Der Patriarch von Alexandria wurde somit mehr zum politischen Herrn am Nil als der kaiserliche Gouverneur. An diesem Beispiel eines religiösen Konfliktes zeigt sich deutlich, daß *Bruchlinien im Oströmischen Reich* in erster Linie nicht wirtschaftlich und sozial bedingt waren, sondern von der alten kulturellen Scheide zwischen Hellenismus und Orient (▷ S. 52 f.).

Reformkaiser Justinian

Trotz dieser inneren Belastungen war das Reich von Konstantinopel am Beginn des 6. Jahrhunderts das einzige, dessen Repräsentanten sich als *Fortsetzer des Imperium Romanum* fühlen konnten. Von seiner Wirtschaftskraft und militärischen Macht her war dieser Staat allen Reichen, die sich seit der Zeit der Völkerwanderungen auf Reichsboden gebildet hatten, weit überlegen. Diese Stärke versuchte die *neue Kaiserdynastie* politisch zu nutzen, die seit 518 in Konstantinopel herrschte. Zum Schlagwort seiner Politik machte der seit 527 regierende *Justinian* die *»renovatio imperii«,* die Erneuerung des Römischen Reiches.

Der gebildete Rhetor und Jurist *Prokop,* der als Chronist an anderer Stelle Justinians Regierungsweise boshaft kritisierte, urteilte:

»Justinian übernahm einen durch Unruhen erschütterten Staat. Er vergrößerte ihn nicht nur, sondern machte ihn in jeder Hinsicht bedeutender. Er war ein Herrscher, der die Fähigkeit besaß, ein Staatswesen völlig zu reformieren.« [1]

Drei innenpolitische Reformziele nennt Prokop sodann: Die Wiedergewinnung der Glaubenseinheit gegen die Monophysiten, Verwaltungs- und Rechtsreform und Stärkung der Wirtschaft.

Zwei Säulen des Reiches: Verwaltung und Kirche

Der Kaiser wollte das römische Verwaltungssystem durch Abbau von Überbürokratisierung und Bekämpfung der Beamtenbestechlichkeit wieder voll funktionsfähig machen. In den Rahmen dieser Maßnahmen gehört auch sein großes Gesetzgebungswerk: das *Corpus Iuris Civilis.* Es umfaßte zwei Lehrbücher (»Institutionen« und »Digesten« oder »Pandekten«) für das Rechtsstudium an den Reichshochschulen. Zwei eigentliche Gesetzbücher mit kaiserlichen Gesetzen seit Hadrian bis zu Justinians eigenen Reformgesetzen rundeten die Sammlung ab.

Aus dem göttlichen Willen, der den Kaiser bei seiner Amtsführung inspiriere, leitete Justinian die Berechtigung ab, die Kirche als die zweite Säule seines Staatswesens zu reformieren. So wie er die letzte Bastion des Heidentums, die Akademie in Athen (▷ S. 33), 529 schließen ließ, so ging er andererseits mit weltlicher Strafgesetzgebung gegen Vertreter abweichender christlicher Lehren vor: Justinian beanspruchte auch über die Kirche ein absolutes Regiment. Einen Papst ließ er mit Gewalt nach Konstantinopel bringen, damit er dem Beschluß eines vom Kaiser einberufenen Konzils gegen die Monophysiten zustimme. Aber mit solchen Gewaltmaßnahmen konnte der Kaiser theologische Streitfragen nur oberflächlich beilegen. Nach Justinian wuchs gerade der Widerstand des Papsttums gegen den kaiserlichen Anspruch auf eine weltlich-kirchliche Doppelgewalt, den sog. *»Cäsaropapismus«* (▷ S. 117 f.). In der *Wirtschaftspolitik* zeigten sich ebenfalls recht schnell die Grenzen der scheinbar absoluten Kaisergewalt. Zwar wollte Justinian die kleinen Bauern gegen die sie bedrückenden Großgrundbesitzer schützen, andererseits verkündete ein Reformgesetz offen, daß der reibungslose Eingang großer Steuersummen, den die kaiserliche Finanzverwaltung vor allem dem Großgrundbesitz verdankte, Grundlage seiner Regierung sei. Denn ausreichende Finanzen waren für die weitgespannten außenpolitischen Unternehmungen Justinians unabdingbar.

Grenzen der Kaisergewalt

Der Kaiser verstand seinen Wahlspruch der Erneuerung des Reiches auch dahingehend, möglichst alle Gebiete zu erobern, die mittlerweile unter germanische Hoheit geraten waren. Justinians Familie stammte ursprünglich aus dem lateinisch sprechenden Illyrien. Schon von daher war dem Kaiser wie anderen Politikern Ostroms die Idee einer *Einheit des Mittelmeerraumes* unter römischer Herrschaft ein noch selbstverständlicher politischer Orientierungsrahmen.

Eroberungsfeldzüge

Seit 533 eroberten Justinians Feldherren zunächst das Vandalenreich in Nordafrika, brachen dann bis 555 den hartnäckigen Widerstand der Ostgoten in Italien, nachdem Ostrom auch auf der Iberischen Halbinsel in Auseinandersetzung mit dem Reich der Westgoten zwischenzeitlich wieder Fuß gefaßt hatte. Eine völlige Wiederherstellung des Römischen Reiches erwies sich jedoch als unmöglich. Die Herrschaft Konstantinopels reichte weder nach Gallien, noch konnte sie ganz Spanien erfassen. In Nordafrika gab es ständigen Widerstand der einheimischen Berber, und die italienischen Romanen sahen sich als die eigentlichen Römer nun als Unterworfene griechischer Fremder. So hatte Justinians Eingreifen im Westen dort eine nichtstabile Lage geschaffen, die ständige militärische Bereitschaft erforderte.

Moderne Historiker haben geurteilt, daß Justinian wegen dieser militärischen Anstrengung im Westen sein halbwegs stabilisiertes Reich überforderte und damit auf weitergehende innere Reformen verzichten mußte. Auch die äußere Abwehr im Norden und Osten habe er deswegen vernachlässigt. Aber es bleibt zu bedenken, daß Justinians schärfster zeitgenössischer Kritiker Prokop an den Zielen der Wiedereroberungspolitik Justinians nichts Tadelnswertes fand.

Militärische Behauptung

Im Osten besaß das Oströmische Reich im persischen Nachbarreich der *Sassaniden* einen ebenbürtigen Gegner. Die Kaiser in Konstantinopel trugen diesem Umstand Rechnung, indem sie die sassanidischen Großkönige als Brüder titulierten und 532 mit diesen Rivalen einen Waffenstillstand schlossen. Auch das Sassanidenreich hatte unter Vorstößen von Völkerschaften aus Innerasien zu leiden gehabt, nun im 6. Jahrhundert aber seine Staatsverwaltung erfolgreich reorganisiert. Die neuen riesigen Palastanlagen des Großkönigs *Chosroes I.* in seiner mesopotamischen Hauptstadt *Ktesiphon* bewiesen, daß auch dieses Reich Erbe der orientalisch-hellenistischen Kultur der Antike war.

Am Ende des 6. Jahrhunderts war in Konstantinopel der Glanz der Justinianischen Herrschaft angesichts der sich auftürmenden *Probleme* vergessen: Zu den wirtschaftlichen und sozialen Spannungen zwischen Großgrundbesitzern, Kleinbauern und verarmter Stadtbevölkerung kamen die noch immer ungelösten religiösen Probleme. Im Inneren des Reiches herrschte praktisch Bürgerkrieg. Die nicht mehr ausreichend besoldeten Truppen rebellierten, gerade als an den Grenzen im Osten und Norden neue Kämpfe ausgebrochen waren. In Italien hatte das Kaiserreich seit 568 bereits große Gebiete an Heere der eingedrungenen germanischen Langobarden verloren, aus Spanien war man seit 572 endgültig wieder verdrängt. Als Retter erwies sich der Statthalter in Nordafrika, *Herakleios.* In Karthago hatte er die zivile und die militärische Obergewalt zugleich innegehabt. Dieses besondere Amt des *Exarchen* war am Ende des 6. Jahrhunderts in den Westprovinzen eingeführt worden, um die Abwehrkräfte zu konzentrieren. Als Kaiser dehnte Herakleios dieses System auf Kleinasien aus. Während es dem Herrscher gelang, 628 dort mit asiatischen Hilfstruppen die Sassaniden entscheidend zu schlagen, konnte die Hauptstadt Konstantinopel inzwischen dank ihrer starken Mauern einer Belagerung widerstehen und mit ihrer Flotte den Angriff des Awarenherrschers zurückschlagen.

Vom Oströmischen ...

Zu diesem Zeitpunkt war der Großteil der Balkanhalbinsel bereits an die dort siedelnden Gruppen von Awaren und Slawen verlorengegangen. Dadurch war

... zum Byzantinischen Reich

das Reich auf das griechischsprachige Kerngebiet beschränkt. Eine *Ablösung von den spätrömischen Lebensformen* fiel leichter, weil das Reich von Konstantinopel auch äußerlich sein Griechentum bejahte: In der Kirche war die griechische Sprache Grundlage des Gemeindelebens. Seit der Regierungszeit des Herakleios war auch für die Zivilverwaltung und das Militär das für die breite Bevölkerung ohnedies bereits unverständliche Latein abgeschafft. Der Herrscher selbst verzichtete auf die lateinische Titulatur: Seit 629 hieß der Kaiser »basileus«. Aus dem Oströmischen war nun wirklich ein *Byzantinisches Reich* geworden. Auch in der *Verwaltungsorganisation* vollzog sich seit dieser Zeit eine deutliche Abkehr von den spätantiken Grundlagen: Das Reich gliederte sich nun im Verlauf des 7. Jahrhunderts in ein Netz von *Themen* als Verwaltungseinheiten. An deren Spitze stand der Kommandeur der in dieser Region stationierten Armee-Einheit, der *Stratege,* der nun zugleich Leiter der Finanzverwaltung und Rechtsprechung wurde.
Dieses *Übergewicht des Militärischen* ergab sich aus der ständigen Verteidigungssituation, in der sich das Byzantinische Reich im 7. Jahrhundert befand. Militärische Grundlagen der Themen waren die Wehrbauern *(Stratioten).* Die Soldaten waren verpflichtet, mit ihren erblichen Landgütern ihre Ausrüstung als Panzerreiter zu finanzieren. Der Kaiserhof mußte dadurch nicht ständig über große Bargeldmittel zur Besoldung verfügen und konnte deshalb auch den Verwaltungsapparat dezentralisieren und das Personal der bisherigen Zwischeninstanzen einsparen. Die neue freibäuerliche Stratiotenschicht wurde zum besonderen Element der sozialen Entwicklung des Byzantinischen Reiches.

2. Erste Herrschaftsbildungen der Slawen

Das Awarenreich

Rund ein Jahrhundert nach der Auflösung des Hunnischen Großreiches bedrohte das neue Reitervolk der *Awaren* die Grenzen des Oströmischen Reiches. Auf seinem Wanderzug aus Innerasien nach Westen hatte es die der indogermanischen Sprachfamilie zuzurechnenden Stammesgruppen der Slawen, die ursprünglich zwischen oberer Weichsel, Karpaten und Dnjepr ansässig waren, und das Reitervolk der Bulgaren vor sich hergetrieben oder Teile von ihnen sich botmäßig gemacht (▷ Vorsatzkarte 3). Das Reich der Awaren erreichte so seit 566 die Donaugrenze. Ihre *Kagan* genannten Herrscher unternahmen mehrfach Plünderungszüge auf dem Balkan, um byzantinische Tribute zu erpressen. Im Gefolge dieser Vorstöße ließen sich slawische Gruppen dort bis hin zur Peloponnes siedelnd nieder.

Slawische Siedlung

Als sich die Kaiser in Konstantinopel der abgesprochenen Doppelbedrohung aus Norden und Osten (durch Awaren und Sassaniden) nach 628 erfolgreich erwehrt hatten, nutzten die Slawen und Bulgaren den Niedergang der awarischen Herrschaft zu eigenen *Herrschaftsbildungen:* Die *Slawen* am Rand des noch bis ins 8. Jahrhundert im Raum des heutigen Ungarns weiterbestehenden Awarenreiches in den Ostalpen und in Böhmen; die *Siedlungsgrenze* der zumeist ackerbäuerlichen Gruppen der Slawen erreichte im 7. Jahrhundert im Nordwesten Ostholstein, überschritt weiter südlich die mittlere Elbe und Saale, umfaßte das Obermaingebiet und die Oberpfalz. Einheitlichkeit gab es nur in der *sprachlichen Verwandtschaft;* dagegen unterschieden sich die einzelnen Gruppen und Kleinstämme kulturell und organisierten sich politisch auch nur in kleineren Herrschaftsverbänden. Die Ausnahme der Herzogtümer der *Kroaten* und *Serben* auf dem Balkan erklärt sich durch die dortigen besonderen politischen Kräfteverhältnisse.

Die Bulgarenreiche

Die eine türkische Sprache sprechenden *Bulgaren* waren kein einheitlicher Volksstamm. Ein Teil der Bulgaren ließ sich nach dem Niedergang der Awaren-Oberherrschaft an der unteren Wolga nieder, wo für mehrere Jahrhunderte ein eigenes Reich bestand *(Wolgabulgaren).* Als im ersten Drittel des 7. Jahrhunderts ein neues Nomadenvolk, die *Chazaren,* ein Reich zwischen Schwarzem und Kaspischem Meer errichteten, verdrängten sie die bislang dort ansässigen Bulgaren nach Westen, deren Reich an der Donaumündung in den folgenden Jahrzehnten zu einem bedrohlichen Machtfaktor an der byzantinischen Nordgrenze wurde.

3. Das Frankenreich und seine Nachbarn

Eine Reihe germanischer Völkerschaften unterschiedlicher Herkunft hatte sich im 3. Jahrhundert östlich des niedergermanischen Limes zusammengefunden und im Bewußtsein der Unabhängigkeit von Rom ein neues Gemeinschaftsbewußtsein ausgebildet, das sich im neuen Gruppennamen *Franken* (d. h. die Freien) niederschlug. Einzelne Gruppen dieser Franken nutzten die militärische Schwäche der Römer im frühen 5. Jahrhundert und ließen sich auf Reichsboden im Rheinland und im heutigen Belgien als Foederaten nieder. Mit dem Zusammenbruch der römischen Zentralverwaltung *in Gallien* bot sich die Gelegenheit, dort fränkische Kleinreiche zu errichten, deren Könige von römischen Provinzstädten aus regierten.

476	Ende des weströmischen Kaisertums
482–511	Chlodwig I. errichtet ein fränkisches Großreich in Gallien
489–553	Die Ostgoten beherrschen mit ihren Königen Italien
531–537	Ausdehnung der Herrschaft fränkischer Könige über die im Osten benachbarten germanischen Reiche
seit 561	Aus Erbteilungen für die Königssöhne entstehen die fränkischen Reichsteile Auster, Neuster, Burgund und das noch stark romanisch geprägte Aquitanien

Das fränkische Reich Chlodwigs

Einer der skrupellosesten fränkischen Kleinkönige war *Chlodwig* aus der Sippe der Merowinger, der seit 482 in Tournai residierte. Ihm gelang es, 486/87 das Reich des letzten galloromanischen Heermeisters (▷ S. 108) *Syagrius* zu unterwerfen und nach und nach seine fränkischen Nachbarkönige zu beseitigen. Auf diese Weise hatte sich Chlodwig nach zehn Jahren ein *Großreich in Nordgallien* zusammengerafft, und mit dieser Machtstellung trat er in den Kreis der Fürsten der germanischen Stämme, die damals Großreiche auf dem Boden des Westteils des Imperiums beherrschten: die *Westgoten* in Südgallien und Nordspanien, die *Burgunder* zwischen Loire, Rhône und Hochrhein, nördlich davon die *Alemannen. Vandalische* Könige herrschten über Nordafrika.

Das Ostgotenreich in Italien

Zum politischen Rivalen des Frankenreiches wurde das *Ostgotenreich* in Italien. Dort hatte seit 489 der Ostgotenkönig *Theoderich* eine Herrschaftsordnung durchgesetzt, die eine längere Periode der Unsicherheit nach der Beseitigung des weströmischen Kaisertums (476) beendete. Theoderichs Machtstellung wurde notgedrungen nach einigen Jahren auch vom Kaiserhof in Konstantinopel anerkannt. Formal regierte der Ostgote im Auftrag des Kaisers, trug aber auch dem stolzen Selbstbewußtsein der Weströmer Rechnung. Sein *Herrschaftssystem* trennte sorgfältig Romanen von Germanen: Theoderich war König der Goten und nannte sich römischer Princeps. Beiden Bevölkerungsgruppen waren Heiraten untereinander verboten. Die Goten, die auf zugewiesenen Landgütern in Italien lebten, besaßen ihre eigene Rechtsordnung und Verwaltung. Ihnen allein war der Militärdienst vorbehalten. Für die Romanen galt weiterhin die Rechtsordnung des Imperiums, und sie stellten ihre eigenen Beamten.

Ende des Systems der germanischen Reiche

Gegen den Expansionskurs Chlodwigs und seiner Nachkommen versuchte Theoderich das System der germanischen Großreiche im Westen zu erhalten. Als nach Theoderichs Tod (526) das Ostgotenreich selbst Ziel der oströmischen Wiedereroberungsversuche wurde (▷ S. 121 f.), konnten Chlodwigs Söhne dem schon vorher geschwächten Westgotenreich fast alle Gebiete nördlich der Pyrenäen entziehen, das Reich der Burgunder vollständig unterwerfen und die Reiche der Alemannen und Thüringer (im heutigen Mitteldeutschland) in Abhängigkeit bringen.

In Italien währte die ungestörte Herrschaft der Oströmer nicht lang: Bereits 568 drangen dort Scharen des germanischen Stammes der *Langobarden* ein. Im Norden der Halbinsel errichteten sie ein *Königreich* mit der Hauptstadt Pavia, südlich davon zwei *Herzogtümer:* Spoleto und Benevent. Ostrom konnte letztlich nur noch Ravenna und seine Umgebung und einen Landstreifen behaupten, der sich von dort südwestlich quer durch Mittelitalien bis an die Küste des Tyrrhenischen Meeres zog. Auch die Inseln Korsika, Sardinien und Sizilien und Teile Süditaliens blieben in oströmischem Besitz. Seither gab es bis ins 19. Jahrhundert *keine politische Einheit Italiens* mehr, vielmehr ist die unterschiedliche Entwicklung des Nordens und des Südens der Apenninenhalbinsel ein bis heute andauerndes Srukturmerkmal Italiens geblieben.

Merkmale des Frankenreiches

Das Frankenreich der Merowinger unterschied sich von seinen Nachbarn in gewichtigen Punkten: Anders als bei Ost- und Westgoten und auch bei den Langobarden, schuf Chlodwig *keine* zusätzlichen *Barrieren zwischen* den verschiedenen *Bevölkerungsgruppen* seines Reiches. Das Frankenreich war damit in gewissem Sinne schon »mittelalterlicher« als die anderen germanischen Großreiche. Deren Herrscher fühlten sich wesentlich stärker als Bewahrer und Erneuerer des Römischen Reiches, dessen Verwaltung und Kultur ihnen als ein unüberholbares Vorbild erschien. Der Westgotenkönig Athaulf soll über die Barbarenhaftigkeit seines eigenen Volkes geklagt und als sein Ideal angesehen haben, daß er »die Rolle eines römischen Cäsars und Augustus ausüben könne ... Spätere Generationen sollen mich als Urheber der Wiederherstellung des Römertums anerkennen«.[2] Im Westgotenreich dauerte es bis ins 7. Jahrhundert, bis es zu einem Ausgleich von Romanen und Germanen kam, und im Langobardenreich wurde die scharfe Trennung zwischen beiden Völkern ebensolange aufrechterhalten. Dagegen rühmt die Einleitung des fränkischen Gewohnheitsrechtes, das König Chlodwig zwischen 507 und 511 erstmals schriftlich aufzeichnen ließ, daß Gott selbst das Volk der Franken geschaffen habe und es schon in heidnischer Zeit fromm, gerecht, fest und tapfer gewesen sei.

»Jüngst bekehrte es sich zum katholischen Glauben, so daß es unter ihm keine Ketzer gibt ... Nachdem sie aber getauft wurden, schmückten sie die Körper der Märtyrer, die von den Römern verbrannt, verstümmelt oder wilden Tieren zum Zerfleischen vorgeworfen worden waren.«[3]

Hier spricht ein *Selbstbewußtsein,* das sich vom Römischen Reich distanziert, dem es die Christenverfolgung vorwirft und sie deshalb als Vorbild ablehnt. Anerkannt wird lediglich das römische Christentum, dessen katholische Form die Franken angenommen hatten. Eines der wichtigsten Strukturmerkmale des Frankenreichs ist damit angesprochen: Seit Chlodwigs Taufe war die *katholische Form des Christentums* die alleinige Religion im Frankenreich. Es gab kein Gegeneinander von arianischen Germanen und katholischen Romanen wie in den anderen Reichen, in denen sich der Katholizismus erst im 7. Jahrhundert durchsetzte.

Christliche Königsherrschaft

Der Übertritt Chlodwigs und seines Gefolges zum Christentum wurde im nachhinein vom Bischof *Gregor von Tours* als Tat eines zweiten Konstantin gefeiert. Über die Hintergründe und Einzelheiten wissen wir wenig, so daß Historiker mit Hypothesen arbeiten müssen. Dennoch scheint sicher, daß das Ereignis der Taufe des Herrschers (wahrscheinlich am Weihnachtsfest 498) ein wohlberechneter politischer Akt des Königs war, der seinem Amt eine neue Legitimation verschaffte. Die Bischöfe seines Reiches wurden jetzt zu wichtigen Helfern des Königs, der sich von der göttlichen Gnade in sein Amt eingesetzt sah. Im Jahre 511 berief Chlodwig eine erste Reichssynode ein, deren Beschlüsse *Adelsherrschaft* und *Verwaltung der civitates* (▷ S. 114) *durch Bischöfe* als die beiden Säulen des Frankenreiches bekräftigten.

Bevölkerungsverteilung

Das Frankenreich der merowingischen Könige war aber weit davon entfernt, eine Einheit zu bilden. Der Flußlauf der Loire trennte zwei völlig unterschiedliche Zonen. Nur nördlich davon siedelte eine nennenswerte Anzahl von Franken, wobei die *Siedlungsdichte* von Ost nach West und von Nord nach Süd immer mehr abnahm. Trotzdem wurde das ganze Land bis zur Loire *Francia* genannt. Südlich davon, in *Aquitanien,* überwogen außerhalb der burgundischen und westgotischen Siedlungszonen die Romanen. Im Norden blieb die *romanisch-germanische Sprachgrenze* westlich des Rheins vom 7. Jahrhundert bis heute fast unverändert. Sie zeigt an, wo jeweils der romanische oder der germanische Bevölkerungsteil überwog.

Die innere Struktur des Reiches

Die Francia zwischen Rhein und Loire galt als das Kerngebiet des Fränkischen Reiches. Jeder der nach fränkischem *Erbrecht* gleichberechtigten Söhne des Herrschers erhielt ein eigenes Königtum, das aus einem Anteil an der Francia und einem am Restreich bestand. Da sich die merowingischen Könige des 6. Jahrhunderts ständig bekämpften, wurden die Teilreichsgrenzen immer neu gezogen. Allmählich entstanden aber *drei große Regionen,* deren Führungsschichten eigenständiges Bewußtsein ausbildeten: ein östliches Teilreich mit dem Zentrum Reims *(Auster),* ein westliches in dem von Franken zuletzt besiedelten Gebiet um Rouen *(Neuster)* und ein südliches, dessen Name *Burgundia* an das frühere Burgunderreich erinnerte. In diesen Teilreichen gab es höchst unterschiedliche Lebensverhältnisse. Aber nur auf dieser regionalen Ebene vollzog sich der *Ausgleich zwischen den Galloromanen und den germanischen Gruppen,* der entsprechend unterschiedlich verlief.

In der *Provence* und in *Aquitanien* bestimmte noch immer die alte galloromanische Senatorenschicht mit ihrem Großgrundbesitz die Herrschaftsstruktur. Hier im Süden bestand die römische Verwaltungsorganisation der civitas weiter. Grundbesitzer mit städtischen Wohnsitzen und Kaufleute und Handwerker erhielten die Funktion der *Städte als Handels- und Verwaltungsmittelpunkte* in beschränktem Umfang aufrecht. Aber die Goldmünzen, die fränkische Könige seit dem zweiten Drittel des 7. Jahrhunderts prägen ließen, besaßen nur ein Drittel des Wertes des byzantinischen Solidus (»Triens«). Zudem wurden die Münzen der Merowinger nun mehr und mehr auf königlichen Landgütern geprägt, da sich das *Zentrum des Wirtschaftslebens* aus den Städten in den Bereich der *Grundherrschaften* verlagert hatte (▷ S. 114).

Reichsverwaltung

Am stärksten hatte sich das Merowingerreich gegenüber den spätantiken Verhältnissen in seinem Kerngebiet nördlich der Loire gewandelt: Hier waren die Städte nur noch Mittelpunkte der kirchlichen Verwaltung, während die königliche Verwaltungseinheit der *Gau* (pagus) wurde. An seiner Spitze stand der *»grafio«* (Graf), dessen ursprüngliche Funktion die des Leiters des Heeresaufgebotes seines Sprengels war. Im Bereich der civitates der Romanen stand ein *»comes«* an der Spitze, dessen Stelle im 7. Jahrhundert manchmal schon ein Bischof einnahm. *»Dux«* (Herzog) hieß der jeweilige Militärbefehlshaber der Grenzzonen, der *»Marken«.*

Das Gebiet östlich des Rheins war lediglich am Main und im südlichen Mittelhessen stärker fränkisch besiedelt. Alemannien, Thüringen und Bayern bildeten halb selbständige Gebiete des Fränkischen Reiches, deren Botmäßigkeit durch Feldzüge immer wieder erneuert werden mußte. Die Herzöge jener Stammesgebiete amtierten wie kleine Könige und wurden von manchen Chronisten ihrer Regionen auch als Könige bezeichnet.

Die *Amtsgewalt* der fränkischen Könige hatte im Inneren des Reiches vor allem eine *Schutzfunktion,* wobei einzelne oder Gruppen das Vorrecht eines besonderen Verhältnisses zum König und zu seinem Gerichtshof erhielten. Dafür mußten sich diese Privilegierten in die *Gefolgschaft* (▷ S. 114 f.) des Königs einreihen.

Königliche Herrschaft

Die Macht des Königs beschränkte sich also immer stärker auf bestimmte, ihm besonders verpflichtete Personengruppen in seinem Reich. Für allgemein gültige Rechtsetzungen mußte der König das *Mitspracherecht der Großen* seines Reiches berücksichtigen. Königliche Gesetze wurden in lateinischer Sprache formuliert, in den Versammlungen (»Thing«) dann aber in der jeweiligen Volkssprache verkündet. Am *Königshof* gab es einen Ratgeber- und Beraterkreis, der über einen relativ hohen Bildungsgrad verfügte. Hierfür kamen nur Abkömmlinge der romanischen Oberschicht in Frage. Die *Hofämter* des Hausmeiers, des Seneschalls, Stallgrafen, Mundschenks und Kämmerers, die den königlichen Haushalt in praktischer Hinsicht verwalteten, blieben dagegen fränkischen Großen vorbehalten.

III. Die Entstehung der mittelalterlichen Dreiheit von Islam, Byzanz und Abendland

1. Mohammed und die ersten Kalifen

622	Auswanderung (Hidschra) des Propheten Mohammed und seiner Anhänger aus Mekka nach Jathrib (Medina)
632–661	Die »vier rechtgeleiteten Kalifen«: Abu Bakr (632–634), Omar (634–644), Othman (644–656), Ali (656–661)
661–750	Kalifat der Omaijaden
750–1258	Kalifat der Abbasiden

Im Altertum hatte die Arabische Halbinsel stets im Schatten der wirtschaftlichen und kulturellen Zentren am Mittelmeer, im Zweistromland und in Persien gestanden. Das änderte sich schlagartig, nachdem Mohammed im frühen 7. Jahrhundert die neue Religion des Islam gestiftet hatte. Das neue islamische Weltreich der Araber gefährdete schon bald die Existenz des Byzantinischen Reiches, das sich nur nach grundlegenden Reformen behaupten konnte. Der Islam veränderte mit der Unterwerfung aller Länder an der südlichen Mittelmeerküste bis nach Spanien die Verhältnisse so nachhaltig, daß der belgische

Ende der Antike? Pirennes These

Historiker *Henri Pirenne* nach 1920 die seither diskutierte *These* vortrug, daß erst der Vorstoß des Islam die Antike wirklich beendet und das Mittelalter eingeleitet habe. Pirenne ist der Ansicht, daß der Aufstieg Karls des Großen, des Frankenkönigs, zur Kaiserwürde im Jahre 800 (▷ S. 145) ohne die tiefgreifenden Strukturveränderungen auf wirtschaftlichem und politischem Gebiet nicht erklärbar sei, die Mohammeds neue Religion zur Folge gehabt habe. Drei Ergebnisse haben sich aus der Diskussion um die Pirenne-These herausgeschält: Zum ersten müssen die verschiedenen *Faktoren* bei der Herausbildung der Strukturen von Byzanz, Islam und Abendland nicht isoliert betrachtet, sondern im Vergleich *gewichtet* werden; andererseits gilt es vom alten Hochmut des Abendlandes Abschied zu nehmen, es allein sei der legitime *Erbe der Antike:* Es muß dieses Erbe mit Byzanz und dem Islam *teilen;* schließlich ist sich die historische Forschung weitgehend einig, daß seit dem Ende des 8. Jahrhunderts die Strukturen von Byzanz, Islam und Abendland so weit ausgebildet waren, daß deren Verhältnis zueinander die weitere Entwicklung im Mittelalter bestimmte (▷ Vorsatzkarte 3).[4]

Die politische Situation Arabiens im 6. Jahrhundert

Während im *Jemen,* dem »glücklichen Arabien« der Antike, wo bedeutende Stadtstaaten entstanden, die Bevölkerung Reichtum und Einfluß aus ihren Handelsverbindungen zog, besaßen die nomadisierenden Einwohner Mittel- und Westarabiens eine ganz unterschiedliche Lebensform. Der Besitz von Kamelherden ermöglichte den Stammesgruppen der *Beduinen* das Durchstreifen der Wüstenregionen. Das Überleben ihrer von *Scheichs* geleiteten Stämme, die sich in immerwährendem Kriegszustand untereinander befanden, sicherte eine einfache *Rechtsordnung.* Sie beruhte auf einem *System von Gastfreundschaften* und der *Verpflichtung zur Blutrache* von Sippenangehörigen. Dabei galt ihnen der räuberische Überfall (*Razzia* von arab. ghazwa) als ganz selbstverständliche Form der Sicherung des Lebensunterhaltes. Nur im heiligen Monat verpflichtete ein ungeschriebenes Gesetz alle Stämme zu einem Waffenstillstand; dann pilgerten die Beduinen zum Heiligtum der *Ka'ba* (arab. = Würfel) in der im Küstenhinterland des Roten Meeres gelegenen Stadt *Mekka* (▷ Karte S. 130 f.).

Dieses altarabische Heiligtum war zum *Mittelpunkt der polytheistischen Kulte* der Araber geworden. Die Angehörigen des in Mekka ansässigen Stammes zogen als Kaufleute große wirtschaftliche Vorteile aus der religiösen Bedeutung ihrer Stadt. Sie wollten deshalb die *politische Neutralität* auch dann wahren, als Arabien im 6. Jahrhundert immer stärker zu einem Feld wurde, auf dem die auswärtigen *Großmächte* um *Einfluß* konkurrierten. Sassaniden und Byzantiner besaßen bereits in Nordarabien Vasallenreiche und versuchten, auch in Südarabien Einfluß zu gewinnen. Diesen besaß bereits das monophysitische (▷ S. 120) Königreich *Äthiopien.* Zudem waren mehrere arabische Stämme des westlichen Arabien zum *Judentum* konvertiert.

Mohammed als Stifter einer neuen monotheistischen Religion für die Araber

In dieser Situation gefährdete *Mohammed,* ein Abkömmling einer der ärmeren Familien der Stadt, mit seinen religiösen Offenbarungen die neutrale Rolle Mekkas. Seit 610 verkündete er einer allmählich wachsenden Anhängerschar: Der einzige Gott *Allah* habe ihn berufen, von seiner Allmacht, Gnade, aber auch von dem bevorstehenden Jüngsten Gericht zu künden. Anders als viele damals in Arabien wirkenden monotheistischen Religionslehrer verwob Mohammed *religiöse Elemente aus Judentum* und *Christentum* mit den vertrauten *Gewohnheiten der Araber.* Mohammed sah seinen Auftrag darin, die Wahrheit vom einzigen Gott seinen Landsleuten in der ihnen vertrauten Sprache zu überbringen. Die ihm in Versform offenbarten Texte wurden deshalb *Koran,* d. h. das Vorzutragende, genannt.

Da ihm seine Sippe bald nicht mehr Schutz gegen den Druck und die Anfeindungen der Mekkaner Führungsschicht gewähren konnte, wanderte Mohammed mit einer kleinen Anhängerschar in die Nachbarstadt Jathrib aus. Mit dieser Übersiedlung, der *Hidschra* des 15. Juli 622, beginnt seither die Zeitrechnung der *Muslime,* der Gläubigen dieser neuen Religion. Der Prophet hatte sich von den Stämmen seines neuen Aufenthaltsortes vertraglich zum Regenten erheben lassen. Jathrib erhielt den neuen Namen *Medina,* »Stadt des Gesandten Gottes«.

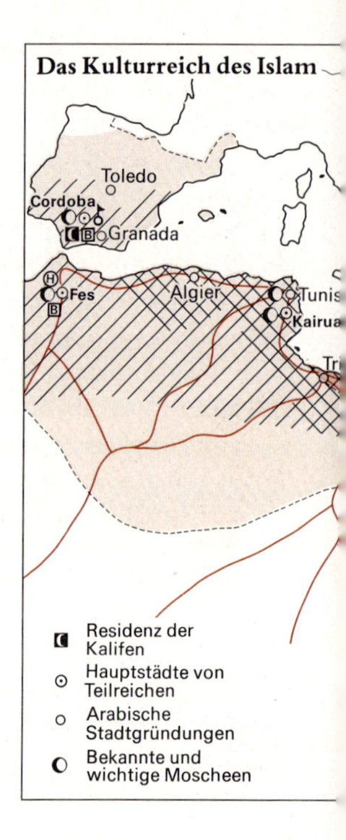

Die Erfahrungen der folgenden Jahre bestimmten die *weitere Ausrichtung der Lehre* Mohammeds: Enttäuschung über die ausbleibende Anerkennung durch die arabischen Stämme jüdischen Glaubens in und um Medina und die langjährigen kriegerischen Auseinandersetzungen mit den Mekkanern und ihren beduinischen Verbündeten veranlaßten Mohammed, den besonderen arabischen Charakter der von ihm verkündeten Religion der »Ergebung in Gottes Willen« *(Islam)* in neuen Offenbarungen hervorzuheben: Gegen das *Judentum* grenzte Mohammed den Islam durch das fünfmal am Tag geforderte Gebet in Richtung des Heiligtums der Ka'ba ab. Denn dieser Bau sei einst von Abraham und seinem Sohn Ismael, dem Stammvater aller Araber, errichtet worden.

Durch die Verknüpfung seiner Offenbarungen mit dem bereits bestehenden Kultzentrum in Mekka beglaubigte Mohammed seinen Anspruch, letzter Gesandter Gottes *(»Siegel der Propheten«)* zu sein, da er sich auf einen Patriarchen berufen konnte, der vor Moses und Jesus, den Stiftern von Judentum und Christentum, gelebt hatte. Die neue Religion triumphierte, als ihr Prophet 630 als Sieger in Mekka einziehen konnte und die Ka'ba als Heiligtum des Islam in Besitz nahm.

Die Offenbarungen des Korans, die später in 114 Abschnitten *(Suren)* schriftlich niedergelegt wurden, beruhen auf *»Fünf Säulen des Islam«:* dem monotheistischen Glaubensbekenntnis, das zugleich die Anerkennung der Prophetenfunktion Mohammeds einschließt, dem fünfmaligen Gebet am Tag, der Zahlung einer Almosensteuer, dem Fasten im heiligen Monat Ramadan und einer Pilgerfahrt zur Ka'ba mindestens einmal im Leben.

Das Verhältnis der Muslime zu den Andersgläubigen

Für Mohammed, der bis zu seinem Tod in Medina residierte, waren die polytheistischen und jüdischen Araberstämme, aber auch die über Araber herrschenden Großmächte Byzanz und Persien *religiöse und politische Gegner* zugleich. Deshalb bestimmte der Prophet, daß im Gebiet um Mekka und Medina ►

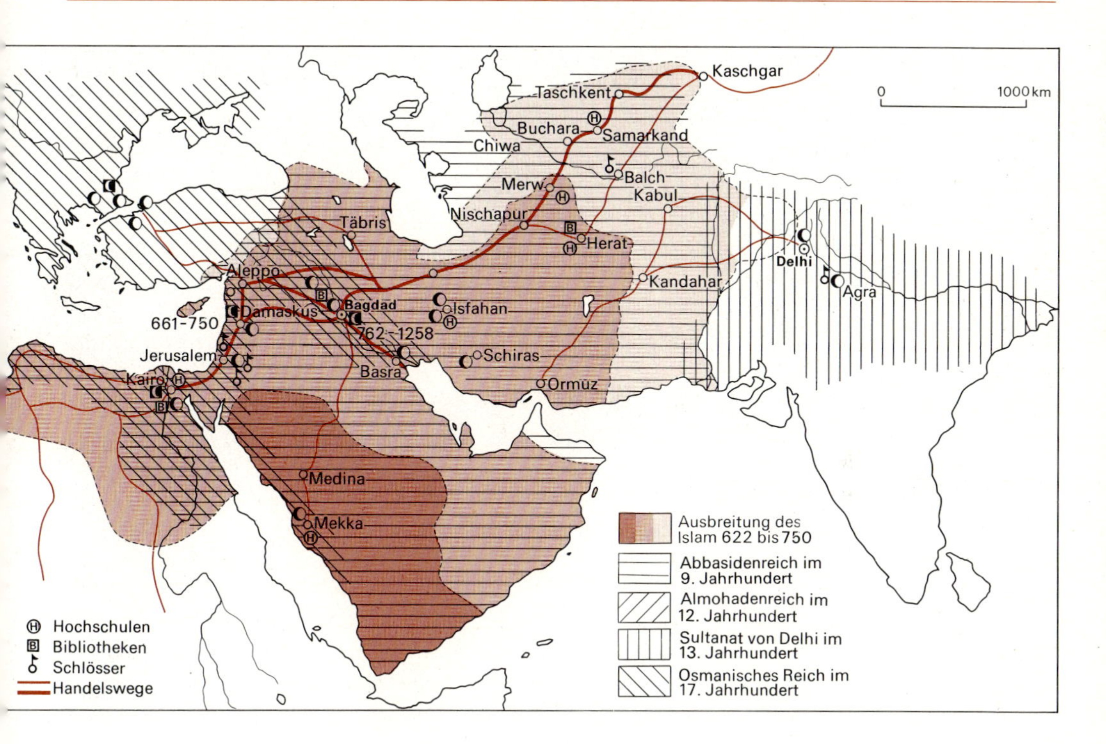

künftig nur noch Muslime leben dürften. Gegen die Ungläubigen verkündete er den unablässigen *Bekehrungskrieg.* Von Juden und Christen als den Anhängern der von ihm so genannten älteren »Buch-Religionen« verlangte er eine *Unterwerfung* unter die Muslime, jedoch keine Bekehrung. Damit hatte Mohammed die Grundsätze des *Dschihad,* des Heiligen Krieges, festgelegt. An eine Weltherrschaft des Islam durch arabische Muslime dachte Mohammed dabei nicht, da sein Weltbild auf die Arabische Halbinsel beschränkt war. Aber die Lehren waren so allgemein gehalten, daß der Islam auch als ein über den alten Kulturkreis Arabiens hinausgehendes religiös-politisches Programm interpretiert werden konnte.

Dies geschah, als nach dem Tode Mohammeds im Juni 632 die Gemeinde der Muslime von *Kalifen,* den »Nachfolgern«, religiös und politisch zugleich geleitet wurde. Die Einheit war zunächst gefährdet, da sich die Mehrheit der Beduinenstämme nur dem Propheten persönlich verpflichtet fühlte. Aber gerade der traditionelle arabische Partikularismus ermöglichte es dem ersten Kalifen, dem Schwiegervater Mohammeds, *Abu Bakr,* sich binnen eines Jahres durchzusetzen. Zur *Sicherung der religiösen Einheit* ließ er die Offenbarungen Mohammeds erstmals verbindlich sammeln; um 650 gab dann der dritte Kalif den Auftrag, den Wortlaut der Suren des Korans in Buchform festzuhalten.

Die Expansion des Islam

An die erneute Einigung schloß sich sofort die Expansion der Herrschaftsgebiete des Islam (▷ Karte) an. Diese *erste Ausdehnungsperiode* bis zum

Der Innenhof der großen Moschee des ägyptischen Statthalters Ibn Tulun in Alt-Kairo, *870–876. Nach dem Vorbild des Hauses Mohammeds in Medina wurden Moscheen als Stätten des gemeinsamen Gebetes errichtet, zu dem die Muslime zumindest zum Mittagstermin des Freitags verpflichtet waren. Vom Turm des Minaretts ruft der Muezzin die Gemeinde; durch Tore in den Umfassungsmauern gelangen die Muslime in den Innenhof, wo sie sich am Brunnen zunächst reinigen. Der überdachte Gebetssaal ist mit seiner Rückwand (Kibla) stets nach Mekka ausgerichtet; eine besondere Nische in ihm (Michrab) ist dem Vorbeter (Imam) vorbehalten. Die Bogengänge vor den drei Hofmauern dienten als Schulräume theologischen Unterrichts und dem Richter (Kadi) als Ort der Rechtsprechung nach koranischen Vorschriften (Scharia).*

Anfang des 8. Jahrhunderts gliederte sich deutlich in *drei Phasen.* Die erste Welle diente noch der *Ausbreitung des Islam unter den Arabern.* Aber da der nördliche Teil der Halbinsel unter der Hoheit des byzantinischen und des sassanidischen Reiches stand, mündete der Kampf um die »Befreiung« der Araber sofort in die zweite Phase des *Krieges gegen* diese beiden *Großmächte.* Unter dem zweiten Kalifen *Omar,* der die Muslime politisch nun nicht mehr wie ein Scheich, sondern theokratisch von der *Hauptstadt Medina* aus regierte, wurden die byzantinischen Provinzen Syrien und Palästina erobert. Wenige Jahre später eroberten die Muslime auch das sassanidische Zweistromland und drangen in den Iran vor. Als 653 der letzte Sassanidenherrscher ermordet wurde, gab es für Jahrhunderte kein eigenständiges persisches Reich mehr.

Die Rivalität zwischen Byzanz und dem Islam

Mit dem Vorstoß nach Ägypten, der bereits 639 begann, trat die Ausbreitung des Islam in ihre dritte Phase: Nun ging es nur noch um die *Eroberung neuer Gebiete* für die Araber unter dem Vorzeichen des Islam. Der Sieg über die Byzantiner in Ägypten wurde durch die religiösen Spannungen zwischen dem orthodoxen Christentum, das der Kaiser in Konstantinopel mit Gewalt im ganzen Reich durchsetzen wollte, und dem traditionell monophysitischen Glauben der koptischen Kirche erleichtert. An die Stelle Alexandrias rückte als neue Hauptstadt der Muslime das im Landesinneren gegründete Fustat (= Alt-Kairo). Es war damit Angriffen der byzantinischen Flotte entzogen. Aber auch die bis dahin bestehende Monopolstellung der Byzantiner als Seemacht im Mittelmeer ging in den folgenden Jahren verloren. Bei der Eroberung Zyperns 649 setzten die Muslime erstmals eine *eigene Flotte* ein, 655 besiegte diese sogar ein byzantinisches Geschwader. Das Mittelmeer war hinfort keine römische Binnensee (mare nostrum) mehr, der byzantinischen Seemacht war eine ernsthafte Konkurrenz durch die Muslime erwachsen.

Erbkalifat gegen Wahlkalifat

Nach ihrem Sieg waren die Muslime wieder mit inneren Problemen beschäftigt. Die Partei *(Schia) Alis,* des Vetters und Schwiegersohns des Propheten, der vierter Kalif geworden war, erhob den Anspruch, daß das Kalifat nur in der Familie des Propheten vererbt werden dürfe. Dagegen opponierte die Mehrzahl der Theologen und der arabischen Stammesführer. Die Mekkaner Sippe der *Omaijaden* hatte mit Othman bereits den dritten gewählten Nachfolger des Propheten gestellt. Mit Waffengewalt und politischem Druck konnten sich die Omaijaden als Kalifen durchsetzen. Der erste, Muawija, hatte zuvor bereits als Statthalter in Syrien amtiert. Für ihn war klar geworden, daß das »Islamische Reich arabischer Nation« nicht mehr theokratisch zu regieren war. Er und seine Nachfolger wählten *Damaskus* zur *neuen Hauptstadt,* griffen auf byzantinische Verwaltungseinrichtungen zurück und übernahmen byzantinisch-hellenistische Kulturformen (▷ S. 120). Mit dem politischen Ziel, Konstantinopel zu erobern, erhoben die Omaijaden den Anspruch, Erben des Imperium Romanum zu sein, an die Stelle des Basileus den Kalifen zu setzen. Jedoch scheiterten alle hartnäckig wiederholten Angriffe auf die Hauptstadt am Bosporus. Dagegen konnte sich zur gleichen Zeit das islamische Reich im Westen bis zur marokkanischen Atlantikküste und nach 711 sogar nach Spanien *(Zusammenbruch des Westgoten-Reiches)* ausdehnen; im Osten drangen die Muslime bis über den Oxus und bis ins Indus-Tal vor.

Soziale, ethische und religiöse Probleme des islamischen Weltreiches

Die Expansion des Islam hatte im Reichsinneren Strukturprobleme zur Folge, die sich zu einem *Konfliktpotential* auswuchsen. So stellte der Übertritt von Teilen der nichtarabischen Bevölkerung zum Islam den Vorherrschaftsanspruch der Araber in den eroberten Gebieten in Frage; denn nun waren Araber und Muslim nicht mehr identisch. Auch waren die letzten Siege bereits nichtarabischen Heeren zu verdanken, da das arabische Bevölkerungspotential erschöpft war. Ein Anreiz zur Konversion zum Islam ergab sich durch die geringere steuerliche Belastung. Dagegen weigerten sich die Führungsschicht der Araber städtischer Herkunft und die Beduinenkämpfer, die *Neumuslime* als gleichberechtigt anzuerkennen. Die Kalifen erhöhten den *Steuerdruck* auf die Nichtmuslime und besteuerten trotz Widerspruch durch die islamischen Rechtsgelehrten auch die Muslime außerhalb Arabiens, um die Beduinentruppen besolden und den Verwaltungsapparat des Reiches funktionstüchtig erhalten zu können.

So war es kein Wunder, daß die koptischen Bauern in Ägypten mehrfach rebellierten und die Berber in Nordafrika und Spanien gegen die arabischen Herren aufstanden.

Mit dem Ende der Expansion brachen unter den Arabern die alten *Stammesrivalitäten* wieder auf. Das Besondere war, daß alle diese ethnischen und sozialen Spannungen sich in *religiöser Kritik* artikulierten: Noch immer bestritten die vor allem im Irak und im Iran zahlreichen Anhänger der Partei Alis, die *Schiiten,* die Legitimität des Kalifats der Omaijaden, religiöse Fundamentalisten kritisierten die Verweltlichung des Kalifats zu einem Königtum, und die Sekte der *Kharidschiten* bestritt die Bevorrechtigung der Araber als unislamisch.

Die Iranisierung der islamischen Kultur unter den Abbasiden-Kalifen

Aus den Wirren gingen als neue Kalifendynastie die *Abbasiden* hervor. Ihre Sippe war näher mit Mohammeds Familie verwandt als die der Omaijaden, grenzte sich aber deutlich von den extremen Erbansprüchen der Familie Alis ab. Wesentliche Unterstützung hatte der erste Abbasiden-Kalif von persischen Neumuslimen erhalten, wie überhaupt *persische Elemente* unter dieser Dynastie eine immer größere Bedeutung in den Bereichen der Kultur und der Herrschaftsorganisation erhielten. Der letzte Omaijaden-Sproß schlug sich nach Spanien durch und konnte dort ein unabhängiges Emirat errichten.

Die Strukturprobleme des islamischen Großreiches blieben auch unter den Abbasiden ungelöst. Nur im Zweistromland und im Iran gab es einen *Ausgleich zwischen Arabern und Neumuslimen.* Mit dem Aufstieg von Persern in der Reichsverwaltung iranisierte sich besonders am Kalifenhof die islamische Kultur immer stärker, und es entstand seit dem 9. Jahrhundert eine blühende *arabischsprachige Literatur.* Wissenschaftler an den neugegründeten Hochschulen *(Medresen)* und an den Höfen der Kalifen und ihrer Statthalter benutzten ganz selbstverständlich die Werke hellenistischer Philosophen, Naturwissenschaftler und Mediziner. Die Arabische Halbinsel spielte bald nicht nur im politischen, sondern auch auf religiösem Gebiet keine Rolle mehr. In den östlichen und westlichen Randzonen des Reiches machten sich zunehmend die Statthalter oder mächtige Familien der arabischen Oberschicht, die dort Fuß gefaßt hatten, unabhängig von der Zentralgewalt der Kalifen.

Die Abgrenzung der Kalifen von den Muslimen

Die Abbasiden-Kalifen selbst grenzten sich immer stärker von den einfachen Gläubigen ab. Aus dem Anspruch ihrer Familie, allein rechtmäßige Nachfolger Mohammeds, Beherrscher der Gläubigen und geistlicher Leiter ihrer Seelen zu sein, sahen sie sich auch weit über die übrigen Familien der arabischen Aristokratie hinausgehoben. Ihr Selbstverständnis spiegelte sich in der neuartigen Architektur der 962 bezogenen *Palaststadt Bagdad.* Die kreisrunde Anlage wirkte nach außen wie eine Festung, in die nur vier kleine Tore führten. In der Mitte des runden Hofes stand die eigentliche Kalifen-Residenz, umgeben vom Ring der Räume für Verwaltungspersonal, Militär und Diener. Das Volk blieb ausgeschlossen, wohnte in armseligen Vorstädten. In der Öffentlichkeit zeigte sich der Kalif nur noch beim Freitagsgebet oder bei Festen, dann aber unter hoher Prunkentfaltung. In den Märchengeschichten von »Tausend und einer Nacht« wird der Abbasiden-Kalif *Harun ar-Raschid* als gerechter Herrscher vorgestellt, weil er nachts heimlich in Verkleidung aus seinem Palast unter das Volk geht, um Verfehlungen seiner Beamten zu erforschen und zu bestrafen.

Niedergang des Kalifats von Bagdad

In Wirklichkeit gerieten die Kalifen immer stärker in Abhängigkeit ihrer Minister, der *Wesire,* mehr noch der Oberbefehlshaber ihres nun aus Sklaven bestehenden Heeres. Je mehr sich die Provinzgouverneure der Zentralgewalt der Kalifen entzogen, desto mehr waren die Abbasiden auf die Unterstützung durch Militärbefehlshaber angewiesen. 945 eroberte ein Herrscher aus der persischen Dynastie der *Bujiden* das Zweistromland und entmachtete den Kalifen politisch vollständig. Bis zur Mitte des 11. Jahrhunderts kontrollierten die schiitischen Bujiden die Zentralverwaltung, während die Kalifen selbst auf die Funktion des geistlichen Oberhauptes für die überwiegende Mehrheit der Muslime, die *Sunniten,* beschränkt blieben. Aber auch diese religiöse Ordnung löste sich weiter auf. Im 10. Jahrhundert erklärte sich die schiitische Dynastie der *Fatimiden,* die zuerst in Tunesien, dann in Ägypten herrschte, zu Kalifen; wenige Jahre später antworteten die spanischen Omaijaden damit, daß sie sich zu (sunnitischen) Kalifen machten.

2. Gefährdung und Wiederaufstieg des Byzantinischen Reiches

Eine der bedeutsamsten Leistungen der Byzantiner war die erfolgreiche Abwehr des Angriffs der Muslime auf das kleinasiatisch-griechische Kernland des Reiches. Zwar konnte der Verlust der wirtschaftlich bedeutenden Provinzen in Syrien, Palästina, Ägypten, Nordafrika und schließlich auf Sizilien nicht verhindert werden, aber die neue Themenverfassung bewährte sich in der Verteidigungssituation so gut, daß sie schließlich auf das ganze Reichsgebiet ausgedehnt wurde. Die Belastungen für das Reich waren ungeheuer, da neben dem Kampf gegen die Muslime an der Nordwestgrenze die ins Reichsgebiet eindringenden Slawen bekämpft und in Italien die verbliebenen Provinzen gegen die Langobarden verteidigt werden mußten.

642–740	Abwehr aller Angriffe der Muslime auf das byzantinische Kernreich
730–843	Zeitalter des Bildersturms
812	Kompromiß über das Verhältnis zum neuen Kaisertum des Westens
858–867	Dogmatische Spaltung zwischen dem Papst und dem Patriarchen von Konstantinopel
867–1056	Makedonische Kaiserdynastie
988	Taufe des russischen Fürsten Wladimir von Kiew und Heirat der Schwester des byzantinischen Kaisers

Die Behauptung gegenüber dem Ansturm der Muslime war vor allem der noch immer starken byzantinischen Flotte zu verdanken, die durch das »Griechische

Feuer«, einen verschießbaren, auf dem Wasser brennenden Explosivstoff, neue waffentechnische Überlegenheit besaß. Doch ebenso entscheidend war, daß die stark befestigte Hauptstadt auch weiterhin allen Belagerungsversuchen widerstand. Weniger erfolgreich war man in den ersten Kämpfen mit den Bulgaren: Seit 680 dehnte sich deren Reich nun auch südlich der Donau aus, stellte also eine direkte Bedrohung für Konstantinopel und die nordgriechischen Städte dar.

Strukturwandel des Reiches

Ein Jahr, bevor die Omaijaden 718 ihren letzten Versuch unternahmen, die byzantinische Hauptstadt zu erobern, beendete der militärisch erfahrene *Leon III.* die Zeit der Militärrevolten und Heerkaiser und begründete eine *neue Herrscherdynastie.* Der Abwehrkampf gegen die Muslime hatte den Strukturwandel des Reiches beschleunigt: Der aus der Spätantike ererbte bürokratische Staat hatte sich in einen *Militärstaat* mit monarchischer Spitze verwandelt. Seine Funktionsfähigkeit beruhte ganz wesentlich auf dem freien Wehrbauerntum der Stratioten (▷ S. 123). Kaiserliche Gesetze schützten die Bauern und die Landgemeinden gegen eine Unterwerfung unter den großgrundbesitzenden Adel. Dadurch wurde die Aristokratie zur mächtigen *Opposition,* die im 10. Jahrhundert mehrfach revoltierte und nach der Kaiserkrone griff.

Mit dem Verlust der monophysitischen Reichsprovinzen war die *griechisch-orthodoxe Kirche* das tragende geistige Element des Selbstbewußtseins und des Selbstverständnisses des Byzantinischen Reiches. Bischöfe und Mönche traten als Bildungsschicht seit dem 8. Jahrhundert in den Vordergrund. Die orthodoxe Kirche grenzte sich in Kult und Synodalbeschlüssen bereits seit dem Ende des 7. Jahrhunderts bewußt immer stärker vom lateinischen Westen ab, so daß sich die Konflikte zwischen dem Patriarchen von Konstantinopel und dem Papsttum häuften.

Entfremdung vom Westen

Die Sicherung der glaubensmäßigen Einheit des Reiches wurde aber durch den »Bildersturm« *(Ikonoklasmus)* zum großen inneren Problem des 8. Jahrhunderts.

Erneuerung bilderstürmischer Beschlüsse auf der byzantinischen Reichssynode von 815. *Rechts neben dem thronenden Kaiser der Patriarch von Konstantinopel. Zwei Geistliche übertünchen ein Heiligenbild. Handschrift des 9. Jh.s. im Vatikan.*

Er wurde durch den theologischen Streit über die Zulässigkeit der Bildverehrung ausgelöst. Gegen diesen besonderen Kult in der orthodoxen Kirche wandte sich Leon III. mit Unterstützung kleinasiatischer Bischöfe. Wie kurz zuvor im islamischen Bereich der Kalif Jezid II., verdammte nun auch der christliche Kaiser die Verehrung von Bildern als Götzendienst, natürlich mit anderer theologischer Begründung.

Der Ikonoklasmus führte zum politischen *Bruch* mit der kirchlichen und politischen Spitze des lateinischen Westens, wo man zwar keinen Bilderkult trieb, aber bildliche Darstellungen Christi und der Heiligen für erlaubt hielt. Als der Kaiserhof 787 die Bilderverehrung wieder zuließ, mißlang der Ausgleich mit dem Westen, da die fränkische Kirche auf einer eigenen Reichssynode die Lehre der Ostkirche selbstbewußt als falsch zurückwies. Der Westen erhob nun überhaupt den *Anspruch auf Gleichrangigkeit:* Der Frankenkönig Karl hatte den Byzantinern wenige Jahre zuvor die Rückerstattung der von ihm eroberten ehemaligen byzantinischen Gebiete in Nord- und Mittelitalien abgeschlagen und nahm schließlich am Weihnachtstag 800 den *Kaisertitel* an (▷ S. 145). Diese nach byzantinischer Auffassung ungeheuere Anmaßung konnte erst 12 Jahre später durch einen politischen Kompromiß korrigiert werden: Hinfort betonten die Kaiser in Konstantinopel den römischen Charakter ihres Herrschertums durch ausdrückliche Nennung im Titel, während der Kaiser im Westen auf einen solchen Zusatz verzichtete. Für den Basileus Rhomaion blieb der westliche Kaisertitel ein bloßer Ehrenrang. Gleichrangigkeit erkannte er im diplomatischen Verkehr nur dem Kalifen in Bagdad zu.

Grundzüge der Außenpolitik

Das Verhältnis zum Kalifat und zu seinen Provinzstatthaltern war bis ins 10. Jahrhundert durch sich ständig abwechselnde *Kriegs- und Friedenszeiten* geprägt. Dabei gingen Zypern und Kreta verloren, und Sizilien geriet immer stärker unter die Herrschaft von Muslimen aus Tunesien. Im Interesse der Reichsprovinzen in Unteritalien bemühte man sich in Konstantinopel um *Bündnisse* mit den Machthabern in Nord- und Mittelitalien, die immer häufiger durch die Auseinandersetzungen zwischen den Päpsten und den Patriarchen von Konstantinopel gestört wurden. Ost und West hatten sich auseinandergelebt. Das 10. Jahrhundert markiert bereits deutlich die *Konzentration von Byzanz auf den Osten.*

Ohnehin verlangte der Kampf gegen den Dauerfeind an der Nordgrenze, das Bulgarenreich, neben den Muslimen nahezu den Rest der militärischen Kapazität des Byzantinischen Reiches. Als 860 eine *russische Flotte vor den Mauern Konstantinopels* in kriegerischer Absicht erschien, wurde deutlich, daß neben den Reichen der Bulgaren und Chazaren ein für die Großmachtstellung der Byzantiner neuer gefährlicher Machtfaktor nördlich des Schwarzen Meeres berücksichtigt werden mußte.

Die Blütezeit

Die Jahre von 867 bis 1056 unter der Makedonischen Kaiserdynastie können für das Byzantinische Reich als Zeit der größten kulturellen und militärischen Expansion gelten. Es besaß damals seine größte Ausdehnung seit Justinians Zeiten: vom Kaukasus im Osten bis nach Unteritalien im Westen, von der Halbinsel Krim und der unteren Donau im Norden bis nach Syrien im Süden. Der vom Bauern über den Militärdienst zum Kaiser aufgestiegene *Basileios I.* vermochte die Reichsgrenzen an allen Fronten zu sichern und begann mit der zweiten Gesetzbuchsammlung *(Kodifikation)* den notwendigen Prozeß der Klärung von alten Rechtsansprüchen und neuer Verfassungswirklichkeit im Reich. Als Hüter der Gesellschaftsordnung sorgten die Kaiser, besonders Basileios II., mit aristokratenfeindlichen Gesetzen für den Fortbestand des freien Bauerntums.

Die Grundsätze der byzantinischen Außenpolitik legte der gelehrte Kaiser *Konstantin VII.* schriftlich für seinen Sohn nieder. Es gelte, mögliche Gegner unter den Nachbarvölkern durch Bündnisse und Verträge gegeneinander auszuspielen.

»Auch den Bulgaren kann der Kaiser der Römer als furchtbar erscheinen, da er sie doch wegen seines friedlichen Verhältnisses zu den Petschenegen zur Ruhe zwingen kann. Die Petschenegen als Nachbarn der Bulgaren können zum eigenen Vorteil oder dem Kaiser der Römer zuliebe gegen die Bulgaren zu Felde ziehen und sie mit ihrer überlegenen Zahl und Kampfkraft leicht besiegen.«[5]

Sieg über die bulgarischen Zarenreiche

Der Kaiser warnte auch davor, mit nichtchristlichen Herrscherhäusern um kurzfristiger politischer Vorteile willen Heiratsverbindungen einzugehen. Das galt allerdings nicht mehr für die Bulgaren. Denn der Bulgarenzar Boris I. hatte sein Reich durch die orthodoxe Kirche christianisieren lassen. Zar Simeon nannte sich sogar Basileus der Bulgaren und Römer und hatte sich das Ziel gesteckt, eine Heiratsverbindung mit der kaiserlichen Familie zustande zu bringen, um für sich selbst oder seine Nachkommen die byzantinische Kaiserwürde zu erringen. Doch an der militärischen Uneinnehmbarkeit Konstantinopels scheiterte auch er wie zuvor Awaren, Sassaniden, Muslime und Russen. Als sich am Ende des 10. Jahrhunderts ein *neues Bulgarenreich,* diesmal ganz auf byzantinischem Reichsboden, südlich der Donau bildete, setzte der militärisch überaus begabte Basileios II. seine ganze Energie daran, dieses Reich zu vernichten. 1018 hatte er sein Ziel erreicht: Das Bulgarenreich wurde in byzantinische Themen verwandelt.

Rußland wird Teil des byzantinisch-orthodoxen Kulturkreises

Gegen revoltierende Aristokraten hatte Basileios am Beginn seiner Herrschaft den russischen Fürsten *Wladimir* aus Kiew zu Hilfe gerufen und ihm als Dank dafür seine Schwester *Anna* zur Ehe angeboten. Dem Westkaiser war dagegen 967 der Wunsch nach einer Heiratsverbindung mit einer Prinzessin des regierenden byzantinischen Kaiserhauses abgeschlagen worden; er mußte sich 972 mit einer nachrangigen Prinzessin zufrieden geben. Die *Verheiratung* Annas nach Kiew 988 wurde zu einer Entscheidung von weltgeschichtlicher Bedeutung: Mit ihr war der *Übertritt Wladimirs* und seines Volkes *zum orthodoxen Christentum* verbunden, der Rußland für die byzantinische Kultur öffnete und den Grund für die Übernahme des Kaisertitels durch die Moskauer Großfürsten im 15. Jahrhundert legte, die dann als Zaren ihr Reich als Erbe von Byzanz und damit als das *»dritte Rom«* sahen.

3. Das neue Großreich der Karolinger

»Bischof Burchard von Würzburg und der Kaplan Fulrad von St. Denis wurden zu Papst Zacharias gesandt, um wegen der Könige in der Francia anzufragen, die damals keine königliche Gewalt ausübten, ob das gut sei oder nicht. Und Papst Zacharias gab Pippin Bescheid, es sei besser, jenen König zu nennen, der die Gewalt besitze, statt denjenigen, der ohne königliche Gewalt bliebe. Um die Ordnung nicht zu stören, ließ er kraft apostolischer Autorität Pippin zum König machen.«[6]

In dieser Weise wollten gegen Ende des 8. Jahrhunderts die Nachkommen des neuen Königs Pippin das folgenschwere Ereignis des Wechsels des Königshauses im Jahre 751 beurteilt wissen. Dementsprechend hielt man auch das Ereignis in den Jahrbüchern zur Reichsgeschichte fest, die in den Königsklöstern des Frankenreichs angelegt wurden. In Wirklichkeit war der Weg des Hausmeiers Pippin zum Königtum schwieriger und hatte eine lange Vorgeschichte.

687–751	Karolingische Hausmeier beherrschen das Frankenreich
751	Staatsstreich: Hausmeier Pippin wird fränkischer König
756	Begründung des Kirchenstaates der Päpste in Italien
751–814	Karl der Große – Alleinherrscher im Frankenreich
772–785	Gewaltsame Christianisierung und Eingliederung der Sachsen ins Frankenreich
774	Ende des selbständigen langobardischen Königreiches
800	Annahme des Kaisertitels und Krönung Karls des Großen in Rom
817	Vertrag Kaiser Ludwigs des Frommen mit dem Papsttum

Aufstieg zur Königswürde

Das Hofamt des Hausmeiers (▷ S. 128) hatten bereits im 7. Jahrhundert Vorfahren Pippins zunächst im östlichen Teilreich, dann im Gesamtreich als erbliches Amt der Sippe erringen können. Als Anführer der königlichen Gefolgschaft und als Aufseher über den königlichen Grundbesitz besaß der Hausmeier damals schon eine größere Machtfülle als der König. Der Vater Pippins, *Karl*, ließ sich als der wirkliche Machthaber des Frankenreichs *»Princeps der Franken«* nennen. Widerstrebende Mächtige des Reiches und die rebellierenden Stämme der Alemannen und Bayern hatte er durch militärische Gewalt zum Gehorsam gezwungen. Seinen Beinamen »Martell«, der Hammer, erhielt Karl ein Jahrhundert später, da er mit seinem Sieg über das Heer der Muslime bei *Poitiers* (732) deren jahrzehntelange Plünderungszüge aus Spanien nach Südfrankreich beendete hatte.

Reformbestrebungen in der fränkischen Reichskirche

Wie ein Königtum wurde bei Karl Martells Tod 741 das Hausmeieramt an seine beiden Söhne aufgeteilt. Karlmann, knüpfte als Hausmeier des Ostteils enge Beziehungen zu einem der seit dem Ende des 7. Jahrhunderts im östlichen Frankenreich missionierenden angelsächsischen Benediktinermönche: zu *Winfrid-Bonifatius,* der 722 vom Papst zum Bischof geweiht worden war. Er wollte in den noch kaum christianisierten Gebieten in Hessen, Mainfranken und Thü-

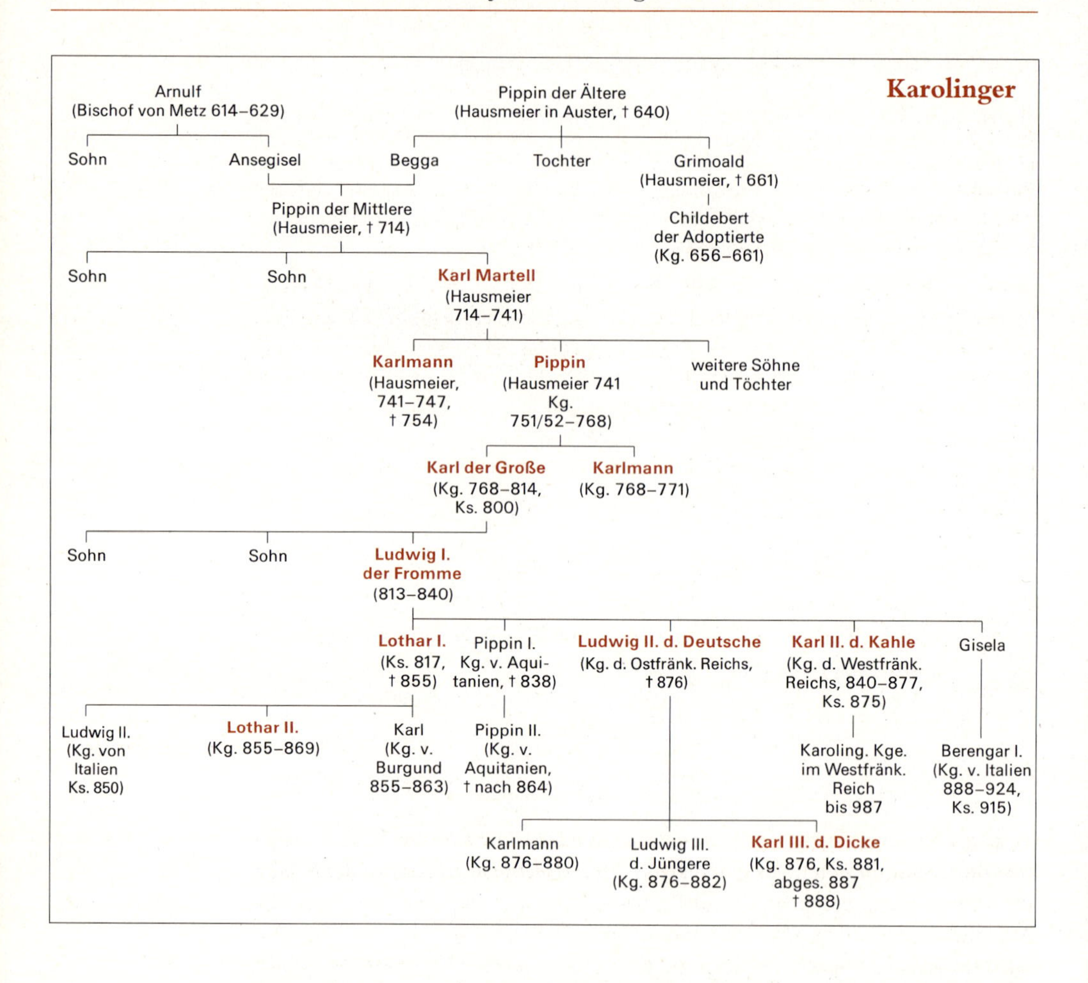

ringen Klöster und Bistümer errichten und zu *Kirchenprovinzen* zusammenfassen. Durch seine starke Bindung an den Papst weckte er aber den *Widerstand* der aus adeligen Sippen stammenden Bischöfe des Frankenreiches. Eine *Reform der fränkischen Kirche* gelang den Hausmeierbrüdern Pippin und Karlmann daher erst, als sie wenige Jahre später von einheimischen Bischöfen in die Hand genommen wurde. »Die fränkische Kirche begann sich zu einer romverbundenen Landeskirche zu wandeln.« (Theodor Schieffer) [7]

Bündnis der Karolinger mit dem Papsttum

Nach zehn Jahren königsloser Zeit hatten die Brüder 743 noch einmal einen Merowinger (Childerich III.) als König eingesetzt. 750 war dann die Machtposition des alleinigen Hausmeiers Pippin im Reich so stark geworden, daß er nun das alte Königsgeschlecht endgültig ablösen wollte. Daran hinderten ihn kaum germanische Vorstellungen von einem besonderen »Königsheil«, das allen Angehörigen einer Herrschersippe nach »Geblütsrecht« ein Anrecht auf das Königtum gab, wie noch die ältere Forschung meinte. Vielmehr hatte die Lehre

der Kirche bereits seit Chlodwig auf eine *Erhöhung des fränkischen Königtums zum von Gott verliehenen Amt* hingewirkt (▷ S. 126). Daher konnte der Papst 751 auch auf Zustimmung bei den fränkischen Großen rechnen, wenn er das neue Königtum Pippins für legitim erklärte. Daraus erwuchs ein festes politisches Bündnis zwischen den Päpsten und den neuen Frankenkönigen, deren Sippe die Historiker nach dem mächtigsten Herrscher Karl »Karolinger« nennen.
Zunächst gelang es Papst Stephan III., Pippin zum *militärischen Eingreifen* gegen den Langobardenkönig zu veranlassen, der Rom bedrängte und bereits das byzantinische Exarchat Ravenna erobert hatte. Das Exarchat und den Verwaltungsbezirk (Dukat) von Rom übereignete der Frankenkönig 756 zumindest nominell dem Papst als dem Erben des Petrus und legte damit den Grund zu einem eigenen *Kirchenstaat* (»Patrimonium Petri«). Von 771 an regierte Pippins Sohn *Karl* allein das Frankenreich. Opfer seiner ganz auf Expansion abgestimmten *Außenpolitik* wurde das Langobardenreich, als dessen König Desiderius 773 wieder das Papsttum militärisch bedrohte und zugleich ein Gegenkönigtum von Karls Neffen unterstützte. Nach langer Belagerung fiel die langobardische Hauptstadt Pavia in Karls Hände, Desiderius wurde entthront, und Karl führte seit 774 zusätzlich die *Titel* eines Königs der Langobarden und Schutzherrn des Papsttums *(»Patricius Romanorum«).*

Erweiterung und Sicherung des Reichsgebietes

Schon seit 772 versuchte Karl auch, durch jährlich neue Feldzüge das Gebiet des bis dahin unabhängigen Sachsenstamms zu unterwerfen. Der Anspruch der Franken auf eine *Vormachtstellung* und die Pflicht zur *Heidenmission* waren in Karls Herrschaftsauffassung so untrennbar verwoben, daß seine nach unseren modernen Maßstäben brutale *Unterwerfungspolitik* bei seinen zahlreichen theologischen Ratgebern niemals Widerspruch erfuhr. Selbst Angehörige der sächsischen Führungsschicht der späteren Zeit fanden die *zwangsweise Christianisierung* ihres Stammes nicht als tadelnswert. Den *Widerstand der Sachsen* des 8. Jahrhunderts, der überwiegend von deren mittleren und unteren Schichten getragen wurde, konnte der Frankenkönig erst 785 brechen, nachdem er das Haupt der militärischen Opposition, den westfälischen Adeligen *Widukind,* zur Unterwerfung und Taufe hatte zwingen können.
In mehreren Feldzügen wurde nach 795 auch das mächtige Awarenreich besiegt. In dem nun im Osten erweiterten Reichsgebiet ließ Karl eine besonders militärisch gesicherte Grenzzone unter einem mit umfassenden Kompetenzen ausgestatteten Leiter *(Markgrafen)* einrichten. Diese fränkische Institution der Marken (▷ S. 127) verwendete Karl auch gegen die keltischen Bretonen, die Muslime in Spanien, die Slawen des Elbe-Saale-Raums und die Dänen im Gebiet nördlich der Elbe. Das bisher noch bestehende Herzogtum *Bayern* hatte er 788 nach einem politischen Prozeß gegen den Herzog direkt der fränkischen Königsherrschaft unterstellt.
Karl, den schon bald die Zeitgenossen »den Großen« nannten, hatte das Frankenreich gegenüber der Merowingerzeit noch einmal gewaltig erweitert. Mit seinen unterschiedlichen Bevölkerungsgruppen und deren Rechtstraditionen konnte es keine wirkliche Einheit bilden und mußte jedem Versuch zu zentraler

Reiterfigur eines fränkischen Herrschers *aus dem 9. Jh., wahrscheinlich Karl den Großen darstellend. Der nach fränkischer Art gekleidete Herrscher trägt außer der Krone als Herrschaftszeichen eine Kugel: Sie stellt hier das Weltall, nicht die Erdkugel* (*▷ Tafel 8 und Bild S. 165*) *dar. Der »Reichsapfel« wurde zuerst von den byzantinischen Kaisern benutzt, um ihre Herrschaft als Abbild der göttlichen Herrschaft über das ganze Weltall zu symbolisieren.*

Herrschaft nahezu unlösbare Probleme aufgeben. Der Historiker Otto Hintze sah darin die notwendige Folge eines »überstürzten Imperialismus«, der eine »normale, direkte Entwicklung vom Stamm zum Staat« abgelenkt und damit die Grundlage der Wirtschafts- und Gesellschaftsordnung des *Feudalismus* im Abendland geschaffen habe.[8]

Reichsadel

Das Karolingerreich wurde durch die Lebensformen und die wirtschaftlich-politische Macht einer *Oberschicht* geprägt, die sich durch ausgedehnte *Grundherrschaften* und zahlreiche *Gefolgschaften* auszeichnete. Historiker haben rund 50 Sippen gezählt, deren Grundbesitz weit über das Reichsgebiet verstreut war und deren Angehörige in königlichem Auftrag Verwaltungsfunktionen nun auch in den neueroberten Reichsteilen ausübten und zu diesem Zweck aus Königsgut neuen Besitz geschenkt oder verliehen erhielten. Dieser *»karolingische Reichsadel«* (Gerd Tellenbach)[9] war es, der durch seine weitreichenden verwandtschaftlichen Bindungen zum Zusammenhalt des Reiches beitrug.

Die Grundherrschaften

Bei der Verwaltung und Nutzung ihres Landbesitzes standen die mächtigen adeligen Herren vor keinen anderen Problemen als der größte Grundbesitzer, der König, und die vermögenden kirchlichen Institutionen; deren Grundherrschaften waren durch Übereignungen des Königs und von Adeligen und durch freiwillige Unterstellung freier Bauern erheblich gewachsen. In allen Fällen waren *Abgaben* an die Grundherren die Quelle des Reichtums. Während von Adeligen keine Verzeichnisse über Eigentumsverhältnisse und Einkünfte überliefert sind, besitzen wir die detaillierte *Verordnung Karls des Großen* (um 800), die Regeln für eine möglichst ertragreiche Bewirtschaftung der Königsgüter und für die Amtspflichten der königlichen Gutsverwalter enthält (»Capitulare de villis«). Einen recht genauen Einblick in die Verhältnisse der großen Grundherrschaften eröffnen auch die erhaltenen Verzeichnisse von fünf Königshöfen in Nordfrankreich und mehr noch die ausführlichen *Bestandsaufnahmen der großen Klöster* des Reiches. Diese Abteien, die im Durchschnitt rund 80 bis 150 Mönche beherbergten, besaßen Ländereien im Umfang zwischen 10 000 und 90 000 Hektar. Alle ausgewiesenen Bauernstellen (Hufen) waren freilich niemals besetzt.

Die Anfänge des Lehnswesens

Die großen Einkünfte der geistlichen Grundherren erweckten Begehrlichkeiten. Schon Karl Martell hatte Abteien gezwungen, einen Teil ihrer Besitzungen an seine ihm durch besonderen Treueid verpflichteten Gefolgsleute (Vasallen) gegen Zinszahlung »auszuleihen« (*»prekarische Landleihe«*). Damit sollte Vasallen die materielle Grundlage für ihre kostspielige Ausstattung als *Reiterkrieger* gesichert werden.

Seit dem frühen 8. Jahrhundert übernahm der Reichsadel zunehmend dieses System für seine Gefolgschaften. Zu der persönlichen Bindung der Vasallität trat daher die dingliche Ausstattung des Gefolgsmannes mit Landbesitz, die seit dem 9. Jahrhundert *feudum* (vom fränk. »fehu« = Vieh, altfranz. »fief«) oder *beneficium* (eigentlich »Wohltat«), im Deutschen später *Lehen* genannt wurde. Immer stärker prägte der *Panzerreiter* das fränkische Heeresaufgebot, das bislang von den zu Fuß kämpfenden Freien bestimmt war. Eine vollständige *Ausrüstung* eines Reiters mit Pferd, Helm, Riemenpanzer, Lederhemd, Beinschienen, Schild, Schwert und Lanze kostete gut den Gegenwert von 20 Kühen, also weit mehr, als ein einfacher fränkischer Bauer besaß. Zudem war ein Reiter verpflichtet, für sich und sein Gesinde die Verpflegung für einen dreimonatigen Kriegsdienst mitzubringen.

Da die Könige im 8. Jahrhundert fast jeden Sommer zu einem Feldzug aufriefen, fiel der Aufruf gerade in die Jahreszeit, in der die Bauern die notwendigen Feldarbeiten ausführen mußten, um die Existenz ihrer Familien sichern zu können. Die von Jugend auf durch Erziehung auf das Waffenhandwerk spezialisierten großen Grundherren und ihre Vasallen mochten sich auf den Kampf und noch mehr auf die spätere Beute freuen; die einfachen *Bauern* suchten sich nach Möglichkeit dem Wehrdienst zu entziehen. Notfalls verzichten sie sogar auf ihre Freiheit und wurden *Abhängige* eines Grundherrn. Karl der Große versuchte vergebens, dieser Entwicklung gegenzusteuern und wenigstens die Besitzer von drei oder vier Hufen zur Heeresfolge zu Fuß zu verpflichten.

Die Verwaltung des Reiches und ihre Institutionen

Die besondere *Leistung* Karls des Großen bestand darin, daß der königliche Wille auch in fernen Reichsteilen Gehör und Gehorsam fand. Dies war am besten zu erreichen, wenn der König sich in möglichst vielen Teilen des Reiches persönlich zeigte. Das karolingische Königtum konnte daher nichts anderes sein als ein *Reisekönigtum,* und es prägte mit dieser Form der Herrschaftsausübung das mittelalterliche Königtum des Westens überhaupt.

Zum Hof zählten mehrere hundert Personen. Dazu gehörten die Inhaber der *Hofämter,* wobei der Seneschall (oder Truchseß) für die Versorgung des königlichen Haushalts zuständig war. Das Amt des Hausmeiers ließen die Karolinger unbesetzt. Das Gefolge, die Hofgeistlichen und das Gesinde zählten ebenfalls zum Hofpersonal. Für die Belange der Zentralverwaltung war eine *Ratgebergruppe* zuständig, in die der König Adelige und Amtsträger zusätzlich zu den Inhabern der Hofämter berief. Daneben gab es Beratungen mit den Großen des Reiches auf *Hoftagen* und die allgemeinen *Reichsversammlungen* aller königlichen Amtsträger im Frühjahr jeden Jahres.

Wichtigste Vertreter der königlichen Gewalt in Verwaltung, Gerichtsbarkeit und militärischen Kommandos waren die *Grafen.* Es gab aber – zumindest östlich des Rheins – keine feste Ordnung ihrer Amtssprengel (»Grafschaftssystem«). Zum Grafen wurde in der Regel nur ein Adeliger aus der Region ernannt, weil er über genügend Autorität und Machtmittel verfügte, um königliche Anordnungen durchzusetzen. Die Rückbindung der Grafen an den königlichen Hof versuchten die Karolinger durch Zuweisung von verliehenem Königsgut (»Amtsgut«) zu erreichen. Eine Kontrolle der Grafen sollten die *Königsboten* (»missi dominici«) ausüben. Karl der Große mußte aber seit 802 für dieses Amt Erzbischöfe, Bischöfe, Äbte und Grafen verwenden, da sich andere Amtsträger zu häufig bestechen ließen. Auch wenn nun zur gegenseitigen Kontrolle ein weltlicher und ein geistlicher Königsbote jeweils gemeinsam amtierten, war der Nutzen dieses Amtes fraglich, da die missi für ihre eigenen Amtssprengel als Kontrolleure eingesetzt wurden.

Königliche Reformpolitik

Die Einheitlichkeit der königlichen Reichsverwaltung wurde auch durch die *schriftliche Form* der Herrschererlasse gesichert. Diese in Kapitel eingeteilten und deswegen *Kapitularien* genannten Erlasse wurden in Latein niedergeschrieben und dann von den Königsboten in der jeweiligen Volkssprache in den einzelnen Amtssprengeln verkündet. Ob die ebenfalls in Kapitularienform programmatisch verkündeten Reformen für Kirche, Recht und Verwaltung schließlich spürbare Wirkung zeigten, wird von vielen Historikern bezweifelt. Auf die Dauer am erfolgreichsten war es, wenn der Hof selbst mit den Reformen begann.

Dies zeigte deutlich das *kulturelle Reformprogramm* Karls des Großen, das manche Forscher sogar als »Karolingische Renaissance« bezeichneten. Von außerhalb des Reiches hatte Karl zahlreiche Gelehrte wie den Angelsachsen *Alkuin* an seinen Hof geholt und baute mit ihnen eine *Hofschule* auf. Auf die *Schriftreform,* deren Buchstabenform im Vierliniensystem (Karolingische Minuskel) noch immer unsere heutige Schreibschrift bestimmt, folgte eine Überprüfung des genauen lateinischen Bibeltextes und eine Erneuerung der kirchlichen Liturgie. 784 ordnete Karl der Große an, daß in allen großen Klöstern *Schulen* und *Schreibstätten* eingerichtet werden sollten. Als Bildungszentren entfalteten diese Abteien im 9. Jahrhundert große Wirkung: Der Tätigkeit karolingischer Mönche verdanken wir Abschriften der wichtigsten lateinischen Autoren der Antike und zugleich erste Grammatiken der Sprachen der germanischen

Stämme östlich des Rheins, Aufzeichnungen germanischer Heldendichtung (Hildebrandslied) und neue Bibeldichtungen in sächsischer (Heliand) und fränkischer Sprache (Evangelienharmonien).

Nutzen aus der verbesserten Bildung der Geistlichen zog als erster der Königshof. Die aus den Klöstern dorthin berufenen Geistlichen wurden in der *Hofkapelle* zusammengefaßt, die vom *Erzkapellan* geleitet wurde. Der Name dieser Institution rührt von der wichtigsten Heiligenreliquie der fränkischen Könige her, dem Mantel (»cappa«) des hl. Martin von Tours. Seit König Pippin besorgten aus der Hofkapelle ausgewählte *Notare* den gesamten Schriftverkehr. Damals waren die letzten gebildeten Laien aus der *Kanzlei* ausgeschieden, die nun ein Hofkapellan als Vorsteher leitete, der später *Erzkanzler* genannt wurde. Die Bedeutung der Hofkapelle als Mittel königlicher Herrschaft zeigt sich nicht zuletzt darin, daß Könige aller mittelalterlichen Reiche sie fortführten oder neu errichteten. Aus dem Personal der durch Vasalleneid verpflichteten Hofkapelläne konnte der König ihm geeignet erscheinende Kandidaten für Bischofs- und Abtstühle auswählen, von wo aus sie als Wahrer königlicher Interessen wirken sollten.

Das Kaisertum Karls des Großen

Der Frankenkönig Karl und sein Reich waren um 800 zur unbestrittenen Vormacht des lateinischen Westens geworden. Daher könnte die Annahme des Kaisertitels am Weihnachtstag des Jahres 800 als ein ganz zwangsläufiger Schlußpunkt der Steigerung der Machtfülle der Karolinger erscheinen. Angesichts des Machtverfalls der durch den Bildersturm belasteten byzantinischen Kaiser (▷ S. 136 f.) diskutierten die Ratgeber Karls offen, ob nun – wie einst zuvor bei Pippin – der Titel des Frankenherrschers noch seiner Machtstellung angemessen sei. Aber die Päpste hatten nach dem Ende sowohl der byzantinischen als auch der langobardischen Herrschaft in Nord- und Mittelitalien wahrscheinlich die Absicht, für sich selbst die Kaiserwürde im Westen zu beanspruchen. Aus der Legende von der Taufe Kaiser Konstantins durch Papst Silvester leiteten sie ab, der Kaiser habe damals eigentlich ganz auf die Kaiserwürde verzichten wollen, dann aber zumindest den ganzen westlichen Reichsteil dem Papsttum geschenkt *(Konstantinische Schenkung).* Erst als Papst Leo III. beinahe einem Anschlag stadtrömischer Adeliger zum Opfer fiel und ins Frankenreich floh, fiel die Vorentscheidung über den Kaisertitel Karls des Großen. Neuere Forschungen lassen es als sicher erscheinen, daß Papst und Frankenkönig ausführliche Vorverhandlungen führten, bevor Karl den Papst nach Rom zurückführte und bei der Weihnachtsmesse vom Papst eine Krone aufgesetzt bekam, während ihm die Römer als Kaiser huldigten (Helmut Beumann). Die fränkischen Reichsannalen sagen nur, daß Karl nun Kaiser und Augustus genannt wurde, während die offizielle Papstbiographie erklärt, Karl sei von Leo zum Kaiser eingesetzt worden. Detailuntersuchungen an den Quellen ergaben, daß dieser Sprachregelung der fränkischen Geschichtsschreibung eine theologisch fundierte Theorie der Herrschaftsausübung zugrundelag, die auch die Deutung des Dynastiewechsels von 751 umfaßte (▷ S. 141, H. Beumann), und daß sich sogar eine Diskussion über die Theorie des Kaisernamens im Umkreis des

Hofes Karls des Großen rekonstruieren läßt (Arno Borst). Die neuen Ergebnisse versuchte Peter Classen in einer Zwischenbilanz zusammenzufassen, indem er die kaisergleiche Stellung des Frankenherrschers als eine Konsequenz des Wandels der politischen und geistigen Strukturen im Westen im 8. Jahrhundert erklärte. Die Form des Kaisertums von 800 gehe aber nicht aus diesen Strukturen zwingend hervor, sondern müsse als Ergebnis der Ereignisgeschichte verstanden werden. Welche Bedeutung der Krönung des Kaisers durch den Papst zukam, entwickelte sich schon im Mittelalter zu einem Kernpunkt der Diskussionen und Auseinandersetzungen über die richtige politische Ordnung (▷ Tafel 8).[10]

4. Bedrohung von außen, Zerfall im Innern und Gewinnung neuer Stabilität: Europa im 9. und 10. Jahrhundert

Wenn es im 9. oder 10. Jahrhundert möglich gewesen wäre, einen Luftbildatlas Europas herzustellen, böte er uns ein gänzlich ungewohntes Bild: Weitgehend bestimmten Wälder den Kontinent; die wenigen Lichtungen entpuppten sich als Siedlungen, die schon durch ihre Vereinzelung deutlich machten, daß sich die Menschen nur mühsam gegen die Kräfte der Natur zu behaupten wußten. Nur an Flußläufen, Seen und Meeresküsten zeigten sich größere Siedlungen; denn damals verbanden Wasserwege die Menschen stärker als die schlechten Wege und Straßen, die das Land durchquerten.

Lebensverhältnisse

a) Die wirtschaftliche und gesellschaftliche Entwicklung. Landbesitz und Landbearbeitung prägten den Lebensrhythmus der überwältigenden Mehrheit der Menschen im Frühmittelalter, von denen wohl ungefähr 7 Millionen nördlich der Alpen lebten. Vielleicht 50 000 von ihnen waren als Reiterkrieger oder Geistliche von körperlicher Arbeit befreit. Dennoch reichten die Anstrengungen der übrigen kaum aus, die Ernährung aller zu sichern. Mit den einfachen *hölzernen Hakenpflügen* konnten die feuchten schweren Böden nicht tief umgebrochen werden, weshalb sie nur geringe Erträge lieferten. Für ein ausgesätes Korn konnten im Durchschnitt nur zwei geerntet werden, so daß nur eines zum Verbrauch verfügbar war. Vorratshaltung war also kaum möglich. Zudem war der Ackerbau überaus extensiv: Die Nutzfläche mußte nach der Ernte für mehrere Jahre unbebaut gelassen werden, um danach wieder Getreide tragen zu können *(Feld-Gras-Wirtschaft).* Deshalb benötigten die Menschen die ausgedehnten Laubwälder auch als Nahrungslieferanten für Mensch und Tier (Schweinemast) und nicht nur für die Gewinnung von Bau- und Feuerholz. Ungünstige Witterung führte sofort zu Mißernten und zog Hungersnöte nach sich. Schlecht ernährte Menschen waren und sind aber besonders anfällig für Krankheiten und Seuchen. So erreichte die durchschnittliche *Lebenserwartung* nur 20 Jahre.

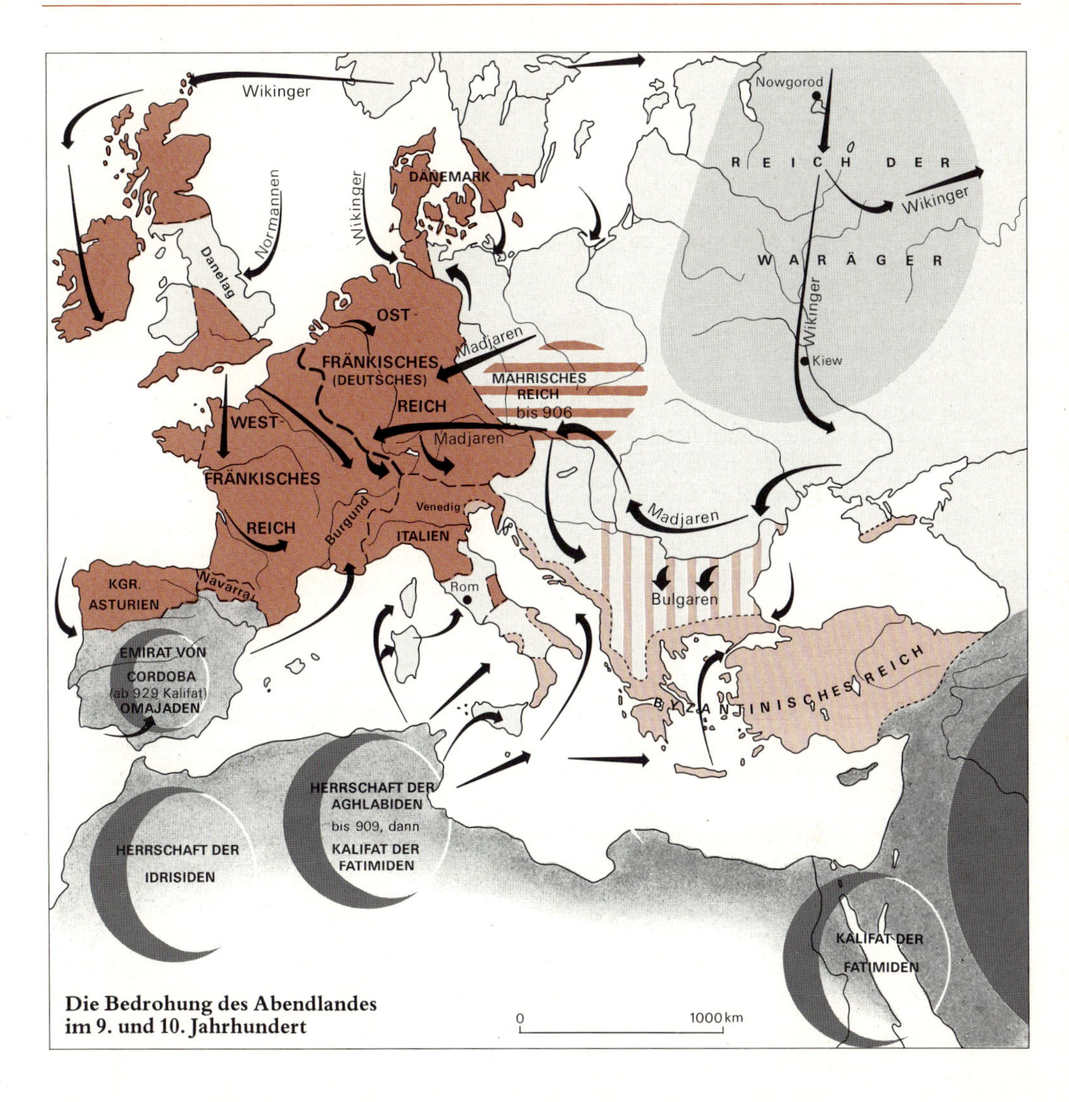

Die Bedrohung des Abendlandes im 9. und 10. Jahrhundert

Entstehen eines Standes von unfreien Bauern

Durch engeres Zusammenrücken in Verbänden hofften die Menschen, den Katastrophen am ehesten entgehen zu können. Die großen Grundherrschaften boten mit ihrer Organisationsstruktur des *Fronhofverbandes* dem einzelnen Bauern eine gewisse Sicherheit vor den Auswirkungen der Naturkräfte: Um jeweils einen Herrenhof, dessen Land *(Salland)* von den auf ihm wohnenden Unfreien des Grundherrn bestellt wurde, legte sich der Ring von Bauernstellen. Ihre Inhaber bebauten das ihnen zugewiesene Land *(Hufe)* selbständig und waren nur zu bestimmten Abgaben *(Zins)* und Arbeiten für den Herrenhof *(Frondienst)* verpflichtet. Angehöriger eines Fronhofverbandes zu werden, erschien Bauern angesichts der politischen Belastungen (▷ S. 143) und wirtschaftlichen Risiken als Freier oft so vorteilhaft, daß sie die wirtschaftliche und rechtliche Abhängigkeit von einem weltlichen oder geistlichen Grundherrn gern hinnahmen. Von den großen Herrenhöfen der Klöster wird berichtet, daß sie als erste kostbare leistungsfähigere *Ackergeräte aus Eisen* besaßen. Hier bestellte man das Salland systematisch, steigerte dadurch die Erträge und konnte so Vorräte aus erwirtschafteten Überschüssen anlegen. Hier entstanden auch die ersten spezialisierten Handwerksberufe des *Schmieds* und des *Bäckers,* später auch des *Müllers.* Denn nur die reichen Grundherren konnten sich die Errichtung kostspieliger *Wassermühlen* leisten. In ihnen mußten gegen Abgaben an die Grundherren alle ihre abhängigen Bauern ihr Korn mahlen lassen.

Der Eintritt in einen Fronverband war auch für die jüngeren Söhne freier Bauern attraktiv, weil hier unbesetzte Hufen bewirtschaftet oder mit Hilfe des Grundherrn neue Hufen auf *Rodeland* angelegt werden konnten. Die Ausbreitung der Fronhofverbände seit dem 9. Jahrhundert ging deshalb Hand in Hand mit der Zunahme der Zahl der unfreien Bauern. Im Laufe einiger Generationen verloren die Unterschiede in der Rechtsstellung dieser Bauern an Bedeutung gegenüber der Tatsache, daß sie alle vom Grundherrn wirtschaftlich abhängig waren *(Grundholden)* und ihn als ihren Gerichtsherrn anzuerkennen hatten *(Hintersassen* bzw. *Hörige).* Am Beginn des 11. Jahrhunderts zeichnete sich ab, daß nur in einigen wenigen Regionen weiterhin freie Bauern in größerer Zahl existierten, während Unfreiheit als Kennzeichen des Bauernstandes galt.

Die Regionalisierung des Adels

Insgesamt begünstigten diese wirtschaftlichen Veränderungen das Verhaftetsein des Adels in Regionen: Zum einen achteten die großen Grundherren stärker auf die Erträge ihres Grundbesitzes, wenn sie ihren bisherigen Lebensstandard erhalten wollten. Denn nach 800 blieben die bisher gewohnten Beuteeinkünfte aus Eroberungskriegen aus, worin der französische Historiker Georges Duby ein wichtiges Motiv für die Ausbreitung der Fronhofverbände sieht.[11] Zum anderen verstärkte auch die Einrichtung der *Vogtei* die Verwurzelung des Adels in Regionen. Unter Karl dem Großen war es zum festen Rechtsgrundsatz geworden, daß Grundbesitz von Kirchen und Klöstern *Immunität* genießen sollte, königliche Beamte also keine Amtshandlungen auf ihm vornehmen sollten. Statt dessen sollten adelige Herren als *Vögte* (von lat. advocatus) kirchlichen Besitz schützen und die Gerichtsbarkeit über dessen Abhängige ausüben, da dies den geistlichen Grundherren vom Kirchenrecht verboten war. Doch aus dem Schutz wurde zumeist adelige Bedrückung, weil die Vögte die Abgaben der Hintersassen als willkommene Zusatzeinkünfte und die Vogteien als erbliches Amt ihrer Sippe betrachteten, das deren Machtposition verstärkte.

Bedeutung des Fernhandels und seiner Zentren

Die Abgaben der Hintersassen dienten den Grundherren nicht zuletzt zur Finanzierung von *Luxusgütern,* die ihnen *Fernhändler* vermittelten. Bis Ende des 10. Jahrhunderts entwickelte sich die alte langobardische Hauptstadt *Pavia* zu einem zentralen Umschlagplatz des westlichen Abendlandes für Güter aus dem Orient. Zur gleichen Zeit entstand an der Adria als erste *abendländische Handelsgroßmacht* die Adelsrepublik von *Venedig,* deren Flotte sowohl mit Byzanz wie mit dem islamischen Ägypten Waren austauschte. Der Titel *Doge*

ihres gewählten Oberhauptes erinnerte an die ehemalige Stellung als Leiter (*dux*) eines byzantinischen Verwaltungsbezirks (▷ S. 123). In Süditalien errang *Amalfi* eine vergleichbare Position durch Seehandel mit den Byzantinern und den Muslimen des Westens.
Auch an der Nordseeküste und in fast allen Bischofssitzen an Rhein und Donau bestanden wichtige *Handelsplätze:* das von friesischen Fernkaufleuten besuchte Dorestadt an einem Mündungsarm des Rheins; Mainz, das sich durch eigens für Fernhändler hergerichtete Plätze auszeichnete; Regensburg, wo es ein *Händlerviertel* vor der westlichen Mauer der Bischofsburg gab, das sich im Verlauf des 10. Jahrhunderts auf eine Fläche von 36 ha bis zum Kloster St. Emmeram im Süden ausdehnte (▷ Karte S. 171).
Weltliche Herrscher gewährten den wagemutigen Händlern, die zur Sicherheit meist in eidlich verbundenen Gruppen *(Gilden)* reisten, besondere Schutzprivilegien für ihre Reiche. Sie und regionale geistliche und weltliche Herren versuchten darüber hinaus, durch *Marktprivilegien* den Warenaustausch zu steigern: Es gab *Wochenmärkte* für den örtlichen und überörtlichen Handel. Im 9. Jahrhundert wurden sie zunächst im Westfrankenreich durch *Jahrmärkte* ergänzt: An Festtagen der örtlichen Heiligen wurden auf ihnen Waren der Fernhändler feilgeboten (▷ Abbildung S. 172). Im 10. Jahrhundert privilegierten die Herrscher dann immer häufiger *Marktstätten der bischöflichen und klösterlichen Wirtschaftszentren* östlich des Rheins. Offensichtlich waren es mittlerweile die Grundherren und die eigens von ihnen dazu beauftragten Abhängigen gewohnt, auf Märkten zu kaufen und zu verkaufen. Die häufige Verleihung des herrscherlichen Münzrechts an Herren der Marktorte seit dem 9. Jahrhundert zeigt an, daß auch im Europa nördlich der Alpen sich die bisherige *reine Tauschwirtschaft* in Richtung auf eine *Geldwirtschaft* zu verändern begann. Bereits die karolingischen Könige des 8. Jahrhunderts hatten den *Silberdenar* (Schilling) als neue Leitwährung durchgesetzt.

Die Träger des Fernhandels in West- und Osteuropa

Die Fernhändler im nördlichen Teil Europas waren freilich in der Regel keine Einheimischen, sondern die in diesem Gewerbe schon seit der Spätantike tätigen *Juden.* Im Austausch gegen Luxusgüter der *Muslime* trieben sie mit Zentraleuropa einen blühenden Handel mit Sklaven meist slawischer Herkunft. Den Handel an der Nordsee und auf den Flüssen des westlichen Europa beherrschten dagegen die *Friesen.* Ihnen machten seit dem Ende des 8. Jahrhunderts *skandinavische Fernhändler* Konkurrenz. Auf der Halbinsel Jütland, fast in der Mitte zwischen Nord- und Ostsee, entwickelte sich damals am westlichen Ende des Mündungstrichters der Schlei in *Haithabu* eine der typischen befestigten Handelsniederlassungen der Skandinavier *(Wike)* zum bedeutendsten Umschlagplatz für Gütertransporte zwischen Westeuropa und dem Ostseeraum.
Im Ostseehandel gaben *Großhändler aus Schweden* den Ton an. Ihr Hauptstützpunkt lag in *Birka* auf einer Insel im Mälarsee. Von hier oder von der Insel *Gotland* aus wurden die Wike an den Mündungen von Oder und Weichsel und an den Küsten des Baltikums angefahren. Schwedische Händler und wohl auch Bauern ließen sich siedelnd im nördlichen Rußland nieder. Die Kaufleute stie-

ßen über die Flußsysteme von Düna, Dnjepr und Weichsel weiter nach Süden vor. Aus den Reichen der Wolgabulgaren, Chazaren und Petschenegen importierten sie nicht nur Leder, Wachs, Honig und Sklaven, sondern sie handelten dort auch die begehrten Luxusprodukte des islamischen Vorderasien ein. Im Verlauf des 9. Jahrhunderts gelang es den wegen ihrer Kaufmannsbünde *Waräger* genannten Schweden, ihre Handelsstützpunkte zu dauerhaften Herrschaftszentren umzuformen.

Erste Expansion des Abendlandes

b) Neue christliche Reiche. Um die Jahrtausendwende hatte das katholische Christentum im Norden und Osten Grenzen erreicht, die Millionen neuer Christen einschlossen und die es auch später nie mehr überschreiten sollte. Der Glaube dieser Christen blieb zunächst recht oberflächlich, weil der Übertritt ihrer Herrscher zum Christentum meist politischen Beweggründen entsprang und in ihren Reichen noch lange die seelsorgerischen Einrichtungen zur Betreuung der in Massen Getauften fehlten. Doch gewann diese *erste Expansionsphase des Abendlandes* dadurch ein besonderes Gewicht, daß diese neuen Randzonen sowohl wirtschaftlich als auch politisch auf die *alten Zentren* einwirkten und dadurch ihre *Umgestaltung* förderten und beschleunigten.

787	Beginn der Wikingerzüge nach Westeuropa
843	Vertrag von Verdun: Dreiteilung des Frankenreiches unter die Söhne Ludwigs des Frommen
882	Der Rurikide Helge (Oleg) begründet das Waräger-Großreich von Kiew
878	Der angelsächsische König Alfred der Große schließt einen Friedensvertrag mit dem Wikingerkönig Gottorm
888	Erste Nichtkarolinger als Könige in Westfranken, Italien und Burgund
911	Der Wikingerkönig Rollo wird Lehnsmann des westfränkischen Königs für die Normandie
955	Entscheidende Niederlage der Ungarn gegen ein deutsches Heer auf dem Lechfeld bei Augsburg
987	Herzog Hugo Capet von Franzien wird König
1015–35	Knut der Große, Beherrscher eines nordischen Großreiches von England, Dänemark und Norwegen

Bedeutung der Skandinavier für die europäische Geschichte

Schon vor der Einbeziehung in den Kreis der christlichen Völker beeinflußten die *Skandinavier* die geschichtliche Entwicklung Europas seit dem 9. Jahrhundert in vierfacher Weise: als *Fernhändler,* als gefürchtete räuberische *Seekrieger,* als wagemutige *Siedler auf Neuland* und als *Gründer neuer Reiche.* Wie die Geschichte der Waräger zeigt, sind diese Lebensweisen und Tätigkeiten miteinander verwoben gewesen, so daß Historiker bis heute keine eindeutige Erklärung für das neuartige Hervortreten der nordischen Völker bieten können. Mit einer kleinen skandinavischen Oberschicht von Kriegern beherrschten warägische Seekönige die ansässigen Slawen. *Mittelpunkt eines Großreiches* der warägischen Dynastie *der Rurikiden* wurde am Ende des 9. Jahrhunderts *Kiew* (▷ Karte). Über das Schwarze Meer kamen ihre Flotten in Kontakt mit Byzanz, wo man die Kiewer und ihr Reich »Rhos« nannte. Daraus entstand der Name der *Russen.* Das Verhältnis zwischen Warägern und Slawen ist wegen des Fehlens direkter schriftlicher Zeugnisse noch heute ein kontroverses Forschungsproblem. Wahrscheinlich aber slawisierte sich die skandinavische Führungsschicht bald. Schon der Enkel des Kiewer Reichsgründers trug den slawischen Namen Wladimir, als er 988 eine byzantinische Prinzessin heiratete und zum orthodoxen Christentum übertrat (▷ S. 138).

Wikingerzüge und Wikingerreiche

Für die Mehrzahl der Bevölkerung Mittel- und Westeuropas, die mit »Nordmännern« in Berührung kam, war dies eine Begegnung mit blutrünstigen, plündernden Scharen von Seekriegern, die sich selbst *Wikinger* nannten. Am Ende des 8. Jahrhunderts waren die Verbände ihrer schnellen und hochseetüchtigen *Drachenboote* erstmals vor der englischen Küste aufgetaucht.

Wikinger aus Norwegen begannen damals die Besiedlung der *Faröer-*, *Shetland-*, *Orkney*-Inseln und der *Hebriden* und ließen sich seit 874 dauernd auf *Island* nieder. Die locker mit dem norwegischen Heimatland verbundene *Republik von Großbauern* auf Island christianisierte sich um die Jahrtausendwende. *Grönland* wurde von verbannten Isländern entdeckt und mit rund 300 Hofstellen besiedelt. Schließlich erreichten abenteuernde Wikinger auch *Nordamerika.* Ihre Siedlungen sind dort bis zur Mitte des 14. Jahrhunderts als bewohnt bezeugt.

Bereits um die Mitte des 9. Jahrhunderts hatten die Wikinger den Norden *Schottlands* und ganz *Irland* erobert, das bis dahin von keltischen Kleinkönigen regiert worden war. Noch heute verraten alle irischen Städte durch ihre Lage an der Küste ihren Ursprung in *Wik*-Siedlungen der Wikinger.

Einigung Englands

In *England* siedelten und herrschten seit der Mitte des 9. Jahrhunderts dänische Wikinger. Erfolgreichen Widerstand leistete ihnen nur König *Alfred der Große* von Wessex. Dieses südwestlichste der sieben Königreiche Englands, die nach der Invasion von Angeln, Sachsen und Jüten im 5. Jahrhundert errichtet worden waren, wurde durch Alfreds Siege über die Wikinger zum Ausgangspunkt einer politischen Einigung Englands. Der westliche und nördliche Teil des Landes blieb freilich auch nach der Unterwerfung durch angelsächsische Könige ein rechtliches Sondergebiet, der sogenannte *Danelag* (▷ Karte S. 147).

Der Anspruch auf die Beherrschung ganz Englands, den Alfred der Große erhob, sprach bereits aus seinem neuen *Titel* eines Königs der Angeln und Sachsen. Seinen *Hof* gestaltete der König nach dem Vorbild Karls des Großen als *Bildungszentrum* aus. Mit seinen Übersetzungen lateinischer Autoren ins Angelsächsische setzte der selbst hochgebildete Herrscher Maßstäbe für den schriftlichen Gebrauch der Volkssprache. Auch wurde das vom König reformierte Recht in Altenglisch aufgezeichnet. Seine gelungene Neuorganisation des Volksheeres ermöglichte es den Nachfolgern, bis zur Mitte des 10. Jahrhunderts die Gebiete des Danelag zu unterwerfen.

Großreiche in Dänemark, Norwegen und Schweden

Um diese Zeit begannen sich die politischen Verhältnisse in der skandinavischen Heimat der Wikinger zu wandeln. In Dänemark, Norwegen und Schweden konnten sich erstmals Großreiche bilden, die an die Stelle der Kleinkönigtümer und ihrer regionalen Gefolgschaften traten. Obwohl sich die Herrscher der drei Reiche fast ständig bekämpften, gelang es ihnen, mit Hilfe der christlichen Kirche ihr Königtum als Herrschaftsordnung im Innern zu stabilisieren. Wie sehr sich Politik und Christentum durchdrangen, zeigt das Beispiel des norwegischen Königs *Olaf II.,* der von seinen Landsleuten den Beinamen »der Heilige« erhielt, nicht nur, weil er die Christianisierung Norwegens abschloß, sondern auch, weil er im Kampf um Norwegens Selbständigkeit gegen die Dänen fiel. *Dänemark* wurde unter seinem Gegner *Knut dem Großen* zur neuen *Großmacht des Nordens.* 1016 unterwarf Knut England, und seit 1028 beherrschte er auch Norwegen.

Einfälle fremder Völker ins Frankenreich

Im Vergleich zu den Eroberungen unter Karl dem Großen, erschien es den Chronisten als Verfall des fränkischen Königtums, daß die Herrscher des westlichen und des östlichen Teilreiches im 9. Jahrhundert nicht imstande waren, eine erfolgreiche militärische Abwehr gegen die *Wikinger* zu organisieren. Mit Tributzahlungen erkauften sie den Abzug der normannischen Heere, die sich auf Inseln vor den Küsten oder an den Flußmündungen festgesetzt hatten. Eine Flotte von 60 Drachenbooten stieß sogar nach Plünderungen in Nordspanien und im andalusischen Omaijadenemirat durch die Straße von Gibraltar ins westliche Mittelmeer vor. Hier und im Adriatischen Meer war aber der Wirkungsbereich islamischer Seeräuber, der *Sarazenen.* Schließlich bedrohte im 10. Jahrhundert das Volk der Ungarn oder *Madjaren* das Abendland. Die Madjaren waren zu dieser Zeit bis in die Donau-Theiß-Ebene vorgedrungen. Jährlich unternahmen ihre Reiterheere Beutezüge bis nach Italien, ja sogar bis zur französischen Atlantikküste. Erst nach einer schweren Niederlage in Deutschland (955) wurden die Madjaren seßhaft und bildeten ein zentral regiertes *autokratisches Fürstentum* unter dem Herrscherhaus der *Arpaden.* Die Wikingereinfälle ließen auf dem europäischen Festland im 10. Jahrhundert mit der Konsolidierung der skandinavischen Reiche allmählich nach, während die sarazenische Piratengefahr erst im 11. Jahrhundert endgültig gebannt wurde.

Lehnrecht im Herzogtum Normandie

911 gelang es dem westfränkischen König, den Seekönig Rollo (Hrolf) dazu zu bewegen, ihm einen *Lehnseid* für das von seinem Wikingerheer besetzte Gebiet an der Seinemündung zu leisten. Danach teilte Robert, wie sich der neue königliche Herzog nach seiner Taufe nannte, das Land ebenfalls nach Lehnrecht an seine Gefolgsleute auf. Das neue *Herzogtum* wurde das erste Herrschaftsgebiet des Abendlandes, das allein *nach lehnrechtlichen Abhängigkeiten* organisiert war, und erhielt nach der Herkunft seiner Herren den Namen *Normandie.* Herzog Robert und seine Nachfolger schützten nun das Westfränkische Reich gegen neue Wikingerüberfälle. Die Normannen der Normandie, allen voran der Herzogshof in Rouen, *romanisierten* sich in Sprache und Lebensgewohnheiten bereits in der zweiten ansässigen Generation.

Stärker noch als die Invasionen von außen veränderten die *Reichsteilungen* das

Von Reichsteilen über Teilreiche zu neuen Reichen

politische Gesicht des Abendlandes. Als Kaiser Ludwig der Fromme seine erste Erbregelung zugunsten seines nachgeborenen Sohnes Karl (des Kahlen) ändern wollte, kam es zur Erhebung der Söhne gegen den Vater und schließlich zum Kampf der Söhne untereinander (▷ Stammtafel S. 140). Fränkisch- karolingische Tradition der *Erbteilung* stand *gegen* die Idee der *Reichseinheit.* Sie war in der jungen Institution des Kaisertums und in dem neuen Kaiser Lothar I. verkörpert. Doch da die militärische Konfrontation der Söhne Ludwigs des Frommen zu *Parteiungen im Reichsadel* geführt hatte, unterstützten die Einheitspolitik Lothars nur noch die Reichsbischöfe und die Päpste. Die Reichsbischöfe und Äbte wollten zumindest ein weiteres Auseinanderwachsen der Teilreiche verhindern, während der Adel auch aus wirtschaftlichen Gründen stärker in den Regionen verhaftet war (▷ S. 148). Zwar fühlte man sich noch überall als Franken, aber *sprachliche Unterschiede* erhielten nun ein größeres politisches Gewicht. Als sich die Söhne Karl und Ludwig 842 in Straßburg gegen Lothar verbündeten, mußte der westfränkische Herrscher Karl der Kahle seinen Eid in fränkischer Sprache ablegen und der östliche Teilherrscher Ludwig seinen Eid in der romanischen Volkssprache Galliens (Altfranzösisch), weil ihn sonst die Gefolgsleute Karls nicht verstanden hätten. Aus dem Blickwinkel der Bevölkerung westlich des Rheins unterschied sich eben das östliche Teilreich durch seine andere Volkssprache, die *»lingua theodisca«,* wie sie die karolingischen Gelehrten nannten. Deshalb nannte man auch den ostfränkischen König den »König der Germanen«; zu einem »Ludwig dem Deutschen« machten ihn erst die modernen Historiker.

Elemente der politischen Entwicklung

Das Auseinanderwachsen der Reichsteile zu selbständigen Königreichen mit eigenständigem Selbstbewußtsein ist ein Prozeß, der das ganze 9. Jahrhundert in Anspruch nahm (▷ Karte S. 147). Dabei sind drei Elemente zu beachten, die die Richtung und den Verlauf dieser Entwicklung entscheidend bestimmten.

(1) Die *fränkische Tradition* wirkte am stärksten in den Reichsteilen West- und Ostfrankens, in denen auch am längsten karolingische Könige regierten. Der Versuch zum Dynastiewechsel wurde 888 zuerst im Westreich unternommen, scheiterte aber an der Rivalität mehrerer Adelssippen. Im Ostreich regierte seit 911 kein Karolinger mehr. Für die nichtkarolingischen Könige in beiden Reichen wurde die Berufung auf fränkische Traditionen zum *Mittel der Legitimation* der eigenen Herrschaft und zugleich zum Anknüpfungspunkt an das bereits idealisierte Herrschertum Karls des Großen.

(2) Die starke *politische Rolle der karolingischen Reichsbischöfe* hatte sich unter Ludwig dem Frommen in einer Zeit geistlicher Reformversuche ausgebildet. Das natürliche Interesse der Bischöfe an Einheitlichkeit des Reiches blieb ein wichtiger politischer Faktor, da es den Sonderinteressen des Adels entgegenwirkte.

(3) Die seit jeher *unterschiedliche Struktur der Teile des fränkischen Gesamtreiches* (▷ Karte S. 147) wirkte sich auf die Entwicklung der Herrschaftsordnungen der Teilreiche des 9. Jahrhunderts aus. Nach mehreren Erbteilungen bestanden nach 888 fünf selbständige Königreiche: Westfranken, Ostfranken, Hoch- und Niederburgund und Italien. Am stärksten hatte sich das 843 gebildete *Mittel-*

reich Kaiser Lothars I. weiter aufgespalten. In *Italien* stieg das Papsttum, das allein die Kaiserwürde vergeben konnte, zu einer geistlichen Macht auf. Rom und der Kirchenstaat gerieten freilich immer mehr in die Hand von Adelsgeschlechtern, während in Norditalien und Burgund verschiedene Sippen des Reichsadels zum Königtum und sogar zum Kaisertitel drängten, der aber eine inneritalienische Würde blieb. Der ursprünglich nördlichste Teil des Mittelreiches, in dem mit Aachen eines der wichtigsten Herrschaftszentren der Karolinger lag, hat nach seinem Herrscher Lothar II. den Namen *»Lotharingien«* erhalten. Dieses Reich wurde seit 870 für ein Jahrhundert zum Zankapfel zwischen dem West- und Ostreich.

Aus dem Westfrankenreich der Karolinger wird das Frankreich der Kapetinger

In *Westfranken* konnten die Könige seit dem Ende des 9. Jahrhunderts nur noch in Franzien (▷ S. 126) direkte Herrschaft ausüben. Die Bretagne, der burgundische Raum zwischen Loire und Saône und ganz Aquitanien wurden zu *Fürstentümern* von Adelssippen aus diesen Regionen, die ehemals königliche Grafen und Vasallen zu ihren Lehnsleuten machten. Damit bildete sich in Ansätzen bereits eine *neue Verfassungsordnung nach Lehnrecht* aus, in der der König nur noch als Oberlehnsherr an der Spitze der ihm als Vasallen verpflichteten Fürsten der Reichsteile stand, die selbst wieder Lehnsherren kleinerer adeliger Herrscher waren. Die Karolinger mußten in Franzien selbst bald mit den Grafen von Paris um die Macht kämpfen, die sich seit 936 Herzöge der Franken nannten. 987 wurde der Herzog *Hugo Capet* von den Großen des Westreichs gegen einen karolingischen Kandidaten zum König erhoben. Der Erzbischof von Reims rechtfertigte diese Entscheidung damit, daß man einen Vasallen des ostfränkischen Königs nicht als Herrscher im Westen anerkennen könne, auch wenn dieser Karolinger sei. Das von der neuen Herrscherdynastie der *Kapetinger* mit ihren verschiedenen Seitenlinien bis ins 19. Jahrhundert regierte Westreich wurde weiterhin Franken, d. h. lateinisch *»Francia«* oder französisch *»France«* genannt. Aber das Frankenreich der Kapetinger war kein karolingisches Teilreich mehr.

c) Das Kaiserreich der Deutschen. Im ostfränkischen Teilreich hatten einzelne Grafen und Markgrafen bei der Organisation der militärischen Abwehr von Invasionen zusätzlich Autorität gewonnen, weshalb sie sich am Ende des 9. Jahrhundert als *Herzöge* bezeichneten, ohne daß dieses Amt ihnen von den

911	Frankenherzog Konrad erster nichtkarolingischer König des Ostfränkischen Reiches
919–1024	Das sächsische Königshaus der Ottonen herrscht im »Reich der Deutschen«
962	Kaiserkrönung Ottos des Großen in Rom
983	Großer Slawenaufstand gegen die sächsische Oberherrschaft
1000	Wallfahrt Kaiser Ottos III. nach Gnesen
1001	Krönung des Ungarnkönigs Stephan I. am neuen Erzbischofssitz Gran

Königen verliehen worden war. In Bayern, Sachsen und (Main-)Franken wurde die Herzogswürde erblich. In Schwaben kam es wegen großer Rivalitäten der führenden Adelssippen untereinander erst 917 zur Bildung eines derartigen neuen Stammesherzogtums.

Königtum und Herzogsgewalt im »Reich der Deutschen«

Das verfassungspolitische Problem war, in welchem Verhältnis die Könige im *Ostfrankenreich* zu diesen neuen Herrschaftsträgern standen. Der erste nichtkarolingische König, *Konrad I.*, der zuvor selbst Herzog in Franken gewesen war, wollte die anderen Herzöge übergehen und statt dessen mit der Autorität der Bischöfe seines Reiches regieren. Er scheiterte. Sein Nachfolger, der Sachsenherzog *Heinrich I.*, verfuhr anders. Er brachte die widerstrebenden Herzöge Schwabens und Bayerns zur Anerkennung einer übergeordneten königlichen Position, weil er ihre Stellung als *Stammesherzöge* respektierte. Die Herzöge wurden seine *Vasallen, nicht* aber seine *Lehnsleute.* 925 kam Lothringen als fünftes Herzogtum zum Ostreich. Heinrich unterstrich durch Verzicht auf die bischöfliche Herrschersalbung demonstrativ sein neues politisches Konzept. Durch seine militärischen Erfolge bei der Grenzsicherung gegen Dänen, Ungarn und gegen den karolingischen König in Westfranken konnte er sowohl die *Autorität des Königtums* im Reich der deutschen, d. h. der nicht romanischsprachigen Stämme steigern als auch die *Unteilbarkeit des Reiches* sichern, das ein Chronist damals schon *Regnum Teutonicorum* nannte.

Den Zusammenhalt der deutschen Stämme wollte Heinrich durch die *Designation* seines Sohnes Otto zu seinem Nachfolger wahren, indem er das unbestreitbare Wahlrecht der Herzöge und Großen seines Reiches »lenkte«. Mit der sorgfältig ausgestalteten Krönungszeremonie 936 in Aachen betonte *Otto I.* die dreifachen Grundlagen des sächsischen Königtums: das Einverständnis des Königs mit den Herzögen, die fränkisch-karolingische Tradition und das besondere Gottesgnadentum des Königsamtes. Doch die Unteilbarkeit des Königsamtes stellten die engsten Verwandten Ottos durch Rebellion in Frage; mehrfach standen auch die Stammesherzöge gegen den König auf, obwohl Otto dachte, durch die Erhebung von Verwandten und Verschwägerten zu Herzögen das gespannte Verhältnis zum Königtum entschärft zu haben. Aber ein bloßer Vasalleneid der Herzöge genügte nicht: Schon zu Zeiten Heinrichs I. hatte ein bayerischer Autor dem König das Recht zum Eingreifen in bayerische Belange bestritten, »da doch dessen Vorfahren dort noch nie eine Handbreit Boden besessen« hätten.

Die Anfänge des Reichskirchensystems unter Otto I.

Otto I. suchte daher den Streit um die Königsgewalt durch eine stärkere Heranziehung der Bischöfe als Stützen zu lösen. Er erneuerte die Institution der *Hofkapelle* (▷ S. 145) und vergab an ihm genehme Bischöfe *königliche Hoheitsrechte,* ja er ernannte sie sogar teilweise zu *Grafen.* Da der König es zur Regel machte, daß nur Personen seines Vertrauens zu Bischöfen gewählt wurden, konnte er auf einen Kreis ihm ergebener politischer Helfer zählen; denn diese unverheirateten Geistlichen konnten die ihnen übertragenen Herrschaftsrechte ja nicht vererben. Zudem setzte der König durch, daß die Bischöfe erst dann als rechtmäßige Amtsinhaber galten, wenn der Herrscher ihnen die Amtsinsignien –

Ring und Stab – übergeben hatte *(Investitur)*. Diese Praxis stimmte kaum voll mit dem Kirchenrecht überein.

»Prototyp des ottonischen Reichsbischofs« (Josef Fleckenstein) war Ottos Bruder *Brun*, der vom König nicht nur zum Erzkapellan und Kanzler erhoben wurde, sondern auch noch zum Erzbischof von Köln und Herzog von Lothringen. Die Nachfolger Ottos, auch die aus dem folgenden Herrscherhaus der *Salier* (▷ Stammtafel S. 189), haben die Reichsbischöfe und -äbte immer stärker zu Stützen der königlichen Gewalt gemacht, so daß Historiker darin bis vor wenigen Jahren das neben der *Grafschaft* wichtigste Verfassungselement des Reiches im sogenannten *»Ottonisch-salischen Reichskirchensystem«* sahen.[12]

Probleme des Kaisertums

Der große Sieg über ein ungarisches Invasionsheer auf dem Lechfeld bei Augsburg (955), der Otto den Beinamen »der Große« einbrachte, und sein Eingreifen in innere Konflikte der anderen karolingischen Nachfolgereiche seit 948 ließen den deutschen Herrscher zu einer *Hegemonialstellung im christlichen Abendland* gelangen. Wie im Falle des Vorbilds Karls des Großen führte sie zum Kaisertum. Nach seinem Eingreifen in die politisch wirren Verhältnisse in Italien und in Rom wurde Otto am 2. Februar 962 vom Papst in Rom zum Kaiser gekrönt. Für Otto den Großen selbst brachte das Kaisertum neue Probleme wie auch für die mit ihm verwandten Nachfolger (Ottonen). Es folgten Auseinandersetzungen mit Päpsten, erneute Streitigkeiten mit Byzanz über das Zweikaiserproblem und militärische Aktionen in Unteritalien. Byzanz respektierte schließlich die Hegemonialstellung der Ottonen im Westen und bewilligte dem bereits zum Mitkaiser erhobenen Otto II. die Prinzessin Theophanu als Gattin.

Theophanu und andere Teilhaberinnen an der Königsherrschaft

Wegen ihres Rangs, aber auch ihrer hohen Bildung als Byzantinerin, die damit jede Abendländerin weit übertraf, führte Theophanu nicht nur den im Ottonischen Königshaus üblichen Titel einer *Teilhaberin an der Königsherrschaft* (»consors regni«), sondern nach byzantinischer Tradition den einer *Mitkaiserin*. Nach dem frühen Tod Ottos II. leitete sie die Vormundschaft für Otto III. bis zu ihrem Tode 990. Im Jahr zuvor stellte sie auf einer Romreise sogar eine Urkunde aus unter der vermännlichten Form ihres Namens und Titels (»Theophanius imperator«). Fürstinnen und Königinnen waren in der Regel gebildeter als ihre Gatten. Ihre Ehen wurden nahezu ausschließlich aus politischen Gründen geschlossen, zumal sie oft als Erbinnen bedeutender Ländereien den Herrscherhäusern ihrer Gatten Machtzuwachs bescherten. Königinnen verfügten über einen eigenen Hof, mit dem sie auch unabhängig von dem des Königs im Reich umherzogen oder ihre Güter verwalteten. Sicher war Theophanu unter allen Herrscherinnen des Abendlandes die gebildetste, stolzeste und machtbewußteste, die für einige Jahre sogar die Politik des Ottonenreiches im Rahmen der damaligen Großmächte bestimmte.

Streit der Historiker über das Kaisertum

Im 19. Jahrhundert entstand ein jahrzehntelanger Streit der Historiker darüber, ob das Kaisertum nicht verhängnisvoll für die deutschen Herrscher war, das sie für Jahrhunderte an Italien fesselte, in Abhängigkeit vom Papsttum brachte und von ihrer eigentlichen Aufgabe abhielt, einen starken deutschen Staat zu schaf-

Das Kaiserpaar Otto II. und Theophanu mit dem Sohn Otto III. *zu Füßen des Weltherrschers Christus und umrahmt von den Schutzheiligen Maria und Mauritius. Elfenbeinschnitzerei. Mailand, nach 980. Theophanus Stellung als Mitkaiserin ist an ihrer Krone und daran zu erkennen, daß sie in gleicher Größe wie Otto II. dargestellt ist.*

fen.[13] Aus der Analyse der Kontroverse konnte die Geschichtswissenschaft Einsichten in die *Zeitgebundenheit ihrer Fragestellungen,* die methodischen *Gefahren* bei der *Übertragung eigener Maßstäbe auf die Vergangenheit* und die *Begrenztheit historischer Beurteilungen* gewinnen. Denn die Kritiker Ottos setzten dabei ihr eigenes zeitbedingtes politisches Ideal eines deutschen Nationalstaates absolut und bedachten nicht, daß mittelalterliche Reiche keine Staaten waren und daß sich die Menschen damals von anderen Wertmaßstäben leiten ließen. Zu ihnen gehörte die Vorstellung von einem universalen christlichen Reich, in dem geistliche und weltliche Macht geeint herrschten. Deswegen wurde Karl der Große zur Figur eines Idealherrschers, dessen Kaisertum nachzueifern war (▷ Tafel 8).

Die Slawenpolitik der sächsischen Herrscher

Der große *Slawenaufstand* von 983 war das Ergebnis der Verbindung von Bekehrung und politischer Unterwerfung durch militärische Gewalt, die die Sachsenherzöge seit Heinrich I. gegenüber den Slawen praktizierten. Sächsische Markgrafen kontrollierten die slawischen Gebiete nördlich und östlich der Elbe. Eine Vielzahl von Burgen sollte die deutsche Oberherrschaft sichern. Nicht anders als Karl dem Großen gegenüber den Sachsen war es *Otto I.* und seinen Zeitgenossen ganz unzweifelhaft, daß Christianisierung von Heiden am besten durch Unterwerfung unter die Herrschaft eines durch Gottes Gnade eingesetzten Königs erreicht werde. Solchen Überzeugungen entsprang auch der von Otto I. hartnäckig verfolgte Plan, in *Magdeburg* ein neues *Erzbistum* als Zentrum der Slawenmission zu errichten. 983 gingen aber sowohl die sächsischen Burgen als auch die Bischofssitze Brandenburg, Havelberg und Oldenburg im Slawenland verloren. Für nahezu zwei Jahrhunderte behaupteten die *Slawen* zwischen Elbe und Oder ihre politische und religiöse *Unabhängigkeit* in der *Kultgemeinschaft des Liutizenbundes.* Der dritte der Ottonen schloß mit dem mächtig gewordenen *christlichen Herzog* des Slawenstammes *der Polen* ein *Bündnis,* um gemeinsam gegen das slawische Heidentum vorzugehen. Im Jahr 1000 wallfahrtete *Otto III.* nach *Gnesen* an das Grab des ehemaligen Prager Bischofs und Heidenmissionars Adalbert. Er ehrte den polnischen Herzog als christlichen Herrscher im Verband der *unter dem Kaiser geeinten Christenheit* mit der Errichtung einer eigenen polnischen Kirchenprovinz. Ähnlich verfuhr er im Falle der *Ungarn,* deren getaufter Fürst *Stephan* 1001 zum König erhoben wurde und deren Reich mit *Gran* einen eigenen Erzbischofssitz bekam.

Veränderte politische Ziele

Nachfolger Ottos III. wurde 1002 *durch Wahl* der geistlichen und weltlichen Großen des Reichs gegen mehrere Gegenkandidaten der bayerische Herzog Heinrich (▷ Stammtafel S. 189). Als König rückte *Heinrich II.* nach 1002 von den Vorstellungen Ottos III. ab, der einen geistigen Bund aller christlichen Herrscher unter der Leitung von Kaiser und Papst angestrebt hatte. Schon die Umschrift auf Heinrichs Siegel: *Erneuerung des Reichs der Franken,* nicht desjenigen der Römer wie bei Otto III., verriet die Ziele seiner Politik und macht die Spannbreite kaiserlicher Herrschaftsauffassung um das Jahr 1000 deutlich. So verbündete sich Heinrich II. mit heidnischen Slawen gegen das polnische Herzoghaus der *Piasten.* Im Innern des Reiches prägten *Auseinandersetzungen mit* den zu *erblichen Dynastien* verfestigten Herzogtümern und im Gegenzug der *Ausbau der königlichen Kirchenhoheit* die Regierungszeit Heinrichs II. Den Frömmigkeitsvorstellungen seiner Zeit entsprach sein Verhalten durchaus. Seine Heiligsprechung 122 Jahre nach seinem Tod und später auch die seiner Ehefrau Kunigunde (1200) ist der legendenhaften *Verehrung* zu verdanken, die das Ehepaar schon bald bei der Geistlichkeit des 1007 gestifteten Bistums *Bamberg* genoß.

B. Wandel und Expansion: Das Hochmittelalter (1000–1250)

I. Mensch, Natur und Gesellschaft

Die Fülle der technischen Neuerungen im Abendland seit dem 11. Jahrhundert hat den französischen Historiker Jean Gimpel 1975 dazu geführt, von einer »Industriellen Revolution des Mittelalters« zu sprechen.[14] Jedes Urteil über den *wirtschaftlichen Aufschwung Europas* zwischen dem 11. und 13. Jahrhundert darf aber nicht aus dem Blick verlieren, daß er nur durch eine vorhergehende »Revolution in der Landwirtschaft« möglich wurde: Denn damals konnten zum ersten Mal so viele Lebensmittel erzeugt werden, daß sie für eine erheblich gewachsene Zahl von Menschen ausreichten, obwohl der Anteil der Bauern an der Gesamtbevölkerung sich deutlich verringerte.

1. Revolution in der Landwirtschaft – soziale und wirtschaftliche Folgen

Erfolge in der Landwirtschaft

Um das Jahr 1000 lebten in Europa rund 42 Millionen Menschen. Ein Jahrhundert später stieg die Zahl auf 48 Millionen; um 1200 betrug sie bereits 61 und um 1300 sogar 73 Millionen. Diese Zahl wurde im Mittelalter niemals mehr überschritten (▷ Schaubild 1, S. 229).
Obwohl es in Europa auch im 11. und 12. Jahrhundert große Hungersnöte infolge von Mißernten gab, konnten doch im Regelfall die zahlreichen Menschen *ausreichend ernährt* werden. Dafür können drei Gründe genannt werden:
(1) Eine Periode *wärmeren und trockeneren Klimas* zwischen dem 9. und dem 13. Jahrhundert schuf günstige Voraussetzungen dafür, Ackerbau auch auf Böden zu betreiben, die bislang zu feucht für eine Bestellung gewesen waren.
(2) Gegenüber dem Frühmittelalter erzielten die Bauern beim Getreideanbau eine Verdoppelung des Ertrags durch vermehrten *Einsatz eiserner Werkzeuge.*

	Erfindungen und technische Neuerungen im hochmittelalterlichen Europa
10. Jh.	dreiteiliger eiserner Pflug; Nockenwelle, verbessertes Verfahren beim Ausschmelzen von Silbererz
1040	Hanfmühle
1050	Einsatz von Pferd und Egge in der Landwirtschaft
1086	Walkmühle bei der Tuchherstellung
12. Jh.	Wasserkraft-Maschinen zum Gerben, Schleifen, Eisenhärten; Webstuhl mit Trittbrett und zwei Kämmen
1150	Anspannen von mehr als zwei Pferden in Reihe
1195	Magnetkompaß
1200	Knöpfe
um 1250	Drehbank, Schraubenwinde, Schubkarren, waagrechter Webstuhl, Hecksteuerung der Schiffe, erste Brillen

Pflügen, säen und eggen. *Ein Bauer pflügt mit einem von einem Maulesel gezogenen dreiteiligen Räderpflug, ein Bauer sät, während vor ihm ein anderer mit einem Pferdegespann mit Kummet eggt. Es handelt sich um die frühesten bildlichen Darstellungen dieser Landwirtschaftstechniken. Stickereien auf dem um 1080 entstandenen Bildteppich von Bayeux (Normandie).*

Dazu gehörten die *Egge,* die die Ackerkrume zerkleinerte, und vor allem der *dreiteilige Pflug* aus Sech, Schar und Streichbrett. Er erlaubte, die Schollen umzuwenden, was die Fruchtbarkeit des Bodens steigerte. Eine auf Rädern laufende Vorderkarre erleichterte dem Bauern zudem die Führung des Pfluges und das Regulieren der Pflugtiefe. Durch verbessertes *Geschirr* konnte die *Zugkraft* von Zugtieren besser ausgenutzt werden. Wenn also Pferde mit dem steifen *Kummet,* das aus Asien kam, angeschirrt und mit *Hufeisen* beschlagen wurden, waren sie beim Pflügen schneller und ausdauernder als Ochsen. Aber für einen Bauern blieb die Haltung eines Pferdes schon wegen des besonderen Futterbedarfs kostspielig. Deswegen setzte sich das Pferd als Zugtier im Mittelalter nur auf größeren Höfen und in Regionen durch, die für Haferanbau besonders geeignet waren.

Die »Vergetreidung« Europas

(3) Die neuen technischen Möglichkeiten halfen, auch eine *neue Anbautechnik* zu verbreiten: die *Dreifelder-Wirtschaft.* Dabei wurde zunächst die gesamte Anbaufläche in *Gewanne* gedrittelt. Auf dem ersten wurde im Herbst Winterweizen oder Roggen ausgesät, auf dem zweiten im Frühjahr Sommerweizen, Hafer, Gerste oder Hülsenfrüchte. Das dritte Gewann blieb brach liegen und diente als Viehweide. Im nächsten Jahr wurde dann auf der Brache Wintergetreide angebaut, während das erste Gewann nun Sommerfrucht trug und das zweite Gewann brach liegenblieb. Damit wurde wesentlich *mehr Getreide* als nach der alten Methode angebaut und geerntet. Der Historiker Wilhelm Abel

nannte das die »Vergetreidung des Mittelalters«.[15] Mit ihr *veränderten sich die Ernährungsgewohnheiten* der Menschen. Im Unterschied zum recht eintönigen Speiseplan des Frühmittelalters waren nun nicht mehr Fleisch und Brei, sondern das aus Roggen oder Dinkel gebackene Brot die Ernährungsgrundlage der Nichtadeligen.

Von der Sippe zur Familie

Mit der besseren Ernährung stieg die *durchschnittliche Lebenserwartung* auf über 30 Jahre, steigerte sich also gegenüber dem Frühmittelalter um rund zehn Jahre. Die *Sterblichkeit bei den Säuglingen* blieb aber gleich hoch und erreichte in manchen Gegenden 50 %. Aus Hofverzeichnissen ist zu entnehmen, daß ein Elternpaar kaum mehr als zwei bis drei überlebende Kinder hatte. Wie groß eine Hausgemeinschaft war, läßt sich nur für Einzelfälle genau bestimmen. Die uns geläufige »Familie« gab es noch nicht. Der Begriff *»familia«* meinte im Mittelalter alle von einem *Hausherrn* Abhängigen, über die er verfügen konnte. Sie umschloß damit nicht nur alle unter seinem Dach lebenden Verwandten, sondern auch die Bediensteten seines Hofes wie die selbständig wirtschaftenden hörigen Bauern. Aber dieser wirtschaftliche Großverband wie auch das weitgefaßte Verwandtschaftsband der Sippe (▷ S. 114) *lösten sich* nun unter den neuen Bedingungen des Hochmittelalters allmählich *auf.* An ihre Stelle traten *Haushalte aus Eltern, Kindern,* vielleicht *den Eltern des Ehemanns* und einigen unverheiratet gebliebenen Seitenverwandten sowie den Dienstboten. Während sich dieser Wandlungsprozeß bei den Adeligen deutlich in schriftlichen Zeugnissen eines Selbstbewußtseins (*Familientradition*) niederschlägt, läßt sich eine Abgrenzung der *neuen Kernfamilie* an der Wahl vorherrschender *Leitnamen* nicht nur beim Adel, sondern auch bei unfreien Bauern ablesen. Dabei konnte der für die Kinder gewählte Namen auch derjenige in der Familie der Frau übliche sein, besonders wenn diese mächtiger und reicher war als die des Mannes: In der Grundherrschaft des nordfranzösischen Klosters St. Germain-des-Prés erhielt im 9. Jahrhundert der Sohn eines Bauernpaares namens Arnulf und Farberta den Namen Farbertus.

Frauen und Ehe

Die Frau war dem Mann *rechtlich* grundsätzlich *untergeordnet.* Durch die Eheschließung wurde eine Frau von ihrer Sippe gelöst und in den Rechtskreis derjenigen ihres Ehemannes eingegliedert und dabei der Bestimmung des Mannes unterstellt (*»Munt«*, daher »Vormund«). Die *Eheschließung* war wegen der damit verbundenen Güterübertragungen (Mitgift, Ausstattung) und Erbrechtsfragen keine Angelegenheit von Braut und Bräutigam, sondern mußte von den Eltern oder den Sippenvorstehern entschieden werden. Das Mindestheiratsalter betrug 12 (Braut) und 14 (Bräutigam) Jahre; doch wurden Verlobungen oft schon im Kindesalter abgeschlossen. Liebesheiraten kamen durchaus vor. Sie führten – wie wir aus den für Adelige überlieferten Fällen wissen – sehr oft zu Konflikten zwischen den beteiligten Familien. Für *Heiraten unter* rechtlich *Ungleichen* galt das Prinzip der »ärgeren Hand«, d. h. die Kinder aus solchen Ehen erhielten den Rechtsstand des niedriger gestellten Elternteils. Gewaltsame Entführung der Braut aus ihrer Sippe (mit ihrer Zustimmung) oder gar Brautraub (gegen ihren Willen) war bei Adeligen bis ins 12. Jahrhundert üblich.

Kirchliche Ehelehre

Die *Trauung* war eine weltliche, durch Zeugen für beide beteiligte Familien abgesicherte *Rechtshandlung*. Erst im 12. Jahrhundert wurde üblich, daß sie vor der Kirchentür stattfand, der Priester auch das Brautpaar segnete und die Braut als Zeichen ihres neuen Standes einen Ring angesteckt bekam. Das aktive Eingreifen eines Vertreters der Kirche bei der Eheschließung deutet schon an, daß *kirchliche Lehren* und die daraus abgeleiteten Regeln des *Kirchenrechts* eine *veränderte Auffassung von der Ehe* und daher *von der Stellung der Frau* bewirkten. Theologisch war die Ehe nur zum Zweck der Fortpflanzung gerechtfertigt. Strenge Bestimmungen über notwendige *Voraussetzungen einer legitimen Heirat* und das Bestehen auf der *grundsätzlichen Unmöglichkeit einer Ehescheidung* zum Zweck der Wiederverheiratung prägten die kirchliche Lehre, in der die *Ehe* im 12. Jahrhundert in den *Rang eines Sakraments* erhoben wurde. Da für den Adel bei Aufrechterhaltung des Ausschlusses der Verwandtenehe bis zum 7. Grad kaum noch gleichrangige Ehepartner zu finden gewesen wären, gestattete das Kirchenrecht seit dem 12. Jahrhundert nun *Ehen unter Verwandten ab dem 4. Grad.* Denn Fürsten und Adelige benutzten oft die Berufung auf zu nahe Verwandtschaft, um die einzig kirchenrechtliche Möglichkeit zur Ehetrennung und Wiederverheiratung durch Ungültigkeitserklärung der ersten Eheschließung zu erreichen. Doch schalteten sich oft die Päpste in solche Verfahren ein, um gegenüber Fürsten allzu nachgiebige Bischöfe zu korrigieren. So entschied schon 863 Papst Nikolaus I. im Falle des Karolingers Lothars II. (▷ S. 154) gegen den König und die ihn unterstützenden Erzbischöfe von Köln und Trier und zugunsten der verstoßenen und des Ehebruchs beschuldigten Gattin Theutberga. Auch der deutsche König Heinrich IV. scheiterte 1066 mit seinem Scheidungsbegehren. 1095 verurteilte der Papst den französischen König wegen Ehebruchs, da er ohne kirchliche Genehmigung seine erste Frau verstoßen und seine Geliebte geheiratet hatte. Dem Urenkel, König Philipp II. Augustus, verweigerte Papst Innozenz III. seit 1198 konstant die Ungültigkeitserklärung der Ehe mit der dänischen Königstochter Ingeborg, obwohl die Ehe wegen der Abneigung des Königs nicht vollzogen worden war. Die kirchliche *Lehre von der Unauflöslichkeit der Ehe* schützte in der Praxis oft die Ehefrauen gegen leichtfertige Verstoßung.

Die Frauen in der Theologie

Frauen, die im allgemeinen von allen öffentlichen Ämtern, auf alle Fälle *von allen kirchlichen Ämtern ausgeschlossen* waren, wurden von Theologen nur im Stand der *Jungfräulichkeit,* als *Nonnen* oder als *keusch lebende Witwen,* als heiligmäßig lebend anerkannt. Die Witwe des Thüringischen Landgrafen, Elisabeth, wurde wegen ihres vorbildlichen Lebens und der Sorge für die Armen im Marburger Spital im frühen 13. Jahrhundert zur Heiligen erhoben. Frauen galten den Theologen als das »schwache Geschlecht«, das der Satan seit dem Paradies *bevorzugt zur Sünde verführte.* Deshalb bedurfte es männlicher Führung und Leitung, aber auch ständigen Schutzes durch weltliche und geistliche Herrschaft gegen Unrecht und Übergriffe durch Männer. So war nach dem Kirchenrecht eine Heirat nur gültig, wenn die beiden Ehepartner selbst ihre Zustimmung gegeben hatten *(»Konsensehe«).* Diese Aufwertung der Rolle der Frau hatte im weltlichen Alltag sonst kaum eine Entsprechung, da Frauen im Regelfall als nicht rechtsfähig galten und deshalb vor Gericht von einem Mann vertreten werden mußten.

Grundherrlicher Landesausbau

Wie sehr für den Wandel der sozialen Verhältnisse wirtschaftliche Gründe verantwortlich waren, zeigt die Entwicklung im Bereich der Grundherrschaften (▷ S. 142 f.). Im Hochmittelalter verkleinerten die Grundherren die Zahl der auf den Herrenhöfen direkt versorgten Angehörigen ihres Haushaltes *(familia)*. Zu diesem Zweck schufen sie auf Salland neue Hofstellen, auf denen die ehemals zum Haushalt gehörenden Abhängigen nun als abgabepflichtige Bauern selbständig wirtschafteten. Diese Bauernsiedlungen vergrößerten sich durch *Rodungen* für neue Hofstellen. Gleichzeitig wurden ganz neue Siedlungen auf Rodungsland angelegt *(Landesausbau)*. Diese Entwicklung hatte auch zur Folge, daß ein Teil der Abhängigen nun nicht mehr als Bauern arbeitete, sondern als *spezialisierte Handwerker in den Marktorten* ihrer Herren tätig waren.

Energiegewinnung und technische Fortschritte

Diese neue *Arbeitsteiligkeit* war die Voraussetzung für eine wirtschaftliche Nutzung der technischen Neuerungen im handwerklichen Bereich. Die *Energie*, die die Handwerker benötigten, lieferte neben dem Holz vor allem die durch das Mühlrad genutzte *Wasserkraft*. Da *Holz* nicht nur Brennstoff, sondern auch der meistgebrauchte Baugrundstoff war, führte sein Bedarf zu Rodungen und mehr noch zu *rücksichtslosen Abholzungen* ohne Wiederaufforstung. Daher wurde Holz in Mitteleuropa im 13. Jahrhundert bereits knapp. Das war auch der Anlaß, daß man seither daran ging, die *Kohlevorkommen* systematisch als neuen Energielieferanten abzubauen. Im nördlichen Mitteleuropa hatte man schon seit dem 12. Jahrhundert gelernt, die *Windenergie* für Mühlen zu nutzen, da hier das fehlende Gefälle der Flüsse auch nicht durch Staumaßnahmen künstlich erzeugt werden konnte.

In Europa beginnt die *»Eisenzeit«* eigentlich erst mit dem Hochmittelalter. Damals machten sich die Erfindungen (▷ Tabelle S. 159) die *Härte dieses Metalls* zunutze. Auch im militärischen Bereich verdankte die neue gefährliche Fernwaffe der *Armbrust* ihre erhöhte Durchschlagkraft einer *eisernen Spannfeder*. Erst im 14. Jahrhundert wurde die verbesserte *Verhüttung des Eisens* in *Hochöfen* und die Möglichkeit zur Herstellung von *Gußeisen* entwickelt. Eisen als Rohstoff konnte man hervorragend verarbeiten, da der Schmiedevorgang durch *Hammerwerke* mechanisiert worden war, die über *Nockenwellen* angetrieben wurden.

Schon im 10. Jahrhundert setzte der *Silberbergbau im Harz* ein. Mit ihm erzielten deutsche Spezialisten eine *technologische Spitzenposition* im Bergbau. Die *Fachsprache der Bergleute* in Europa blieb deswegen bis in die Neuzeit das Deutsche. Bei der Herstellung wollener Tuche waren dagegen die Flamen und Italiener führend. Hier wurden auch die bedeutenden Erfindungen zur *Mechanisierung des Webens* und der Bearbeitung der Tuche gemacht, die eine schon *halbindustrielle Tuchproduktion* erlaubten. Im deutschen Südwesten wurde *Flachs* angebaut und von Handwerkern zu *Leinwand* verarbeitet, die Kaufleute vor allem nach Italien vertrieben.

2. Welterfahrung und Weltbild im Hohen Mittelalter

»Als das dritte Jahr nach dem Jahr Eintausend ins Land zog, wurden fast auf dem ganzen Erdkreis, vornehmlich aber in Italien und Gallien, die Kirchen umgebaut: Nicht aber wegen Baufälligkeit; vielmehr wollte jede christliche Gemeinde aus Wetteifer eine prächtigere Kirche besitzen als die Nachbargemeinden. Es war daher gerade so, als ob die Welt ihr Alter abgeschüttelt und sich einen weißen Mantel von Kirchen angelegt habe. Damals wurden fast sämtliche Kirchen der Bischofssitze, die Klosterkirchen, ja selbst die kleinen Dorfkirchen von den Gläubigen schöner wieder aufgebaut.«[16]

Als der burgundische Mönch Rudolf diese Beobachtungen in seiner Chronik am Ende des ersten Drittels des 11. Jahrhunderts niederschrieb, glaubte er, in den neuen Kirchen ein Zeichen für einen *neuen Aufschwung der Christenheit* sehen zu können. An anderer Stelle berichtet der Mönch von den vielen *Menschen,* die plötzlich *unterwegs* waren. Sie stammten aus allen Schichten, und darunter waren auch – was Rudolf besonders verwunderte – viele *Frauen.* An der Menge der Umherziehenden interessierten Rudolf freilich nur die *Pilger,* die vor allem ins Heilige Land nach Jerusalem fuhren.

Grundlagen hochmittelalterlicher Weltdeutung

Eine Beurteilung der Welt und des Weltgeschehens nach rein *religiösen Gesichtspunkten* war für einen mittelalterlichen Chronisten nichts Ungewöhnliches; denn Welt und Menschen waren ja Gottes Geschöpfe. Im Kosmos und auf Erden galt *Gottes Ordnung.* Alles Irdische erhielt erst einen richtigen Sinn, wenn es in Gottes *Weltregierung und Heilsplan* eingeordnet wurde. Diese göttliche Weltordnung zu erkennen war die Aufgabe eines Gelehrten. Wie dabei zu verfahren sei, lehrte der *Umgang mit dem Wortlaut der Bibel;* denn seine Bedeutung wurde nur erkannt, wenn man zusätzlich zum *wörtlichen* noch seinen *moralischen, allegorischen* und *heilsgeschichtlichen Sinn* berücksichtigte.

Heilsgeschichte, Weltbild und Geschichtsdenken

Aus der biblischen Weltdeutung entstand das *Weltbild* des Mittelalters: Die antiken Vorstellungen von einer vom Weltmeer umflossenen *Erdscheibe im Mittelpunkt der* sie kreisförmig umringenden *Sphären der Gestirne* erhielten nun eine zusätzliche heilsgeschichtliche Bedeutung. *Im Mittelpunkt der Erde* lag die Stadt *Jerusalem,* die zugleich Vorausdeutung auf das paradiesische himmlische Jerusalem war. Hochmittelalterliche *Erdkarten* dienten deshalb nicht einer geographischen Orientierung und waren nicht für Reisezwecke gedacht, sondern sie sollten die wichtigsten Orte des Heilsgeschehens veranschaulichen.
In gleicher Weise richtete sich das *Geschichtsdenken* der mönchischen Gelehrten an der *Heilsgeschichte* aus. Seit dem 8. Jahrhundert hatte sich im Abendland die *Jahreszählung nach Christi Geburt* durchgesetzt. Niemand zweifelte daran, daß – so wie Gott die Welt in sechs Tagen erschaffen habe und am siebten ausruhte – die Welt wohl sechs Perioden lang bestehen werde, bevor die ewige paradiesische Zeit anbreche. Christus sei bereits im 6. Weltalter geboren worden, so daß bis zum *Weltende* nicht mehr allzuviel Zeit vergehen könne. Wenn man die Bibel sorgfältig durchforsche, könne man vielleicht recht genaue Anhaltspunkte zur Bestimmung des Punktes finden, den die eigene Gegenwart im *vorbestimmten Plan* der göttlichen Heilsgeschichte einnehme.

Kaiser Augustus auf dem Herrscherthron. *Zeichnung des Lambert von St. Omer in der Handschrift seines Sammelwerkes über Geschichte, Naturkunde, Geographie und Astronomie (1090–1120), Gent, Universitätsbibliothek. Der Kaiser hält zum Zeichen seiner Weltherrschaft das Schwert und den Erdball. Die bewohnte Erdhälfte ist dreigeteilt durch die Nachkommen der drei Söhne Noahs: Sem, Japhet und Ham. Osten ist oben, d. h. mittelalterliche Weltkarten sind „orientiert". Der Anfang des Weihnachtsevangeliums in der Umschrift macht die Geburt Christi heilsgeschichtlich zur Folge des kaiserlichen Befehls zur „descriptio" des Erdkreises. Christus bringt der Welt den Frieden, so daß Augustus am 8. Tag vor den Iden des Januar (= Epiphanias) die Pforten des Kriegsgottes Janus schließen läßt (Text in den Bildecken).*

Symbolistische Geschichtsdeutung

So verfuhren seit dem 11. Jahrhundert *mönchische Chronisten,* die mit genauer Bestimmung des Anfangs der Weltgeschichte auch deren Ende vorausberechnen wollten. Dabei konnten irdische Ereignisse der jüngsten Vergangenheit und Gegenwart herangezogen werden, wenn ihre heilsgeschichtliche Bedeutung genau anzugeben war. Die große Weltchronik des Mönches und deutschen Reichsbischofs *Otto von Freising* stellt einen Höhepunkt dieser Versuche zu menschlicher Selbstvergewisserung mit der *Methode symbolistischer Geschichtsdeutung* dar. Alle irdischen Ordnungen und Reiche unterliegen für Otto dem Gesetz von Aufstieg und Verfall. Auch die politischen Auseinandersetzungen zwischen Kaisern und Päpsten in seiner eigenen Zeit verstand er nur als symbolisch zu interpretierende Zeichen für den seit Anbeginn der Welt auf der geistigen Ebene tobenden *Kampf zwischen dem Reich Gottes und dem des Teufels.* (▷ Tafel 10).

Der menschliche Verstand als Hilfsmittel zur Ordnung der Gesellschaft

Angesichts der Fülle verwirrender Eindrücke und aufgrund der Erfahrung der sich verändernden Welt hoffte ein Teil der Gebildeten darauf, eine *stabile Ordnung* schaffen zu können, wenn die *Prinzipien,* nach denen Gott den Kosmos geordnet hatte, auf die Ordnung der menschlichen Verhältnisse und Beziehungen übertragen würden. Seit der Jahrtausendwende formulierten geistliche Autoren deshalb neue *Ständelehren.* So führte Bischof *Adalbert von Laon* in einem Gedicht an den französischen König Robert II. um 1030 aus, daß eine stabile Ordnung im Reich nur gewahrt werden könne, wenn die *drei Stände der Beter, Krieger und Arbeitenden* einsähen, daß sie aufeinander angewiesen seien, wenn also Geistlichkeit, adelige Reiterkrieger und Bauern und Handwerker, die mit körperlicher Arbeit den Lebensunterhalt aller sicherten, jeweils die Wichtigkeit der Tätigkeit der beiden anderen Stände anerkennten. Spätere Ständelehren erweiterten oft das Dreiermodell um andere Berufsstände, ohne dabei die *Grundidee des Aufeinander-Bezogenseins* aufzugeben. Seit dem 12. Jahrhundert bevorzugten dann viele Autoren für ihre Gesellschaftslehren das *Vergleichsbild des menschlichen Körpers,* um bei aller Differenzierung der Tätigkeiten und trotz der Rangunterschiede der Menschen doch die notwendige Einheit zu betonen: Denn die Gesellschaft solle wie ein Körper sein, der nur dann gesund sei und richtig funktioniere, wenn jedes Organ eine ihm zugewiesene Aufgabe erfülle. Stärker als die mönchischen Chronisten versuchten also diese Denker, die Vielgestaltigkeit und Widersprüchlichkeit der Welt durch die *ordnende Tätigkeit des menschlichen Verstandes (ratio)* aufzulösen, indem sie aus der biblischen Offenbarung und der göttlichen Naturordnung gewonnene Einsichten anwandten. Der als Gebildeter und Lehrer hochgeachtete *Hugo aus dem Kloster St. Viktor* bei Paris rechtfertigte um 1130 dieses Verfahren:

»Dem Menschen wird aber gerade dadurch mehr Gelegenheit zu eigenen Erfindungen gegeben, daß er das, was den übrigen Geschöpfen von Natur aus verliehen ist, durch eigene Verstandestätigkeit ausfindig macht. Auf diese Weise nämlich sind alle jene herrlichen Künste, an denen du heute den Eifer der Menschen sich bestätigen siehst, erfunden worden.«[17]

II. Die Neuordnung der Gemeinschaftsformen

Sowohl bei den wirtschaftlichen und gesellschaftlichen Veränderungen als auch bei den Deutungsversuchen, mit denen sich die Gebildeten des Hochmittelalters umzuorientieren versuchten, läßt sich eine Tendenz beobachten, *neue Einheiten* zu bilden, die *kleiner* sind als die frühmittelalterlichen und *selbständiger* handeln. Bei einer solchen Entwicklung mußten sich die *alten Bindungen* an große Personenverbände allmählich *auflösen.* Umgekehrt eröffnete sie die Chance, sich *in neuen Gemeinschaften bessere Lebensbedingungen* zu schaffen. Die Möglichkeit der Menschen, in der sich immer arbeitsteiliger entwickelnden Gesellschaft bessere Rechtsstellungen zu erringen, hätte ohne die *neue Dynamik* (»soziale Mobilität«) nicht bestanden.

1. Das Dorf

Die Anfänge der Dorfgemeinde

Die Namensendungen vieler Siedlungen auf -reut(e), rat(h) oder -rode verweisen noch heute auf eine Entstehung während der Zeit des hochmittelalterlichen Landesausbaus. Weil sich mit ihm der Grundbesitz der Herren weiträumig verstreut hatte, konnten die Grundherren die Erfüllung der Abgabepflichten ihrer Hintersassen nicht mehr selbst kontrollieren. Sie setzten deshalb Leute ihres Haushaltes als *Meier* für diese Aufgabe ein. Die Meier bewirtschafteten die Herrenhöfe der Fronhofverbände. Bald fühlten sie sich selbst wie Herren und

bestellten deshalb ihrerseits Vertreter, wodurch sich der *Druck auf die Hufenbauern* vervielfachte.
Für die *Hintersassen* (Hörigen) und die *Grundherren* ergab sich daher ein *gemeinsames Interesse:* Seit dem 12. Jahrhundert zeigt uns eine Vielzahl erhaltener Urkunden, daß Grundherren und Bauern den Umfang der Abgaben und Dienstleistungen schriftlich festlegten, um Übergriffe der Meier auszuschließen. Partner des Grundherrn war die Gemeinschaft der Bauern, die *Dorfgemeinde.* Ihr Vorsteher war der *Schulze,* der entweder vom Grund- und Dorfherrn ernannt oder von den Bauern gewählt wurde, wenn sich im Dorf mehrere Grundherrschaften überschnitten. Aufgabe des Schulzen war es auch, bei der Drei-Felder-Wirtschaft jedem Bauern den Anteil an den drei Gewannen zuzuteilen *(Flurzwang).* Die Dörfer waren dabei in Deutschland in der Regel recht klein, da sie nur bis zu 10 Höfe und um die 70 Personen umfaßten. Rund 170 000 Dörfer hat es gegeben.
Die Dorfentstehung hatte also drei Wurzeln: (1) den Landesausbau und seine Möglichkeiten größerer bäuerlicher Mobilität, (2) die Anfänge der Auflösung der Fronhofverbände und (3) die Neugestaltung der Rechtsbeziehungen zwischen Grundherr und Bauern. Beide Seiten zogen wirtschaftlichen Gewinn aus dieser Entwicklung. Die Grundherren waren durch den Zins direkt an den verbesserten Erträgen der Landwirtschaft beteiligt *(Erbpachtsystem)* und lösten zunehmend die Dienstbarkeiten durch Sachleistungen und Geldzahlungen ab. Andererseits konnten die Bauern selbständig und von Arbeitsverpflichtungen für andere unbehelligt für den eigenen Nutzen wirtschaften. Ihre *Rechtsstellung* in der Dorfgemeinde gegenüber den Grundherren zeichnete sich also im allgemeinen durch einen *Zugewinn an persönlicher Freiheit* aus.

2. Adel und Rittertum

Die Burg als Zentrum adeligen Lebens

Die Lebensformen des Adels wandelten sich im Hochmittelalter nicht weniger grundlegend als die der Bauern. Mittelpunkt adeligen Lebens wurde die *Burg,* die Wohnbau, Verteidigungsanlage und Herrschaftszentrum in einem war. Seit dem 12. Jahrhundert traten an die Stelle von Befestigungen aus Erdwällen, Palisaden und Holztürmen die damals nahezu uneinnehmbaren Steinburgen auf Bergkuppen oder im Schutz von Wasserläufen. Die Machtfülle eines Adeligen bemaß sich danach, über wie viele solcher Herrschaftszentren er verfügte, von denen aus er Verkehrswege bewachen und kontrollieren konnte. Die Machtstellung des neuen Herzogs von Schwaben z.B. charakterisierten daher die Zeitgenossen mit dem Sprichwort: »Herzog Friedrich schleppt am Schweif seines Pferdes stets eine Burg hinter sich her.«

Die Entstehung der Adelsdynastien

Die großen Adelssippen teilten sich nun auch in verschiedene Zweige, für die dann meist der Name einer ihrer wichtigsten Burgsitze zum neuen Familiennamen ihres Geschlechtes *(Dynastie)* wurde: Die Namen der Adelsgeschlechter der Staufer, Wittelsbacher, Oldenburger oder Württemberger rühren von solchen Herrschaftssitzen her und geben zugleich Zeugnis vom neuen dynastischen Bewußtsein. Bei der Entstehung dieser neuen Familienstruktur spielten sicherlich nicht nur dynastische, sondern auch wirtschaftliche Gründe eine wichtige Rolle. Zu viele *Erbteilungen* mußten zur Verarmung führen. Außerdem durfte der nach *Lehnrecht* der Familie gehörende Besitz in vielen Landschaften nur an jeweils einen Sohn vererbt werden, so daß die jüngeren Söhne sich anderswo Besitz oder Lebensunterhalt zu erwerben versuchten, unverheiratet und wirtschaftlich unselbständig in der Familie blieben oder aber für den geistlichen Stand bestimmt wurden.

Das ritterliche Leitbild des neuen Adels

In Frankreich setzte sich ein neuer, *erweiterter Adelsbegriff* durch. Er umfaßte alle, die Burgen als Herren oder als Lehnsleute besaßen. Adelig war also auch, wer zum Berufsstand der Reiterkrieger *(milites)* gehörte und zugleich Besitz nach Lehnrecht hatte. In Deutschland dagegen behielten die adeligen Herren die Kontrolle über ihre Burgen, die sie von unfreien Dienstleuten *(Ministerialen)* verwalten ließen und für die sie ein eigenes *Dienstrecht* festlegten. Da diese Ministerialen zu Pferd kämpften, wurden sie berufsständisch »milites« oder *Ritter* genannt. Obwohl sie unfreie Dienstleute waren, fühlten sich die Ministerialen durch ihren sozialen Aufstieg zu Berufskriegern als Teilhaber an der *höfischen Kultur der Fürsten* (▷ Tafel 11 oben). Dichter und Sänger adeliger Herkunft und aus dem Stand der Ministerialen verherrlichten das *Leitbild des Ritters als neues gemeinsames Ideal:* tapfere Vorkämpfer für den Glauben zu sein und Witwen, Waisen und Kranke zu schützen.

Höfische Liebe und Höfische Literatur

Von besonderer Bedeutung war, daß seit dem 12. Jahrhundert die Liebe zum Thema der Literatur wurde. Während Theologen und Mystikerinnen ihre Gottesliebe in Bilder irdischer Liebeserfahrungen faßten, wurde die »höfische Liebe«, d.h. das Verhältnis von Ritter und Frau, Vasall und Herrin zum beherrschenden Thema der nun erstmals in größerem Umfang von Laien geschaffenen volkssprachlichen Literatur. Im provenzalisch-occitanischen Raum schufen rund 440 männliche *Trobadors* und auch 20 weibliche *Trobairitzes* seit dem ausgehenden 11. Jahrhundert verschiedene lyrische Gattungen, die um die Beziehungen der beiden Geschlechter kreisten und dabei Sexualität offen the-

---

Tafel 9 *Die* Traumerscheinung des englischen Königs Heinrich I., *Miniaturen aus der Chronik des John von Worcester, Mitte 12. Jh. (Oxford, Christ College). Es wird berichtet, daß der König während seines Aufenthalts in der Normandie im Traum die Erscheinung der drei Stände seines Reiches hatte, die ihn alle bedrohten. Der König war jedoch noch nicht bereit, die Grundsteuer, das Danegeld, nachzulassen. Erst als sein Schiff auf der Rückfahrt in einen schweren Sturm geriet, versprach er, diese Steuer sieben Jahre lang nicht einzuziehen, damit sich Gott seiner erbarme.*

Tafel 10 Kirche und Ketzerei, *Miniatur aus einer Handschrift (Matutinalbuch aus Kloster Scheyern) um 1220/35 (München, Bayer. Staatsbibliothek). Die Kirche, auf diesem Bild von den Bischöfen und dem Kaiser repräsentiert, steht zwischen Himmelfahrt Christi und seiner Wiederkehr zum Jüngsten Gericht in stetem Kampf gegen die Ketzerei. Der Höllendrache hat drei Irrlehrer (Häretiker) – als beispielhaft für alle anderen – ausgespieen, unter ihnen Arius. Fünf Bischöfe stoßen ihre Hirtenstäbe wie Lanzen in den Drachen und zeigen so, daß trotz des Kampfes letztendlich stets die Rechtgläubigkeit triumphieren wird.*

Tafel 10

Tafel 12

matisierten. Erster bekannter Trobador war der Graf Wilhelm IX. von Aquitanien. Als seine Enkelin Eleonore 1137 den französischen König Ludwig VII. heiratete, wurde diese Form der Liebesdichtung auch in Nordfrankreich heimisch *(Trouvère-Dichtung)*. Im deutschsprachigen Raum wandelte sie sich zum sogenannten *Minnesang*: Er feierte das Ideal von Zucht und Mäßigung, da die besungene Liebe des Vasallen zur Gattin seines Lehnsherrn ohne Erfüllung bleiben mußte (»Hohe Minne«). Die neuen *großen Versromane*, die zuerst in Frankreich entstanden und nun die ältere Heldenepik ablösten, kreisten zumeist um den legendären britischen *König Artus* und die Rittergefolgschaft seiner *Tafelrunde*. Einen Höhepunkt erreichte die Artusliteratur mit den Romanen, die *Chrétien de Troyes* zwischen 1160 und 1180 am Hof von Eleonores Tochter, Gräfin Marie von Champagne, schuf. Seine Dichtungen wandelten in Deutschland die Autoren *Heinrich von Veldeke* (»Eneit«), *Hartmann von Aue* (»Erec« und »Iwein«), *Wolfram von Eschenbach* (»Parzival«) und *Gottfried von Straßburg* (»Tristan und Isolde«) jeweils charakteristisch ab und führten damit die volkssprachige Dichtung zu ihrem ersten klassischen Höhepunkt. In diesen Romanen wurde »die höfische Liebe zur Gesellschaftsutopie erhoben« (Joachim Bumke).[18]

Männliche Wertewelt

Das literarische Leitbild schlug sich im Alltag im *neuen Ritus* der Erhebung in den *Ritterstand* durch feierliche Schwertumgürtung oder Ritterschlag wie auch in den Kampfspielen der *Turniere* nieder. In den letzten Jahren warnten Literaturwissenschaftler und Historiker vor einer Überschätzung des Wirklichkeitsgehaltes der höfischen Literatur. Der französische Historiker Georges Duby sieht ganz nüchtern die Funktion der Idee der höfischen Liebe in der Disziplinierung unverheirateter junger Adeliger durch Hofdienst: »Die höfische Liebe lehrte zu dienen, und dienen war die Pflicht eines guten Vasallen.« Auch was die Besserstellung der verheirateten Frau seit dem Hochmittelalter betrifft, ist er skeptisch: Angesichts der allgemeinen Zunahme an Mobilität, kam der *höheren Eigenwertigkeit der Frau* nur ein *relativer Wert* zu, da sie als Ehefrau völlig *nach wie vor in einer durch männliche Werte bestimmten Welt* lebte.[19]

Tafel 11 Mit eingelegter Lanze angreifender Ritter, *Flachrelief aus vergoldetem Kupferblech vom Radleuchter der Stiftskirche in Großkomburg, um 1135 entstanden. Hineinkomponiert in ein Blattornament, zeigt die Darstellung trotzdem deutlich Ausrüstung und Kampfesweise eines Ritters im 12. Jh.* – Hirschjagd aus dem Buch der Jagd des Grafen von Foix, *Gaston II.; die Miniatur stammt aus dem 15. Jh. (Paris, Bibliothèque Nationale). Neben dem Kampf war die Jagd ein wesentliches Element ritterlicher und adeliger Lebensweise. Die Miniatur zeigt – stark stilisiert – die Ausrüstung der Jäger und den Vorgang der Jagd zu Ende des ritterlichen Zeitalters.*

Tafel 12 Kalvarienberg, *Mittelteil des Passionsaltars, um 1460 vom Meister des Marienlebens gemalt (Bernkastel-Kues, St. Nikolaus-Hospital). Wer im Mittelalter zur Ehre Gottes Kunstwerke schuf oder sie stiftete, trat häufig dahinter zurück. Frühe Stifterbilder zeigen zwar das Wappen oder gar den Stifter samt seiner Familie, jedoch wird er gegenüber dem heiligen Vorgang ohne Rücksicht auf die natürlichen Größenverhältnisse klein am Bildrand dargestellt. Selbst der Kardinal und Philosoph Nikolaus von Kues (im Vordergrund rechts), der sowohl der geistigen Elite seiner Zeit angehörte, als auch den Anfängen neuzeitlichen Denkens nahestand, legte auf der von ihm gestifteten Altartafel noch auf diese Tradition Wert.*

»Hoher« und »niederer« Adel

Das Ritterideal konnte allerdings nicht die gewaltigen sozialen, wirtschaftlichen und rechtlichen *Unterschiede unter den Reiterkriegern* verdecken. Aber der Mehrzahl der Familien der Ministerialen gelang es bis zum 13. Jahrhundert, die *Erblichkeit ihrer Dienstgüter* nach Lehnrecht durchzusetzen und auch ihre persönliche Herkunft aus der Unfreiheit verblassen zu lassen. Besonders Mächtigen unter ihnen glückte es, meist durch *Einheirat in alte freie Adelsfamilien* selbst in den Adelsrang aufzusteigen. Durch Aufrichtung von *Standesschranken* versuchten die Adeligen, die Zahl der Aufsteiger möglichst klein zu halten. Die Ministerialen bildeten deshalb nur den »niederen Adel«, was insofern wenig besagt, als die meisten der noch heute existierenden »hochadeligen« Familien ebenfalls von ehemals unfreien Ministerialen abstammen.

3. Städte und Stadtbewohner

Die *europäische Stadt,* die sich als eigenständige Lebensform im Hochmittelalter ausbildete, setzte als *Ort des Handels* den *Markt* voraus. Sie war zudem *Herstellungsort der Fertigwaren* von Handwerkern oder ersten Betrieben. Von der Stadt der Antike oder von den uns vertrauten Städten der Moderne unterschied sie sich dadurch, daß sie *weder Residenz* von Fürsten *noch Zentrum großräumiger Verwaltungsinstitutionen* war. Außerdem waren die Verhältnisse in den einzelnen Regionen des Abendlandes im Hochmittelalter schon so unterschiedlich geworden, daß sich kein einheitlicher Typ herausbilden konnte, den man »die Stadt« des Mittelalters nennen könnte.

Die Entstehung der Kommune in Norditalien

In Italien war z. B. die antike Tradition der *Verbindung von Stadt und Umland* nie ganz abgerissen. In den norditalienischen Städten wohnten nicht nur die bischöflichen oder gräflichen *Herren* mit ihrem Hofpersonal, sondern auch ihre *grundbesitzenden Lehnsleute* und *Verwaltungsbeamten.* Hinzu kamen die *Kaufleute,* die zumeist auch Landbesitzer waren. Diese gemischte Gesellschaft mit unterschiedlichen Gruppeninteressen verband sich im gemeinsamen Wollen, um den Stadtherren das Recht auf Selbstverwaltung abzutrotzen. Um die Mitte des 12. Jahrhunderts faßte der spanisch-jüdische Reisende *Benjamin von Tudela* seine Eindrücke über die damalige Lage in den Städten Norditaliens zusammen: »Sie werden weder von einem König noch von einem Fürsten, sondern nur von selbstgewählten Rechtspersonen geleitet.«

Er schilderte damit die neue Form städtischer Selbstverwaltung: die *Kommune.* Diese Kommunen wurden von *Konsuln* geleitet, die aus der Oberschicht stammten, die sich aus stadtsässigen Adeligen und Fernkaufleuten gebildet hatte. Deswegen waren die Handwerker und Kleinhändler von der Wahl der Konsuln ausgeschlossen. Aber im 12. Jahrhundert erkämpften sich ihre straff geführten Einungen *(Gilden)* Beteiligung an der Wahl der verschiedenen Repräsentativorgane der *Räte,* in denen nun auch schon eigene städtische Gesetze, die *Statuten,* beschlossen werden konnten. Die Angehörigen der Oberschicht der *»Magnaten«* kämpften im städtischen Heer traditionsgemäß zu Pferd und führten auch sonst ein adelsgemäßes Leben in ihren burgähnlichen

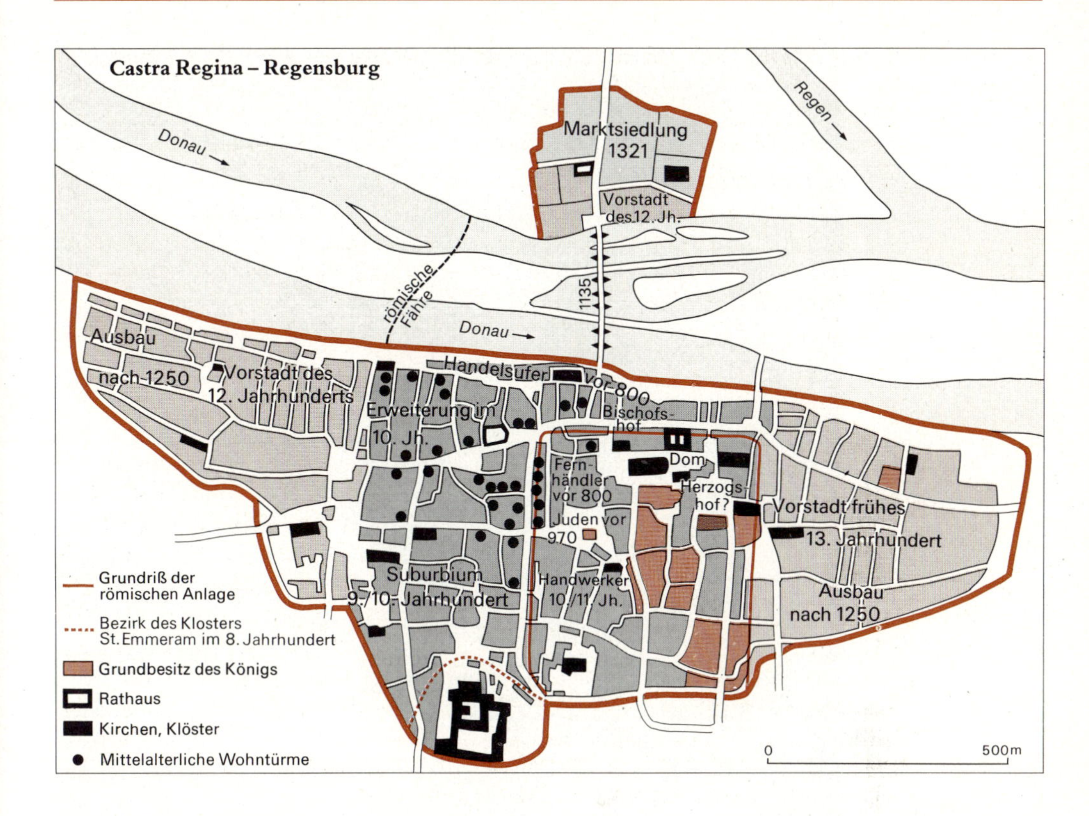

hohen *Wohntürmen.* Nur in wenigen Städten gelang es dem *»popolo«,* in blutigen Bürgerkämpfen die Magnaten politisch völlig zu entmachten. Das gemeinsame Interesse beider Parteien, die *Autonomie* und *Verteidigungsfähigkeit* ihrer Stadt gegen die konkurrierenden Nachbarstädte und die Herrschaft über das eigene Umland (Contado) zu erhalten, führte in der Regel zu einer Kompromißlösung: An die Stelle der Konsuln trat der gleichsam als Schiedsrichter von auswärts geholte *»Podestà«.* Er wurde für eine befristete Amtszeit von der Kommune besoldet und mußte sich mit seinen eigenen Beamten bei der Verwaltungstätigkeit an die städtischen Statuten halten.

Aus Ministerialen und Kaufleuten werden Bürger

In den Bischofsstädten und Märkten nördlich der Alpen unterschied sich um das Jahr 1000 die Bevölkerung in ihrer Rechtstellung wenig von den Leuten auf dem Lande. Nur einzelne *Gilden von Fernkaufleuten* waren *privilegiert* worden (▷ S. 149). Die *Kaufleute* und *Handwerker* der adeligen und geistlichen Grundherren waren dagegen in der Regel ebenso *unfrei* wie deren Bauern. Die Grundherren hatten einen Teil ihrer *Ministerialen* als *Marktvögte, Zolleinnehmer* und *Münzpräger* an den Marktorten eingesetzt. Diese bildeten nun mit reichen Kaufleuten einen Interessenverband, der sich politisch als *Stadtgemeinde* gegen die Herren zusammenschloß. Das Besondere war der *neue Rechtsstand* des *»Bürgers«,* den die Angehörigen dieser Gruppe vom Stadtherrn bewilligt bekamen.

Der Bischof von Paris erteilt den Besuchern der Junimesse von St. Denis den Segen. *Liturgische Handschrift des 14 Jh.s. Die Messe entstand aus einer alljährlichen Reliquienschau und gewann regionale und internationale Bedeutung. So zeigt das Bild neben Viehhändlern Stände von Fernkaufleuten.*

Die Bürger erhielten die *persönliche Freiheit* und feste *Besitzrechte gegen Abgabenzahlungen* garantiert, die nicht mehr an die Personen, sondern *an* deren *Tätigkeit gebunden* oder bereits ganz *auf die Gemeinschaft umgelegt* wurden.

Die Rechtsstellung der Bürger

Die Entstehung der Stadtgemeinde läßt sich deshalb gut mit der Ausbildung der Dorfgemeinde vergleichen (▷ S. 166 f.). Das Bürgertum ist nicht etwas der »eigentlichen« feudalrechtlichen mittelalterlichen Gesellschaft Fremdes. Die Privilegierung der Stadtbürger als Gemeinschaft gab ihr *Autonomierechte,* die im Verlauf weiterer Auseinandersetzungen mit den Stadtherren im 12. und 13. Jahrhundert noch erheblich erweitert wurden.

Für Könige und Fürsten dürften der wirtschaftliche Nutzen für ihr Land und das gesteigerte Ansehen der Anlaß dafür gewesen sein, in einer »Gründungswelle« vom 12. bis zum Ende des 13. Jahrhunderts neue Städte anzulegen. Diese *Gründungsstädte* erhielten als *herrscherliches Stadtrecht* die Vorteile der von den älteren Städten mühsam erkämpften Privilegien. Der städtische Rat gestaltete dann den äußeren Rechtsrahmen durch statuarische *Satzungen* aus.

Der Freiheit nach außen entsprach die *rechtliche Gleichstellung der Bürger nach innen.* Doch gab es sowohl nach dem Besitzstand als auch nach den politischen Rechten große *Unterschiede* unter den Bürgern. Nur eine kleine Gruppe von Familien wählte die Mitglieder des *Rates,* der das Leitungsorgan der Bürgergemeinde bildete. Allerdings war die hochmittelalterliche Bürgerschaft *noch nicht ständisch geschlossen.* Denn es war ein *ständiger Zuzug* von auswärts nötig, um die hohe Sterblichkeit auszugleichen und die städtische Wirtschaftskraft zu stärken. Auch unfreie Neuankömmlinge konnten die *städtische Freiheit* erlangen. Deshalb setzte sich im 13. Jahrhundert der Rechtssatz durch: »Stadtluft macht frei nach Jahr und Tag«. Außerdem waren wirtschaftlicher Erfolg, soziale und rechtliche Stellung so verbunden, daß ein reicher Kaufmann zum Ratsbürger, ein Handwerker zum Kaufherrn aufsteigen konnte.

Frauen in der Stadt

Von der Freiheit der Stadtluft profitierten in besonderer Weise die Frauen. Seit dem 12. Jahrhundert gewährten Stadtherren allen Stadtbewohnern durch Privilegien *freie Wahl der Ehepartner* und *freies Besitz- und Erbrecht für Männer und Frauen.* Außerdem erhielten mindergeborene Ehegatten als Bürger den Stand der Freiheit. Einige Stadtrechte gewährten den Frauen die *Möglichkeit zu eigenem Bürgerrecht:* Sie konnten also den Bürgereid leisten und vor Gericht auftreten. Zugang zu den Ratsämtern blieb ihnen aber verwehrt. In anderen Städten freilich erhielt eine Frau nur dann das Bürgerrecht, wenn sie – etwa als Witwe – das Handwerk oder den Handel ihres Mannes selbständig fortsetzen wollte. So galt es in Lübeck, dessen Stadtrecht sich im gesamten Ostseeraum verbreitete. Solche voll berufstätigen Frauen verloren auch den Schutz, der bislang ihre Mitgift der Unternehmenshaftung entzogen hatte. *Selbständig erwerbstätige Frauen* blieben jedoch *eine Minderheit.* Im Normalfall hatten Ehefrauen den Haushalt zu versorgen, also zu backen, brauen und schlachten, auch den Garten zu bestellen und Kleinvieh zu halten, zu spinnen und zu weben und Kinder großzuziehen, wenn ihnen dabei auch eine oder mehrere Mägde halfen. Die größeren Selbstbestimmungsmöglichkeiten fielen den Frauen als Folge der privilegierten städtischen Lebensweise und bürgerlicher Freiheitsrechte zu. Sie waren von den Frauen nicht erkämpft worden, denn es »ging nicht um eine Befreiung der Frau im Sinne moderner Emanzipation". (Edith Ennen)[20]

Nichtbürgerliche Stadtbewohner

Stadtbewohner und Bürger war nicht dasselbe: Das *Bürgerrecht* erhielt nur, wer es ererbte oder sich als Neubürger einkaufen konnte. Die große Schar der armen Stadtbewohner galt rechtlich als bloße »Einwohner«. Den *Bürgereid* konnten Lehrlinge und Gesellen, Knechte und Mägde, Tagelöhner und Bettler sowenig wie die in der Stadt ansässigen *Kleriker* und *Juden* leisten. Beide besaßen einen besonderen Rechtsstand, der ihnen jedoch Schutz vor städtischer Besteuerung und Gerichtsbarkeit bot. Die Juden galten als besondere Schutzbefohlene des Königs und leisteten seiner Schatzkammer (»Fiskus«) dafür hohe Abgaben *(»Kammerknechte«).* Ihr Einkommen und auch dasjenige der Geistlichen und der kirchlichen Institutionen konnte nicht für die gemeinsamen Aufgaben der Stadtgemeinde genutzt werden, vor allem nicht für kostspieligen Bau und Unterhalt der Schutz gewährenden *Stadtmauern.* Die fehlende Einheitlichkeit der Stadtbevölkerung barg also ein großes soziales Konfliktpotential.

4. Die Kirche in der Welt

Ziele und Zentren der Klosterreform

Bereits im Karolingerreich hatten sich geistliche Reformer gegen die völlige Einbeziehung der Klöster in die weltliche Herrschaftsordnung gewandt. Im 10. Jahrhundert übten gelehrte Mönche nun grundsätzlichere Kritik: Das neue Schlagwort von der *»Freiheit für die Kirche«* (*libertas ecclesiae*) richtete sich gegen das herkömmliche Verhältnis der Adeligen zu ihren Klosterstiftungen als *Eigenkirchen.* Die Reformer erstrebten dabei zweierlei: (1) eine Aufhebung der engen wirtschaftlichen und herrschaftlichen Bindungen der Klöster an den Adel (▷ S. 148), um das Klosterleben allein nach geistlichen Gesichtspunkten ausrichten zu können; (2) den Aufbau von Klosterverbänden, um sich ohne adelige Vögte in der Welt komplizierter Herrschaftsordnungen selbständig behaupten zu können.

Wichtiges Vorbild für reformwillige Mönche und Äbte war die burgundische Abtei *Cluny,* die 910 von ihrem adeligen Gründer direkt dem Papst unterstellt worden war *(libertas romana),* keinen Vogt besaß und von der Amtsgewalt des Ortsbischofs befreit war. In Cluny designierte der Abt seinen Nachfolger und ließ ihn vom Konvent bestätigen, um die Abtwahl gegen jeden äußeren Einfluß abzusichern. Zudem hatte der Abt von Cluny das päpstliche Privileg erhalten, andere Klöster sich unterstellen zu dürfen, um sie zu reformieren.

Neben Cluny entstand eine Fülle anderer mönchischer Reformzentren mit abweichenden Lebens- und Organisationsformen. Im Deutschen Reich begnügte sich das einflußreiche lothringische Reformkloster *Gorze* mit dem Schutz durch die königliche Zentralgewalt gegen den Adel.

Von der Kloster- zur Kirchenreform

Da die Klosterreform die Lebensform der Apostel in der Urkirche als Vorbild herausstellte, wirkte dies als *Kritik an der bestehenden Welt- und Kirchenordnung.* Doch bemühten sich gerade seit dem Beginn des 11. Jahrhunderts Bischöfe Frankreichs um eine Verchristlichung der Welt, indem sie – trotz Kritik durch Standesgenossen – die bislang königliche Aufgabe der Friedenswahrung übernahmen: Sie verpflichteten die Adeligen eidlich zu *befristetem Fehdeverbot* an bestimmten heiligen Tagen *(»treuga Dei«)* und auch zur Schonung besonders schutzwürdiger Personen und Sachen *(Gottesfrieden).* Die religiöse Bewegung zog immer neue soziale Schichten in ihren Bann, die nun selbst aktiv werden wollten. In *Italien* wandten sich unter dem Einfluß griechischen Mönchtums zunehmend unzufriedene Mönche dem *Eremitentum* (▷ S. 116) zu, das drei mächtige Orden hervorbrachte. In Frankreich predigten Bischöfe und Äbte dem *Adel* ein neues *Ideal des Vorkämpfers Christi* gegen die Heiden *(militia Christi).* Adelige wurden in wachsender Zahl von der religiösen Bewegung innerlich gepackt, wandten sich von der Welt ab und suchten als *Laienbrüder* (Konversen) Aufnahme in den reformierten Benediktinerklöstern, während die *Mönche* sich ganz von der Handarbeit abwandten und auf das ausgeweitete Chorgebet und die Fürbitte konzentrierten.

Die Kritik an der Verbindung der Kirche mit der weltlichen Herrschaftsordnung spitzte sich schließlich auf zwei Punkte zu: auf die Mißachtung der Verpflichtung zur *Ehelosigkeit der Kleriker (Zölibat)* und auf die als eine Form von Glaubensabweichung angesehene *Annahme geistlicher Ämter aus der Hand von Laien* gegen Zahlungen oder Vorteilsgewährung *(Simonie).* Im Kampf gegen beide Vergehen aktualisierten die Reformer diese frühchristlichen Ideale. Es war daher verständlich, daß die Reformer sich auch zum Ziel setzten, die Priester an den Bischofs- und Stiftskirchen möglichst zur Übernahme einer mönchsähnlichen Lebensform als *Chorherren (Kanoniker)* zu veranlassen. In *Mailand* bildete sich eine *Einung der Unterschichten* unter Führung eines Adeligen und eines Priesters. Diese *»Pataria«* (vom Namen des Lumpenmarktes) versuchte mit Gewalt und Billigung des Papsttums, den adeligen Erzbischof der Stadt und seinen Klerus zur Reform zu zwingen.

Der Drang zu neuen Formen christlicher Lebensführung

Diese *Bewegung von Laien* zeigt beispielhaft, wie aus der Unzufriedenheit mit den Amtsträgern der Kirche seit der 2. Hälfte des 11. Jahrhunderts neue Formen christlicher Lebensführung erwuchsen. Vorbild war ebenfalls die Lebensform der Apostel, die aber nun nicht mehr im Sinne des Mönchtums interpretiert wurde. *Wanderprediger* stellten auch die feste Pfarreiorganisation in Frage. Bischöfen und Päpsten erschien an dieser Bewegung besonders anstößig, daß sich ihr auch viele *unverheiratete Frauen* angeschlossen hatten. Deshalb bemühten sie sich um neue geregelte *Ordensgründungen:* In Frankreich entstand der *Orden von Fontevrault* mit seinen Doppelklosteranlagen für Nonnen und Mönche. Aus der Klostergründung von Prémontré des Wanderpredigers *Norbert von Xanten* ging der Kanonikerorden der *Prämonstratenser* hervor. Die eremitische und kontemplative Seite des Mönchslebens betonte dagegen der vom gelehrten *Bruno von Köln* gegründete Orden der *Kartäuser,* während der burgundische Adelige *Robert von Molesme* auf der Grundlage der Benediktinerregel den Reformorden der *Zisterzienser* begründete. Allen diesen um die Wende zum 12. Jahrhundert entstandenen zahlreichen neuen Ordensgemeinschaften war gemeinsam, daß sie sich zum *Prinzip der apostolischen Armut* in bislang unbekannter Radikalität bekannten.

Die Zisterzienser

Als Orden waren die Zisterzienser am erfolgreichsten. Ein Kontrollsystem zwischen den *Mutterklöstern* und den von diesen gegründeten *Tochterklöstern* gab dem Orden eine *zentralisierte Führung.* Abt *Bernhard von Clairvaux* war als Redner, Theologe und Kirchenpolitiker eine der einflußreichsten Persönlichkeiten des 12. Jahrhunderts. Allein ihm war die Angliederung und Neugründung von 116 der damals 344 Klöster zu verdanken. Zisterzienser kannten *keine Grundherrschaft* mehr. In den Klöstern und ihren äußeren Höfen (Grangien) arbeiteten die Mönche und die Laienbrüder selbst hart mit der Hand, nützten aber auch ganz rational alle technischen Möglichkeiten der Wasserkraft und der Eisenwerkzeuge (▷ S. 163). Die Zisterzienserklöster – bewußt in bislang unbesiedelten Gegenden errichtet – waren auf diese Weise ungewollt die *Vorbilder für methodischen Landesausbau.*

Als *Ergebnis der Reformdiskussion* bildete sich die Überzeugung aus, daß die Freiheit der Kirche dann am besten gewahrt sei, wenn alle kirchlichen Leitungsfunktionen einem *rechtlich abgegrenzten Stand der Geistlichkeit* (»Amtskirche«)

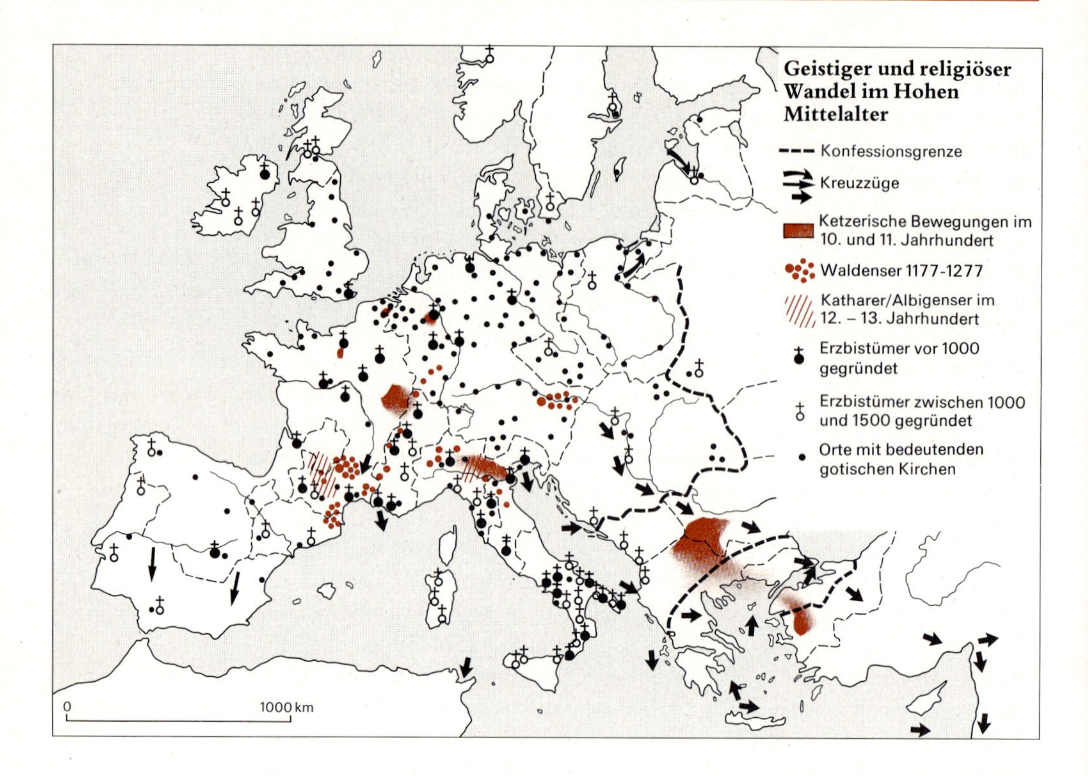

vorbehalten blieben und die *Laien nur eine dienende Funktion* in der Kirche zugebilligt erhielten. Die Bekämpfung der Lehren von zwei großen religiösen Bewegungen der zweiten Hälfte des 12. Jahrhunderts, der Katharer und der Waldenser, führte zu einer neuen Öffnung gegenüber den Laien.

Die großen Ketzerbewegungen des 12. Jahrhunderts

Die *Katharer* (von griech. »katharoi«, die Reinen) – von ihrem Namen ist im Deutschen derjenige aller *»Ketzer«* abgeleitet – fanden hauptsächlich bei einfachen Leuten Zustimmung als »gute Christen«, weil ihre *weltfeindliche* Lehre und ihre Lebensform übereinstimmten. Ihre eifrige *Missionstätigkeit* in Südfrankreich *(Albigenser)* und Oberitalien führte zur Bildung *eigener Bistümer* und einer dort mächtigen »Gegenkirche«. Die katholische Kirche reagierte nach vergeblichen Bekehrungsversuchen durch Zisterzienser seit Beginn des 13. Jahrhunderts mit *geistlichen Zwangsmaßnahmen* einer besonderen Ketzergerichtsbarkeit *(Inquisition)* und dem *Einsatz militärischer Gewalt,* um diese Ketzerei auszurotten *(Albigenserkrieg)* (▷ Tafel 10).

Die *Waldenser* nannten sich nach ihrem Gründer, dem zur freiwilligen Armut bekehrten Textilkaufmann *Waldes* aus Lyon. Diese nach apostolischem Vorbild als »Arme von Lyon« lebende Gemeinschaft wurde verfolgt, als sie darauf bestand, wie die Apostel auch das *Wort Gottes in der Volkssprache zu predigen,* was die Kirche nur lateinkundigen Klerikern gestattete.

In den ersten Jahrzehnten des 13. Jahrhunderts wurden neuartige *Bettelorden*

Die Bettelorden als Erben der Armutsbewegung

wichtige Helfer bei der seelsorgerischen *Betreuung der Laien in den Städten* und bei der *Bekämpfung der Ketzerei.* Die Gemeinschaft des *Franziskus von Assisi* war wie diejenige des Waldes *ursprünglich* eine *Laienbewegung.* Franziskus war aber bereit, sich der kirchlichen Hierarchie unterzuordnen und seine *Gemeinschaft der Minderbrüder* in einen Orden umzuwandeln. Mit diesen *Franziskanern* konnte das Papsttum die Armutsbewegung in einer kirchlichen Gemeinschaft auffangen. Der von einem *Generalminister* zentral geleitete Orden wurde wie alle anderen Bettelorden dem Papst direkt unterstellt. Der *Predigerorden* wurde vom adeligen spanischen Kanoniker *Dominikus* bewußt gegen die Ketzer in Südfrankreich und Nordspanien gegründet: Er war eine *Kampfgemeinschaft* von in Armut lebenden Priestern, die alle theologisch geschult wurden. Franziskaner, Dominikaner und mehrere andere kleinere Bettelorden zeigten dadurch, daß sie Erben der Armutsbewegung waren. Sie waren keine Mönche mit grundbesitzenden Abteien, sondern zogen predigend durchs Land und *erbettelten* dabei ihren *Lebensunterhalt* vorwiegend in Städten. Dort errichteten sie auch ihre Niederlassungen und Schulen und wurden so zu den *städtischen Orden* schlechthin.

5. Wissenschaft als neue Lebensform: die Universität

Kathedralschulen

Neben den Klosterschulen (▷ S. 144) waren seit dem 10. Jahrhundert Schulen an den Kathedralen der Bischofssitze die wichtigsten Bildungszentren. Im 11. Jahrhundert lehrten in der normannischen Reform-Abtei Bec die berühmten Theologen italienischer Herkunft *Lanfrank* aus Pavia und *Anselm* aus Aosta, die später beide zu Erzbischöfen von *Canterbury* erhoben wurden. Neu war damals die Institution des *Wanderlehrers,* der sich nicht auf Dauer an einen bestimmten Schulort band, sondern sich für seinen Unterricht von den Schülern bezahlen ließ, die ihm wegen seiner besonderen Kenntnisse von weither zuströmten.

Der Einzug der dialektischen Methode in die Scholastik

Der bedeutendste der Wanderlehrer des frühen 12. Jahrhunderts war *Petrus Abälard,* der den *Zweifel* zum *Grundprinzip des Fortschritts der Wissenschaft* erklärte. Mit Hilfe der aus der Philosophie des Aristoteles übernommenen logischen Methode der *Dialektik* glaubte er, Widersprüchlichkeiten in den Überlieferungen durch Kritik auflösen zu können. Abälard gab damit als erster Lehrer der neuen Schulwissenschaft *(Scholastik)* der Logik der menschlichen *ratio* Vorrang vor der *auctoritas* der Überlieferung. *Anselm von Canterbury* hatte beide noch in ein versöhnliches Verhältnis mit dem Grundsatz zu bringen versucht, daß »der Glaube das vernünftige Verstehen suche« *(fides quaerens intellectum).* Gegen die Einführung der Dialektik in die Theologie wandten sich die *Mönche,* die an ihrer *Methode der meditativen Bibelauslegung* festhielten. Zu ihrem Wortführer machte sich *Bernhard von Clairvaux.* Er konnte zwar erreichen, daß eine Synode der Bischöfe und der Papst 1140 mehrere theologische Aussagen Abälards als irrgläubig verurteilte, konnte aber dadurch nicht den *Siegeszug der dialektischen Methode in der Scholastik* aufhalten. Ihr Zentrum wurden die Schulen in

Paris, neben denen lange Zeit an den Kathedralen von *Reims, Chartres* und *Laon* berühmte Schulen mit logischen, naturphilosophischen und theologischen Schwerpunkten bestanden.

Anfänge der Pariser Universität

In Paris, der wirtschaftlich aufblühenden Residenzstadt der französischen Könige, wurden die *neuen Formen der Wissensvermittlung* nicht mehr im unmittelbaren Umkreis der Bischofskirche, sondern in der Neustadt auf dem Südufer der Seine gelehrt. Hier ließ sich gegen Ende des 12. Jahrhunderts eine Fülle von Wanderlehrern mit ihren Schulen nieder. Sie hatten Wissenschaft nun vollends zu ihrem Beruf gemacht. Für ihren Unterricht mußten die Studenten *Gebühren* bezahlen. Aber die hier erworbene Bildung führte eher zu einträglichen Ämtern im kirchlichen Dienst und an weltlichen Höfen als der nun zweitklassige Unterricht an heimischen Dom- oder Stiftsschulen.

Erst zu Beginn des 13. Jahrhunderts wurde aus den Gemeinschaften von Lehrenden und Lernenden eine Institution: die *Universität.* Ihr Name besagt eigentlich nichts anderes, als daß nun ein rechtlicher Zusammenschluß der Lehrer *(universitas magistrorum)* bestand. Diese Korporation konnte ihre Selbständigkeit in Konflikten mit dem französischen König und der örtlichen geistlichen Kontrollinstanz, dem Kanzler des Pariser Domkapitels, behaupten und mit Hilfe der Päpste sogar ihre Autonomie ausbauen und rechtlich absichern. Der Lehrbetrieb gliederte sich in vier *Fakultäten.* Wer in der zahlenmäßig größten der *Artisten* erfolgreich vor allem *Philosophie* als wichtigste der freien Künste *(artes liberales)* studiert hatte, konnte in den drei höheren Fakultäten der *Theologie,* des *Kirchenrechts* und der *Medizin* weiterstudieren. Das Papsttum förderte den Ausbau der Pariser Universität zum *Zentrum der Theologie* im Abendland und verbot deswegen 1219 ausdrücklich dort das Studium des römischen Rechtes.

Der Aufstieg der Rechtsschulen von Bologna

Inzwischen war in *Bologna* der Umgang mit den Texten des Corpus Iuris Civilis Justinians (▷ S. 121) zu neuer wissenschaftlicher Blüte gediehen. Römisches Recht war in Italien noch immer gültiges Gewohnheitsrecht. *Rechtslehrer,* die zugleich *praktizierende Juristen* waren, erschlossen seit den ersten Jahrzehnten des 12. Jahrhunderts den Text des in Vergessenheit geratenen Lehrbuchs der Digesten mit der Methode einer vergleichenden Texterklärung durch *Glossen.* Das System der römischen Gesetze *(leges)* erwies sich für die Ausgestaltung der Rechtsordnung der Kommunen als äußerst nützlich. Daher bemühten sich auch andere oberitalienische Städte, daß in ihnen berühmte *Legisten* Rechts-Universitäten eröffneten. Bereits seit dem 12. Jahrhundert rechtfertigten Universitätsjuristen die Autonomie der Kommunen Italiens mit Grundsätzen des Römischen Rechts, wenn deutsche Kaiser als Nachfolger der spätantiken Imperatoren weitgehende direkte Herrschaftsansprüche in Italien geltend machten. Ähnlich argumentierten dann französische und spanische Legisten gegenüber universalen Herrschaftsrechten des Kaisers überhaupt.

Um 1140 legte in Bologna der Mönch *Gratian* eine neue Sammlung von Kirchenrechtsbestimmungen *(canones)* an, die bald zum Gegenstand der Glossierung und des Unterrichts von Kirchenrechtslehrern *(Kanonisten)* wurden. 1234 erkannte Papst *Gregor IX.* Gratians sog. *Decretum* als offizielles Kirchenrechtsbuch an und ergänzte es durch eine Sammlung päpstlicher Rechtsentscheidungen *(Dekretalen)*. Diese Teile bilden zusammen mit späteren Dekretalensammlungen das *Corpus Iuris Canonici*. Da die *Kanonistik* sich auf das Römische Recht stützte, wurde das Kirchenrecht im späteren Mittelalter zur Grundlage der Durchsetzung des Römischen Rechts *(»Rezeption«)* im gesamten Abendland.

III. Politische Folgen

Bis zum Jahr 1000 war das westliche Europa Ziel von Invasionen gewesen; seitdem kehrte sich die Bewegung um. Den Nachbarkulturen von Byzanz und Islam traten die Abendländer nun mit einem *aggressiven Überlegenheitsgefühl* gegenüber. Je weniger die neuen Kräfte der hochmittelalterlichen Gesellschaft durch eigene oder fremde Traditionen gebremst wurden, desto deutlicher konnten sie neue politische Herrschaftsformen entfalten.

1. Die Erweiterung der Grenzen des Abendlandes

a) Das normannische Königreich. Für den Mittelmeerraum wurde die Herrschaftsbildung der Normannen in Süditalien am folgenreichsten.

1020 erste normannische Heerführer in Unteritalien
1059 Robert Guiscard Herzog von Apulien
1091 Unteritalien, Sizilien und Malta normannisch
1130 Roger II. König von Sizilien

Normannen in Süditalien

Seit 1020 waren nacheinander alle 12 Söhne eines Adeligen aus der Normandie dorthin gezogen, um sich zunächst als *Heerführer* im Kampf der langobardischen Fürsten mit byzantinischen Statthaltern und den Muslimen auf Sizilien zu verdingen. Ihre Machtposition war 1059 aber schon so stark, daß Papst Nikolaus II. den zweitjüngsten der Söhne, *Robert Guiscard,* als päpstlichen Lehensmann zum *Herzog von Apulien* erhob. Bis 1091 eroberten Robert und sein jüngerer Bruder Roger das byzantinische Unteritalien und das islamische Sizilien. 1130 erkannte der Papst *Roger II.* als *König* an. Von Unteritalien und Sizilien aus betrieben die normannischen Herrscher ständig *Eroberungspolitik:* schon im 11. Jahrhundert gegen Byzanz auf der Balkanhalbinsel, im 12. Jahrhundert dann vorwiegend in Nordafrika und Ägypten. Zwei Besonderheiten hoben das normannische Königreich aus der Reihe der übrigen Königreiche des Abendlandes heraus: (1) Das Verschmelzen der lateinischen, griechischen und islamischen Kulturelemente und (2) die politische Ordnung, die das straffe Lehnrecht der Normandie mit den Formen des byzantinischen Verwaltungsstaates verband. Infolgedessen gründete sich hier *königliche Herrschaft auf einer rationalen Ordnung,* mit der das Reich zentral über eine institutionalisierte Beamtenschaft regiert wurde.

Der westslawische Siedlungsraum

b) Die Westslawen und die deutsche Ostsiedlung. Im slawischen Siedlungsbereich östlich der Elbe hatte die Christianisierung bis zum Beginn des 12. Jahrhunderts keine Fortschritte mehr gemacht. Als aber seitdem christliche slawische Fürsten in Wagrien (Ostholstein), Mecklenburg und in Pommern Missionsversuche deutscher Bischöfe begünstigten, entstanden *Gegensätze* zwischen den Fürstenhäusern und der Mehrzahl der heidnisch gebliebenen Untertanen und ihrer Priesterschaft. Diese innere Schwäche nutzten die Nachbarmächte des dänischen Königtums, des sächsischen Adels und der polnischen Herzöge zu politischem Druck. Polens Einflußbereich blieb aber auf Pommern beschränkt, weil die Dynastie der *Piasten* ihr Reich durch Erbteilungen in mehrere Herzogtümer aufsplitterte, von denen Kleinpolen mit der Krönungsstadt *Krakau* Besitz des jeweils Ältesten der Dynastie als Oberherrn *(Senioratsverfassung)* sein sollte. In den polnischen Herzogtümern wurden Adel und Geistlichkeit zu nahezu gleichwertigen Trägern der Herrschaft.

1066	Aufstand in Wagrien und Mecklenburg gegen das Christentum
1138	Senioratsverfassung in Polen
seit 1132	Neuverteilung der Markgrafschaften an Askanier und Wettiner
1142–1180	Herzog Heinrich der Löwe von Sachsen
1143	Graf Adolf von Holstein erhält Wagrien
1147	Feldzug deutscher Fürsten gegen Mecklenburg und Pommern (»Wendenkreuzung«)
1181	Mecklenburg und Pommern Herzogtümer des Deutschen Reiches

Die politische Neugliederung des Raums zwischen Elbe und Oder

Die *sächsischen Herzöge* Lothar von Supplinburg, der 1125 zum deutschen König gewählt wurde, und Heinrich der Löwe hatten mit ihrer *Politik der Unterwerfung* der Slawen, die zwischen Elbe und Oder siedelten, Erfolg. Am Ende des 12. Jahrhunderts konnte die *herrschaftliche Neugliederung* dieses Gebietes abgeschlossen werden: Der Süden unterstand den *Markgrafen von Meißen* und der Lausitz aus dem Hause Wettin, der mittlere Teil um Havel und Spree den *Markgrafen von Brandenburg* aus dem Hause der Askanier und Wagrien den *Grafen von Holstein* aus dem Hause Schauenburg. In *Mecklenburg* und *Pommern* regierten *einheimische slawische Fürsten* als Herzöge. Sie waren zunächst dem Sachsenherzog lehnspflichtig und seit 1181 Fürsten des Deutschen Reiches.

Die deutsche Ostsiedlung

Von dieser politischen Neuordnung ist die sogenannte »Ostsiedlung« des Hochmittelalters zu unterscheiden. Bei ihr handelt es sich um nichts anderes als um *Landesausbau,* wie er damals auch im Westen üblich war, und bei dem fremde Siedler zum Roden ungenutzter Flächen und zum Trockenlegen von Sümpfen und Flußniederungen angeworben wurden (▷ S. 163). So hatte der Bremer Erzbischof 1106 Holländer zur Erschließung der Wesermarschen privilegiert, wenig später Graf Adolf von Holstein flämische, holländische, friesische und westfälische Siedler und Kaufleute nach Wagrien geholt, Markgraf Albrecht in Brandenburg neue Dörfer »nach deutschem Recht« anlegen lassen. *Deutsches Recht,* das gleichbedeutend mit neuem Recht war, verlieh Neusiedlern *größere Freiheiten* als in ihren Herkunftsgebieten. Auch die mecklenburgischen und pommerschen Herzöge gewährten Bauern, Handwerkern und Kaufleuten aus dem Westen Privilegien, um den Landesausbau voranzutreiben. Im Lauf der Zeit verschmolz die slawische und die deutsche Bevölkerung, wobei das *Niederdeutsche* zur *Grundlage der Dialekte der Sprache der* nördlichen *»neudeutschen Stämme«* wurde. Eine ähnliche »Eindeutschung« ergab sich nicht nur zwischen Elbe und Oder, sondern auch im polnischen Herzogtum *Schlesien* und in Teilen *Böhmens.* Denn auch hier hatten die Herrscher westlichen Neusiedlern und slawischen Bauern, Handwerkern und Kaufleuten deutsches Recht verliehen. Im 12. und 13. Jahrhundert zogen rund 200 000 deutsche Siedler nach Osten, d. h. pro Jahr durchschnittlich 2000, während die Bevölkerung des Reiches damals jährlich um durchschnittlich 125 000 wuchs. Der Landesausbau im östlichen Mitteleuropa war wie überall eine *herausragende kulturelle Leistung* der Menschen des Hochmittelalters.

Elemente und Träger der Reconquista

c) Die Reconquista in Spanien. Im nordwestlichen Gebirgsland der Iberischen Halbinsel hatten bei der islamischen Eroberung (▷ S. 133) kleinere christliche Herrschaften ihre Selbständigkeit bewahren können. Sie nutzten die Wirren des 9. Jahrhunderts im Emirat von Córdoba zu einer Ausdehnung nach Süden bis zum Flußlauf des Duero. Die Könige des Reiches von *Asturien* fühlten sich als legitime Nachfolger der westgotischen Herrscher und sahen deshalb als Ziel ihres Kampfes gegen die Muslime die Wiedereroberung *(Reconquista)* des Westgotenreiches. Als gar das *Grab des Apostels Jakob* in Galizien *(Santiago)* wieder zum Vorschein kam, nutzten dies die Asturier zur Überhöhung des Krieges: Der Heilige galt hinfort als Sieghelfer gegen die Muslime (»Maurentöter«).

1031	Ende des Kalifats von Córdoba
1085	Alfons VI. von Kastilien erobert Toledo
1090–1141	Almoravidenherrschaft in Spanien
1141–1235	Almohaden in Spanien
1212	Niederlage der Almohaden
um 1250	vorläufiges Ende der Reconquista
1235–1492	Königreich Granada

Die Notwendigkeit, den Widerstand gegen das Kalifat von Córdoba (▷ S. 135) neu zu organisieren, das im 10. Jahrhundert militärisch übermächtig wurde, verwandelte alle christlichen Herrschaften im Norden Spaniens in feste Königsherrschaften: Zentrum im Westen wurde nun das auf Reconquista-

Boden liegende *León.* Aus den Grenzgrafschaften, die Karl der Große und Ludwig der Fromme im Pyrenäenvorraum *Kataloniens* eingerichtet hatten (▷ S. 141), bildete sich die unabhängige *Großgrafschaft Barcelona.* In den westlichen Pyrenäen hatte das Volk der *Basken* seine Unabhängigkeit gegenüber Muslimen und Franken bewahrt. Eine einheimische Dynastie trat nun an die Spitze des neuen *Königreiches Navarra.*

Die Europäisierung der Reconquista

Mit der Bildung von *islamischen Kleinkönigreichen* anstelle des Kalifats (1031) begann eine *neue Phase der Reconquista.* Jetzt trug sie der Adel, der auf den Burgen der neuen Grafschaften *Kastilien* (»Burgenland«) und *Aragon* saß. Hinzu kam die »Europäisierung der Reconquista«. *Cluniazensermönche* errichteten mit Unterstützung der spanischen Herrscher Klöster, förderten den Ausbau von *Santiago* zum gesamteuropäischen *Wallfahrtszentrum* und stellten auch die ersten Bischöfe für im Rahmen der Reconquista wiedererrichtete Bischofssitze. Französische Ritter, besonders aus Burgund, beteiligten sich an den Feldzugsunternehmen, deren militärische Führung an die neuen Königreiche Kastilien und Aragon überging, die 1035 aus einer der damals üblichen Erbteilungen der christlichen Dynastien hervorgegangen waren. Die *Eroberung Toledos* – politische und kirchliche Hauptstadt des Westgotenreichs – durch *Alfons VI. von Kastilien-León* (1085) markiert einen Höhepunkt dieser Phase der Reconquista.

»Heiliger Krieg« zwischen Christentum und Islam

Am Ende des 11. Jahrhunderts konnten die spanischen Christen nur noch mit großen Mühen eine Grenze verteidigen, die im Westen am Tajo verlief, im Osten aber nicht einmal den Ebro erreichte. Denn die spanischen Muslime hatten die mächtige *marokkanische Berberdynastie der Almoraviden* zu Hilfe gerufen, die für ein halbes Jahrhundert das südliche Spanien dem Islam sicherte. Sie wurde dann abgelöst durch eine neue Berberdynastie, die *Reformsekte der Almohaden.* Ihre Sultane erklärten den christlichen Königen Spaniens den *Heiligen Krieg,* der erst im 13. Jahrhundert zugunsten der Könige von León, Kastilien, Navarra, Aragon-Katalonien und des seit 1139 selbständigen Portugal, die sich zu gemeinsamen Feldzügen verbündeten, entschieden wurde. Bis zur Mitte des Jahrhunderts hatten Portugal, Kastilien und Aragon ihre Reiche um ein Mehrfaches erweitert und dabei im Westen die Südküste, das Tal des Guadalquivir mit seinen großen Städten und die östliche Küste am Mittelmeer erobert. Die spanischen Muslime, die in den Gebieten der Reconquista den weit überwiegenden Bevölkerungsanteil stellten, rebellierten gegen die grausame *Unterdrükkung,* die besonders die Kastilier ausübten. Die neuen Herren reagierten mit *Vertreibung.* Neben Afrika wurde das einzig auf spanischem Boden noch verbliebene *islamische Königreich Granada* zum *Rückzugsgebiet* der vertriebenen Andalusier. Die Reconquista kam für rund 200 Jahre zum Erliegen, weil die Kastilier militärisch und wirtschaftlich überanstrengt waren und die Katalanen und Portugiesen sich dem Seehandel zuwandten. Trotz der *Glaubensfeindschaft gegen die Muslime,* die die Religiosität der spanischen Christen durch die Erfahrung der Reconquista prägte, blieb die *spanische Sprache und Kultur* tief *vom Islam beeinflußt* (▷ Abbildung S. 185).

2. Der Führungsanspruch des Papstes im Abendland

1046 Heinrich III. läßt drei Päpste absetzen
1054 Trennung von Ost- und Westkirche
1076 Heinrich IV. und Gregor VII. setzen sich gegenseitig ab
1095 Aufruf zum 1. Kreuzzug
1122 »Wormser Konkordat«
1245 Papst Innozenz IV. setzt Kaiser Friedrich II. ab

Die Anfänge des Reformpapsttums

Erst unter politischem Druck eines deutschen Herrschers konnte sich die Kirchenreform (▷ S. 174 f.) im Papsttum durchsetzen. Kaiser *Heinrich III.* ließ seit 1046 anstelle rivalisierender Päpste aus römischen Adelsfamilien *deutsche Reichsbischöfe zu Päpsten* wählen. Leo IX. war der bedeutendste dieser Reformpäpste. Sie machten zu ihren wichtigsten politischen Instrumenten die *Synoden* und die *Legaten,* die als ihre Stellvertreter in den Kirchenprovinzen amtierten. Zugleich gestalteten die Päpste ihren Hof *(Kurie)* zu einem Behördenapparat um, den sie mit ihren Helfern, den *Kardinälen,* zum Verwaltungszentrum der gesamten katholischen Kirche machten. Die *Fastensynode von 1059* erhob die Kardinäle zur bevorrechtigten Wählergruppe, um die *Papstwahl* den kirchenrechtlichen Vorschriften einer freien, d. h. von außerkirchlichen Einflüssen freien Wahl anzupassen. Politischer Druck von Herrschern und römischen Adeligen und Fraktionsbildungen unter den geistlichen Wählern führten dazu, daß die Papstwahl im Verlauf des folgenden Jahrhunderts zunächst ganz auf den Kreis der Kardinäle eingeschränkt wurde und schließlich nach den Beschlüssen des *3. Laterankonzils von 1179* durch *Zweidrittelmehrheit* entschieden wurde.

Monarchische Ordnung in der Kirche der Kleriker

Die schrittweise *Ausschaltung der Laien* bei der Regelung kirchlicher Angelegenheiten entsprach ganz den Vorstellungen der führenden Reformpolitiker Roms. Kirche bedeutete für sie nur noch den Kreis des Klerus, von dem die übrigen Stände des Adels und der Laien im Gesamtverband der »Christenheit« sorgfältig theologisch und rechtlich zu trennen waren (▷ S. 175 f.). Das zweite Ziel der Reformer war die Errichtung einer strengen *hierarchischen Ordnung in der Klerikerkirche,* die der *Papst als Monarch* leiten sollte. Die Wortführer, die Kardinäle *Petrus Damiani,* der aus der italienischen Eremitenbewegung kam, und *Humbert von Silva Candida,* ein lothringischer Reformmönch, deuteten die Lehrautorität der Päpste nach kirchenrechtlichen Quellen nun so, daß katholische Rechtgläubigkeit auch *unbedingten Gehorsam gegenüber der römischen Kirche* einschloß. Papst *Gregor VII.,* der zuvor viele Jahre als Reformpolitiker an der Kurie gewirkt hatte, erhob 1075 in 27 Leitsätzen *(Dictatus papae)* den *Papst* als *Universalbischof* der Kirche zu ihrem *kaisergleichen Herrn.*
Widerstand erwuchs von zwei Seiten: von den Bischöfen, deren Selbständigkeit nun eingeschränkt werden sollte, und von den weltlichen Herrschern, deren Amtsführung nach Meinung radikaler Kirchenreformer wie Gregor um

des Seelenheils ihrer Untertanen willen vom Papst überwacht werden mußte.

Bruch mit der Ostkirche

Von der Ostkirche, die von jeher den römischen Bischöfen keine Leitungsfunktion der Gesamtkirche zugebilligt hatte, trennte sich das Reformpapsttum 1054. Alle Versuche zu einer Wiedervereinigung der orthodoxen und der katholischen Kirche blieben schon im Mittelalter erfolglos. Erst 1965 wurden die gegenseitigen Bannsprüche formell aufgehoben.

Kampf zwischen Papsttum und weltlichen Herrschern

Direkte politische Folgen ergaben sich aus dem Widerstand der deutschen Reichsbischöfe gegen die Reform. »Dieser gefährliche Mensch will uns befehlen, als wären wir seine Beamten und Dienstleute«, empörte sich ein Erzbischof über Gregor VII., der ihn 1075 als Reformunwilligen nach Rom zitierte. Zuvor hatte sich der junge deutsche König *Heinrich IV.* mit seinen bischöflichen Ratgebern bei der Besetzung oberitalienischer Bistümer leichtfertig über die zentrale Reformforderung nach kanonischer Wahl ohne *Simonieverdacht* (▷ S. 175) hinweggesetzt und war deswegen in Konflikt mit den Päpsten geraten. Sein Versuch, den unbequemen Gregor VII. einfach abzusetzen, schlug 1076 fehl: Gregor reagierte in der für viele Zeitgenossen noch unfaßbaren Weise, daß er den König und seine Ratgeber feierlich exkommunizierte und Heinrich seines Thrones für verlustig erklärte. Auch der Bußgang Heinrichs nach Canossa (1077) konnte einen Bürgerkrieg zwischen der königlichen Partei und ihren geistlichen und adeligen Gegnern nicht verhindern. Am jahrzehntelang anhaltenden Konflikt war neuartig, daß beide Parteien sich auch mit *Streitschriften* bekämpften. Dieses *Eingreifen der Gelehrten* führte letztlich aber zu einer Klärung der unterschiedlichen Positionen beider Parteien und schuf mit der Unterscheidung von weltlichen und geistlichen Rechten eines Bischofs *(Temporalien* und *Spiritualien)* und den königlichen Rechten *(Regalien)* Voraussetzungen für einen politischen Kompromiß.

Der »Investiturstreit« und seine Lösung

Dies war auch nötig, da zum wichtigsten Konfliktpunkt das aus dem Simonievorwurf abgeleitete *päpstliche Verbot für die Könige* wurde, *Bischöfe und Äbte* mit Ring und Stab *zu investieren.* 1078 traf das Verbot zunächst den französischen König. Seine besondere Bedeutung erhielt es jedoch im Kampf mit den deutschen Herrschern, der somit zum »Investiturstreit« wurde. Die Bischöfe waren durch die vom König verliehenen Rechte zu so mächtigen Reichsfürsten geworden, daß sie nicht auf diese Regalien verzichten wollten, und der König wollte unbedingt seinen Einfluß bei der Wahl und den bischöflichen Gehorsamseid gewahrt wissen. Deswegen kam es im deutschen Fall erst wesentlich später als in Frankreich und England zu einem Kompromiß mit dem Papsttum. Das sog. *Wormser Konkordat* von 1122 billigte den deutschen Königen Mitwirkung bei der Bischofswahl und die Verleihung der Regalien durch die Übergabe eines Zepters anstelle der kirchlichen Herrschaftszeichen von Ring und Stab zu.

Die Kreuzzugsbewegung

Während im Investiturstreit der französische und der deutsche Herrscher noch im Kirchenbann waren und der englische König gegen den Papst opponierte, folgerte das Reformpapsttum *politische Ansprüche aus seiner geistigen Führung* des

Abendlandes. Zahlreiche kleinere Fürsten standen bereits in einem lehn- oder schutzrechtlichen Abhängigkeitsverhältnis zur Kurie. Nun rief Papst *Urban II.* 1095 zum Abschluß einer Reformsynode im französischen Clermont den Adel des Abendlandes auf, sich in den Dienst des hl. Petrus zu stellen und *das Grab Christi* zu *befreien.* Die damit ausgelöste »Kreuzzugsbewegung« entglitt bald der Kontrolle des Papsttums, weil sich im Ziel »Jerusalem« mindestens drei unterschiedliche *Zwecke* und *Vorstellungen* mischten: die durch Propaganda noch gesteigerte religiöse Erregung, die von sozialem Druck zu Hause gestärkte Abenteuer- und Eroberungslust des Adels und die politische Absicht einer Herrschaftsneugründung bei den beteiligten Fürsten. Hilfsersuchen der Byzantiner, die gegen die islamisierten türkischen Seldschuken in Kleinasien schwere Niederlagen erlitten hatten, bestärkten die Masse der uninformierten Abendländer nur noch in ihrer *Aggressivität gegenüber allem Nichtchristlichen.* Wie schon mehrmals im 11. Jahrhundert bei Nachrichten über das Vordringen des Islam, richtete sich zunächst der Haß auf den angeblichen Feind im Lande: Ein Haufen von über 50 000 meist bäuerlichen Kreuzfahrern fiel über die *Judengemeinden* zwischen Seine und Donau her, unterstützt von einheimischen Christen, die hier eine günstige Gelegenheit sahen, sich der unbeliebten jüdischen Kaufleute, Geldwechsler und Pfandleiher zu entledigen.

Kreuzfahrerherrschaften

Die Aggressivität, die die Ritterheere aus Lothringen, Frankreich, der Normandie und Unteritalien nach außen trugen, war kaum geringer: Bei der Eroberung *Jerusalems* 1099 richteten sie ein furchtbares Blutbad unter allen Nichtchristen an. Das Königreich Jerusalem wurde 1100 als die letzte ihrer Kolonialherrschaften in Syrien und Palästina gegründet. Dort rivalisierten dann ständig das lateinische Patriarchat von Jerusalem, die Barone und italienische Kaufleute um politischen Einfluß. Im Hl. Land entstanden jedoch auch seit Beginn des 12. Jahrhunderts die neuen *Ritterorden.* Diese besondere Laienbewegung ergänzte die Mönchsgelübde um die Verpflichtung zum kriegerischen Heidenkampf. Die Orden der *Templer* und *Johanniter* und der erst am Ende des

Christlicher Ritter und muslimischer Krieger beim Schachspiel. *Spanische Handschrift des 14. Jh.s. Das ursprünglich persische »Spiel der Könige« (Schah = König) wurde im Hochmittelalter vom europäischen Adel leidenschaftlich gepflegt. Das Schachlehrbuch des spanischen Königs Alfons des Weisen von Kastilien (1252–1284), aus dem diese Illustration stammt, wurde deshalb bald in alle europäischen Sprachen übersetzt. Daß allerdings Christen und Muslime die Waffen beiseite stellen und im Zelt eines Arabers in geistig-sportlichem Wettstreit die Kräfte messen, war nur eine Wunschvorstellung, dem weder im Hl. Land noch im Spanien der Reconquista der Alltag entsprach.*

12. Jahrhunderts gegründete *Deutsche Orden* wurden zu mächtigen, direkt dem Papst unterstellten Organisationen, die bald überall in den Grenzzonen der Christenheit im Heidenkampf Ländereien und Herrschaftsrechte erwarben.

Niedergang

Aber auch diese Orden konnten nicht verhindern, daß sich die »Franken« – wie die Muslime sie nannten – nur knapp 200 Jahre in Syrien und Palästina halten konnten, nachdem bereits 1187 die *Herrschaft über Jerusalem verlorengegangen* war. Solche spektakulären Niederlagen riefen jeweils für kurze Zeit neue Wellen von Kreuzzugsbegeisterung hervor. Schon an der Spitze des zweiten Zuges (1147) ins Hl. Land standen *Könige Europas.* Doch trugen ihre Rivalitäten dazu bei, daß nachhaltige militärische Erfolge ausblieben. Als Papst *Innozenz III.* ohne die Könige noch einmal ein Kreuzfahrerheer organisierte, endete das Unternehmen 1204 mit der *Eroberung Konstantinopels* in *venezianischem Handelsinteresse* und der Errichtung eines lateinischen Kaiserreiches. Bereits einige Führer des ersten Kreuzfahrerheeres hatten solche Pläne gehegt.

Bilanz der Kreuzzüge

Die geistlichen, rechtlichen und vor allem finanziellen Privilegien, die die Päpste für Kreuzzüge erteilten, waren so vorteilhaft, daß sie zunehmend für politische Unternehmungen gewährt und genutzt wurden, die mit dem ursprünglichen Ziel einer christlichen Herrschaft über das Grab Christi nichts mehr zu tun hatten: für »gerechte« Kriege gegen Heiden überhaupt, für Feldzüge gegen Ketzer im Abendland (▷ S. 176 f.), dann auch gegen politische Gegner des Papstes.
Gegenüber dem Islam hielt das Abendland seine Politik der Feindseligkeit aufrecht, während es doch *von den Muslimen Luxuswaren* durch den Handel der italienischen Städte bezog. Die Bereicherung durch die *hellenistisch-arabische Philosophie und Naturwissenschaft* seit dem 12. Jahrhundert verdankt das Abendland nicht den Kreuzfahrern, sondern intensiven Kulturkontakten von Theologen und Philosophen mit dem Islam und dem Judentum in Spanien und Sizilien.

Auf dem Weg zur päpstlichen Weltherrschaft

Die Beschlüsse des 4. Laterankonzils von 1215, das Papst *Innozenz III.* als Höhepunkt seines Pontifikats einberufen hatte, bewiesen, daß das Papsttum im 12. Jahrhundert zum geistigen Führer des Abendlandes aufgestiegen war. Während sich Innozenz noch mit der *Rolle eines Schiedsrichters* zwischen den christlichen Königen begnügte, sprachen Theologen und Kanonisten den Päpsten bereits das Recht zu, zumindest eine indirekte Herrschaft auch über den weltlichen Bereich ausüben zu können *(hierokratische Theorie).* Gegen solche Ansprüche beriefen sich die Könige seit Heinrich IV. auf die Gottesunmittelbarkeit ihres Herrschertums, aus der eine Gleichberechtigung von weltlicher und geistlicher Gewalt *(Dualismus)* folge. Doch als eigenständige Herren des Kirchenstaates behaupteten sich die Päpste im 12. Jahrhundert politisch erfolgreich gegen die deutschen Kaiser. Innozenz III. nutzte deutsche Thronwirren nach 1198 (▷ S. 191), um dem Papst ein *Prüfungsrecht bei der Königswahl* zu sichern. Um die Mitte des 13. Jahrhunderts war dann der päpstliche Anspruch auf Oberhoheit und geistliche Weltherrschaft *politisches Programm* geworden. Papst *Innozenz IV.,* der wie die meisten der Päpste seit der Mitte des 12. Jahrhunderts ein gelehrter Jurist war, bannte 1245 *Friedrich II.,* der als König von Sizilien sein Lehnsmann war, als Ketzer und setzte ihn zugleich kraft seiner päpstlichen Universalgewalt als Kaiser ab. Der vorzeitige Tod Friedrichs (1250) verhalf den Papst zum politischen Triumph über den mächtigen Feind. Anstelle der Kaiser, die freilich niemals wirkliche »Weltherrschaft« ausgeübt hatten, wurden nun *die Könige Westeuropas* die eigentlichen *Gegner des universalen päpstlichen Herrschaftsanspruchs.*

3. Die europäischen Königreiche im Hohen Mittelalter

Die Tendenz zu einer rationalen Neuordnung der Beziehungen zwischen den Menschen erfaßte auch die Institution des Königtums. Welche Unterschiede sich in der Ausgestaltung der Herrschaftsordnungs angesichts verschiedener Voraussetzungen ergaben, zeigen die Entwicklungen in England, Frankreich und im Imperium.

1066	Wilhelm, Herzog der Normandie, erobert England
1156	Österreich wird Herzogtum
1183	Konstanzer Frieden mit den Lombardenstädten
1198–1214	Staufisch-welfischer Thronstreit
1214	Schlacht bei Bouvines
1215	Magna Carta libertatum
1220	Confoederatio cum principibus ecclesiasticis
1232	Statutum in favorem principum

Eine rationale Herrschaftsordnung

1066 setzte *Wilhelm, Herzog der Normandie,* seine Erbansprüche auf die englische Krone mit einer erfolgreichen *Invasion* durch. Sein *Königtum* verband angelsächsische Traditionen mit dem normannischen Lehnswesen (▷ S. 179). An die Stelle der selbstherrlichen Grafen (»earldormen«) trat das *System der Baronien,* mit denen der König seine wichtigsten normannischen Gefolgsleute belehnte. Zusätzlich mußten 1086 alle Untervasallen dem König einen *Treueid* leisten. Der Eid stammte aus angelsächsischer Tradition wie auch die allgemeine Steuer des *Danegelds* und die Institution der *königlichen Finanzbeamten (sheriffs),* die den in den *Grafschaften (shires)* verstreuten königlichen Grundbesitz zu verwalten hatten. Die Rationalität der anglonormannischen Königsherrschaft war den Untertanen unheimlich, so daß sie die 1086 begonnenen Befragungen und Aufzeichnungen über alle königlichen Einkünfte als vorweggenommenes Jüngstes Gericht betrachteten und deshalb das Verzeichnis *Domesday Book,* Buch des Jüngsten Gerichts, nannten. Wie die Untertanen wurden auch die Sheriffs von der *königlichen Rechenkammer (Exchequer)* kontrolliert.

Krise des englischen Königtums

Trotz dieser institutionellen Stärke geriet das englische Königtum in Krisen. Erbfolgestreitigkeiten brachten 1154 die französische *Dynastie der Anjou-Plantagenets* auf den Thron. Der *Besitz auf dem Festland,* der durch die Heirat des ersten Plantagenets Heinrich II. mit Eleonore von Aquitanien noch verdoppelt wurde, überstieg den Herrschaftsbereich der französischen Könige. Die Rivalität beider Königshäuser führte seit 1180 zum *Krieg.* Hinzu kamen innere Konflikte, die die Grenzen des königlichen Handlungsspielraums gegenüber Kirche und Adel aufzeigten: Gegen den Machtanspruch Heinrichs II. über die Geistlichkeit seines Reiches (*Konstitution von Clarendon,* 1164) leitete der Erzbischof von Canterbury, *Thomas Becket* (ermordet 1170) den Widerstand. Als König *Johann Ohneland,* Heinrichs Sohn, zunächst von Innozenz III. sein *Königtum als päpstliches Lehen* genommen hatte und im Jahr darauf im Krieg mit dem französischen König allen *Festlandsbesitz nördlich der Loire einbüßte* (1214), rebellierten die Barone seines Reiches. Die königliche *Magna Carta libertatum* von 1215 band von nun an den König an »das alte Recht« und räumte den Baronen einen ständigen Kontrollausschuß zur *Wahrung ihres Widerstandsrechtes* ein. Unter Johanns Sohn *Heinrich III.* kam es 1258–1265 zum *Aufstand der Barone,* die sich auf die Magna Carta beriefen und denen der König mit den *Provisionen von Oxford* (1259) einen Kontrollausschuß von 15 Baronen zugestehen mußte. In den Auseinandersetzungen zwischen Königtum und Hochadel bildeten Vertreter des niedrigen Adels *(»gentry«)* und der größeren *Städte* eine von beiden Seiten umworbene *dritte Partei.* Damit wurde deutlich, daß die englischen Könige in Zukunft nicht mehr ohne die Stände regieren konnten. Deshalb wurden königliche Reichsversammlungen zur Regel, auf denen die *Stände* ihre *Interessen* aussprechen konnten: das *»Parl(i)ament«* (von frz. *parler* = sprechen). Die Ständeversammlung von 1295, an der neben Klerus und Baronen auch Vertreter von gentry und Städten teilnahmen, erhielt deshalb den Namen »Model Parliament«.

Die Kapetinger werden mächtigste Herrscher Europas

In Frankreich blieb die Macht der *Kapetinger* bis ins 12. Jahrhundert auf die *Krondomäne um Paris* beschränkt. Als Könige beanspruchten sie jedoch *nominell* die *Lehnsoberhoheit in ganz Frankreich*. Eine Fülle adeliger Herrschaften war hier mittlerweile entstanden, deren Herren meist Vasallen und Untervasallen mehrerer Fürsten waren. So verdankten es die Könige Ludwig VI. und Ludwig VII. hauptsächlich der Politik ihres Ratgebers, des Abtes *Suger von St. Denis,* daß ihre *Lehnshoheit* tatsächlich zunächst *in ihren Kronländern* durchgesetzt und ihr *Hof* zum *Verwaltungszentrum* umgestaltet wurde. Als es Ludwig VI. 1124 gelang, einen Angriff der verbündeten Herrscher Englands und Deutschlands abzuwehren, stieg das Königtum zum *Repräsentanten* der *Gemeinschaft aller Franzosen* auf, in deren Namen es das *goldene Banner* des heiligen Dionysius *(Auriflamme)* als Herrschaftszeichen führte. Sein besonderer *Sakralcharakter* drückte sich zudem in *Ritus der Krönung* in Reims mit Öl aus, das als vom Himmel gesandt galt.

Ein Jahrhundert später verschaffte der Sieg König Philipps II. Augustus bei Bouvines über ein englisch-flämisch-deutsches Herr (1214) der Krone einen gewaltigen Besitz- und Machtzuwachs: Das neue *königliche Obergericht des Parlement* verurteilte König Johann Ohneland als Lehnsmann des Kapetinger. Weiterhin erhielt das Parlament die Zuständigkeit für die Lehnsherrschaften, an denen die Könige im 13. Jahrhundert Teilrechte erwarben. Sie erweiterten dadurch die Zahl der Kronvasallen und banden zugleich deren Untervasallen durch den *lehnrechtlichen Treuevorbehalt (ligesse)* an sich als königliche Oberlehnsherrn. In den Albigenserkriegen (▷ S. 176) gewannen die Kapetinger die Herrschaft über das südliche Land der occitanischen Sprache *(Langue d'Oc),* und die Bestimmungen des Friedens von Paris (1258) beschränkten den englischen Festlandbesitz auf das *Herzogtum Guyenne* im Südwesten. Schon zuvor war *Ludwig IX.* zum mächtigsten Herrscher Europas geworden, den englische Barone und der deutsche Kaiser als Vermittler in ihren politischen Konflikten anriefen.

Reformen der Salier und Staufer

Als 1033 das Königreich Burgund als dritter Teil dem Imperium angegliedert wurde, wuchs die Machtfülle des Kaisers nur äußerlich. Nach wie vor setzten auch der Zentralgewalt *Konrads II.*, des ersten Herrschers aus dem rheinfränkischen Geschlecht der *Salier* (Stammtafel), die mächtigen und oft *unbotmäßigen Herzöge und Grafen* enge Grenzen, da deren *Macht* nicht auf königlichen Lehen, sondern *auf Eigenbesitz der Familie (»Allod«)* beruhte. Deshalb stützten sich die ersten Salier noch stärker als die Ottonen auf die Reichsbischöfe. Zugleich beschritten sie aber auch einen neuen Weg, um *Königsherrschaft* effektiver und von adeligen Lehnsleuten unabhängiger zu machen: Das *Königsgut,* besonders die reichen Bergbaugebiete am Harz, ließen sie durch *Reichsministerialen* von *Königsburgen* aus verwalten. Dagegen rebellierte 1073 bis 1075 der sächsische Adel. Er fand Unterstützung bei vielen Reichsfürsten, während dem König, *Heinrich IV.*, die Bürger der *Städte am Rhein Zuflucht und Hilfe* boten. Zum Dank förderte er ihre genossenschaftlichen Zusammenschlüsse (▷ S. 171 f.).

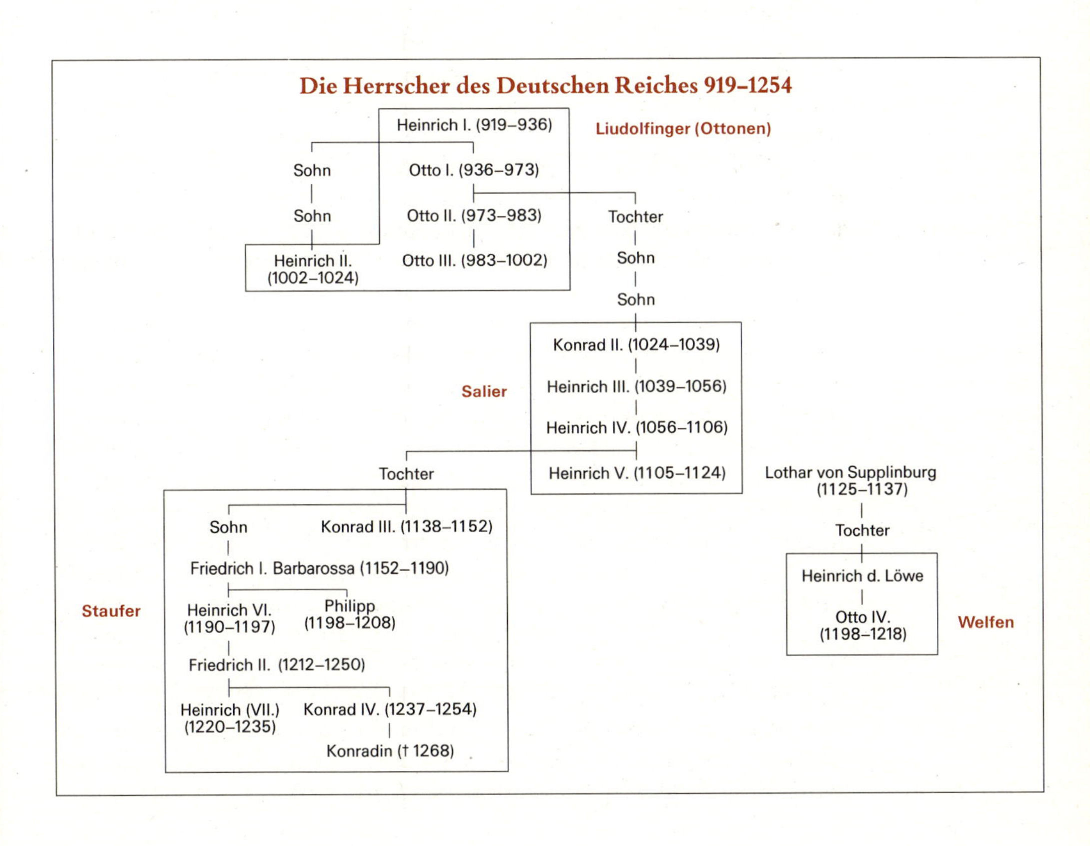

Seit dem Investiturstreit konnten die Könige die Bischofsstühle im Reich nicht mehr mit Mitgliedern der Hofkapelle besetzen. Ihr Einfluß auf die Bischofswahlen war regional beschränkt und mußte mit dem mächtiger Herzöge und adeliger Familienverbände konkurrieren. Das Investiturprivileg des Wormser Konkordats gestaltete die rein persönlichen Beziehungen des Königs zu den Reichsbischöfen und Reichsäbten in ein lehnrechtliches Verhältnis um. Dadurch wurden diese zu *geistlichen Reichsfürsten.*

Das neue Herrscherhaus der *Staufer* – in weiblicher Linie mit den Saliern verwandt (Stammtafel S. 189) und mit ihrer Hilfe zu Herzögen von Schwaben aufgestiegen – förderte die *neuen sozialen Kräfte,* um seine Herrschaft zu festigen. *Dienstmannen* verwalteten für sie das verstreute »Königsland«, viele *Bürgergemeinden* wurden von der Stadtherrschaft ihres Bischofs befreit *(Freie Städte),* Orte mit *Pfalzen* ausgestattet und zu *königlichen Städten* erhoben (Hagenau i. E., Kaiserslautern, Frankfurt a. M., Gelnhausen, Nürnberg, Eger und Nimwegen). Die Staufer nutzten die *Städte* als *Herrschaftsstützpunkte* und *Einnahmequelle* und förderten die Selbständigkeit von Bürgergemeinden gegen die Herrschaft von geistlichen und weltlichen Fürsten. Aber ihrer auf *universale Züge* ausgerichteten *Gedankenwelt* blieb die oberitalienische Kommunalbewegung fremd. Im 12. Jahrhundert mußte sich *Friedrich I. Barbarossa* im Frieden von Konstanz 1183 der *Lombardischen Liga* der Städte beugen, sein Enkel Friedrich II. konnte deren Nachfolgeorganisation zeitlebens nicht militärisch bezwingen.

Barbarossa förderte *ritterliche Lebensformen* und stieg beim *Mainzer Hoffest 1184* selbst in den Turniersattel. Im Geist des universalen Anspruchs ihres Kaiseramtes planten oder führten die Staufer Kreuzzüge ins Hl. Land und verstrickten sich im Streit über den Sakralcharakter ihres Herrschertums in immer heftigere Auseinandersetzungen mit dem Papsttum. Dessen Feindseligkeit gegenüber der »staufischen Brut« steigerte sich im 13. Jahrhundert bis zur Verketzerung, seit Heinrich VI. 1194 das Königreich Sizilien (▷ S. 179) hinzugewonnen hatte und die Staufer damit den Kirchenstaat auch von Süden bedrohten.

Eine neue Verfassungsordnung im Reich

Die Politik der staufischen Herrscher führte den hochmittelalterlichen Verfassungswandel im Deutschen Reich zum Abschluß. Barbarossa beseitigte die letzten der alten Stammesherzogtümer (▷ S. 155). Die Abtrennung Österreichs von Bayern als eigenes Herzogtum (*»Privilegium minus«* 1156) und die Zerschlagung des sächsischen Herzogtums, das der Welfe *Heinrich der Löwe* bisher königsgleich regiert hatte (1180), waren die letzten Schritte zu einem auf der *Grundlage des Lehnrechts* geordneten *Reichsfürstenstand.* In ihm bildeten die *Herzöge* mit den *Pfalz-, Mark-, Land- und Burggrafen* nach dem König und den geistlichen Reichsfürsten den dritten *Heerschild* in der Hierarchie der *Lehnspyramide.* Anders als in England und Frankreich besaß der *deutsche König* im Regelfall *keine Herrschaftsrechte gegenüber Vasallen der Fürsten.* Vielmehr bemühten sich die Fürsten darum, alle übrigen Herrschaftsträger aus direkten Rechtsbeziehungen zum König zu verdrängen und sie statt dessen von sich lehnsabhängig zu machen. Diese Entwicklung erkannte *Friedrich II.* in zwei *Privilegien* von 1220 und 1232 *für die geistlichen und weltlichen Reichsfürsten* an: Darin wurde ihnen die

Der deutsche König belehnt weltliche und geistliche Reichsfürsten. *Der »Sachspiegel« des ostfälischen Ritters Eike von Repgow hielt im frühen 13. Jh. Gewohnheitsrecht fest, das in späteren Handschriften oft illustrierend erläutert wurde: Die geistlichen Fürsten, hier ein Bischof und eine Äbtissin, erhalten Szepterlehen. Den weltlichen Fürsten, die persönlich Kriegsdienst leisten müssen, wird dagegen jeweils eine Lanze mit Fahne als Symbol ihrer Fahnlehen überreicht.*

Ausübung von *Zoll, Münze* und allen übertragenen ehemaligen *königlichen Hoheitsrechten* ohne Einmischung und Kontrolle königlicher Amtmänner eingeräumt. Dieser »Waffenstillstand zwischen König und Fürsten« (H. Boockmann)[21] beim Ausbau der Herrschaft in den jeweiligen Ländern *(Territorialfürstentum)* enthielt auch den Verzicht des Königs, die Autonomie der Bürger gegenüber den Stadtherren weiter zu fördern. Die *Fürsten* wurden zur *höchsten Rechtsinstanz* ihrer Lehnsleute und Untertanen.

Die starke Stellung der Reichsfürsten machte das *Imperium* schon im 12. Jahrhundert zu einem *Wahlreich.* Der Wahl der Fürsten verdankten sowohl die Salier 1024 als auch die Staufer 1138 die Königswürde. Die Nachfolge des Sohnes konnte ein Herrscher im Regelfall nur durch eine Wahl bei seinen Lebzeiten sichern; Krisen ergaben sich aber, wenn die Dynastie in männlicher Linie ausstarb (Stammtafel S. 189). 1125 wurde gegen den Staufer *Konrad* der sächsische Herzog *Lothar* gewählt, 1138 dann doch Konrad gegen den mächtigen Welfenherzog von Bayern. 1198 führte das *Doppelkönigtum* des *Staufers Philipp von Schwaben* und des *Welfen Otto von Braunschweig* zum Bürgerkrieg im Reich, der erst 1214 auf dem Schlachtfeld von Bouvines entschieden wurde, als der Welfe im Bunde mit England vom französischen Heer Philipps Augustus besiegt wurde. Dieser Sieg ermöglichte die *Königskrönung* des Staufers Friedrich II.

Die Staufer im Urteil der Historiker

Das Geschichtsbild des 19. Jahrhunderts verklärte in Deutschland meist Friedrich I. und erhob ihn deshalb zum letzten Idealkaiser, nach dessen Ende der Niedergang des Deutschen Reiches eingesetzt habe. Die Hoffnungen richteten sich auf eine Wiederkehr des nicht gestorbenen, sondern nur in einem Berg schlafenden Kaisers in besseren Zeiten (Kyffhäuser-Sage). Bei den Historikern dagegen mußte sich Barbarossa zunehmend Kritik wegen seiner Auseinandersetzung mit Heinrich dem Löwen gefallen lassen, der statt der nutzlosen Italienpolitik die für die deutsche Zukunft richtungweisende Ostpolitik betrieben habe (▷ S. 180). Unter neuen strukturgeschichtlichen Gesichtspunkten galt der Staufer dem Landeshistoriker Karl Bosl 1972 als zukunftsweisender »Staatsmann«, während nichtdeutsche Historiker ihn weiterhin im Vergleich mit seinen westeuropäischen Herrscherkollegen als »Reaktionär« sahen, was sich besonders an seiner feindseligen Haltung gegenüber den italienischen Städten ablesen lasse (Geoffrey Barraclough, 1955). Ähnlich unterschiedlich war die Beurteilung seines Enkels Friedrich II. durch die Historiker. Ihn sahen die nichtdeutschen Historiker meist positiv, feierten ihn sogar als Schöpfer eines italienischen »Modellstaats« (Antonio Marongiù, 1963) während er von den deutschen Wissenschaftlern wegen seiner Vernachlässigung des Reiches und seiner Fürstenpolitik getadelt wurde (Karl Hampe, 1925). Einseitig unter geistesgeschichtlichen Aspekten, was als »Mythenschau« kritisiert wurde, erhob Ernst Kantorowicz 1927 den Kaiser in einer umfänglichen Biographie zur Verkörperung eines neuen Herrschertyps, der bereits über das Mittelalter hinausgewiesen habe.

Die Bilanz der staufischen Politik fällt bei Historikern bis heute höchst unterschiedlich aus. Arno Borst begründete 1977 sein im ganzen positives Urteil über die Staufer so:

»Sie zogen das noch halb archaische Deutschland in das neue Europa des Westens und Südens hinein, drängten zeitweilig sogar die europäische Entwicklung in deutsche Richtung und bremsten die zentrifugale Dynamik. ... Sie verkörperten selbst noch einmal die impulsive, allen Leidenschaften offene Adelswelt des Frühmittelalters. Sie nahmen auch die alte persönliche Autorität über Gefolgschaftsverbände mit hinüber in die neue Rationalität institutioneller Flächenstaaten.«[22]

C. Krise und Umbau: Das Spätmittelalter (1250–1500)

I. Die Erfahrung der Grenzen des Möglichen

Die *Sicherheit der Lebensbedingungen,* die die Menschen seit dem Hochmittelalter glaubten gewonnen zu haben, wurde in der ersten Hälfte des 14. Jahrhunderts durch verschiedenartige *Katastrophen* schwer erschüttert, die in dichter Folge die europäischen Länder heimsuchten. Katastrophenerlebnisse prägen daher fast alle zeitgenössischen Berichte von Chronisten, Dichtern und Kaufleuten, die nicht anders als wir heute nach den Ursachen und nach Erklärungen für diese Erscheinungen suchten. Sorgfältig ist zu unterscheiden zwischen der *Krise,* die die moderne Wissenschaft als Folge einschneidender Veränderungen vor allem auf wirtschaftlichem und sozialem Gebiet feststellte, und dem *Krisenbewußtsein* der Zeitgenossen, die sich mit den Erkenntnismitteln und -methoden ihrer Zeit um die Beseitigung der Ursachen und Folgen und um eine Rückkehr zur Normalität bemühten.[23]

1. Der wirtschaftliche Einbruch des 14. Jahrhunderts und seine sozialen Folgen

Katastrophen am Anfang des 14. Jahrhunderts

Durch Klimaverschlechterung und Heuschreckenschwärme wurde im beginnenden 14. Jahrhundert eine *neue Welle von Mißernten und Hungersnöten* in ganz Europa ausgelöst. Die gesundheitlich bereits geschwächte Bevölkerung trafen dann seit 1348 mehrere Epidemien des »Schwarzen Todes«, der *Pest.* Hinzu kamen regionale *Naturkatastrophen* wie Erdbeben und Sturmfluten. Die Folge war ein *Rückgang der Bevölkerung* um nahezu die Hälfte. Die Menschenverluste waren in den Städten durch das enge unhygienische Zusammenleben am höchsten. In der Regel starben dort bis zu 2/3 der Einwohner an der Pest. *Arbeitskräfte* in den Städten wurden knapp. Deswegen *stiegen* die *Löhne* kräftig und zogen die Landbevölkerung an, was zu einer regelrechten *Landflucht* führte.

Die Krise der Landwirtschaft

Auf dem Land verödeten ganze Siedlungen. Je nach Fruchtbarkeit des Bodens erreichte der Grad solcher *Wüstungen* 10 bis 70 %. Dennoch wurde im ganzen mehr als genug Getreide zur Ernährung der geschrumpften Bevölkerung erzeugt. Der Überfluß an Brotgetreide führte zu *Absatzkrisen,* und diese leiteten eine Entwicklung zur *Umstellung des Agrarsystems* ein. Denn besonders die *Grundherren* gerieten durch die Absatzkrise in Schwierigkeiten. Wollten sie ihre Einnahmen durch Erhöhung der Pachtzinsen steigern, verstärkten sie nur die Landflucht der Bauern und erlitten Einbußen; wirtschafteten sie dagegen mit mehr Landarbeitern, wurden ihre Einnahmen durch die ständig steigenden Löhne ebenfalls geringer. In ähnlicher wirtschaftlicher Lage befanden sich auch die *Großbauern.*

Die Betroffenen suchten auf verschiedene Weise Abhilfe. In dafür geeigneten Gegenden verlegte man sich auf *Sonderkulturen* wie Obst, Hafer und Wein, oder man baute *Handels-* und *Industriepflanzen* (Flachs, Waid und Krapp) an. Besonders in England hegten Grundherren Ackerflächen rücksichtslos als Weiden für Schafzucht ein *(enclosures)*. Königliche Festlegungen von *Höchstlöhnen* wurden entweder von Konkurrenten unterlaufen oder erzeugten Proteste und Aufstände. In Frankreich brachen *Bauernaufstände* (▷ Karte S. 214) am frühesten aus, weil dort die kleinen adeligen Grundherren die Abgaben und Dienste ihrer Hintersassen rücksichtslos erhöhten. In Südwestdeutschland insbesondere benutzten weltliche und geistliche Grundherren ihre Stellung als Gerichtsherren der Bauern, um ihre *Hörigen* nicht nur mit neuen Abgaben zu belasten, sondern um sie in den *Status der unfreien Leibeigenen* herabzudrücken und dadurch an die eigenen Grundherrschaften zu binden *(Leibherrschaft)*.

Der Weg der Städte aus der Krise

Wo dagegen städtische Wirtschaftsformen und städtisches Leben am stärksten verbreitet waren wie in Flandern und Italien, kamen die Menschen am schnellsten über die Krise hinweg. Die hohen Bevölkerungsverluste wurden durch *Zuwanderung* recht schnell ausgeglichen. Der Rückgang des internationalen Getreidehandels und des Absatzes von Luxuswaren für die Oberschicht ließen zwar den internationalen Geldverkehr schrumpfen und führten deshalb seit 1300 zu ersten großen *Bankzusammenbrüchen* in Frankreich und Italien. Aber die Beweglichkeit kaufmännischen Denkens bewährte sich auch hier: Der Fernhandel zu Land und auf See beförderte *neue Massengüter* und verlagerte seine Handelswege entsprechend (*Erschließung* der mittleren und östlichen *Alpenpässe*) oder verband nun großräumig die *Schiffahrtswege* aus dem Mittelmeer durch den Atlantik zur Nordsee und vom Kanal durch den Sund zum Baltikum (▷ Karte S. 195). Bei den *Textilien* bevorzugte man entweder mittlere Qualitäten, um neue Käuferschichten zu erschließen (*Leinwand* und *Barchent*), oder man spezialisierte sich wie in Florenz mehr und mehr auf die Weberei des gewinnträchtigen Luxusprodukts *Seide.* Insgesamt beschleunigte die Wirtschaftskrise eine *Modernisierung der Geschäftstechniken.* Deren Schrittmacher waren nach wie vor die Italiener: Die *Bilanzierung* bei der Buchführung (doppelte Buchführung) ermöglichte langfristige Geschäftsplanung; Kaufabschlüsse über große Mengen und Summen wurden durch *Kreditgewährung* oder *Rentenverträge* aus hypothekarischer Belastung von Grundstücken beschleunigt; schließlich erforderte die Methode internationalen bargeldlosen Verkehrs mit den Wertpapieren der *Scheckanweisung* und des *Wechsels,* die gegen Zinszahlung beleihbar waren *(Lombardsatz),* kein ständiges Transportieren und Bereithalten großer Mengen von Edelmetallen.

Riskantes Gewinnstreben und der *Kapitalzins* – diese beiden Erscheinungen eines neuen Geschäftsgebarens – konnten zunächst mit der Morallehre der katholischen Kirche, besonders dem *Wucherverbot,* schwer in Einklang gebracht werden. Besonders Theologen der städtischen Bettelorden beschäftigten sich deswegen häufig mit dem Problem des *»gerechten Preises«.* Sie rechtfertigten das Zinsnehmen, indem sie *Geld* nicht als bloßen *»Schatz«* ansahen, sondern als

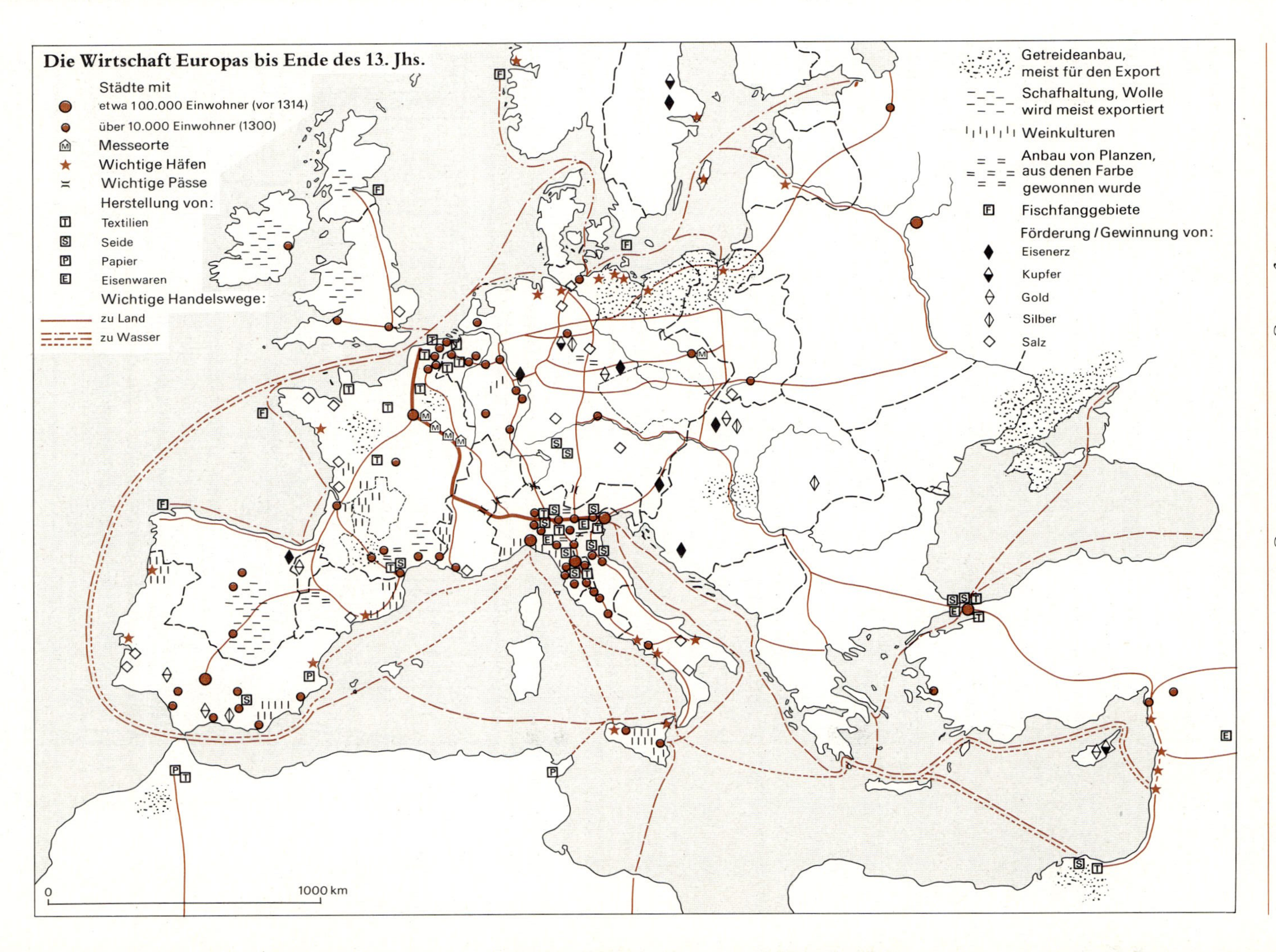
Die Wirtschaft Europas bis Ende des 13. Jhs.
Städte mit
etwa 100.000 Einwohner (vor 1314)
über 10.000 Einwohner (1300)
Messeorte
Wichtige Häfen
Wichtige Pässe
Herstellung von:
Textilien
Seide
Papier
Eisenwaren
Wichtige Handelswege:
zu Land
zu Wasser
Getreideanbau, meist für den Export
Schafhaltung, Wolle wird meist exportiert
Weinkulturen
Anbau von Planzen, aus denen Farbe gewonnen wurde
Fischfanggebiete
Förderung / Gewinnung von:
Eisenerz
Kupfer
Gold
Silber
Salz
0
1000 km

das den Werkzeugen der Handwerker entsprechende *Arbeitsmittel der Fernkaufleute und Bankiers* definierten. Altar-, Kapellen- und Almosenstiftungen aus den Handelsgewinnen oder am Lebensende in Testamenten sollten das Gewissen des »ehrbaren Kaufmanns« beruhigen. Eine italienische Bankgesellschaft führte sogar ein Konto »für den lieben Gott«.

Frauen in der spätmittelalterlichen Stadt

Das verstärkte Eindringen von Frauen in eine volle Berufstätigkeit und das Aufblühen religiöser Frauengemeinschaften ohne feste Ordensbindung (Beginenhöfe ▷ S. 212) galten lange Zeit in der Forschung als Folgen eines *erheblichen Frauenüberschusses* in den spätmittelalterlichen Städten.[24] Zwar gibt es in einigen Einwohnerzählungen des 15. Jahrhunderts Anhaltspunkte dafür, doch lassen neuere Untersuchungen daran zweifeln, ob es für Groß-, Mittel- und Kleinstädte unterschiedlicher Regionen, für Fernhandels-, Exportgewerbe- und kleine Handwerker- und Ackerbürgerstädte übertragbare Aussagen gibt. Auf alle Fälle ist damit zu rechnen, daß *Frauen* durch die Belastungen vieler Geburten und durch schwere körperliche Arbeit eine erheblich *niedrigere Lebenserwartung* besaßen als die Männer. Natürlich war das bei Angehörigen der Unter- und Mittelschichten sowie der ländlichen Bevölkerung stärker der Fall als in den Oberschichten.

In den großen Fernhandels- und Exportgewerbestädten bestanden mehr *Möglichkeiten* zu *einer Berufstätigkeit* von Frauen. Doch sind auch hier deutlich regionale Unterschiede zu beachten: Im doppelt so großen Köln (40 000 Einwohner) wurden 89 Beginenkonvente gezählt, während es in Lübeck nur 100 Beginen, verteilt auf fünf Konvente, gab. In den sich immer weiter *differenzierenden Handwerksberufen* gab es in Frankfurt a. M. 65, in denen Frauen tätig waren. In Köln *überwogen Frauen* im *Garnmacher-, Goldspinn- und Seidengewebe.* In letzterem stie-

Kauffrau in ihrer Schreibkammer. *Aus einer Abhandlung über die Arithmetik von Pierre Savonne, 1571.*

gen sie nicht nur zur *Meisterwürde* auf, sondern stellten auch *zwei Zunftmeisterinnen* im vierköpfigen Zunftvorstand.
In den *Unterschichten* überwogen offenbar die Frauen. Die *Mägde* bezogen dabei einen deutlich *niedrigeren Wochenlohn* als die Knechte. So war die Gefahr groß, daß solche unverheirateten Frauen in die *städtischen Randgruppen* des Bettlertums und in die Prostitution abglitten, die die städtischen Räte mit moralischen Begründungen, im ganzen aber nur halbherzig mit Arbeitshäusern – und mit Strafen – einzuschränken trachteten.
Im mittelalterlichen Bürgertum erhielten *Mädchen* und *Jungen* lange Zeit eine *ähnliche Erziehung.* So konnten viele Bürgersfrauen *lesen, schreiben* und *rechnen* und damit auch als Witwen die Geschäfte ihrer Männer fortführen. *Lesen* galt sogar als eine *typische Frauenbeschäftigung.* Auf bildlichen Darstellungen der Verkündigung Mariens trifft der Erzengel Gabriel Maria meist beim Lesen in den Psalmen an. Erst seit dem 15. Jahrhundert wird Maria statt dessen bei der Spindelarbeit gezeigt. Dies ist ein Beleg dafür, daß nun *Jungen- und Mädchenbildung verschiedene Wege* gingen. Mit *Lateinkenntnissen* und *Universitätsstudien,* die nun auch in Städten wie Prag, Wien, Erfurt, Heidelberg, Köln, Leipzig, Rostock, Greifswald, Basel, Freiburg, Ingolstadt, Trier, Mainz, Tübingen und Wittenberg nördlich der Alpen möglich waren, eröffneten sich für Bürgersöhne neue Berufschancen im Dienst der Kirche, der städtischen Ratsgremien und der fürstlichen Höfe. »Damit begann eine sich für die Frau bis ins 20. Jahrhundert verhängnisvoll auswirkende Entwicklung. Die Frau verfügte hinfort nicht nur über keine politischen Rechte, sie besaß vielfach auch gar nicht mehr die Voraussetzung zu einer politischen Laufbahn.« (Edith Ennen)[25]

Die sozialen Folgen der Katastrophenerfahrung

Die Mehrzahl der Menschen war den Hunger- und Naturkatastrophen und den Epidemien anfangs hilflos ausgeliefert, so daß *ihr Vertrauen in die gewohnten sozialen Bindungen erschüttert* wurde. Überall berichten Chronisten, wie angesichts der Pest Familiengemeinschaften und Nachbarschaften zerbrachen und die Toten aus Furcht vor Ansteckung unbestattet blieben. Die allgemeine Panikstimmung suchte allzuoft in *wahnhaften Massenbewegungen* Befreiung. Die meisten Theologen sahen in der Pest eine göttliche Strafe für sündhaftes Verhalten. In der *Geißlerbewegung* von 1348/49 übersteigerte sich die Bußgesinnung. Die *Juden* wurden bezichtigt, an der Pest schuld zu sein. Als stets verdächtige Randgruppe der Gesellschaft waren sie im Spätmittelalter nun häufig *Verfolgungen* ausgesetzt, veranlaßt durch meist *religiöse Verdächtigungen* (Hostienfrevel, Brunnenvergiftung, rituelle Tötung von Christenkindern), zu denen *wirtschaftliche Beweggründe* kamen. Denn die Juden übten in den Städten seit dem Hochmittelalter den Beruf des *Geldverleihers* aus, auf den sie zunehmend beschränkt worden waren. Den gewalttätigen Judenverfolgungen *(Pogromen)* fielen viele Juden zum Opfer; im günstigsten Fall wurden sie aus der Stadt vertrieben und meist zusätzlich um hohe Geldsummen erpreßt. Die *Konzentration jüdischer Siedlungen im östlichen Mitteleuropa,* wo die Juden ihre mittelhochdeutsche Umgangssprache, das *Jiddisch,* bewahrten, geht auf die spätmittelalterlichen Verfolgungen zurück. Seit dieser Zeit mußte die jüdische Bevölkerung der Städte in eigenen ummauerten Vierteln *(Gettos)* wohnen und wurde auf diese Weise aus der christlichen Gesellschaft völlig ausgeschlossen.

Die Könige schützten ihre »Kammerknechte« (▷ S. 173), deren Abgaben den größten Posten unter ihren regelmäßigen Einnahmen ausmachten, halbherzig oder gar nicht. Auf alle Fälle wollten sie keine finanziellen Einbußen hinnehmen und ließen sich deshalb von den Städten als Buße für die Pogrome einen Teil des erpreßten Geldes nachträglich auszahlen, oder sie verlangten zur Sühne die Errichtung von Kapellen. Die spätmittelalterlichen *Marienkirchen* in Nürnberg und Regensburg stehen daher *an den Stellen der zerstörten Synagogen* der Judengemeinden.

Große Teile des Adels mußten mit gutem Grund um ihre *sozialen Positionen* fürchten, da ja die Agrarkrise die standesgemäß aufwendige Lebensführung gefährdete. Eine Fülle neuer Ritterorden sollte äußerlich die ständische Einheit des Adels wahren. Aber nur der fürstliche *Hochadel* konnte sich gut behaupten, da er einen großen Teil seiner Einnahmen aus den Städten erhielt. Der *mittlere Adel* sank dagegen sozial ab. Die so vergrößerte Schicht des *niederen Adels* grenzte sich gegen reiche patrizische Aufsteiger ab, indem Adelige *neue standesgemäße Betätigungsfelder* im *Hofdienst* bei Fürsten und in der Führung von Militärkontingenten als *Offiziere* suchten.

Die ständigen Bevölkerungsschübe vom Land in die Stadt und die größere Sterblichkeit der älteren Leute in den Katastrophen waren einem kontinuierlichen menschlichen Gemeinschaftsleben abträglich. Die Folge war eine abrupte *»Verjugendlichung«* der Bevölkerung. Sie deutete der französische Sozialhistoriker Robert Fossier als wichtige *Ursache der spätmittelalterlichen Gewalttätigkeit und Grausamkeit.*[26] Im 14. und 15. Jahrhundert blieb kaum eine Region Europas von inneren Unruhen, Aufständen und Kriegen verschont (▷ Karte S. 214). Nicht nur die Bauern rebellierten. In den Städten tobten *Bürgerkämpfe* um politische Mitspracherechte. Entsprechend brutal reagierten die Herrschenden bei der Niederschlagung von Aufständen. Grausame Foltermethoden und Hinrichtungsarten sind erst im Spätmittelalter Teil des Strafrechts geworden. Unsicherheit und Brutalität dürften in gleicher Weise auf die *Angst der Menschen* zurückzuführen sein, die der niederländische Historiker Johan Huizinga als *beherrschendes Zeitgefühl* aus der Literatur im »Herbst des Mittelalters« erschließen zu können glaubte.[27]

Hexenwahn: Vom Aberglauben zum Weltbild der Teufelsverschwörung

Angst und Gewaltbereitschaft verbanden sich im Phänomen des *Hexenwahns,* der sich im 15. Jahrhundert ausbreitete und bis ins ausgehende 18. Jahrhundert zu immer neuen Wellen von *Hexenverfolgungen* führte, deren Schwerpunkte in Zentraleuropa in Frankreich, der Schweiz und Deutschland lagen. Insgesamt fielen ihnen bis zu 100 000 Menschen zum Opfer, in der Mehrzahl Frauen, da diese für sexuelle Verführungen durch den Satan als besonders anfällig galten. Von weltlichen und geistlichen Gerichten, von Katholiken wie Protestanten wurden Verdächtige in gleicher Weise angeklagt, Geständnisse aus ihnen gefoltert und die Verurteilten zumeist auf dem Scheiterhaufen verbrannt. *Aberglauben* war im Mittelalter in allen Schichten verbreitet. Gegen Zauberer

»Von Bekanntnuß der Zauberer und Hexen.« *Vignette auf dem Titelblatt der Schrift des Hexenverfolgers Peter Binsfeld, Weihbischof von Trier, von 1592. Auf ihr sind verschiedene Hexereien zu sehen. Das Paar links symbolisiert den Glaubensabfall, in der Mitte wird ein Säugling in einen Zaubertopf gesteckt und im Hintergrund führt eine Hexe einen Wetterzauber herbei.*

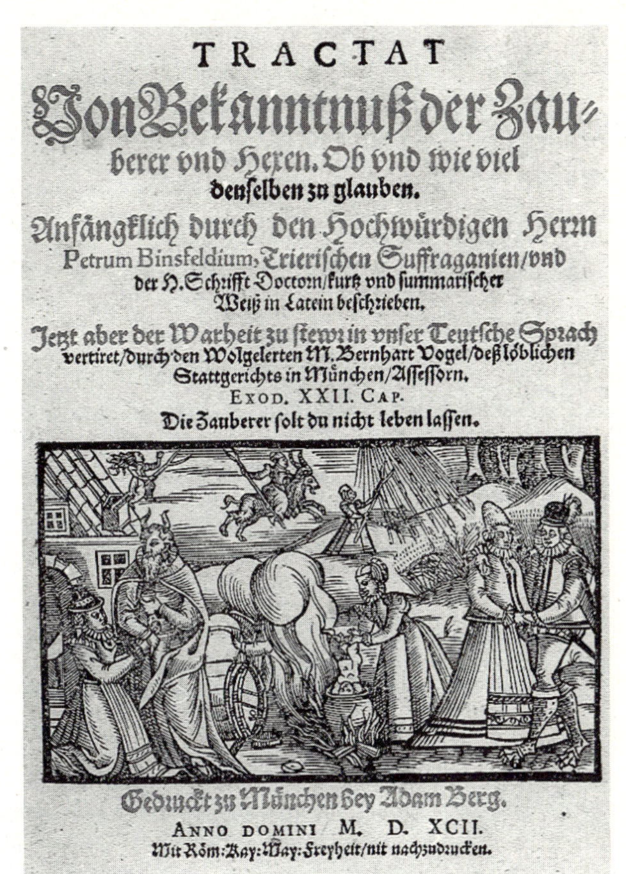

TRACTAT

Von Bekanntnuß der Zauberer vnd Hexen. Ob vnd wie viel denselben zu glauben.

Anfängklich durch den Hochwürdigen Herrn Petrum Binsfeldium, Trierischen Suffraganien/vnd der H. Schrifft Doctorn/kurtz vnd summarischer Weiß in Latein beschrieben.

Jetzt aber der Warheit zu stewr in vnser Teutsche Sprach vertiret/durch den Wolgelerten M. Bernhart Vogel/deß löblichen Stattgerichts in München/Assessorn.

EXOD. XXII. CAP.

Die Zauberer solt du nicht leben lassen.

Gedruckt zu München bey Adam Berg.

ANNO DOMINI M. D. XCII.

Mit Röm: Kay: May: Freyheit/nit nachzudrucken.

und Zauberinnen wurden Prozesse wegen *Schadenszauber* durch Wetter, Krankheiten und Gifte geführt. Da es sich in diesen Fällen um *»Schwarze Magie«* handelte, bei der der Teufel oder böse Dämonen um Hilfe gebeten wurden, ergab sich eine Verbindung zum Glaubensfrevel der *Ketzerei* und der für sie vorgesehenen Todesstrafe (⊳ S. 176). Aus der Furcht vor der Zauberei wurde Hexenwahn, als ortsfremde Verwaltungsbeamte und Richter zuerst im Berner Oberland, dann in benachbarten Landschaften eine ganze *Sekte von Teufelsanhängern* am Werke sah, die sich der christlichen Obrigkeit widersetzte. In dieser Überzeugung wurden sie von Theologen bestärkt, die in der Sekte ein Zeichen sahen, daß eine *teuflische Gegengemeinschaft* das *Ende der Welt* und ihrer göttlichen Heilsordnung systematisch herbeiführen wolle. Richter und Theologen werteten bereits jahrhundertelang übliche Formen des Aberglaubens und der Naturmagie, auch die Praktiken der Empfängnisverhütung und der Kindstötung nun als Folgen eines Teufelspaktes, so daß sich mit den erfolterten Geständnissen des *Hexenrittes* und *-sabbates* die frauenfeindlichen Vorstellungen der scholastischen Theologie (⊳ S. 162) zu bestätigen schienen. Papst Innozenz VIII. ermächtigte im Dezember 1484 die beiden Dominikanertheologen Krämer und Sprenger zur *rücksichtslosen Verfolgung des Hexenwesens,* indem er sich den Hexenwahn zu eigen machte und den zunehmenden Abfall vom katholischen Glauben in Deutschland zugunsten von satanischen Künsten beklagte (Bulle »Summis desiderantes«). Die beiden Dominikaner verfaßten daraufhin 1487 das Werk *»Hexenhammer«,* in dem sie den Hexenwahn ausführlich theologisch begründeten und unwillige Obrigkeiten zur Hexenverfolgung anstacheln wollten. Zugleich sollte es Hexenrichtern in Prozessen als Handbuch dienen. In seinen beiden Funktionen wurde der »Hexenhammer« in den folgenden Jahrhunderten durch neue Handbücher erweitert und ergänzt.

2. Die neuen Bindungen des spätmittelalterlichen Menschen

Neue Bindungen zwischen Stadt und Land

Stadtmauern trennten im Spätmittelalter Stadt und Land nur äußerlich. Neue Verbindungen ergaben sich vor allem auf wirtschaftlichem Gebiet. So stellte der Textilhändler als »Verleger« dem Bauern das Saatgut oder auch das Rohmaterial und kaufte dann das Garn, das Leinen oder das Tuch auf, das in der Bauernfamilie gesponnen oder gewebt worden war *(Verlagssystem).* Die *städtische Oberschicht investierte* einen Teil ihrer Handelsgewinne *in Grundbesitz.* Denn die Naturalabgaben (Getreide) und Dienste (Fronen) der dort ansässigen Bauern wurden immer häufiger in reine Geldzahlungen umgewandelt, versprachen so den Bürgern eine sichere *Rendite* und konnten leichter *verpfändet* oder *weiterverkauft* werden. Sogar adelige Lehen gelangten auf diese Weise in den Besitz städtischer *Patrizier,* die zu *adeligen Lebensformen* übergingen. Die märkische Landadelsfamilie der Bismarcks z. B. stammt von einer spätmittelalterlichen Ratsfamilie in Stendal ab. In England wurde ein Mitglied einer grundbesitzenden reichen Händlerfamilie am Ende des 14. Jahrhunderts Herzog von Suffolk, und einer seiner Nachfahren verschwägerte sich im folgenden Jahrhundert mit König Edward IV. Der Aufstieg der Fugger in Augsburg (▷ S. 233 f.) wäre ohne diese Wirtschaftsverflechtung zwischen Stadt und Land nicht möglich geworden.

Sicherheit durch Gemeinschaften und Bünde

Auch noch so risikobereite Kaufleute suchten Sicherheit in der Gemeinschaft. Daher sollten *Handelsgesellschaften* die Verlustmöglichkeit des einzelnen mindern. Ein typisches Beispiel für eine solche Gemeinschaft war die *Große Ravensburger Handelsgesellschaft,* die um 1380 mehrere Kaufmannsfamilien aus Bodenseestädten gründeten. Geistliche Stiftungen sollten das Seelenheil der Familienmitglieder verbürgen. Nicht weniger wichtig waren weltliche Vereinigungen zur Sicherung von Besitzstand, rechtlichen und sozialen Positionen. So schloß sich die städtische Oberschicht in besonderen *Patriziergesellschaften* gegen die in die Ratsgremien drängenden reichen Handwerker ab. Deren Berufsvereinigungen der *Zünfte* wiederum wurden im Spätmittelalter zu Gemeinschaften, die alle Lebensbereiche ihrer Mitglieder regelten. *Zunftzwang* und starker *Konkurrenzschutz* schufen aber unter den Gesellen ein Konfliktpotential, da ihnen der Aufstieg zur Meisterwürde erschwert wurde. Große Bedeutung besaßen für die Städter nicht zuletzt auch *religiöse Bruderschaften,* die besondere Heilige verehrten und sich um deren Kapellen und Altäre gruppierten. Grundsätzlich wurde das städtische Leben im Spätmittelalter mehr durch

die Fülle solcher verschiedenen *genossenschaftlichen Einungen* bestimmt als durch die formellen Gruppen, die das Stadtrecht vorsah.
Das Bestreben der Handwerkerzünfte, durch Ratsbeschlüsse auswärtige Konkurrenz auszuschalten, wirkte sich für Fernhandelsstädte wirtschaftlich oft sehr nachteilig aus. Die Patrizier versuchten deswegen, die Mitwirkung der Zünfte im Rat wenn nicht ganz auszuschließen, so doch zu begrenzen. In vielen Fällen verbündete man sich zu diesem Zweck mit gleichgesinnten Städten. In der Regel aber dienten diese *Städtebünde,* die um die Mitte des 13. Jahrhunderts aufkamen, der gemeinsamen Sicherung der Handelswege gegen Straßenraub und übermäßige Zollforderungen der Fürsten. In den herrschaftlich kleinräumig geordneten Landschaften des Mittelrheins, Schwabens und Frankens mit der größten Städtedichte Deutschlands wurden immer wieder Städtebünde geschlossen, die ihre wirtschaftlichen Interessen in Kriegen gegen Fürsten und Ritter durchsetzten.

Von der Kaufmannshanse zur Städtehanse

Von solchen oberdeutschen Städtebünden unterschied sich die *Hanse,* die Genossenschaft von Fernkaufleuten zwischen Nord- und Ostsee. Sie ging hervor aus Zusammenschlüssen deutscher Kaufleute im Ausland. Sie wollten ihre Privilegien auf Gotland, beim Heringskauf in Schonen, beim Handel in Rußland (▷ Abbildung S. 205), Norwegen, England und Flandern gemeinsam verteidigen und errichteten zu diesem Zweck in den wichtigsten auswärtigen Handelsplätzen *Kontore,* die genossenschaftlich verwaltet wurden. Im Kampf um die Privilegien entwickelte sich seit der Mitte des 14. Jahrhunderts aus dem Kaufmannsbund ein Bund ihrer heimischen Kaufmannsstädte. Bis zu 200 größere und kleinere Städte zwischen Köln, Thorn und Reval, zwischen Erfurt und Stockholm gehörten um 1400 dieser *Städtehanse* an, deren Wortführer *Lübeck* war. Hier trafen sich Gesandtschaften der wichtigsten Hansestädte zu *Hansetagen* und faßten Beschlüsse über Fragen von gemeinsamem wirtschaftlichem Interesse. Welches *politische Gewicht* die Wirtschaftsmacht der Hanse besaß, bewies sie, als sie 1370 in einer großen Militäraktion Dänemark einen neuen König aufzwang, der ihren Kaufleuten die bisherigen Privilegien bestätigen mußte. Militärisch setzte die Hanse sonst ihre *Koggen* nur gegen die Seeräuber ein. Im Regelfall führte sie *Wirtschaftskrieg* mit den Mitteln der Blockade oder des Boykotts, die auch gegen unbotmäßige Mitgliedsstädte eingesetzt wurden *(»Verhansung«).* Der Niedergang der Hanse seit dem 15. Jahrhundert beruhte auf der allmählichen *Erschütterung der Grundlagen* ihres Wirtschaftsbundes: (1) Die festländischen Mittelstädte gerieten immer stärker unter die politische Kontrolle ihrer fürstlichen Stadtherren; (2) neue Konkurrenten erwuchsen den Hansekaufleuten in süddeutschen, englischen und holländischen Fernhändlern; (3) die politisch erstarkten Könige und Fürsten der Länder an Nord- und Ostsee förderten mit Vorliebe nur noch einheimische Kaufleute; die bisherige Solidarität der Ostseehansestädte zerbrach. Eine Organisation, die ihren Zweck nur in der Sicherung der privilegierten Stellung ihrer Kaufleute im Ausland hatte, konnte angesichts der wirtschaftlichen und politischen Wandlungen nicht mehr erfolgreich sein.

Die ständische Bewegung

Bestrebungen, die eigene Rechtsstellung und den eigenen Rang zu sichern und durch den Zusammenschluß zu *genossenschaftlichen Einungen* als *Stände* zu wahren, prägten das politische Verhalten aller Gruppen und Schichten der spätmittelalterlichen Gesellschaft. So schloß sich im Südwesten des Deutschen Reiches der wirtschaftlich und politisch bedrängte kleine Adel gegen Fürsten und Städte in *Rittergesellschaften* zusammen, um sich als militärischer Machtfaktor behaupten zu können. Die deutschen Könige versuchten, solche *ständischen Sonderbündnisse* auszuschalten, indem sie *regionale Landfrieden* unter ihrer Oberhoheit durchsetzten, doch ohne großen Erfolg. Die ständische Bewegung erfaßte damals auch schon die politische Ordnung *der Reichsfürstentümer.* Die Überlassung der Regalien hatte die geistlichen und weltlichen Fürsten zu *Landesherren (»domini terrae«)* gemacht (▷ S. 190 f.). Ihr Territorium bildete jedoch keine rechtliche Einheit; grundherrliche, lehnrechtliche und Vogteirechte mischten sich auf komplizierte Weise. Es erleichterte daher sogar die Regierung eines Landesherrn, wenn sich die adeligen und geistlichen Herren seines Territoriums in Ständen zusammenschlossen und *Landstände* bildeten, die der Fürst nun als Repräsentanten des gesamten »Landes« auf Versammlungen *(Ständetagen)* um ihre Zustimmung zu neuen Abgaben *(»Steuern«)* bitten konnte. Trotz aller Konflikte darf man in den Ständen, zu denen oft Vertreter der Landstädte hinzukamen, nicht einfach Gegner des Landesherrn sehen, sondern Helfer bei der *Wahrung gemeinsamer Interessen* gegenüber Ansprüchen anderer Fürsten und des Königs. Diese neue Interessengemeinschaft trat neben die alten lehnrechtlichen Abhängigkeiten. Sie war der erste Schritt zur neuartigen überpersönlichen Herrschaftsordnung des »Staates«, der als Konzept von spätmittelalterlichen Juristen und Theologen entworfen und diskutiert wurde. Wenn man, wie das heutzutage zumeist geschieht, den *Begriff des Staates* überzeitlich für Herrschaftsordnungen verwendet, dann unterscheidet man den modernen *»institutionellen Flächenstaat«* vom lehnrechtlichen *»Personenverbandsstaat«* des Hochmittelalters. Seit dem ausgehenden 14. Jahrhundert wird dieser im Deutschen Reich von der Form des *Territorialstaates* allmählich überlagert.

Politischer Aufstieg der Schweizer Eidgenossenschaft

Im Raum der heutigen Schweiz konnte sich kein gemeinsames Interesse zwischen den habsburgischen Landesfürsten und den *freibäuerlichen privilegierten »Waldstätten«* um den nach ihnen benannten Vierwaldstätter See ausbilden. Seit 1291 verschworen sie sich mit einigen benachbarten Städten gegen die mächtigen Landesherren, die ihre Rechtsstellung gefährdeten. Diese *Eidgenossenschaft* besiegte mit ihren Fußtruppen mehrfach habsburgische Ritterheere und konnte dadurch die Reichsunmittelbarkeit ihrer Territorien bewahren und sie bis zum 15. Jahrhundert sogar durch Unterwerfung von »Untertanenlanden« erheblich erweitern. Da seit 1438 die deutsche Königswürde stets im Haus Habsburg verblieb, entfremdete sich die Eidgenossenschaft dem Reich immer mehr. Nach einem verlustreichen Reichskrieg gestand der *Frieden von Basel* 1499 den *Eidgenossen* eine *nahezu völlige politische Selbständigkeit* zu.

II. Die Entstehung eines Systems europäischer Staaten

Wie komplex die politische Welt Europas im Hochmittelalter geworden war, mußte die Päpste erfahren, als sie sich mit den alten *universalen Vorstellungen* zu direkten politischen Herren der Christenheit machen wollten. Denn es begann sich ein *System von Reichen* auszubilden, deren Regenten sich zwar alle der Christenheit zurechneten, die aber nicht auf einen Teil ihrer *politischen Unabhängigkeit* verzichten wollten und im Konfliktfall diese Unabhängigkeit über religiöse Verpflichtungen stellten (▷ S. 220 ff.). Als im Gefolge neuer *Reichsbildungen in Asien* das jahrhundertealte Mit- und Gegeneinander von Byzanz, Islam und Abendland (▷ S. 128 f.) *neuen Mächtegruppierungen* Platz machen mußte, rückten *West- und Osteuropa* für wenige Jahrhunderte enger zusammen.

1. Die Neuordnung Europas seit dem 13. Jahrhundert

1196–1260	Mongolisches Großreich unter Dschinghis Khan und seinen Nachkommen
1231–1309	Der Deutsche Orden erobert das Preußenland, Pommerellen und das Baltikum
1266–1435	Anjou-Könige von Sizilien
seit 1282	Mittelmeerreich Aragon-Kataloniens
1295–1303	Philipp IV. von Frankreich im Konflikt mit Papst Bonifaz VIII.
1295	»Modell-Parlament« mit der Beteiligung von Commons
1328–1502	Moskauer Großfürsten »Sammler der russischen Erde«
1336–1405	2. Mongolisches Großreich des Timur Leng
1339–1453	Hundertjähriger Krieg
seit 1386	Die Dynastie der Jagiellonen vereint Litauen und Polen
1399	Stände Englands setzen Richard II. als Tyrannen ab
1429	Jeanne d'Arc bricht die englische Belagerung von Orléans
1453	Mehmed II. erobert Konstantinopel: Ende des Byzantinischen Reiches
1466	Niederlage des Deutschen Ordens gegen Polen (Frieden von Thorn)
1485	Heinrich VII. begründet die Dynastie der Tudor

Kampf um den Weltherrschaftsanspruch des Papsttums

a) Der Mittelmeerraum. Die universalen Pläne der Päpste scheiterten an drei Gegnern: (1) an der Mehrheit der italienischen Stadtstaaten, die Bundesgenossen im Kampf gegen die Kaiser gewesen waren (▷ S. 186 f.); (2) an *Karl von Anjou,* einem Bruder des französischen Königs, der mit entscheidender finanzieller Hilfe des Papsttums als neuer König von Sizilien durchgesetzt wurde, sich aber als allein auf die eigene Macht bedachter Gefolgsmann erwies; und (3) an den französischen Königen. Zunächst unterstützten die Päpste zumeist deren politische Pläne. Seit 1295 kam es jedoch zu einem folgenreichen Konflikt beider Mächte, als Papst *Bonifaz VIII.* durch ein Verbot der Besteuerung des französischen Klerus versuchte, sich als Oberherr des französischen Monarchen durchzusetzen. Während der langjährigen Auseinandersetzungen mit *Philipp IV.* erklärte Bonifaz in seiner *Bulle »Unam Sanctam«,* »daß es für jedes menschliche Geschöpf heilsnotwendig ist, dem römischen Bischof Untertan zu sein«. Das Ergebnis des Konflikts zeigte aber, daß der französische König auch in der Praxis war, was die königlichen Juristen stets lehrten: »Der König ist ein Kaiser in seinem Reich, weil er in weltlichen Dingen niemand Höhergestellten anerkennt.« – Bonifaz VIII. starb wenige Wochen nach einem Überfall, den der leitende Minister Philipps, der Legist *Wilhelm von Nogaret,* angeführt hatte. Nach Bonifaz' Tod gerieten seine Nachfolger zunehmend unter französischen Druck. 1309 wurde die Papstresidenz aus dem unsicheren Italien nach *Avignon* in den Einflußbereich der französischen Krone verlegt. Diese Verlegung leitete äußerlich den Prozeß der *Verdrängung des Papsttums aus der Machtmitte* ein. Diese Entwicklung förderten nicht nur Juristen, sondern auch Philosophen und Theologen, wie der Dominikaner *Johannes von Paris,*, die das Königtum als die beste der Herrschaftsordnungen hervorhoben, zu denen der Mensch ganz natürlich als vernunftbegabtes Wesen strebe *(animal rationale et politicum).* Die Grundlagen solcher Theorien fanden sie in den Werken des *Aristoteles,* die besonders Gelehrte der Bettelorden als Lehrbücher für den Universitätsunterricht gegen viele Widerstände durchgesetzt hatten.

Neue Reiche im Mittelmeerraum

Die Grenze der politischen Durchsetzungskraft des Papsttums zeigte sich auch im Kampf der sizilischen Anjou-Könige mit den Herrschern von *Aragon - Katalonien,* die ebenfalls päpstliche Lehensleute waren. Beide Königshäuser konkurrierten in ihren Absichten, ein *mittelmeerisches Großreich* unter Einschluß von Byzanz zu errichten. Die spanischen Könige und ihre katalanischen Kaufleute konnten ihre Interessen erfolgreicher durchsetzen. Katalanen besetzten nicht nur schon 1282 nach einem Volksaufstand gegen Karl von Anjou Sizilien (»Sizilianische Vesper«), sondern sie eroberten auch Sardinien, Stützpunkte an der algerisch-tunesischen Küste, übernahmen lateinische Fürstentümer auf der Peloponnes und erhielten 1435 durch Erbfall sogar das unteritalienische Königreich der Anjous.

Doch veränderten Umbrüche im islamischen Bereich die Verhältnisse der Mittelmeerwelt vollkommen. 1258 kam für das Kalifat von Bagdad das Ende durch die *Mongolen,* die unter ihrem Herrscher *Dschinghis Khan* und seinen Nachkommen einen von China bis nach Osteuropa und Persien reichenden *Großreichsverband* errichtet hatten. Neues geistiges und politisches Zentrum des Islams wurde *Kairo,* die Hauptstadt der türkischen *Mamelucken.* Sie eroberten 1291 die letzte Kreuzfahrerfestung Akkon. Byzanz wurde seit Beginn des 14. Jahrhunderts vom kleinasiatischen Reich der *Osmanen* bedrängt. Die Sultane dieses Türkenstammes unterwarfen von der Jahrhundertmitte bis 1389 fast alle christlichen Reiche auf dem Balkan. Ein durch Kreuzzugsaufrufe organisierter Entlastungsfeldzug europäischer Ritter scheiterte 1396. Da die Osmanen sich gegen Angriffe *Timur Lengs,* Herrscher eines neuen zentralasiatischen Mongolenreiches mit der Hauptstadt Samarkand, verteidigen mußten (▷ Vorsatzkarte 4), verzögerte sich der *Zusammenbruch des* auf die nähere Umgebung Konstantinopels zusammengeschmolzenen *Byzantinischen Reiches.* Ende Mai 1453 konnten die Osmanen unter Sultan *Mehmed II.* die bis dahin von Byzantinern und venezianisch-genuesischen Hilfstruppen hartnäckig verteidigten Mauern Konstantinopels durchbrechen. Die alte Kaiserkirche, die Hagia Sophia, wurde in die Hauptmoschee der neuen Hauptstadt Istanbul des *türkisch-islamischen Großreiches* verwandelt.

b) Osteuropa. Osteuropa erlebte gleichfalls einschneidende Veränderungen der Machtverhältnisse. Ihre Ausgangsbedingungen wurden dabei von *politischen Interventionen* aus West und Ost geschaffen:

Der Deutsche Orden

(1) Anfang des 13. Jahrhunderts rief der polnische Herzog von Masowien den *Deutschen Orden* zur *Missionierung* des heidnischen Stammes der *Preußen* zu Hilfe. Der Orden unterwarf sich das Land zwischen Weichsel und Memel auf eigene Rechnung und dehnte bis zum Jahrhundertende seine Herrschaft auch auf die baltischen Gebiete bis zum Finnischen Meerbusen aus. 1309 verlegten die *Hochmeister* des gesamten Ordens ihren Sitz in die Zentrale dieser rational verwalteten Ordensherrschaft, in die *Marienburg,* und residierten dort als Oberhäupter eines *»Ordensstaates«,* der sich aufgrund kaiserlicher und päpstlicher Privilegien von 1226 und 1234 als unabhängiges Reich verstand.

Russische Jäger bei der Pelztierjagd und beim Handel mit hansischen Kaufleuten von Nowgorod. *Kirchengestühl in der Stralsunder Nicolaikirche, 2. Hälfte des 14. Jh.s. Die Bruderschaft der Nowgorodfahrer der Hansestadt Stralsund importierte vor allem kostbare Felle. Der Schnitzer hob die besondere Kleidung und Haartracht der Russen hervor, schildert Details der Eichhörnchenjagd und verdeutlicht, daß kein Russe das Kontor des Petershofs in Nowgorod betreten durfte, so daß der Fellhandel vor den Toren stattfand.*

Der Aufstieg der Moskauer Großfürsten

(2) Um die Mitte des 13. Jahrhunderts besiegten die Khane des Mongolenreiches der *Tataren (»Goldene Horde«)* als letzten russischen Herrscher den Großfürsten von Nowgorod, der dem Deutschen Orden zuvor erfolgreich militärischen Widerstand geleistet hatte. Erst eineinhalb Jahrhunderte später erkämpften sich die russischen *Großfürsten von Moskau* neue politische Selbständigkeit. Von ihrer Burg mit dem tatarischen Namen *Kreml* aus beherrschten sie eine Reihe anderer russischer Fürstentümer *(»Sammlung der russischen Erde«).* Nach dem Fall Konstantinopels nahm der Moskauer *Metropolit* den Titel eines *Patriarchen der russisch-orthodoxen Kirche* an. Gerade Männer der Kirche setzten sich leidenschaftlich für eine Befreiung vom Joch der ungläubigen Tataren ein. Unter dem Großfürsten *Iwan III.* gelang sie endgültig. Als Herr eines Reiches, das auf allen Seiten an diejenigen nichtrussischer oder andersgläubiger Fürsten stieß, beanspruchte er den Titel *Gossudar* (Alleinherrscher Rußlands), und als Erbe des besiegten Tatarenkhans und des byzantinischen Kaisers führte er als erste den *Zarentitel.*

Das litauisch-polnische Großreich

Die mächtigsten Nachbarn Rußlands im Westen waren die *litauischen Großfürsten.* Noch als Heiden hatten sie im 13. Jahrhundert alle von Tatarenherrschaft freien russischen Fürstentümer unterworfen, so daß sich ihr Reich am Ende des 14. Jahrhunderts von der Ostsee bis zum Schwarzen Meer erstreckte. Als Rivalen bei der »Sammlung russischer Erde« hatten sie sich mehrfach mit den Tataren verbündet, 1362 sogar Moskau niedergebrannt. Als 1386 der litauische Großfürst *Jagiello* die polnische Erbkönigstochter *Jadwiga* aus dem Haus der Piasten heiratete und sich katholisch taufen ließ, erhielt der Gegensatz beider Großmächte zusätzlich religiös-kulturellen Charakter. Die *russisch-polnische Feindschaft* wurde zu einer Konstante der weiteren europäischen Geschichte.

Der Niedergang der Deutschordensherrschaft

In Gegnerschaft stand das polnisch-litauische Großreich im 15. Jahrhundert auch mit dem *Ordensstaat.* Der Glaubenswechsel Jagiellos hatte der Herrschaft des Ordens die *Legitimation* durch den Heidenkampf *entzogen.* Zugleich zeigte die *Opposition der Städte und der adeligen Stände* im Innern, daß die Herrschaftsformen nicht mehr zeitgemäß waren. Der Orden mußte sich schließlich im *2. Thorner Frieden von 1466* dem mit den rebellierenden Ständen verbündeten polnischen König unterwerfen, dabei den westlichen Teil seines Landes an der Weichselmündung (mit Danzig und der Marienburg) als autonome Gebiete der Krone Polens abtreten und für den Rest (Ostpreußen) die Oberhoheit des Königs anerkennen.

c) Westeuropa. Die politische Entwicklung Westeuropas bestimmte der *»Hundertjährige Krieg«,* der im 14. und 15. Jahrhundert um die englischen Festlandsbesitzungen in Frankreich ausgetragen wurde. Er brach über die französische Thronfolge aus, die der englische König *Edward III.* 1339 als Abkomme der Kapetinger in direkter weiblicher Linie gegen die männliche *kapetingische Seitenlinie der Valois* beanspruchte. Doch überwog in Adel und Kirche Frankreichs zunächst die Abneigung gegen einen fremdländischen König.

Folgen des Hundertjährigen Krieges für Frankreich

Der Krieg und noch stärker als der Krieg selber führten *Bauernaufstände, Bürgerunruhen* und *Adelsrevolten* der folgenden 100 Jahre das französische Königtum mehr als einmal an den Rand des Untergangs. Gleichzeitig beschleunigten die sozialen und politischen Auswirkungen dieses mehr durch *Plünderungszüge* und *Wirtschaftsblockaden* als durch *Feldschlachten* so verheerenden Krieges die Durchsetzung von Faktoren, die aus dem französischen lehnrechtlichen Personenverbandsstaat einen *monarchischen institutionellen Flächenstaat* zu formen begannen.
(1) Gegenüber *Kanonen* und vor allem gegenüber den Abteilungen der englischen *Langbogenschützen* und den Söldner-»Kompanien« geübter und gut bewaffneter *Fußtruppen* erwiesen sich adelige Ritterheere als veraltet. Mit der militärischen Bedeutung büßte aber der Schwertadel *(noblesse de l'epée)* auch einen Teil seiner politischen Bedeutung ein. Dagegen nahm das politische Gewicht des Amtsadels der königlichen Beamten *(noblesse de robe)* zu. Als Mitglieder der oberen königlichen Gerichtshöfe für die einzelnen Regionen *(Parlements)* und Kontrolleure der königlichen Haushaltsausgaben als Beamte der Rechnungskammer *(Chambre des comptes)* entwickelten sie sich zu den wichtigsten Trägern des französischen Staatsinteresses, das sie notfalls auch gegen einzelne Entscheidungen des Königs verteidigten.
(2) Der Hochadel und die Angehörigen der Seitenzweige der Königsfamilie *(Pairs)* paktierten häufig um eigener politischer Vorteile willen mit den englischen Königen und büßten so ihre Rolle als allgemein anerkannte Repräsentanten des Königreiches nach dem König selbst ein. Die *Herzöge von Burgund,* die einer königlichen Seitenlinie entstammten, nutzten sogar die Situation der militärischen Schwäche des Königtums Anfang des 15. Jahrhunderts, um sich ein *unabhängiges Reich zwischen Frankreich und Deutschland* zu errichten.
(3) Eine Gesamtrepräsentation der Stände von Geistlichkeit, Amtsadel, Landadel und Bürgertum kam in Frankreich nur kurzfristig um die Mitte des 14. Jahrhunderts zustande *(États généraux).* Zur neuen Klammer zwischen König und Untertanen wurde statt dessen das *Nationalgefühl.*

Jeanne d'Arc, Königtum, Nation und Nationalstaat

Jeanne d'Arc, Tochter eines wohlhabenden Bauern an der nördlichen Grenze Lothringens, hatte seit dem 12. Lebensjahr Stimmen des Erzengels Michael und zweier Heiliger zu vernehmen geglaubt, die ihr den Auftrag gaben, die Engländer vom französischen Boden zu vertreiben und den Kronprinzen Karl zur Krönung nach Reims zu führen. Erst nach fünf Jahren trat Jeanne damit an die Öffentlichkeit und konnte schließlich auch den mißtrauischen Karl VII. und seinen Hof davon überzeugen, daß sie keine Hexe, sondern eine gottbegnadete Jungfrau sei. Gewißheit über ihre Sendung schuf sie dem Hof mit der Aufhebung der englischen Belagerung von Orléans. »Die Jungfrau«, wie sie bald von ihren Anhängern nur noch genannt wurde, unterschied sich von allen bisherigen in Krisensituationen auftretenden charismatisch begabten Frauen des Mittelalters dadurch, daß sie selbst mit Waffe und männlicher Rüstung in den Krieg zog. Freilich betonte sie stets, daß sie niemals jemanden getötet habe. Mit dem Sieg der Jungfrau bei Orléans und der anschließenden Krönung und Salbung Karls VII. in Reims wurde der *Sakralcharakter des französischen Königtums*

(▷ S. 188) in neuer Weise Kern eines Nationalgefühls: Der König war Repräsentant des *Zusammenhaltes der Bevölkerung als Nation* und Garant der Unabhängigkeit ihres politischen Gemeinwesens als *Nationalstaat*, die nun alle drei in gleicher Weise als gottgewollt gelten sollten.

Satanische Hexe oder heilige Jungfrau

Der Prozeß, den englandtreue französische Bischöfe nach der Gefangennahme Jeannes 1432 in Rouen gegen sie führten, sollte gerade solchen Vorstellungen entgegentreten und Jeanne als eine von satanischen Dämonen verführte und besessene Hexe erweisen. *Jeanne* wurde *als rückfällige Hexe verbrannt.* Der französische Königshof intervenierte nicht zu ihren Gunsten. Erst nachdem seit dem Waffenstillstand von 1453 die Engländer erfolgreich aus Frankreich verdrängt waren, bemühte sich Karl VII. um eine Aufhebung des Urteils. Mit päpstlicher Erlaubnis wurde *Jeanne 1456 rehabilitiert* und damit der König vom Verdacht befreit, er verdanke seine ersten entscheidenden militärischen Erfolge einer Hexe. Es war beinahe eine Paradoxie, daß es dem Kampf einer Frau mit ihrem Schwert zu verdanken war, daß sich das Prinzip durchsetzte, daß *in Frankreich Frauen endgültig von der Thronfolge ausgeschlossen waren.* Die zeitgenössische Dichterin *Christine de Pisan* griff kurz vor ihrem Tod noch einmal zur Feder und pries in einem langen Gedicht die Jungfrau, die das vollbracht habe, worin die Männer alle versagt hätten. Schon seit 1400 war Christine vehement gegen frauenfeindliche Tendenzen in der Literatur aufgetreten und hatte ein neues Selbstbewußtsein der Frauen gefordert. Ihr Tod ersparte ihr mitzuerleben, wie Jeanne auf dem Scheiterhaufen endete, und sie mußte nicht

Edward I. von England (1272–1302) präsidiert den Ständen seines Reiches. *Miniatur in einer englischen Handschrift des 15. Jh.s. Links vom Königsthron der schottische König Alexander III. († 1286), rechts der letzte selbständige walisische Fürst Llewelyn († 1284). Über beide Reiche beanspruchte Edward Oberhoheit. Seit 1301 trägt der englische Thronfolger den Titel »Prince of Wales«. Links und rechts außen die Erzbischöfe von York und Canterbury, zwischen letzterem und Llewelyn zwei Magister als Vertreter der Universitäten Oxford und Cambridge. Auf den Bänken sitzen links die Bischöfe und die schwarzgekleideten Äbte, rechts die Barone, auf besonderer Bank der Thronfolger. In der Mitte auf Wollsäcken die Vertreter der Commons.*

die Verdrängung von Jeannes Leistung durch die vom Königshof beeinflußte offizielle Geschichtsschreibung erleben. Erst der neue französische Nationalismus des 19. Jahrhunderts bezog sich erneut auf die Jungfrau von Orléans, die 1920 vom Papst heiliggeprochen wurde.

Königtum und Parlament in England

Anders verlief die Entwicklung im Reich des gegnerischen englischen Königs. Schon im 13. Jahrhundert hatte sich das *Parlament* herausgebildet, dem allein das *Bewilligungsrecht für Steuererhebungen* zustand (▷ S. 188). Im 14. Jahrhundert erforderten die kostspieligen Feldzüge häufige Einberufungen, so daß das Parlament zur festen Institution wurde. Die im Parlament vertretenen Stände beanspruchten nun auch, an der Gesetzgebung des Königs mitzuwirken. Als *Edward II.* und *Richard II.* die im Krönungseid beschworenen ständischen Mitwirkungsrechte mißachteten, wurden sie 1327 und 1399 von den rebellierenden Ständen abgesetzt. 1455–1485 kämpften die Seitenlinien des Hauses Plantagenet, Lancaster und York (mit einer roten bzw. weißen Rose in ihrem Schild), um den englischen Thron. In diesen »Rosenkriegen« dezimierte sich der englische Hochadel. Als mit *Heinrich VII.* 1485 das neue Königshaus der Tudor auf den Thron gelangte, stand dem König nun ein Parlament gegenüber, in dem die *Commons,* die Vertreter der *communities*, also des Landadels *(gentry)* und des Bürgertums, gegenüber den Baronen *(Lords)* an Einfluß gewonnen hatten.

2. Die Sonderstellung des Deutschen Reiches

1273	Wahl Rudolfs von Habsburg beendet die Zeit der Gegenkönige (»Interregnum«)
1356	»Goldene Bulle«
seit 1438	Mit Albrecht II. verbleibt die deutsche Herrscherwürde bis 1806 bei den Habsburgern

Probleme der Kaiserwürde

Auch nach dem Ende der Staufer wählten die deutschen Fürsten »Könige der Römer«, die Herrschaftsrechte in Italien ausüben und in Rom zum Kaiser gekrönt werden wollten. Gerade deswegen bestanden die Päpste auf ihrem Prüfungsrecht des Erwählten *(approbatio)* und versuchten, die Wahlen auf ihnen genehme Kandidaten zu lenken. Da die Päpste nur für sich universale Herrschaftsrechte in der Christenheit anerkannten (▷ S. 204), wurde es immer schwerer, die *Notwendigkeit* und den *Aufgabenbereich des Kaiseramtes* zu beschreiben. Italiener, wie der gelehrte florentinische Dichter *Dante Alighieri,* ersehnten sich das Kommen starker Kaiser aus Deutschland, die ihrem zwischen kaiserfreundlichen *(Ghibellinen)* und papstfreundlichen *(Guelfen)* Parteien zerrissenen Heimatland endlich Frieden bringen sollten. *Heinrich VII.* aus dem Hause Luxemburg war der erste deutsche Herrscher seit Friedrich II., der 1312 wieder zum Kaiser gekrönt wurde. Sein Versuch, unter Berufung auf kaiserliche Universalgewalt gegen *Robert von Neapel* vorzugehen, veranlaßte den Anjou-König,

Der thronende Kaiser inmitten der sieben Kurfürsten. *Türklopfer am Lübecker Rathaus (um 1360). Geistliche und weltliche Fürsten unterscheiden sich durch Kleidung, Amtsinsignien und Wappen. Die Medaillons zeigen sie in folgender Reihenfolge: oben den böhmischen König, dann im Uhrzeigersinn den Pfalzgrafen bei Rhein, den Herzog von Sachsen, den Markgrafen von Brandenburg, die Erzbischöfe von Mainz, Köln und Trier. Die Repräsentanten der Reichsgewalt am Sitz der Selbstverwaltung der Lübecker symbolisierte ihren Anspruch auf Unabhängigkeit von jedem Landesherrn als »Reichsstadt«.*

bei seinem päpstlichen Lehnsherrn anzuregen, in Zukunft ganz auf Kaiserkrönungen zu verzichten, weil besonders deutsche Barbaren stets nur Gewalttätigkeit in die Welt gebracht hätten. Heinrichs Enkel *Karl IV.*, der 1354/55 bei seinem Italienzug die tatsächlichen Machtverhältnisse berücksichtigte, mußte sich vom berühmten Dichter *Petrarca* brieflich dafür tadeln lassen, daß seine überstürzte Abreise aus Rom mehr einer unwürdigen Flucht geglichen habe:

»Nie hat ein Fürst eine so große, blühende, reife und ehrenvolle Hoffnung freiwilig im Stich gelassen. ... Du seufzst als Herr des Römischen Reiches doch nach nichts anderem als nach Böhmen. Wann hätte das je dein Großvater getan ...?«[28]

Die Regelung der Königswahl

Der nüchterne Politiker Karl war nicht nur von den italienischen Stadtstaaten als Oberherr anerkannt worden, so daß sogar das guelfische Florenz die Reichssteuern entrichtete; er war auch ohne Mühen in päpstlichem Auftrag zum Kaiser gekrönt worden und benutzte diese Stellung, um der deutschen Königswahl endlich einen verbindlichen Rechtsrahmen zu geben. Nach dem Tod Heinrichs VII. war es wieder zu einer Doppelwahl und nachfolgend zu einem jahrzehntelangen Kampf *Ludwigs des Bayern* gegen drei Päpste gekommen, die seine Wahl nicht anerkannten; Karl IV. war schließlich selbst als vom Papst geförderter Gegenkönig Ludwigs auf den deutschen Thron gelangt. Schon in der 2. Hälfte des 13. Jahrhunderts hatte sich der *Kreis der Königswähler* auf Reichsfürsten eingeschränkt: die drei Erzbischöfe von Mainz, Köln und Trier, den König von Böhmen, den Herzog von Sachsen, den Markgrafen von Brandenburg und den Pfalzgrafen bei Rhein. Aber es gab keine Regelung, wer rechtmäßig gewählter König war, wenn sich diese *Kurfürsten* nicht einigten. Gegen den päpstlichen Anspruch verkündeten 1338 die Kurfürsten als *Reichsrecht,* daß der von ihnen

Gewählte zur Führung des Königstitels weder vom Papst nominiert, noch approbiert und bestätigt zu werden brauche. 1356 einigte sich Karl IV., der als König von Böhmen der vornehmste weltliche Kurfürst war, mit den übrigen Wählern auf ein *Reichsgesetz über die Königswahl (»Goldene Bulle«).* Darin wurde der päpstliche Anspruch nicht mehr erwähnt. Das alleinige Recht der Königswahl stand den Kurfürsten zu; die einfache Mehrheit von vier Stimmen genügte, um die Wahl zu entscheiden.

Anfänge einer dualistischen Reichsstruktur

Um die Königswürde rivalisierten im 14. und 15. Jahrhundert nur noch die großen reichsfürstlichen Dynastien der Luxemburger, Wittelsbacher und Habsburger, von denen allein letztere keinen Kurfürstenrang besaß. Als die vier rheinischen Kurfürsten 1400 den Sohn Karls IV., *Wenzel,* als einen »unnützen und faulen König« absetzten und an seiner Stelle den Wittelsbacher Pfalzgrafen *Ruprecht* wählten, war aus der Wählergruppe ein *Kollegium* geworden, das sich als *ständischer Mitregent* im Namen des Reiches fühlte. Dieser *Dualismus von »Kaiser und Reich«* verstärkte sich im 15. Jahrhundert noch, als sich die Herrscher *Siegmund* und *Friedrich III.* hauptsächlich auf ihre Territorien *(»Hausmacht«)* Ungarn und Österreich konzentrierten, die nicht im Reich und an seinem Rande lagen. Aus den Hoftagen der Könige wurden jetzt *Reichstage,* wo sich neben dem Kurfürsten ein neuer *ständischer Rat (»Kurie«)* der *fürstlichen Landesherren* bildete, der deren Interessen als Repräsentanten des Reiches vertrat.

Forderungen nach Reichsreform

Die Neuverteilung der Macht brachte seit dem frühen 15. Jahrhundert Vorschläge zu einer Reform des Reiches hervor. Die Vorstellungen der *gelehrten Räte* von Fürsten und Städten meinten zumeist ganz wörtlich *»reformatio«* und orientierten sich deshalb an einer idealisierten Vergangenheit unter Karl dem Großen, den Ottonen oder den Staufern. Kritikpunkte waren ungenügende Rechtssicherheit und das Fehlen eines wirksamen zentralen Reichsregiments. Gefordert wurden deshalb *Landfriedensregelungen,* ein *oberstes Reichsgericht, Reichssteuern* und Ratsgremien *(»concilia«)* für Beschlüsse im Namen des Reiches. Die Kritik, die damals die politisierte Papstkirche erfuhr (▷ S. 213 ff.), war für viele Autoren der Anlaß, Reformen für das Kaiserreich als zweiter Universalgewalt der Christenheit zu formulieren. Der Jurist und Philosoph *Nikolaus von Kues* (▷ Tafel 12) entfaltete in einem gelehrten Werk »Über die allgemeine Eintracht« (»De concordantia catholica«) 1434 ein Konzept für die *Reform von Kirche und Reich* zugleich. Wesentlich schärfer kritisierte 1439 ein unbekannter Autor die Zustände in einer Schrift in deutscher Sprache, die unter dem Namen *»Reform Kaiser Siegmunds«* Verbreitung fand: Er lehnte *Leibeigenschaft* als *unchristlich* ab, tadelte das *Versagen der Fürsten* bei der Wahrung von Recht und Ordnung und forderte eine *Enteignung* des *übermäßigen Besitzes* der moralisch verwahrlosten und müßiggehenden geistlichen Orden. Seine Hoffnung setzte er auf einen kommenden *Friedenskaiser,* der nicht aus den alten Führungsschichten stamme. Als ein gelehrter Jurist werde er mit Rittern und Reichsstädten für die Armen und das gemeine Volk die *gerechte alte Ordnung* wiederherstellen. Einen Staat nach westeuropäischen Vorbild wollten also weder Könige, Kurfürsten und Landesherren noch die Reformautoren aus dem Reich machen.

III. Kritik und Neuorientierung

Die geistige und soziale Mobilität, die sich im Hochmittelalter entwickelt hatte, nutzten die Menschen als Fähigkeit und Möglichkeit, um Kräften, die das Bestehende nur absichern und verfestigen wollten, mit *Kritik* und dem *Willen zur Erneuerung* entgegenzuwirken. Die Maßstäbe, die die Kritiker an die Institutionen der zeitgenössischen Kirche anlegten, bezogen sie aus überzeitlichen oder historischen Idealen und aus juristischen und philosophischen Erkenntnissen. Aber alle Erkenntnisse wurden im Spätmittelalter auch einer methodischen Kritik unterzogen, die sich auf die umfassend bekanntgewordene *antike Philosophie* stützen konnte und besonders in Italien eine *Neuorientierung des Menschenbildes* und der Wissenschaft zur Folge hatte (Humanismus und Renaissance). Wie in der Wissenschaft verbanden sich auch in der Praxis Neugier und Methode mit dem Drang, *Erfahrungen* zu machen und Neues zu erforschen.

1. Kirchenverfassung und Frömmigkeit

1309–1376	Avignonesisches Papsttum
1378–1417	Große Abendländische Kirchenspaltung
1415	Konzil von Konstanz erklärt sich zum Oberhaupt der Kirche
1460	Papst Pius II. erklärt den Konziliarismus für ketzerisch

Das Avignonesische Papsttum

Seit der Übersiedlung des Papsttums nach Avignon war die *Kurie* zu einem riesigen *Behördenzentrum* zur Kontrolle aller Kirchen des Abendlandes geworden. Theologen wurden nicht müde, in Traktaten den Papst als unumschränkten Herrn der Kirche und Oberherrn alles Weltlichen herauszustellen, der von niemand auf Erden gerichtet werden könne. Vielen Gläubigen mußte es aber so scheinen, als ob dieser Anspruch nur die Existenz des Finanzapparats rechtfertigen sollte, mit dem die Kurie in Avignon hohe *Gebühren und Abgaben* von nahezu allen geistlichen Ämtern *(Pfründen)* erhob und sich deswegen deren Besetzung vorbehielt.

Neue Formen der Laienfrömmigkeit

Die *Laienfrömmigkeit* suchte nach Wegen und Formen, die sie nicht zu Teilen dieses Systems machte. *Die volkssprachliche Predigt* bei der Seelsorge für Laiengruppen, insbesondere für die städtischen Gemeinschaften frommer unverheirateter Frauen *(Beginen)* machte die *Dominikaner* in Deutschland selbst zu den hervorragenden Vertretern der *Mystik.* Diese Frömmigkeitsform strebte durch Versenkung ins Innere eine direkte Verbindung der Seele mit Gott (»Vereinigung«) an.

Frauenmystik

Eine Begine, *Mechthild von Magdeburg,* schrieb im 13. Jahrhundert das erste mystische Buch in deutsch. Zuflucht vor Anfeindungen fand sie schließlich im Zisterzienserinnenkloster Helfta, das damals ein Zentrum der Frauenmystik war. Im 14. Jahrhundert gerieten viele Beginenkonvente in den Verdacht von

Ketzerei. In Straßburg kam es zwischen 1317 und 1319 zu einer regelrechten Verfolgung der in 20 Konventen lebenden Beginen, da sie eine dem Pantheismus nahe Mystik pflegten. Die Gefahr für die Mystikerinnen, von der Kirche wegen Verstoßes gegen die Dogmen der Trinität und wegen einer Leugnung der Notwendigkeit der Kircheninstitutionen als nicht mehr rechtgläubig angesehen zu werden, verdeutlicht das Schicksal der Begine *Margarete Porrete* aus dem nordfranzösischen Valenciennes. Ihr »Spiegel der einfachen Seelen«, in dem sie den Weg der von irdischen Zwängen befreiten Seele zu Gott beschreibt, wurde vom Bischof von Cambrai trotz anfänglich positiver theologischer Gutachten wegen dieses Freiheitsbegriffes, der kirchliche Gnadenmittel überflüssig machte, als ketzerisch verurteilt. Da Margarete sich nicht von ihrer Lehre distanzierte, wurde sie 1310 in Paris als Ketzerin verbrannt. Ihr Buch freilich wurde durch Übersetzungen ins Lateinische, Italienische und Englische zu einer in der frommen Laienwelt weit verbreiteten Lektüre.
Auch die Dominikaner *Meister Eckhart, Johannes Tauler* und *Heinrich Seuse*, die bedeutendsten deutschen Mystiker des 14. Jahrhunderts, hatten sich stets gegen den Verdacht von Ketzerei zu wehren. Viele Laienbewegungen des 15. Jahrhunderts waren von der Mystik geprägt, so die niederländische »Gemeinschaft der Brüder und Schwestern vom gemeinsamen Leben«, in deren Geist der Augustinerchorherr *Thomas von Kempen* († 1471) sein einflußreiches Buch *»Von der Nachfolge Christi«* schrieb.

Kritik an der Papstkirche

Innerhalb der Geistlichkeit entfalteten sich drei Strömungen, die das Modell einer allein auf den Papst ausgerichteten Kirche kritisierten:
(1) Besonders *Theologen aus den Bettelorden* kritisierten das »Königreich des Geizes« (Petrarca).[29] Sie forderten eine *Abkehr der Kirche von Macht und weltlichem Besitz.* Mit der Wahl eines Eremiten zum Papst (1294) schienen sich kurzzeitig die Hoffnungen auf Schaffung einer Geistkirche durch einen *»Engelpapst«* zu erfüllen. Doch nach kurzer Amtszeit scheiterte *Cölestin V.* an den praktischen Aufgaben seines Amtes und trat zurück. Sein Nachfolger wurde der Machtpolitiker Bonifaz VIII. (▷ S. 204). Während der *Auseinandersetzungen des Franziskanerordens* mit dem Papsttum *um die Auslegung des Armutsgebots seiner Regel* floh der einflußreiche Oxforder Philosoph *Wilhelm von Ockham* mit seinem Generalminister an den Hof Ludwigs des Bayern und bekämpfte von dort über 20 Jahre lang die Päpste mit Streitschriften. An den deutschen Königshof floh auch der Pariser Magister *Marsilius von Padua,* nachdem er in seiner Abhandlung *»Der Verteidiger des Friedens«* auf der Grundlage der Aristotelischen Philosophie dargelegt hatte, daß der päpstliche Machtanspruch ein friedliches Zusammenleben der Menschen verhindere. Deshalb, so forderte er, müsse die Kirche eine neue Verfassung erhalten, in der die Gesamtheit der Gläubigen als Gesetzgeber wirke.
Die einzige Grundlage der Kirche dürfe nur die *Bibel* sein, lehrten die Theologen *John Wiclif* († 1384) in England und *Johannes Hus* († 1415) einige Jahrzehnte später in Böhmen. Beide lehnten deshalb die Papstkirche ab und kritisierten das Dogma der *Abendmahlslehre* von der Wandlung. Denn alle Christen sollten

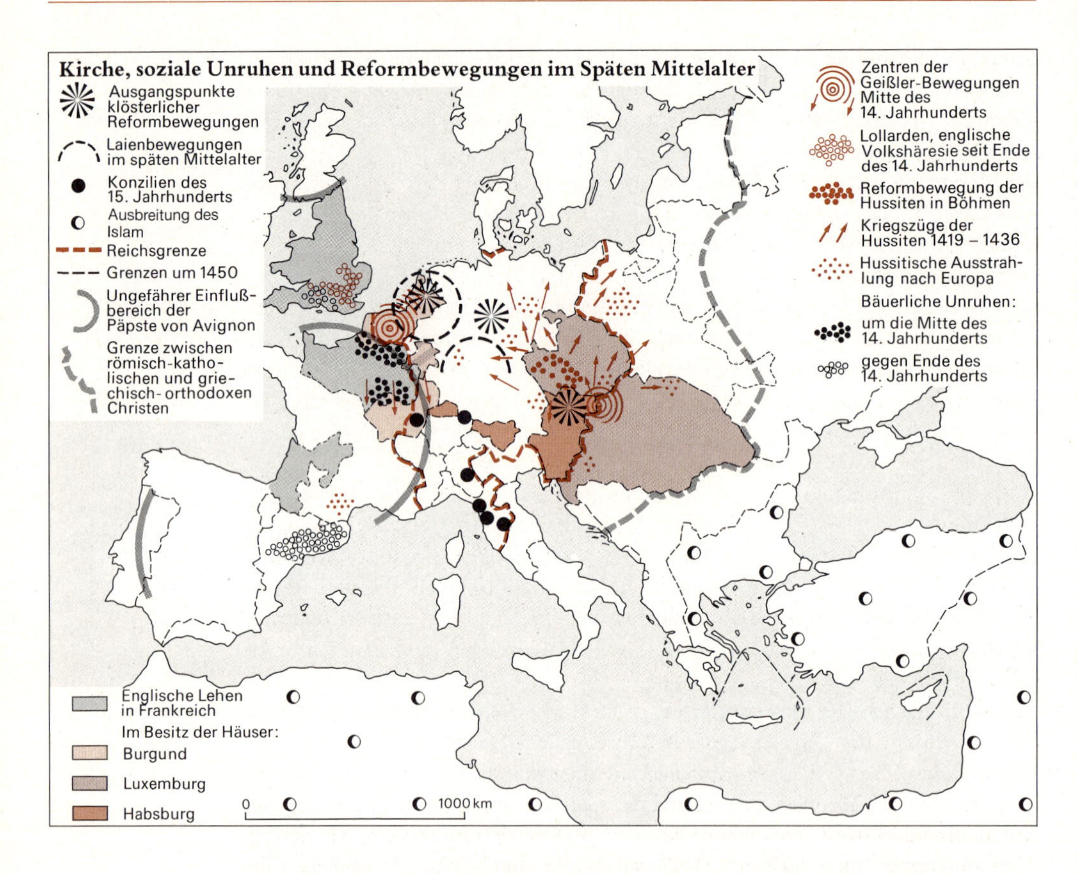

in gleicher Weise das Abendmahl in beiderlei Gestalt erhalten *(»Laienkelch«)* und die Bibel in der Volkssprache lesen dürfen. In England wie in Böhmen verknüpften sich die religiösen Reformideen bald mit ländlichen und städtischen *Unruhen* (▷ Karte), in Böhmen zusätzlich mit *nationalen Konflikten* zwischen Tschechen und Deutschen. Als Volksprediger *(»Lollarden«)* waren Wiclifs Anhänger in den Bauernaufstand von 1381 verwickelt und wurden von Kirche und König als Ketzer verfolgt. Die *Verbrennung von Hus als Ketzer* (1415) und der *Aufruf zum Kreuzzug* gegen alle böhmischen Reformer und ihre Anhänger *(»Hussiten«)*, führten zu einem *Volksaufstand in Böhmen* (1419), dessen König Siegmund und die deutschen Fürsten nicht Herr werden konnten. Militärisch und politisch behaupteten sich die Böhmen nach außen, obwohl gemäßigte Reformer und Radikale sich im Inneren militärisch bekämpften. Aus den Kämpfen gingen die *adeligen Stände* als wichtigste Kraft eines *Wahlkönigtums mit nationalen Zügen* hervor.

(2) Durch die Ausgestaltung der Kirche zu einer Papstmonarchie wurden die Bischöfe in ihrer Eigenständigkeit immer stärker eingeschränkt. Dagegen stellten sie seit dem 14. Jahrhundert mit immer mehr Nachdruck ein Kirchenmo-

dell, das sich auf andere kirchenrechtliche und theologische Traditionen stützte und sich die *Urkirche zum Vorbild* nahm, in der *alle Bischöfe gleichberechtigt* waren. Folglich forderten sie, daß das *Konzil der Bischöfe* als *höchste Entscheidungsinstanz* regelmäßig einzuberufen sei.

(3) Eine besondere Rolle beanspruchten die *Kardinäle.* Im komplizierten Verwaltungssystem der päpstlichen Kurie besaßen sie Schlüsselpositionen. Aus der Funktion ihres Kollegiums als Papstwähler leiteten sie ein umfassendes *ständisches Kontrollrecht des Papstes* ab.

Schisma, Konziliarismus und Sieg des monarchischen Papsttums

Die Rückkehr des Papsttums aus Avignon nach Rom (1377) führte geradewegs in seine schwere Krise während einer 30jährigen *»Großen Abendländischen Kirchenspaltung«.* Eine Doppelwahl politisch unzufriedener Kardinäle schuf zunächst ein Doppelpapsttum eines italienischen Papstes in Rom und eines französischen in Avignon. Beiden suchten sich Gehorsamsparteien *(Oboedienzen)* unter den europäischen Fürsten. Die Herrscher entschieden sich aber ganz nach politischen Gesichtspunkten und wechselten entsprechend auch die Oboedienz. Während sich das Doppelpapsttum verfestigte, gewöhnten sich die einfachen Gläubigen daran, daß es kein universales Papsttum und keine universale Kirche mehr gab. Die Mehrzahl der Kirchenmänner wollte sich jedoch nicht damit abfinden. Da alle Versuche, das Schisma gewaltsam zu lösen, politisch aussichtslos waren und alle Rücktrittsverhandlungen mit den Päpsten scheiterten, gewann der Vorschlag, ein *allgemeines Konzil* einzuberufen, immer mehr Anhänger. Der erste Versuch in *Pisa* (1409) schlug noch fehl: Nun gab es drei statt bisher zwei Päpste. Beim zweiten Versuch, dem *Konzil* von *Konstanz,* sicherte der Römische König *Siegmund* durch *politische Absprachen* mit den wichtigsten Königen Europas die Autorität des Konzils. 1415 definierte sich das *Konzil* als eine *dem Papst übergeordnete Instanz.* Einer der Päpste trat zurück, die beiden anderen wurden abgesetzt. 1417 wählte die überwältigende Mehrheit der Repräsentanten der auf dem Konzil vertretenen europäischen Reiche aus dem Kreis der Kardinäle mit *Martin V.* einen römischen Adeligen zum allgemein anerkannten Papst. Die Konzilsväter verurteilten die Lehren Wiclifs und Hus', des Wortführers der böhmischen Kirchenreform, als ketzerisch. Unerfüllt blieben die Forderungen nach *Reform der Kirche »an Haupt und Gliedern«.* Der neue Papst schloß vielmehr mit den Fürsten Verträge über kirchliche Sonderregelungen in ihren Reichen *(Konkordate).* Damit kündigte sich schon der *Sieg des monarchischen Gedankens* in der Kirche *gegen die ständische Opposition der Konziliaristen* an. Deren radikale Forderung auf dem *Konzil von Basel* war, daß sich der Papst prinzipiell allen Konzilsbeschlüssen unterwerfen müsse. 1460 erklärte Papst *Pius II.,* der zuvor selbst Anhänger des Konziliarismus gewesen war, den »Pestkeim« dieser Lehre für ketzerisch.

2. Ein neues Bild vom Menschen und von der Welt

1295 Marco Polo kehrt von seiner Weltreise durch Asien zurück
1492 Martin Behaim fertigt den ersten Globus. Columbus entdeckt Amerika
1498 Vasco da Gama umsegelt die Südspitze Afrikas und erreicht Indien

Die Entwicklung der Wissenschaften

Seit dem 14. Jahrhundert bot die Wissenschaft im Abendland kein einheitliches Bild mehr. Die Theologie blieb zwar auch weiterhin den Denkformen der *Scholastik* (▷ S. 177) verbunden. Aber gegen die Tradition des Kirchenlehrers *Thomas von Aquin,* der die bedeutendste der theologischen *»Summen«* des 13. Jahrhunderts verfaßt hatte, wandten sich nun verschiedene Strömungen, die zwischen Glauben und Wissen nicht mehr vermitteln wollten. Deren Vertreter sahen unter Berufung auf *Aristoteles* und seinen arabischen Kommentator *Averroes* (Ibn Ruschd) *Glauben und Wissen* als letztlich *nicht vereinbar. Andere Gelehrte setzten auf die sprachlogische Erkenntnistheorie*, die feste *Grundlagen* des *menschlichen Wissens* schaffen sollte *(Wilhelm von Ockham* und der *»Nominalismus«).* In den Naturwissenschaften gewann die *Empirie* im Gefolge des Oxforder Franziskaners *Roger Bacon* († um 1292) besonderes Gewicht, der mit seinen Traktaten zur Optik die *Perspektive* theoretisch begründete und damit deren Wiederaufnahme als Maltechnik. Physik und Astronomie erhielten durch die *Impulslehre* des *Johannes Buridan* († 1358) neue Anstöße. Der Domherr *Nikolaus Kopernikus* (1473–1543) benutzte sie, um die Sternenbewegungen anders als antike Gelehrte nun als *Bewegung aller Planeten* einschließlich der Erde *um den Mittelpunkt der Sonne* zu erklären (»Über die Umdrehung der Himmelskreise«, 1543 gedruckt; ▷ S. 282).
Theoretische Erkenntnisse z. B. in der Mechanik wurden sofort *für die Praxis* nutzbar gemacht. Man erfand *Kurbelwellen* und *Räderwerke.* Die *Räderuhren* an den Kirchtürmen hatten zweierlei Wirkung. Sie veränderten die Einstellung der Menschen zur Zeit grundlegend, da Sommer wie Winter die Zeit nun gleichmäßig genau gemessen wurde, und sie lieferten astronomische Angaben, wodurch der Kosmos durch die Gesetze der Mechanik erklärbar zu sein schien.

Vom Humanismus zur Renaissance in Italien

In Italien entstand außerhalb der Universitäten das Bildungsideal des *Humanismus.* Befreiung aus den »dunklen Zeiten« seiner Gegenwart hatte schon im 14. Jahrhundert der Dichter Petrarca von einer *Rückkehr zu Normen der antiken Literatur* erhofft. Humanisten des 15. Jahrhunderts suchten nach vergessenen *Handschriften* antiker Schriftsteller in Klosterbibliotheken. *Byzantinische Gelehrte,* die vor den Osmanen nach Italien flohen, brachten im Westen unbekannte antike Schriften mit, vor allem die *Hauptwerke Platons.* Zentrum der humanistischen Wissenschaft und des Glaubens an eine *Wiedergeburt antiken Geistes,* der *Renaissance,* wurde seit 1440 die »Platonische Akademie« in Florenz. Die Kommune

Der Franziskaner Luca Pacioli (1445–1517). *Gemälde von J. de' Barbari (?), 1495. Pacioli war zunächst Handelsreisender in Venedig, dann Mathematikprofessor an mehreren italienischen Universitäten und Höfen, einer seiner Förderer der junge Herzog von Urbino, Guidobaldo da Montefeltre (im Hintergrund). Paciolis Werk über gemeinsame Maßverhältnisse von Menschen, Alphabet und Architektur illustrierte sein Freund Leonardo da Vinci. 1494 verfaßte Pacioli das erste Handbuch der doppelten Buchführung. Die Gegenstände im Bild verweisen auf die Leistungen Paciolis in Arithmetik, Geometrie und Proportionslehre.*

am Arno war damals als letzte der italienischen Stadtrepubliken unter die Herrschaft eines monarchisch regierenden Stadtherrn *(signore)* geraten. Die Signorie ermöglichte den Aufstieg der Bankiersfamilie der *Medici* zu mächtigen Renaissancefürsten und -päpsten. Alle Signori rivalisierten untereinander und versuchten, ihre Machtpositionen mit *Söldnertruppen* zu erhalten oder zu erweitern, deren Anführer *(Condottieri)* sie mit Verträgen an sich banden. Manche Condottieri gewannen dabei für sich selbst und ihre Familie Fürstenrang – wie in Mailand die *Sforza* und in Urbino die *Montefeltre.*
Da die Signori auch als *Mäzene* miteinander wetteiferten, erlebten die *Künstler* damals eine Blütezeit. Architekten, Bildhauer und Maler orientierten sich an *antiken Techniken* (z.B. Perspektive) *und Maßstäben* (▷ Tafel 13). Gemeinsam war Philosophie und Kunst der Renaissance die Überzeugung, daß die *Welt* ein großes *harmonisches System* sei, in das sich der Mensch einfüge, wenn er alle seine

Portugiesischer Afrikafahrer des 15. Jahrhunderts, *Bronzerelief aus dem westafrikanischen Königreich Benin. 1484 erreichte ein portugiesischer Entdecker das Königreich Benin (im heutigen Nigeria), das schon seit dem 13. Jahrhundert bestand und als Zentrum des westafrikanischen Handels über großen Reichtum und eine hohe Kultur verfügte. Der afrikanische Künstler hat die ihm auffälligen Merkmale des Fremden (Haare, Kleidung, Rüstung und Bewaffnung) sorgfältig wiedergegeben.*

Fähigkeiten und Möglichkeiten entfalte *(uomo universale)* (▷ Tafel 14).

1492 ließ der Nürnberger Tuchhändler und »Kosmograph« *Martin Behaim* in seiner Heimatstadt einen *Erdglobus* anfertigen, um oberdeutsche Fernhändler für eine finanzielle Beteiligung an portugiesischen Entdeckungsfahrten an Afrikas Westküste zu gewinnen, die die Portugiesen schon seit Beginn des 15. Jahrhunderts systematisch unternommen hatten. Behaims Globus zeigt zweierlei: (1) wie sehr sich die Kenntnis von der *Kugelgestalt der Erde,* die ja im Mittelalter den Gelehrten nie verlorengegangen war (▷ Abbildung S. 165), um diese Zeit in Europa bereits bei der praktischen geographischen Orientierung durchgesetzt hatte und (2) daß sich die Fernhändler Europas auf *neue Handelswege zur See* umgestellt hatten. Gestützt auf die Ergebnisse muslimischer und später eigener Erkundungsfahrten war die antike *Lehre des Ptolemaios* von einer unbewohnbaren glutheißen Klimazone im Süden völlig *erschüttert* worden.

Die Erde als Kugel

Umstellung des Orienthandels

Die Triebkraft hinter den Entdeckungsfahrten war der *Orienthandel.* Zu Zeiten des mongolischen Großreiches hatte der Venezianer *Marco Polo* mit seinen Angehörigen über Persien quer durch Zentralasien an den Hof des Großkhans reisen können und auch China und Indien besucht (1271–1295). Im Handelslehrbuch des *Francesco Pegolotti* († nach 1346) war der Handelsweg nach China noch genau verzeichnet. Doch der *Vorstoß der Osmanen* (▷ S. 205) *zerstörte* die gewohnten *Verbindungen* zu den Umschlagplätzen der Orientwaren am Schwarzen Meer.

Zu dieser Zeit suchten die *Portugiesen* schon den *Weg nach Indien um Afrika* herum (▷ Vorsatzkarte 4). Seit 1415 faßten sie zunächst an der marokkanischen Küste Fuß und erreichten noch vor der Mitte des Jahrhunderts die Westspitze Afrikas. Bis 1482 drangen wagemütige Kapitäne bis zur Kongomündung vor und umrundeten 1487/88 das *Kap der Guten Hoffnung (Bartolomeu Dias).* 1498 landete *Vasco da Gama* nach Umrundung der Südspitze Afrikas in *Kalikut* (Kalkutta) an der *Westküste Indiens.*

Rivalitäten um den Seeweg nach Indien

Als Helfer und Konkurrenten der Portugiesen und der Katalanen besaßen die *Genuesen* in allen wichtigen Hafenstädten Spaniens und Portugals Handelsniederlassungen. Ein Kapitän genuesischer Herkunft, *Christoph Columbus,* wollte die Kugelgestalt der Erde nutzen, um Indien direkt durch eine Fahrt über den Atlantischen Ozean nach Westen zu erreichen. Das »katholische Königspaar« Spaniens, Isabella von Kastilien und Ferdinand von Aragon, hatte mit päpstlicher Finanzhilfe nach einer Pause von beinahe zwei Jahrhunderten die *Reconquista* (▷ S. 181 f.) mit der Unterwerfung des islamischen Königreiches Granada am 2. Januar 1492 *abgeschlossen.* Im Kriegslager vor der Stadt unterzeichneten Isabella und Ferdinand einen *Vertrag mit Columbus.* Sie ernannten ihn zum »Admiral über alle Inseln und Festländer, die von ihm in den Ozeanischen Meeren entdeckt und gewonnen werden«. Denn nach einem endgültigen *Schiedsspruch des Papstes* hatte Kastilien 1479 auf alle Erwerbungen an der Westküste Afrikas zugunsten Portugals verzichten müssen.
Nach fünfwöchiger Fahrt landete Columbus mit seiner kleinen Flotte am 12. Oktober auf der Insel *Guanahani* der heutigen Bahama-Gruppe, erreichte Ende Oktober Kuba und Anfang Dezember 1492 Haiti. Erst auf seiner dritten Westreise (1488–1500) betrat er auch das südamerikanische Festland, das er wie zuvor die Inseln für Teile Indiens hielt. Den Eingeborenen blieb der (falsche) Name *Indianer* bis heute; der Doppelkontinent erhielt nach 1507 den Namen *Amerika* nach dem Gelehrten *Amerigo Vespucci,* der ihn zuerst als »Neue Welt« erkannt hatte.
Die Spanier und wenig später die Portugiesen in Brasilien waren als Eroberer (»Conquistadores«) in erster Linie an Gold interessiert, das sie nach dem Ende der Reconquista nicht mehr als jährlichen Tribut von den Muslimen erhielten. Ihrer *Goldgier* fielen die Hochkulturen der *Azteken* in Mexiko (1520) und der *Inkas* im westlichen Südamerika (1530) zum Opfer. In der Zwischenzeit hatte der Portugiese *Fernao de Magalhaes* in spanischem Königsdienst zwischen 1519 und 1522 tatsächlich *die Welt* von West nach Ost *umsegelt* und war zu den »Gewürzinseln« der Philippinen gelangt. Die Europäisierung der Welt hatte begonnen.

Frühe Neuzeit

In der Geschichtswissenschaft ist es üblich geworden, das 16., 17. und 18. Jahrhundert als »frühe Neuzeit« von der »neuesten Geschichte« als der Geschichte des gegenwärtigen Zeitalters abzugrenzen. Die Historiker machen damit deutlich, wie sehr sich die ständisch gegliederte Agrargesellschaft Alteuropas (12./13.–18. Jahrhundert) von der egalitären Industriegesellschaft des folgenden Zeitalters unterscheidet. Tatsächlich erscheint uns das wirtschaftliche, soziale und politische Leben der Frühen Neuzeit in mehrfacher Hinsicht als »alt«, ja als fremd. Gleichwohl wurden in der Frühen Neuzeit Grundlagen für das 19. und 20. Jahrhundert geschaffen. In den politischen und religiösen Konflikten der Epoche von »Reformation und Gegenreformation« entstand das nach Konfessionen und Staaten untergliederte moderne Europa. Zugleich löste sich das Reich in politisch und konfessionell getrennte Territorien auf. Frühformen der modernen Geistes- und Naturwissenschaften finden sich bereits in Humanismus und Renaissance. Zu weitreichender Wirksamkeit gelangten diese dann im 17. und 18. Jahrhundert, dem Zeitalter des »Absolutismus« und der »Aufklärung«, in dem sich der frühmoderne Staat voll entfaltete, Europa über die Erde ausbreitete und die politische Emanzipation des Bürgertums vorbereitete.

A. Reformation und Gegenreformation

I. Staat, Gesellschaft und Kultur zu Beginn der Neuzeit

1. Staat und Staatensystem

Früher als auf wirtschaftlichem und sozialem Gebiet zeichnete sich der Übergang zur Moderne im staatlich-politischen Bereich ab. Während sich in Mitteleuropa und in Italien fürstliche und städtische Gewalten um das politische Erbe stritten, das Kaisertum und Papsttum nach einem jahrhundertelangen, kräfteraubenden Ringen um die Macht hinterlassen hatten, entstanden im Westen Europas – in Spanien, Frankreich und England – ganz neu strukturierte staatliche Gebilde: starke Monarchien, die ihre Kraft aus der erbrechtlichen Legitimation der herrschenden Dynastien, dem erwachenden nationalen Zusammengehörigkeitsgefühl der Untertanen und dem unbeugsamen Machtwillen ihrer Herrscher schöpften. Schon dem englischen Philosophen und späteren Lordkanzler Francis Bacon erschienen die Könige Ludwig XI. von Frankreich, Ferdinand von Aragon und Heinrich VII. von England als die »drei Weisen« (»tres magi«) ihrer Zeit, die in der zweiten Hälfte des 15. Jahrhunderts das Tor zur Ausbildung des souveränen Machtstaates weit aufstießen. Allerdings wirkten noch lange die traditionellen Elemente mittelalterlicher Herrschaft weiter.

Entwicklung des frühmodernen Staates

Überall in Europa ging seit dem 16. Jahrhundert der Ausbau des *institutionellen Flächenstaates* (▷ S. 202) voran. Die wichtigsten Kennzeichen dieser Entwicklung waren der Anspruch der Fürsten auf Souveränität nach innen und außen, die Abgrenzung eines eben dieser Souveränität unterliegenden Territoriums, die Organisation zentralisierender Gerichts-, Finanz- und Verwaltungsbehörden, die Umbildung der Hofämter zum Regierungsapparat, das Streben nach regelmäßigen, von der ständischen Bewilligung unabhängigen Staatseinnahmen, der Aufbau eines stehenden Heeres zur Verteidigung wie zur Vergrößerung des Territoriums, schließlich die Kontrolle der Kirche bis hin zur Errichtung eines staatlichen Kirchenregiments.

Untrennbar verknüpft mit diesem Strukturwandel war der Konflikt zwischen der neuen Zentralgewalt und den feudalen Zwischengewalten, von den einzelnen Grundherren bis zu den Großvasallen, die noch immer lehnrechtlich dachten. Dieser Konflikt wurde theoretisch und praktisch ausgefochten. In seinem Verlauf lösten *frühabsolutistische Vorstellungen* das mittelalterliche Herrschaftsbild ab: Gefolgschaft und Vasallentreue wurden durch Untertänigkeit und Gehorsam ersetzt. Treffend umreißt den monarchischen Herrschaftsanspruch die Formel, die seit 1497 alle Edikte der französischen Könige beschloß: »Car tel est notre plaisir« (Denn so ist es Unser Wille). Von hier führt eine gerade Linie zu der spontanen Äußerung, mit der Ludwig XVI. am Vorabend der Französischen Revolution die alleinige legislative Gewalt des Monarchen beanspruchte: »C'est légal, parce que je le veux« (Dies ist legal, weil ich es will). Das Ziel, alle öffentliche Gewalt in einer Hand zusammenzufassen, alle konkurrierenden Instanzen aber zu entmachten, war sehr weit gesteckt. Der Gegensatz zwischen fürstlichem Souveränitätsanspruch und feudaler bzw. ständischer Opposition blieb in der Geschichte Europas bis hin zur Französischen Revolution ein konstanter Faktor.

Staatsbildung in den deutschen Territorien

Auch Deutschland befand sich im Strom dieser Entwicklung. Aber während sie in West- und auch in Nordeuropa der königlichen Zentralgewalt und der gesamtstaatlichen Einheit zugute kam, förderte sie hier die Staatsgewalt in den großen Territorien. So bildeten sich um 1500 einige mächtige Landesfürstentümer aus: die habsburgischen Länder, Bayern, Württemberg, Pfalz, Hessen, Kursachsen und Brandenburg. Das Landesfürstentum stützte sich auf »Beamte«, auf bürgerliche Räte, auf das Römische Recht und beseitigte die mittelalterlichen Privilegien, wie sie etwa Städte und Zünfte besaßen. Hauptsächlich überwand es die feudale Zersplitterung im Inneren, die Autonomie des Adels, der Prälaten und der Städte, ordnete sie alle seiner Gerichtshoheit, zumindest seiner politischen Führung, unter. Geistliche und weltliche Fürsten, selbst die Reichsstädte, eiferten dem Beispiel der Großen nach. Auch sie erstrebten die volle Landeshoheit.

Dualismus zwischen Fürsten und Ständen

Das verfassungsgeschichtliche Ergebnis dieses langwierigen und konfliktreichen Prozesses war eine *frühe Form des modernen Staates.* Als »frühmodern« bezeichnet man diesen Staat vor allem deshalb, weil nun dem Abstraktum »Staat« eine Reihe von neuen Aufgaben zugewiesen wurde, weil Herrschaft,

Die hierarchische Struktur des Reichs *(Quaternionenadler). Holzschnitt von Hans Burgkmair, 1510. Der Reichsadler, verbunden mit den in Vierergruppen dargestellten Wappen einzelner Stände, symbolisiert die christliche Grundlage und die Einordnung der Stände in das Gefüge des Reichs. Demgegenüber nahmen nach der Reichsmatrikel von 1521 am Reichstag teil: Sieben Kurfürsten (Kurfürstenrat), vier Erzbischöfe, 46 Bischöfe, 83 Prälaten, 24 weltliche Fürsten und 145 Grafen und Herren (Fürstenrat) und 85 Reichsstädte (Städtebank).*

entpersönlicht und versachlicht, keine Privatangelegenheit des Fürsten mehr war. Zugleich charakterisieren die Verfassungshistoriker diesen Staat als *dualistischen Ständestaat*[1] (▷ S. 202). Der Begriff umschreibt das Zusammen- und Gegenspiel von Fürsten und Ständen. In der Regel verfügten die drei Gruppen Geistlichkeit, Adel und Städte – in einigen Herrschaften des südwest- und nordwestdeutschen Raumes auch die freien Bauern – über die »Landstandschaft«, das heißt, sie verstanden sich als Vertreter des Landes, versammelten sich auf Landtagen und bewilligten der Herrschaft die Steuern (»landständische Verfassung«). Obgleich den Ständen im allgemeinen mehr an der Wahrung ihrer Privilegien als an der politischen Mitverantwortung für das gesamte Land gelegen war, wuchsen sie bei steigendem Geldbedarf der Landesfürsten auf dem Wege der Steuerbewilligung in eine Art »Mitregierung« des Territoriums hinein. Zugleich erzeugte die Landstandschaft einen »territorialen Patriotismus« und stabilisierte damit die Landesherrschaft.

Kaiser und Reich

Während sich in Deutschland der Übergang zum modernen Staat in den großen Landesfürstentümern anbahnte, behielt das Reich als Ganzes seine vergleichsweise altertümliche *föderative Struktur.* Die Goldene Bulle von 1356 (▷ S. 211) und eine Summe von Gewohnheitsrechten (»Reichsherkommen«)

begünstigten noch auf Jahrhunderte hinaus die *zentrifugalen Elemente* der Reichsverfassung: die Machtstellung der Kurfürsten, die Fortexistenz der geistlichen Fürstentümer, schließlich die Reichsunmittelbarkeit der adeligen Oberschicht sowie zahlreicher Mitglieder des mittleren und niederen Adels. Als maßgebliches Organ der Reichsgesetzgebung gewann der Reichstag (▷ S. 211), zu dem neben den Kurfürsten, den geistlichen und weltlichen Fürsten seit 1489 regelmäßig auch die Reichsstädte geladen wurden, im Verfassungsgefüge seinen festen Platz. Damit wiederholte sich im Reich der fürstlich-ständische Dualismus, allerdings mit entgegengesetzter Entwicklungsrichtung: Mehr und mehr engten die Reichsstände den politischen Handlungsspielraum des Kaisers ein. Regelmäßige Reichssteuern gab es ebensowenig wie ein schlagkräftiges Reichsheer. Bei jeder größeren außenpolitischen Aufgabe war der Kaiser von der Steuerbewilligung der Reichsstände abhängig oder aber auf seine eigene Hausmacht angewiesen. Diese jedoch für Reichszwecke einzusetzen, schien sich für die Habsburger kaum mehr zu lohnen. So bot das Reich im ausgehenden Mittelalter einen reformbedürftigen Zustand.

Doch auch die *Reichsreform* (▷ S. 211) unter Kaiser Maximilian I. konnte die verfassungspolitische Entwicklung von Jahrhunderten nicht verändern. Die beiden wichtigsten Reformprojekte, die Erhebung einer regelmäßigen Reichssteuer (Gemeiner Pfennig) und die Errichtung einer zentralen Regierungsbehörde (Reichsregiment), scheiterten am Streit zwischen Kaiser und Ständen sowie am Interessengegensatz der Stände untereinander. Sah Maximilian im Reichsregiment eine monarchische Instanz, so strebten die Stände nach einer oligarchischen Exekutive, die die Macht des Kaisers auf Präsidialaufgaben beschränken und die ständischen Freiheiten sichern sollte.

Erfolge der Reichsreform

Immerhin erzielte die ständische Reformbewegung einige Teilerfolge. 1495 wurde eine umfassende Landfriedensordnung (*Ewiger Landfriede*) verkündet, um den fortwährenden Landfriedensbrüchen infolge des Fehdewesens ein Ende zu machen. Sodann wurde anstelle des Königlichen Gerichts ein oberstes Reichsgericht (*Reichskammergericht*) mit festem Sitz geschaffen, dessen Präsident dem Adel angehörte und dessen Beisitzer zum Teil von den Reichsständen vorgeschlagen wurden. Mit dem Reichskammergericht konkurrierte indes der 1497/98 errichtete *Reichshofrat* in Wien, der sich seit dem Ende des 16. Jahrhunderts zur bedeutendsten Regierungs- und Verwaltungsbehörde des Kaisers im Reich entwickelte und zugleich als quasi oberstes Gericht für Reichslehnssachen, Kriminalklagen gegen Reichsunmittelbare und Streitigkeiten über kaiserliche Rechte zuständig war. Schließlich wurde das Reich im Jahre 1500 in sechs regionale Einheiten gegliedert, die *Reichskreise* Franken, Bayern, Schwaben, Oberrhein, Westfalen und Niedersachsen (1512 auf zehn erweitert), deren Aufgabe darin bestand, den Landfrieden zu sichern, Steuern auf die Reichsstände umzulegen und im Kriegsfall Kontingente für das Reichsheer zu stellen. Damit hatte sich in der Reichsreform das *ständische* und *fürstliche Interesse* Geltung verschafft. Das Reich bestand als lockerer »Friedens- und Verteidigungsverband eigenständiger Glieder« (Heinz Angermeier) fort[2].

Zu Beginn des 16. Jahrhunderts verfügten Landesfürsten und Reichsstädte über größere politische Selbständigkeit als je zuvor. Doch noch war kein Kaiser bereit, sich mit dem Machtzuwachs des Landesfürstentums abzufinden. Noch war es eine offene Frage, ob es den Landesherren gelingen würde, ihre *fürstliche Libertät* – so nannten sie selbstbewußt ihre Quasi-Souveränität – auf Dauer zu behaupten, oder ob sie sich der Oberhoheit des Kaisers zu beugen hätten. Der Dualismus zwischen Kaiser und Reichsständen bestimmte die politische Grundordnung des Reiches bis zum Ende des Dreißigjährigen Krieges.

Universales Kaisertum und europäisches Staatensystem

Ganz erheblich trug auch die Rolle, die das habsburgische Kaiserhaus seit dem ausgehenden 15. Jahrhundert in der europäischen Politik spielte, dazu bei, die Kluft zwischen den Ständen und dem Reichsoberhaupt zu vertiefen. In der Landfriedensordnung des Frankfurter Reichstags von 1486 findet sich erstmals in einem amtlichen Dokument die Formel *»Heiliges Römisches Reich Deutscher Nation«*. Der Name, den sich das Reich hier gab, erhellt zugleich sein Selbstverständnis im Rahmen der *europäischen Staatengemeinschaft:* Noch immer leitete sich das Reich vom Imperium Romanum ab (▷ S. 145 f.), noch immer erhob es den Anspruch, als universale politische Ordnungsform den übrigen Mächten des christlich-katholischen Europa übergeordnet zu sein.

Selbstverständnis und *politische Wirklichkeit* klafften indes weit auseinander. (1) Die europäischen Mächte hatten sich nach dem Vorbild der italienischen Renaissancestaaten zu einem System zusammengefunden, in dem jeder für sich Anspruch auf uneingeschränkte Souveränität und Gleichberechtigung erhob; sie richteten wechselseitig diplomatische Vertretungen ein und regelten ihre Beziehungen nach Grundsätzen des Völkerrechts, das auf der Grundlage von Gewohnheitsrecht und Staatsverträgen die Rechte und Pflichten der Staaten untereinander festlegte; dem Kaiser als dem Oberhaupt des römisch-deutschen Reiches waren sie bestenfalls gewillt, zeremonielle Vorrechte einzuräumen. (2) Kaiser und Stände trugen der nationalen Sonderung in Europa Rechnung, als sie die nationale Verankerung des Imperiums (»deutscher Nation«) urkundlich zum Bestandteil seines Namens machten; aber Deutschland selbst hatte keine nationale Dynastie an seiner Spitze. Die Habsburger stellten zwar seit 1438 ununterbrochen den Kaiser, ihre Territorien waren jedoch am Rande des Reiches angesiedelt (▷ Karte S. 300), und die burgundische, dann die spanische Erbschaft verlagerte den dynastischen Schwerpunkt vollends aus Deutschland hinaus. (3) Die dynastische Politik der Habsburger konnte nicht ohne Einfluß auf das Kräfteverhältnis innerhalb des europäischen Staatensystems bleiben, in dem das Hegemonialstreben des frühmodernen Machtstaates, aber auch der Gedanke des Gleichgewichts als ausgleichendes Element staatlichen Zusammenlebens immer deutlicher zur Geltung kamen.

2. Gesellschaft, Bevölkerung, Wirtschaft

Ständische Gliederung

In stärkerem Maße als die staatlichen Strukturen beruhten die sozialen und ökonomischen Lebensbedingungen des 16. Jahrhunderts auf der langsamen, kontinuierlichen Entwicklung der spätmittelalterlichen Verhältnisse. Die Gesellschaft blieb *geburtsständisch* gegliedert. Nicht die reale wirtschaftliche Situation oder die Zugehörigkeit zu einer ökonomisch bedingten »Klasse« bestimmten sein soziales Ansehen (Rang), sondern der rechtliche und politische Status des Standes, in den er hineingeboren wurde (*Abstammungsgesellschaft*). Jeder Stand – Klerus, Adel, Bürger und Bauern – war in sich wiederum hierarchisch gestuft, hatte seine besonderen Rechte und Pflichten, Privilegien (z.B. Steuerfreiheit) und Symbole (z.B. Wappen, Kleider, Anrede), unterwarf sich dem Gebot »standesgemäßer« Lebensführung und Beschäftigung, folgte einem eigenen Ehrenkodex und schloß sich nach unten hin ab. *Sozialer Aufstieg* war immerhin möglich, etwa durch Übersiedlung vom Land in die Stadt (»Stadtluft macht frei«), durch kirchliche Laufbahn (ein Bürgerlicher, selbst ein Bauernsohn, konnte Abt eines Reichsklosters werden), durch Eintritt in den Fürstendienst und Erhebung bzw. Einkauf in den Adelsstand (Nobilitierung). Aber diese soziale Mobilität blieb unberechenbar und auf Einzelfälle beschränkt. Die unterständischen Schichten in Stadt und Land (Unterschichten) hatten so gut wie keine Aufstiegschancen.

Vorrang gruppenmäßiger Bindungen

Stärker noch als durch ihre Standeszugehörigkeit wurde das Selbstverständnis der Menschen zu Beginn der Neuzeit durch *engere gruppenmäßige Bindungen,* zum Beispiel in der Familie, Hausgemeinschaft oder Zunft, geprägt. Der Bürger verstand sich in erster Linie als Bürger *seiner* Stadt (weniger als Bürger an sich), der Bauer als Mitglied der Dorfgemeinde. Selbst Adelige fühlten sich zunächst ihrem Geschlecht oder einem bestimmten fürstlichen Lehenshof zugehörig. Dieser Vorrang der engeren Lebensgemeinschaft hatte in den nur *beschränkten Möglichkeiten überregionaler Kommunikation* seine Ursache. Die Wege waren schlecht, Reisen dauerten lange und waren beschwerlich, regelmäßig erscheinende Zeitungen gab es nicht. Zentren des Nachrichten- und Meinungsaustausches waren die Messen, Märkte und Wirtshäuser. Sodann hatte die engere Lebensgemeinschaft eine umfassende *Ordnungsfunktion.* Das Dorf, die Stadt, die Kaufmannsgilde, die Zunft, ja selbst das einzelne »Haus« – vom Fürsten- bis zum Bauernhof – umschlossen prinzipiell die gesamte Existenz des Menschen.

Familienstruktur

Das *ganze Haus* oder die *große Haushaltsfamilie,* wie man die bis ins 18. Jahrhundert vorherrschende Sozialform nannte, beherbergte gewöhnlich mehrere blutsverwandte Generationen, die Dienstboten (Amme, Köchin, Kinderfrau, Hofmeister), das Gesinde, die Lehrlinge und Gesellen. Wesentliche Merkmale dieses Familientypus waren die Verbindung von Haushalt und Betrieb (Landwirtschaft, Werkstatt, Handelskontor) unter *einem* Dach, der Anteil aller Familienmitglieder, auch der Frauen und Kinder, an der Produktion und die fast unbeschränkte Autorität des Familienoberhauptes. Der »Hausvater« bestimmte über das politische Verhalten, über Erziehung und Religion sowie über Liebe, Ehe und Sexualität. Er übte in der Familie Gehorsam und Unterordnung ein, wie sie in der gesamten Gesellschaft praktiziert wurden. Erst gegen Ende der Epoche bahnte sich ein Wandel in der Familienstruktur an. Innerhalb derjeni-

Wohnverhältnisse einer Bauernfamilie im 16. Jahrhundert. *Gemälde von J. Brueghel d. Ä. um 1600.*

gen Schichten, die ihren Arbeitsplatz außerhalb des »Hauses« fanden, bei Beamten, Lohnarbeitern und Angestellten, wurde die *Kleinfamilie* (Mann, Frau, einige Kinder) zur maßgebenden Familienform. Sie entwickelte sich seit der Industrialisierung zum dominanten Familientyp.

Konvenienzehe

Vom 12./13. Jahrhundert an setzte die Eheschließung nach kanonischem Recht das Jawort beider Brautleute voraus. In der Praxis folgte die Braut jedoch der Wahl des Vaters oder Vormundes (▷ S. 161). Dementsprechend gründete die Ehe weniger auf erotischer Zuneigung als auf materieller *Ebenbürtigkeit* und standesgemäßer Wahrnehmung der häuslichen und gesellschaftlichen Pflichten (Konvenienzehe). Eine Liebesheirat galt als unvernünftig, »fleischliche Liebe« als minderwertig. Gleichwohl brachten zahlreiche Ehefrauen zehn und mehr Kinder zur Welt. Sie hatten dieses Schicksal geduldig hinzunehmen, um angesichts der hohen Kindersterblichkeit den Fortbestand der Familie zu sichern und weil die Kirche jede sexuelle Betätigung außer zum Zwecke der Fortpflanzung als Sünde begriff.

Rechtlich-gesellschaftliche Minderstellung der Frau

Die Unterordnung der Ehefrau unter den Ehemann wurde nicht in Frage gestellt. Denn es war allgemeine Überzeugung, daß die Frau von Natur aus schwächer und von geringerer Vollkommenheit sei als der Mann. Deshalb blieb sie unter die geistige, rechtliche und wirtschaftliche *Vormundschaft* des Ehemannes gestellt, der sie beim Abschluß von Rechtsgeschäften oder vor Gericht vertrat und im Rahmen der ehelichen Gütergemeinschaft ihr Vermögen (Brautschatz) verwaltete. Dieses konnte auch zur Deckung seiner Schulden

herangezogen werden. Selbst *Eheverträge*, wie sie seit dem späten 17. Jahrhundert in vermögenden bürgerlichen Kreisen zur sozialen Absicherung der Ehefrau und der zu erwartenden Kinder geschlossen wurden, schützten nicht immer vor wirtschaftlichem Ruin. Doch waren die Eheverträge ein Schritt zur Gütertrennung und damit wirtschaftlichen Verselbständigung und Anerkennung der Ehefrau als eigenständiger Person.
Dieser Prozeß der *wirtschaftlichen Verselbständigung* der Frau wird in ersten Ansätzen in der spätmittelalterlichen Stadtwirtschaft erkennbar (▷ S. 196 f.). Witwen und unverheiratete Frauen mit eigenem Haushalt galten als voll geschäftsfähig. Und im Bereich der täglichen Geschäfte des Hauses war auch die Ehefrau zu selbständigem Handeln befugt (Schlüsselgewalt). Von da lag eine berufliche Arbeitsteilung nicht fern. So übernahmen Ehefrauen in Handwerksbetrieben nicht selten den Ladenverkauf, in Kaufmannsfamilien zur Messezeit selbst die Vertretung des Kaufherrn (▷ Abbildung S. 196). Auch eine selbständige Tätigkeit in Handel und Gewerbe war Frauen nicht grundsätzlich versagt. In Köln zum Beispiel waren zwischen 1437 und 1504 nicht weniger als 116 selbständige Seidenmacherinnen mit 765 Lehrtöchtern tätig. Doch in den Gewerben vieler Städte gab es überhaupt keine eigenständig wirtschaftenden Frauen. Darüber hinaus bekämpften die Zünfte seit dem 16. Jahrhundert zunehmend mehr die weibliche Konkurrenz. Selbst die Weiterführung eines Betriebes nach dem Tod des Ehemannes diente in erster Linie der Versorgung der Witwe und dem Zweck, ihre Chancen auf baldige Wiederverheiratung zu erhöhen.
Allerdings unterschied sich die rechtlich-gesellschaftliche Stellung der Frau in der Frühen Neuzeit sehr nach ihrem Stand. Hochgestellte Frauen – Fürstinnen, Patrizierinnen, auch Maitressen – konnten zuweilen bedeutende politische und soziale Positionen bekleiden. So hat in den Niederlanden zwischen 1506 und 1567 die Statthalterschaft zumeist in der Hand verwitweter Fürstinnen aus dem Hause Habsburg gelegen. Auch Nonnen und Beginen (▷ S. 212) besaßen in ihrer religiösen Gemeinschaft ein hohes Maß an Unabhängigkeit. Zahlenmäßig handelte es sich aber immer um verschwindend kleine Minderheiten gegenüber den Ehefrauen in der Stadt und auf dem Lande, namentlich auch gegenüber der Masse von besitzlosen und unfreien Frauen, die sich als Mägde, Tagelöhnerinnen und Lohnarbeiterinnen ohne jegliche Selbständigkeit, rechtlichen Schutz und gesicherte Versorgung ihren Lebensunterhalt verdienen mußten.
Ausbrüche von Frauen aus dem patriarchalischen Ordnungsgefüge – z. B. wenn Frauen um besserer Entlohnung willen sich in Männerkleidern als »Bauernknechte« verdingt haben – blieben zwischen dem 16. und 18. Jahrhundert Ausnahmeerscheinungen.

Fortdauer der Ständegesellschaft

Im ganzen war das ständische System auf *Beharrung* eingestellt. Strenge Rechtsvorschriften und Heiratssitten sicherten die traditionellen Rangunterschiede innerhalb der Gesellschaft, Kleiderordnungen und Lebensstil brachten sie auch äußerlich zur Geltung. So hat sich am Aufbau der europäischen Gesellschafts-

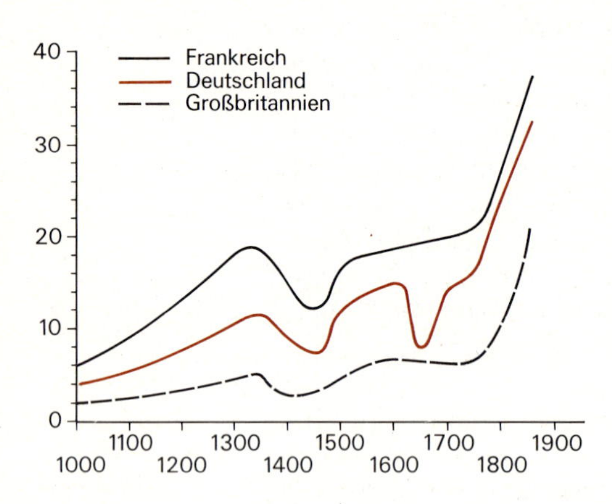

Bevölkerungsentwicklung *(in Mio.) in Frankreich, Deutschland und England zwischen 1000 und 1800 (nach Ernst Hinrichs*[3]*)*

Gramm
Silber
je 100 kg
Roggen

kg Roggen
für 1 Klafter
Holz zu hauen

80
60
40
20

14
12
10
8
6
4
2

Löhne

Roggenpreise

1401/10 1451/60 1501/10 1551/60 1601/10 1631/40

Löhne und Roggenpreise *(Zehnjahresdurchschnitte) in Göttingen 1401–1640 (nach Wilhelm Abel*[4]*)*

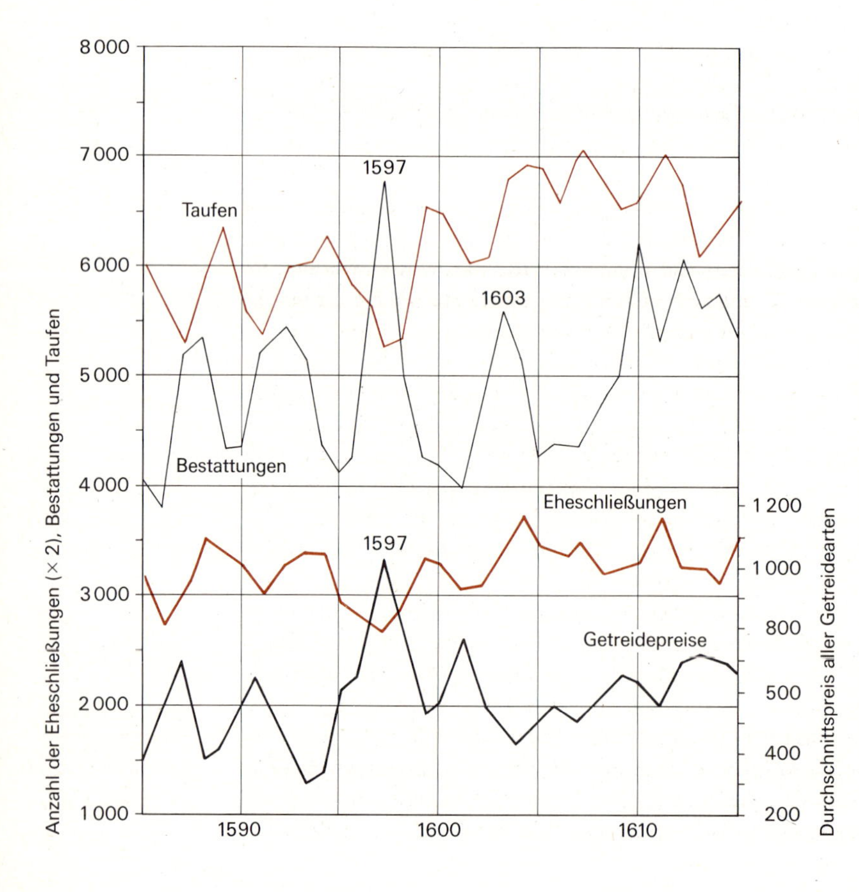

Bevölkerungsrhythmus *in England zwischen 1585 und 1615. Abhängigkeit von Heiratsverhalten (Eheschließungen), Gebürtigkeit (Natalität) und Sterblichkeit (Mortalität) von der Entwicklung der Getreidepreise (relative Preisangaben auf der Basis von 100 = durchschnittlicher Getreidepreis 1450–1499) und Krisenmortalität mit nachfolgendem »Baby-Boom« während bzw. nach Agrar- und Hungerkatastrophen (nach Jerome Blum*[5]*)*

pyramide, von Ausnahmen abgesehen – wie zum Beispiel in England, wo sich der niedere Adel (gentry) mit dem Besitzbürgertum zu einer stärkeren sozialen Mittelschicht versippte – und der wachsenden Kluft zwischen wirtschaftlicher Entwicklung und feudaler Grundstruktur zum Trotz, vom Spätmittelalter bis weit ins 18. Jahrhundert nur wenig geändert. Allerdings haben mehrere, miteinander zusammenhängende Faktoren – hauptsächlich Bevölkerungswachstum, Preisanstieg und neue Wirtschaftsformen – seit dem Ende des 15. Jahrhunderts die *sozialen Unterschiede* innerhalb der einzelnen Gesellschaftsschichten verstärkt und jene sozialen Spannungen mitverursacht, die für den Übergang zur Frühen Neuzeit charakteristisch sind.

Bevölkerungswachstum, Agrarkrise, »Preisrevolution«

Dem drastischen Rückgang und der Stagnation der europäischen Bevölkerungszahl im Spätmittelalter (▷ S. 193) folgte seit etwa 1470 ein zunächst starkes, dann ruhiges, aber insgesamt *kontinuierliches Bevölkerungswachstum.* In Deutschland stieg die Bevölkerung von schätzungsweise 10 Millionen im letzten Drittel des 15. Jahrhunderts auf 14 Millionen um 1560 und auf 16–17 Millionen um 1618 an. Die jährliche Zuwachsrate betrug trotz einer enorm hohen Kindersterblichkeit im Durchschnitt etwa 0,6 %. In demselben Zeitraum verdoppelten sich die Einwohnerzahlen bedeutender Handelsstädte wie Hamburg, Danzig und Augsburg. Erst im 17. Jahrhundert flachte die Wachstumskurve merklich ab, teilweise erfolgten starke Einbrüche. Dies hat nach Auffassung der neueren demographischen Forschung hauptsächlich drei *Ursachen*: (1) verheerende Kriege, sodann (2) jene für das vorindustrielle Europa typische Wechselbeziehung von Mißernten, Hungersnöten und Seuchen, die in bestimmten Abständen wiederkehrten und die biologische Widerstandskraft der Bevölkerung erheblich schwächten (Pierre Goubert), schließlich (3) das relativ hohe Heiratsalter der Mädchen von durchschnittlich 25 Jahren, das sich im Sinne einer natürlichen Geburtenbeschränkung auswirkte (Pierre Chaunu).[6]
Die demographische Entwicklung hatte unterschiedliche *Folgen.* Im 14. und 15. Jahrhundert führte der Bevölkerungsrückgang zu sinkender Nachfrage nach Brotgetreide und zu einem Preisverfall für Agrarprodukte, während die Löhne aufgrund des Arbeitskräftemangels anstiegen. Man sagte damals, zwei Meister liefen hinter einem Gesellen her. Insgesamt bewirkte die *spätmittelalterliche Agrarkrise* eine Verbesserung des Lebensstandards der unterbäuerlichen Schichten (z. B. der Tagelöhner) und der Städter, überhaupt eine Prosperität der städtischen Wirtschaft, während sich die ökonomische Lage der adeligen Grundherren und der größeren Bauern verschlechterte. Im 16. Jahrhundert hingegen konnte das Angebot an Nahrungsmitteln mit dem Bevölkerungswachstum nicht mehr Schritt halten. Die Bevölkerungszunahme (wachsende Nachfrage!) und – in geringerem Maße – die gleichzeitige Vermehrung der (amerikanischen) Edelmetallproduktion verursachten einen ständigen *Preisanstieg* (»Preisrevolution«), hinter dem die Löhne erheblich zurückblieben. Ein Augsburger Bauhandwerker, gewissermaßen der »Ecklöhner« jener Zeit, konnte um 1500 von seinem Lohn den 1,5fachen, um 1530 den einfachen Mindestbedarf, um 1600 nur mehr 75 % der Lebenskosten einer fünfköpfigen Familie bestreiten.

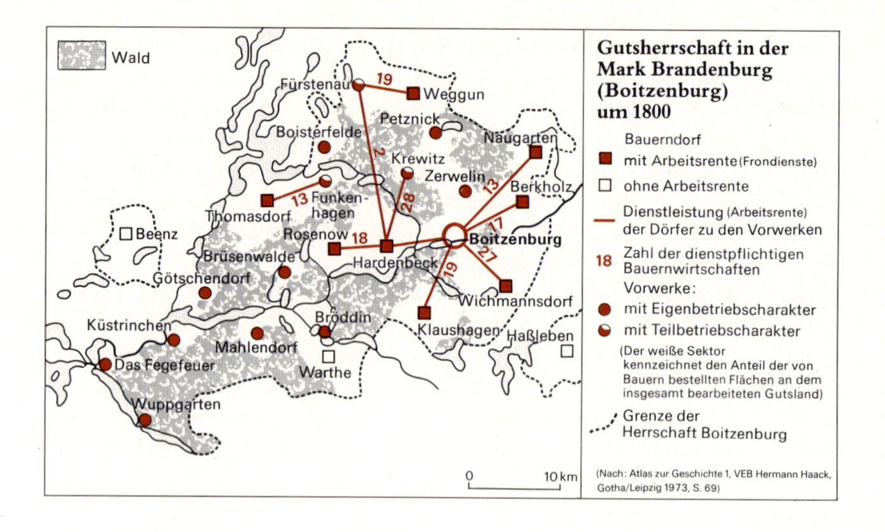

Während sich aufgrund der relativ günstigen Agrarkonjunktur die Wirtschaftslage der Grundherren im Laufe des 16. Jahrhunderts stabilisierte, traf die schwindende Kaufkraft des Geldes nun vor allem die unteren Bevölkerungsschichten, deren Einkommen oft bis hart an den Rand des Existenzminimums herabgedrückt wurden.

Funktionsverlust des Adels

Die Konjunkturschwankungen im Agrarbereich verschärften die sozialen Gegensätze innerhalb des Adels, in dessen Händen sich nahezu die Hälfte des Grundbesitzes in Deutschland befand. Während der Hochadel durch umfangreichen Landbesitz weniger krisenanfällig war, mußte der niedere Adel zunächst infolge des spätmittelalterlichen Preisverfalls für landwirtschaftliche Erzeugnisse, sodann infolge der inflationären Entwicklung des 16. Jahrhunderts

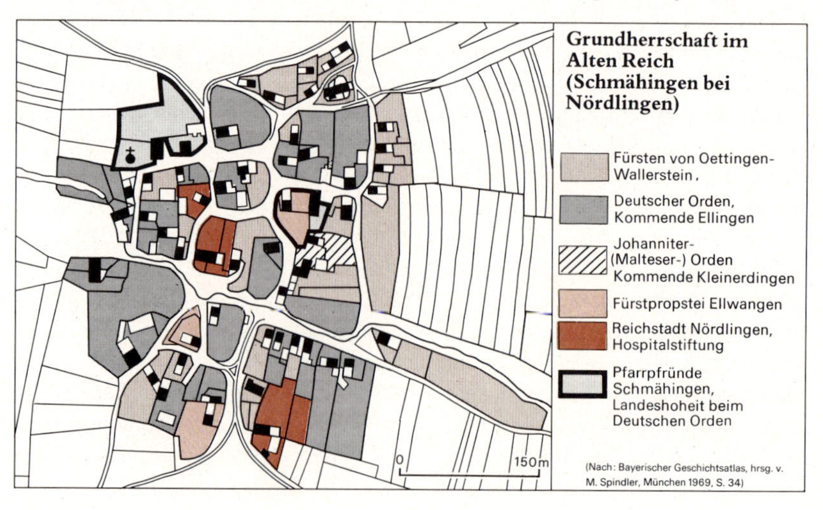

eine fortschreitende Entwertung seiner relativ bescheidenen Grundrenten in Kauf nehmen. Schwerer noch wog der Verlust politischer und gesellschaftlicher Funktionen. Vielfach schnitten die rationalen Neuerungen des Territorialstaates adelige Tätigkeiten ab: Mit jedem bürgerlichen Beamten, jeder Söldnertruppe, jeder Landfriedensordnung ging den Herren eine Aufgabe verloren, die ohnehin schon mit ihren hochadeligen Standesgenossen, aber auch mit wohlhabenden Stadtbürgern materiell nicht mehr Schritt zu halten vermochten und in akuter Gefahr standen, zwischen aufblühendem Städtewesen und expandierendem Landesfürstentum zerrieben zu werden. Fehdewesen und Raubrittertum konnten für den Verlust ihrer militärischen Bedeutung und den Niedergang der höfischen Kultur kein Ausgleich sein; »bürgerliche Hantierung« galt als unstandesgemäß. Als realistische *Alternativen* boten sich an: militärische Karriere, juristische Bildung, abhängige, aber materiell gesicherte Stellung in landesherrlichen Diensten, im Osten des Reiches schließlich der Ausbau adeliger Gutsherrschaften. *Gutsherrschaft* bedeutete, daß der Adel Höfe mit weitläufigen Ländereien bildete, den überwiegenden Teil des Bauernlandes mit Knechten und abhängigen Bauern in eigener Regie für den Getreideexport bewirtschaftete und innerhalb des Gutsbezirks herrschaftliche Rechte, Gerichtsbarkeit und Polizeigewalt ausübte. Doch waren dies Alternativen, die sich erst von ferne andeuteten und die den sozialen Abstieg eines Teils des niederen Adels nicht verhinderten, der sich, nicht selten grob, unkultiviert und gewaltsam, um 1500 in seiner schwersten Krise befand.

Agrarverfassung

Bis ins 19. Jahrhundert war Deutschland ein *Agrarland.* 85 % der Bevölkerung lebten und arbeiteten auf dem Lande, zahlreiche kleinere Städte (Ackerbürgerstädte) hatten agrarischen Charakter. Auch die *grundherrschaftliche Struktur* blieb während der Frühen Neuzeit erhalten. Völlig freie Bauern behaupteten sich nur in wenigen Regionen, wie in den Küstenmarschen, überall sonst machten sie nirgends mehr als 4–8 % der Hofbesitzer aus. Andererseits erfaßte auch die Leibeigenschaft, von einigen südwestdeutschen Territorien abgesehen, kaum mehr als 5–10 % der ländlichen Bevölkerung. Allerdings führte die Ausbildung der Gutsherrschaft zu neuen Formen starker Abhängigkeit und zur *Spaltung der mitteleuropäischen Agrarverfassung.* Während sich in Mittel- und Westdeutschland unter dem Schutz des Landesfürstentums die relativ günstigen Formen der Grundleihe erhielten, die Bauern ein erbliches Untereigentum an ihren Höfen besaßen und ihre Felder selbständig bewirtschafteten (Rentengrundherrschaft), gelang es den Grundherren (Gutsherren) in den bevölkerungsarmen Gebieten östlich der Elbe, zahlreiche Bauern in die Erbuntertänigkeit mit Schollenbindung (Verbot der Freizügigkeit), strenger Arbeitsverpflichtung und Gesindezwangsdienst der Bauernkinder auf den Gutshöfen herabzudrücken.

Dienstverpflichtung des Bauern für den Gutsherrn in Mecklenburg:	
	1500 dreieinhalb Tage pro Jahr
	1527 ein Tag in drei Wochen
	1550 ein Tag pro Woche
	1600 drei Tage pro Woche

Verschlechterung der Lage der Bauern

Das Ansteigen der Getreidepreise im 16. Jahrhundert kam nur einer Minderheit der Bauern zugute. Im allgemeinen verschlechterte sich die *ökonomische und rechtliche Lage* des sozial ohnehin deklassierten Standes. Häufig konnte kaum das Existenzminimum erwirtschaftet werden. Von 195 Höfen des oberschwäbischen Klosters Weingarten zum Beispiel erbrachten nur 75 Überschüsse. Denn der Ertrag der landwirtschaftlichen Nutzung war gering, und nicht selten mußte mehr als ein Drittel der Ernte an die Grundherrschaft abgeführt werden. Gerade im Zuge der Preiswellen verstanden es die Grundherren, ihren Anteil am bäuerlichen Ertrag zu steigern, indem sie Abgaben und Dienste erhöhten, angeblich »vergessene« Rechte reklamierten oder die überkommenen »ewigen« Leiheverträge ihrer Vorfahren in moderne Zeitpachten umwandelten. Als weitere Belastung kam der Druck durch den neuzeitlichen Fürstenstaat hinzu, der im Bauerntum seine einzige Quelle der direkten Besteuerung sah. Hauptsächlich aber brachte das Bevölkerungswachstum das *ländliche Sozialgefüge* in Bewegung. Denn während in der spätmittelalterlichen Dorfgemeinde noch kleinere und mittelgroße Höfe dominierten, vermehrte sich nun die je nach Landschaft unterschiedlich bezeichnete *klein- und unterbäuerliche Schicht* der »Seldner«, »Kötter« und »Gärtner«, die nur wenig Grund besaßen und meist auf Nebenerwerb angewiesen waren, der »Häusler« und »Büdner«, die noch ein Haus und ein kleines Stück Land ihr eigen nennen konnten, und der besitzlosen »Heuerlinge« und »Insten« (Einlieger), die auf dem Guts- oder Bauernhof wohnten und vom entlohnten Dienst, zunehmend auch von Heimarbeit lebten. Das Anwachsen der ländlichen Unterschicht verstärkte den Gegensatz zwischen Besitzenden und Nichtbesitzenden und konfrontierte die bäuerliche Gemeinde mit bislang unbekannten sozialen Spannungen, die mit zu den Voraussetzungen des Bauernkriegs von 1524/26 (▷ S. 260 f.) gehörten.

Aufstieg des Bürgertums

Der vom Mittelalter überkommenen feudal-agrarischen Gesellschaft auf dem Lande standen inselartig die Städte gegenüber, die nach kommunaler Selbstverwaltung strebten und im Hinblick auf die Gleichberechtigung ihrer Bürger und die rationale Organisation von Verwaltung, Steuererhebung und öffentlicher Ordnung moderne Züge trugen. Als Zentren von Handel und Gewerbe hatten sie den wirtschaftlichen Vorrang. Doch gab es zwischen *Stadt und Land* zahlreiche Wechselbeziehungen: Alle Städte hatten Marktfunktion, städtisches Gewerbe (Textil- und Metallverarbeitung) wurde in den Dörfern heimisch, viele wohlhabende Stadtbürger waren mit dem Lande durch Grundbesitz verbunden.

Rechts- und Sozialstruktur der frühneuzeitlichen Stadt waren in ihren Grundzügen schon im Mittelalter vorgegeben. Doch begünstigte die wirtschaftliche Entwicklung seit dem 14. Jahrhundert den sozialen Aufstieg des Bürgertums – in seinen Spitzen bis zu adelsähnlicher oder adelsgleicher Stellung. In nahezu allen Städten herrschte eine *Oligarchie* von Bürgern, eine neue Oberschicht, in der meist weniger das alte Patriziat als vielmehr vermögende Handels- und Handwerkerkreise den Ton angaben, die sich ihrerseits nach unten hin abschlossen und den obrigkeitlichen Charakter des *Stadtregiments* verstärkten

(▷ Tafel 15). Eine Reihe von inneren Unruhen in den größeren nord- und westdeutschen Reichsstädten, die mit den spätmittelalterlichen Zunftkämpfen vergleichbar sind, belegen zugleich, daß das *genossenschaftliche Bewußtsein* der Stadtgemeinden noch ungebrochen war. Die Chancen der Städte indes, im politischen Wettbewerb mit den großflächigen Fürstenstaaten erfolgreich zu bleiben, wurden im Laufe des 16. Jahrhunderts immer geringer.

Expansion des Gewerbes

Überall zeigte die *gewerbliche Produktion* stark expansive Tendenz: die Textilherstellung, der Bergbau, die Metallverarbeitung, die Bauwirtschaft, Silberproduktion und Textilgewerbe hatten die größten Steigerungsraten. Qualitative Veränderungen lassen sich vor allem im Bergbau und im Hüttenwesen beobachten, so etwa die Anlage von Stollen und Schächten oder – infolge der gesteigerten Nachfrage, aber auch einer seit Jahrhunderten rücksichtslos betriebenen Entwaldung – die Umstellung von Holz- auf Steinkohle im Schmelzverfahren. Strenger denn je ordneten und überwachten die Zünfte den städtischen Arbeitsmarkt und die Produktion. Doch wurden nun erstmals, oft gegen ihren heftigen Widerstand, die alten Regeln durchbrochen: Das *Verlagssystem* (▷ S. 200) entstand als eine marktorientierte vorindustrielle Produktionsform, bei der Unternehmer (Verleger) für die Rohstofflieferung, die Vorfinanzierung und den Absatz der Waren sorgten, die nach wie vor von selbständigen Meistern, Gesellen und Heimarbeitern handwerklich gefertigt wurden.

Frühkapitalistische Wirtschaftsform

Auf dem Wege des Verlagsgeschäfts entstanden die meisten der Kapitalien, die die Bildung von *überregionalen Handelsgesellschaften* und eine *neue Wirtschaftsform* ermöglichten. Der Frühkapitalismus der *Fugger* aus Augsburg ist hierfür das bekannteste Beispiel. Die Fugger gewannen den Grundstock ihres Reichtums im Textilhandel, legten ihre Gelder in Bergbau, Hütten und Hammerwerken an und übten zu Beginn des 16. Jahrhunderts ein unbeschränktes Monopol im europäischen Kupferhandel aus. Dabei kam ihnen zu Hilfe, daß sie sich den stets finanzbedürftigen Habsburgern schon frühzeitig als Geldgeber unentbehrlich gemacht hatten. Als sie 1511 geadelt wurden, besaßen sie ein Kapital von 200 000 Gulden, Jakob Fugger brachte es bis 1525 auf das Zehnfache, 1546 betrug das Familienvermögen 7 Millionen Gulden. Erst die Konzentration von Fernhandel, Bankgeschäft, Montangewerbe und Verlagssystem ermöglichte diese mächtigen Kapitalgewinne. Sie ließen die Fugger die Nachfolge des Bankhauses der Medici antreten und zum ersten Geldgeber Europas aufsteigen.

Erwerbsstreben aus kapitalistischem Geist

In den großen Augsburger und Nürnberger Handelsfamilien (Fugger, Welser, Paumgartner, Höchstetter) und den oberdeutschen Kapitalgesellschaften erfuhr der neue kapitalistische Geist – rationales Erwerbsstreben, verbunden mit spekulativem und risikobereitem Kapitaleinsatz – seine höchste Steigerung. Als man Jakob Fugger riet, aus dem unsicheren Kupfergeschäft in Ungarn auszusteigen, erwiderte er mit abenteuerlicher Kühnheit: Er wolle gewinnen, dieweil er könne. In den Handelsstädten fanden bald auch weitere Kreise an den gewinnbringenden Geldeinlagen Geschmack. Doch entwickelte sich die frühkapitalistische Wirtschaftsform in einer Umgebung, die noch ganz naturalwirtschaftlich orientiert war. Man machte die »Monopolisten« für die fortge-

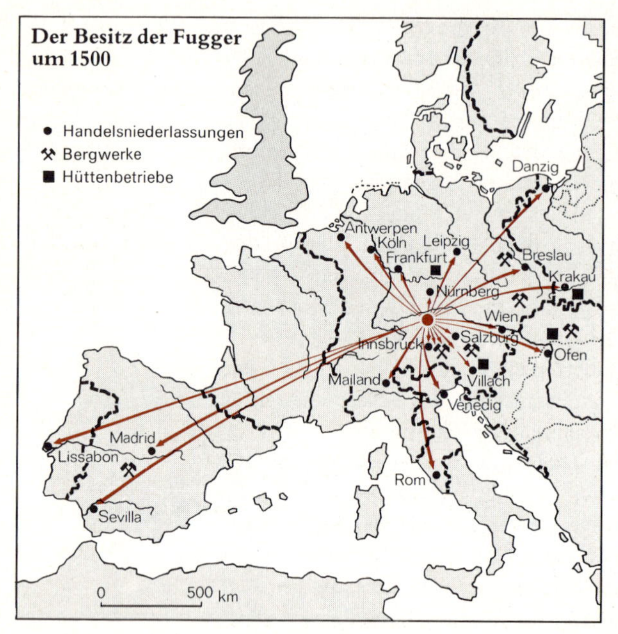

setzten Preissteigerungen verantwortlich, stellte dem verhaßten Treiben der »Fuggerei« den »gerechten« Preis, das Verbot des Zinsnehmens, der Monopole und des Terminhandels gegenüber und forderte die Unterdrückung der großen Handelsgesellschaften. Die Klage über Wucher und Monopole spielte in allen sozialen Bewegungen des frühen 16. Jahrhunderts eine Rolle. Damals konnte Jakob Fugger den Kaiser daran erinnern, daß er die Krone ohne seine Hilfe nicht erlangt hätte. Alle Bemühungen, die Macht der Handelsgesellschaften zu brechen, scheiterten; erst in der zweiten Jahrhunderthälfte brachten Staatsbankrotte (Habsburg, Frankreich) die großen Familiengesellschaften zu Fall. Das Tor für die Entwicklung des neuzeitlichen Unternehmertums blieb offen; damit zugleich aber auch das Problem der Monopole, Oligopole und Kartelle, das sich in stets neuen historischen Bezügen bis hin zur Gegenwart stellt.

3. Kultur und Religion

Aufschwung des Buchwesens

Die spätmittelalterliche Stadt bot die Voraussetzungen dafür, daß Mitteleuropa im 16. Jahrhundert vom Buchdruck bis zum Bergbau an der Spitze des technologischen Fortschritts stand. Namentlich der *Buchdruck* galt als »deutsche Kunst« schlechthin. In den Städten war das Bildungsmonopol der Kleriker schon lange gebrochen. Hier befanden sich die Schulen, hier gehörten Lesen und Schreiben zum täglichen Leben, hier war der Kontakt zwischen den literarisch Gebildeten und den handwerklichen Schichten so eng, daß der Buchdruck von Laien erfunden werden konnte.

Alphabetisierung

Man hat errechnet, daß zur Zeit der Reformation 5 bis 10 % der deutschen Bevölkerung Bücher lasen und in den am stärksten urbanisierten Gebieten mehr als ein Drittel der Männer des *Lesens* kundig war (Rolf Engelsing).[7] Treffen diese Schätzungen zu, dann hatte Deutschland damals zeitweise jene »revolutionäre Schwelle« des Alphabetentums erreicht, die erst im England von 1640, im Frankreich von 1789 und im Rußland von 1917 überschritten wurde. Während zu Beginn des 16. Jahrhunderts jährlich 40 deutsche Titel gedruckt wurden, waren es 1523 bereits 498; von diesen befaßten sich 418 mit dem Problem der Reformation. Aus den Zahlen lassen sich zwei Schlüsse ziehen: (1) daß die Auseinandersetzung um Glauben und Kirche die Bevölkerung ganz außergewöhnlich zum Lesen motiviert haben muß und (2) daß ohne Buchdruck die Reformation als spontane Massenbewegung undenkbar gewesen wäre. Tatsächlich sind Bücher, Flugschriften und (meist illustrierte) Einblattdrucke – neben der Predigt – die Medien, die in Deutschland und Europa eine *»reformatorische Öffentlichkeit«* hergestellt haben.

Humanistische Reformbestrebungen

Zwei große Strömungen prägten vor der Reformation das europäische Geistesleben: die scholastische Schultradition und, ihr entgegengesetzt, die humanistische Erneuerungsbewegung. Auch nördlich der Alpen trat der Humanismus zunächst als *Studien-* und *Bildungsreform* in Erscheinung. In Deutschland erreichte er zu Beginn des 16. Jahrhunderts seine stärkste Bedeutung. Die deutschen Humanisten teilten das ästhetische Interesse der italienischen Renaissance an der Antike, am unverdorbenen Latein und an der klassischen Literatur, ihr weltzugewandtes Lebensgefühl, ihre Wertschätzung des Menschen (▷ Tafel 14); indes, sie richteten ihre Studien nicht allein auf die weltlichen Texte der Antike, sondern auch auf die biblische Überlieferung und die Schriften der Kirchenväter. Sie maßen die kirchlichen und sozialen Verhältnisse ihrer Zeit an der vorchristlichen Antike wie an den Idealen des frühen Christentums und waren überzeugt, die irdische Welt durch die neue antik-christliche Bildung verbessern zu können (humanistischer Reformismus).

Die alten Schriften bezeugten, daß die Kirche nach mehr als anderthalb Jahrtausenden ihren christlichen »Ursprüngen« bei weitem nicht mehr entsprach. So entwickelte sich der Humanismus zu einer kritischen Kraft, die zwar nicht grundsätzlich antikirchlich eingestellt war, aber die Freiheit von geistlicher Bevormundung forderte und scharf gegen verweltlichtes Renaissance-Papsttum und Mißstände in der Kirche, gegen Mönchswesen und Aberglauben polemisierte. Im unmittelbaren Vorfeld der Reformation trugen die Humanisten die *Kirchenkritik* über den engeren Kreis der lateinisch schreibenden und sprechenden Bildungselite in eine breitere Öffentlichkeit hinaus. Und vor allem: Nahezu alle bedeutenden Reformatoren gingen durch ihre geistige Schule hindurch.

Mißstände in der Kirche

Heute bestehen kaum mehr Zweifel, daß der bei allen Ständen in Deutschland verbreiteten Unzufriedenheit mit der Kirche objektive Mißstände (▷ S. 213) zugrunde lagen. Schwer schadete der Kirche der weltliche Herrschaftsanspruch der Päpste, der unersättliche Finanzbedarf der Kurie, die Unsicherheit in zentralen dogmatischen Fragen wie dem Vorrang von Papst oder Konzil. Überlang war der Beschwerdekatalog im Reich. Im Vordergrund standen Klagen über die zweifelhafte moralische Lebensführung und die theologische Unbildung der hohen wie der niederen Geistlichkeit. Nicht zuletzt handelte es sich hier um Mängel des Reichskirchensystems selbst. Die höheren Kirchenämter, mit denen immer auch weltliche Herrschaft verbunden war, blieben nahezu ausschließlich dem Adel vorbehalten (Adelskirche). Dieser betrachtete Bistümer, Abteien und Domkapitel vorrangig als standesgemäße Versorgungsinstitute für seine Nachkommen. Zur aufwendigen Lebensführung des geistlichen Adels kontrastierte die Armut zahlreicher Priester, Kapläne und Vikare, die häufig nur den Bruchteil vom Lohn eines Maurergesellen verdienten und sich als »geistliches Proletariat« ihrem Sozialmilieu anpaßten. »Kein ärmer Vieh auf Erden ist/denn Priesterschaft, der Nahrung gebriest« (gebricht), heißt es im »Narrenschiff« des Satirikers Sebastian Brant. Schließlich erschien die Kirche den Zeitgenossen als eine große fiskalische Anstalt, in der alles seinen Preis hatte – Würden und Ämter, Rechtsentscheide und Dispense, der Ablaß – und in der es mehr auf die Quantität denn auf die Innerlichkeit religiöser Verrichtungen ankam.

Volksfrömmigkeit

Die Schäden der Kirche waren teilweise schon lange sichtbar. Im Deutschland des 16. Jahrhunderts wurden sie tiefer empfunden als anderswo. Denn hier war das gesamte Dasein von religiösen Vorstellungen (▷ S. 213) durchdrungen. 1489/90 zum Beispiel konnte Kardinal Peraudi in Nürnberg mit 43 Beichtvätern zur Ablaßkampagne antreten und eineinhalb Monate lang etwa 500 Leute zur Prozession aufbringen; zur Wallfahrt nach Aachen strömten 1496 mehr als 140 000 Gläubige. Zahlreiche Stiftungen und Kapellen, die prächtige Ausstattung der spätgotischen Hallenkirchen mit Schnitzaltären und Votivtafeln, Volkspredigten und populäre Erbauungsschriften, Heiligen- und Reliquienverehrung, Laienbruderschaften und Bibellektüre – alles das sind Zeugnisse einer von Veräußerlichung zwar nicht freien, aber gesteigerten Volksfrömmigkeit, von der die Masse der Bevölkerung ergriffen war (▷ Tafeln 12, 13). Erst vor diesem Hintergrund wurde die Krise der spätmittelalterlichen Kirche offenbar.

Krisenelemente

Es kann jedoch keine Rede davon sein, daß die Kirche als Ganzes verderbt gewesen sei. Weite Bereiche waren vollkommen intakt. Der christliche Glaube prägte das gesamte Leben. Noch vermittelte die *eine Kirche* den Menschen das Heil und formte nach ihren Grundsätzen die gesellschaftlichen Ordnungen. Die Gärungen in ihrem Inneren waren nur ein Krisenherd neben anderen. Die politischen Spannungen zwischen Reichsgewalt und Landesfürstentum, zwischen Territorialgewalt und Ständen (Adel, Städten, ländlicher Bevölkerung), aber auch soziale und ökonomische Krisenelemente (Bevölkerungsdruck, Preisanstieg, frühkapitalistische Entwicklungen) traten hinzu. Es fällt den Historikern schwer, ihre innere Verkettung nachzuweisen. Indes ist soviel sicher: Solange das Christentum als Einheitskultur herrschte, mußte (1) jede Reform der Kirche auf das gesamte gesellschaftliche Leben ausstrahlen, und bedurfte (2) jede tiefgreifende Veränderung im profanen Bereich, in Politik und Gesellschaft, der theologischen Begründung. Die Konflikte des konfessionellen Zeitalters sind daher nur als »gemischte Konflikte« verständlich: als Kombinationen von religiösen und außerreligiösen Gegensätzen und Kräften.

II. Die Anfänge des europäischen Antagonismus: Habsburg gegen Frankreich

Als die Habsburger Ende des 15. Jahrhunderts dazu übergingen, die in der Reichsverfassung enthaltenen Reste einer imperialen Ordnung wiederzubeleben und, was mit vergleichbarer Energie seit mehr als zweihundert Jahren nicht mehr geschehen war, aktive Italienpolitik betrieben, brachten sie ganz Europa in Bewegung. Denn der Versuch Kaiser Maximilians I., Reichsitalien wiederherzustellen, gab den Anstoß zu jenem Dauerkonflikt, dem Hegemonialkampf zwischen Habsburg und Frankreich, der die europäische Staatenwelt bis ins 18. Jahrhundert beherrschte.

1493–1519	Kaiser Maximilian I.
1515–1547	Franz I., König von Frankreich
1519–1556	Kaiser Karl V.
1529	Friede von Cambrai
1529	Türken vor Wien
1544	Friede von Crépy
1552	Fürstenaufstand und antihabsburgische Koalition

1. Der Aufstieg des Hauses Habsburg

Maximilian I.

Keine andere Herrscherpersönlichkeit trug die Spannungen und Gegensätze jener Zeit so in sich wie *Maximilian I.* Der Kaiser gab sich bürgernah in den Städten und war doch ein harter Verfechter geburtsständischer und dynastischer Vorrechte; er war ein Förderer des Humanismus und der Künste und zugleich ein unübertroffener Geschützmeister (jedem seiner 159 Geschütze gab er einen Namen, dem besten den seiner Maitresse Thay); der Florentiner Niccolò Machiavelli schätzte seine Fähigkeiten als Landsknechtsführer, die höfische Gesellschaft seine vornehme Ritterlichkeit; scharf kritisierte er kirchliche und

Kaiser Maximilian I. *mit seiner ersten Gemahlin Maria, Tochter Herzog Karls des Kühnen von Burgund, seinem Sohn Philipp dem Schönen, seinen Enkeln Ferdinand und Karl sowie Ludwig (II.) von Ungarn, dem Gemahl seiner Enkelin Maria. Man nimmt an, daß der Kaiser das Bild anläßlich des habsburgisch-ungarischen Heiratsversprechens in Auftrag gab. Gemälde von Bernhard Strigel, 1515.*

kuriale Mißstände, und doch zeigte er sich als devoter Beter im Heiligen- und Reliquienkranz des Spätmittelalters. Maximilian umgab ein nur schwer erklärbarer Nimbus. Offenbar projizierte eine ganze Gesellschaft ihre Nöte auf die Person des Herrschers. Die Humanisten feierten ihn als Inbegriff nationaler Hoffnungen, volkstümliche Prophezeiungen verklärten ihn als den Kaiser der Endzeit, der die Franzosen besiegen und die Weltherrschaft erringen wird.

Dynastische Politik der Habsburger

Die politischen Pläne des Kaisers waren tatsächlich phantastisch. Er wollte die Hagia Sophia in Konstantinopel und das Heilige Land von den Türken befreien, ja sogar Papst werden. Die *Heirats- und Erbvertragspolitik* der Habsburger (»Bella gerant allii, tu, felix Austria, nube« – Mögen andere Kriege führen: Du, glückliches Österreich, heirate) setzte er hingegen kühl-berechnend fort. Durch Zufälligkeiten begünstigt, schuf er die Voraussetzungen für das habsburgische Weltreich: Ihn selbst hatte seine Heirat mit Maria, der Tochter des letzten burgundischen Herzogs, zum Erben der *Niederlande* und der Freigrafschaft *Burgund* gemacht; die Vermählung seines Sohnes Philipp mit der aragonesischen Prinzessin Johanna begründete, da ihre zunächst erbberechtigten Geschwister früh verstarben, völlig unerwartet die habsburgische Herrschaft in *Spanien*; mit zielstrebiger Energie betrieb Maximilian die Doppelehe seiner Enkel Ferdinand und Maria mit den Kindern des Königs von *Böhmen und Ungarn*, und auch hier trat der Erbfall zugunsten des Hauses Habsburg ein.

Bedrohung durch die Osmanen

Nach dem überraschenden Tod König Ludwigs II. von Ungarn in der Schlacht bei Mohacz (1526) wurde Erzherzog Ferdinand in Böhmen und – gegen den Widerstand des einheimischen Adels – auch in Ungarn zum König gekrönt. Damit war eine wichtige Voraussetzung für die spätere Ausdehnung des Habsburgerreiches auf dem Balkan gegeben, das Kaiserhaus aber auch verpflichtet, Ungarn, Kroatien und Slawonien vor den *Osmanen* zu schützen. Diese hatten sich nach der Eroberung Konstantinopels (▷ S. 205) die christlichen Balkanvölker von der Peloponnes bis Serbien unterworfen und zu Herren des östlichen Mittelmeers gemacht. Auf dem Höhepunkt ihrer Machtentfaltung schickten sie sich nun unter Sultan *Suleiman II.* an, die Seeherrschaft auch im westlichen Mittelmeer zu erringen und den Heiligen Krieg des Islam über den Balkan bis nach Mitteleuropa hineinzutragen. Seither wurde die anhaltende Bedrohung durch die Osmanen über den unmittelbaren militärischen Konflikt hinaus zu einem entscheidenden Faktor der inneren und äußeren Politik des Kaisers. Denn die deutschen Reichsstände leisteten zwar »Türkenhilfe«, nötigten den Kaiser aber stets zu weitreichenden politischen Zugeständnissen. Sodann pflegte Frankreich – ganz im Gegensatz zum abendländischen Kreuzzugsgedanken – gute Beziehungen zur Hohen Pforte (formelles Bündnis 1536), mit der es sich in Interessengemeinschaft gegen Habsburg befand.

Rivalität zwischen Frankreich und Habsburg

Schon der Streit um das burgundische Erbe – es war teils dem Kaiser, teils dem französischen König lehenspflichtig – brachte Habsburg in Gegensatz zu Frankreich. Der Konflikt beider Mächte verlagerte sich nach *Italien,* als die französischen Könige Erbansprüche auf das Königreich Neapel (1494) und auf das Herzogtum Mailand (1499) erhoben. Denn in Süditalien stieß die französische Expansionspolitik auf die Interessen Aragons, in Oberitalien auf die des Kaisers. Spanien und Habsburg verbanden sich in der Abwehr des gemeinsamen Gegners. Über zwei Jahrzehnte rangen die Mächte in wechselnden Allianzen mit den italienischen Renaissance-Staaten um die Vorherrschaft auf der Apenninhalbinsel, ehe Spanien, das Neapel-Sizilien seit 1495 behauptete, Frankreich den Besitz von Mailand zuerkannte (1516).

2. Der Hegemonialkampf zwischen Karl V. und Franz I.

Zusammenbruch des italienischen Staatensystems: Friedenssehnsucht

Damals, als das italienische Staatensystem zusammenbrach, wurde das Verhältnis der europäischen Fürstenstaaten zueinander in *Krieg und Frieden* zu einer zentralen politischen Frage. *Erasmus von Rotterdam,* Niederländer, Humanist und christlicher Pazifist, bestritt den Fürsten das Recht, um ihrer Vorteile willen die Christenheit in Kriege zu verstricken. In seiner Programmschrift »Die Klage des Friedens« (1516) tritt der Friede als Person auf und spricht Europa an:

»Man schämt sich zu berichten, aus welchen Kleinigkeiten heute riesige Katastrophen entstehen. Und oft ist es eine persönliche Angelegenheit der Herrscher, die die Welt zu den Waffen hetzt. Wenn überhaupt keine Ursache vorhanden ist, erfindet man Gründe für den Krieg, indem man die Namen einzelner Länder mißbraucht, um Haß zu schüren. Und solchen Irrglauben des Volkes nähren die Fürsten ... Der Engländer ist der Feind des Franzosen. Der Deutsche ist des Franzosen Feind, der Spanier beiden. O Verkehrtheit! ... Warum willst du nicht dem Mensch als Menschen wohl, als Christ dem Christen? ... Der Raum trennt nur die Körper, nicht die Geister, der Rhein trennt nicht Christen von Christen. Die Pyrenäen trennen die Spanier von den Franzosen, aber sie heben nicht die Gemeinschaft der Kirche auf ... Ich wende mich ohne Unterschied an Euch, die Ihr für Christen gehalten werdet, verschwört Euch einmütig auf dieses Ziel des Friedens!«[8]

Den französisch-spanischen Ausgleich desselben Jahres empfand Erasmus als Anbruch eines »goldenen Zeitalters«. Das Gleichgewicht der italienischen Staatenwelt schien wiederhergestellt, der europäische Frieden gesichert zu sein. Den Habsburgern lag wenig an einer Fortsetzung des Kampfes mit Frankreich. Im Gegenteil, Karl von Burgund, im Jahre 1500 zu Gent geborener Enkel des Kaisers, Sohn Philipps des Schönen und der Königin von Aragon und Kastilien, Johanna der Wahnsinnigen, wollte, mit 16 Jahren zum Regenten der vereinigten spanischen Königreiche proklamiert, ungestört sein Erbe antreten. Es umfaßte neben den Ländern auf der iberischen Halbinsel das Königreich Neapel-Sizilien und das spanische Kolonialreich in Amerika, das nach der Eroberung von Kuba (1511), Florida (1513), Mexiko (1519–1521) und Peru (1524) im Entstehen begriffen war. Gleichwohl erwuchs aus den italienischen Kriegen ein neuer Konflikt von europäischem Ausmaß: der *habsburgisch-französische Kampf um die Hegemonie in Europa.*

Ringen um die politische Vorherrschaft

Kaiser Maximilian hatte es versäumt, die *Thronfolge im Reich* zu seinen Lebzeiten zu regeln. Sein überraschender Tod im Jahre 1519 gab der Rivalität zwischen Habsburg und Frankreich eine neue Dimension. Denn neben Karl, der nun an der Spitze des Hauses Habsburg stand, bewarb sich auch König Franz I. von Frankreich um die Kaiserkrone. Beide Monarchen scheuten keine Anstrengung, kein Opfer, um die Gunst der Kurfürsten zu erringen. Karl nahm nicht weniger als 850 000 Gulden Wahlgelder auf, davon allein über 540 000 Gulden bei den Fuggern in Augsburg. Letztendlich gaben die Finanzkraft des oberdeutschen Frühkapitalismus, der deutsche Reichspatriotismus, das Mißtrauen der Kurfürsten gegenüber dem französischen König und die Wahlversprechungen Karls (Wahlkapitulationen), worin er die Erneuerung des Reichsregiments (▷ S. 223) zusagte, für den Habsburger den Ausschlag.

Antifranzösische Weltreichskonzeption

Karl V. und Franz I. blieben Rivalen. Beide waren völlig gegensätzliche Naturen. Dem französischen König, den die Zeitgenossen als ritterlichen und ehrgeizigen, aber auch impulsiven und ruhmsüchtigen Renaissancefürsten schildern, stand in dem Niederländer Karl eine eher strenge und berechnende, jedenfalls staatsmännische Persönlichkeit gegenüber. Beiden ging es um mehr als nur um den Ruhm der Krone Karls des Großen, die keine reale Herrschaft mehr begründete. Gestützt auf die zentralisierte Macht von Spanien und Frankreich, strebten beide Monarchen nach einer politischen Vorherrschaft über die ganze Christenheit (»Dominium mundi«, »Monarchia Universalis«). Nur die politische Vorherrschaft *eines* Herrschers, so argumentierten sie, könne den europäischen Frieden nach innen sichern und zugleich die Kräfte des Abendlandes nach außen gegen die Bedrohung durch das Osmanische Reich zusammenfassen. Unter dem Einfluß seines italienischen Großkanzlers *Mercurino de Gattinara* – er war ein unversöhnlicher Gegner Frankreichs – hat Karl die Rolle eines Schirmherrn der Christenheit und Stellvertreters Gottes auf Erden angenommen und die *Idee der Universalmonarchie* am nachdrücklichsten verfochten. Karl sei, so schrieb Gattinara unmittelbar nach der Kaiserwahl, »auf dem Wege zur Weltmonarchie«, durch Gottes Gnade »zur Sammlung der Christen unter einem Hirten« [9] berufen. Mit der Kaiserkrönung durch den Papst zu Bologna 1530, der letzten in Italien übrigens, empfing das erneuerte Weltkaisertum den Segen der Kirche. Seine Verwirklichung setzte allerdings den inne-

---

Tafel 13 Madonna des Kanzlers Nicholas Rolin von Burgund, *von Jan van Eyck in der 1. Hälfte des 15. Jh.s auf eine 66 x 62 cm große Holztafel gemalt (Paris, Louvre). Der Niederländer ist der Begründer der abendländischen Porträtkunst. Zwar ist bei dieser Auftragsarbeit noch der Raum des Heiligen, in dem die Madonna von Engeln gekrönt wird, von dem weltlichen Bereich, in dem der Kanzler kniet, getrennt – allerdings nicht mehr durch unnatürliche Größenverhältnisse (▷ Tafel 12), sondern durch eine Grenzzone, die sich vom Muster des Plattenbelags über den mittleren Architekturbogen zum Fluß hinzieht. Dies und die traditionelle Gebetshaltung sind letzte Anklänge an das überlieferte Stifterbild, das nun zum selbständigen Porträt geworden ist.*

Tafel 14 Schule von Athen, *Fresko von Raffaello Santi in den Stanzen des Vatikanischen Palastes in Rom. Das Monumentalgemälde zeigt die Verherrlichung der weltlichen Wissenschaften: im Mittelgrund die Philosophie, gruppiert um Platon und Aristoteles, links die Mathematiker, rechts die Astronomen und Geometer. Die Anordnung der Gruppen in einer Scheinarchitektur ist ein Zeugnis der Harmonievorstellungen der Hochrenaissance, der Bildinhalt ein Dokument für die Hochschätzung der weltlichen Wissenschaften, besonders wenn man bedenkt, daß dieses Fresko gleichrangig einem Wandbild zur Verherrlichung der göttlichen Offenbarung im gleichen Raum gegenübersteht. Beide Kunstwerke sind Aufträge des Papstes Julius II. aus dem Jahre 1509.*

Tafel 14

Tafel 16

ren Zusammenhalt der christlichen Staatengemeinschaft, d.h. die Wiederbelebung der mittelalterlichen »res publica christiana« und die Universalität der Religion voraus. Es mußte unzeitgemäß erscheinen, wenn diese Voraussetzungen nicht gegeben oder nicht zu erreichen waren.

Kriege oh[ne] dauerhaft[e] Frieden

In dieser Zeit, in der Sultan Suleiman II. mit einer gewaltigen Streitmacht durch Ungarn zog, um das abendländische Imperium durch ein osmanisches Weltreich zu ersetzen, schien vielen Zeitgenossen die politische Einheit Europas ein realisierbares politisches Ziel zu sein. Im historischen Rückblick wird freilich deutlich, daß die Idee der Universalmonarchie nur zu einem fortwährenden Kampf um die europäische Hegemonie und zu endlosen Kriegen führte. Diese wurden an *drei Fronten* ausgetragen: im burgundischen und im spanisch-französischen Grenzgebiet, hauptsächlich aber in Oberitalien. *Vier Kriege* unternahm Karl V. allein *gegen Franz I.*

Nach einer ersten vernichtenden Niederlage bei Pavia (1525) verlor Frankreich Mailand (Frieden von Madrid 1526); 1529, als die Osmanen vor Wien standen, verzichtete der Kaiser im Frieden vom Cambrai auf das alte Herzogtum Burgund (Bourgogne), während Franz I. seine Ansprüche auf Italien aufgab. Erhebliche Machtverschiebungen traten dann nicht mehr ein. Am Ende des vierten Krieges schließlich, im Frieden von Crépy 1544, in dem Frankreich endgültig die habsburgische Herrschaft in Italien und in den Niederlanden anerkannte, konnte Karl V. den französischen König auf seine universalen Ziele verpflichten: auf Hilfe gegen die Osmanen, auf den Kampf gegen die Protestanten und auf die Reform der Kirche.

Zusamm[en]bruch d[er] kaiserlic[hen] Herrsch[aft]

Wenig später stand der Kaiser auf dem Höhepunkt seiner Macht. Doch der Widerstand der um ihre »Libertät« besorgten Reichsstände sammelte sich gegen die »viehische Servitut«[10] der Spanier. Unter Führung Herzog Moritz' von Sachsen verbündete sich die *protestantische Fürstenopposition* mit König *Heinrich II.* von Frankreich, dem sie das Reichsvikariat über die strategisch wichtigen Bistümer Metz, Toul und Verdun versprach. Während sich die Mehrheit der Reichsstände neutral verhielt, brach die scheinbar übermächtig gewordene kaiserliche Herrschaft unter dem Ansturm der antihabsburgischen Koalition (1552) zusammen.

Tafel 15 Der Geldwechsler/Goldwäger und seine Frau, *gemalt auf Holz (71 x 68 cm) von Quinten Massys aus Antwerpen, datiert 1514 (Paris, Louvre). Der Maler, aus Handwerkermilieu in die damals schon als Oberschicht betrachtete Künstlerschaft aufgestiegen, gilt als Begründer des Genrebildes, auf dem Menschen in ihrer Umwelt z.B. bei der Arbeit gezeigt werden. Das abgebildete vornehme Ehepaar ließ sich zwar inmitten seines Besitzes darstellen. Aber zugleich haben Auftraggeber und Maler die Fragwürdigkeit von Besitz und Ansehen aufgezeigt, die zerbrechlich sein können wie der kostbare Pokal und der Spiegel.*

Tafel 16 Martin Luther, *dargestellt auf dem vo[n] Cranach d. Ä. für die Stadtkirche St. Marien in Wit[tenberg] gemalten Flügelaltar, vollendet 1547. Die Aben[dmahl]szene auf der Mitteltafel des Altars zeigt Luther als [Junker] Jörg im Kreise der Apostel, wie ihm der Mundschen[k den] Becher reicht. Darunter, auf der Predella, hat der Ma[ler die] Auslegung des Satzes »Wir aber predigen den gekre[uzigten] Christus« (1. Kor. 1, 23) gegeben; Luther weist [von der] Kanzel auf den Gekreuzigten hin.*

3. Das Scheitern der »Monarchia Universalis«

Ursachen des Scheiterns

Die universale Politik Karls V. scheiterte an der Vielzahl von *Widerständen,* aber auch an der *Struktur des Habsburgerreiches.* Dieses riesige Reich war ein Konglomerat von nach Sprache, Verfassung und kultureller Tradition höchst unterschiedlichen Ländern, die allein durch dynastische Bande zusammengehalten wurden. Es brachte eine Fülle von Aufgaben mit sich, die letztlich nicht zu bewältigen waren. Mit dem spanischen Erbe übernahm Karl die Mittelmeerpolitik Aragons und die Kolonialpolitik Kastiliens in Amerika. Weder gelang es ihm, die osmanische Seeherrschaft im Mittelmeerraum zu brechen und den Seeweg nach Neapel-Sizilien zu sichern, noch verstand er es, die wirtschaftliche Ausbeutung des spanischen Kolonialreiches in Mittel- und Südamerika und seine schier unerschöpflichen Silbervorkommen (seit 1545) für die Durchsetzung seiner machtpolitischen Ziele in Europa zu nutzen. Die Herrschaft über Neapel-Sizilien brachte ihn in ein gespanntes Verhältnis zum Papst als dem Herrn des Kirchenstaates. Der Besitz Österreichs und die Anwartschaft auf Böhmen-Ungarn nötigten das Haus Habsburg zur Verteidigung Mitteleuropas gegen die Osmanen. Und auch im Inneren der neuerworbenen Gebiete regten sich ständisch-nationale Widerstände gegen die landfremde Dynastie: in Spanien der Aufstand der kastilischen Städte (Comuneros), in Ungarn die Opposition des hohen Adels (Magnaten), in Böhmen und in den Niederlanden das Traditionsbewußtsein der Stände.

Kaiser Karl V. im Jahr des „Geharnischten Reichstages" zu Augsburg 1548. *Gemälde von Tizian. Damals gestand Karl V. den Protestanten zwar Laienkelch und Priesterehe zu, befahl ihnen aber sonst die Rückkehr zum katholischen Glauben (Augsburger Interim). Dieser Versuch des Kaisers, die Religionsfrage aus eigener Machtvollkommenheit zu lösen, scheiterte. Denn er stieß auf den Widerstand beider Glaubensparteien.*

Beurteilung des habsburgisch-französischen Antagonismus

Die *ältere Geschichtsforschung* hat den habsburgisch-französischen Antagonismus hauptsächlich aus dem Gegensatz zwischen der universalen mittelalterlichen Kaiseridee (auf seiten Karls V.) und einer modernen nationalstaatlichen Konzeption (auf seiten Franz' I.) erklärt. *Neuere Forschungen* haben dieses Erklärungsmodell in Frage gestellt. Heute sehen die Historiker deutlicher, daß sich mit Spanien und Frankreich zwei strukturverwandte Mächte rivalisierend gegenüberstanden, daß Frankreich erst durch die Wahlniederlage Franz' I. in die Rolle eines Verteidigers der »europäischen Freiheit« gegen die habsburgische Übermacht gedrängt wurde. Die italienischen Kriege zur Zeit Maximilians I. etwa oder die antikaiserliche Politik Heinrichs II. zeigen eindeutig, daß die französische Politik ihrerseits neben defensiven auch offensive Ziele verfolgte, die nicht allein auf die Sprengung der »habsburgischen Umklammerung«, sondern auch auf die eigene Vorherrschaft in Europa hin orientiert waren.[11]

Im Kampf um die Hegemonie zerbrach die Idee der politischen Einheit Europas. Mit ihr wurde zugleich das Ziel des allgemeinen Friedens preisgegeben. Keine übergeordnete Instanz regelte die Konflikte der souveränen Einzelstaaten untereinander. Ihr Kampf um Macht und Vorherrschaft wird Europa stets von neuem mit Katastrophen überziehen – bis hin zu den selbstentmachtenden, selbstmörderischen Kriegen des 20. Jahrhunderts.

III. Die Reformation in Deutschland

Spätestens um die Mitte des 16. Jahrhunderts wurde deutlich, daß die universale christliche Kirche des Mittelalters nicht mehr bestand. Anstelle der *einen* Kirche gab es *viele* Kirchen, anstelle der *einen* Theologie *viele* Theologien. Innerhalb weniger Jahrzehnte hatte sich in Europa ein tiefgreifender Glaubenswandel vollzogen. Niemand konnte ihn so gewollt oder geplant haben, auch die großen Reformatoren nicht. Sie alle waren überzeugt, die alte Kirche zu *refor-*

1483–1546	Martin Luther
1517	95 Ablaß-Thesen
1520	Luthers große Reformschriften
1521	Wormser Edikt
1523	Züricher Kirchenreform. Huldrych Zwingli
1524–1526	Deutscher Bauernkrieg
1529	»Protestation« zu Speyer. Marburger Religionsgespräch
1530	»Confessio Augustana« (Philipp Melanchthon) und »Confutatio«
1534–1535	Wiedertäuferreich zu Münster
1546–1547	Schmalkaldischer Krieg
1555	Augsburger Religionsfriede

mieren, das heißt, sie in ihrer ursprünglichen Gestalt wiederherzustellen und von innen heraus zu erneuern. Niemand dachte an Glaubenskampf und konfessionelle Spaltung. Rückblickend bekannte Martin Luther: »Ich bin nur durch die Verkettung der Umstände, nicht aus freien Stücken und mit Vorbedacht in diesen Sturm hineingeraten.«[12]

1. Luthers Konflikt mit Kirche und Obrigkeit

Reformatorische Erkenntnis

Tatsächlich stand das innere Ringen des Augustiner-Bettelmönchs *Martin Luther* um Gnade und Erlösung – nicht etwa ein kirchliches Reformprogramm – am Anfang der Reformation. Die Angst vor einem plötzlichen Tod und dem göttlichen Gericht hatte Luther ins Kloster getrieben. Auf Wunsch seines Ordens studierte er Theologie, 1512 wurde er Professor für Altes und Neues Testament an der kursächsischen Universität Wittenberg. Indes, die Sorge vor dem »Zorn« des allmächtigen richtenden Gottes, eine seiner Zeit geläufige Vorstellung, ließ ihn nicht mehr los. Weder radikale mönchische Askese noch die Heilsmittel der Kirche vermochten sein Gewissen zu beruhigen. Erst durch angestrengtes Bibelstudium fand er im Römerbrief des Apostels Paulus die befreiende Antwort auf die quälende Frage: Wie bekomme ich einen gnädigen Gott? »Es liegt«, sagt Luther mit den Worten des Apostels in seiner Römerbrief-Vorlesung von 1515/16, »nicht an jemandes Wollen und Laufen, sondern an Gottes Erbarmen« (Röm. 9,16). Bald eröffnete sich ihm ein neuer Sinn des theologischen Zentralbegriffs der *»Gerechtigkeit Gottes«*: Er verstand sie nicht länger wie die spätmittelalterliche Schultheologie als die eines strafenden Gottes, der über den Sünder zu Gericht sitzt, sondern als eine Eigenschaft,

Christus der Weltenrichter. *Holzschnitt aus »Der Antichrist«, Straßburg um 1480. Maria und Johannes treten für die bedrohten Gläubigen ein. Der Richter spricht zu den Gerechten VENITE (Kommt), zu den Ungerechten ITE (Geht). Luther sah in solchen Christus-Darstellungen ein „erschreckliches Bild": „Ich hab mich im Papsttum mehr vor Christo gefürchtet denn vor dem Teufel. Ich gedachte nicht anders, denn Christus säße im Himmel als ein zorniger Richter, wie er denn auch auf einem Regenbogen sitzend gemalt wird" (1537).*[13]

durch die der barmherzige Gott den erbsündigen Menschen »gerecht« und annehmbar macht (iustitia dei passiva). Luther hatte im Kloster alles Vertrauen in die eigene Fähigkeit verloren, sich durch Willensanstrengung und »gute Werke« Heilsgewißheit zu verschaffen. An ihre Stelle setzte er nun die ausschließliche Kraft der *göttlichen Gnade* (sola gratia) und des *Glaubens* (sola fide) an das im Evangelium geoffenbarte *Wort Gottes* (sola scriptura); denn, so lehrte ihn der Römerbrief: »Der Gerechte lebt aus dem Glauben« (Röm. 1,17).

Überwindung spätmittelalterlicher Religiosität

Dieses Verständnis der *Rechtfertigung* des Menschen vor Gott wurde zum Kern seiner religiösen Überzeugung. Zwei grundlegende Voraussetzungen mittelalterlicher Frömmigkeit waren hinfällig geworden: Gott galt nicht länger als der *strafende Richter,* die Christenheit nicht mehr als jene *religiöse Leistungsgesellschaft,* in der es auf menschliches Verdienst und »äußere« Werke ankam (▷ Tafel 16). In seinem Lehramt fühlte sich Luther aufgerufen, von seinem neuen, befreienden Glauben Zeugnis abzulegen. Aus ihm lassen sich alle weiteren Schritte des Reformators erklären, die wenig später zu einer schweren Autoritätskrise in Kirche und Reich geführt haben. Noch war Luther weit entfernt davon, die dogmatischen Grundlagen von Papst- und Priestertum anzugreifen. Da riß ihn der Ablaßhandel in die öffentliche Kritik an der bestehenden Kirche hinein.

Ablaßhandel

Die marktschreierische Ablaßpredigt des Dominikaners Tetzel war über die kursächsischen Grenzen hinweg bis nach Wittenberg gedrungen. Daß der Dominikaner nur das letzte Glied eines komplizierten *finanziellen Dreiecksgeschäfts* zwischen dem Erzbischof von Mainz, dem Bankhaus Fugger und der römischen Kurie war, mußte Luther unbekannt sein.

Allein die *kommerzielle Ausbeutung des Ablasses* – Umwandlung und Ermäßigung von Bußleistungen und zeitlichen Sündenstrafen durch die Kirche gegen Geldzahlungen zugunsten des Neubaus von St. Peter in Rom – verstieß zutiefst

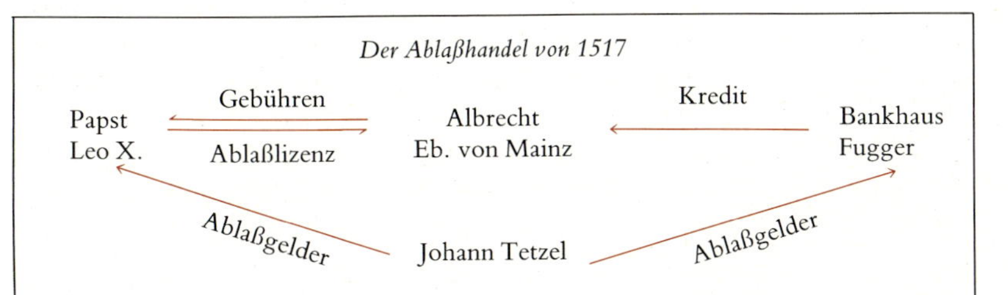

Albrecht von Brandenburg, Erzbischof von Magdeburg und Administrator des Bistums Halberstadt, wurde 1514 auch noch zum Erzbischof von Mainz gewählt. Die hohen Gebühren, die bei der Übernahme des überschuldeten Erzbistums und wegen der Pfründenkumulation an die römische Kurie fällig wurden – insgesamt 29000 Gulden –, brachte Albrecht über einen Kredit bei den Fuggern auf. Die Ablaßgelder sollten je zur Hälfte nach Rom und an die Fugger (zur Tilgung des Kredits) gehen.

gegen Luthers Glaubensverständnis. Gerade aufgrund seines jahrelangen inneren Ringens um die Gnade Gottes fühlte er sich da höchst persönlich betroffen, wo es um die Buße ging und damit um das rechte Verhältnis des Menschen zu Gott. Wie konnte man in einer so existentiellen Frage mit Gott »ins Geschäft kommen« wollen? Luther führte Klage über den Ablaßmißbrauch beim Mainzer Erzbischof und forderte im Oktober 1517 in *95 lateinischen Thesen* zu einer theologischen Disputation über Ablaß und Buße auf, denn, so lautet seine berühmte erste These, »unser Herr und Meister Jesus Christus wollte, ... daß das ganze Leben der Gläubigen Buße sein soll« [14]. Die Veröffentlichung dieser Thesen, die, rasch ins Deutsche übersetzt, binnen weniger Wochen in aller Munde waren, löste die Reformation in Deutschland aus.

Bruch mit der Kirche – Radikalisierung des theologischen Denkens

Luther stieß bei den zuständigen kirchlichen Stellen auf taube Ohren. 1518 eröffnete die Kurie gegen ihn den *Ketzerprozeß.* Noch im selben Jahr versuchte Kardinal Cajetan, den Augustinermönch zu widerlegen und während eines Verhörs in Augsburg zum Widerruf zu bewegen – vergeblich. Die unerwartete Resonanz in der Öffentlichkeit ermutigte Luther, weitere Mißstände in der Kirche anzuprangern. Es folgten erbitterte theologische Auseinandersetzungen. In ihrem Verlauf radikalisierten sich seine theologischen Vorstöße. Seit der *Leipziger Disputation* 1519 mit dem Ingolstädter Theologen Johannes Eck, seinem schärfsten Widersacher, leugnete Luther die Verbindlichkeit der kirchlichen Tradition, die Lehrautorität des Papstes und die Unfehlbarkeit der Konzilien. Schließlich verwarf er die sakramentale Weihe der Geistlichen, ihre Sonderstellung zwischen Gott und den Menschen, das Zölibat und das Mönchtum und entzog mit seiner Lehre vom allgemeinen Priestertum der Gläubigen der überlieferten Kirche ihre gnadenvermittelnde und gnadenverwaltende Aufgabe. Statt dessen forderte er ein Christentum, das sich allein auf das Wort Gottes, das Evangelium, gründete.

Luther faßte in *drei großen Reformschriften* (1520) seine theologischen Hauptgedanken zusammen. In »Von der Freiheit eines Christenmenschen« verkündete er die *Freiheit des Christen* im Glauben gegenüber allen kirchlichen Satzungen, in »De captivitate Babylonica ecclesiae« (Von der babylonischen Gefangenschaft der Kirche) ließ er von den sieben *Sakramenten* nur mehr drei (Taufe, Abendmahl und Buße) als schriftgemäß gelten. Mit der Sakramentenlehre (Priesterweihe) riß er zugleich den organisatorischen Bau der alten Kirche ein. Politisch am wichtigsten war seine Schrift »An den christlichen Adel deutscher Nation«. Hier appellierte er im Stile der »Gravamina«, der alten Beschwerden der Reichsstände gegen die römische Kurie, an die politischen Gewalten, ein Konzil einzuberufen und die Kirchenreform selbst in die Hand zu nehmen. Damit wurde er zum *Wortführer* der *antirömischen Opposition* im Reich.

Der Kampf der Kurie gegen ihn und der Widerhall seiner Kirchenkritik in der Öffentlichkeit trieben Luther Schritt für Schritt voran. Was als gelehrte Disputation über einzelne Reformen begann, wurde zur religiösen Umwälzung. Denn Luthers radikaler Angriff auf die päpstliche Autorität machte es der Kirche unmöglich, die gewaltigen religiösen Impulse, die von ihm ausgingen, in

Satire auf das üppige Leben der Mönche. *Holzschnitt von Sebald Beham, 1521. Drei allegorische Frauengestalten – Hoffart (Superbia), Wollust (Luxuria) und Habsucht (Avaricia) ziehen einen Mönch zu sich heran, dem ein Bauer, von »Frau Armut« (Paupertas) angetrieben, die Bibel vorhält.*

innerkirchliche Bahnen zu lenken. Luther verfiel der *Exkommunikation,* die Acht und Bann nach sich zog.

Luther und die weltliche Obrigkeit

Nun mußte auch die weltliche Obrigkeit gegen den Reformator vorgehen. Daß er nicht auf dem Scheiterhaufen endete wie hundert Jahre früher Johannes Hus (▷ S. 213 f.), hatte nicht zuletzt in der politischen Struktur des Reiches seine Ursache. Auf der »unteren Ebene« war für den Fall Luther der Landesherr, Kurfürst *Friedrich von Sachsen,* zuständig. Er verwahrte sich gegen alle Übergriffe der kirchlichen Hierarchie auf sein Territorium, lehnte Luthers Auslieferung an die Kurie ab und verstand es mit Geschick, sein Landeskind in der entscheidenden Anfangsphase der Reformation politisch abzuschirmen. Der Kaiser, die oberste Autorität im Reich, wollte ohne die deutschen Fürsten gegen Luther nichts unternehmen. Bevor er den Wittenberger Mönch in die Acht erklärte, forderte er ihn auf dem *Wormser Reichstag* 1521 zum Widerruf auf. Luther wiederholte seine Absage an das Papsttum:

»Der Papst ist die Macht, die mit ihren allerbösesten Lehren und ihrem schlechten Beispiel die christliche Welt mit den geistlichen und leiblichen Übeln verwüstet und verdorben hat. Denn dies kann niemand bestreiten und verhehlen, daß durch die Gesetze des Papstes und seine Menschenlehre die Gewissen der Christgläubigen aufs jämmerlichste gefangen und gequält sind.«[15]

Das Undenkbare war für Luther denkbar geworden: Der Papst in Rom ist der Antichrist, der endzeitliche Widersacher Gottes selbst. Der theologische Reformator von 1517 hatte einen revolutionären Standpunkt errungen.

Schirmherrschaft Karls V. über die Kirche

Für *Karl V.* war der Reichstag die erste Begegnung mit dem deutschen Landesfürstentum und der deutschen Öffentlichkeit. Auch er nahm seinen Auftrag wahr. Er stellte sich in die katholische Tradition des habsburgischen Kaiserhauses als Schirmherr der Kirche und war entschlossen, wie es in seiner eigenhändig verfaßten Antwort auf Luthers Absage heißt, an allem festzuhalten, »was seit dem Konstanzer Konzil geschehen ist«:

»Denn es ist sicher, daß der einzelne Bruder irrt, wenn er gegen die Meinung der ganzen Christenheit steht, da sonst die Christenheit tausend Jahre und mehr geirrt haben müßte.«[16]

Der Kaiser betrachtete Luther als »notorischen Ketzer«. Wenige Wochen später unterzeichnete er ein Mandat (*Wormser Edikt*), das den Reformator und seine Anhänger in die Reichsacht erklärte und die Lektüre und den Vertrieb ihrer Schriften unter Strafe stellte. Grundsätzlich ist er von seiner klaren Entscheidung gegen Luther nie mehr abgegangen. Insofern wurde Karl V. zu einem der bedeutendsten Gegenspieler des Reformators.

2. Die reformatorische Bewegung

Echo der Reformation in allen sozialen Schichten

Das Wormser Edikt bedeutete noch einmal ein gemeinsames Vorgehen von Kirche und Staat nach mittelalterlichem Ketzerrecht. Luther war vogelfrei. Doch Friedrich von Sachsen ließ ihn auf die Wartburg in Sicherheit bringen. Dort nutzte Luther die Zeit, um das Neue Testament ins Deutsche zu übersetzen. Auch seine Lehre war nicht mehr zu unterdrücken. Noch im selben Jahr berichtete der päpstliche Nuntius Alexander nach Rom:

»Jetzt ist ganz Deutschland in hellem Aufruhr; neun Zehntel erheben das Feldgeschrei ›Luther‹, und für das übrige Zehntel lautet die Losung wenigstens ›Tod dem römischen Hof!‹ und jedermann verlangt und schreit nach einem Konzil auf deutschem Boden.«[17]

Luthers Sache wurde zur Sache einer vielschichtigen, unterschiedlich motivierten *Massenbewegung*, der Reformator selbst zu einer Art »Nationalheld«.
Zu den Faktoren, die Luthers Wirkung in allen sozialen Schichten erklären, gehören die religiöse Grundstimmung, die intensive Glaubensbereitschaft und die vielfältige Kirchenkritik seiner Zeit, vor allem auch die sozialen Krisenelemente zu Beginn des 16. Jahrhunderts und der Zweifel zahlreicher Zeitgenossen an der Gerechtigkeit der bestehenden Ordnung. Nur wenige erfaßten seine Theologie in ihrem ganzen Umfang. Im allgemeinen waren es einzelne Elemente der reformatorischen Lehre – Luthers Auffassung von der Gleichwertigkeit aller Christen, seine Forderung nach einer Neuorganisation der Kirche auf Gemeindebasis, seine Entdeckung des Evangeliums, das nun als Norm auch für eine wahrhaft christliche Sozialordnung gelten konnte –, die begeistert aufgenommen und mit politischen und sozialen Zielen verbunden wurden. Unaufhörlich entwickelte die Reformation politisch-soziale Dimensionen. Sie trat damit in ihre zweite, »stürmische« Phase.

a) Resonanz bei den Humanisten. Bis 1520 waren Luthers Anhänger vornehmlich Humanisten. Sie jubelten dem Wittenberger als Wortführer einer antirömischen Kirchenreform zu wie Ulrich von Hutten oder betrachteten ihn als Mitkämpfer gegen die scholastische Theologie wie Erasmus von Rotterdam und Willibald Pirckheimer. Dann trugen junge *Laienprediger* (Prädikanten) die *evangelische Predigt* in die Städte und Territorien hinein. Auch sie waren meist durch die humanistische Schule gegangen. Ihr Kreis erweiterte sich rasch durch Theologen, Stadt- und Ordenskleriker, bürgerliche Räte und auch Handwerker. Überall bildeten sich evangelische Gemeinden. Nicht immer ging es dabei friedlich zu. Hier diskutierte man sachlich über Fragen der Kirchenreform, dort kam es zu Straßenaufläufen, Demonstrationen, Gottesdienststörungen und Gewaltaktionen bis hin zum Bilder- und Klostersturm. Aber mit Gewalt und Umsturz wollte der Großteil der humanistischen Bildungsschicht nichts zu tun haben. Erasmus verurteilte die reformatorische Bewegung als Pöbelherrschaft und Revolution. Und auch bei all denen, die den radikalen Bruch mit der alten Kirche scheuten, verbreitete sich die Auffassung, die neue Lehre verursache Aufruhr.

b) Aufstand der Reichsritterschaft. Unter den Ständen im Reich hatte Luther seine stärkste Anhängerschaft zunächst beim *niederen Adel.* Sein Appell von 1520 schien der im Abstieg begriffenen Ritterschaft unversehens eine neue Aufgabe zu bieten, die Durchsetzung der Reformation. Freilich verhielt sich die Ritterschaft nicht einheitlich. Im Kraichgau zum Beispiel verfaßten Schloßherren reformatorische Flugschriften; auf Frankens bücherlosen Burgen wurde die Reformation kaum wahrgenommen. Wie explosiv die Lage jedoch war, zeigt die Sickingenfehde von 1522/23. Franz von Sickingen stand an der Spitze der adeligen Opposition am Oberrhein gegen Fürsten und Städte. Zu seinen Freunden zählten Ulrich von Hutten und Martin Bucer, der spätere Reformator von Straßburg. Um dem »Evangelium eine Öffnung zu machen« [18], erklärte Sickingen dem Kurfürsten von Trier die Fehde. Doch der Versuch, mit der Säkularisation einer großen geistlichen Herrschaft die Reformation gewaltsam in die Wege zu leiten, scheiterte am Widerstand und den gemeinsamen Interessen des Landesfürstentums. Denn Trier fand in der Pfalz und in Hessen mächtige Bundesgenossen. Zugleich schied der niedere Adel als selbständige Kraft der reformatorischen Bewegung aus.

Sickingenfehde

c) Bürgergemeinde und Gemeindereformation. Ihre eigentliche soziale Basis fand die reformatorische Bewegung in der *Bürgerschaft* der Städte. Drei Viertel aller deutschen Städte gingen, oft erst nach jahrelangen inneren Auseinandersetzungen, zur Reformation über. Die Städte waren die Zentren der Bildung, der Bücher und des Humanismus. Fast überall wirkten Stadtprediger, die mit Luther sympathisierten. Hier, wo die geistige und soziale Beweglichkeit größer war als andernorts, konnte sich die neue Lehre am ehesten entfalten. Bis zum Frühjahr 1525 hatten sich bereits Reichsstädte wie Bremen, Magdeburg, Breslau, Nürnberg, Konstanz, Straßburg und Zürich der Reformation angeschlossen.

Durchsetzung der Reformation in den Städten

In den Städten vollzog sich der Übergang zur Reformation keineswegs gleichförmig. In Reichsstädten mit patrizischem Stadtregiment wie in Nürnberg

wurde die Reformation oft schon frühzeitig durch den Rat eingeführt (*Ratsreformation*). An anderen Orten, hauptsächlich in zünftisch verfaßten Städten, setzte die Gemeinde die Reformation zumeist mit weitergehenden politischen und sozialen Forderungen durch (*Gemeindereformation*). In Bischofsstädten wirkten sich nicht selten die Spannungen zwischen dem geistlichen Stadtherrn und der Bürgerschaft aus. Eine genaue Zuordnung – Ratsreformation oder Gemeindereformation – ist nicht in jedem Falle möglich. Doch hat sich in der Forschung mehrheitlich die Auffassung durchgesetzt, daß die reformatorische Bewegung in den Städten überwiegend als *Bewegung des Gemeinen Mannes* (Peter Blickle), das heißt »von unten« nach oben, erfolgreich gewesen ist.[19]
Auch die *Motive des Bürgertums,* sich der Reformation anzuschließen, waren unterschiedlich. Im allgemeinen hat wohl die reformatorische Lehre der bürgerlichen Mentalität besser entsprochen als die altkirchliche Leistungs- und Sakramentsfrömmigkeit, denn sie stellte die Verkündigung des Evangeliums in den Mittelpunkt des Gottesdienstes und schien einen rationalen Zugang zu Gott zu eröffnen. Sodann bot die Einführung der Reformation die Möglichkeit, die geistlichen Gerichte zu beseitigen. Auch Antiklerikalismus und bürgerlicher Konkurrenzneid auf die steuerfreie Geistlichkeit spielten eine Rolle. Die größte Faszination ging sicher vom *reformatorischen Gemeindeprinzip* aus. Luther selbst hatte die Gemeinden zur Eigeninitiative ermuntert und auf die Frage, ob eine »christliche Gemeinde« das Recht habe, »alle Lehre zu beurteilen und Lehrer zu berufen, ein- und abzusetzen«, geantwortet: Da »muß man sich gar nichts kehren an Menschengesetz, Recht, altes Herkommen, Brauch und Gewohnheit.«[20] Das Konzept einer Gemeinde aber, die über die wahre Lehre befindet und ihre Geistlichen bestellt und entläßt, entsprach dem religiösen Selbstverständnis der spätmittelalterlichen Stadt als einer christlichen Gemeinschaft (corpus christianum) und ihrem Streben nach politischer Autonomie.

Zwingli: Gleichsetzung von Kirchen- und Bürgergemeinde

Eine gegenüber Wittenberg eigenständige reformatorische Bewegung entwickelte sich in den Städten und Kantonen der *deutschen Schweiz.* Hier ging der Anstoß von dem Züricher Humanisten *Huldrych Zwingli* aus. Luther und Zwingli stimmten im Kern der Rechtfertigungslehre und im Schriftprinzip überein. Aber Zwinglis Theologie war sehr viel stärker auf das gesellschaftliche Leben ausgerichtet. Seine Züricher Kirchenreform (1523) zielte auf die vollständige Gleichsetzung von Kirchen- und Bürgergemeinde ab. Die Entscheidung für das Evangelium bedeutete für ihn zugleich Verchristlichung des Gemeinwesens. Unter seinem Einfluß nahm das Züricher Stadtregiment theokratische Züge an: Die Obrigkeit führte nicht allein die Reformation durch, sie überwachte auch den Kirchenbesuch und den Lebenswandel der Bürger (Sittengericht).
Die Reformation in der Schweiz strahlte auf die *oberdeutschen Reichsstädte* aus. Einführung der Reformation hieß hier überall: Abschaffung der Heiligenverehrung und der Messe, evangelische Predigt, planmäßige Organisation der städtischen Fürsorge, des Schulwesens und der Kirchenzucht. Infolge unüberbrückbarer Lehrunterschiede zwischen Luther und Zwingli – namentlich

Zwinglis Auffassung vom Abendmahl als einer nur symbolischen Erinnerungsfeier war für Luther (»Dies *ist* mein Leib«) unannehmbar (▷ Tafel 16) – spalteten sich die deutschen Reichsstädte in eine reformierte Gruppe mit Straßburg (Martin Bucer) und eine lutherische mit Nürnberg als Vorort. Zugleich scheiterte der Plan des Züricher Reformators, »gemeiner Christenheit zu Nutz« ein umfassendes antihabsburgisches Bündnis zustandezubringen. Nach Zwinglis Tod im lokalen Glaubenskrieg zwischen Zürich und den katholischen Waldkantonen (Gefecht bei Kappel, 1531) zogen sich die Reformierten der Schweiz von der Auseinandersetzung um die Reformation im Reich zurück.

d) Reformation und ländliche Gesellschaft. Nur wenig später als in den Städten wurden auch in den *dörflichen Gemeinden* reformatorische Forderungen laut. Zusammen mit den wirtschaftlichen, sozialen und politischen Beschwerden der Bauern haben sie den Ausbruch des *Bauernkrieges von 1524/26* mitverursacht und seinen Verlauf beeinflußt. Damit erreichte die aus der reformatorischen Bewegung folgende Krise der Gesellschaft einen Höhepunkt.

Motive und Ziele der bäuerlichen Bewegung

Luthers Empörung gegen die Autorität der Kirche hatte die alten Autoritätsstrukturen insgesamt erschüttert. Nun schickten sich die Bauern an, seine Formel von der »Freiheit des Christenmenschen« massiv politisch zu deuten und gegen die *Leibeigenschaft* ins Feld zu führen. Vor allem aber schien das *reformatorische Gemeindeprinzip,* das Recht der Gemeinde auf freie Pfarrerwahl und Verkündigung des reinen Evangeliums, wie schon in den Städten, so nun auch auf dem Lande das Autonomiestreben der Gemeinden zu rechtfertigen.

Der Bauernkrieg war eine Folge von verschiedenen regionalen *Konflikten mit der Herrschaft,* die sich vornehmlich in Grund-, Leib- und Gerichtsherren und im Landesfürstentum verkörperte. Als gemeinsames Manifest galten seit März 1525 die *Zwölf Artikel* der oberschwäbischen Bauernschaft. Bei allen Unterschieden in den rechtlichen und wirtschaftlichen Verhältnissen der Bauern lassen sie die gemeinsamen Probleme erkennen: Aufbegehren gegen die Verschlechterung der Lebensbedingungen und die Steigerung der Dienste und Abgaben durch die Herrschaft, Widerspruch gegen den Entzug von Nutzungsrechten an Wald und Weide sowie der alten Rechte auf Jagd und Fischfang; sodann die reformatorischen Forderungen. Allenthalben lag dem Aufstand der revolutionäre Anspruch zugrunde, die soziale und die politische Ordnung mit dem Evangelium, dem »göttlichen Recht«, in Übereinstimmung zu bringen. Damit gliederte sich der *bäuerliche Widerstand* (▷ S. 259 ff.), freilich mehr im Sinne Zwinglis und der oberdeutschen Reformatoren als in dem Luthers, in die reformatorische Bewegung ein.

Die Bauern zögerten nicht, ihre Forderungen gewaltsam durchzusetzen. Im Frühjahr 1525 gingen die ersten Burgen in Flammen auf, Klöster wurden besetzt und Mönche vertrieben. Von Oberschwaben aus fraß sich der Aufstand wie ein Flächenbrand in andere deutsche Landschaften. In den Aufstandsgebieten schlossen sich zahlreiche landesherrliche Städte dem Widerstand gegen die Obrigkeit an, allein 50 in Württemberg. In Franken folgten Ackerbürgerstädte,

An die versamlung gemayner Pawer-
schafft/so in Hochteütscher Nation/vnd vil ande
rer ort/mit empörung vñ auffrůr entstandē.ꝛc.
ob jr empörung billicher oder vnpillicher ge
stalt geschehe/ vnd was sie der Oberkait
schuldig oder nicht schuldig seind.ꝛc.
gegründet auß der heyligen Göt-
lichen geschrifft/von Oberlen-
dischen mitbrüdern gütter
maynung außgangen
vnd beschriben.ꝛc.

Hie ist des Glückradts stund vnd zeyt
Gott wayst wer der oberist bleybt.

Titelblatt der Flugschrift »An die versamlung gemayner Pawerschafft«, *Anfang Mai 1525. Der anonyme Verfasser verteidigt das Recht des Gemeinen Mannes auf aktiven Widerstand. Sein politisches Ideal ist ein »gemaynes regiment« unter kaiserlicher Oberhoheit.*

auch die Bischofsstädte Würzburg und Bamberg, in Tirol und Thüringen die Bergknappen. In kleineren Reichsstädten wie Rothenburg und Memmingen waren es die verarmten Zünfte der Weber, die mit der bäuerlichen Bewegung sympathisierten. So wurde aus dem Bauernkrieg ein *Aufstand des Gemeinen Mannes.*

In dieser Situation entstanden weiträumigere *revolutionäre Programme.* Die beiden fränkischen Amtsleute Wendel Hipler und Friedrich Weigandt arbeiteten einen Reichsreformplan aus; in Tirol entwarf der Brixener Bauernhauptmann Michael Gaismair das Programm eines republikanischen alpenländischen Agrarstaats; für andere schienen sich ältere apokalyptische Prophezeiungen vom nahen Weltende zu erfüllen, auch für Thomas Müntzer, dessen christlich-sozialrevolutionäre Utopie den Gemeinen Mann in Thüringen zum Widerstand gegen die Obrigkeit trieb.

Müntzer: Apokalyptische, mystische und spiritualistische Vorstellungen

Thomas Müntzer war von Hause aus stark von mystischen und spiritualistischen Vorstellungen geprägt. Der Mensch, forderte er, müsse das irdische Kreuz tragen, um Christus im Leiden ähnlich und dadurch fähig zu werden, den »Geist Gottes« in sich aufzunehmen (»Prager Manifest« 1521). Anfänglich von der Wittenberger Reformation begeistert, stellte er der lutherischen Rechtfertigungslehre schon bald seine *Theologie des Kreuzes und des Geistes* gegenüber. Nicht die Verkündigung des Evangeliums, das »Wort«, war für ihn Grundlage des Glaubens, sondern Gottes unmittelbare Offenbarung im Herzen der Menschen. Die vom Heiligen Geist »Erweckten« und »Auserwählten« sollten berufen sein, schon auf Erden das »Reich Gottes« zu verwirklichen. Die Zeit sei reif, so verkündete Müntzer mit der Überzeugung eines Propheten, die Herrschaft der »Gottlosen« zu brechen. Als sein Versuch scheiterte, die weltliche Obrigkeit, namentlich den kursächsischen Hof, für diese Reformationsidee zu gewinnen (»Fürstenpredigt« 1524), beschritt er den Weg der Revolution: »Gott hat die Herren und Fürsten der Welt in seinem Grimm gegeben, und er will sie in der Erbitterung wieder weg tun« (Hosea 13, 11).[21]. Dabei verband er mit seinen theologischen Leitsätzen zunehmend *sozialrevolutionäre* und *radikaldemokratische Forderungen* im Sinne einer klassenlosen Gesellschaft (»Omnia sunt communia« – Alles ist Gemeinbesitz[22]) und stellte sich nahezu zwangsläufig an die Spitze des Aufruhrs der thüringischen Bauern und Bürger gegen die geistliche und weltliche Autorität.

Niederlage der Bauern

Unter der Gegenoffensive des Schwäbischen Bundes, dem Bündnis und Aufgebot papsttreuer und reformatorischer Adeliger unter Führung von Georg Truchseß von Waldburg, brach der politisch und militärisch schlecht geführte Bauernaufstand zusammen. In Thüringen bereiteten der altgläubige Herzog Georg von Sachsen und der lutherische Landgraf Philipp von Hessen dem Bauernheer eine blutige Niederlage. Etwa 70 000, nach älteren Schätzungen gar 100 000 Bauern, verloren im Kampf und im nachfolgenden Strafgericht der Fürsten das Leben. Müntzer wurde nach schweren Folterungen hingerichtet. Im Alpengebiet dauerten die Aufstände noch bis 1526.

Sollte nun das Scheitern der Revolution auch das Scheitern der Reformation nach sich ziehen? *Luther* hatte dem Gemeinen Mann bei der Reform der Kirche zunächst eine wichtige Rolle zuerkannt. Seit 1522, als Studenten, Bürger und Mönche versucht hatten, das alte Kirchenwesen im Sturm zu beseitigen (Wittenberger Unruhen), ließ er indes erkennen, daß er das »Wort Gottes« nicht gewaltsam und nicht »von unten« durchgesetzt sehen wollte, sondern auf gesetzlichem Wege durch die Obrigkeiten. Strikt lehnte er es ab, die Sache der Reformation mit sozialen Problemen zu verbinden. Von den Bauern als Schiedsrichter im Streit mit der Obrigkeit aufgerufen, mahnte er zum Frieden. Als sein Aufruf ohne Wirkung blieb, gab er den Landesfürsten den unzweideutigen Rat, den Aufstand schonungslos niederzuschlagen.

e) Anfänge landeskirchlicher Organisation. Das Luthertum befand sich auf der Seite der siegreichen Obrigkeiten. In den folgenden Jahren arbeiteten in den Reichsstädten und Territorien evangelische Theologen und reformbereite Obrigkeiten überaus erfolgreich zusammen. Das bedeutete keineswegs das Ende der Reformation als Bewegung »von unten«. An die Stelle der ursprünglichen Absicht indes, die Erneuerung der Kirche aus der Kraft der Gemeinden zu vollziehen, trat ein *System obrigkeitlicher evangelischer Landeskirchen.* An ihre Spitze stellten sich die Landesfürsten als »Notbischöfe«. Sie säkularisierten das Kirchengut und zögerten nicht, so wie dies den Altgläubigen selbstverständlich war, das Kirchenwesen ihres Territoriums mit politischer und polizeilicher Zwangsgewalt zu sichern. Ketzer der lutherischen Lehre verfielen erstmals 1530 dem Henker. Diese Entwicklung wurde von den Reformatoren nicht unwesentlich begünstigt. »Unsere Fürsten«, schrieb Luther 1525, »zwingen nicht zu Glauben und zum Evangelium, sondern sie unterdrücken die äußeren

Greuel.«[23] Unbefangen meinten er und seine Anhänger, am Prinzip individueller Gewissensfreiheit festzuhalten, und nahmen doch die Zwangsgewalt der Obrigkeit in Anspruch, um das evangelische Kirchenwesen zu regulieren und innerhalb der einzelnen Territorien zu vereinheitlichen.

Ausbreitung und Verfolgung der Täufer

f) Die Täuferbewegung. Am unmittelbarsten wirkte sich das neue Zwangskirchensystem auf die Täuferbewegung aus. Das Täufertum, der radikale Flügel der reformatorischen Bewegung, entstand Mitte der 20er Jahre aus Protest gegen die alte Kirche wie aus Enttäuschung über den Verlauf der lutherischen und zwinglischen Reformation. Es hatte verschiedene Wurzeln. Die schweizerisch-süddeutsche Richtung verwirklichte konsequent das Ideal der urchristlichen Gemeinde. Das von Hans Hut begründete Hutsche Täufertum wie auch die nach dem schwäbischen Wanderprediger Melchior Hoffmann benannten Melchioriten orientierten sich an der Theologie Thomas Müntzers. Sie teilten seine apokalyptische Vision und forderten, das Leben ganz darauf auszurichten, die in der Erwachsenentaufe erworbene Sündenlosigkeit zu erhalten und in enger Gemeinschaft das Weltende zu erwarten. Öffentliche Ämter, Kriegsdienst, jede rechtliche und staatliche Ordnung außerhalb der Gemeinde lehnten die Täufer ab. Fanatische Züge nahm die Bewegung in Münster an. Über ein Jahr lang konnte hier Johann von Leiden eine Gewaltherrschaft mit Taufzwang, Gütergemeinschaft und Vielweiberei behaupten. In Norddeutschland führte Menno Simons (Mennoniten) die Täuferbewegung auf den friedlichen Weg praktischer Frömmigkeit und strenger, weltabgewandter Lebensführung zurück. Alt- und neugläubige Obrigkeiten sahen im Täufertum jedoch keine reformatorische Bewegung, sondern politisch-sozialen Aufruhr. Sie fürchteten eine neue Massenbewegung. Damit begann das *Martyrium* dieser religiösen Kleingruppen, die, wo immer sie auftraten, verjagt, gefoltert und mit dem Tod bedroht wurden.

3. Territorialstaatliche Verfestigung der Reformation

Der Bauernkrieg leitete über in die Phase der *obrigkeitsgelenkten evangelischen Reformation* in Deutschland. Die Landesfürsten behandelten die Religionsfrage von nun an als Territorialsache: Sie nahmen die Organisation des territorialen Kirchenwesens selbst in die Hand und strebten langfristig danach, das Bekenntnis ihrer Untertanen festzulegen (»Fürstenreformation«).

Ständischer Partikularismus als Stütze der Reformation

Von Anfang an wurde die Luthersache in den Gegensatz zwischen Kaiser und Reichsständen hineingezogen. Zwar gab es auf dem Reichstag zu Worms 1521 noch keine festgefügte Front von Lutheranhängern, aber es erwies sich in der Folgezeit als unmöglich, das Wormser Edikt gegen den Willen einer Minderheit der Reichsstände durchzusetzen. Während der Abwesenheit des Kaisers vom Reich neigten die Stände dazu, die Religionsfrage durch ein allgemeines Konzil, wenn möglich durch ein *Nationalkonzil,* entscheiden zu lassen. Ihre Haltung entsprach nationalkirchlichen Bestrebungen, wie sie im 15. und 16.

Jahrhundert überall in Europa wirksam waren. Karl V. unterband indes alle Pläne, die der Idee eines universalen Kaisertums widersprachen. Ausdrücklich verbot er ein für 1524 vorgesehenes Nationalkonzil in Speyer. In dieser Situation entstanden erste *Religionsparteien.* Österreich, Bayern und die Bischöfe von Salzburg, Brixen und Straßburg schlossen ein Bündnis, um das Wormser Edikt durchzuführen und die innerkatholische Reform in die Wege zu leiten (Regensburger Konvent). Von nun an sollten Habsburg und Wittelsbach die Stützen der katholischen Kirche im Reich bleiben. Zur Reformation bekannten sich der Kurfürst Johann Friedrich von Sachsen, der Landgraf Philipp von Hessen und der Hochmeister des Deutschen Ordens, Albrecht von Brandenburg-Ansbach, der den Ordensstaat Preußen in ein weltliches Herzogtum unter polnischer Lehnshoheit umwandelte. Ihnen schloß sich die Mehrzahl der mittel- und norddeutschen Landesfürsten an.

Ausbau des landesherrlichen Kirchenregiments

Der Hegemonialkampf mit Frankreich (▷ S. 239 ff.) und die Abwehr der Osmanen (▷ S. 238) an der Südostflanke des Reiches ermöglichten auf dem *Reichstag zu Speyer* 1526 einen folgenreichen *Kompromiß*: Die Stände kamen überein, bis zur Klärung der Religionsfrage durch ein Konzil hinsichtlich des Wormser Edikts so zu verfahren, »wie jeder solches gegen Gott und kaiserliche Majestät hofft und vertraut zu verantworten« [24]. Erneut war ein Aufschub erreicht. Doch war das Landesfürstentum nicht länger gewillt, die Sache der Reformation dem Gemeinen Mann zu überlassen. Es benutzte die milde Kompromißformel von Speyer zur Ausgestaltung des landesherrlichen Kirchenregiments.

Nach den Sturmjahren der Reformation befand sich das Kirchenwesen meist in einem desolaten Zustand. Die Klöster standen leer, viele Pfarrer hatten geheiratet, Gottesdienst, Schulunterricht und soziale Fürsorge lagen im argen. Die Neuordnung der kirchlichen Verhältnisse war das Gebot der Stunde. Kursachsen und Hessen gingen schrittmachend voran. Sie führten *Kirchenvisitationen* durch, erließen *Kirchenordnungen* und richteten landesfürstliche *Kirchenbehörden* ein.

1527 wurde in Marburg die erste lutherische Universität gegründet. Das war die Stunde *Phil- ipp Melanchthons,* des bedeutendsten Kopfes der jüngeren Humanistengeneration und engsten Freundes und Mitstreiters Luthers. Von der Universität Wittenberg aus, der damals mit Abstand größten deutschen Universität, an der er über 41 Jahre hindurch lehrte, nahm er sich der Reform der Universitäten und der höheren Schulen an. Er verfaßte Lehrbücher für nahezu alle Wissensgebiete und wurde als wahrhafter »Praeceptor Germaniae« zum Begründer der christlich-humanistischen Bildung und des modernen Gymnasiums. Vor allem hat er dazu beigetragen, daß die Reformation den Charakter einer *Bildungsbewegung* annahm.

Die Reformation wurde nun unter dem Einfluß des Landesfürstentums gewissermaßen »verstaatlicht«. Dies hatte auch für die Entwicklung der Religionsfrage im Reich einschneidende Folgen: Künftig sollte nicht mehr die individuelle Gewissensfreiheit oder die Kultfreiheit der lokalen Gemeinden im Mittelpunkt der Auseinandersetzung um die Kirchenreform stehen, sondern das

Träger der Reformation in Kursachsen. *Gemälde von Lucas Cranach d. Ä., 1532–1539. In der vorderen Reihe von links: Martin Luther, dahinter sein Freund Spalatin (als geistlicher Berater und Kammersekretär zugleich Vermittler zum sächsischen Kurfürsten), Johann Friedrich von Sachsen, der kursächsische Rat und Kanzler Dr. Gregor Brück (der juristische und politische Gestalter des neuen Kirchenwesens) und Philipp Melanchthon.*

Recht der fürstlichen und reichsstädtischen Obrigkeiten, sich für die alte oder die neue Kirche zu entscheiden.

Protest gegen Majorisierung in Glaubens- und Gewissensfragen

1529, als Frieden in Europa in Aussicht war, griff die kaiserliche Zentralgewalt erstmals wieder schärfer im Reich ein. Unter dem Druck König Ferdinands von Böhmen, des jüngeren Bruders Karls V., der 1521/22 mit dem deutschen Besitz des Hauses Habsburg belehnt worden war und den Kaiser während seiner Abwesenheit im Reich vertrat, hob die altgläubige Mehrheit eines zweiten *Reichstags zu Speyer* den Kompromiß von 1526 auf. Ein Teil der evangelischen Reichsstände, fünf Landesfürsten und 14 Reichsstädte, protestierte energisch gegen diese Majorisierung in Glaubens- und Gewissensfragen. Ihr Protest (daher »Protestanten«) sprengte die Reichsverfassung, denn die Lutheraner beanspruchten in Sachen der Religion ihrer »Untertanen« ein *Widerstandsrecht* gegen den Kaiser. Von heute her läßt sich selbst im Einzelfall nur schwer entscheiden, wo Gewissensnot, wo politische Motive den Ausschlag gaben. Der enorme *politische Anreiz der obrigkeitlichen Reformation* ist jedenfalls nicht zu leugnen: Sie bot dem Landesfürstentum die Möglichkeit, umfangreiche Säkularisationen von Kirchengütern vorzunehmen (oft bis zu einem Drittel des gesamten Grund und Bodens in den Territorien), die geistlichen Gerichte zu beseitigen und den auf den Landtagen lästigen Prälatenstand auszuschalten. Tatsächlich hat die obrigkeitliche Reformation die Macht und Autorität der Fürsten wesentlich gestärkt und mit der landesfürstlichen Kirchenhoheit den Prozeß der *Territorialstaatsbildung* zu einem krönenden Abschluß gebracht.

Konfessionsbildung

Die territorialstaatliche Verfestigung der Reformation erschwerte alle künftigen theologischen Ausgleichsbemühungen. Für den *Augsburger Reichstag* 1530 forderte Karl V. die Stände auf, ihre theologischen Positionen darzulegen. Noch einmal hoffte er, die Glaubenseinheit wiederherstellen zu können. Für die Lutheraner formulierte Philipp Melanchthon ein ausgleichsbereites Bekenntnis, die *»Confessio Augustana«*. Die Glaubensartikel, ein »Schriftstück der Tagespolitik« (Walther P. Fuchs) [25], hoben vor allem die Rechtfertigungslehre hervor und vermieden Streitpunkte wie Ablaß und Fegefeuer, Sakramentenzahl oder allgemeines Priestertum. Allerdings blieb das frontentrennende Problem des päpstlichen Primats bestehen. Die katholische Antwort, die *»Confutatio«*, war unversöhnlich. Die theologischen Verhandlungen scheiterten. Daraufhin erklärte der Kaiser das Augsburger Bekenntnis für widerlegt. Der Reichsabschied erneuerte das Wormser Edikt, befahl die Rückgabe des Kirchenguts und verbot jede kirchliche Neuerung.

Gewaltsamer Versuch, die Religionsfrage zu lösen

Gegen die drohende Reichsexekution schlossen die Protestanten ein defensives Militärbündnis, den *Schmalkaldischen Bund,* und erzwangen, als der Kaiser erneut auf die Hilfe des Reiches gegen die Bedrohung durch die Osmanen angewiesen war, in der Religionsfrage einen »Waffenstillstand« (1532). Seitdem breitete sich das Luthertum auf dem Wege obrigkeitlicher Reformationen nahezu ungehindert aus. Neben Reichsbistümern und Reichsabteien blieben nur noch die habsburgischen und wittelsbachischen Territorien dem Katholizismus erhalten. Darüber hinaus deutete sich in den skandinavischen Staaten und auf den britischen Inseln die europäische Ausweitung der Reformation an: In *Schweden* erzwang König Gustav I. Vasa 1527 die Säkularisation des Kirchenvermögens, während der Reichstag die Verbreitung reformatorischer Lehren zuließ; in *England,* wo König Heinrich VIII. selbst eine der ersten wirksamen Schriften gegen Luther verfaßt hatte, zerstörten persönliche Willkür und der langjährige Ehescheidungsprozeß des Königs gegen Katharina von Aragon, die keine männlichen Nachkommen mehr erwarten konnte, die Treue zur Papstkirche, bis das Parlament dem Monarchen 1534 alle Machtmittel zur Errichtung einer eigenen Landeskirche (Supremat) übertrug; in *Dänemark* schließlich schaffte König Christian III. nach einem verheerenden Bürgerkrieg den Episkopat ab, konfiszierte den geistlichen Besitz und berief 1537 den Wittenberger Lutheraner Johannes Bugenhagen zur Reorganisation der Kirche.

Alle Anstrengungen des Kaisers, der Ausbreitung des Luthertums entgegenzuwirken, scheiterten: seine Bemühungen um das Konzil – es wurde erst 1545 durch Papst Paul III. berufen (▷ S. 265 f.) –, eine Reihe von reichsinternen Religionsgesprächen, schließlich der Versuch, den Religionskonflikt gewaltsam zu lösen. Zwar gelang es ihm, nach der Niederlage Franz' I. die protestantischen Fürsten und Städte im *Schmalkaldischen Krieg* (1546/47) militärisch zu schlagen, doch reichte dieser Sieg nicht aus, um der katholischen Kirche das verlorene Terrain zurückzugewinnen. Gerade die Verteidigung des evangelischen Glaubens gegen den Versuch, die Einheit der Kirche im Reich mit Zwangsmitteln wiederherzustellen, gab der politischen Opposition der Reichsstände gegen die

kaiserliche Universalmonarchie eine tiefere, in der religiösen Überzeugung wurzelnde Motivation. Die Fürstenrebellion von 1552 (▷ S. 241) stellte die militärische Pattsituation wieder her. Karl V. resignierte und zog sich aus dem Reich in die Niederlande zurück. Die Reichsregierung übergab er 1556 seinem Bruder Ferdinand, der schon 1531 als Römischer König zu seinem Nachfolger designiert worden war, die Länder der spanischen Krone seinem Sohn Philipp. Bereits wenige Jahre später starb der Kaiser, tief enttäuscht und seelisch gebrochen, in der Stille des spanischen Klosters San Yuste.
Ferdinand (I.) war sehr viel eher zu einem Ausgleich der widersprüchlichen politischen und religiösen Interessen bereit, zeigten doch die Ereignisse, daß der Religionskonflikt mit Gewalt auf Dauer nicht zu lösen war. So fanden die Religionsparteien auf dem *Reichstag zu Augsburg* 1555 zu einer neuen Form konfessionellen Zusammenlebens.

Augsburger Religionsfrieden: Konsolidierung der Territorialstaaten

Der Augsburger Religionsfrieden stellte die Lutheraner erstmals den Katholiken gleich und erkannte das *Reformationsrecht der Landesfürsten* zeitlich unbefristet an. Die Landesfürsten bestimmten das Bekenntnis ihrer Untertanen (cuius regio, eius religio). Auswanderung aus religiösen Gründen war möglich, doch erst dann, wenn alle herrschaftlichen Verbindlichkeiten (z.B. durch Freikauf aus der Leibeigenschaft) abgelöst waren. In den Reichsstädten galten die beiden Konfessionen als gleichberechtigt (*paritätisch*). Eine – allerdings umstrittene – Sicherheitsklausel, der *»geistliche Vorbehalt«*, sollte den katholischen Besitzstand in geistlichen Herrschaften dadurch sichern, daß konvertierende geistliche Fürsten auf ihre Herrschaftsrechte zu verzichten hatten.
Der Friedensschluß orientierte sich an den realen Gegebenheiten. Er verzichtete auf die Einheit der Kirche und übertrug die Religionshoheit vom Reich auf die Territorien. Damit wurde, nur auf anderer Ebene, die (mittelalterliche) *Einheit von Kirche und Staat* erneut erzwungen. Nicht Gewissensfreiheit und Toleranz setzten sich durch, sondern das politische Interesse des Landesfürstentums, das Leben der Untertanen bis hin zu Gewissensfragen obrigkeitlich zu regeln. Spätestens seit dem Augsburger Religionsfrieden wurde die Konfessionsfrage zu einem wichtigen Moment des sich ausbildenden Absolutismus.

4. Reformation – Hypothek der deutschen Geschichte?

(1) Die einschneidendste Folge der Reformation war die *konfessionelle Spaltung*. Sie beschleunigte die Auflösung der abendländischen Einheit. Nicht nur die universale Politik Karls V. war gescheitert, auch die Reformatoren verfehlten das Ziel, ihre Auffassung eines evangelischen Christentums in der *einen* universalen Kirche zu verwirklichen. Katholiken und Protestanten nahmen den Besitz der christlichen Wahrheit ausschließlich und absolut für sich in Anspruch. Darüber mußte nach der alten Trennung der christlichen Welt in eine Ost- und Westkirche nun auch die kirchliche Einheit des Westens zerbrechen.
(2) Die Reformation vertiefte den *persönlichen Glauben* gegenüber Dogma und

Tradition und setzte ungeheuere religiöse Energien frei – auch auf altgläubiger Seite. Das Ringen um den rechten Glauben machte die Religion zum *Bekenntnis.* Im Ergebnis jedoch hob das landesherrliche Kirchenregiment die Glaubensfreiheit des einzelnen nahezu vollständig auf, bestimmte das Landesfürstentum die Konfession der Bevölkerung. Daraus ergaben sich zwei weittragende Konsequenzen: Das Verhältnis der Staaten zueinander wurde noch im 17. Jahrhundert nicht allein von realen politischen Interessen geleitet, sondern auch von religiösen und konfessionellen Gegensätzen mitbestimmt; sodann stellt kirchliche Zugehörigkeit noch heute im allgemeinen das Ergebnis der *obrigkeitlichen Religionspolitik* der Reformationszeit dar.

(3) Der Augsburger Religionsfrieden ermöglichte den föderativen Zusammenhalt des Reiches unter einer katholischen Kaiserdynastie. Doch folgte der konfessionellen Abgrenzung innerhalb des Reiches eine *politische und kulturelle Entfremdung.* Namentlich die Kultur der romanischen Mittelmeerländer und des Barock blieb dem protestantischen Norden Deutschlands weitgehend fremd, während sie im katholischen Süden Eingang fand. Andererseits suchten die Protestanten den geistigen und kulturellen Austausch vornehmlich mit Holland, England und Skandinavien. Die Trennungslinie zwischen Nord und Süd, die Mainlinie, bildete sich jetzt erst aus.

(4) *Die Reformation löste Staat und Gesellschaft aus ihren festen Bindungen an die mittelalterliche Kirche.* Luther lehnte die mittelalterliche Theorie von der Überordnung der Kirche über den Staat ab. Denn auch der Staat war für ihn eine gottgegebene Institution. Zugleich verwarf er jede Form von aktivem *Widerstand* gegen die Obrigkeit, ohne jedoch auf offene Kritik an ihr zu verzichten. Als das Landesfürstentum die Reformation in seinen Schutz nahm, schärfte der furchtsamere Melanchthon den Gehorsam gegen *jede* Obrigkeit ein, die man, mochte sie auch Unrecht tun, »wie Regen und Schnee« über sich ergehen lassen müsse. Hieraus entwickelte das Luthertum eine *Ethik des Gehorsams,* die in der politischen Praxis den absolutistischen Fürstenstaat legitimierte, politische Teilnahmslosigkeit begünstigte und nicht unwesentlich zu jenem »blinden Untertanengehorsam« beigetragen hat, der die deutsche Geschichte bis ins 20. Jahrhundert belastete.

IV. Bäuerlicher Widerstand

Bauernrevolten

Die Beobachtung, der bäuerliche Widerstand gehöre zur frühneuzeitlichen Agrargesellschaft wie der Arbeiterstreik zum Industriezeitalter, trifft in besonderem Maße für Mitteleuropa zu. Denn entgegen einer weitverbreiteten Auffassung verfiel der deutsche Bauernstand nach der verheerenden Niederlage von 1525 und dem drastischen Strafgericht der Fürsten keineswegs in einen Zustand politischer Apathie.[26] 1526/27 erhoben sich in der Niederlausitz 40 Dörfer gegen ihren Grundherrn, und schon 1532 planten Salzburger Bauern, es »besser zu machen« als im Bauernkrieg. Es folgte eine Kette von lokalen und regionalen Bauernunruhen, bis die habsburgischen Länder an der Wende vom 16. zum 17. Jahrhundert von einer großen Aufstandswelle erfaßt wurden. Gleichzeitig gärte es an zahlreichen Orten zwischen Allgäu und Oberrhein. Insgesamt zählte man zwischen Bauernkrieg und Französischer Revolution noch mehr als 50 bäuerliche Widerstandsaktionen in 30 verschiedenen Territorien des Reichs und damit etwa ebenso viele wie im Späten Mittelalter.

Widerstand als Ausdruck bäuerlicher Mentalität und bäuerlichen Rechtsempfindens

Die spätmittelalterlichen und frühneuzeitlichen Bauernrevolten hatten im allgemeinen *defensiven* Charakter. Der Bauer, den die Unsicherheit der Lebensumstände, Naturgewalten und Kriege seit eh und je zur *Selbstverteidigung* nötigten, sah sich zu gewaltsamem Widerstand hauptsächlich dann herausgefordert, wenn er sich in seinen traditionellen Rechten bedroht glaubte. Sein *Rechtsbewußtsein* gründete sich überwiegend auf Erfahrung, Tradition und Gewohnheit. Die Ordnung, in der er lebte, hielt er für ebenso alt wie die Welt. Sie schien ihm mit der Natur und mit dem Willen Gottes übereinzustimmen. Von Hause aus daher eher geduldig, konservativ und religiös, neigte er dazu, die Vergangenheit als »goldenes Zeitalter« zu verklären und Neuerungen abzulehnen, wie etwa die Ausdehnung grundherrlicher Abgaben und Dienste, die Erhebung neuer Steuern, Zölle, Ungelder (Verbrauchssteuern) und Gerichtsbußen oder die Einführung des Römischen Rechts. Hauptsächlich wehrte er sich gegen die Anstrengungen des Landesfürstentums, auf Kosten seiner alten Freiheiten einen geschlossenen, einheitlich regierten Untertanenverband herzustellen. In Krisenzeiten indes, wenn konfessionelle oder allgemeine politische Motive die bäuerlichen Forderungen im engeren Sinne überlagerten, gingen die Bauern in die *Offensive*: Dann steigerten sich die Revolten zum organisierten Aufstand, im Extremfall bis zur Revolution.

Bauernkrieg 1524/26: Höchste Stufe bäuerlichen Widerstands

Schon seit Mitte des 15. Jahrhunderts war es wiederholt zu regionalen Bauernaufständen gekommen. Sie beriefen sich, wie dann der »Arme Konrad« in Württemberg (1514), auf das *alte Recht und Herkommen* oder, wie die Bundschuh-Verschwörungen am Oberrhein (1493–1517), auf das »göttliche Recht«, das als eine Art *biblisch begründetes Naturrecht* verstanden wurde. Der große deutsche Bauernkrieg von 1524/26 stellte die höchste Stufe bäuerlichen Widerstands dar. Darüber hinaus war der Bauernkrieg Ausdruck einer umfassenden *gesellschaftlichen Krise.* Wie diese Krise letztlich zu deuten ist, darüber konnten sich die Historiker bis heute nicht verständigen. Hatten Reformation und Bauernkrieg gemeinsame Wurzeln? Waren beide Höhepunkte des Versuchs, das mittelalterliche Feudalsystem durch eine bürgerlich-revolutionäre Bewegung (»frühbürgerliche Revolution«) zu überwinden? Gegenüber dieser Deutung des Bauernkriegs im Rahmen der marxistischen Geschichtsauffassung wurde immer wieder kritisch auf die in ihrem Kern bäuerliche Trägerschicht der Bewegung von 1525 und auf den konkreten Inhalt der bäuerlichen Forderungen verwiesen.[27]

Von den reformatorischen Forderungen im Programm der Bauern und ihrem Begehren abgesehen, die Leibeigenschaft abzuschaffen (▷ S. 251), lassen ihre höchst unterschiedlichen Beschwerden hauptsächlich *drei – spezifisch bäuerliche*

– *Motive* erkennen: (1) das Interesse, ihre traditionellen *Rechte und Freiheiten* gegenüber stets neuen Abgaben, Diensten und Steuern zu sichern; (2) ihr Bestreben, die überlieferten, oft komplizierten ländlichen Rechtsverhältnisse (Nebeneinander und Überlagerung von grund-, gerichts- und leibherrlichen Rechten) und die *Selbstbestimmung der Dorfgemeinde* (Dorfgericht, Flurordnung, Allmendenutzung) gegenüber den Eingriffen der Landesherrschaft zu verteidigen; schließlich (3) das Ziel der mittleren und wohlhabenden Bauern, ihre Vorrechte gegenüber der anwachsenden *dörflichen Unterschicht* zu behaupten. Hinter diesen sehr konkreten Forderungen wird aber auch die Utopie einer Welt ohne Herren, ohne Abgaben, ohne Dienste und Zwänge faßbar, eine bäuerlich bestimmte und selbstverwaltete Welt – ein »Traum von Freiheit« (Winfried Schulze).[28]

Folgen des Bauernkriegs

In ihrem *politischen Ziel,* neben dem Adel und dem Bürgertum als gleichberechtigter Stand anerkannt zu werden und die staatliche Ordnung von unten her auf autonome Gemeinden zu gründen, sind die Bauern gescheitert. Angesichts ihrer verbrannten Dörfer mochte ein zeitgenössischer Chronist den Eindruck gewinnen, daß »die beschwerte Bauernschaft, (die) aus den Karrenstricken ausgeschlüpft, nun erst gar mit Ketten in (den) Wagen eingespannt worden ist«[29]. Gleichwohl blieb der Bauernkrieg politisch nicht so folgenlos, wie man gemeinhin annimmt. In mehreren süddeutschen Territorien – sie umfassen etwa ein Drittel des Aufstandsgebiets – gelang es den Bauern, der Landesherrschaft gegenüber *repräsentative Vertretungen* durchzusetzen, in Tirol sogar als richtiger Stand mit dem Recht der Steuerbewilligung und Steuerverwaltung sowie der Verabschiedung von Landes- und Wehrordnungen. Sodann verbesserten sich die bäuerlichen *Beschwerdemöglichkeiten.* Viele kleinere Konflikte wurden künftig durch Kompromisse beigelegt, zuweilen freilich erst nach langwierigen Prozessen vor kaiserlichen Schiedskommissionen, Reichs- und Territorialgerichten.

Der Bauer – Lasttier der Gesellschaft

Weder Landes- noch Grundherren waren daran interessiert, die bäuerliche Leistungsfähigkeit auf Dauer zu schwächen. Denn der Bauer blieb das Lasttier der ständischen Gesellschaft (▷ Tafel 18). Seine Abgaben finanzierten die adeligen Haushalte, seine Steuern füllten die staatlichen Kassen. Erst im späten 16. und 17. Jahrhundert, als die Finanzbedürfnisse der Territorialstaaten sprunghaft anstiegen – im Herzogtum Bayern zum Beispiel zwischen 1480 und 1660 um 2200 % –, organisierte sich der bäuerliche Widerstand erneut in größerer Breite. Namentlich in den kleineren süddeutschen Landesherrschaften, in denen der Prozeß der Territorialstaatsbildung noch nicht so weit fortgeschritten war und der Regierungsaufwand in einem besonders ungünstigen Verhältnis zur Bevölkerungszahl stand, rebellierten die Bauern gegen den Steuerdruck des Staates. Bis ins 18. Jahrhundert blieb die *Steuerrevolte* ein für Europa geradezu typischer Vorgang.

Daneben haben auch *andere Ursachen* den Aufstand der Bauern provoziert. In Ober- und Niederösterreich revoltierten sie 1595/97 gegen die Unterdrückung der evangelischen Lehre und zugleich gegen die unmäßige Ausweitung grundherrlicher Lasten und Dienste; im Oberösterreichischen Bauernaufstand von 1626, als die Habsburger das Land an Bayern verpfändet hatten, kam als drittes Motiv die Unterdrückung der Bevölkerung durch bayerische Soldaten hinzu; in Bayern selbst erhoben sich die Bauern im Verlauf des Dreißigjährigen Krieges 1633/34 gegen den Druck der Kriegslasten und die Auswüchse der Soldateska und erneut während des Spanischen Erbfolgekriegs 1705/06, als das Land von österreichischen Truppen besetzt war.

Kriminalisierung bäuerlichen Widerstands

Rechtsbrecher waren für die Bauern stets die Herren mit ihren gelehrten Juristen. Diese zögerten ihrerseits nicht, jede Form von bäuerlicher Empörung als Verbrechen und Sünde zu kriminalisieren. In der Regel ließen sie den bäuerlichen Widerstand mit Waffengewalt brechen, wenn auch nicht immer mit so grausamem Zynismus wie 1625 im österreichischen Hausruckviertel, als die Bürgermeister und Heimbürgen (Dorfrichter) mehrerer rebellischer Dörfer, insgesamt 38 Bauern, um ihr Leben würfeln mußten. Wer von zweien die kleinere Zahl warf, wurde an der Gerichtslinde oder am Kirchturm gehenkt. Aber der Bauer bewies, daß er nicht nur eine Figur war, die auf dem Schachbrett der Herren willkürlich umhergeschoben werden konnte. In zahlreichen Konflikten wiederholten die Herren nahezu stereotyp die Befürchtung, daß es »nach und nach dazu kommt, daß die Untertanen Obrigkeit werden und der Herr tun soll, was sie gebieten und schaffen«[30], wie der Propst eines oberbayerischen Klosters im 17. Jahrhundert schreibt. Dahinter stand nicht allein die Absicht, die Aufrührer ins Unrecht zu setzen, sondern auch die Erkenntnis, eines Tages der Herausforderung durch die Untertanen nicht mehr gewachsen zu sein.

V. Glaubenskämpfe und Hegemonialkriege in Europa

Katholische Reform, Gegenreformation, Calvinismus, »Glaubenskämpfe«

Ein halbes Jahrhundert nach Luthers erstem Auftreten war der Protestantismus in Nord-, West- und Mitteleuropa zur stärksten religiös-politischen Kraft geworden. Allein die iberischen Staaten, Italien, Irland und die südlichen Niederlande sowie einige Gebiete West- und Süddeutschlands blieben von ihm so gut wie unberührt. Doch stellte die Reformation nur den einen der beiden Vorgänge dar, in denen der religiöse Aufbruch des 16. Jahrhunderts in Erscheinung trat. Der andere war die *innerkatholische Erneuerungsbewegung* (katholische Reform), die zwar aus eigenen Wurzeln entstand, hauptsächlich aber in der Auseinandersetzung mit dem Protestantismus die entscheidenden Impulse empfing. Sie war zugleich die Voraussetzung für den Versuch, das an den Protestantismus verlorene Terrain zurückzugewinnen (*Gegenreformation*). Als die katholische Offensive auf den Widerstand der *Calvinisten* stieß, der aktivsten und konsequentesten Richtung innerhalb des Protestantismus, verschärften sich die konfessionellen Gegensätze in Europa. Das Vordringen des Calvinismus, die gegenreformatorischen Aktionen Roms und die katholische Politik der *spanischen Monarchie* führten schließlich zum offenen Kampf zwischen Staaten, Ständen und Religionsparteien. Indes, in Diplomatie, Kriegen und Bürgerkriegen gingen *kämpferische Glaubensreform* und *fürstliches Machtstreben, konfessionelle Kirchenbildung* und *staatliche Machtexpansion* Hand in Hand. Ihr Mit- und Gegeneinander gab dem Jahrhundert zwischen dem Augsburger Religionsfrieden und dem Ende des Dreißigjährigen Krieges, dem »Jahrhundert der Gegenreformation«, die Signatur.

1. Die neuen konfessionellen Kräfte: Reformierte Kirche und katholische Reform

1534	Gründung des Jesuitenordens. Ignatius von Loyola
1536	Johannes Calvin, »Unterricht in der christlichen Religion«
1541	Reformation in Genf
1545–1563	Konzil von Trient

a) Entstehung und Ausbreitung des Calvinismus. Um 1560 erreichte das Luthertum die Grenzen seiner Ausbreitung. In der Folgezeit war es mehr auf Bewahrung und Verteidigung des Erreichten denn auf Expansion eingestellt. Darüber verlor es die Führung des Protestantismus. Namentlich in Frankreich, in den Niederlanden und in England, wo Luther unter den humanistisch Gebildeten zahlreiche Anhänger hatte, setzte sich eine jüngere, kämpferische Generation durch, die jeden Kompromiß gegenüber der alten Kirche ablehnte und von den Auffassungen des Genfer Reformators Calvin geprägt war.

Johannes Calvin

Johannes Calvin, ein humanistischer Gelehrter aus Noyon (Nordostfrankreich), hatte sich nach dem Studium Lutherischer Schriften durch »plötzliche Bekehrung« der Reformation zugewandt, Frankreich aber verlassen, als Franz I. die Protestantenverfolgung verschärfte. Im Exil mit der Kirchenreform der Stadt Genf betraut, hielt er seine Anhänger bald durch persönliche Autorität, durch seine klare, systematisch aufgebaute Lehre (Institutio religionis Christianae, 1536) und durch strenge Richtlinien für Kirchenorganisation und christliche Lebensführung (Ordonnances ecclésiastiques, 1541) zusammen.

Prädestinationslehre

Stärker noch als Luther betonte Calvin die menschliche Schwäche und die Allmacht Gottes. »Wir sind berufen«, lehrte er, »nicht gemäß unseren Tugenden, sondern gemäß der Wahl und der Gnade Gottes« [31] (Prädestination). Die *Vorherbestimmung* zum Heil lasse sich erschließen aus der Bereitschaft des einzelnen, Gottes Wort in der Predigt zu hören und an der Gemeinschaft mit Christus in Glauben und Abendmahl teilzunehmen. Die Vorstellung der Prädestination mündete später in das Mißverständnis ein, daß Erfolg im Leben die Erwählung andeute. Die Wirkungen, die hiervon ausgingen – rationale Lebensführung, gesteigerte Pflichterfüllung und berufliches Erfolgsstreben –, haben den Soziologen Max Weber zu der gegenwärtig noch diskutierten These veranlaßt, daß zwischen *calvinistischer Religiosität* und der *Entstehung des modernen Kapitalismus* ein Zusammenhang gegeben sei.[32]

Genf – Modell der christlichen Gemeinde

Calvin verstand Reformation als »Aufrichtung des Reiches Gottes auf Erden«. Im Unterschied zu Luther hatten für ihn Fragen der Kirchenordnung und der Kirchenzucht größte Bedeutung. Wie in Zürich und in Straßburg waren auch in Genf Kirchen- und Bürgergemeinde identisch, und wie Zwingli und Bucer ging auch Calvin von der Gemeinde aus. Die christliche Gemeinde war für ihn die von Gott gestiftete, die Kirche tragende Institution.

In der *Genfer Kirchenordnung* legte er ihren Aufbau fest. Dieser hatte mit der altkirchlichen Hierarchie nichts mehr gemein: Die Amtsträger der Kirchengemeinde – Pastoren, Doktoren, Diakone und Älteste (Presbyter) – wurden für genau umschriebene Aufgaben – Predigt, Lehre und Unterricht, karitative Werke, Disziplin – bestimmt; Pastoren und Älteste bildeten das Konsistorium, eine Art kirchliches Sittengericht; Kirchenleitung und Stadtregiment wirkten schließlich mit dem Ziel zusammen, alle Seiten des Lebens nach christlichen Maßstäben zu formen. Zwar lehrte Calvin die Unabhängigkeit der kirchlichen Gemeinde von der weltlichen Gewalt, aber er verpflichtete die Obrigkeit auf die totale *Verchristlichung des Gemeinwesens* und ordnete sie in diesem Sinne der Kirche unter. Umgekehrt behielten sich die Genfer Ratsherren die Ernennung der geistlichen Amtsträger vor. Streng ließ Calvin das Leben der Bürger durch Sittengericht und Hauskontrollen überwachen, Kartenspiel, Tanz und Theater verbieten, alle Verstöße gegen die »Ehre Gottes« mit größter Schärfe bestrafen (1541–1546: 56 Todesurteile und 78 Verbannungen). Das Genfer System kannte *keine Toleranz.* Politische und theologische Gegner wurden rigoros ausgeschaltet. Am bekanntesten wurde das Verfahren gegen den spanischen Arzt und Philosophen *Michael Servet* (1553), der das Trinitätsdogma in Zweifel zog und verbrannt wurde.

Politische Stoßkraft des Calvinismus

Calvin war Reformator und Erzieher, Propagandist und Politiker in einer Person. Erfüllt von dem prophetischen Bewußtsein, im Auftrag Gottes zu handeln, suchte er von Genf aus die christliche Welt zu missionieren. Bald wurde die Stadt zu einem Sammelort protestantischer Glaubensflüchtlinge. Diese trugen die Genfer Lehre in ihre Ursprungsländer zurück. Rasch eroberte der Calvinismus ganz *West-* und *Mittelosteuropa.* Calvinistische Kirchen entstanden in Frankreich, in den Niederlanden und in Schottland, in Polen, Siebenbürgen und Ungarn – hauptsächlich in Ländern mit relativ schwacher Zentralgewalt und mächtigen Ständen, die sich gegen die Beschränkung ihrer Autonomie durch den modernen Fürstenstaat zur Wehr setzten. So entfaltete sich der Calvinismus überwiegend als *Konfession der adelig-bürgerlichen Ober- und Mittelschicht* und blieb vor allem dort lange wirksam, wo sich, wie in England und in den Niederlanden, ein starkes Bürgertum entwickelt hatte. In den westeuropäischen Ländern trug er entscheidend dazu bei, den *Kampf der Stände* um die *politische Macht* zu aktivieren. Ohne ihn lassen sich weder der Aufstand des schottischen Adels gegen die katholische Dynastie der Stuarts noch der niederländische Freiheitskrieg gegen Spanien, noch auch die englische Revolution des 17. Jahrhunderts erklären. Da sich die reformierten Kirchen, wie sie im Unterschied zum Luthertum genannt wurden, nicht auf das landesherrliche Kirchenregiment, sondern auf halbautonome, sich selbstverwaltende Gemeinden stützten, bildeten sich nur selten geschlossen calvinistische Territorien. Lediglich in Schottland wurde der Calvinismus über die Herrschaft seiner Anhänger im Parlament gleichsam Staatsreligion. Doch überall da, wo die calvinistische Lehre Fuß faßte, durchdrang sie alle Lebensbereiche. Der Calvinismus entfaltete ein aktives Gemeindeleben, gab sich in nationalen Bekenntnissen einen festverbindlichen Rahmen, bildete an zahlreichen Akademien eine schlagkräftige Elite aus und war so der gegenreformatorischen Offensive besser gewachsen als das Luthertum.

b) Tridentinische Reform und Gegenreformation. Für den Katholizismus bedeutete die Reformation eine beispiellose Herausforderung. Die alte Kirche versuchte zwar, ihre Position zu behaupten, doch nördlich der Alpen standen ihre Verteidiger weitgehend auf verlorenem Posten. Anders war die Situation in Südeuropa: Hier wurde nicht nur jede protestantische Regung von vornherein gewaltsam unterdrückt, hier hatte auch die katholische Erneuerungsbewegung ihre Ursprünge. In *Spanien* führte schon Ende des 15. Jahrhunderts die Reform des Klerus zu einer gründlichen Erneuerung des innerkirchlichen Lebens. Zur selben Zeit fanden sich in *Italien* Laien und Kleriker zu Bruderschaften zusammen, um das katholische Lebensideal durch vertiefte Frömmigkeit und tatkräftige Caritas-Arbeit zu verwirklichen (*Oratorienbewegung*). Am deutlichsten wurde die Selbstreform der Kirche in der *Klosterreform.* Zahlreiche Orden strenger Observanz entstanden, die sich der Kleriker-Ausbildung (Theatiner) annahmen und durch Predigt (Kapuziner), soziale Fürsorge (Paulaner) und Unterricht (Piaristen, Ursulinen) in die Breite wirkten. Doch erst als die römische Kurie sich der Reform annahm und die noch ungeordneten Kräfte der Erneuerung mit dem Kampf der Kirche gegen den Protestantismus verband, konnte die Krise des Katholizismus, die durch die Reformation bewußt geworden war, überwunden werden.

Selbstreform in Spanien und Italien

Unter *Papst Paul III.* gelangten führende Köpfe der italienischen Reformbewegung in das Kardinalskollegium. Mit ihrer Hilfe wurde das Konzil von Trient (1545–1563) vorbereitet, das der katholischen Kirche erstmals eine klar definierte Form gab. Anhänger wie Gegner der Reformation hatten sich einst von dem Konzil die Wiederherstellung der Glaubenseinheit erhofft. Es brachte indes eine *konservative Selbstbesinnung* der römischen Kirche auf ihre überlieferten dogmatischen Grundlagen wie zum Beispiel auf die Lehre von der Freiheit des Willens (Gottes Gnade anzunehmen), vom Wesen der Eucharistie (Transsubstantiation), von der Siebenzahl der Sakramente oder der Verdienstbarkeit der guten Werke. Sodann suchte das Konzil eine kompromißlose *Abgrenzung* gegenüber dem Protestantismus: Gegen die Volkssprache in Liturgie und Heiliger Schrift stellte es das Latein (Vulgata), gegen die Aufwertung der Laien die sakramentale Weihe der Kleriker, gegen den Abbau der Scholastik den Rückgriff auf Thomas von Aquin, gegen das Schriftprinzip die Lehrautorität der Kirche. Sodann wirkte das Konzil durch einschneidende *Disziplinarmaßnahmen*

Reformdekrete des Trienter Konzils

(Erneuerung des Zölibats, Verbot von Ämterkauf und Pfründenhäufung) und durch die Stärkung der bischöflichen Gewalt den Mißbräuchen und der Verweltlichung in der Kirche entgegen. Es regelte die *Ausbildung* der Geistlichen in Priesterseminaren und veranlaßte global verbindliche *Buchhilfen* – den Tridentinischen Katechismus (1566), das römische Brevier (1568) und ein neues Missale (1570) –, um eine einheitliche katholische Orientierung zu ermöglichen. Allein dem Papsttum gestand es die Auslegung seiner Beschlüsse zu. Damit bestätigte das Tridentinum de facto den *päpstlichen Primat* gegenüber allen konziliaristischen Strömungen. Auch dies kam der katholischen Erneuerung zugute. Denn in der zweiten Jahrhunderthälfte waren Kirchenreform und Rekatholisierung ein Hauptmoment der päpstlichen Politik.

Römischer Zentralismus, Reaktivierung katholischen Glaubens

Die Reformpäpste – Pius IV., Pius V., Gregor XIII. und Sixtus V. – entfalteten eine weitreichende Aktivität. Sie zentralisierten die *Inquisition,* das Glaubensgericht gegen Häretiker, und die *Bücherzensur,* die beiden wirkungsvollsten Instrumente zur Kontrolle von Klerus und Gläubigen, in Rom, erneuerten den kurialen Behördenapparat und überzogen Europa mit einem Netz von *Nuntiaturen,* die die Durchführung der Trienter Reformdekrete überwachten und nach Weisung der Kurie mit den katholischen Staaten verhandelten. Neue *Lehr- und Studienanstalten* wurden errichtet, die den Priesternachwuchs mit dem Geist der Reform erfüllten. Um aber die Masse der Gläubigen an den Katholizismus zu binden, förderte Rom den *Katechismusunterricht* wie auch alle *volkstümlichen Formen katholischen Glaubens.* Heiligenkulte, Schauspiele und Feste, Prozessionen und barocker Kirchenbau wurden bewußt in den Dienst der Glaubenserneuerung und der Rekatholisierung der Gesellschaft gestellt.

Jesuitenorden – »Militia Christi«

Entscheidende Unterstützung erhielt das Reformpapsttum durch die neuen Orden, allen voran durch den Jesuitenorden, der sich als katholischer Kampforden militärischer Disziplin unterwarf und bedingungslos der Kurie unterstellte. »Ich glaube«, versicherte sein Begründer, der baskische Adelige *Ignatius von Loyola,* »daß das Weiße, das ich sehe, schwarz ist, wenn die hierarchische Kirche es so definiert.«[33] An erster Stelle wirkten die Jesuiten in der *Volks- und Heidenmission.* Sie ließen sich vorzugsweise im Grenzraum zwischen den Konfessionen und in konfessionellen Mischgebieten nieder und sicherten sich in den spanischen, portugiesischen und später in den französischen Kolonien eine monopolartige Stellung. Der zweite Schwerpunkt ihres Wirkens lag im höheren *Bildungswesen.* Mit Hilfe des katholischen Fürstentums gründeten sie zahlreiche Universitäten und Ordenskollegien, an denen der eigene Nachwuchs, aber auch die geistliche und weltliche Elite des katholischen Europa erzogen wurde. Der bayerische Herzog Maximilian I. und Kaiser Ferdinand II., beide herausragende Gestalten der Gegenreformation, waren Jesuitenschüler. Seelsorge und gelehrtes Studium ermöglichten es den Ordensmitgliedern, in *geistige* und *religiöse Führungspositionen* vorzudringen und an den katholischen Fürstenhöfen beträchtlichen Einfluß auszuüben. So ist es vor allem dem Wirken der Jesuiten zuzuschreiben, daß sich der Katholizismus binnen weniger Jahrzehnte regenerieren und konsolidieren konnte.

Ignatius von Loyola überreicht Papst Paul III. die Ordensregel der Jesuiten. *Vom Orden gestiftetes Gemälde (frühes 17. Jh.) eines unbekannten Künstlers in Al Gesú, der Hauptkirche der Jesuiten in Rom: »Papst Paul III. von der Gesellschaft Jesu, die er empfangen und bestätigt hat, zum höchsten Ruhm.«*

Gegenreformation, katholisches Staatskirchentum und antiständische Politik

Auf der Grundlage erneuerter Religiosität und straff zentralisierter Kirchenführung erwies sich das wiedererstarkte Papsttum für die katholischen Mächte Europas als bündnisfähig. Die römische Kurie erkannte, daß ihre Chance nicht allein in der Selbstreform der Kirche und der Rückbindung breiter Volksschichten an den Katholizismus bestand, sondern vor allem im Zusammenwirken mit den katholischen Obrigkeiten. Teils entgegenkommend, teils widerstrebend gewährte sie Monarchen und Fürsten dieselben Vorteile wie die reformatorische Bewegung (▷ S. 253 f.), nämlich (1) die Errichtung eines obrigkeitsgelenkten *Staatskirchentums* und (2) die Stabilisierung der fürstlichen Herrschaft auf dem Wege der *Zwangskonfessionalisierung.* Namentlich der Jesuitenorden, der nicht selten die politische Gewalt gegen den Widerstand protestantischer Stände in Anspruch nahm, trat als entschiedener Verfechter des fürstlichen Absolutismus auf.

Territorialisierung des Kirchenwesens und *antiständische Politik* waren nachgerade typische Kennzeichen der *Gegenreformation im Reich.* Als zum Beispiel in Bayern unter Herzog Albrecht V. die Gegenreformation mit Zensur, Schulordnung, jesuitischer Kirchenvisitation (1569) und der Errichtung einer zentralen Kirchenbehörde (1570) durchgesetzt wurde, wiederholten sich Vorgänge, die in den lutherischen Territorien zur Bildung des landesherrlichen Kirchenregiments geführt hatten. Darüber hinaus war die gewaltsame Rekatholisierung des Herzogtums ein Mittel, mit der konfessionellen auch die politische Opposition des Adels zu brechen und die landständischen Rechte drastisch einzuschränken. Wie in Bayern, dem Bollwerk der Gegenreformation, und unter seinem Einfluß, so vollzog sich auch in den geistlichen Fürstentümern (Fulda, Würzburg, Mainz, Köln u. a.) und in den Ländern der Habsburger Monarchie die Wiederherstellung des katholischen Bekenntnisses als Zwangsmaßnahme von oben. Am folgenschwersten erwies sich die Auseinandersetzung zwischen der Landesherrschaft und der protestantisch-ständischen Opposition in Böhmen. Dort führte die Niederlage des calvinistischen Kurfürsten Friedrich von der Pfalz, den die böhmischen Stände 1619 gegen den Habsburger Ferdinand II. zum König gewählt hatten, nicht allein zur Vernichtung des alteingesessenen Adels und zur Massenaustreibung von Protestanten und Täufern, sondern auch zum Verlust der relativen politischen Selbständigkeit des Landes und zum Ausbruch des Dreißigjährigen Krieges. Im ganzen machen diese Vorgänge deutlich, daß die katholischen Kernländer Mitteleuropas ohne das Bündnis der römischen Kurie mit den politischen Mächten für die alte Kirche verloren gewesen wären.

2. Spanische Hegemonie und konfessionelle Kämpfe in Westeuropa

Konfession und Politik

Auch in früheren Jahrhunderten nahm die universale Kirche die politischen und militärischen Zwangsmittel der weltlichen Gewalt in Anspruch, um ihre Herrschaft gegen innere und äußere Feinde zu stabilisieren. Doch nun bewirkte die enge Verbindung von Politik und Religion eine in Europa bis dahin nicht gekannte Militanz. Denn zum einen kämpften in der nachreformatorischen Zeit mehrere christliche Konfessionen mit Hilfe der politischen Mächte um ihre Durchsetzung, und zum anderen bedienten sich Fürsten und Stände der religiösen Bewegungen, um die Einheit ihres Landes oder ihre politische Unabhängigkeit zu erzwingen. So überlagerte in *Westeuropa* der Gegensatz zwischen Calvinisten und Katholiken die jahrzehntelangen Kämpfe innerhalb der *französischen Hocharistokratie* um den maßgeblichen Einfluß auf die Krone (1562–1598) wie auch den 40jährigen Land- und Seekrieg zwischen den aufständischen *Niederlanden* und der *spanischen Monarchie* (1567–1609). In *Nordosteuropa* wurde gegen Ende des 16., Anfang des 17. Jahrhunderts der Streit zwischen der protestantisch-schwedischen und der katholisch-polnischen Linie des Hauses *Vasa* um den schwedischen Thron und die Herrschaft über die Ostsee unter konfessionellen Vorzeichen ausgetragen. Und um politische Unterwerfung und konfessionelle Unterdrückung ging es in zahlreichen Gewaltaktionen des elisabethanischen *England* gegen das katholische *Irland,* wie umgekehrt alle irischen Aufstände Kämpfe für die politische Unabhängigkeit des Landes und für den katholischen Glauben waren. Immer vermischte sich das konfessionelle Moment mit politischen Ambitionen, häufig war der »Glaubenskampf« nur Mittel zum Zweck. Als schließlich der Gegensatz der Religionsparteien in die auswärtigen Beziehungen der europäischen Mächte hineinspielte, wurden Bastionen des Glaubens zu Bastionen weltlich-politischer Hegemonieansprüche.

1556–1598	Philipp II., König von Spanien
1558–1603	Elisabeth I., Königin von England
1559	Friede von Cateau-Cambrésis
1572	Bartholomäusnacht
1581	Unabhängigkeitserklärung der Generalstaaten
1588	Niederlage der Armada
1589–1610	Heinrich IV., König von Frankreich
1598	Edikt von Nantes

Aufstieg Spaniens

a) Hegemoniale und gegenreformatorische Politik Spaniens. Keine andere Nation identifizierte sich so mit der Sache des Katholizismus wie die spanische. Im *Frieden von Cateau-Cambrésis* 1559 beendete *Philipp II.* den verlustreichen Krieg mit Frankreich, das auf seine Rechte in Italien verzichtete, seine Westgrenze aber stillschweigend auf Kosten von England (Calais) und des Reiches (Metz, Toul, Verdun) zu sichern verstand (▷ S. 241). Der habsburgisch-französische Ausgleich, vom Papst vermittelt und als »pax catholica« gefeiert, war nicht zuletzt von gemeinsamen antiprotestantischen Zielen bestimmt. Der Frieden machte Spanien zur katholischen Vormacht auf dem Kontinent. Er schaltete Italien als weltpolitischen Faktor aus und unterwarf es zusammen mit dem Papsttum dem spanischen Einfluß. Im selben Jahr verließ *Philipp II.* die Niederlande, um nunmehr von Madrid, später vom Klosterpalast El Escorial aus zu regieren. Madrid und dann der Escorial, den der spanische König in der Abgeschiedenheit des kastilischen Berglands als dynastisches Grabmonument, Residenz, Behördensitz und klösterliches Gebets- und Wissenschaftszentrum in einem errichten ließ, wurden Mittelpunkte einer von Philipp II. ebenso skrupelhaft wie selbstherrlich geführten absolutistischen Bürokratie. Sie diente dem Monarchen im Bewußtsein einer großen nationalen und christlichen Aufgabe. Diese bestand – in Übereinstimmung mit der öffentlichen Meinung des Landes – im Kampf gegen den *Islam,* in der Erschließung der *Neuen Welt* und im Widerstand gegen die Expansion des *Protestantismus.* Im Bewußtsein dieser Aufgabe wurde die spanische *Inquisition* gegen alle Abweichungen von der katholischen Orthodoxie (erasmianischer Humanismus) sowie gegen die ethnischen und religiösen Minderheiten (Morisken, Juden) innerhalb der spanischen Bevölkerung rigoros eingesetzt, die osmanische Mittelmeerflotte bei *Lepanto* (1571) vernichtend geschlagen und *Portugal* (1580) mit seinem riesigen Kolonialreich aufgrund erbrechtlicher Ansprüche in Besitz genommen. Auf dem Höhepunkt seiner Macht ließ Philipp II. nichts unversucht, um die konfessionellen Auseinandersetzungen seiner Zeit mit diplomatischem Druck und militärischer Intervention zugunsten der katholischen Kirche und damit zugunsten der spanischen Hegemonie in Europa zu entscheiden. Daß er mit diesen Mitteln wie schon vor ihm Karl V. scheitern würde, zeigte sich bereits an dem hartnäckigen Widerstand, den die Niederlande seiner zentralistischen und gegenreformatorischen Politik entgegensetzten.

Eskalation des Widerstandes

b) Aufstand der Niederlande. Die *Niederlande,* die staatsrechtlich zum Reich gehörten, hatten für Spanien eine große politisch-strategische und fiskalische Bedeutung. Sie bildeten (1) die nordöstliche Klammer des habsburgischen Besitzes um Frankreich und erbrachten (2) als damals blühendes Handels- und Gewerbegebiet mit über 200 Städten und der höchsten Bevölkerungsdichte in Europa ein Steueraufkommen, das den Ertrag der spanischen Silbereinfuhren aus Amerika um das Siebenfache überstieg. Als Philipp II. dazu überging, die *ständischen Freiheiten* der 17 Provinzen (Selbstverwaltung, Steuerbewilligungsrecht) einzuschränken und die um sich greifenden reformatorischen Bewegungen (Lutheraner, Täufer, Calvinisten) zu unterdrücken, formierte sich die Opposition gegen die spanische Herrschaft auf breiter Front. Im Grunde handelte es sich nicht um einen einheitlichen Aufstand. Vielmehr radikalisierte sich der *politische* und *konfessionelle Widerstand* in mehreren Schritten, wobei jeweils andere soziale Schichten die Führung übernahmen: 1564 stürzte die *Hocharistokratie* (Graf Egmont, Admiral Hoorne, Wilhelm von Oranien) Kardinal Granvelle, den Exponenten des spanischen Königs an der Spitze des niederländischen Staatsrats; 1566 forderte der niedere, überwiegend calvinistische *Adel* die Abschaffung der Inquisition, die Aufhebung der Ketzergesetze und die Einberufung der Generalstände; wenig später tobte sich die soziale Unzufriedenheit (Hungerkrise) und die religiöse Erbitterung der *Massen* in einem beispiellosen Bilder- und Kirchensturm aus; als 1567 der Herzog von Alba an der Spitze eines spanischen Heeres den Exzessen mit Sondergerichten, Güterkonfiskationen und Massenexekutionen begegnete, dann ohne Rücksicht auf die Privilegien der Stände Steuern erhob und eine Stadt nach der anderen terrorisierte, sammelte sich das *Bürgertum* unter Führung *Wilhelms von Oranien* zum militärischen Widerstand.

Der gemeinsame Widerstand der niederländischen Provinzen gegen das politische Zwangssystem der spanischen Monarchie war nur von kurzer Dauer. Zwar gab es eine starke *Mittelpartei* innerhalb der oppositionellen Führungsschicht, die den Aufstand nicht als Religionskrieg führen und an der überkonfessionellen Einheit des Landes festhalten wollte (Genter Pazifikation 1576), sie scheiterte indes an der Unduldsamkeit der Konfessionen wie an den politischen und sozialen Gegensätzen zwischen den Nord- und Südprovinzen. Während es Spanien gelang, den Adel des mehrheitlich katholischen Südens zurückzugewinnen, kündigten die Stände der sieben *protestantischen Nordprovinzen* um *Holland* und *Seeland* (Generalstaaten) dem spanischen König 1581 den Gehorsam auf:

Unabhängigkeit der Generalstaaten

»Ein Volk ist nicht wegen des Fürsten, sondern ein Fürst um des Volkes willen geschaffen; denn ohne das Volk wäre er ja kein Fürst. Er ist dazu da, daß er seine Untertanen nach Recht und Billigkeit regiere ... Behandelt er sie aber nicht so, sondern bloß wie Sklaven, so hört er auf, ein Fürst zu sein, und ist ein Tyrann. Die Untertanen aber haben das Recht, nach gesetzlichem Beschluß ihrer Vertreter, der Stände, wenn kein anderes Mittel mehr übrig ist, ... diesen zu verlassen ... Und so erklären wir denn jetzt den König von Spanien verlustig jedes Anspruchs auf die Herrschaft in den Niederlanden.«[34]

So entstand aus den kirchlichen und politischen Konflikten zwischen den verbündeten Provinzen und der spanischen Monarchie ein neues, *föderatives Staatswesen,* das sich unter dem Einfluß des Calvinismus auf das Prinzip der *Volkssouveränität* und das *Recht zum Widerstand* gegen einen ungerechten Herrscher berief. Zugleich trennten sich die Niederlande in ein südliches, spanisch beherrschtes Territorium mit starker Stellung des Adels, im Kern das heutige *Belgien,* und eine nördliche calvinistische Republik mit beherrschender Stellung des merkantilen Bürgertums und einer halbwegs tolerierten katholischen Minderheit, die heutigen Niederlande. Deren Selbstbehauptung hing von der weiteren Machtentfaltung Spaniens ab, vor allem von der politischen Entwicklung in Frankreich und der Konfrontation Philipps II. mit England.

Konfessionelle und politische Gegensätze

c) Bürgerkriege in Frankreich. Die Theorie des Widerstandes gegen eine reformationsfeindliche Obrigkeit diente der Selbstbehauptung auch des französischen Calvinismus, der das Bürgertum, den Landadel und die Bauern ganzer Landschaften (Provence, Languedoc, Mittel- und Westfrankreich) erfaßte und durch die heftigen Protestantenverfolgungen Heinrichs II. frühzeitig zum Aufbau eines eigenen Heerwesens getrieben wurde. Doch erst als minderjährige, kränkliche und regierungsunfähige Thronfolger die Autorität der Krone erschütterten und der konfessionell gespaltene Hochadel um die Macht im

Krise der Monarchie in Frankreich. *Satire auf Heinrich III. (1574–1589). Um die Macht im Staate zu behaupten, läßt der König (Teufel) den Herzog und den Kardinal von Guise 1588 in Blois ermorden. 1589 vollzieht ein Dominikanermönch am „letzten Valois den Tyrannenmord".*

Staate kämpfte, stürzte das Land in eine Folge von acht äußerst gewaltsamen, schier ausweglosen Bürgerkriegen, auf die das benachbarte Ausland massiv einwirkte. Während die katholische Partei, die sich um die streng romtreuen Fürsten aus dem Hause *Lothringen-Guise* (Kardinal Karl von Lothringen) gruppierte, von Spanien unterstützt wurde, konnten die Führer der französischen Calvinisten (*Hugenotten*), die »Prinzen von Geblüt« aus dem Hause *Bourbon* und die mit ihnen verbündeten *Châtillons* (Admiral Gaspard de Coligny), auf die Hilfe Englands, der deutschen Calvinisten und der aufständischen Niederlande rechnen. Als König Karl IX. den Versuch machte, durch die Verheiratung seiner Schwester mit dem protestantischen Prinzen Heinrich von Navarra die religiöse Lage zu entspannen, erreichte die Grausamkeit, mit der diese Bürgerkriege geführt wurden, ihren Höhepunkt. In der Blutnacht vom 23./24. August 1572, der Bartholomäusnacht, und den Tagen danach sollen mehr als 20 000 Hugenotten, darunter Frauen und Kinder, fanatisierten Katholiken zum Opfer gefallen sein.

Politische Entscheidung

Als sich schließlich nach dem Aussterben der regierenden Valois der Bourbone *Heinrich von Navarra* im Kampf um den Thron behauptete, stand die Krone vor einer schwierigen Entscheidung. Denn jede konsequente Lösung des Konfessionsproblems hätte für sie untragbare Folgen gehabt. Die Bevorzugung des Protestantismus hätte das Land erneut mit konfessionellen Bürgerkriegen bedroht, die Unterdrückung der Hugenotten aber die gegenreformatorische Partei gestärkt und Frankreich letztlich den Zielen Spaniens und Roms unterworfen. Um beide Gefahren zu umgehen, wählte Heinrich IV. einen dritten, *»politischen« Weg.* Er trat 1593 höchst vordergründig zum Katholizismus über (»Paris ist eine Messe wert«), erneuerte im *Edikt von Nantes* (1598) den traditionellen landeskirchlichen und romunabhängigen Katholizismus der französischen Monarchie (Gallikanismus) als offizielle Staatsreligion und gestand gleichzeitig den Hugenotten die Ausübung ihres Kultes sowie soziale und politische Gleichberechtigung zu. Zukunftsweisend war, daß die Krone den Religionsfrieden garantierte und damit unmißverständlich deutlich machte, daß die Belange der Politik über denen der Konfessionen standen, oder, wie Heinrich IV. den *Vorrang der politischen Souveränität* vor den Fragen der Religion auf den Begriff brachte: »Il ne faut pas faire de distinction de catholiques et d'huguenots; il faut que tous soient bons français« (Man darf keinen Unterschied zwischen Katholiken und Hugenotten machen; beide müssen gute Franzosen sein)[35]. Durch ihre ausgleichende Toleranz gelang es der Krone, die französische Staatskrise zu überwinden und damit Frankreich in eine Position zu bringen, die es ihr gegen Ende des Jahrhunderts erlaubte, der spanischen Hegemonialmacht auf dem Kontinent Paroli zu bieten.

Verschärfung des spanisch-englischen Konflikts

d) Spanisch-englischer Gegensatz und Neuordnung der europäischen Mächte. In *England* hatte Heinrich VIII. die *anglikanische Hochkirche* (▷ S. 257) ebenfalls als Staatskirche eingerichtet, im Unterschied zu Frankreich aber mit der römischen Kurie auf Dauer gebrochen (Suprematsakte 1534). Als

Königin Elisabeth I. *Im Hintergrund des Porträts von Marc Gheeraerts (1561–1635) wird die Zerschlagung der spanischen Armada 1588 durch Seekampf und Sturm festgehalten.*

der Papst und Philipp II. der englischen Königin *Elisabeth I.*, der Tochter Heinrichs VIII. und Anne Boleyns, das Thronfolgerecht zugunsten der Königin von Schottland und Katholikin *Maria Stuart* bestritten, verschärfte sich der Konflikt zwischen England und Spanien.
Dieser hatte freilich noch andere Ursachen. Denn Elisabeth blieb nicht untätig. Nahm sich das katholische Ausland der englischen Katholiken an, so half sie den Hugenotten in Frankreich, den niederländischen Rebellen im Kampf gegen Philipp II. und den schottischen Calvinisten gegen die Stuarts. Mehrfach trieb sie ein doppeltes Spiel. 1568 zum Beispiel gratulierte sie Philipp II. zu seinem Erfolg gegen die aufständischen Niederländer, ließ aber gleichzeitig spanische Schiffe im Ärmelkanal aufbringen und gewährte niederländischen Flüchtlingen Unterschlupf und propagandistische Unterstützung.
Der englischen Königin lag wenig daran, der einen oder anderen Partei zum Sieg zu verhelfen. Ihre Politik bestand weitgehend darin, »daß sie in das Feuer blies, wenn es im Haus des Nachbarn brannte« (Conyers Read[36]). Hauptsache war, daß sich Frankreich, der alte Gegner auf dem Kontinent, und Spanien, die neue Kolonialmacht, gegenseitig in Schach hielten. Dann konnten auch englische Freibeuter vom Schlage eines John Hawkins und Francis Drake das Handelsmonopol der iberischen Königreiche ohne Gefahr für England verletzen und erste englische Niederlassungen im kolonialen Hoheitsgebiet der Spanier

gründen. Überhaupt machte sich Elisabeth I. die Auffassung zu eigen, daß jenseits Europas alle völkerrechtlichen Verbindlichkeiten aufhörten, Staatsverträge auf dem Papier standen und der Krieg aller gegen alle erlaubt sei. So plünderte *Francis Drake* auf seiner ersten Weltumseglung (1577–1580) in einem Piratenakt die schutzlosen Häfen Spanisch-Amerikas von Peru bis Mexiko. Nach seiner Rückkehr verbreitete sich in England die Auffassung, daß die Weltmeere für Raubzüge, Handels- und Kolonisationsunternehmungen offen stünden. Von nun an füllten die Freibeuter die Taschen der Londoner Kaufleute und ihrer Compagnons. Die Spannungen zwischen den Seemächten allerdings wurden drastisch verschärft.

Alle Versuche Spaniens, in England den Katholizismus wiederherzustellen und damit die Tudor-Dynastie zu stürzen, scheiterten. Selbst in *Schottland* gewann der verbündete calvinistische Adel unter Führung des Calvin-Schülers *John Knox* (*Covenant*) die Oberhand. 1568 mußte Maria Stuart nach England fliehen. Nach 19jähriger Gefangenschaft wurde sie in ein Komplott gegen Elisabeth I. verstrickt und 1587 hingerichtet. Daraufhin wandte Philipp II. alle militärischen Energien auf, um das protestantische Bollwerk Westeuropas durch eine gewaltsame Invasion zu vernichten. Die folgende Machtprobe stellte den Höhepunkt der spanisch-katholischen Offensive in Europa dar. Sie endete 1588 mit der *Niederlage der »unbesiegbaren Armada«.*

Die Seeschlacht im Ärmelkanal ist lange überbewertet worden. Sie beendete weder den Krieg der beiden Seemächte noch Spaniens beherrschende Stellung auf den Weltmeeren. Sie hatte aber eine Schlüsselfunktion für die Stabilisierung Frankreichs und der Niederlande sowie für die Neuordnung des europäischen Staatensystems und nicht zuletzt eine enorme psychologische Wirkung. War einst den katholischen Mächten das Massaker der Bartholomäusnacht als Triumph über den Protestantismus erschienen, so feierte nun das protestantische Europa den Untergang der Armada als epochalen Sieg über die Gegenreformation.

Niedergang der spanischen Monarchie

Das Ende der »Glaubenskämpfe« in Westeuropa grenzte den Geltungsbereich der Konfessionen bis auf den heutigen Tag ab. Es bestimmte zugleich das *Kräfteverhältnis der europäischen Staaten* für die nächste Zukunft. Philipp II. hatte der gegenreformatorischen Politik des Papsttums den notwendigen Rückhalt gegeben und durch seine Interventionen in den Niederlanden und in Frankreich das Vordringen des Protestantismus zum Stillstand gebracht. Andererseits wurde die katholische Vormacht Europas durch die Verwicklung der konfessionellen und machtpolitischen Konflikte entscheidend geschwächt. Philipp II. unterlag in mehrfacher Hinsicht: militärisch durch Zersplitterung seiner Kräfte, politisch durch die Überspannung des fürstlichen Absolutismus und des Prinzips konfessioneller Einheit, ideell am unbeugsamen Freiheitswillen der Niederländer, am Festhalten der Franzosen an ihrer nationalen Unabhängigkeit und an der Bereitschaft Englands, den Schutz des protestantischen Europa zu übernehmen. Deutlich zeichnete sich der Niedergang der spanischen Monarchie ab. England, die Niederlande und Frankreich bildeten fortan aus unterschiedlichen

Interessen eine Gruppe des Widerstandes gegen Spanien und das Haus Habsburg.

3. Der Dreißigjährige Krieg

1608–1609	Protestantische Union. Katholische Liga
1609	Böhmischer Majestätsbrief
1618	Prager Fenstersturz. Aufstand der Böhmen
1629	Restitutionsedikt Kaiser Ferdinands II.
1632	Schlacht bei Lützen, Tod König Gustav Adolfs von Schweden
1634	Ermordung Wallensteins
1635	Friede zu Prag, Kriegseintritt Frankreichs
1648	Westfälischer Friede
1659	Pyrenäenfriede

Epochale Machtfragen

a) Ursachen und Ziele des Krieges. Sosehr konfessionelle Gegensätze bei der Auslösung des Krieges wirksam waren, der das Reich für drei Jahrzehnte zum Kampfplatz der europäischen Heere machte, sowenig handelte es sich ausschließlich oder auch nur in erster Linie um einen Religionskrieg. Überhaupt muß jeder Versuch scheitern, diesen »verworrensten« und »verrücktesten« aller Kriege der Frühen Neuzeit (Golo Mann)[37] auf einen Nenner zu bringen. Wenigstens drei große epochale Machtkonflikte haben ihn in seinen Ursachen, seinem Verlauf und in seinem Ergebnis bestimmt: (1) der *konfessionelle Gegensatz* zwischen der katholischen und der protestantischen Religionspartei, (2) der *Dualismus* zwischen *Fürsten- und Ständetum,* hauptsächlich zwischen Kaiser und Reichsständen, und vor allem (3) die *Rivalität der Großmächte* um die Hegemonie in Europa.

Rechtsverbrämung aller Machtkonflikte

Von Anfang an wurden diese Konflikte in Form von Rechtsstreitigkeiten ausgetragen. Alle kämpften für »das« Recht, das heißt für ihr eigenes, »besseres« Recht, gegen den vermeintlichen Rechtsbruch der Gegenfront; denn noch gab es *kein gemeinsames Recht,* noch fehlten der Rechtsordnung, auf die man sich berief, die innere Einheit und der übergreifende Konsens. Dies zeigte sich beispielhaft am Augsburger Religionsfrieden (▷ S. 258). Der einst mühsam errungene Kompromiß schloß zum einen die Calvinisten aus und war zum anderen nicht entfernt in der Lage, die tiefen Gegensätze der Konfessionsparteien auf Dauer zu überbrücken. Der Streit um seine Auslegung (Geistlicher Vorbehalt, Reformationsrecht der Reichsstädte) lähmte schon bald die Reichsverfassung und führte zur Bildung von konfessionellen Schutzbünden, der protestantischen »Union« und der katholischen »Liga«, die an den Niederlanden und an Spanien Rückhalt fanden und den Ausbruch eines europäischen Krieges dro-

Plünderung und Zerstörung eines Dorfes während des Dreißigjährigen Kriegs. *Kupferstich von Jacques Callot, 1633.*

hend ankündigten. Beide Parteien traten für die Wiederherstellung eines de jure gültigen und nur de facto gebrochenen Rechtszustandes in die Schranken, so der Kaiser und die Katholiken für die strikte Einhaltung des Augsburger Religionsfriedens, die Protestanten für evangelische Religionsfreiheit und »ständische Libertät«.

Böhmische Ständeopposition gegen Zentralismus und Gegenreformation

Auch der *»Majestätsbrief«* Kaiser Rudolfs II., der dem Adel und den Städten in Böhmen freie Religionsausübung gewährte, konnte die politischen und konfessionellen Gegensätze zwischen den mehrheitlich protestantischen Landständen und dem katholischen Fürstenhaus nicht ausgleichen. Denn er war den Habsburgern in äußerster Notlage abgepreßt worden. Als wenige Jahre später Kaiser Matthias gegen die Tendenz der Stände, Böhmen zur Wahlmonarchie zu machen, den *monarchischen Herrschaftsanspruch der Habsburger* erneuerte und seinerseits den böhmischen Landtag zwang, den steng gegenreformatorisch gesonnenen Erzherzog Ferdinand als künftigen König »anzunehmen« (1617), radikalisierte sich die adelige Opposition gegen den Zentralismus und die Rekatholisierungspolitik des Wiener Hofes. Der »Prager Fenstersturz« (ein Mordversuch an zwei kaiserlichen Statthaltern in Form der hussitischen Volksjustiz), die Errichtung einer *ständischen Regierung* von 30 Direktoren, Verteidigungsmaßnahmen, dann Bündnisverhandlungen der Böhmen mit der ständisch-oppositionellen Bewegung in allen habsburgischen Ländern, schließlich die *Absetzung Ferdinands II.* und die Wahl des pfälzischen Kurfürsten Friedrich zum böhmischen König bildeten den Auftakt zum Krieg.

Wiederherstellung der kaiserlichen Gewalt...

Der leichte Sieg Ferdinands II. und der Liga über die Böhmen am Weißen Berg bei Prag (1620) stärkte nicht nur die Position der gegenreformatorischen Mächte, er erweckte auch Ansprüche, die zu einer raschen *Ausweitung der Kampfhandlungen* über ganz Mitteleuropa führten: Der Kaiser warf die Stände-

...und katholische Restauration

opposition in den österreichischen Erblanden nieder, die Liga mit Herzog Maximilian von Bayern an der Spitze besetzte die Pfalz, rieb die Union auf und drang bis nach Nordwestdeutschland vor, und auch die spanischen Habsburger sahen sich nach zwölfjähriger Waffenruhe (seit 1609) ermutigt, den Widerstand der nördlichen Niederlande mit Gewalt zu brechen. Als neben dem Ligaheer eine kaiserliche Armee unter dem böhmischen Adeligen *Albrecht von Wallenstein* aufgestellt wurde und bald den norddeutschen Raum überzog, befand sich Ferdinand II. auf dem Höhepunkt seiner Macht. Er erneuerte im *Restitutionsedikt* von 1629 den »geistlichen Vorbehalt« des Augsburger Religionsfriedens in konsequent katholischem Sinne und verfügte kraft kaiserlicher Autorität die Rekatholisierung des umfangreichen geistlichen Besitzes (darunter zweier Erzbistümer und zwölf Bistümer), der seit 1555 an protestantische Fürstenhäuser gelangt war. Das Edikt, hinter dem hauptsächlich das politische Interesse der Habsburger an den norddeutschen Bistümern stand, blieb Episode. Denn gegen einen derartigen Ausbau der katholisch-kaiserlichen Machtstellung auf Kosten der Reichsstände erhob sich eine *breite Opposition.* Die protestantischen Fürsten fürchteten um ihre Konfession, die Katholiken mit den Protestanten um ihre Libertät. Auch Maximilian von Bayern, den Ferdinand II. mit der pfälzischen Kurwürde belehnt hatte, wechselte das Lager. Unter seiner Führung erzwangen die Kurfürsten zu Regensburg (1630) die *Entlassung Wallensteins* und stellten so die militärisch-politische Abhängigkeit des Kaisers von der Liga wieder her.

Schwedische Ostseeherrschaft und französische Hegemonie

Die drohende Machtverschiebung im Reich zugunsten der Habsburger spaltete nicht allein das katholische Lager, sie war zugleich das Signal für Schweden und Frankreich, aktiv in den Krieg einzugreifen. *Schweden* hatte dafür sowohl religiöse wie politische Gründe. Der Vorstoß des kaiserlich-katholischen Heeres an die norddeutsche Ostseeküste und ein Bündnis der Habsburger mit den katholischen Vasa in Polen gefährdeten den schwedischen Protestantismus und die Existenz der herrschenden Dynastie. Auch wünschte der schwedische König *Gustav II. Adolf* ernsthaft, der voranschreitenden Gegenreformation Einhalt zu gebieten. Nicht zuletzt aber verfolgte er das offensive Ziel, Schwedens Herrschaft über den gesamten Ostseeraum auszudehnen. Doch sein Tod in der Schlacht bei Lützen (1632) machte den Traum von einem schwedischen Ostseegroßreich und einem Bündnissystem der protestantischen Reichsstände unter schwedischer Führung zunichte. *Frankreichs* Kriegspolitik war realistischer. Traditionell antihabsburgisch, war sie langfristig darauf ausgerichtet, das Bündnis zwischen Wien und Madrid und damit die österreichisch-spanische Umklammerung aufzubrechen, die Stärkung der kaiserlichen Gewalt im Reich zu verhindern und die habsburgische Vormachtstellung in Europa zugunsten der Hegemonie Frankreichs zu zerstören. Durch den Einsatz von Subsidiengeldern und die geschickte Diplomatie (»verdeckte« Kriegsführung) seines leitenden Ministers, des *Kardinals Richelieu,* wurde Frankreich bald zum Mittelpunkt der antihabsburgischen Koalition.

Der Siegeszug der Schweden bis München und Augsburg führte zur *Rückberu-*

Wallenstein

fung Wallensteins. Wallenstein war ein Condottiere von todesverachtender Verwegenheit, ein charismatischer Heerführer und gerissener Kriegsunternehmer, der es wie kein zweiter verstand, die Anwerbung und Ausstattung größter Söldnerheere zu betreiben, mit riesenhaften Gewinnen für sich selbst und seine Obristen, und ohne alle Skrupel der Devise folgte, daß der Krieg den Krieg zu ernähren habe, das heißt durch rücksichtslose Ausbeutung des Landes von Freund und Feind. Als kaiserlicher Generalissimus verfügte er über extreme militärische und politische Vollmachten, und doch blieb er immer ein Emporkömmling des Krieges. Gleichwohl verfolgte er weitreichende politische Ziele: die Stärkung der Reichsgewalt auf Kosten der Fürsten, an deren Stelle er selbst die Reichspolitik zu beeinflussen suchte. Indes, auch einem Condottiere größten Stils war es eine Unmöglichkeit, im Reich des 17. Jahrhunderts eine »Militärdiktatur« zu errichten (Friedrich Hermann Schubert)[38]. Nach eigenmächtigen, dann hochverräterischen Friedensverhandlungen mit Schweden, Brandenburg und Sachsen wurde Wallenstein abgesetzt und auf kaiserlichen Befehl hin ermordet.

Kampf um Kriegsentschädigungen und Verhandlungspositionen

Als Ferdinand II. nach der Niederlage der Schweden bei Nördlingen (1634) auf die Durchführung des Restitutionsedikts verzichtete und sich im *Prager Frieden* (1635) mit katholischen und protestantischen Fürsten darauf verständigte, den Oberbefehl über ein gemeinsames Reichsheer zu übernehmen und alle fremden Mächte aus Mitteleuropa zu vertreiben, als somit das Reich unter habsburgischer Führung seine politische Handlungsfähigkeit wiederzugewinnen schien, ging Frankreich zum offenen Krieg über. Darüber scheiterte das Prager Friedensprojekt. Die Reichsstände, zwischen den Fronten und auf beiden Seiten stehend, verloren nun fast vollständig das Gesetz des Handelns. Bald wußte in Deutschland kaum noch jemand, worum es in diesem kriegerischen Weltbrand ging. Und selbst als die allseitige Erschöpfung die Aufnahme von Friedensgesprächen erzwang, rangen die europäischen Mächte noch auf Jahre hinaus um Kriegsentschädigungen und Verhandlungspositionen – in einem mörderischen Kampf der »verbrannten Erde«, dessen vernichtende Wirkung erst im 20. Jahrhundert übertroffen wurde.

b) Der Westfälische Friede. »Mir ist wie einem Träumenden, wenn ich vernehme, der Frieden sei geschlossen«, hieß es in einer Dankpredigt, als Kanonensalven am Abend des 24. Oktober 1648 den *Frieden von Osnabrück und Münster* verkündeten. Mit großer Hoffnung, aber auch Skepsis erwartet, stellte der Westfälische Friede schon im Bewußtsein der Zeitgenossen ein außerordentliches Ereignis dar. Er sollte für das Reich in dreifacher Hinsicht historische Bedeutung erlangen.

Ausgleich der Konfessionen

(1) Zunächst machte der Friedensschluß dem Krieg der Konfessionen ein Ende. Er erneuerte – gegen den Protest des Papstes – den Augsburger Religionsfrieden und erkannte den *Calvinismus* reichsrechtlich an. Doch nach den negativen Erfahrungen eines Jahrhunderts wurden nun Kaiser und Reich als Schiedsstellen in Glaubensfragen ausgeschaltet, alle Reichsbehörden *paritätisch* besetzt

und alle kirchlichen Angelegenheiten vor dem Reichstag künftig in zwei konfessionell getrennten Beratungsgremien (Corpus Catholicorum bzw. Evangelicorum) verhandelt. Hauptsächlich aber schränkte die Friedensordnung das Reformationsrecht der Landesherren ein. Denn sie legte die *Konfessionsgrenzen* und den *Besitzstand der Konfessionen* nach Maßgabe des Zustandes vom 1. Januar 1624 (»Normaljahr«) ein für allemal fest. Dadurch legalisierte sie nicht allein die seit 1555 vorgenommenen Säkularisationen, sie befreite die Bevölkerung auch von dem Zwang, jedem Konfessionswechsel ihrer Obrigkeit Folge zu leisten. Lediglich die Oberpfalz, die an das katholische Bayern kam, und die österreichischen Erblande wurden von dieser Regelung ausgenommen.

Konfessionelle Durchmischung, individuelle Religionsfreiheit, Toleranz

Tatsächlich blieb von nun an der Besitzstand der Konfessionen über Jahrhunderte hinweg stabil. Erst die Massenwanderung infolge der Industrialisierung und die Bevölkerungsverschiebungen nach 1918 und 1945 führten den heutigen Zustand großflächiger konfessioneller Durchmischung herbei. Von Religionsfreiheit konnte im 17. Jahrhundert freilich nicht die Rede sein. Nur in den Reichsstädten standen die Konfessionen gleichberechtigt nebeneinander. In der Folgezeit haben dann dynastischer Erbgang und Annexionen, wie zum Beispiel die Säkularisation von 1803, das friedliche Zusammenleben mehrerer Bekenntnisse innerhalb eines Territoriums zur Staatsnotwendigkeit gemacht. Erst aus diesem innerstädtischen und innerstaatlichen Nebeneinander der Konfessionen sowie aus dem geistigen Gegenschlag der Aufklärung gegen die religiöse Überspanntheit des konfessionellen Zeitalters entwickelten sich individuelle Religionsfreiheit und echte Toleranz.

Stärkung der reichsständischen Libertät

(2) Sodann entschied der Westfälische Friede den Dualismus zwischen Kaiser und Reich. 1629 und noch 1635 sah es so aus, als ob der Kaiser ein völliges Übergewicht gewonnen hätte. Nun wurden durch eine umfassende *Amnestie* alle Rechtsverletzungen bereinigt und die kaiserliche Gewalt nicht zuletzt im Interesse Frankreichs und Schwedens zugunsten einer weitgehenden Selbständigkeit der Reichsstände stark eingeschränkt. Die Friedensbestimmungen, die 1654 zur Verfassungsgrundlage des Reiches erhoben wurden und bis zu seinem Ende Gültigkeit hatten, sprachen dem Landesfürstentum *Bündnisfreiheit* und nahezu vollkommene *Landeshoheit* zu, während der Kaiser in allen Regierungshandlungen an die Mitwirkung und Zustimmung des *Reichstages* gebunden wurde, der seit 1663 in Form eines Gesandtenkongresses dauernd in Regensburg versammelt blieb.

Dezentralisierung des Reiches

Damit schrieb der Westfälische Friede die Dezentralisierung des Reiches fest. Dieses stellte nur mehr einen lockeren Verband von kleinen und kleinsten Herrschaften und knapp 300 quasisouveränen Einzelstaaten (insgesamt etwa 1800 Einzelgewalten) dar. Auf diesen territorialen Verband paßte keiner der herkömmlichen staatsrechtlichen Begriffe. Das Reich war weder Monarchie noch Aristokratie, weder Staat noch Staatenbund und ist deshalb von dem großen Staatsrechtslehrer Samuel von Pufendorf nicht zu Unrecht als »Monstrum« (corpus monstro simile) tituliert worden. Prinzipiell stand zwar seine Entwicklung zu einem funktionierenden Bundesstaat auch nach 1648 noch offen. Die wenigen Ansätze, die in diese Richtung wiesen, erstickten indes am Widerstand des Kaisers, an unüberwindbaren Gegensätzen zwischen den Reichsständen und an der Intervention auswärtiger Mächte.

Partikularismus

Somit eröffnete der Friedensschluß eine letzte Phase der Reichsverfassung, in der sich der *deutsche Einzelstaat* (Partikularstaat) voll entfaltete. Geschichtswissenschaft und politische Publizistik haben die »Versteinerung der Reichsverfassung« im partikularistischen Sinne lange nur als Fehlentwicklung gedeutet. So hat namentlich die kleindeutsch-preußische Geschichtsschreibung unter dem Eindruck der Nationalstaatsgründung von 1871 die Staatenvielfalt des 17. und 18. Jahrhunderts als altmodisch und überholt dargestellt. Und noch den meisten Historikern der Weimarer Zeit galt der »Partikularismus« des alten Reiches als eine »niedere Form« staatlicher Organisation und deutsche »Krankheit« (Johannes Haller).[39] Seit der Katastrophe des ersten deutschen Nationalstaates hingegen wird die föderative Struktur der alten Reichsverfassung, zu der es kaum eine realisierbare Alternative gab, wesentlich positiver beurteilt. Denn sie verpflichtete die Reichsstände zum friedlichen Ausgleich ihrer Interessen, gewährte den kleineren Herrschaften und ihren Untertanen über das (ständische) Reichskammergericht und den konkurrierenden kaiserlichen Reichshofrat (▷ S. 223) *Rechtsschutz* und ermöglichte nicht zuletzt eine beispiellose *kulturelle Vielfalt.*

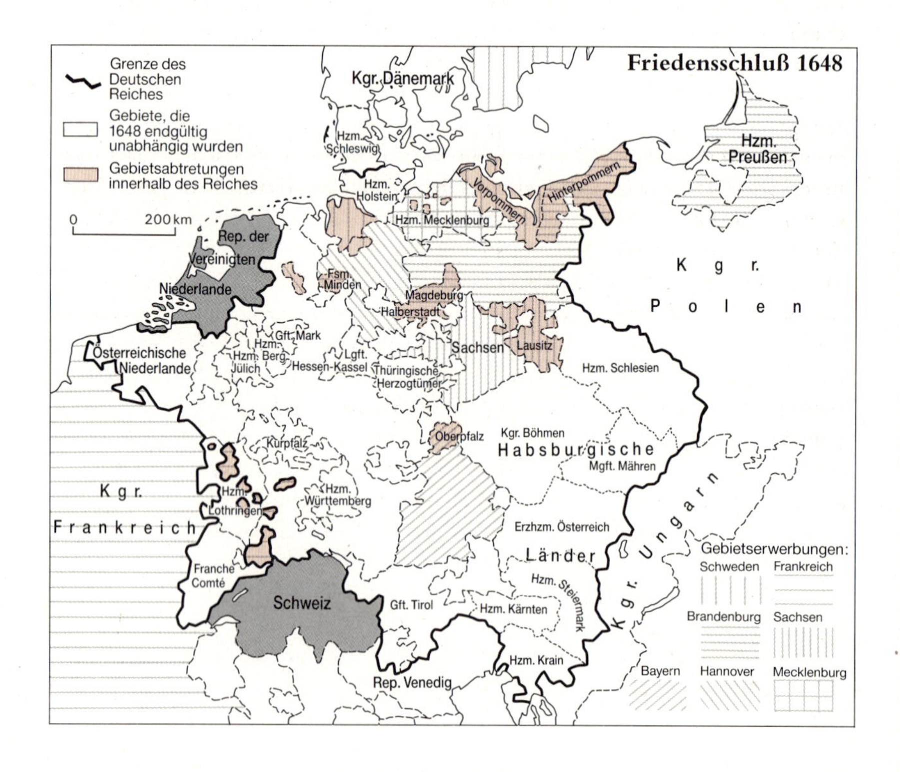

Territoriale Verluste

(3) Schließlich bildete der Westfälische Friede den ersten Versuch einer umfassenden Friedensordnung, die durch auswärtige Mächte – Frankreich, Schweden und die Niederlande – garantiert wurde. Der Preis dafür war hoch: Die *Niederlande,* deren Souveränität Spanien in einem Sonderfrieden vorweg anerkannt hatte, und die *Schweiz* schieden formell aus dem Reichsverband aus; *Frankreich* erhielt den gesamten habsburgischen Besitz im Elsaß, die Anerkennung seiner Ansprüche auf die lothringischen Bistümer Metz, Toul und Verdun, ferner, gleichsam als »Einfallspforten« ins Reich, die rechtsrheinischen Brückenköpfe Breisach und Philippsburg; *Schweden* bekam Vorpommern mit Rügen, Wismar und die Bistümer Bremen und Verden als Reichslehen mit allen reichsständischen Rechten. Für diese Einbußen wurden *Mecklenburg* und *Kurbrandenburg* aus den säkularisierten norddeutschen Bistumslanden (mit Ratzeburg und Schwerin bzw. Minden, Kammin, Halberstadt und der Anwartschaft auf Magdeburg) entschädigt. An Brandenburg fiel ferner Hinterpommern. *Kursachsen* behauptete den Besitz der Lausitz (vom Kaiser 1635 abgetreten), *Bayern* die Oberpfalz samt der Kurwürde, die *Kurpfalz* wurde wiederhergestellt und mit der achten Kurwürde belehnt.

Kollektive Friedenssicherung und Gleichgewicht der Mächte

Der Westfälische Friede darf nicht isoliert betrachtet werden. Erst der *Pyrenäenfrieden* (1659), der die Überlegenheit Frankreichs über Spanien befestigte, sowie die Verträge Schwedens mit Polen in *Oliva* und mit Dänemark in *Kopenhagen* (1660), die die schwedische Vormachtstellung im Ostseeraum sicherten, beendeten den politisch-militärischen Konflikt der europäischen Mächte. Gleichwohl stellte der Westfälische Friede die Weichen für die Fortentwicklung des europäischen Staatensystems. Schon in der zweiten Hälfte des Dreißigjährigen Krieges war der konfessionelle Gegensatz hinter die Machtrivalität der Staaten zurückgetreten und die Gegenreformation in ihren europäischen Zielen am innerkatholischen Konflikt zwischen Frankreich und Habsburg gescheitert. Daß das Papsttum nach seinem Protest gegen die Friedensordnung von 1648 an den europäischen Friedenskongressen künftig nicht mehr beteiligt wurde, war kein Zufall. Denn kein Ereignis trug so sehr zu *Säkularisierung* der *Politik* und der *zwischenstaatlichen Beziehungen* bei wie der Dreißigjährige Krieg, der so lautstark im Namen Gottes geführt wurde. In seinem Verlauf hatte sich das konfessionelle Prinzip abgenutzt. Die Idee der christlichen Universalmonarchie wurde nunmehr durch die Idee der kollektiven Friedenssicherung und des Gleichgewichts innerhalb der europäischen Staatengemeinschaft verdrängt – ein hochmoderner Gedanke, der bereits dem Friedensprogramm Kardinal Richelieus zugrunde lag und der Zeit weit vorauseilte.

B. Absolutismus und Aufklärung

I. Durchbruch des rationalen Denkens

Lange überwölbte die Theologie nahezu unangefochten alle Bereiche menschlichen Denkens und Wissens. Mitte des 17. Jahrhunderts zeichnete sich ab, daß in Europa aus dem konfessionellen ein weltlicheres Zeitalter hervorgehen würde. Schon in der Kultur des *Barock* sprach sich ein neues Lebensgefühl aus, das Gott und Welt, Jenseits und Diesseits, Frömmigkeit und Daseinsfreude miteinander in Einklang zu bringen versuchte. Architektur, Malerei und Plastik widmeten sich nun profanen Themen mit gleicher Intensität wie sakralen Stoffen. Und selbst in den Kirchen klang bald ein lauter weltlicher Ton an. Gestalten der Bibel, Heilige und Märtyrer wurden prachtvoll, nicht selten üppig und kokett dargestellt. Den gesamten irdischen Kosmos aber ordnete das barocke Weltverständnis auf den Fürsten hin, den Mäzen der Künstler. Seine Macht und seinen Ruhm, das Weltgefüge und die gesellschaftliche Struktur in ihren vielfältigen Abstufungen sichtbar zu machen und zugleich dem Repräsentationsbedürfnis der höfischen Gesellschaft zu entsprechen, dazu waren Architekten und Maler, Stukkateure und Landschaftsgärtner aufgerufen (▷ Tafel 19). Mathematisch geplante Stadtanlagen, grandiose Residenzen und monumentale Klosterbauten, aber auch Adelssitze und Wallfahrtskirchen auf dem Lande, in unübertroffener Baulust errichtet, legen hiervon Zeugnis ab. Hauptsächlich aber waren es die *Naturwissenschaften,* die das Denken von den alten Autoritäten der Antike, der Kirche und der Theologie frei machten.

1. Revolution der Wissenschaften

Naturwissenschaftliches Weltbild

Zuerst rüttelte der kritische, diesseitsgerichtete Humanismus an der Vorherrschaft der Theologie. Die Entscheidungen fielen dann in der Zeit zwischen *Nikolaus Kopernikus'* Astronomie (»Über die Umdrehung der Himmelskörper«, 1543), die in der Sonne den Mittelpunkt der Planetenbahnen erkannte, und *Isaac Newtons* Werk über die »Mathematischen Grundlagen der Naturphilosophie« (1687), das die Mathematik zum Maßstab wissenschaftlichen Denkens machte. Gegen das neue, naturwissenschaftliche Weltbild wurde hart gekämpft. Der Dominikaner Giordano Bruno, der die Unendlichkeit des Universums behauptete, wurde als Ketzer verbrannt, die Schriften der Astronomen und Physiker Johannes Kepler und Galileo Galilei kamen auf den Index, weil sie das heliozentrische Weltbild des Kopernikus, das der Heiligen Schrift zu widersprechen schien, als gesicherte Erkenntnis lehrten. Unbeirrbar löste sich jedoch die »neue Wissenschaft« von der aristotelischen Naturlehre und der biblischen Überlieferung, behauptete sich die Naturwissenschaft als gleichberechtigt neben der bisher alleinherrschenden Theologie.
Damit brach ein neues Zeitalter der Wissenschaftsentwicklung an. In vorsich-

Rationalismus und Empirismus

tiger, oft verborgener Gelehrtenarbeit vollzog sich eine »Revolution des Denkens«, das philosophische Rüstzeug dazu lieferten der französische Rationalismus und der englische Empirismus. Während *René Descartes* (Discours de la méthode, 1637) den Vorrang des *logischen Denkens* und der *rationalen Wissenschaft* gegenüber den überlieferten »Wahrheiten« begründete, proklamierte *Francis Bacon,* der aus der systematischen Beobachtung von Einzelexperimenten auf allgemeine Gesetzmäßigkeiten (Naturgesetze) schloß, die *praktische Erfahrung* als primäre Erkenntnisquelle.
Mit den Erfolgen der Astronomie (Gravitationsgesetze), der Mathematik (Analytische Geometrie, Logarithmus, Differential-, Integral-, Infinitesimalrechnung), der Physik (Fall- und Pendelgesetze, Elektrizität) und der Medizin (Blutkreislauf) sowie der Verbreitung technischer Neuerungen (Fernrohr, Mikroskop, Taschenuhr) brach sich die Gewißheit Bahn, daß der rational denkende Mensch zu immer größerer Vollkommenheit fortschreite. So verband sich die Säkularisierung des Denkens mit einem schier grenzenlosen Vertrauen in die menschliche *Vernunft* und den Glauben an den *Fortschritt.*

2. Entwicklung der modernen Staatslehre

Staatsraison

Gegenstand der »neuen Wissenschaft« des 16. und 17. Jahrhunderts war die »Natur«. Doch blieb es nicht bei dieser Beschränkung. Seit *Niccolò Machiavelli* (Vom Fürsten, 1513) wurde stets von neuem nach den Mechanismen politischer Macht, dann auch nach Wesen, Recht und Grenzen der Staatsgewalt gefragt. Aber nicht mehr an antiker Staatsphilosophie, an Bibel und kirchlichen Dogmen orientierte sich das Staatsdenken, sondern an historischer und politischer Erfahrung. Machiavelli hatte die Unmoral *fürstlicher Machtpolitik* innerhalb der italienischen Staatenwelt des Quattrocento erlebt. Nüchtern und illusionslos definierte er Politik als Technik der Machtausübung nach innen und der staatlichen Selbstbehauptung nach außen. Aus diesem technisch-rationalen Verständnis von Politik entwickelte sich die Lehre von der Staatsraison (ragione di stato, raison d'état). Diese besagte im Kern nichts anderes, als daß die Politik den Machtinteressen der Staaten zu dienen habe, und zwar unabhängig von Moral und Recht. Man bediente sich des Bildes der Staats-Maschine, die plan- und zweckmäßig konstruiert, gelenkt und bedient wird, oder, um das Verhältnis der Staaten untereinander zu charakterisieren, des Bildes der Waage und des Gleichgewichts. Politische Ethik, wie beispielsweise noch bei Erasmus (▷ S. 239), war nicht mehr gefragt. *Zweckrationalität* trat an ihre Stelle.

Staatssouveränität

Nicht weniger beschäftigte die Idee der Souveränität das moderne Staatsdenken. Diese brachte zuerst der französische Staatstheoretiker *Jean Bodin* (Sechs Bücher über den Staat, 1576) auf den Begriff. Auf der Suche nach einem Ausweg aus den heillosen konfessionellen Bürgerkriegen in Frankreich forderte er als unverzichtbares Wesensmerkmal des Staates die Existenz einer *obersten, unteilbaren,* für alle Untertanen *gleich verbindlichen Hoheitsgewalt,* die von den Gesetzen wie von anderen Autoritäten unabhängig, wohl aber auf die Gebote Gottes und das natürliche Gebot der Gerechtigkeit verpflichtet sein sollte. In diesen beiden Prinzipien: im Prinzip der Staatsraison als Maxime politischen Handelns und im Anspruch auf den ausschließlichen Besitz der Souveränität fand das absolute Fürstentum seine politischen Leitformeln.

Naturrechtslehre

Der Souveränitätslehre Bodins entgegen wirkte die rationalistische Erneuerung der Lehre vom Naturrecht. Die Idee eines aus dem Wesen des Menschen ableitbaren, immer und überall gültigen Rechts war in verschiedenen Abwandlungen der Antike, der Scholastik und dem Humanismus vertraut gewesen. Aus der Schöpfungsordnung abgeleitet und somit theologisch begründet, hatte der Naturrechtsgedanke in den Konfessionskämpfen dazu gedient, den Widerstand gegen eine »tyrannische Obrigkeit« zu rechtfertigen. Der calvinistische Niederländer *Hugo Grotius* löste die traditionelle Rechtsauffassung aus ihren theologischen Bindungen. Er erklärte das Naturrecht aus der Natur des Menschen als eines vernunftbegabten Wesens und bereitete damit den Menschenrechtserklärungen des 18. Jahrhunderts den Boden.

Politische Aufklärung

Unter Berufung auf die Natur des Menschen entwickelten sodann die »Aufklärer« ihre rational verstandenen Rechts- und Staatslehren. Dabei entsprachen der Verschiedenheit persönlicher Erfahrungen und Weltanschauungen verschiedene Menschenbilder und diesen wiederum verschiedene Auffassungen über den Staatszweck. Die Theorie vom Gesellschaftsvertrag (Staatsvertrag) indes wurde den Aufklärern zum gemeinsamen politischen Glaubensbekenntnis.

Der Engländer *Thomas Hobbes* (Leviathan, 1651) formulierte seine Staatslehre im französischen Exil, als sich sein Land im Bürgerkrieg befand. Tief pessimistisch sah er die Naturtriebe des Menschen (Selbsterhaltung, Egoismus, Habgier) in unversöhnlichem Gegensatz zur staatlichen Ordnung, den Naturzustand als »Krieg aller gegen alle«. Um diesen anarchischen Zustand zu beenden – so legte sich Hobbes den Akt der Staatsgründung hypothetisch zurecht –, verzichten die Menschen wechselseitig auf ihre Freiheit und statten den Souverän in einem endgültigen und unwiderruflichen *Vertrag* mit

Titelblatt von Thomas Hobbes, »Leviathan«, *1651.*

unbeschränkter Machtfülle aus. Entsprechend sei es der Zweck des Staates, Sicherheit und Frieden mit allen Mitteln zu gewährleisten.
Vor allem in England stieß die vernunftmäßige Rechtfertigung der absoluten Gewalt auf entschiedenen Widerspruch. *John Locke* (Two Treatises of Government, 1690) sah zwar ebenfalls im Wunsch nach Selbsterhaltung die Triebfeder für die Staatsgründung, doch gestand er jedem, der durch Vertrag in den Staat eintrat, dieselben Rechte zu. Nur auf der Grundlage wechselseitiger Rücksicht aller gegen alle kann nach Locke der Staat bestehen. Locke bezeichnete daher die Garantie eines *individuellen Freiheitsraumes* (u. a. Freiheit der Person und des Eigentums) als unverzichtbar und vertrat ein ausgewogenes Staatssystem mit Kontrollmöglichkeiten der Regierung und Sicherungen vor Machtmißbrauch. So entstand die Theorie der *Gewaltentrennung,* die dann bei *Charles de Montesquieu* (De l'Esprit des lois, 1748) mit der Dreiheit von Legislative, Exekutive und Jurisdiktion ihre klassische Formulierung fand und künftig als Bürgschaft für die *staatsbürgerliche Freiheit,* das heißt die Teilhabe des Bürgers an der staatlichen Gewalt, in alle demokratischen Verfassungen aufgenommen wurde.
Die äußerste Gegenposition zu Hobbes wurde schließlich mit *Jean-Jacques Rousseaus* »Contrat social« (1762) erreicht. Nach Rousseau schließen sich die Menschen im Staat zusammen, um *Freiheit* und *Gleichheit* zu sichern. Die Vertragschließenden allein sind die Träger der Souveränität (*Volkssouveränität*), die weder übertragen noch geteilt werden kann. Der allgemeine Wille des Volkes (volonté générale) komme vor allem in der Gesetzgebung zum Ausdruck, die von den rechtsgleichen Bürgern in ihrer Gesamtheit ausgeübt wird (direkte Demokratie). Die Freiheit des einzelnen bestehe darin, den Gesetzen zu gehorchen, die er sich selbst gegeben hat. Die Konsequenzen dieses radikal-demokratischen Staatsdenkens wurden erstmals in der Französischen Revolution wirksam.

3. »Was ist Aufklärung?«

Aufklärung als Erziehungsziel

Als geistige, zunehmend auch gesellschaftskritische Bewegung erreichte die Aufklärung im 18. Jahrhundert ihre stärkste Wirksamkeit. Optimistisch erklärte sie ihre Grundsätze für allgemeingültig, machte sie die Vernunft und die Natur des Menschen zum Maßstab für die Gestaltung aller Lebensbereiche. Auf die Frage »Was ist Aufklärung?« (1784) faßte der Königsberger Philosoph *Immanuel Kant* das aufklärerische Bewußtsein programmatisch zusammen:

»Aufklärung ist der Ausgang des Menschen aus seiner selbstverschuldeten Unmündigkeit. Unmündigkeit ist das Unvermögen, sich seines Verstandes ohne Leitung eines anderen zu bedienen. Selbstverschuldet ist diese Unmündigkeit, wenn die Ursache derselben nicht am Mangel des Verstandes, sondern der Entschließung und des Mutes liegt, sich seiner ohne Leitung eines anderen zu bedienen. Sapere aude! Habe Mut, dich deines eigenen Verstandes zu bedienen! ist also der Wahlspruch der Aufklärung ... Zu dieser Aufklärung wird nichts erfordert als Freiheit; und zwar die unschädlichste unter allem, was nur Freiheit heißen mag, nämlich die: von seiner Vernunft in allen Stücken öffentlich Gebrauch zu machen.« [40]

Kant verkündete nicht allein das Recht, sondern zugleich die Pflicht zum autonomen Gebrauch der menschlichen Vernunft. Rationales Denken, Mut zur Kritik an Staat und Gesellschaft, geistige Unabhängigkeit und religiöse Toleranz sollten Tradition, Dogmengläubigkeit, kirchliche und staatliche Autorität, moralische und ständische Vorurteile überwinden, eine *vernunftgemäße Erziehung der Menschheit* zur Humanität den Fortschritt garantieren, ihre Verbrüderung, das eigene Glück und die Wohlfahrt aller fördern.
Unter Berufung auf Vernunft und Erfahrung wollten die Aufklärer dem Menschen sein »natürliches« Leben, sein »natürliches« Recht, seine »natürliche« Religion zurückgeben. Sie sahen sich selbst als Boten einer besseren Zeit, in der der mündige Bürger sein politisches und soziales Leben selbstverantwortlich meistern sollte. Optimistisch, dieses noch ferne Erziehungsziel erreichen zu können, forderten die Pädagogen unter ihnen die Einführung der Schulpflicht, eine stärkere Gewichtung der Realbildung und Entfaltungsmöglichkeiten für die Frauen.

Bildungsprogramme und Leitbilder für Frauen

Mädchenerziehung und Bildungsprogramme für Frauen wurden nun ausführlich diskutiert. Die Anstöße und Leitbilder kamen aus England und Frankreich. Zunächst waren es die *Moralischen Wochenschriften,* die Bildung durch Lesen propagierten, das gehobene Bürgertum als literarischen Markt entdeckten und mit kurzen Erzählungen, Briefen und fingierten Dialogen, Satire und Karikatur über Fragen des praktischen Alltags, Kunst und Literatur, Liebe, Ehe und Moral Frauen als Leserinnen bewußt kultivierten. Dann schrieb *Samuel Richardson* mehrere Erfolgsromane (»Pamela«, 1740, »Clarissa«, 1748) aus betont weiblicher Perspektive. Vor allem aber wirkte *Rousseau* auf die Mädchenbildung ein. Für ihn bedeutete die Erziehung des Mädchens in erster Linie *Erziehung zur liebenden Ehefrau.* In seinem großen Erziehungsroman »Émile« (1762) beschrieb er den modernen Typus der vorbildlichen, nun geistig und musisch gebildeten, liebenden, aber eben noch immer abhängigen und unmündigen *Hausmutter.* Unter seinem Einfluß idealisierte der Braunschweiger Schulrat, Schriftsteller und Verleger *Joachim Heinrich Campe* in seinem pädagogischen Bestseller »Väterlicher Rat für meine Tochter« (1789) die dreifache Bestimmung der Töchter aus bürgerlichem Hause,

> »beglückende Gattinnen, bildende Mütter und weise Vorsteherinnen des inneren Hauswesens zu werden,...welche durch Aufmerksamkeit, Ordnung, Reinlichkeit, Fleiß, Sparsamkeit, wirtschaftliche Kenntnisse und Geschicklichkeiten den Wohlstand, die Ehre, die häusliche Ruhe und Glückseligkeit des erwerbenden Gatten sicher stellen.«[41]

Campes pädagogischer Entwurf ist repräsentativ für die späte Aufklärung: Hier schreibt ein Vater für seine Tochter, ein Bürger für die Frauen seines Standes, ein (männlicher) Pädagoge nach den Bedürfnissen einer patriarchalischen Gesellschaft.
Demgegenüber war es eine seltene Ausnahme, wenn ein Autor – und erst recht eine Autorin – die traditionelle Frauenrolle in Frage stellte. Zu diesen Ausnahmen gehört die Engländerin *Mary Wollstonecraft* (Verteidigung der Rechte der Frau, 1792). Sie warf Rousseau vor, die Frauen lediglich zu »artigen Haustieren«

Titelblatt von Rousseaus »Emile«, *von Robert Delaunay d. J., 1782. »L'Éducation de l'Homme commence à sa naissance«: Die Erziehung des Menschen beginnt bei seiner Geburt.*

zu erziehen und zweifelte überhaupt daran, daß die Natur ein weibliches Bildungsideal vorgegeben habe. Denn sie war überzeugt,

> »daß ein kleines Mädchen... ein Wildfang sein und nie einer Puppe ihre ganze Aufmerksamkeit schenken würde, wenn das Stubenhüten ihr eine andere Wahl ließe.« [42]

Wollstonecraft forderte die gemeinsame Erziehung von Mädchen und Jungen, Wirkungsmöglichkeiten für Frauen im öffentlichen und beruflichen Leben (Politikerin, Ärztin) sowie die politische und rechtliche Gleichstellung von Mann und Frau. Sie erntete fast nur Spott. Die Aufklärungspädagogen fürchteten, sie würde die Frau zur »Männin« erziehen.

Private Erziehung und Selbststudium

Im ausgehenden 18. Jahrhundert war die *»gebildete« Frau* das *Ideal der höheren Stände.* »Geistige Bildung« meinte Entfaltung von Tugend und Verstand, nicht Gelehrsamkeit oder berufliche Qualifikation. Von Lateinschulen und Universitäten waren Frauen noch immer ausgeschlossen (▷ S. 197). Was sie an Bildung erwarben, beruhte auf privater Erziehung und Selbststudium. Beides setzte Begabung, sichere wirtschaftliche Verhältnisse, einen Erzieher innerhalb der Familie oder einen Privatlehrer (Hofprediger, Hofmeister, Gouvernante) voraus. Waren diese Voraussetzungen gegeben, dann konnten auch Frauen in die geistige Welt vordringen, die seit der Reformation den Männern vorbehalten blieb. Typisch hierfür ist der Bildungsweg *Maria Sibylla Merians* (1647–1717). Die hochbegabte

Tochter des bedeutenden und wohlhabenden Frankfurter Kupferstechers wurde von ihren Brüdern, Mitarbeitern des väterlichen Kunstbetriebs sowie Privatlehrern unterrichtet; später erwarb sie sich als Amerikareisende und Insektenforscherin einen großen Ruf.

Mädchenschulen

Wie die Mädchenerziehung in adeligen Familien (Fürstenerziehung), in Patrizierhäusern und im Großbürgertum, so hatten auch die *Schulgründungen* des späten 17. und 18. Jahrhunderts ausnahmslos privaten Charakter. In Halle errichtete der Pädagoge und Pietist *August Hermann Francke* 1698 eine höhere Mädchenschule nach dem Vorbild des Schulinstituts der Madame de Maintenon, der Maitresse des französischen Königs, in Saint-Cyr. Adelige Standesschulen wie die in Stuttgart (1774) und Mädchenpensionate in kleineren Residenzstädten vermittelten neben Religion auch Sprachkenntnisse, Musik, Tanzen, gesellschaftliche Umgangsformen und feine Handarbeit. Im katholischen Deutschland wirkten die Schulorden der Ursulinen und Englischen Fräulein. In Dessau verwirklichte der Pädagoge *Johann Bernhard Basedow* die Modellschule der Philanthropen, die im Sinne Rousseaus auf die Entfaltung der natürlichen Fähigkeiten von Jungen und Mädchen abhoben.

»Volksbildung«

Dem weniger begüterten Mittelstand, dem Kleinbürgertum und der ländlichen Bevölkerung standen lediglich die *Elementarschulen* offen. Hier wurden Bibelverse, religiöse Lieder und Katechismus auswendig gelernt, oft nur die Anfänge des Lesens und Schreibens sowie etwas Rechnen eingeübt, alles meist von unausgebildeten, schlecht bezahlten und auf Nebenerwerb angewiesenen Lehrern, ohne festen Stundenplan und nicht selten ohne eigenen Schulraum. Von regelmäßigem Schulbesuch konnte nicht die Rede sein. Denn Handwerker- und Bauernkinder mußten zu Hause mitarbeiten. Daran änderte auch das Gebot der Schulpflicht nichts, das im 18. Jahrhundert in den meisten deutschen Territorien bestand. Wenigstens die bestbegabten Jungen konnten sich später über die Lateinschule den Weg bis an die Universität bahnen.

Selbstbildung durch Lesen

Vermögen und Geschlecht bestimmten somit den Bildungsgrad, der bis um 1800 erreicht werden konnte. Immerhin waren Eigeninitiativen und Privatunterricht so weit verbreitet, daß eine zahlenmäßig bedeutsame Gruppe von

---

Tafel 17 Ludwig XIV. *besucht eine Feier in der von ihm gegründeten Akademie der Wissenschaften, Gemälde von Henri Testelin (1616–1693), im Auftrag der Akademie wohl 1666 entstanden (Museum von Versailles). Der Besuch wurde vom Maler – wohl mit Wissen und Willen des absoluten Herrschers – zur Thronszene traditioneller Art stilisiert. Der König ist umgeben von Gelehrten und Höflingen – darunter Colbert rechts neben dem König – sowie den Symbolen der Herrschaft und der Wissenschaften.*

Tafel 18 Allegorie der Armut, *Gemälde von Adriaen van de Venne (1589–1662; Oberlin, Ohio, Allan Memorial Art Museum). Die Zeit nach dem 30jährigen Krieg bedeutete für viele Bauern Mitteleuropas eine besonders schwere Zeit, vor allem dann, wenn sie in einer vom Krieg stark in Mitleidenschaft gezogenen Gegend lebten. Dies mag den Künstler zu der Allegorie veranlaßt haben: Die Armut erscheint in einer menschlichen Gestalt verlebendigt: Der zerlumpte Mann ist die Armut schlechthin. Frau und Kind trägt er wie eine schwere Bürde; gezeichnet von Krankheit und Bettelei, füllt er, stellvertretend für alle Armen, übergroß den Vordergrund des Bildes.*

Tafel 17

Tafel 18

Tafel 20

Katharina von Görres. *Zeichnung von Ludwig Emil Grimm, 1808. 1810 schrieb Clemens Brentano an seine Freunde: »Grüßt die Frau, die wie Julius Cäsar mehrere Bücher zugleich liest.«*

Frauen als Leserinnen, eine kleinere als Schauspielerinnen und sogar Schriftstellerinnen *(Anna Luise Karsch, Sophie La Roche)* das kulturelle Leben beeinflussen konnten. Frauen lasen nun derart viel, daß eine Diskussion über »negative« Folgen der weiblichen »Lesewut« entstand. Zugleich wurde bewußt, daß Selbstbildung durch Lesen eine Etappe auf dem Wege der Emanzipation war.

Träger der Bewegung

Im Grunde war die Aufklärung zunächst die Sache einer sehr kleinen Minderheit von *Intellektuellen.* Diese brachten keine neue Philosophie und keine grundlegend neuen Ideen hervor. Vielmehr übernahmen sie die methodischen und wissenschaftlichen Erkenntnisse der vorangegangenen Generationen. Aber sie äußerten sich allgemeinverständlich in der Landessprache (nicht mehr in gelehrtem Latein), wirkten über politische und soziale Schranken hinweg auf

---

Tafel 19 Teatro Regio in Turin, *Gemälde von Pietro Domenico Olivero, entstanden um 1740 (Turin, Museo Civico). Das barocke Theater ist in mehrfacher Hinsicht ein Zeitdokument: Das Aufblühen des Dramas und der Oper machten eigene Theaterbauten notwendig. Ferner dienten sie dem Repräsentationsbedürfnis an absolutistischen Höfen. Für Bau und Ausstattung nützten die Theaterarchitekten alle illusionistischen Mittel barocker Architektur, Plastik und Malerei. Die Anordnung des Zuschauerraums mit seinen Rängen und Logen ist zugleich ein Abbild der in sich stark gegliederten Gesellschaft. Privileg des Fürsten war es, in der Proszeniumsloge buchstäblich hinter die Kulissen schauen zu dürfen.*

Tafel 20 Aufnahme in eine Wiener Freimaurerloge, *Gemälde vermutlich von Ignaz Unterberger, entstanden um 1740 (Wien, Historisches Museum der Stadt). Der »Suchende«, der aufgenommen werden soll, steht – noch mit verbundenen Augen – im Vordergrund. Hinter dem Tisch der Leiter der Loge, der »Meister vom Stuhl«. – Die Bewegung der Freimaurerei ist in Logen organisiert und erreichte den deutschen Raum im 18. Jh. zur Zeit der Aufklärung. Die Mitglieder der Loge verpflichten sich, selbstkritisch und duldsam nach Wahrheit und Menschenliebe zu streben. Die Freimaurer betrachten sich untereinander als Brüder. Da die Logen geschlossene Gesellschaften sind, kamen sie in den Verdacht der Geheimbündelei.*

eine ständig wachsende Zahl von »Gebildeten« und riefen so einen geistigen Gärungsprozeß hervor, der nach und nach alle Lebensbereiche durchdrang. Französisch wurde zur neuen Bildungssprache, das aufsteigende *Bürgertum* zum hauptsächlichen Träger der Bewegung. *Monarchen* wie der preußische König Friedrich II., Kaiser Joseph II. und Katharina II. von Rußland wurden ihre Fürsprecher. Die Landesgrenzen überschreitend, trugen die *Freimaurerlogen,* die 1717 von England ausgingen, die Idee der Humanität und Brüderlichkeit durch ganz Europa (▷ Tafel 20). *Akademien* wie die Royal Society in London (1662), die Académie des Sciences in Paris (1666) und die Brandenburgische Societät (Preußische Akademie) der Wissenschaften in Berlin (1700), bei deren Einrichtung *Gottfried Wilhelm Leibniz,* einer der großen Universalgelehrten Europas, Pate stand, wurden zur Förderung der historisch-philologischen und naturwissenschaftlichen Forschung aus dem Geiste der Aufklärung gegründet (▷ Tafel 17). Es folgten in den deutschen Territorien 1751 Göttingen, 1759 München, 1763 Mannheim und 1772 Brüssel. Bald liefen die Akademien den *Landesuniversitäten* den Rang ab, sofern sich diese nicht selbst zu Zentren der Aufklärung entwikkelten wie Halle, Leipzig und vor allem Göttingen. Parallel zu den landesfürstlichen Akademien erlangten *gelehrte Gesellschaften* Bedeutung, die auf private Initiativen und Stiftungen zurückgingen. Seit Mitte des 18. Jahrhunderts bildeten sich schließlich zahlreiche kleinere *»ökonomische«, »gemeinnützige«* und *»patriotische Gesellschaften«.* Sie waren meist praktisch orientiert und zielten auf die Verbesserung von Landwirtschaft und gewerblicher Produktion oder auf die Erprobung technischer Neuerungen. Träger dieser verschiedenen Assoziationen (»Sozietäten«) waren vor allem bürgerliche Gelehrte, aber auch Beamte, Adelige und Geistliche, kurz, die *fortschrittsbewußte Bildungselite* der Zeit.

Öffentliche Diskussion und Kritik

Auf dem Höhepunkt der Bewegung war Europa von gelehrter und publizistischer Diskussion erfüllt, fühlten sich die aufgeklärten Zeitgenossen als Weltbürger einer gemeinsamen Gelehrtenrepublik. Den größten Einfluß übte zweifellos die französische Aufklärung aus. Unter Leitung des genialen Schriftstellers *Denis Diderot* und des Philosophen und Mathematikers *Jean-Lerond d'Alembert* wurde gegen staatliche und kirchliche Widerstände die »Encyclopédie« geschaffen, ein Riesenwerk von 35 Bänden (1751–1776), das vom kritischen Standpunkt der Aufklärung aus das Wissen der Zeit alphabetisch erfaßte. Die Enzyklopädie trug am meisten zur Verbreitung aufklärerischen Denkens bei. Ihr entnahmen die »höhere« Gesellschaft, die Gelehrten, die Literaten und Tagesschriftsteller die Argumente ihres Meinungsstreits über Gott und Welt, Menschentum und Natur, Tugend und Moral. Überall wollte man das eigene Urteil am Urteil anderer überprüfen. Das Bedürfnis nach breiter *Kommunikation* manifestierte sich dabei in vielfältigen Formen: in den geistreichen Konversationen adeliger Salons, die schöngeistig interessierte Damen in ihren Privathäusern arrangierten, in geselligen Gesprächsrunden berühmter Kaffeehäuser, im Zeitschriftentausch von Lesezirkeln und Lesegesellschaften, im Briefverkehr, in einer Flut von Büchern, Broschüren und Presseerzeugnissen. Namentlich die Moralischen Wochenschriften, die häufig schon im Titel

(»Spectator«, »Der Vernünfftler«, »Die vernünfftigen Tadlerinnen«) aufgeklärte Leitbegriffe transportierten, entwickelten die Zeitung vom reinen Nachrichtenträger zum Instrument der Meinungsbildung. Als *»öffentliche Meinung«* trat von nun an das, worüber die Aufklärungsgesellschaft in öffentlicher Diskussion Übereinstimmung erzielte, den bestehenden Mächten mit dem Anspruch auf Gehör entgegen.

Säkularisierte Weltsicht

Die neue Weltsicht war durch und durch säkularisiert. Zwar hielt man an der Vorstellung eines Schöpfergottes fest, ja man meinte, seine Existenz gerade mittels der Vernunft aus der Harmonie der Naturgesetze und des Universums beweisen zu können; eine persönliche Natur Gottes, persönliche Beziehungen zwischen ihm und den Menschen, Offenbarung und Wunderglauben lehnte man indes ab (*Deismus*). In dem französischen Rationalisten *Voltaire,* auf dessen Stimme das damalige Europa hörte, fand der Deismus seinen geistreichsten Repräsentanten. Voltaire war ein Gegner jeder Dogmatik. Leidenschaftlich kämpfte er gegen die Kirche, die er für Aberglauben, Unwissenheit und Vorurteile der Menschheit verantwortlich machte, und gegen religiösen Fanatismus. Aber er war kein Atheist. Erst die *Materialisten* der Spätaufklärung wie der französische Arzt La Mettrie, der den Menschen als eine Maschine erklärte, die rein physikalischen Gesetzen gehorchte, gingen über diese Position hinaus.

Theorie und Wirklichkeit

Der Widerspruch zwischen den naturrechtlichen Idealen und der politisch-gesellschaftlichen Wirklichkeit, namentlich der absolutistischen Staatspraxis, veranlaßte die Aufklärer zu ätzender Kritik. Jedoch nicht durch revolutionäre Gewalt, sondern durch die Freiheit der öffentlichen Meinung und die Macht des Geistes dachten sie die überkommenen Ordnungen zu wandeln. Ob und inwieweit sie auf dem Wege humanitärer, sozialer und politischer *Reformen* erfolgreich waren, oder ob sich ihre Ideen zur *Revolutionsideologie* radikalisierten, hing von den jeweiligen Gegebenheiten ab, auf die sie in den europäischen Staaten trafen. Fortschrittsgläubig feierte Voltaire das 18. Jahrhundert als die Epoche, die allen früheren Zeiten überlegen sei, und er war optimistisch im Blick auf die Herrschaft der Vernunft: »Wir leben in einem Zeitalter, wo die Vernunft mit jedem Tage mehr in die Paläste der Großen wie in die Läden der Kaufleute und Bürger eindringt.«[43] An dieser Überschätzung der Verbreitung und Wirksamkeit »vernünftigen« Denkens ist die Aufklärungsbewegung letztlich gescheitert. Aber ihr Grundanliegen, den Menschen zum Selbstgebrauch seines Verstandes anzuleiten, blieb bis auf den heutigen Tag gültig.

II. Ausformungen des modernen Staates

Monarchischer Absolutismus

Die Historiker haben die Entstehung der neuen Staatslehren und Herrschaftsmittel bis in die Anfänge des 14. Jahrhunderts zurückverfolgt. Systematisch und gebündelt kamen diese aber erst im 17. Jahrhundert zur Anwendung, als das europäische Fürstentum aus Glaubenskämpfen und Bürgerkriegen gestärkt hervorging und seinen Anspruch, alleiniger Träger der Souveränität zu sein (*monarchisches Prinzip*), gegenüber Adel und Ständevertretungen durchsetzte. Der im Monarchen verkörperte absolute Staat (»l'état c'est moi«) brachte Steuern und Finanzen, Heer und Verwaltung unter seine Kontrolle, regierte in die Kirchen hinein, rationalisierte und intensivierte seine Tätigkeit im Bereich von Handel und Wirtschaft (Merkantilismus) und erfuhr so eine bislang unbekannte Ausweitung seiner Aufgaben und Kompetenzen. Doch war er viel zuwenig durchorganisiert, um auch die Aufgaben der lokalen Verwaltung und Rechtsprechung zu übernehmen. Hier blieben der Adel, die Städte, zum Teil auch die Kirchen als *regionale Feudalgewalten* mit unterschiedlichen Vorrechten und Vollmachten bestehen. Es ist geradezu charakteristisch, daß das absolute Fürstentum die alten ständischen Institutionen zumeist umging oder lähmte, formal aber bestehenließ. Überhaupt verfügte es nicht entfernt über die Machtmittel moderner Diktaturen. Nicht zuletzt wegen der intensiven Bemühungen, den absoluten Herrscher als weltlichen Stellvertreter Gottes (*Gottesgnadentum*) zu legitimieren, setzte ihm – neben überlieferten *Normen* und feudalständischen *Traditionen* – auch die *Religion* bestimmte Schranken. In zahlreichen politischen Testamenten gaben sich absolute Fürsten als Sachwalter der allgemeinen Wohlfahrt aus. Sobald sie sich durch Willkür von diesem Leitbild entfernten, weckten sie Kritik und Opposition. So blieb der absolute Staat überall unfertig, war absolute Herrschaft immer mehr Anspruch als politische Realität.

Alternative Herrschaftsformen

Der zunächst in Frankreich modellhaft ausgeprägte monarchische Absolutismus wurde – obgleich mit erheblichen Unterschieden – zur dominierenden Form der Herrschaftsausübung in Europa. Gleichwohl gelang es den Fürsten nicht überall, sich von den Ständen zu lösen. Extremes Beispiel hierfür ist das Wahlkönigtum *Polen,* wo die Krone politisch entmachtet und der Staat den Interessen des Adels (*Adelsrepublik*) vollkommen ausgeliefert wurde. Sonderfälle bildeten ferner die *eidgenössischen Kantone* und die republikanisch verfaßten *Stadtstaaten* (Venedig, Genf), die mit den großflächigen Territorien kaum verglichen werden können. Aber auch die *Republik* der *Vereinigten Niederlande,* die im 17. Jahrhundert zur führenden Handelsmacht Europas heranwuchs, stellte keine zukunftsträchtige Staatsform dar; denn weder konnte sich in diesem Staatenbund ständisch verwalteter Republiken ein starkes republikanisches Regiment durchsetzen, das alle Provinzen umfaßte, noch gelang deren Integration unter einer fürstlichen Herrschaft (Haus Oranien). Weit mehr Bedeutung kam der Verfassungsentwicklung in *England* zu. Hier führte der Versuch der Stuarts, dem Land eine absolutistische Regierungsweise aufzuzwingen, zur Herrschaft des Parlaments und zur Umwandlung der Verfassung in eine *konstitutionelle Monarchie.* Daß indes auch das absolutistische System flexibel sein konnte, zeigte sich im späten 18. Jahrhundert, als sich in einigen kleinen Territorien, hauptsächlich aber in *Preußen* und *Österreich,* das Selbstverständnis der Fürsten sowie die allgemeine Staats- und Herrschaftsauffassung in der Auseinandersetzung mit den Ideen der Aufklärung wandelten und das Königtum im Zusammenwirken mit der »aufgeklärten« Bürokratie den monarchistischen

Staat auf dem Wege der Reformen »von oben« bis an die Schwelle des Konstitutionalismus führte (*aufgeklärter Absolutismus*). Ganz außerhalb der europäischen Verfassungsentwicklung stand das Zarenreich. Zwar wurde *Rußland,* das sich im 17. Jahrhundert dem Westen öffnete, von den Ideen der Aufklärung berührt; so wenig diese aber in die Tiefe drangen, so wenig veränderten sie die Selbstherrschaft (*Autokratie*) des Zaren.

1. Die absolute Monarchie in Frankreich

1624–1642	Kardinal Richelieu
1642–1661	Kardinal Mazarin
1643–1715	Ludwig XIV., König von Frankreich (Selbstregierung seit 1661)
1681	Annexion Straßburgs
1688–1697	Pfälzischer Krieg
1701–1714	Spanischer Erbfolgekrieg
1713	Friede von Utrecht; Gleichgewicht der Mächte in Europa

Konzentration der Regierungsgewalt

Nach der Erschütterung der monarchischen Herrschaft infolge der konfessionellen Bürgerkriege schien in Frankreich allein ein »starker Staat« die politische Unsicherheit beenden zu können. Auf einen solchen hoffte Bodin, als er 1576 die Souveränität des Staates als »summa ... legibus soluta potestas« (Absolutismus!), als »höchste, von den Gesetzen gelöste Gewalt«, umschrieb. Rund hundert Jahre später hatte der französische König Ludwig XIV. dieses politische Wunschziel bis zu einem gewissen Grade erreicht. Bereits *Heinrich IV.* und die beiden Kardinäle *Richelieu* und *Mazarin,* die leitenden Minister unter Ludwigs Vater und zur Zeit seiner eigenen Minderjährigkeit, hatten den Einfluß der französischen *Stände* (États généraux) auf die Regierungspolitik weitgehend ausgeschaltet, dem adeligen *Pariser Gerichtshof* (Parlament) sein Recht auf Einspruch gegen königliche Edikte genommen und den Widerstand des *Hochadels* und des Parlaments von Paris gegen die Zentralisierung der Herrschaft (Aufstand der Fronde 1648–1653) gewaltsam gebrochen. Davon abgesehen, beruhte die Konzentration der Regierungsgewalt beim Monarchen nach Auffassung der neueren französischen Geschichtsforschung hauptsächlich auf drei *Voraussetzungen*: (1) auf dem fortwährenden *Kriegszustand,* in dem sich Frankreich vom Dreißigjährigen Krieg bis zum Frieden von Utrecht (1713) befand, der ebenso rasche wie durchgreifende Entscheidungen notwendig machte, die Zentralisierung des Regierungsapparates begünstigte und die Arbeit des Königs mit spezialisierten Ministern (Kabinett) und ad hoc ernannten königlichen Kommissaren, Finanzkollegien und Sondergerichten nahelegte; sodann (2) auf der *wirtschaftlichen Rezession* Ende des 16. Jahrhunderts (Verminderung der Edelmetallzufuhr aus Süd- und Mittelamerika, starke Geldverknappung, sinkende Preise,

Löhne und Gewinne), die ein dauerhaftes Bündnis zwischen dem König und dem gewerbetreibenden Bürgertum ermöglichte, wie es beispielsweise im Verkauf staatlicher Ämter zum Ausdruck kam (durch den Ämterverkauf konnte die Krone ihre Finanznot lindern und sich zugleich eine Klientel von lenkbaren bürgerlichen Verwaltungsbeamten schaffen); schließlich (3) auf der allgemeinen *Unsicherheit der Lebensverhältnisse* (▷ Tafel 18) infolge von verheerenden Seuchen, von Hungerkrisen und Brigantenwesen, deren Beseitigung den Grundherren über den Kopf wuchs und vor allem die Hocharistokratie bewog, mit der Krone zusammenzuarbeiten.

Zentralisierung des Regierungsapparats

Ludwig XIV. (▷ Tafel 17) befand sich somit bei allem persönlichen und dynastischen Ehrgeiz durchaus in Übereinstimmung mit Grundströmungen seines Landes, als er Frankreich zur Mustermonarchie des europäischen Absolutismus ausbaute. Auf diesem Wege umgab er sich zunächst mit treu ergebenen, überwiegend bürgerlichen Ministern und übernahm selbst die Funktion eines »Premierministers«, der mit seinem engeren *Kabinett* (Conseil du Roi) im Louvre in Paris und später in Versailles über alle Grundfragen der Politik persönlich entschied. Sodann entmachtete er die adeligen, einst selbstherrlichen Provinzgouverneure, drängte den Einfluß der Provinzialstände zurück, begünstigte den Verkauf der städtischen Bürgermeisterämter, die ehedem Sinnbilder kommunaler Unabhängigkeit waren, und brach, indem er 1685 das Edikt von Nantes aufhob, die konfessionelle Freiheit der Hugenotten zugunsten eines strikt katholischen Staatskirchentums. Durchsetzen konnte er dies alles, weil er über durchschlagende Machtmittel verfügte: über ein mächtiges *Heer* (1664: 45 000, 1703: 400 000 Mann), das dauernd unter Waffen stand und in Kriegs- wie in Friedenszeiten einsatzbereit war; über eine Gruppe von abhängigen Verwaltungsbeamten (*Intendanten*), die den königlichen Willen in den einzelnen Verwaltungsbezirken des Landes durchsetzten; und über ein zentrales, auf die Person des Monarchen zugeschnittenes *Hofsystem* mit zahlreichen neuen Ämtern und einem repräsentativen Zeremoniell, in dessen Erfüllung der politisch entmachtete, gesellschaftlich aber weiterhin bevorzugte Adel den Sinn seiner Existenz fand.

Finanzsystem und Merkantilismus

Neben der Durchsetzung des monarchischen Herrschaftsanspruchs und der Zentralisierung des Regierungsapparats war die *Steigerung des Steueraufkommens* das Hauptziel der absoluten Monarchie. Um der Krone die Finanzmittel für den aufwendigen Hofstaat, den Unterhalt von Bürokratie, Heer und Marine sowie für ihre zahlreichen Kriege bereitzustellen, wurde nicht allein die Steuerschraube oft bis an die Grenzen des Möglichen angezogen, sondern auch die Staatstätigkeit im Bereich der Wirtschaft gewaltig vermehrt. Im Kern zielte die *staatliche Wirtschaftspolitik* auf eine aktive Handelsbilanz. Namentlich der französische Finanzminister *Jean Baptiste Colbert* ergriff in diesem Sinne ein ganzes Bündel von regulierenden und reglementierenden Maßnahmen, die unter dem Begriff *Merkantilismus* (Colbertismus) zusammengefaßt wurden. Colbert und die ihm folgenden Merkantilisten begünstigten die Einfuhr von Rohstoffen (vornehmlich aus den eigenen Kolonien) und die Ausfuhr von Fertigprodukten, schirmten den Binnenmarkt durch Schutzzölle ab, beseitigten Zollschranken im Inneren, vereinheitlichten das Währungssystem, bauten die nationalen Verkehrswege aus (Straßen, Kanäle), lockerten die Zunftbestimmungen, gründeten Manufakturen, privilegierten die großen Handelskompanien und förderten die koloniale Expansion – alles in der Absicht, durch relative *wirtschaftliche Autonomie* und *starken Außenhandel* dem Konjunkturabschwung des 17. Jahrhunderts entgegenzuwirken und die Staatskasse zu füllen. Im Grunde ergriffen sie Maßnahmen, die dem wirtschaftspolitischen Arsenal des mittelalterlichen Stadtstaates entstammten, nun aber zum ersten Mal konsequent und mit Erfolg auf den großflächigen Territorialstaat angewandt wurden.

Hegemonialpolitik

Heer und Marine, der größte Ausgabeposten des französischen Staatsetats, dienten in erster Linie einer expansiven Außenpolitik. Durch den Westfälischen Frieden von 1648 und den Pyrenäenfrieden von 1659 war Frankreich zur stärksten Macht auf dem Kontinent geworden. Nun setzte Ludwig XIV. die Militärgewalt seines Landes bedenkenlos ein, um den »Ruhm« der Krone zu mehren und die französische Hegemonie auszubauen. Stets von neuem gaben ihm zweifelhafte Erb- und Rechtsansprüche Anlaß, das französische Territorium durch Eroberungszüge zu erweitern (*Kabinettskriege*). Im sogenannten *Devolutionskrieg* (1667–1668) gegen die spanischen Niederlande gewann er mehrere flandrische Grenzfestungen (Lille); der folgende Krieg gegen die *Generalstaaten* (1672–1678), Frankreichs nördlichen Wirtschaftsrivalen, brachte ihm die Franche-Comté, de facto auch die Herrschaft über Lothringen (bis 1697) ein; seit 1679 annektierte er zahlreiche Städte und Dörfer im Elsaß (*Reunionen*), 1681 die Reichsstadt *Straßburg*.

Wenig später war der Zenit der französischen Expansion überschritten. Denn als Ludwig XIV. seine Armee in die Pfalz einbrechen ließ (*Pfälzischer Krieg* 1688–1697), um rechtlich unhaltbare Erbansprüche gewaltsam durchzusetzen, stemmten sich ihm die Generalstaaten, England, Österreich, deutsche Reichsfürsten, zeitweilig auch Spanien und Schweden entgegen; und als er kurz darauf das Erbe des letzten spanischen Habsburgers Karls II. für seinen Enkel Philipp von Anjou annahm, provozierte er erneut eine antifranzösische Koalition. Der *Spanische Erbfolgekrieg* (1701–1713/14) zog die gesamte mittel-, west- und nordeuropäische Staatenwelt in Mitleidenschaft. Sein Ausgang wurde durch die englische *Gleichgewichtspolitik* entschieden, die sowohl die Vereinigung Spaniens mit Frankreich als auch mit Österreich zu verhindern suchte. Zwar konnte Philipp von Anjou im *Frieden von Utrecht* (1713) die spanischen Hauptlande und die spanischen Kolonien behalten, auf jede dynastische Verbindung mit

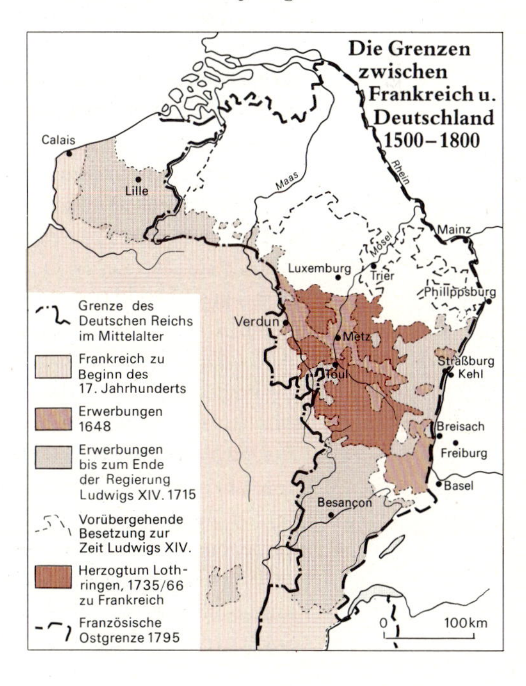

Die Grenzen zwischen Frankreich u. Deutschland 1500–1800

Frankreich mußte er jedoch ausdrücklich verzichten. Das absolutistische Frankreich blieb von nun an eine Großmacht neben anderen in Europa. England aber stieg zum Schiedsrichter des Kontinents und zur führenden Macht in Übersee auf.

2. Die Anfänge des Konstitutionalismus in England

1642–1648	Englischer Bürgerkrieg. Puritanische Revolution
1649	Hinrichtung König Karls I.
1653–1658	Militärdiktatur Cromwells
1660	Restauration des Stuart-Königtums
1688–1689	Glorreiche Revolution. Bill of Rights

Konsens zwischen Krone und Parlament

Im Unterschied zu Frankreich verfügte England während des 16. Jahrhunderts über ein stabiles monarchisches Regiment, obgleich sich das Königtum weder auf ein stehendes Heer noch auf eine eigene Bürokratie und eigene Finanzmittel stützten konnte. Die Stabilität der Monarchie beruhte auf der Übereinstimmung zwischen der herrschenden Tudor-Dynastie und der adeligen und bürgerlichen Oberschicht des Landes, die in den beiden Häusern des Parlaments, der englischen Variante frühneuzeitlicher Ständevertretungen, repräsentiert war. Selbst mächtige Tudors wie Heinrich VIII. oder Elisabeth I. ließen das Recht des Parlaments auf Mitwirkung bei der *Steuerbewilligung* und *Gesetzgebung* (»King in Parliament«) unangetastet, Lords und Commons respektierten die *monarchischen Vorrechte* (Prärogativen) im Bereich der Außenpolitik, des Kirchen- und Gerichtswesens. In der Regel fand sich das Parlament bereit, die Politik der Krone zu finanzieren, ohne daß die gegenseitigen Rechte und Pflichten juristisch genau festgelegt gewesen wären. Diese Übereinstimmung – von Historikern der Tudor-Epoche dem Parlament häufig als Schwäche angelastet[44] – hatte zwei entscheidende *Folgen:* Sie beschränkte (1) die monarchische Gewalt auf den Zentralbereich, während die Regional- und Lokalverwaltung (Friedensrichter) fest in der Hand des Landadels und des wohlhabenden Bürgertums verblieben (*Selfgovernment*), und sie verfestigte (2) die Befugnisse des Parlaments auf *gewohnheitsrechtlichem* Wege.

Stuart-absolutismus

Zu Beginn des 17. Jahrhunderts trat ein Wandel in der englischen Politik ein. Mit den Stuarts kam 1603 eine Dynastie zur Herrschaft, die ohne Rücksicht auf das Parlament zu regieren begann. Zur selben Zeit wurde England von der allgemeinen wirtschaftlichen Krise erfaßt, aufgrund dynastischer Verbindungen (Pfalz, Frankreich) zunehmend mehr in die Machtkonflikte des Kontinents einbezogen und durch seine katholische Minderheit, eine wachsende Zahl von calvinistischen Gemeinden (Puritaner), die sich von der anglikanischen Staatskirche abspalteten, und durch die Personalunion mit dem calvinistischen Schottland vor schwierige Religionsprobleme gestellt. Als *Karl I.* das Parlament mehrfach auflöste, um Steuererhöhungen durchzusetzen, es dann elf Jahre lang politisch vollkommen ausschaltete, schließlich in der Absicht, die monarchische Gewalt zu stärken, englischen Dissenters und schottischen Presbyterianern das Bekenntnis zur anglikanischen Bischofskirche aufzuzwingen versuchte, verband sich die ständische mit der konfessionellen Opposition. Die Schotten schritten zum Aufstand (1637), England stürzte über dem Machtkampf zwischen Krone und Parlament in den *Bürgerkrieg* (1642). In diesem behielten das Parlamentsheer und mit ihm der radikale Flügel der Puritaner, die *Independenten,* die Oberhand, die jedes feste Kirchenregiment ablehnten und allein die selbständige Gemeinde als Form der Kirchenorganisation anerkannten.

Puritanische Revolution

Unter Führung *Oliver Cromwells,* eines puritanischen Landadeligen mit ausgeprägtem Sendungsbewußtsein, und gestützt auf das Heer, entfernten die Independenten alle Gegner aus dem Parlament. Sie klagten Karl I. an, die Freiheitsrechte der Engländer verraten und ein Tyrannenregiment errichtet zu haben, brachten den König aufs Schafott, schafften die Monarchie und das Oberhaus ab und erklärten England mit der Begründung, daß alle Macht vom Volke stamme, zur *Republik.* Einen Aufstand der katholischen *Iren* (1649), dann der royalistischen *Schotten* (1650/51) schlug Cromwell mit beispielloser Härte nieder. So enteignete er die irischen Grundbesitzer, überließ das entvölkerte Land den englischen Soldaten, Offizieren und Spekulanten und brachte die ärmere irische Bevölkerung durch eine drakonische Sozialgesetzgebung auf Jahrhunderte hinaus in die Abhängigkeit der neuen protestantischen Oberschicht.

Sitzung des House of Commons. *Rückseite des großen Siegels von England, 1651. Die Umschrift lautet: »In the Third Year of Freedom by God's Blessing Restored 1651.«*

Militärdiktatur

Seit 1653 regierte Cromwell als »Lord Protector« mit diktatorischer Gewalt. Seine Macht beruhte auf der Ausübung der *Exekutive,* auf seiner *Autorität* im *Heer* und auf seinen *außenpolitischen Erfolgen.* Er vereinigte England, Schottland und Irland zum Einheitsstaat, brach die beherrschende Stellung der Niederlande im europäischen und überseeischen Zwischenhandel (Navigationsakte, 1651) und bereitete nach erfolgreichen See- und Kolonialkriegen gegen den holländischen Handelsrivalen (1652–1654) und gegen Spanien (1655–1658) die britische Seeherrschaft vor. Innenpolitisch indes erlebte er Schiffbruch. Denn es gelang ihm nicht, Englands republikanische Verfassung auf eine parlamentarische Grundlage zu stellen.

Konstitutionell beschränktes Königtum

Nach Cromwells Tod brach die Militärdiktatur zusammen. England kehrte auf Beschluß des Parlaments zur *Monarchie,* zur *Stuart-Dynastie* und zur *anglikanischen Staatskirche* zurück. Sich selbst behielt das *Parlament* seine traditionellen Rechte sowie die Entscheidung in Kirchenfragen und – über das Budgetrecht (1667) – die Kontrolle der Regierung vor. Umstritten blieben vor allem die Legitimation des Königtums und der Umfang der Krongewalt. Als der nächsterbberechtigte Stuart, der spätere Jakob II., zum Katholizismus übertrat, spaltete sich das Parlament in zwei »Parteien«: Während die *Tories* (Landadel, Anglikaner) an Gottesgnadentum und dynastischer Erbfolge festhielten, betonten die *Whigs* (Handels- und Finanzbürgertum, Puritaner) den Vertragscharakter der monarchischen Herrschaft und das Recht auf Widerstand. Mit Hilfe der Tories kam Jakob II. auf den Thron. Als ihm jedoch ein Sohn geboren wurde und sich die Aussicht auf eine katholische Dynastie eröffnete, schließlich ein Bündnis des Königs mit Frankreich bekannt wurde, das englischen Interessen zuwiderlief, trugen beide Parteien dem niederländischen Generalstatthalter *Wilhelm III. von Oranien,* dem protestantischen Schwiegersohn Jakobs II., die Krone an.

Die *Glorreiche Revolution* brachte das naturrechtliche Prinzip vom vertraglichen Ursprung der monarchischen Gewalt zur Geltung und stellte das Königtum endgültig auf eine konstitutionelle Grundlage. Das Parlament verpflichtete Wilhelm III. und seine Gemahlin Maria auf die Grundsätze der künftigen *Verfassung* (Bill of Rights, 1689), die es aus eigener Machtvollkommenheit beschloß. Die Bill garantierte den Briten ihre alten *politischen Freiheiten* (u. a. freie Wahlen, freie Parlamentsdebatte, Petitionsrecht) und alle jene Rechte, die sich das Parlament in der Abwehr des Stuart-Absolutismus bewahrt oder erkämpft hatte: Sie banden die Gesetzgebung, die Steuererhebung und die Errichtung eines stehenden Heeres an die parlamentarische Zustimmung und unterstellten den öffentlichen Haushalt der *parlamentarischen Kontrolle.* Ferner blieb die Habeas Corpus-Akte (1679) in Kraft, die es jedem Verhafteten erlaubte, innerhalb von drei Tagen die Haftprüfung durch ein unabhängiges Gericht zu fordern und sich so vor willkürlicher Freiheitsberaubung zu schützen. Spätere Gesetze sicherten die regelmäßige Neuwahl des Parlaments (1794) und die Unabhängigkeit des Richteramtes (1701). Die *Exekutivgewalt* der *Krone* tastete das Parlament nicht an; allein der König bestimmte Minister, Ämtervergabe und Außenpolitik. Durch Ämtervergabe und Bestechung besaß zwar die Krone nach wie vor erheblichen Einfluß auf das Unterhaus, im Ergebnis jedoch verlagerte die Glorreiche Revolution den Schwerpunkt der politischen Macht ins Parlament.

Parlamentarisches System

Erst im 18. Jahrhundert, als die Thronfolge auf das Haus Hannover (seit 1714) und die Mehrheit des Unterhauses für 47 Jahre auf die Whigs überging, kristallisierten sich die Grundprinzipien des englischen Parlamentarismus heraus: die *Regierungsbildung* durch die Majorität des Unterhauses, die Doppelfunktion des *Premierministers* als Regierungschef und Führer der Mehrheitsfraktion, die *Regierungskontrolle* durch die Minorität, die »Opposition«. Von Demokratie konnte freilich nicht die Rede sein. Die Sitze im Oberhaus waren erblich, das Wahlrecht zum Unterhaus war an Grundbesitz und beträchtliches Vermögen gebunden und begünstigte in extremer Weise die adelig-großbürgerliche Oberschicht. Sir *Robert Walpole,* der erste Premierminister (1721–1742) der englischen Geschichte, bestach die Wähler, »kaufte« das Unterhaus und setzte alle Mittel der Patronage ein, um die erforderlichen Mehrheiten zu erhalten. Im Grunde machten einige wenige Adelscliquen, die sich die einflußreichsten Ämter zuschoben, die Politik. Nicht an dieser historischen Wirklichkeit, sondern am englischen Verfassungsideal, wie es die Schriften Lockes und Montesquieus vermittelten, orientierte sich das aufstrebende, fortschrittlich denkende Bürgertum des Kontinents.

3. Der aufgeklärte Absolutismus in Preußen und Österreich

1640–1688	Friedrich Wilhelm, Kurfürst von Brandenburg
1701	Preußische Standeserhöhung in Königsberg
1713–1740	Friedrich Wilhelm I., König in Preußen
1740–1786	Friedrich II., der Große
1794	Allgemeines Landrecht für die Preußischen Staaten
1683	Schlacht am Kahlenberg
1683–1699	Türkenkriege (Prinz Eugen). Friede von Karlowitz
1711–1740	Kaiser Karl VI. (Pragmatische Sanktion 1713)
1740–1780	Maria Theresia
1781	Reformgesetze Kaiser Josephs II.

Wie in Frankreich, so hat auch in den Territorien des Reiches das Bedürfnis nach einer Gewalt, die Ordnung, Besitz und Nahrung sicherte, die Lebensverhältnisse verbesserte und die verheerenden Folgen des Dreißigjährigen Krieges beseitigte, den monarchischen Absolutismus begünstigt. Tatsächlich gehörten

Landesausbau, Binnenkolonisation und Peuplierung zu den positiven Leistungen des absoluten Fürstentums. Nicht minder wurde die auswärtige Politik zum Hebel, um die Regierungsgewalt im Innern der Territorien zu erweitern. Brandenburg-Preußen und Habsburg stiegen auf dem Weg zum absolutistischen Staat im 17. und 18. Jahrhundert zu europäischen Großmächten auf.

Begründung des brandenburg-preußischen Machtstaats

Das Fundament des modernen brandenburg-preußischen Staates legte *Friedrich Wilhelm I.*, der *Große Kurfürst,* der den Gebietszuwachs von 1648 sicherte, außenpolitisch zwischen den Mächten in West und Ost lavierte und im Schwedisch-Polnischen Krieg (1655 bis 1660) das Herzogtum Preußen aus dem polnischen Lehensverband löste. Um den Großmächten seiner Zeit ebenbürtig zu werden, gründete er den Staat auf ein starkes *Heer.* Er finanzierte die Militärausgaben durch neue *Grund-* (Kontributionen) und *Verbrauchssteuern* (Akzise), entmachtete die Stände (1653) und schloß seine verstreuten, halbselbständigen Länder über das *Generalkriegskommissariat,* eine militärische Zentralbehörde, erstmals zum Gesamtstaat zusammen. Dem grundbe-

Die territoriale Entwicklung Brandenburg-Preußens und Habsburgs

1500
Kurbrandenburg
Kursachsen
Habsburgische Erblande
0 500 km

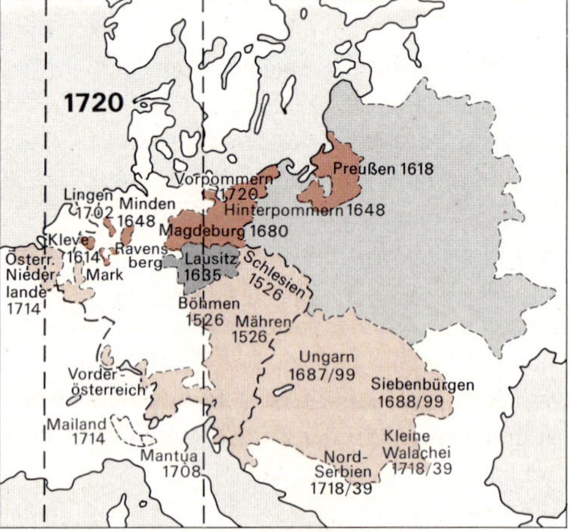

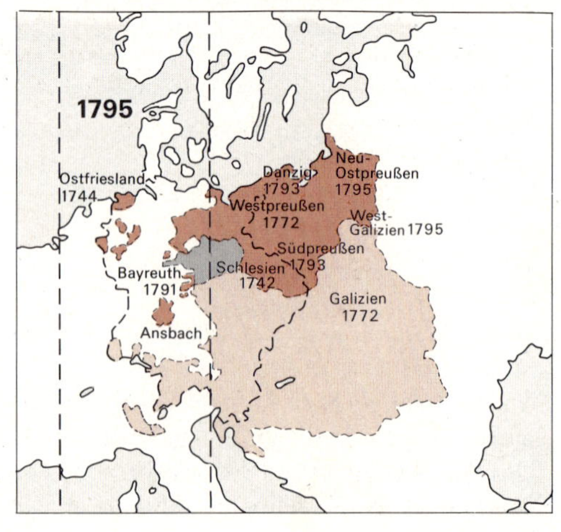

sitzenden Adel garantierte er seine wirtschaftlichen und sozialen Privilegien. Nach der Standeserhöhung der Hohenzollern – sie führten seit 1701 den Titel »König in Preußen« – baute sein Enkel *König Friedrich Wilhelm I.* den absolutistischen *Militär- und Verwaltungsstaat* weiter aus. Seine Hauptsäule blieb die Armee, die auf Werbung und Rekrutierung von Bauern- und Handwerkersöhnen beruhte, den Adel auf die Offizierslaufbahn verpflichtete und die Wirtschaftskraft des Landes, zum Beispiel durch Ausfuhrverbote für Wolle und Tuch, militärischen Belangen unterordnete. Mit ihren Prinzipien »Gehorsam«, »Disziplin« und »Pflichterfüllung« durchdrang die Armee bald Staat und Gesellschaft (*»innere Militarisierung«*).

Österreichs Aufstieg zur Großmacht

Österreich wuchs zur Zeit Kaiser *Leopolds I.* zur Vormacht Südosteuropas heran, als nach der Verteidigung Wiens (1683) gegen die Türken das kaiserliche Heer unter dem Oberbefehl des Kurfürsten *Max Emanuel von Bayern,* dann unter *Prinz Eugen von Savoyen* auf dem Balkan weit vorstieß und den Habsburgern zur Herrschaft über Ungarn, Siebenbürgen, Kroatien und Slawonien verhalf (1688/99). Die territoriale Expansion nach Südosten und das spanische Teilerbe von 1713/14 (Niederlande, Mailand, Neapel) machten die Donaumonarchie zu einer *Union* von *selbständigen Ländern,* die durch die Dynastie, das Heer und die Wiener Zentralbehörden (Hofkanzlei, Hofkammer, Hofkriegsrat) zusammengehalten wurden, sich im Inneren aber dem absolutistischen Verwaltungszentralismus entzogen. Lediglich in den österreichisch-böhmischen Erblanden gelang es *Maria Theresia* Mitte des 18. Jahrhunderts, die zentralstaatliche Verwaltung bis hinunter zu den Kreisämtern auszubauen.

Gewandeltes Selbstverständnis der absoluten Monarchie

In der absoluten Monarchie des 18. Jahrhunderts wurde der Vorsatz spürbar, fürstliche Herrschaft mehr sein zu lassen als bloße Sorge um das Wohl der eigenen Dynastie. Die Hohenzollern, die 1613 zum Calvinismus übergetreten waren, hatten ihr Fürstenamt stets als Erwählung und Bewährungsauftrag verstanden und Brandenburg-Preußen dem *Pietismus* geöffnet, einer protestantischen Erneuerungsbewegung, die ein tätiges Christentum forderte und im Staat ein Instrument Gottes zur Beförderung der menschlichen Wohlfahrt sah. *Friedrich II.,* dem Großen, war der religiöse Patriarchalismus seiner Vorfahren abhanden gekommen. Aber er stand gewissermaßen doch in ihrer Tradition, wenn er sich unter dem Einfluß der Aufklärung als *»ersten Diener des Staates«* bezeichnete. Neu jedoch war, daß ein absoluter Monarch sich mit Philosophie beschäftigte, mit den großen Geistern seiner Zeit, darunter Voltaire, persönlichen Umgang pflegte und philosophische Ideen zur Rechtfertigung seiner Politik vertrat. Dessenungeachtet beanspruchte Friedrich die *uneingeschränkte Regierungsgewalt* in demselben Maße wie sein Vater: »Die Seligkeit… ist vor Gott, aber alles andre muß mein sein.«[45] Auch »aufgeklärter Absolutismus« ist also immer Absolutismus geblieben. Lediglich das Selbstverständnis der absoluten Monarchie wandelte sich. Herrschaft wurde nun auch von seiten der Regierenden nicht mehr aus dem Gottesgnadentum, sondern aus der Natur des Menschen und dem Vertragscharakter des Staates abgeleitet.

Reformpolitik Friedrichs II.

Der Staat, so forderte die aufgeklärte deutsche Staatsrechtslehre von Samuel von Pufendorf bis Christian Wolff, sollte nicht in sich selbst, sondern in den

Bevölkerungsentwicklung und Binnenkolonisation in Brandenburg-Preußen zur Zeit Friedrichs des Großen: Zwischen 1740 und 1786 stieg die *Bevölkerungszahl* von 2 785 000 auf 5 629 000, die *Bevölkerungsdichte* von 18,7 auf 30,0 Einwohner/qkm. Die Gesamtzahl der *Einwanderer* betrug 284 500, die der an- bzw. *umgesiedelten Familien* 57475. Durch Entwässerung und Urbarmachung des Oderbruchs (1747–1753) und des Warthebruchs (1763–1782) wurden 270 000 Morgen (68 900 ha) bzw. 127 000 Morgen (32 400 ha) *landwirtschaftliche Nutzflächen* gewonnen.

Bedürfnissen der Menschen seinen Zweck haben. Er sollte Mittel sein zur Verwirklichung humanitärer Ziele, zum Schutz der privaten Rechtssphäre und zur Hebung der allgemeinen Wohlfahrt. Nun gingen *politische Aufklärung* und *absolutes Fürstentum* ein *Bündnis* ein. Aus humanitären Gründen schaffte Friedrich der Große die Folter ab, milderte er den Strafvollzug; zur Sicherung der persönlichen Rechte des Bürgers ließ er die preußische Gerichtsverfassung vereinheitlichen, die juristische Bildung und die materielle Unabhängigkeit des Richterstandes sichern und ein Allgemeines Gesetzbuch (*Allgemeines Landrecht,* 1794) vorbereiten. Sodann trennte er die Einkünfte des Staates von denen des Monarchen. Um die allgemeine Wohlfahrt zu fördern, schob er schließlich dem »Bauernlegen« (Einzug von Bauernstellen durch den Grundherrn) einen Riegel vor, wandelte er Domänenvorwerke in Bauernhöfe um, gründete er Hunderte von Dörfern. Indes, Justizreform und Rechtskodifikation waren auch notwendige Schritte, um den Staat weiter zu zentralisieren, *Bauernschutz,* partielle *Bauernbefreiung* und *Binnenkolonisation* dienten dazu, das Bevölkerungspotential für die Rekrutierung zur Armee zu vergrößern. Diese Beispiele zeigen, daß die Verwirklichung des Staatszwecks im Sinne der Aufklärung und das Prinzip der Staatsraison im Sinne des absoluten Machtstaates einander nicht widersprechen mußten. Erst von daher wird das Bündnis der absoluten Monarchie mit der Aufklärung verständlich.

Soziale Reformen Josephs II.

Im Unterschied zu Preußen, wo die Vorrechte des Adels nicht angetastet und die erbuntertänigen Bauern weiterhin in drückender Abhängigkeit von den Gutsherren gehalten wurden, griffen die Reformen der Habsburger stärker in das soziale Gefüge ein. Schon Maria Theresia zog Adel und Geistlichkeit zur Grundsteuer heran. 1774 machte sie den Besuch der Volksschule zur Pflicht. Ihr Sohn und Mitregent Kaiser *Joseph II.,* ein rastloser, fanatischer Aufklärer, hob die Leibeigenschaft auf und verkündete 1781, acht Jahre vor der Französischen Revolution, die Gleichheit aller Bürger vor dem Gesetz. Die katholische Kirche wollte er vollkommen dem Staat unterwerfen. Er säkularisierte über 700 Klöster, »verstaatlichte« den Klerus, das Unterrichtswesen, die Sozial- und Krankenfürsorge und verpflichtete die Geistlichen auf ein aufgeklärtes Erziehungsprogramm (*Josephinismus*). Rigoros verfolgte er letztlich das Ziel, den habsburgischen Vielvölkerstaat zum modernen *Einheitsstaat* umzugestalten. Doch gegen Ende seiner Regierung befanden sich seine Länder in Aufruhr. Sein Nachfolger, Leopold II., mußte zahlreiche Reformen zurücknehmen. Das Scheitern Josephs II. macht deutlich, daß allen gesellschaftsverändernden

Reformen relativ enge Grenzen gesteckt und sich offenbar nur starke Monarchien gegen das Beharrungsvermögen der feudalständischen Gesellschaft durchzusetzen in der Lage waren.
Dennoch haben gerade in den süd- und mitteldeutschen Territorien aufgeklärte Landesfürsten mit Hilfe eines reformfreudigen Beamtentums, aber ohne jeden machtstaatlichen Ehrgeiz, auf allen Gebieten des öffentlichen Lebens und der Kultur, der Kirche und Schule, der Landwirtschaft und des Gewerbes Beachtliches geleistet: so der mit Goethe befreundete Herzog Karl-August von Sachsen-Weimar, der sächsische Kurfürst Friedrich August III. (Staatsreform), Markgraf Karl Friedrich von Baden (Aufhebung der Leibeigenschaft, kommunale Selbstverwaltung), selbst der despotische Herzog Karl Eugen von Württemberg (Karlsschule) und vor allem aufgeklärte Kirchenfürsten (u. a. in Bamberg, Würzburg, Trier, Köln und Münster). Aufs Ganze gesehen hat der aufgeklärte Absolutismus den Reformen der napoleonischen Ära und – durch seine umfassenden Rechtskodifikationen, die den monarchischen Staat an das Gesetz banden – der Verwirklichung des *Rechts- und Verfassungsstaates* in Deutschland gewaltig vorgearbeitet.

4. Die russische Autokratie

1689–1725	Zar Peter I.	**1703**	Gründung von Petersburg
1700–1721	Nordischer Krieg	**1762–1796**	Zarin Katharina II.

Expansion Rußlands

Mit Rußland, der neben Österreich und Preußen dritten östlichen Großmacht, trat ein dem Westen nahezu fremdes Land in das europäische Staatensystem ein. Seit Iwan III. hatten die Zaren von Moskau ihre Herrschaft weit über den russischen Kernbereich hinaus ausgedehnt, die Tataren zurückgedrängt, den Ural überschritten und gegen Ende des 17. Jahrhunderts die Eroberung Sibiriens im wesentlichen abgeschlossen (▷ S. 306 f.). Nun wies Zar *Peter I.* aus dem Hause Romanow (seit 1613) der russischen Expansion den Weg erst an das *Schwarze Meer,* dann an die *Ostsee.* 1696 eroberte er die Festung Asow an der Donmündung, im *Nordischen Krieg* (1700–1721) vernichtete er im Bunde mit Dänemark und Polen die schwedische Ostseeherrschaft und vereinnahmte bis auf Finnland Schwedens baltische Provinzen (Frieden zu Nystad, 1721). Erst diese Expansion machte Rußland zu einer *europäischen Großmacht.* Zugleich war der Gewinn der baltischen Ostseebasis eine wichtige Voraussetzung für die Westorientierung der russischen Politik.

Autokratie

Der Aufstieg der neuen Großmacht vollzog sich auf der Grundlage *unumschränkter Herrschaftsgewalt.* »Der Natur nach«, schrieb der auf das orthodoxe russische Denken sehr einflußreiche Abt Josef von Wolokolámsk, »ist der Zar allen Menschen ähnlich, der Gewalt nach aber ist er ähnlich dem höchsten

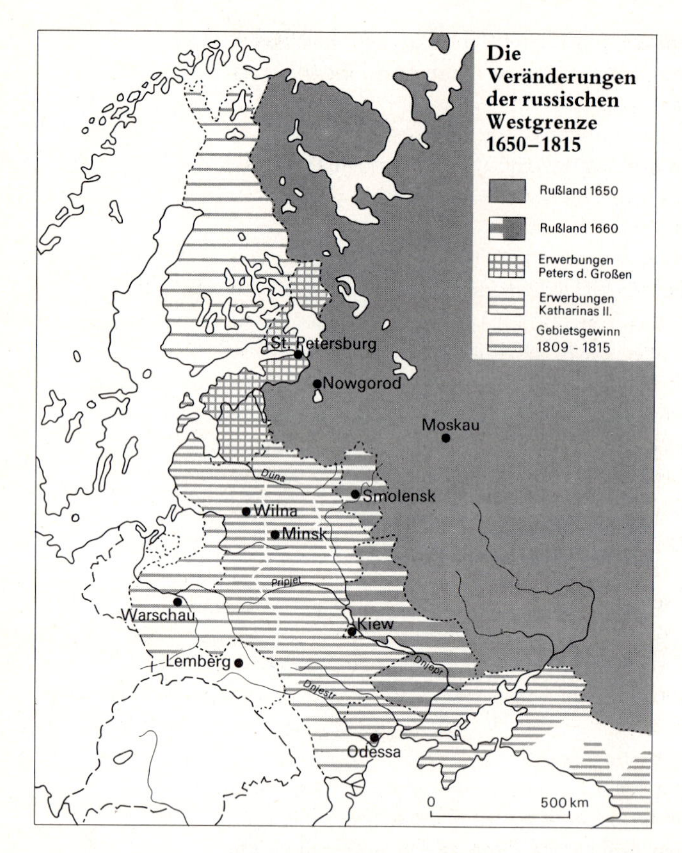

Gott.«[46] Trotz dieser einzigartigen Stellung waren die Zaren ängstlich bemüht, alles zu vernichten, was ihrer Selbstherrschaft im Wege stand. Sie beseitigten die schwachen politischen Rechte des alten Bojarenadels, verhinderten die Entwicklung ständischer Korporationen und erstickten durch eine *zentralisierte Verwaltung* jedes regionale politische Eigenleben. Statt dessen zogen sie für Staatsverwaltung und Armee einen neuen, ganz von ihrer Gunst abhängigen *Dienstadel* heran, den sie mit Gütern ausstatteten und auf Kosten der bäuerlichen Bevölkerung privilegierten. Diese wurde bis zur Mitte des 17. Jahrhunderts in die *Leibeigenschaft,* später in die vollkommene Rechtlosigkeit hinabgedrückt. Da sich im Unterschied zur europäischen Gesellschaft eine bürgerliche Mittelschicht nicht entwickelte, verfestigte sich seither jene für das Zarenreich typische zweischichtige Sozialordnung mit ihrer tiefen Kluft zwischen *aristokratischer Ober-* und *bäuerlicher Unterschicht.*

Europäisierung

Zu Europa hatte Rußland ein zwiespältiges Verhältnis. Die Russen waren in ihrer eigenen religiös-orthodoxen Kultur fest verwurzelt und lehnten die »westliche« Zivilisation ab. In Moskau tätige Europäer wurden in einer Fremdenvorstadt isoliert. Andererseits setzten sich die Zaren das Ziel, das Heerwesen, die Verwaltung und die Wirtschaft ihres Reiches dem europäischen Entwicklungsstand anzupassen. Seit *Iwan IV.* zogen sie *ausländische Fachkräfte* ins Land: Ingenieure, Geschützgießer, Offiziere, Architekten, Handwerker, Künstler, Ärzte, Gelehrte und Kaufleute. Von der überlegenen technischen Kultur des Westens beeindruckt, stellte *Peter I.* die Europäisierung Rußlands in den Mittelpunkt seiner Reformen. Nach schwedischem Vorbild wurden eine oberste Verwaltungs- und Justizbehörde (*Senat*) sowie *Fachministerien* eingerichtet, nach preußischem Drill wurde das *Heer* ausgebildet, nach holländischen Plänen eine *Flotte* gebaut. Mit merkantilistischen Mitteln wollte der Zar Handel, Gewerbe und Verkehr fördern. Die Gründung von *St. Petersburg* (1703), einer barocken Planstadt, auf alteuropäischem Boden war ein Symbol für Rußlands Westorientierung ebenso wie das Gebot, den Russen ihre – liturgisch geheiligten – Bärte zu scheren. Als sich das Altrussentum der Europäisierung widersetzte, verfolgte der Zar jede Form von Widerstand mit abschreckender Grausamkeit. Eigenhändig beteiligte er sich nach einem Aufstand der Moskauer Garnison (1698) am blutigen Strafgericht. Damals wurden Tausende, Schuldige und Unschuldige, gehenkt, die Leichen blieben wochenlang am Galgen.

Noch konsequenter als seine Vorgänger brachte Peter I. die *autokratische Herrschaft* zur Geltung. So löste er das Moskauer Patriarchat durch eine oberste staatliche Kirchenbehörde (*Heiligster Synod*) ab. Seit 1721 führte er den Titel »allrußländischer Imperator«. Um aber den gesamten Staat für seine Reformen zu mobilisieren, nahm er sich das Recht, mit Ausnahme der Geistlichen und Bürger alle Russen zum *Staatsdienst* zu verpflichten, und legte die zivile und militärische Laufbahn in 14 Rangklassen fest. Diese waren prinzipiell nach dem Leistungsprinzip zu durchlaufen und vom Offiziersrang aufwärts mit dem Adelsprädikat verbunden. Das Reglement, das bis 1917 in Kraft blieb, bot Niedrigergeborenen eine Aufstiegschance, machte aber auch alles gesellschaftliche Ansehen von dem im Staatsdienst erreichten Rang abhängig und sicherte letztlich dem Adel ein erdrückendes soziales Übergewicht.

Aufgeklärte Theorie – autokratische Herrschaftspraxis

Zahlreiche Thronwirren, Verschwörungen und Staatsstreiche hemmten in der Folgezeit eine kontinuierliche Fortentwicklung der petrinischen Reformen. Auch *Katharina II.,* eine deutsche Prinzessin aus dem Hause Anhalt-Zerbst und Schülerin französischer Aufklärer, übernahm nach dem Aussterben der Romanows (1762) anstelle ihres infantilen Gatten Peter III. (Haus Holstein-Gottorp) durch eine Palastrevolution die Herrschaft. Durch sie berührte die Aufklärung das Zarenreich. Indes, nahezu alle Reformansätze scheiterten, wenn nicht an der Rückständigkeit der russischen *Gesellschaft,* dann an der *widersprüchlichen Persönlichkeit* der Zarin. So theoretisierte Katharina II. über die Notwendigkeit der Bauernbefreiung und verschenkte Tausende von freien Kronbauern an ihre Günstlinge; sie erarbeitete persönlich eine volksfreundliche, ja republikanische »Instruktion« zur Vorbereitung eines allgemeinen Gesetzbuches (Gesetzgebende Kommission, 1766) und versagte den Leibeigenen jedes Klagerecht gegen ihre Gutsherren; pathetisch schwärmte sie für die Freiheitsideen Montesquieus und folgte praktisch doch nur dessen Einsicht, daß »große Reiche eine despotische Autorität«[47] erfordern. Tatsächlich blieb die Aufklärung in Rußland Fassade. Ihre Wirkungen beschränkten sich, wie schon die kulturellen Europäisierungsbemühungen Peters I., auf Oberschicht und Intelligenz. Erst im 19. Jahrhundert wuchs Rußland nach Europa hinein.

III. Europäische Expansion und Kolonisation

Die erste Phase der europäischen Ausbreitung über die Erde, das Zeitalter der Entdeckungen, ging Mitte des 16. Jahrhunderts zu Ende. Innerhalb von hundert Jahren hatten Seefahrer, Händler und Eroberer die Kenntnis der Europäer von der Größe der Erde und der Existenz fremder Kulturen außerordentlich erweitert. Seither schritt die *europäische Expansion* mit dem Aufbau von Kolonialreichen, der Errichtung von Handelsniederlassungen und Handelsmonopolen sowie der Gründung von Siedlungskolonien schnell voran. Bedenken gegen die gewaltsame Unterwerfung der eingeborenen Völker und die Zerstörung ihrer Kulturen wurden nur vereinzelt laut. Ihnen gegenüber beriefen sich die Europäer auf ihren christlichen Missionsauftrag, bald auch auf ein angebliches Recht der überlegenen Rasse, die unterlegene zu beherrschen. So setzte sich in einem Zeitraum von 300 Jahren die Vorherrschaft der Europäer und die Verbreitung ihrer geistigen und materiellen Kultur in der Welt durch.
Rußland war die einzige Landmacht, die sich an der europäischen Expansion in großem Stil beteiligte. Durch die Eroberung und Erschließung Sibiriens eignete es sich in Asien ein Territorium an, das den europäischen Kolonien in Amerika vergleichbar war. Sonst traten nur die seefahrenden Nationen als Kolonisationsmächte hervor. An den frühen maritimen Expeditionen und Eroberungen im 16. und 17. Jahrhundert waren hauptsächlich *Spanier* und *Portugiesen* beteiligt. Um die Wende zum 17. Jahrhundert begannen dann *Engländer, Franzosen* und *Niederländer,* die sich auf die »Freiheit der Meere« (Hugo Grotius, Mare liberum, 1609) beriefen, den iberischen Mächten die Vorherrschaft in Übersee mit Erfolg streitig zu machen. Seit Mitte des 18. Jahrhunderts führte schließlich die weltweite *Europäisierung* dazu, daß die Rivalitäten der europäischen Großmächte nicht mehr nur in Europa, sondern auch auf anderen Kontinenten mit Waffengewalt ausgetragen wurden.

1519–1534	Zerstörung der indianischen Hochkulturen (Azteken, Maya, Inka)
1581–1648	Durchdringung Sibiriens (bis Ochotsk)
1600–1602	Englische und holländische Ostindienkompanie
1607	Gründung von Jamestown (Virginia)
1621	Pilgrim Fathers (Massachusetts)
1651	Navigationsakte
1659	Öffnung der spanischen Seerouten (Pyrenäenfriede)

1. Die Eroberung und Erschließung Sibiriens

Kontinentale Expansion

Die Initiative, den Ural (1581) zu überschreiten, ging von der Kaufmannsfamilie *Stroganow* aus. Die Stroganows hatten innerhalb von drei Generationen aus

einer im großen Stil betriebenen Salzsiederei ein regelrechtes Handelsimperium errichtet. Sie stiegen zu Hoflieferanten des Zaren auf und wurden von Iwan IV. mit großzügigen Privilegien (Steuer- und Zollfreiheit, Schürfrechte, Siedlungsrecht, eigenes Heer und eigene Gerichtsbarkeit) zur Kolonisierung des angeblich öden und menschenleeren, wegen seiner Bodenschätze aber verheißungsvollen Permer Landes (an der Kama) ausgestattet. Als sie hier in ihren riesigen, halbautonomen Besitzungen eine sichere Basis gewonnen hatten, ließen sie sich vom Zaren die Eroberung Sibiriens übertragen. Mit Hilfe der *Kosaken* – jener aus der Leibeigenschaft entlaufenen, militärisch selbständig organisierten Bauern, die an den Unterläufen von Wolga, Don und Dnjepr siedelten und weniger von Ackerbau und Viehzucht als von Räuberei und Piraterie lebten – gelang es ihnen, die sibirischen Fürstentümer der Tataren zu unterwerfen. Ökonomisch motiviert durch die Suche nach Pelzwerk, nahm die russische Expansion einen rasanten Verlauf. 1648, als ein vom Sturm verschlagenes Kosakenschiff vom Nördlichen Eismeer in den Pazifischen Ozean gelangte und so die spätere Bering-Straße entdeckte, war der östlichste Punkt Sibiriens erreicht. Allerdings gelang es den Zaren nicht, *China* und die *Mongolei* in ihre Abhängigkeit zu bringen. Erst im 19. Jahrhundert konnte China gezwungen werden, auf die Gebiete am Amur-Ussuri-Lauf zu verzichten. Rußland gewann damit Schlüsselpositionen für eine weitreichende Fernostpolitik.
Die russische *Verwaltung Sibiriens* wurde oft als barbarisch beschrieben. Dabei haben verschiedene Versuche, das Land mit Verbannten (Verbrecher, Rebellen, Altgläubige, Kriegsgefangene) zwangsweise zu besiedeln, eine gewisse Rolle gespielt. Sie war indes kaum grausamer als die Kolonialverwaltung westeuropäischer Mächte. Gegenüber den Unterworfenen war eher das Gegenteil der Fall: Nirgends wurde die einheimische Bevölkerung ausgerottet, und auch ihre gesellschaftlichen Strukturen blieben weitgehend intakt. Als Steuer waren Pelze abzuliefern. Im frühen 18. Jahrhundert hatte Sibirien eine halbe Million Einwohner, davon waren zwei Drittel Russen. Die eigentliche Kolonisation des unendlich weiten Raumes war so das Werk von russischen Bauern, die freiwillig hierher kamen, wo es zwar harte Lebensbedingungen, aber weder Gutsherren noch Leibeigenschaft gab.

2. Das portugiesische und spanische Kolonialreich

Zu Beginn des 18. Jahrhunderts übertraf der portugiesische und spanische Kolonialbesitz den der anderen europäischen Staaten bei weitem. Denn Spanier und Portugiesen hatten nicht allein die Neue Welt entdeckt, sondern auch als erste spezifische Methoden der Kolonisation in Übersee entwickelt.

Portugiesisches Handelsimperium

Die Portugiesen suchten den risikoreichen und beschwerlichen Landweg nach *Ostindien* durch eine schnelle und sichere Seeroute zu ersetzen. Diesem handelspolitischen Ziel dienten ihre Entdeckungsfahrten und ihr »Modell« der Kolonialisierung: Sie legten an den *Küsten Afrikas, Indiens* und *Chinas* eine Kette von *Handels- und Flottenstützpunkten* an, die eine direkte Seeverbindung von

Lissabon bis Japan ergaben, und verdrängten im 16. Jahrhundert die Araber als erste Handelspartner der asiatischen Völker. Ihr maritimes Kolonialreich erhielt in *Goa* (Vorderindien) seine Hauptstadt, in *Malakka* (Malaya) seinen zentralen Handelsumschlagplatz. Nur im Bereich der Küstenstützpunkte wurde die portugiesische Herrschaft spürbar.

Spanische Kolonialherrschaft in Mittel- und Südamerika

Die Spanier hingegen errichteten jenseits des Atlantiks ausgedehnte europäische *Siedlungskolonien.* Auf der Suche nach Edelmetallen, von staatlichem Expansionsstreben, christlicher Missionsidee und individueller Unternehmungslust getrieben, durchzogen sie die Inselwelt der *Karibik,* dann den *mittel- und südamerikanischen Kontinent* bis Chile und zerschlugen in *Mexiko* und *Peru* die eingeborenen Hochkulturen. In klimatisch ungünstigen und wirtschaftlich wenig verheißungsvollen Gebieten (im Bereich der heutigen US-Bundesstaaten Neu-Mexiko, Texas und Kalifornien, auf den Westindischen Inseln, in Chile und Paraguay) begnügten sie sich damit, ihre Herrschaft durch militärische Stützpunkte und Missionsstationen zu sichern. Wo aber Bodenschätze lockten,

Hispanisierung

folgte den Konquistadoren ein Strom von spanischen Einwanderern. Diese brachten nicht nur ihre Sprache, sondern auch die Verwaltung, die Rechtsprechung und die Lebensformen des Mutterlandes mit und übertrugen die spanisch-katholische Zivilisation auf Latein-Amerika. Bald bildeten sie gegenüber Indios und Mestizen (den Nachkommen aus Verbindungen zwischen den Einwanderern und den Eingeborenen) eine dichte Oberschicht (*Kreolen*), blieben aber politisch, wirtschaftlich und administrativ vollkommen von Spanien abhängig. Denn die spanische Krone, die die Entdeckungsreisen organisiert hatte, zögerte nicht, das zentralistische Herrschaftssystem Kastiliens auf ihre Besitzungen in der Neuen Welt auszudehnen. So entstanden an der Stelle des Aztekenreiches und der Inkaherrschaft *spanische Vizekönigreiche*: Neu-Spanien (1535) und Neu-Kastilien (1542). Bereits 1524 richtete Madrid den *Indienrat* als oberstes zentrales Verwaltungsorgan für die Kolonien ein. Vor allem behielt sich die Krone das Monopol und die direkte Kontrolle des Handels mit den Kolonien vor. Bis 1765 mußte der gesamte Kolonialhandel über einen einzigen spanischen Hafen laufen und verblieb in den Händen einer einzigen Kaufmannsgilde, der Casa de la Contratación in *Sevilla,* die ein Fünftel ihrer Handelsgewinne nach Madrid abführte.

Mission und Eingeborenenschutz

Ausbeutung der Silber- und Goldvorkommen, *Zwangsarbeit* der Indios und eine rasante *Bevölkerungsabnahme* infolge von unmenschlichem Arbeitszwang, importierten *Infektionskrankheiten* und *Entwurzelung* der Eingeborenen in gesellschaftlicher und kultureller Hinsicht waren Kennzeichen der spanischen Kolonialherrschaft. In den zentralen Gebieten Mexikos zum Beispiel sank die Bevölkerungszahl von 25 Millionen vor der Eroberung auf etwa 1 Million um 1600 ab. Der energische Protest von Missionaren wie dem unerschrockenen Dominikaner *Bartolomé de Las Casas* gegen die brutale Unterwerfung der Indios hatte nur wenig Wirkung. Denn christliche Mission, ökonomische Ausbeutung und staatliche Herrschaft verquickten sich, wie ein theologisches Gutachten für Karl V. enthüllt, zu einem Teufelskreis:

»Die Beständigkeit des christlichen Glaubens und der christlichen Religion bei den Eingeborenen dieses Landes hängt nämlich von der festen Stellung der Spanier ab ... Diese feste Stellung ist jedoch unhaltbar, wenn es keine reichen Leute mehr gibt. Reiche Leute gibt es aber nur, wenn die Dörfer [der Eingeborenen] nach wie vor als Encomiendas [als Reservoir für die Zwangsverpflichtung von Arbeitskräften] den Spaniern gehören.«[48]

Im Laufe des 17. Jahrhunderts gelang es dem *Jesuitenorden,* wenigstens am Rande des spanischen Siedlungsraumes, in Paraguay, Bolivien, Ekuador und Ostvenezuela, Reservate (*Reduktionen*) für die Indios zu gründen. In diesen übten die Ordensmitglieder eine uneingeschränkte patriarchalische Gewalt aus. Sie verknüpften die Mission mit wirtschaftlichen Zielen, machten die Indios seßhaft, errichteten Schulen, lehrten Ackerbau und Handwerk, schlossen die Eingeborenen zu kollektiven Sozialgemeinschaften zusammen und leisteten eine beträchtliche religiöse und kulturelle Erziehungsaufgabe.

Plantagen, Sklavenhandel, Zwangsarbeit

Die *Portugiesen* ergriffen von *Brasilien* Besitz. Wie die Spanier beanspruchten auch sie die staatliche Kontrolle und die Monopolisierung des Handels und wie diese übertrugen auch sie ihre Zivilisation auf das eroberte Gebiet. Die Besonderheit ihrer Kolonisierung in Amerika war das *Plantagensystem.* Für den Anbau von *Zuckerrohr* standen in Brasilien zwar ausgedehnte Landflächen, aber keine brauchbaren Arbeitskräfte zur Verfügung. Daher führten die Portugiesen aus Afrika *schwarze Arbeitssklaven* nach Amerika ein. Pflanzerwirtschaft, Sklavenhandel und Zwangsarbeit wurden später von Franzosen und Engländern auf den Westindischen Inseln und in den südlichen Kolonien Nordamerikas übernommen. Die Zahl der im 16. Jahrhundert mit roher Unbarmherzigkeit und erstaunlicher Unbefangenheit über den Atlantik gebrachten Negersklaven wurde auf 0,9 Millionen geschätzt, im 17. Jahrhundert sollen es 2,5, im 18. Jahrhundert 7 Millionen gewesen sein. An den sozialen Folgen dieses Sklavenimports trägt Amerika bis heute.

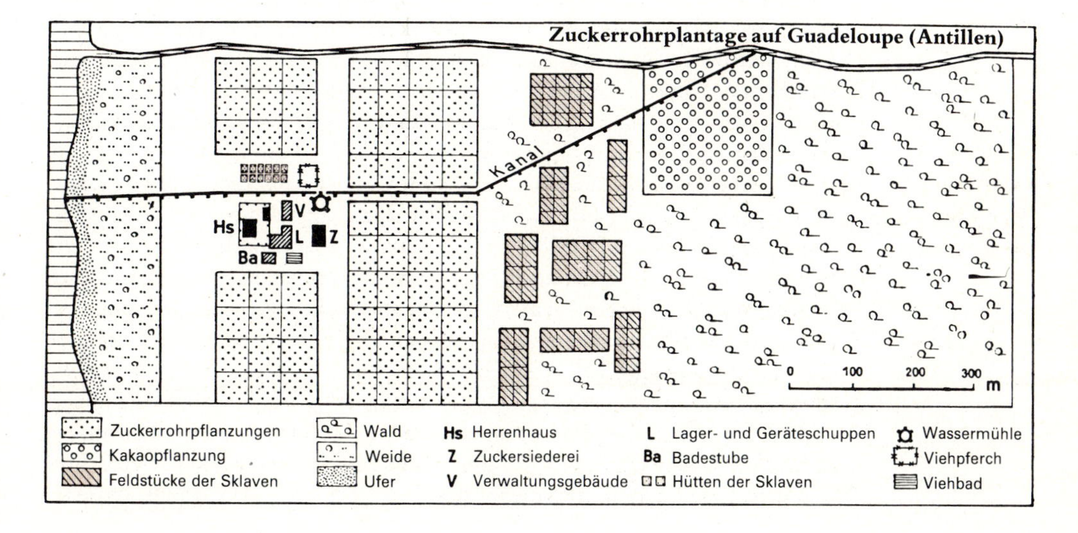

3. Die Expansion der westeuropäischen Seemächte

Seit dem 17. Jahrhundert brachen die *Niederlande, Frankreich* und *England,* die schon lange abenteuerliche *Kaperfahrten* und *Piratenaktionen* (Merchant Adventurers, Francis Drake) gegen die spanisch-portugiesische Handelsflotte geduldet oder unter der Hand gefördert hatten, in den kolonialen Herrschaftsbereich der iberischen Mächte ein (▷ S. 273 f.). Ihr Angriff auf das spanisch-portugiesische Handelsmonopol, aber auch ihr unerbittlicher Konkurrenzkampf untereinander, eröffneten die zweite Phase der europäischen Expansion. Während sich die Methoden der kolonialen Besitzergreifung (Eroberung, Zurückdrängung oder Ausrottung der Eingeborenen, Kauf- und Protektionsverträge) nicht änderten, nahm die Expansion nach Übersee nun einen überwiegend kaufmännisch-handelspolitischen Charakter an. Denn obgleich die Staaten in der Zeit des Merkantilismus an Kolonialbesitz interessiert waren, beruhte das Eindringen der Franzosen, Niederländer und Engländer in *Nordamerika,* die französische Kolonialisierung einiger *westindischer Inseln* und *afrikanischer Gebiete,* schließlich die Expansion aller drei Mächte in den *Indischen Ozean* auf privaten Initiativen und geschäftlichem Kalkül.

Expansion der Handelsgesellschaften

Das 17. Jahrhundert war die Gründungszeit der großen *west-* und *ostindischen Handelskompanien.* Diese arbeiteten auf der Basis von Aktiengesellschaften. Nur bei den französischen Gründungen spielten Staatssubventionen eine entscheidende Rolle. Das Kapital der niederländischen und englischen Handelskompanien hingegen kam von privater Seite, von Großkaufleuten und Bankiers, von Adeligen, die mit ihren Grundrenten spekulierten, von Staatsbeamten und Handwerkern. Im Vordergrund ihrer Unternehmungen stand nicht Landerwerb, sondern *Kapitalgewinn.* Als Mittel dazu diente der Welthandel, hauptsächlich das *Handelsmonopol* zwischen den Kolonien und dem Mutterland. Freilich war es der Staat, der den Handelskompanien dieses Monopol verlieh, Privilegien, Markt-, Stapel- und Umschlagsrechte erteilte, Handelsgesetze erließ und durch den Aufbau einer starken Kriegsflotte den Schutz des Überseehandels übernahm.

Englische Siedlungskolonien in Nordamerika

Auf der Grundlage königlicher *Freibriefe* (Charters), die vor allem an Handelsgesellschaften (London Company of Virginia, 1607), aber auch an eigenständige *Siedlungsgemeinschaften* (Rhode Island, Connecticut) und Privatpersonen wie an den Katholiken *Lord Baltimore* (Maryland, 1634) oder den Quäker *William Penn* (Pennsylvania, 1681) vergeben wurden, entstanden die britischen Niederlassungen an der *Ostküste Nordamerikas.* Dabei handelte es sich um reine Siedlungskolonien von zunächst bescheidener Größe, deren Entwicklung von Anfang an vom Zustrom europäischer Einwanderer abhing, die, wie die *»Pilgerväter«* und ihre Nachfolger, um ihrer *religiösen Freiheit* willen oder aus *wirtschaftlichen Gründen* Europa verließen, immer aber in der Hoffnung auf einen neuen Anfang, auf ein besseres Leben, auf eine bessere Welt. Namentlich die *Neuengland-Kolonien,* deren Klima, Vegetation und Lebensbedingungen europäischen Verhältnissen ähnelten, zogen Einwanderer nicht nur aus England, sondern

Plan einer nordamerikanischen Grenzfarm. *Kupferstich, 1793.*

auch aus Schottland, Irland und dem übrigen Europa an. Die Kolonisten (1715: 400 000, 1763: 2,5 Millionen) standen unter dem *Schutz der britischen Krone.* Diese wurde in den Kolonien durch einen Gouverneur vertreten. Allerdings legten lokale und regionale Versammlungen die soziale und politische Ordnung der einzelnen Siedlungsgemeinschaften fest. Dabei spielte das Vorbild der ursprünglichen, meist puritanischen Gründungsgemeinden eine erhebliche Rolle. Es gehörte zu den wesentlichen Merkmalen der britischen Kolonisation, daß die nordamerikanischen Siedlungskolonien noch im 18. Jahrhundert ohne einheitliche Verwaltungs- und Regierungsform weitgehend autonom nebeneinander bestanden und ihre *Selbständigkeit* gegenüber dem Mutterland auch dann behaupten konnten, als sie nach der Auflösung der Handelskompanien in den unmittelbaren Besitz der Krone (Kronkolonien) übergingen. Erst in der Auseinandersetzung mit den Indianern, die in das Landesinnere zurückgedrängt wurden, und in der Rivalität mit französischen Kolonisten entwickelte sich ein übergreifendes Zusammengehörigkeitsgefühl.

4. Das englische Welthandelsmonopol

Die westeuropäischen Handelsgesellschaften erschlossen nicht nur neue, den Spaniern und Portugiesen unbekannte Räume, sie entwickelten auch neue Formen des Handels, neue Techniken der Bezahlung, *neue Geschäftsmethoden.* So relativierten sie den Wert der Edelmetalle durch die Nutzung von *Wechselbriefen,* erkannten die Neue Welt nicht mehr nur als Rohstofflieferanten, sondern auch als *Markt* für Luxus- und Massenbedarf, und verdrängten Spanier und Portugiesen durch *aggressive Konkurrenz* aus althergebrachten Handelspositionen.

Seehegemonie und Welthandelsmonopol

Im 17. Jahrhundert stieg *Amsterdam* in der Nachfolge Venedigs, Sevillas und Antwerpens zum Stapelplatz Europas und zur Metropole des Welthandels auf. Doch schon gegen Ende des Jahrhunderts wurde es von *London* abgelöst. Denn seit den Bürgerkriegen fanden in England Staat und Handelsnation einmütig in dem Entschluß zusammen, sich mit allen Mitteln die Vorherrschaft auf den Weltmeeren und im Welthandel das Monopol zu erkämpfen. 1651 unterband Cromwell den holländischen Zwischenhandel nach Großbritannien (Navigationsakte), 1658 nahmen die Briten den Spaniern *Jamaika* weg, 1667 eroberten sie die holländischen Kolonien *Neu-Amsterdam* (New York) und *Delaware* in Nordamerika. Nach dem Spanischen Erbfolgekrieg erzwang England sich von Madrid die Öffnung des spanisch-amerikanischen Marktes (*Asiento*), und seit 1740 standen sich Briten und Franzosen in *Ostindien* in einem Kleinkrieg gegenüber.

Welthandelssystem

Eine besondere Bedeutung gewann für England der *Sklavenhandel.* Es preßte den Spaniern den Sklaventransport von Westafrika nach Westindien und in die nordamerikanischen Südstaaten ab, wo nicht mehr nur Zucker, sondern auch Baumwolle produziert wurde. *Baumwolle* aber war die neue Rohstoffbasis der englischen Textilherstellung, die, zusammen mit Haushalts- und Eisenwaren, den englischen Export rapide ansteigen ließ und dabei nicht zuletzt in den Kolonien Märkte mit anhaltender Massennachfrage fand. Schon in der ersten Hälfte des 18. Jahrhunderts wurden die englischen Exportgüter zu 85 % *industriell* gefertigt. Damit stand England im Mittelpunkt eines *Welthandelsdreiecks*: Fertigwaren aus Europa – Sklaven aus Afrika – Edelmetalle, Kolonialwaren und Rohstoffe aus Amerika. Zugleich leitete die Industrialisierung eine Revolutionierung der heimischen Produktionsmethoden ein. Sowenig freilich die spanischen Silbereinfuhren aus Mexiko und Peru die »Preisrevolution« des 16. Jahrhunderts, ihr Rückgang die ökonomische »Krise des 17. Jahrhunderts« verursacht hatten, wie manche Historiker annehmen [49], sondern nur im Zusammenhang mit anderen Faktoren (zum Beispiel Bevölkerungsentwicklung) den gesamtwirtschaftlichen Prozeß beeinflußt haben, sowenig wurde die *europäische Wirtschaft* durch Englands Welthandelsmonopol und frühe Industrialisierung mit einem Schlage verändert. Der alte Kontinent und mit ihm große Teile des Bürgertums blieben vielmehr noch lange der *vorindustriellen Wirtschaftsweise* verhaftet. Und auch die Beziehungen der europäischen Staaten untereinander wurden im 18. Jahrhundert primär von *kontinentalen Machtinteressen und Machtansprüchen* bestimmt und nicht von wirtschaftlichen Motiven. Allerdings wirkten jetzt stärker als je zuvor *koloniale Gegensätze* auf das europäische Bündnissystem ein.

IV. Die Machtpolitik der europäischen Kabinette

Kabinetts-politik

Sowenig die Aufklärung die innere Struktur der absoluten Monarchie änderte, sowenig vermochte ihr Ruf nach einer internationalen Friedensordnung die Machtpolitik der europäischen Kabinette zu mäßigen. Lediglich der rationalistische Grundzug der Zeit machte sich nun stärker als früher auch in der *auswärtigen Politik* geltend. Die Großmächte – England, Frankreich, Österreich, Rußland und Preußen – dominierten die kleineren Staaten. Sie schlossen rein zweckbestimmte Allianzen, suchten einander zu übervorteilen und verschacherten, vertauschten oder teilten eigene wie auch fremde Territorien. Kamen sie mit diplomatischen Mitteln nicht zum Ziel, dann hielten sie als Ultima ratio stets die Waffen bereit und scheuten sich nicht, bei günstiger Gelegenheit einen *Krieg* vom Zaun zu brechen. Auch dieser wurde nun »rationalistisch« geführt: Man schickte streng disziplinierte Truppen ins Feld, unterschied zwischen Kombattanten und Nicht-Kombattanten, verpflegte die Armeen aus Magazinen, ging »Entscheidungsschlachten« aus dem Weg und hoffte, den Gegner durch taktische Manöver matt zu setzen. Schwiegen die Waffen, dann wurde alles auf großen *Friedenskongressen* ausgehandelt, zwischen Diners und Bällen, in französischer Sprache, der Sprache der Diplomatie. Die Machtziele – Territorialerwerb, Handelsvorteile, Kolonialgewinn – und die *Expansionsrichtung* der Großmächte blieben nahezu konstant. Frankreich strebte traditionell nach Osten. Es wollte Lothringen, dann Savoyen und die habsburgischen Niederlande gewinnen. Rußland dehnte sich auf der ganzen Länge seiner Grenzen nach Westen aus. Österreich und Preußen strebten nach Landgewinn in Ostmitteleuropa. England suchte außerhalb Europas, in Nordamerika und Ostindien, sein koloniales Imperium zu erweitern. In der Zeit Friedrichs II. und Maria Theresias haben hauptsächlich drei *Spannungsfelder* die zwischenstaatlichen Beziehungen bestimmt: (1) der Dualismus zwischen Österreich und Preußen, (2) der koloniale Gegensatz zwischen England und Frankreich und zuletzt (3) die sich anbahnende Rivalität zwischen Österreich und Rußland auf dem Balkan. Die britische Politik aber zielte darauf ab, die Kontinentalmächte untereinander auszubalancieren (Gleichgewichtspolitik), um auf den Weltmeeren freie Hand zu behalten.

1741–1748	Österreichischer Erbfolgekrieg (Schlesische Kriege)
1755–1762	Britisch-französischer Krieg in Indien und Nordamerika
1756–1763	Siebenjähriger Krieg
1763	Friede von Paris. Friede von Hubertusburg
1768–1774	Russisch-Türkischer Krieg
1772	1. Polnische Teilung

1. Der Österreichische Erbfolgekrieg

Pragmatische Sanktion

Nach den Friedensschlüssen von Utrecht 1713 und Nystad 1721, die das Gleichgewicht unter den Mächten auf dem Kontinent und im Ostseeraum herstellten, hatte die Diplomatie den Vorrang in Europa. Dies änderte sich erst, als eine der Großmächte, Österreich, einer gefährlichen Staatskrise entgegentrieb. Kaiser Karl VI., dem ein männlicher Nachkomme fehlte, hatte seine älteste Tochter *Maria Theresia* zur Alleinerbin des habsburgischen Hausbesitzes bestimmt (*Pragmatische Sanktion,* 1713) und die wichtigsten europäischen Mächte in Einzelverträgen auf die Anerkennung der weiblichen Erbfolge verpflichtet. Doch als der Erbfall 1740 eintrat, war Österreichs Staatskasse leer, und auch seine Armee befand sich nach einem verlorenen Krieg gegen die Türkei (1737–1739) in einem miserablen Zustand. Da wogen die papierenen Verträge nicht mehr viel.

Preußisch-österreichischer Dualismus

Friedrich II. nutzte als erster die Gunst der Stunde. Eben noch, als preußischer Kronprinz, hatte er die absolutistische Eroberungspolitik entschieden verurteilt (in seinem Buch Antimachiavell, 1739). Nun bemächtigte er sich in einem spektakulären Gewaltakt der österreichischen Provinz *Schlesien.* Machtpolitisches Kalkül, dynastischer Ehrgeiz, aber auch sein ganz persönliches Verlangen, sich einen Namen zu machen, spielten dabei eine Rolle. Rasch weitete sich der Schlesische Krieg zum *Österreichischen Erbfolgekrieg* (1741–1748) aus, als Sachsen und Bayern Gebietsansprüche erhoben, die Wittelsbacher nach der Kaiserkrone strebten, Frankreich seine antihabsburgische Rheinpolitik wiederaufnahm und Spanien nach den italienischen Besitzungen der Habsburger griff. 1743 trat England auf seiten Österreichs in den Krieg ein. Es hatte ein elementares Interesse daran, Frankreichs Militärkraft auf dem Kontinent zu binden. Und mit britischer Hilfe gelang es Maria Theresia, halb Europa zu widerstehen, die Episode des wittelsbachischen Kaisertums Karls VII. (1742–1745) zu beenden und im *Frieden zu Aachen* (1748) ihr Erbe bis auf Schlesien zu behaupten. Preußen aber, durch die Annexion Schlesiens um fast ein Drittel vergrößert, behauptete sich im Kreis der europäischen Großmächte. So entstand in Europa und im Reich eine neue politische Konstellation. Denn obgleich zwischen dem aufstrebenden norddeutsch-protestantischen Militärstaat und der süddeutsch-katholischen Donaumonarchie von Hause aus ein innerer Gegensatz gegeben war, leitete erst die friderizianische Großmachtbildung jenen *innerdeutschen Dualismus* ein, den die ältere Geschichtsschreibung zu Unrecht bis weit in das 17. Jahrhundert zurückverlegt hat. Er gehörte bis 1866 zu den Konstanten der europäischen Politik.

2. Der Siebenjährige Krieg

Der Aachener Frieden war kaum mehr als ein Waffenstillstand. Denn Maria Theresia – Friedrich der Große nannte sie später den einzigen Mann unter sei-

Friedrich II. von Preußen inmitten seiner Generale und Offiziere. *Tuschpinselzeichnung eines unbekannten Künstlers, um 1750.*

Englisch-französischer Kolonialgegensatz

nen Gegnern – war nicht bereit, den Verlust Schlesiens hinzunehmen. Aber es war nicht in erster Linie der preußisch-österreichische Dualismus, der eine neue, den europäischen Frieden bedrohende Mächtekonstellation hervorrief, sondern die englisch-französische Rivalität im Wettlauf um die noch unerschlossenen Gebiete *Nordamerikas* und um die Herrschaft über Indien. Als nämlich Frankreich in Nordamerika von der Mississippi-Mündung über die fünf Großen Seen bis hin zum Lorenzstrom eine Kette von Forts errichtete und die englischen Siedlungskolonien an weiterer Ausdehnung hinderte und zugleich in *Indien* die expandierende englische Ostindienkompanie auf einige Stützpunkte (Kalkutta, Madras, Bombay) zu beschränken suchte, weitete sich der Siedler- und Handelskrieg zum weltumspannenden *Kolonialkrieg* (seit 1755) aus.

Umsturz des europäischen Bündnissystems

Infolge des kolonialen Konflikts bildeten sich unter den europäischen Großmächten neue Interessengemeinschaften. England schloß aus Sorge vor einem französischen Angriff auf das in Personalunion mit ihm verbundene Hannover ein Schutzbündnis mit Preußen (*Westminster-Konvention,* 1756). Nun erkannte Österreich, daß es ohne eine starke Kriegsallianz weder Schlesien noch seine Vormachtstellung im Reich zurückgewinnen würde. Es stellte Rußland die Annexion von Ostpreußen, Frankreich die habsburgischen Niederlande und damit eine vorteilhafte strategische Operationsbasis gegen Hannover und die Britischen Inseln in Aussicht – und hatte Erfolg. Das europäische Bündnissystem kehrte sich um. Friedrich II. hatte die »Erbfeindschaft« zwischen Habsburg und Bourbon überschätzt. Er hatte gehofft, Österreich diplomatisch zu isolieren und Rußland durch englischen Einfluß von einem Angriff auf Preu-

ßen abzuhalten. Als nach Rußland auch Frankreich, dann Schweden, das Reich, die wittelsbachischen Territorien und Württemberg der Offensivallianz des österreichischen Außenministers *Graf Kaunitz* beitraten, sah sich der preußische König von allen Seiten umstellt. Um seinen Gegnern zuvorzukommen, eröffnete er den Krieg.
Allein die englische Rechnung ging auf. Denn während Preußen, mehrmals dem Zusammenbruch nahe, sieben Jahre lang um seine Existenz kämpfte und die französische Armee an das Festland band, wurden »die englischen Glocken dünn vom Siegesläuten« (Horace Walpole). Insofern traf der Ausspruch des englischen Außenministers *William Pitt* zu, Kanada sei in Deutschland erobert worden. Während Österreich und Preußen zum Status quo ante zurückkehrten (*Friede von Hubertusburg,* 1763), büßte Frankreich nahezu seinen gesamten Kolonialbesitz ein (*Friede von Paris,* 1763). England erhielt in Nordamerika Kanada und alles Land östlich des Mississippi, Spanien, das an die Briten Florida abtrat, das Gebiet westlich des Stromes (Louisiana). Damit stellte der Pariser Friedenskongreß die britische Hegemonie auf den Weltmeeren und zugleich die überwiegend englische Besiedlung Nordamerikas sicher. Darin liegt seine weltgeschichtliche Bedeutung.

3. Die Polnischen Teilungen

Preußens unerwartete Rettung im Siebenjährigen Krieg, das »Mirakel des Hauses Brandenburg«, wäre nicht möglich gewesen, hätte nicht Rußland nach dem Tode der Zarin Elisabeth (1762) die Kampfhandlungen beendet. Nun schlossen der preußische König und Katharina II. ein Defensivbündnis (1764). Im Hintergrund stand ihr gemeinsames Interesse an Polen. Beide wollten die politische Ohnmacht des zerrütteten polnischen Staates erhalten, die Zarin, um Polen unter ihre Kontrolle zu bringen, Friedrich II. in der Hoffnung auf Arrondierung der preußischen Ostgrenze. Unter dem Druck der beiden Großmächte wählte die polnische Adelsversammlung Katharinas Günstling, Stanislaus Poniatowski, zum König. Trotz dieser Verständigung drohte erneut ein allgemeiner Krieg. Denn als Katharina II. die russische Expansion nach Südosteuropa fortsetzte (*Russisch-Türkischer Krieg,* 1768–1774), drang sie weit in habsburgisches Interessengebiet (Moldau, Walachei) vor. Zum ersten Mal zeichnete sich die österreichisch-russische Balkanrivalität in voller Schärfe ab.

Österreichisch-russische Balkanrivalität

Da bot sich die Möglichkeit, die Gegensätze der Ostmächte durch *territoriale Kompensationen* auf Kosten des völlig unbeteiligten Polen auszugleichen. Rußland verzichtete auf einen Teil seiner türkischen Kriegsbeute und rückte in Polen bis zur Düna-Dnjepr-Linie vor, Preußen sicherte sich die Landbrücke von Pommern nach Ostpreußen, Österreich nahm sich Galizien (*1. Polnische Teilung,* 1772). Sodann stieß Rußland endgültig ans Schwarze Meer vor und eröffnete seinen Handelsschiffen die Durchfahrt durch die *Dardanellen* (*Frieden von Kütschük Kainardschi,* 1774). Das Gleichgewicht unter den drei Ostmächten war wiederhergestellt. Aber *Polen* war zum *Objekt absolutistischer Machtpolitik* geworden. Maria Theresia (»Wolle Gott, daß ich nicht dereinst in der anderen Welt noch dafür zur Verantwortung gezogen werde!«[50]) hat tief empfunden, daß hier Staatsraison und Recht weit auseinanderklafften. Gleichwohl reizte der mühelose Erfolg dazu, den eingeschlagenen Weg zu Ende zu gehen. Zwei Jahrzehnte später teilten die Ostmächte Restpolen, immer noch ein Gebiet von der Größe Frankreichs, vollständig unter sich auf. Seither schufen die polnische und die orientalische Frage Konfliktherde, die den europäischen Frieden stets von neuem erschütterten.

Grundrichtungen europäischer Machtpolitik

Im Ergebnis gab die absolutistische Kabinettspolitik des 18. Jahrhunderts den Beziehungen der fünf europäischen Großmächte (*Pentarchie*) auch für die Folgezeit die Richtung. (1) *Rußland* rückte näher an Europa heran. Mehr als von den anderen Mächten hing von ihm das *Gleichgewicht in Osteuropa* ab. Die Erfahrungen des Siebenjährigen Krieges bewirkten, daß Preußen und später das Bismarckreich in guten Beziehungen zu Rußland ein Erfordernis ihrer Politik erblickten. (2) *Preußen* wurde in seiner Rolle als Großmacht bestätigt, in einer Rolle, die es wegen seiner geringen Bevölkerungszahl und seiner geringen territorialen Größe nur als *Militärmacht* auszufüllen imstande war. (3) *Österreich* sah sich auf den Südosten Europas zurückgedrängt und entwickelte sich in der Auseinandersetzung mit dem *Nationalitätenproblem* als Macht des Beharrens. (4) *Frankreich* versuchte nach dem Verlust seines ersten Kolonialreiches, seine Stellung als führende *Kontinentalmacht* zu behaupten. (5) *England* hingegen wuchs durch seinen Kolonialbesitz über Europa hinaus. Es hielt am Prinzip des europäischen *Gleichgewichts* fest, da es ihm Entscheidungsfreiheit in allen Konflikten des Kontinents und Aktionsfreiheit auf den Weltmeeren sicherte. Allerdings hatte sein weltpolitischer Erfolg ein unvorhergesehenes weltgeschichtliches Nachspiel, die Entstehung der Vereinigten Staaten von Amerika.

V. Die Revolution in Nordamerika

Während im traditionsgebundenen Europa monarchische Autorität, ständische Sozialordnung und staatliche Machtpolitik der Realisierung aufklärerischer Ideen enge Grenzen zogen, fand die aufgeklärte Staatslehre auf dem Kolonialboden Nordamerikas ihre erste Verwirklichung.

1765	Stamp Act
4.7.1776	Unabhängigkeitserklärung der 13 nordamerikanischen Kolonien
1787	Amerikanische Bundesverfassung (in Kraft 1788)
1789	Bill of Rights (Grundrechte, in Kraft 1791)

Die 13 nordamerikanischen Kolonien wurden von England mit leichter Hand geführt. England war hauptsächlich daran interessiert, den Außenhandel seiner

Die politische Verfassung der Kolonien

Kolonien nach merkantilistischen Grundsätzen zu reglementieren. Im Innern verfügten die Kolonisten über die parlamentarische Selbstverwaltung, das englische Common Law und die politischen Freiheiten der Briten. Ausführende (Gouverneur) und gesetzgebende Gewalt (Assembly) waren getrennt. Auch die Wirtschafts- und Sozialstruktur der amerikanischen Siedlungskolonien von Pennsylvania bis Massachusetts ähnelte der von England. Nur die städtearmen Pflanzerkolonien des Südens (Virginia, Georgia, Carolina) wichen davon ab. So beruhte die britische Herrschaft in Amerika auf günstigen Voraussetzungen. Die Kolonisten waren sich der britischen Tradition mit Stolz bewußt und hielten loyal zum Mutterland.

Entfremdung zwischen Kolonien und Mutterland

Dies änderte sich seit 1763. Der Krieg gegen Frankreich hatte die britische Staatsschuld beträchtlich vermehrt. An ihrer Tilgung und an den Stationierungskosten regulärer Truppen in Amerika wollte das Londoner Parlament nun auch die Kolonien beteiligen. Als es jedoch gegen den Willen der Kolonisten neue Handelsmonopole und Schutzzölle zugunsten der heimischen Wirtschaft errichtete, alle Urkunden und Druckerzeugnisse mit einer Stempelsteuer belegte (Stamp Act, 1765), den Siedlern die Ausdehnung über die Appalachen hinaus in das ehemals französische Gebiet verwehrte und durch zentrale Kontrollmaßnahmen die koloniale Selbstverwaltung auszuhöhlen drohte, schlossen sich die bisher weitgehend isolierten, im Krieg aber selbstbewußt gewordenen Kolonien zu gemeinsamem Handeln zusammen. Nach dem Grundsatz »No taxation without representation« lehnten sie das *Besteuerungsrecht* des Londoner Parlaments ab, in dem sie selbst nicht vertreten waren, und antworteten auf die neuen Gesetze erst mit Protest, dann mit Steuerverweigerung und organisiertem Boykott britischer Waren, schließlich mit Gewalt gegen Steuereinnehmer, Boykottbrecher und Zollbehörden. Daraufhin nahm das britische Parlament die umstrittenen Handels- und Steuergesetze zurück, ließ jedoch zum Zeichen seines grundsätzlichen Gesetzgebungsrechts den Teezoll bestehen. Die Kolonien empfanden dies als Kampfansage. In einer heftigen publizistischen Auseinandersetzung über ihr Verhältnis zum Mutterland entwickelten sie ein eigenes amerikanisches *Nationalbewußtsein.* Als den Übergriffen kleiner revolutio-

The Bostonians Paying the Excise-Man. *Englische Zeichnung, um 1765. Ein englischer Zolleinnehmer wird von einem Stoßtrupp der radikalen »Sons of Liberty« geteert und gefedert.*

närer Gruppen wie der Protestaktion jener Männer, die in Boston eine Schiffsladung Tee über Bord warfen (Boston Tea Party, 1773), Zwangsmaßnahmen der Regierung folgten, verschärfte sich der lokale Widerstand zum allgemeinen Aufruhr und schließlich zum Krieg um die Unabhängigkeit der nordamerikanischen Kolonien.

Unabhängigkeitskrieg

Wenige Wochen nach Kriegsausbruch traten Delegierte aller Kolonien in Philadelphia zum *2. Kontinental-Kongreß* zusammen, rissen die Befugnisse einer nationalen Regierung an sich und bestellten *George Washington,* einen wohlhabenden Tabakpflanzer aus Virginia, der sich im Kolonialkrieg ausgezeichnet hatte, zum Oberbefehlshaber der Miliztruppen. Am 4. Juli 1776 erklärten sich die Kolonien für unabhängig. Daß diese Unabhängigkeit behauptet werden konnte, verdankten die Kolonien der militärischen Erfahrung und politischen Integrationskraft Washingtons, vor allem aber dem Kriegsbündnis mit Frankreich (seit 1778), den Niederlanden und Spanien, nicht zuletzt auch dem Zustrom europäischer Kriegsfreiwilliger wie dem Marquis de Lafayette und dem preußischen Offizier von Steuben. Außenpolitisch vollkommen isoliert, erkannte England im *Frieden von Paris* (1783) die Unabhängigkeit der »Vereinigten Staaten von Amerika« an und verzichtete zu deren Gunsten auf das Gebiet südlich der Großen Seen bis zum Mississippi. Allein Kanada blieb britisch.

Selbstverständnis der amerikanischen Revolution

In keinem Dokument spiegelt sich das Selbstverständnis der amerikanischen Revolution deutlicher als in der *Unabhängigkeitserklärung,* die *Thomas Jefferson,* gleich Washington ein Mann aus der Pflanzeraristokratie des Südens, für den Kongreß entworfen hatte. Ihre Präambel enthielt bereits das ganze revolutionäre Programm:

»Wir halten folgende Wahrheiten für selbstverständlich: daß alle Menschen gleich geschaffen sind; daß sie von ihrem Schöpfer mit gewissen unveräußerlichen Rechten ausgestattet sind; daß dazu Leben, Freiheit und das Streben nach Glück gehören; daß zur Sicherung dieser Rechte Regierungen unter den Menschen eingesetzt werden, die ihre rechtmäßige Macht aus der Zustimmung der Regierten herleiten; daß, wann immer irgendeine Regierungsform sich als diesen Zielen abträglich erweist, es das Recht des Volkes ist, sie zu ändern oder abzuschaffen und eine neue Regierung einzusetzen und diese auf solchen Grundsätzen aufzubauen und ihre Gewalten in der Form zu organisieren, wie es ihm zur Gewährleistung seiner Sicherheit und seines Glückes geboten zu sein scheint.« [51]

Aus der *Naturrechtslehre* entwickelte der Kongreß den Zweck des Staates, seinen Vertragscharakter, das Prinzip der Volkssouveränität und das Recht zur Revolution bei dauerndem Mißbrauch der Herrschaftsgewalt. Mit dem natürlichen Recht der Amerikaner auf politische Selbstbestimmung begründete er die Trennung der Kolonien vom Mutterland. Die Unabhängigkeitserklärung faßte so gewissermaßen das politische Denken der Aufklärung zusammen. Gleichwohl stand sie auch in der Tradition des englischen *Widerstandsrechts.* Denn sie enthielt einen langen Beschwerdekatalog über die »Tyrannei« des englischen Königs. In einem Zuge damit verwarf der Kongreß die monarchische Regierungsform. »Ein einziger ehrlicher Mann ist wertvoller«, polemisierte der radikale Aufklärer *Thomas Paine,* »als alle gekrönten Schurken, die jemals lebten.« [52]

Seine Flugschrift »Common Sense«, die 1776 in einer Massenauflage erschien, begeisterte die Amerikaner für die *Republik.* Auch hier lagen die Wurzeln tiefer, hatten doch puritanische Gemeinden schon vor mehr als hundert Jahren die republikanische Tradition aus dem England des 17. Jahrhunderts nach Amerika gebracht.

Widersprüche

Publizisten wie Thomas Paine und Benjamin Franklin ideologisierten den Kampf gegen England zum Kampf der Menschheit gegen die Unterdrückung der Freiheit. Seither prägt ein nahezu religiöses Bewußtsein, zur Verteidigung von Freiheit und Demokratie in der Welt berufen zu sein, das amerikanische Selbstverständnis. Indes ist nicht zu übersehen, daß es schon die amerikanische Gründergeneration schwer hatte, den Prinzipien der Unabhängigkeitserklärung auch nur im eigenen Lande Geltung zu verschaffen. Mit dem politischen *Gleichheitsgrundsatz* zum Beispiel war es in Amerika nicht weit her. Unter »Streben nach Glück« verstanden die »Gründungsväter« den freien Erwerb von Eigentum, und noch lange hielt die Mehrheit der nordamerikanischen Staaten allein die Besitzenden für fähig, politische Verantwortung zu tragen (*Zensuswahlrecht*). *Sklaverei* und *Diskriminierung* der Bürger aufgrund von Rasse und Kirchenzugehörigkeit kennzeichneten bis ins 19. Jahrhundert die soziale Wirklichkeit der Neuen Welt. Negersklaven blieben zur Zeit der amerikanischen Staatsgründung von der »menschlichen Gesellschaft« so gut wie ausgeschlossen, *Indianer* zählten im Bewußtsein der Kolonisten nur zur eroberungs- und rodungsbedürftigen Natur des Kolonialbodens. Bis 1820 erhöhte sich die Zahl der Negersklaven (um 1770: 150 000) noch um das Dreifache. Allerdings nahm die Unabhängigkeitserklärung den neuen Staat für die Grundsätze, auf die er sich bei seiner Gründung berief, für alle Zukunft in die Pflicht.

Bundesverfassung der Vereinigten Staaten

Die weitgehend souveränen amerikanischen Einzelstaaten bildeten zunächst nur eine lockere Föderation. Erst nach heftigen verfassungspolitischen Auseinandersetzungen schlossen sie sich zu einem leistungsstarken *Bundesstaat* zusammen. Die Bundesverfassung von 1787, die in ihrer Grundsubstanz bis heute nicht verändert wurde, orientierte sich an der praktischen Erfahrung mit dem *Selbstverwaltungssystem* der Kolonialzeit, wie es in den einzelstaatlichen Verfassungen weiterlebte, und an Montesquieus Theorie der *Gewaltenteilung.* Sie legt die gesamte Regierungsgewalt, auch die Außen- und Handelspolitik sowie den militärischen Oberbefehl, in die Hände eines (von den Bürgern über Wahl-

Präsidentielles Regierungssystem

männer gewählten) Präsidenten, der in Übereinstimmung mit dem Senat eine Reihe von Staatssekretären als persönliche, nur ihm verantwortliche Mitarbeiter (»Minister«) ernennt; gesetzgebende Gewalt und Budgetrecht üben die beiden Häuser des Kongresses aus, das Repräsentantenhaus, das von der Gesamtbevölkerung des Bundes, und der Senat, der (seit 1913) von der Bevölkerung der Einzelstaaten gewählt wird; ein oberstes Bundesgericht überwacht alle Maßnahmen und Gesetze auf ihre Übereinstimmung mit der Verfassung. Im Unterschied zum parlamentarischen System untersagt die Verfassung jede personelle Verflechtung zwischen Kongreß und Regierung. 1791 wurde die amerikanische Verfassung durch zehn Zusätze um einen *Grundrechtskatalog* erweitert. In der

Folgezeit verstärkte sich die zentrale Bundesgewalt. Gleichwohl blieb die innere Autonomie der Einzelstaaten erhalten. So hat die Verfassung der Vereinigten Staaten nicht allein wegen ihrer naturrechtlichen Grundlage, sondern auch als Beispiel einer gelungenen bundesstaatlichen Organisation die Verfassungsdebatten auf dem europäischen Kontinent beeinflußt.

»Unabhängigkeitsbewegung« oder »Revolution«?

Die amerikanische Revolution wurde im wesentlichen von der besitzbürgerlichen Mittelschicht getragen. Ihre Eigentümlichkeit bestand darin, daß sie sich ohne grundlegende Veränderung der Eigentums- und Gesellschaftsordnung, selbst ohne vollständigen Austausch der politischen Führungselite vollzogen hat. Zahlreiche Historiker lehnen es daher ab, im Hinblick auf die Vorgänge zwischen 1763 und 1787 überhaupt von »Revolution« zu sprechen. Demgegenüber hat die vergleichende Revolutionsgeschichtsschreibung unter anderem auf das revolutionäre Bewußtsein der Kolonisten, die Teilnahme des »Mobs« an den Gewaltaktionen in den Städten und auf die Tatsache verwiesen, daß während des Unabhängigkeitskrieges zwischen 60 000 und 100 000 Loyalisten zur Auswanderung gezwungen und enteignet wurden (immerhin 2,4 % der Bevölkerung, während zur Zeit der Französischen Revolution der Anteil der Emigranten 0,5 % betragen habe). Vor allem aber war die amerikanische Revolution insofern eine »echte« Revolution, als sie zum ersten Mal die Volkssouveränität zum Fundament der staatlichen Ordnung machte und mit Hilfe von Gewalt das alte durch ein radikal neues Regierungssystem ersetzte. Indem sie den Gedanken, »daß die öffentliche Gewalt von denen ausgehen muß, über die sie ausgeübt wird« (Robert R. Palmer)[53], in Theorie *und* Praxis zum entscheidenden Verfassungsgrundsatz erhob, gab sie der politischen Herrschaft eine völlig neue Legitimationsgrundlage. Sie war somit in erster Linie eine *»Verfassungsrevolution«*.

In seinen berühmt gewordenen Berchtesgadener Vorträgen vor König Maximilian II. von Bayern »Über die Epochen der neueren Geschichte« (1854) urteilte der deutsche Historiker *Leopold von Ranke:*

»Dies war eine größere Revolution, als früher je eine in der Welt gewesen war ... Früher war es der König von Gottes Gnaden, um den sich alles gruppierte; jetzt tauchte die Idee auf, daß die Gewalt von unten aufsteigen müsse ... Diese beiden Prinzipien stehen einander gegenüber wie zwei Welten, und die moderne Welt bewegt sich in nichts anderem als in dem Konflikt zwischen diesen beiden.«[54]

Insofern als die amerikanische Revolution das Prinzip der Volkssouveränität, die Ordnung des politischen Lebens durch eine geschriebene Verfassung, die Grund- und Menschenrechte sowie die Freiheits-, Gleichheits- und Glücksansprüche des Menschen proklamierte, leitete sie in der Tat zur Kette der europäischen Revolutionen über, die zur Herrschaft des Bürgertums und der politischen Grundsätze der Aufklärung geführt haben.

Handreichungen für den Schüler

Zum methodischen Umgang mit dem Grundriß der Geschichte

I. Einladung zum Dialog

Vielleicht sind Ihnen, liebe Schülerinnen und Schüler, in all den Jahren Ihrer Ausbildung die Schulbücher so alltäglich geworden, daß Sie keinen besonderen Gedanken mehr an sie verschwenden, wenn der Beginn eines neuen Schuljahres Sie wiederum mit einem neuen Stapel derartiger Werke konfrontiert.

Der Grundriß – Anstoß zu grundsätzlichen Fragen

Nun ist aber dieser Schuljahresbeginn, mit dem Sie für das Fach Geschichte den *»Grundriß der Geschichte«* ausgehändigt bekommen, kein alltäglicher, sondern für Sie der Anfang der gymnasialen Oberstufe, der Sekundarstufe II (SII), die einen überwiegend veränderten Unterrichtsstil und dementsprechend anders gestaltete Schulbücher mit sich bringt. Darum wäre jetzt, wenn Sie den »Grundriß« erstmals zur Hand nehmen, der richtige Augenblick, kurz innezuhalten, um an sich selbst und an das Buch einige Fragen zu richten. Jeder Leser soll ja mit einem Buch in einen Dialog eintreten – warum nicht auch oder gerade Sie mit dem »Grundriß«, der ja durch die gymnasiale Oberstufe Ihr *Begleiter* sein will.

Um diesen zumeist stummen Dialog zu intensivieren, sprechen wir Sie auf diesen Seiten direkt an und versuchen, uns in Ihre Situation und in die für Sie daraus resultierenden Probleme und Fragen hineinzudenken, versuchen auch, Ihnen einige Antworten anzubieten, und hoffen, vielleicht sogar mit dem einen oder anderen von Ihnen dadurch in ein wirkliches Gespräch kommen zu können, indem Sie auf unsere Vorschläge und Anregungen reagieren und uns Ihre Gedanken wissen lassen.

Es wäre zwar verständlich, wenn Sie im Hinblick auf ein rationelles Bewältigen Ihrer Schulaufgaben in erster Linie sehr viele auf Nützlichkeit und Praktikabilität des Buches ausgerichtete Fragen stellen würden. Doch hoffen wir, daß Ihnen auch manches des Fragens würdig erscheint, das sich auf die Sache des Faches selbst bezieht.

Die allgemeinste Frage, die wir uns vorstellen können, ist die nach dem Gewinn oder – vordergründiger aufgefaßt und formuliert – nach dem Nutzen des »Grundrisses« für den Unterricht. Da diese Frage aber sehr pauschal ist, zieht sie notwendig ergänzende nach sich, vor allem die am Anfang von SII verständlichste und brennendste: Was erwartet man denn eigentlich von mir im Geschichtsunterricht dieser letzten drei Jahre vor dem Abitur – unabhängig vom gewählten Buch?

Was wird erwartet?

Die Erwartungen, die man Ihnen gegenüber hegt, beziehen sich sowohl auf die Erfüllung von Aufgaben und die damit verbundene Ausübung von bestimmten

Tätigkeiten als auch auf die Anwendung der dafür notwendigen Fähigkeiten und Fertigkeiten – dies alles innerhalb des Unterrichts, aber auch im Rahmen der den Unterricht begleitenden und auf der Oberstufe unerläßlichen Selbsttätigkeit der Schüler.

Befragt man die Unterrichtsrealität, so kann man zunächst einmal eine recht beachtliche Anzahl von Tätigkeiten feststellen, die Sie sinnvoll ausüben, und von Aufgaben, die Sie sinnvoll erfüllen sollten. Aufgaben und Tätigkeiten setzen wiederum ihrerseits bestimmte Fähigkeiten und Fertigkeiten voraus oder helfen, sie zu entwickeln. Einiges von all dem bringen Sie von SI mit, anderes muß auf SII vertieft, wieder anderes erst schrittweise neu entwickelt und eingeübt werden. Die Vielfalt erklärt sich aus der großen Zahl methodischer Möglichkeiten, die der Unterricht auf der Oberstufe bietet, aus dem größeren Maß an *Selbsttätigkeit,* das man von Ihnen erwartet, aus der veränderten Form der Klassenarbeiten und nicht zuletzt aus der Tatsache, daß die Oberstufe als letzte Phase Ihrer schulischen Laufbahn Sie möglichst konsequent auf das Ablegen umfassenderer Prüfungen, deren erste das Abitur darstellt, hinführen muß.

So erwartet man auf SII von Ihnen, daß Sie imstande sind

- bei der Anwendung eines arbeitsunterrichtlichen Verfahrens an einem Unterrichtsgespräch teilzunehmen und diesem Gespräch nützliche Impulse zu geben;
- im Arbeitsunterricht an einer Diskussion teilnehmen oder sie leiten zu können;
- in einem stärker lehrerzentrierten Unterricht einem Vortrag zu folgen;
- ein Referat auszuarbeiten und es so vortragen zu können, daß es Ihren Mitschülern Gewinn bringt;
- Klassenarbeiten und Prüfungsklausuren erfolgreich bearbeiten zu können;
- einem Prüfungsgespräch gewachsen zu sein;
- wiederholende oder den Unterricht vorbereitende Hausaufgaben sinnvoll bearbeiten zu können.

Um nun diesen Aufgaben gerecht zu werden, braucht man bestimmte *Fähigkeiten und Fertigkeiten.* Die Übergänge zwischen beiden sind fließend, doch kann man wohl sagen, daß Fähigkeiten stärker die individuelle Begabung voraussetzen, während die Fertigkeiten mehr auf das Erlernbare abzielen; letztendlich ergänzen sich beide. Zu ihnen gehören für das Fach Geschichte

- das Erkennen von Zusammenhängen;
- das Entwickeln von Problembewußtsein;
- die sprachliche Kompetenz, Zusammenhänge und Probleme darzustellen;
- das logische Verknüpfen von Erkanntem;
- das sinnvolle Lernen von Fakten, Vorgängen und Zusammenhängen;
- das sinnvoll Vertiefen, Wiederholen und Wiedergeben des Gelernten;
- das Entwickeln räumlicher Vorstellungen;
- die Anwendung von Methoden der Analyse und Interpretation von Text- und Bildquellen;
- das Lesen und Verstehen von Geschichtsdarstellungen;

- die methodische Darstellung von Problemen und von Ansätzen zur Problemlösung;
- der Umgang mit Begriffen: Definition – Kenntnis – Anwendung;
- die Anwendung von Spielregeln, die es einem erlauben, erworbene Fähigkeiten und Fertigkeiten auch bestmöglich einzusetzen und dadurch zu nützen.

Zurecht erwarten Sie nun, nachdem wir Ihnen gezeigt haben, welche Anforderungen auf Sie im Geschichtsunterricht von SII zukommen, daß wir Ihnen wenigstens zu einzelnen dieser Erwartungen einige Hilfestellungen anbieten. Wir wollen dies in Einzelschritten tun, von denen der erste auf den Einsatz des »Grundrisses« beim oberstufengerechten Arbeiten im allgemeinen abzielt, während die weiteren überwiegend allgemeingültige Hinweise für bestimmte, vermutlich besonders häufig auf Sie zukommende Arbeitsweisen bieten wollen.

Je sicherer Sie diese Arbeitsweisen beherrschen und anwenden, desto intensiver können Sie sich mit den historischen Themen selbst auseinandersetzen. Sie können sich dann, unbehindert von praktischen Schwierigkeiten, den in immer wieder neuer Gestalt sich zeigenden Phänomenen der historischen Entwicklung von allem zuwenden, das in langen Zeiträumen geworden ist – so vor allem auch Ihrer eigenen Gegenwart und Umwelt,

- wenn Sie das überprüfen,
  was über Jahrhunderte weiterlebt,
  was sich nur in seiner äußeren Form gewandelt hat,
  was sich im Grundsätzlichen verändert hat;
- wenn Sie erfahren, wie viel – nicht nur in der eigenen Zeit – versucht wurde, von dem aber nur ein begrenzter Teil gelang;
- wenn Sie Sieger und Verlierer zu verstehen versuchen;
- wenn Sie Toleranz auch gegenüber Ihnen fremden Haltungen zu üben beginnen.

Dann werden Sie bald erkennen, daß Sie mehr bei der Beschäftigung mit der Geschichte gewinnen, als »nur« eine Wissenserweiterung; daß Sie vielmehr aus der Kenntnis der historischen Gegebenheiten Ihrer heutigen Welt und aus der Einsicht in die Vielzahl der möglichen Standpunkte zu allen Zeiten den Spielraum richtig abschätzen lernen, der Ihnen selbst gegeben ist, wenn Sie sich im historisch-politischen Bereich Ihres Alltags entscheiden müssen oder einsetzen möchten.

II. Das Arbeiten mit dem »Grundriß«

So fragen wir uns zunächst: Wie können Sie im Zusammenspiel von Geschichtsunterricht und der den Unterricht begleitenden Selbsttätigkeit mit dem »Grundriß« arbeiten, einem Werk, das andere Ziele als die Ihnen bisher vertrauten Geschichtsbücher der Mittelstufe verfolgt.

Die Elemente des »Grundrisses«

Tragendes Element des »Grundrisses« ist die *Geschichtsdarstellung.* Sie bietet Überblicke, stellt Zusammenhänge her, verschafft Einblick in Probleme, geht in besonderen Fällen auf Forschungskontroversen ein. Darum wird man Ihnen in der Regel die Darstellungsbände des »Grundrisses« als unterrichtsbegleitende Geschichtsbücher in die Hand geben, damit sie Ihnen zur Unterrichtsvor- und -nachbereitung und zur Verfolgung von eigenen Interessen als Begleiter durch die Oberstufe zur Verfügung stehen.

Die Geschichtsdarstellung, die unter bestimmten Fragestellungen erarbeitet sein will, wird innerhalb der beiden Bände ergänzt durch Farbtafeln als Bildquellen, die zu thematischen Einheiten zusammengefaßt sind. Hinzu kommen Schwarzweiß-Abbildungen innerhalb des Textes, die ebenfalls Quellencharakter haben (▷ Kap. IV, S. 329 ff.). Jedem Darstellungsband ist ein Band mit Schlüsseldokumenten zugeordnet, die zur Vertiefung und Veranschaulichung bestimmter Sachverhalte dienen können. So ist es durchaus möglich, daß in Ihrem Geschichtsunterricht dieses ganze Ensemble so eingesetzt wird, daß Sie, aufbauend auf Ihren Erfahrungen aus SI, nur die umfassende Geschichtsdarstellung als etwas Neues erfahren, an das Sie Fragen stellen sollen und können. Und der »Grundriß« wird Ihnen Antwort geben, wenn Sie nur wissen, wie Sie ihn befragen sollen.

Um dem Fragenden den Zugang zu erleichtern, enthalten die Darstellungsbände *formale Elemente,* die vor allem für den hilfreich sind, der gezielt und knapp Orientierungsfragen stellen will, wie sie der unterrichtliche Alltag mit sich bringt. Die folgende Übersicht soll die Relation von Orientierungsfragen und formalen Hilfsmitteln des Buches verdeutlichen:

Der Wunsch nach Orientierung richtet sich auf	*Der »Grundriß« erleichtert das Finden der Antworten durch*
– einen Überblick über das, was zu einem bestimmten Thema im Buch enthalten ist.	– das *Inhaltsverzeichnis:* Es spiegelt die Strukturierung der Geschichtsdarstellung in den Überschriften.
– die zeitliche Abfolge oder Einordnung von Ereignissen.	– *Merk- bzw. Orientierungsdaten* (braun umrandet): Sie bieten eine knappe Fassung der zeitlichen Ordnung. – *Zeittafeln* (schwarz umrandet): Sie ergänzen den Text und sind unter bestimmten Gesichtspunkten zusammengestellt.
– eine kurze Information über Sachverhalte und Begriffe.	– das *Sachregister:* Es erleichtert das Auffinden des Gesuchten und trägt der Vielfalt der Inhalte Rechnung; es wahrt aber zugleich die Übersichtlichkeit und faßt deshalb verwandte Begriffe unter ihrem Oberbegriff zusammen (z.B. »institutioneller Flächenstaat« unter »Staat«). – *Marginalien* (»Randbemerkungen«). – *kursive Hervorhebungen* im Text.

Der Wunsch nach Orientierung richtet sich auf	*Der »Grundriß« erleichtert das Finden der Antworten durch*
– eine knappe Information über historische Personen.	– das *Personenregister* mit Lebensdaten und kurzen Angaben zur sozialen Stellung: Es erleichtert außerdem das Auffinden personengeschichtlich ausgerichteter Abschnitte im Text.
– die räumlichen Vorstellungen.	– die *Karten.*
– die zu einem bestimmten Thema verfügbare wichtigste weiterführende Literatur.	– die *Literaturempfehlungen,* ein Titelverzeichnis, in dem die Werke kurz kommentiert sind.

Arbeiten mit der Geschichtsdarstellung

Grundformen

Nun ist aber die knappe und gezielte Orientierungsfrage nicht der einzige Anlaß, sich des »Grundrisses« zu bedienen. Wenn Sie ihn in die Hand nehmen, wollen Sie möglicherweise Probleme und Zusammenhänge durchschauen oder sich über Vorgänge von kürzerer oder langer Dauer informieren. Grundsätzlich gibt es verschiedene Möglichkeiten, wie man dabei vorgehen kann: Nehmen wir an, Ihr Interesse gilt im Zusammenhang mit dem Absolutismus der *Entstehung des modernen institutionellen Flächenstaates.* Die erste Möglichkeit wäre, daß Sie versuchen, sich an einem *exemplarischen Fall* die entscheidenden Kriterien zu erarbeiten, so etwa an Hand des französischen Beispiels:

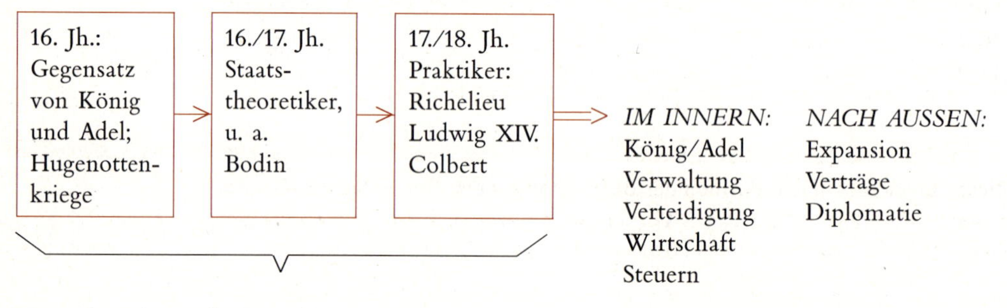

Exemplarischer Fall: Entstehung und Ausprägung des Absolutismus in Frankreich ⟹ allgemeingültige Kriterien (Strukturen) eines frühneuzeitlichen modernen Staates

Zweitens wäre denkbar, daß man von Ihnen erwartet, daß Sie feststellen, *wie sich der institutionelle Flächenstaat* in den bedeutenden europäischen Staaten im einzelnen *entwickelt hat.* Dabei können Sie so vorgehen, daß Sie gemäß den am französischen Beispiel gezeigten Kriterien in chronologischer Folge die entsprechenden Vorgänge in einigen entscheidenden Staaten verfolgen:

16. Jh. Spanien → 17./18. Jh. Frankreich → 17./18. Jh. Preußen → 18. Jh. Schweden → 18. Jh. Rußland ⟹ allgemeingültige Kriterien (Strukturen)

Nicht selten wird – drittens – mit *Brückenschlägen* gearbeitet, welche durch eine Inselbildung die für das Verständnis der zu bearbeitenden Schwerpunkte notwendigen Zusatzinformationen und Vergleiche liefern, z. B.:

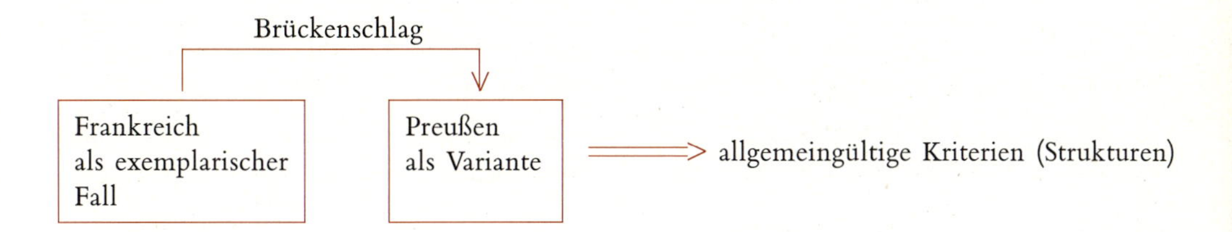

Schließlich gibt es – viertens – die Möglichkeit einer *strukturgeschichtlichen Betrachtungsweise.* Dabei werden diejenigen Strukturmerkmale der geschichtlichen Entwicklung, die zur Entstehung des modernen institutionellen Flächenstaates geführt haben, vorgegeben und für bestimmte Staaten zu einem bestimmten Zeitpunkt mit einer bestimmten Zielsetzung angewandt:

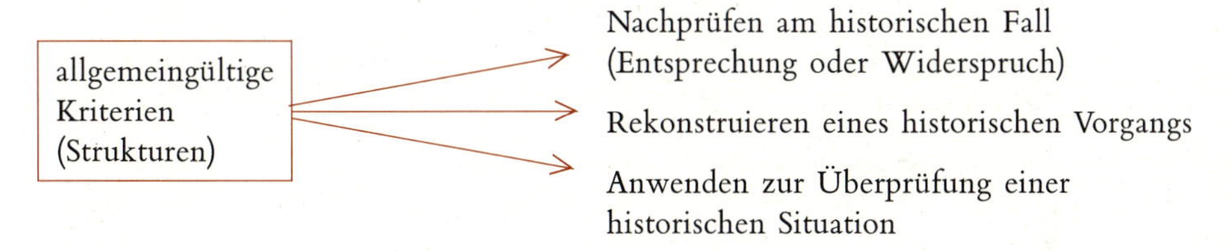

Diese unterschiedlichen Formen der Betrachtungsweise finden Sie im »Grundriß« selbst vertreten, gemäß den Gegenständen und Themen, die jeweils ihre eigene Betrachtungsweise erfordern.

III. Erarbeitung und Darbietung eines Referats

Da es unser Anliegen ist, Sie zur methodischen Bewältigung von grundsätzlichen Problemen, die die Arbeit auf der gymnasialen Oberstufe mit sich bringt, zu führen, wollen wir Ihnen nun Fingerzeige für die Ausarbeitung und den Vortrag eines Referats geben.

Ausarbeitung eines Referats

Nehmen wir an, das Thema sei das Verhältnis von Römern zu Germanen im spätrömischen Reich. Den Mittelpunkt des Referats müßte die Untersuchung von Teilen der Rede des Synesios von Kyrene »Über das Königtum« bilden. Um zu zeigen, wie Sie vorgehen könnten, hält das Schaubild (▷ S. 328) in den braunen Textmarkierungen jene Aussagen der Quelle fest, in denen die Probleme stecken, die der Text im Hinblick auf das gestellte Thema enthält. Die Bemer-

Synesios von Kyrene hielt um 400 n. Chr. als Abgeordneter seiner Heimatstadt vor Kaiser Arcadius eine Rede »Über das Königtum« (21f.):

→ Kurzbiographien: Der kleine Pauly. – Das Römische Reich um 400 n. Chr.: GRUNDRISS. S. 108

»Es darf der Hirte unter die Hunde [Wächter] nicht Wölfe mengen, wenn sie auch einst jungaufgenommen wurden und zahm zu werden scheinen, oder er wird ihnen zum Verderben die Herde anvertrauen; denn sobald sie den Hunden eine Schwäche oder Trägheit ansehen, werden sie über sie, die Herde wie die Hirten, herfallen. Und der Gesetzgeber darf die Waffen nicht demjenigen geben, die nicht in seinen Gesetzen geboren und erzogen wurden; denn er hat von solchen Leuten keine Bürgschaft für ihr Wohlwollen. Nur ein im Übermaß mutiger Mann oder einer, der die Zukunft kennt, ohne daß ihn die Angst packt, zusehen, daß eine zahlreiche in der Fremde aufgezogene Jugend, die nach eigenen Gesetzen lebt, in seinem eigenen Lande kriegerische Übungen treibt... Man muß glauben, der Stein des Tantalos hänge nur an einem zarten Faden drohend über dem Staate; denn sie werden heranstürmen, sobald sie glauben, der Versuch werde ihnen gelingen... Statt daß man die Skythen [= Goten] Waffen tragen läßt, sollte man aus dem Kreise der Leute, die an ihrer Scholle hängen, Männer anfordern, ihren Boden zu verteidigen, und die Aushebungen soweit ausdehnen, bis wir auch den Philosophen aus seiner Studierstube, den Handwerker aus der Werkstatt holen und den Krämer aus seinem Laden und den Drohnenpöbel, der vor lauter Müßiggang in den Theatern sein Leben zubringt, einmal dazu bringen, ernst zu machen, ehe er vom Lachen zum Weinen gebracht wird... Ist es nicht eine Schande, daß das an Männer so gesegnete Reich Fremden den Kriegsrum überläßt?... Bevor es also dahin kommt, wohin es bereits treibt, müssen wir den Römergeist wiedererwecken und uns daran gewöhnen, unsere Siege wieder mit eigener Hand zu erringen ... Demnach verdränge man sie zuerst von öffentlichen Ämtern und schließe sie aus von den Würden eines Senators, sie, die das als Schande ansehen, was einst den Römern das Heiligste schien und war. Will mir doch scheinen, daß sich jetzt auch die ratgebende Themis selbst und der Gott der Heere das Gesicht verhüllen, wenn der Mann im Pelzrock Leute im römischen Kriegsmantel anführt und wenn einer den Pelz, den er umhatte, auszieht, die Toga anlegt und mit römischen Beamten über die vorliegenden Aufgaben berät und dabei den ersten Platz behauptet neben dem Konsul selbst, wobei Leute, denen es von Rechts wegen zukäme, hinten zu sitzen haben. Doch kaum, daß sie aus dem Senate gekommen sind, sind sie schon wieder in ihren Pelzkleidern und spotten dann, wenn sie unter ihren Leuten sind, über die Toga, in der sich das Schwert so schwer ziehen lasse.«

→ Rolle der germanischen Hilfsvölker: GRUNDRISS. S. 108; zusätzlich über die Literaturempfehlungen im GRUNDRISS, S. 343 weiterführende Literatur.

→ Überprüfung des Vorwurfs: GRUNDRISS. S. 94, 108 und Bildtafel 7 (Stilicho) mit Legende sowie Zusatzinformationen über die Literaturempfehlungen im GRUNDRISS, S. 343.

→ Mythologischer König: Kleiner Pauly oder anderes Nachschlagewerk, z. B. Wörterbuch der Antike, Kröner, Bd. 96.

→ Zur wirklichen Situation: GRUNDRISS, S. 67 f., 72

→ Zur Germanenfeindschaft (Antigermanismus): im GRUNDRISS, S. 108. – Zusatzinformationen notwendig über weiterführende Literatur im GRUNDRISS, S. 343 und/oder selbständiges Suchen in der Schul- oder Stadtbibliothek.

→ Bildquelle im GRUNDRISS, Bildtafel 7, sowie anderes Bildmaterial aus Kunstbänden zur römischen Kultur.

Nicht vergessen: Die Arbeitsweise des Redners beachten:
- rhetorische Kunstmittel; vgl. z. B. ein Sachwörterbuch zur Literatur;
- die Wortwahl, die den Standpunkt des Synesios verrät.
- Zusätzliche Quelle suchen (Kontrastquelle) aus einer Quellensammlung (▷ Literaturempfehlungen, GRUNDRISS, S. 343).

kungen neben der Quelle sollen zeigen, wie man diese Probleme mit Hilfe des »Grundrisses« angehen und bearbeiten kann, wobei Register und Inhaltsverzeichnis den ersten Zugang ermöglichen.

Der Vortrag des Referats

Grundsätzlich sollten Sie sich aber noch etwas klarmachen: Ein Referat ist keine schriftliche Hausarbeit! Es ist zum Vortrag bestimmt. Dies müssen Sie schon während der Abfassung bedenken. Beachten Sie daher folgende *Spielregeln:*

- Vermeiden Sie komplizierte, für den Zuhörer während des Sprechens nur schwer aufnehmbare Satzgebilde.
- Erklären Sie Fachbegriffe, die zwar Ihnen, der Sie sich längere Zeit mit dem Thema befaßt haben, vertraut sein mögen, nicht aber Ihren Zuhörern, die andere Themen zu bearbeiten hatten.
- Lesen Sie sich das fertige Referat vor dem Vortrag einige Male durch, damit Sie wenigstens so viel auswendig wissen, daß Sie fallweise vom Konzept aufschauen und auch einige Sätze frei sprechen können: Das ausschließliche Ablesen verdirbt die Wirkung auch des besten Referats. Außerdem ist es in der anschließenden Diskussion für Ihre Reaktion auf Fragen aus der Zuhörerschaft von Vorteil, wenn Sie Ihr Referat weitgehend »im Kopf haben«.
- Verwenden Sie in behutsamer Form rhetorische Hilfsmittel, die Sie im Deutschunterricht kennengelernt haben, z.B. die Wiederholung eines Begriffs, der für das Verständnis Ihres Referats sehr wichtig ist, oder die Anapher, um durch denselben Beginn mehrerer aufeinander folgender Sätze die Aufmerksamkeit Ihrer Zuhörer zu erhalten.
- Sprechen Sie nicht zu schnell.
- Teilen Sie an Ihre Zuhörer ein Thesenpapier aus, in dem Sie die wichtigsten Gedanken Ihres Referats in der Form einer Gliederung übersichtlich zusammenstellen. Beschreiben Sie dieses Papier nicht zu eng, damit sich Ihre Mitschüler während Ihres Vortrags noch Notizen eintragen können.

IV. Das Arbeiten mit Bildern

Methodisches Vorgehen

Wir wollen Ihnen im folgenden einige *Ratschläge* geben, um Bilder – in unserem Fall Wiedergaben von historischen Bildern und Sachüberresten – zum Sprechen zu bringen. Dem, der sie nur flüchtig betrachtet, bleiben sie stumm. Es empfiehlt sich, sie in einem methodischen Vorgehen zu betrachten, das sich aus drei Schritten zusammensetzt und dem Umgang mit einem Text nicht unähnlich ist:

- Genaues Beobachten und Erfassen der Bildinhalte – vergleichbar dem genauen Lesen eines Textes;
- Zusammenschau aller Bildelemente, die zur Deutung der Bildaussage führt – vergleichbar dem Vorgang einer Textinterpretation;
- Berücksichtigung zusätzlicher Fakten wie z.B. des Auftraggebers, des Verwendungszwecks, des Entstehungsorts, der Entstehungszeit und der forma-

len Selbständigkeit oder Abhängigkeit des Dargestellten; dies ist vergleichbar der Überprüfung der Glaubwürdigkeit eines Textes.

Leitlinien historischer Bildinterpretation

Hinsichtlich ihrer Aussagemöglichkeiten können Bilder zu Gruppen geordnet werden. Die Farbtafeln des »Grundrisses« stellen in jedem Band relativ eigenständige, die darstellenden Texte des Buches ergänzende und vertiefende Einheiten dar, an denen sich ein solches Zuordnen aufzeigen läßt. Als Quellen können sie deshalb bezeichnet werden, weil sie als kulturgeschichtlich bedeutsame Dokumente aus verschiedenen Zeiten und Stilepochen Ausdruck der vielfältigen Situationen und Beziehungen sind, deren sich Menschen in ihrer Zeit bewußt waren und die sie gestalteten. Die gleichen Voraussetzungen erfüllen auch die schwarz-weißen Abbildungen, mit dem Unterschied allerdings, daß sie eng in den Text der Geschichtsdarstellung eingebunden sind.
Die *Leitlinien,* die bei der Zusammenstellung der Farbtafeln des »Grundrisses« besonders beachtet wurden, sind, da die Tafelbilder ja als Geschichtsquellen dienen, *historisch/politischer Art,* wobei kunstgeschichtliche Kriterien wichtige Hilfestellungen zu leisten vermögen. So würde beispielsweise nach der Betrachtungsweise der Kunstgeschichte Tafelbild 5 (vornehmer Römer) als Beweis für die Porträtkunst, in der die Römer Hervorragendes geleistet haben, dienen. Nach den Leitlinien der historischen Betrachtungsweise ist die Skulptur ein Dokument für die hohe Bedeutung des Ahnenkults in der römischen Oberschicht. Dieses Zeugnis ist aber in dieser Form wiederum nur durch die hochentwickelte Porträtkunst so überzeugend möglich; die Wechselwirkung zeigt die in vielen Fällen sehr wichtige Hilfsfunktion der Kunstgeschichte.
Die folgende Gruppierung der Farbtafeln wurde anhand von Kriterien vorgenommen, die auch ihre Auswahl bestimmt hatten:

Darstellungen
- *des Menschen* als göttliches Wesen in menschlicher Gestalt (Tafel 2: Athene) – als Individuum um seiner selbst willen (Tafel 13) – als Vertreter einer politischen und/oder sozialen Stellung (Tafeln 5 und 15) – als Träger einer religiösen oder politischen Idee (Tafeln 16 und 17);
- *des Alltags/Milieus sozialer Schichten:* des Kriegerstandes (Tafel 11: Ritter) – des Adels (Tafeln 4: Symposion, 11: Jagd) – des Bürgertums (Tafel 2: Mnesarete) – der Unterschichten (Tafel 18);
- *eines Programms:* politisch im engeren Sinne (Tafel 6);
- *als Dokumentationen* (Tafel 19);
- *die in einer Traditionskette stehen und mit fest überlieferten »Versatzstücken« arbeiten* (Tafeln 1: Kalbträger, 4: Kriegers Abschied, 8, 17).

Im folgenden soll an *Beispielen* gezeigt werden, welchen Weg das Auge auf einem Bild »lesend« gehen muß, um das Material für die Deutung zu sammeln; welche Hilfe die Zuweisung eines Bildes zu einer bestimmten Gruppierung mit den ihr eigenen Leitgedanken für die Interpretation leisten kann; wie die Schritte zur Deutung eines Bildes in der Praxis selten nacheinander, sondern zumeist parallel und in steter Wechselwirkung verlaufen.

»Kriegers Abschied« – das Fortwirken von Bildinhalten

Nehmen wir als erstes Beispiel die Darstellung von »Kriegers Abschied« auf der rotfigurigen Vase (▷ Tafel 4). Um Ihnen zu verdeutlichen, wie das Auge gleichsam lesend sich mit dem Bild beschäftigen soll, bedienen wir uns als methodischem Hilfsmittel einer Umzeichnung (▷ Abb. 1, unten); durch sie läßt sich die Reduktion der Bildinhalte auf das Wesentlichste eines Vorgangs besonders gut sichtbar machen. Beim ersten Arbeitsschritt, dem des sammelnden Beobachtens, braucht das Auge nur wenig an Details aufzunehmen. Der Maler dieses frühklassischen Kunstwerks ist sparsam mit den bildnerischen Mitteln umgegangen und war zurückhaltend im Erzählen. Der Abschied des attischen Hopliten geschieht innerhalb seiner Familie. Die Frau hält in der rechten Hand den Krug, aus dem sie gerade die Schale mit dem Abschiedstrunk gefüllt hat, die der Krieger eben zum Munde führt. Mit der Linken greift sie nach dem Schleier, um zum Zeichen der Trauer das Antlitz zu verhüllen. Die greisen Eltern stehen zu beiden Seiten des Paares und beobachten den Vorgang.
Und doch ist diese so privat erscheinende Szene eine höchst politische, zog der Hoplit doch für das Gemeinwesen in den Krieg. Denn wenn man bedenkt, daß der attische Bürger bei seinem Einsatz für die Polis auch ganz unmittelbar das

Abb. 1: »Kriegers Abschied« (▷ Tafel 4) – die braunen Markierungen in der Umzeichnung zeigen, welchen Weg das Auge beim »Lesen« des Bildes nehmen sollte.

Abb. 2: Verfährt man beim »Lesen« dieses Bildes aus dem 18. Jh. in gleicher Weise wie bei der attischen Vasenmalerei, kann man rasch den traditionellen Kern der Aussage von den Zusätzen des Zeitgeschmacks trennen.

eigene Haus und den eigenen Herd verteidigte, bekommt dieser private Vorgang eine politische Dimension.
Das in seiner Konzentrierung auf das Wesentlichste und in der Klarheit seiner Linienführung beeindruckende Kunstwerk steht am Anfang einer *Traditionskette.* Es bildet einen *Topos* oder Gemeinplatz in der Kunst der folgenden Jahrhunderte: Die fest überlieferten Bauelemente der Szene, wie sie die Umzeichnung in ihrer Anordnung deutlich hervorhebt, treten immer wieder – wenn auch in zeitgebundener äußerlicher Veränderung – in den Darstellungen dieses Themas auf: Vergleichen wir sie mit der Fassung des späten 18. Jahrhunderts (▷ Abb. 2, S. 331), so erkennen wir deutlich, daß der Kern des Bildbestandes erhalten geblieben ist, wenn auch die Verteilung der Rollen etwas wechselt, das Pathos in der Gestik zunimmt und die Gefühle dem Stil der Zeit entsprechend besonders betont werden.
Kann aber, so müssen wir nun fragen, ein so stark durch Tradition gebundenes Bild noch etwas Verläßliches überliefern? Die Frage kann bejaht werden, denn es muß bei der Deutung berücksichtigt werden, daß sich hinter einem Topos unterschiedliche Aussagen verbergen können, man darum die kleinsten Varianten beobachten und bewerten muß: Der Abschied des jungen Kriegers aus dem 18. Jahrhundert geschieht zwar auch im Kreise seiner Familie, aber er ereignet sich vor der Büste des französischen Königs, auf die gestenreich hingewiesen wird. Ein derartiger Hinweis auf einen Herrscher fehlt bei der attischen Vasenmalerei, denn der freie attische Bürger erfüllt beim Einsatz für seine Polis keine Verpflichtung gegenüber einem Herrscher; er ist kein Untertan. Der Einsatz des jungen Adeligen dagegen erfolgt im Dienste des Königs, der den Staat repräsentiert, und erhält dadurch eine andere politische Gewichtung, zumal der junge Krieger diesem König auch durch eine persönliche Treuebindung verpflichtet ist.
So sagen die beiden Bilder trotz der Traditionskette, in der sie stehen, viel über das politische Selbstverständnis der jeweiligen Zeit aus. Nur eine genaue Analyse kann uns den Zugang zu diesen Zeugnissen ebnen – dies umso mehr als wir aus eigener Erfahrungswelt keinen unmittelbaren Zugang zu diesen Problemen mehr haben, denn wir leben in einem modernen Flächenstaat und in einem demokratisch-republikanischen Staatswesen, so daß wir häufig weder den unmittelbaren Einsatz für das Private mit dem Dienst für das Gemeinwesen nahtlos verbinden können, noch bei einem solchen Dienst das Gefühl der Verpflichtung gegenüber einer politischen Persönlichkeit erfahren.

Der »Goldwäger« – eine frühbürgerliche »Selbstdarstellung«

Einer anderen Ebene gehört unser zweites Beispiel an, die »Selbstdarstellung« des bürgerlichen Milieus, wie sie Quentin Massys mit dem »Goldwäger/Geldwechsler und seiner Frau« gibt (▷ Tafel 15). Der Künstler war in diesem Milieu zu Hause und hat mit seinem Gemälde das erste Bildnis aus dem bürgerlichen Leben und eine erstrangige Bildquelle geschaffen.
Sucht man auf dem Bilde nach dem, was einem reichen Bürger und seinem Maler darstellenswert sein konnte, so richtet sich der Blick zuerst auf jene Dinge, die den Dargestellten als den Wohlhabenden ausweisen. Die wiederge-

gebenen Details lassen sich in zwei Gruppen aufteilen: jene, die konkret den Reichtum des Mannes und seiner Frau ausmachen wie etwa die Goldmünzen, und jene, die indirekter Ausdruck des Reichtums sind wie z.B. die kostbaren Materialien und die Pelzverbrämungen auf der Kleidung von beiden. Die Gegenstände im Raum geben zugleich einen Hinweis auf den Beruf des Mannes: Er muß mit Geld oder Juwelen oder mit beidem zu tun haben.
Nun handelt es sich aber nicht allein um ein Doppelporträt des Ehepaars, sondern es wird beim Wägen und Prüfen von Goldmünzen gezeigt. Zumindest trifft dies für den Mann zu, die Frau scheint eher durch die Kostbarkeiten, die auf dem Tisch ausgebreitet wurden, vom Gebet abgelenkt worden zu sein. Sagt das Bild also nicht *mehr* aus als nur das Selbstgefühl eines auf seinen Besitz stolzen bürgerlichen Ehepaares, das Wert darauf legt, diesen Reichtum im Bild zu zeigen? Laut *Entstehungszeit* gehört das Gemälde in die Epoche des *Frühkapitalismus,* als der aus Geldgeschäften stammende Reichtum allmählich seine Fragwürdigkeit verlor. Allerdings legt die Auswahl der Gegenstände, die den Reichtum anzeigen, eine *symbolische Bedeutung* nahe, z.B. das Glas des Pokals und des Spiegels als Ausdruck der allzu leichten Zerbrechlichkeit menschlichen Glücks. Dazu paßt die Inschrift, die der ursprüngliche Rahmen des Bildes getragen hatte, das Zitat aus dem 3. Buch Mose: »Die Waage sei gerecht und die Gewichte leicht.«

Zusatzinformationen – woher?

Sie werden zurecht fragen, woher man als Schüler wissen kann, welche Inschrift der Rahmen des Bildes ursprünglich einmal getragen hat oder wer ein Bild in Auftrag gegeben haben mag, wann es entstanden sein kann und ob das dargestellte Thema in einer Traditionskette steht. Auf Grund der im Kunstunterricht erworbenen Kenntnisse müßte es Ihnen gelingen, die Entstehungszeit eines Bildes mit Hilfe der *Stilmerkmale* einzelner Epochen ungefähr eingrenzen zu können. Mit den anderen Informationen ist es schon schwieriger. Darum ist es üblich, in den *Legenden* zu den Bildern Hinweise auf Sachverhalte zu geben, die für das Verständnis eines Bildes unbedingt notwendig sind. Auch wird gelegentlich Ihre Aufmerksamkeit ausdrücklich auf einen Bildinhalt gelenkt, den Sie vielleicht ohne diese Hilfe – etwa seiner Seltenheit wegen – nicht verstehen könnten. Allzu viele Informationen würden jedoch Ihre Selbsttätigkeit einschränken und zugleich die Freude am Suchen, Sammeln und Deuten beeinträchtigen.

Abbildungen im Text

Die schwarz-weißen Abbildungen im Text haben eine zweifache Funktion: Zum einen sind sie ein Element der Veranschaulichung des in der Geschichtsdarstellung Gesagten, zum andern transportieren sie zusätzliche Informationen. Daher stehen sie in einer besonders engen Wechselwirkung mit dem Text des »Grundrisses«. Ihre methodische Erschließung und Deutung folgt ebenfalls den Leitlinien historischer Bildinterpretation.

Historisch-politische Grundbegriffe

Demokratie, griechische (von griech. demos und kratos = Volksgewalt, Volksherrschaft): Die Verfassungsform der D. entwickelt sich in griechischen Stadtstaaten ab dem ausgehenden 6. Jh. v. Chr. aus der Aristokratie bzw. aus der mit dieser verbundenen Tyrannis heraus.

In der D. sind alle volljährigen männlichen Bürger an der Regierung ihrer Polis beteiligt; ausgeschlossen davon sind Frauen, Ortsfremde und Unfreie. Wesentliches Element der voll entwickelten D., wie sie im Athen des 5. Jh.s verwirklicht wird, ist die Volksversammlung; sie besitzt die letzte Entscheidung in Gesetzgebung, Rechtsprechung sowie über Krieg und Frieden, übt jederzeit die Kontrolle über Amtsträger aus und gestaltet das Polisleben insgesamt. In der Volksversammlung haben alle Bürger gleiches Recht. An der Rechtsprechung in den Gerichtshöfen ist ebenfalls – über Auslosung der Geschworenen – die gesamte Bürgerschaft beteiligt. Volksversammlung und Gerichtshöfe entsprechen am deutlichsten dem demokratischen Motto »herrschen und beherrscht werden«. Andererseits bleibt die Bekleidung der meisten hohen Ämter der Mehrzahl der Bürger durch einen Census verschlossen. Entsprechend kontrastiert die finanzielle Entschädigung für die Tätigkeit als Richter und für die Teilnahme an der Volksversammlung mit der Ehrenamtlichkeit der hohen Ämter. Obwohl die Entwicklung zur D. hin wesentlich durch das Streben nach Isonomie (= Gleichheit vor dem Gesetz) vorangetrieben wird, bleiben doch ökonomische Unterschiede und rechtliche Schranken bestehen. Ihre vollständige Beseitigung wird niemals versucht.

Im 5. Jh. breitete sich die D. im griechischen Raum aus, doch blieben weiträumige Gebiete stets ausgespart: der N und NW Griechenlands mit seinen Fürstentümern und altertümlichen Stammesverbänden sowie anderwärts nach dem Muster Spartas organisierte Staaten. Dort, wo die D. Fuß gefaßt hatte, blieb sie – oft in veränderter und geminderter Form – über alle Wechselfälle hinweg bis in die Zeit der römischen Herrschaft bestehen. (Mehl)

Eigentum und Besitz. Mit Eigentum wird im sozialwissenschaftlichen Sinn die Summe der Sachwerte bezeichnet, über die eine Person verfügen oder die sie für sich nützen kann. Historisch lassen sich zahlreiche E.sformen unterscheiden. Von größtem Einfluß war in Europa das Römische Recht, das dem Hausherrn die volle Verfügungsgewalt (dominium directum) über alle Sachen und die vom Haus abhängigen Personen zusprach. Es unterschied davon den bloßen Besitz und die Nutzungsrechte an einer Sache (dominium utile). Die besonderen Nutzungsformen von Sachen und Verfügungsrechte über Personen, wie sie im Mittelalter üblich waren (▷ Grundherrschaft, ▷ Lehnswesen), lassen sich nicht auf einen Begriff bringen. Im Lehnswesen hatte der Eigentümer (Lehnsherr) nur ein eingeschränktes Verfügungsrecht z. B. über Grund und Boden, den der Besitzer und Nutznießer (Lehnsmann) im Regelfall uneingeschränkt vererben konnte. Wesentlich einfacher gestaltete sich die E.sordnung in den Städten, da die Bürger von den Stadtherren das Privileg erhielten, über ihre Habe, Güter und Rechte autonom zu verfügen.

Die Stellung der Kirche zum Eigentum war gespalten. Theologisch gab es Einwände über ein unbeschränktes Verfügungsrecht des Menschen an Naturgütern. Praktisch waren kirchliche Institutionen durch Landschenkungen im Verlauf des Mittelalters zu großen Eigentümern von Grundbesitz und Rechten geworden, die ihnen nach den Regeln des Kirchenrechts nicht mehr entzogen werden konnten (»E. der toten Hand«). Die Kirchenkritik des Mittelalters griff dieses Besitzdenken an und forderte eine Rückkehr zur e.slosen Urkirche (Reform- und Ketzerbewegungen des 11./12. Jh.s, Wiclif und Hus im Spätmittelalter). Die neuen Bettelorden des 13. Jh.s setzten sich mit dem Armutsideal und dem Verzicht auf E. auch des gesamten Ordens in bewußten Gegensatz zur Amtskirche. Dies führte in der Folgezeit besonders im Franziskanerorden zu Konflikten über die Lebenspraxis und zu heftigen Auseinandersetzungen mit dem Papsttum.

Der E.sbegriff der Neuzeit knüpft an die Rechtsordnung der spätmittelalterlichen Städte an. Während absolutistisch gesonnene Staatsphilosophen dem Fürsten ein Verfügungsrecht über das individuelle E. zuerkennen wollten, definierte die (moderne) Naturrechtslehre E. als unveräußerliches Persönlichkeitsrecht. Denn es sei dem Menschen »natürlich«, bestimmte Güter zu beanspruchen. Schon das Kleinkind »möchte haben«. Sodann entwickelte die Aufklärung in dem Bestreben, den einzelnen aus den Beschränkungen der feudalständischen Gesellschaftsordnung zu befreien, verschiedene Theorien, um E. als Individualrecht zu begründen. J. Locke z. B. führte das E.srecht auf die menschliche Arbeit zurück, die der einzelne dem Gegenstand seiner Tätigkeit gewissermaßen »beimischt«, diesem dadurch einen höheren Wert verleiht und ihn so sich aneignet. Dem Liberalismus galt die Freiheit des E.s als Grundlage der bürgerlichen Gesellschaft, die Sicherung des E.s als eine der wichtigsten Aufgaben des Staates. (Walther/Dotterweich)

Feudalismus: im 18. Jh. entstandener Kampfbegriff des Bürgertums gegen die Vorrechte des Adels und der Geistlichkeit. Dem Marxismus und der von ihm beeinflußten Geschichtswissenschaft dient F. zur Kennzeichnung der Gesellschaftsform, die die »antike Sklavenhaltergesellschaft« ablöste und der »bürgerlichen Gesellschaft« vorausging. Bei Historikern der romanischen Länder und in der Soziologie und vergleichenden Verfassungsgeschichte wird F. zur Definition eines Gesellschaftssystems benutzt, das durch Lehnswesen (F. im engeren Sinne) und Grundherrschaft geprägt ist. F. im Sinne einer adelig-grundherrschaftlichen Gesellschaft wird auch zur Beschreibung nichteuropäischer Kulturen (besonders in Ostasien und im Islam) verwendet. (Walther)

Freiheit wird im allgemeinen negativ als Unabhängigkeit von Zwang, positiv als Selbstbestimmung definiert. Im historisch-politischen Sprachgebrauch umschreibt F. (1) die rechtliche Unabhängigkeit und Selbständigkeit eines Staates, (2) das Recht einer Nation, über ihre politische Ordnung selbst zu entscheiden (Selbstbestimmungsrecht) und (3) die Gesamtheit der F.rechte der Staatsbürger, einschließlich des Rechts, an der Ausübung der Staatsgewalt teilzunehmen (Wahlen, Repräsentation).
In der griechischen Polis war F. (= eleutheria) zunächst der Gegenbegriff zur Sklaverei. Im Zeitalter der Demokratie (6./5. Jh.) umschrieb der F.begriff die Autonomie der Stadtstaaten gegenüber Fremdherrschaft und Tyrannis sowie die individuelle Unabhängigkeit und politische Gleichberechtigung der Bürger in der Volksversammlung. Im Mittelalter war F. eine Summe weithin undefinierter Eigenschaften, die sich in der Praxis als die Rechte erwiesen, die ein »Freier« besaß, der keines anderen Sklave oder Knecht war. Ein Freier entschied über seinen Leib und dessen Unversehrtheit selbst, verfügte über seinen Besitz, war freizügig und konnte tun und lassen, was er wollte, soweit ihm Recht und Gewalt keine Schranken setzten. F. war kein Gegensatz zu Herrschaft. Herrschaft hatte vielmehr jenes Maß an Ordnung aufrechtzuerhalten, das F. erst möglich machte. F. dachte Unfreiheit immer mit. Im Hochmittelalter erfaßte alle Gesellschaftsbereiche ein Wandlungsprozeß, der für Bauern, Städter und Geistlichkeit ein neues Maß an F. im Sinne von Befreiung von Fremdbestimmung brachte. Diese wurde in Privilegien (»Freiheiten«) abgesichert. Als Schlagwort in den Kämpfen der Städter gegen ihre Stadtherren wurde F. zum Inbegriff politischer Autonomie. Die politischen Rechte und Privilegien, die sich die Stände seit dem Spätmittelalter gegenüber den Landesherren und diese gegenüber dem Kaiser erkämpften, wurden im Reich mit dem Begriff der Libertät (ständische F.) umschrieben. Im Ringen um persönliche und ständische F.rechte während der religiösen Bürgerkriege des 16. und 17. Jh.s entstand der moderne Begriff politischer F., der auf dem Naturrechtsgedanken basierte, die geistige und politische Emanzipation des einzelnen forderte und zum Programm des Liberalismus wurde (F. der Person, Freizügigkeit, Meinungsf., Versammlungsf. usw.).
Die Ausstrahlungskraft der liberalen F.idee hatte mächtige Wirkungen: Im Bereich des Staates die Entwicklung vom Feudalstaat zur konstitutionellen Monarchie und zur Demokratie, im Bereich des Rechts die Verwirklichung der Rechtsgleichheit, die Kodifizierung von Menschenrechten und die Garantie von Grundrechten, im Bereich der Gesellschaft die Aufhebung sozialer Zwänge (z. B. Leibeigenschaft, Zunftzwang), im Bereich der Wirtschaft die Liberalisierung von Handel, Gewerbe und Verkehr (freie Marktwirtschaft), im Bereich der Kirche die Durchsetzung von Gewissensf. und Toleranz sowie die Verweltlichung (Säkularisierung) der modernen Kultur. Begnügte sich der liberale Rechtsstaat des 19. Jh.s mit der staatlichen Garantie geistiger, religiöser und politischer F.rechte, so folgt der demokratische Sozialstaat der Einsicht, daß der Mensch nur dann geistig und politisch frei sein kann, wenn er – frei von materieller Not – in wirtschaftlicher und sozialer Sicherheit lebt. (Dotterweich/Walther)

Frieden umschreibt allgemein den Zustand, in dem Konflikte zwischen einzelnen, sozialen Gruppen oder Staaten in rechtlichen Bahnen unter Verzicht auf Gewaltanwendung (z. B. auf dem Wege der Selbsthilfe) ertragen oder entschieden werden. F. steht damit in Gegensatz zu **Gewalt** und **Krieg**. Ist das Verhältnis zwischen den Staaten gemeint, spricht man von äußerem F. Der Begriff des inneren F. bezeichnet dagegen das gewaltfreie Zusammenleben innerhalb des Staates oder einer gesellschaftlichen Gruppe.

Bis zum Ausgang des Mittelalters war das Recht der Selbsthilfe (Fehdewesen) weit verbreitet. Allerdings war das Streben unverkennbar, der politischen Welt christliche Ordnungsvorstellungen aufzuprägen. »F. und Recht« (pax et iustitia) lautete über Jahrhunderte die Zweckbestimmung von Herrschaft. So entwickelte sich parallel zum Fehdewesen ein besonderer F.schutz in Form des Burg-, Markt-, Stadt- oder Gerichtsf. Ferner wurden die F.-störungen, die sich aus dem Fehdewesen ergaben, durch Gottes- und Landf.bewegung (»Ewiger Landf.« 1495) eingegrenzt. Mit der Ausbildung des frühmodernen Staates ging das alleinige Recht der G.anwendung (G.monopol) auf die staatlichen Organe über. Auch der äußere F. wurde bis ins 18. Jh. als Rechtsf. verstanden. Daraus folgerte man, daß K. als (legales) Mittel zur Wiederherstellung verletzten Rechts zulässig war. Die bereits in der Antike staatsphilosophisch und theologisch begründete Lehre vom »gerechten Krieg« (Cicero, Augustinus) blieb im Mittelalter maßgebend (Thomas von Aquin) und wurde in das neuzeitliche Völkerrecht (Grotius) aufgenommen. Der Absolutismus erhob Anspruch auf ein freies Kriegsführungsrecht der Staaten (Dynastien). Aus der Lehre vom Gleichgewicht leitete er die Berechtigung zum Präventivk. gegen Hegemoniebestrebungen ab. K. wurde zunehmend mehr als »ultimo ratio« der Politik verstanden, als »Fortsetzung des politischen Verkehrs mit anderen Mitteln« (Clausewitz).
Die sittliche Berechtigung von Kriegen blieb jedoch stets umstritten. So versteht sich die gesamte christliche Heilsbotschaft als Verkündigung des F. Trotz dieser zentralen Stellung des F. im Neuen Testament hat die Kirche in Mittelalter und Früher Neuzeit von hier aus nur selten ihre Stellung zur Politik bestimmt. In der Neuzeit fehlte es jedoch nicht an Stimmen, die den K. als unchristlich und naturwidrig verwarfen, die Theorie des »gerechten K.« grundsätzlich in Frage stellten und zwischenstaatliche Garantien zur Erhaltung des F. forderten (Erasmus, Täufer, spanische Scholastik). Besonders in der Aufklärung wuchsen Zweifel an der Unvermeidbarkeit von Kriegen (Kant). In der Folgezeit ging jedoch aus der Euphorie des Nationalismus eine neue Kriegsbereitschaft hervor, und auch die sozialen Gegensätze der sich entwickelnden Industriegesellschaft ließen sich mit der herkömmlichen F.idee nicht mehr überbrücken. (Dotterweich)

Gewalt ▷ Frieden

Gleichgewicht ▷ Hegemonie

Grundherrschaft: Begriff der Geschichtswissenschaft für die wichtigste wirtschaftliche Organisationsform der Gesellschaft in Mittelalter und Früher Neuzeit. Spätantike und germanische Rechte über Grund und Boden und Herrschaftsrechte über darauf ansässige Personen verbinden sich zur frühmittelalterlichen G. Deren typische Hofverbände (Villikationen) dehnen sich aus, als immer mehr freie Bauern in Abhängigkeit von geistlichen und weltlichen Grundherren geraten. Die hochmittelalterliche G. kennzeichnet ein gegenläufiger Prozeß: die Auflösung der rechtlichen Unterschiede zwischen den nichtfreien Bauern (Grundholden) und die Entwicklung hin zu selbständig wirtschaftenden und als Dorfgemeinde rechtlich selbständig handelnden Bauern. Im Spätmittelalter setzen sich neue Bodenleiheformen gegen Zins- und Rentenzahlungen durch. Nördlich und östlich der Elbe entsteht der Typ der Gutswirtschaft, in der die Herren den gesamten Grundbesitz selbst bewirtschaften (Domäne). Die rechtlichen Formen der Landleihe bestimmten den Grad der Abhängigkeit der Grundholden. Die Eigenwirtschaft der Herrenhöfe in den Villikationen beruhte auf der Arbeit unfreien Gesindes und Dienstleistungen (Fron) der Grundholden. Auf den hochmittelalterlichen Herrenhöfen waren meist Halbfreie und vertraglich gebundenes freies Gesinde beschäftigt. Im Hochmittelalter milderte sich die Fron zu jährlichen Zinszahlungen und Anerkennung der Unfreiheit durch besondere Abgaben; seit dem Spätmittelalter wurden die Naturalabgaben der Grundholden meist in Geldrenten umgewandelt. Die Gutsherren beschäftigten nur noch Tagelöhner und saisonale Lohnarbeiter. In einigen Gegenden benutzten spätmittelalterliche Grundherren ihre Stellung als Leibherren der unfreien Bauern dazu, ihnen die hochmittelalterliche Selbständigkeit zu nehmen (Leibeigenschaft) und sie an die eigene Grundherrschaft zu binden (Schollenpflichtigkeit). (Walther)

Hegemonie (griech. hegemonia = Oberbefehl) bedeutet die meist auf politischer, militärischer oder wirtschaftlicher Macht beruhende Vorherrschaft eines Staates gegenüber den anderen innerhalb eines Staatenverbandes oder Staatensystems (z. B. griechische Stadtstaaten, Pentarchie der europäischen Großmächte, Nato/Warschauer Pakt). H. geht über bloßen Einfluß hinaus, endet aber unterhalb der Schwelle direkter Herrschaftsausübung. Gegen die Hegemonialposition eines einzelnen Staates wurde seit dem 16. Jh. die politische Zielvorstellung vom **Gleichgewicht** (lat. aequilibrium) der Staaten eines

Staatensystems entwickelt. Zuerst auf die italienische Staatenwelt angewandt, wurde der Begriff ein ständiges Element der europäischen Politik (europäisches G.). G.politik als Ausdruck der Staatsräson richtete sich gegen die habsburgische Weltmacht (Richelieu), gegen die französische Vormacht (Wilhelm III. von Oranien), gegen Schweden bzw. Rußland (innerhalb des Ostseeraums). Um das G. zu erhalten oder wiederherzustellen, bildeten sich starke Bündnisse (Allianzen) als Gegengewicht. Vor allem England wandte das G.prinzip (balance of power) auf die Kontinentalmächte an, um diese zu beherrschen bzw. seine Hegemonialposition auf den Weltmeeren zu sichern. Neu belebt wurde die politische Leitvorstellung vom G. auf dem Wiener Kongreß (Konzert der europäischen Mächte) und in der Heiligen Allianz. Nationalstaatsgedanke und Selbstbestimmungsrecht der Völker haben das europäische G.system ausgehöhlt, der Erste Weltkrieg und das Aufkommen neuer Weltmächte haben es beseitigt. (Dotterweich)

Imperialismus, römischer (von lat. imperium = Befehlsgewalt, Befehlsbereich, »Reich«): Der im 19. Jh. aufgekommene Ausdruck I. bezeichnet kontinentales oder überseeisch-koloniales, militärisch-politisches, aber auch wirtschaftliches und kulturelles Macht- und Überlegenheitsstreben einer Nation bzw. ihrer politisch führenden Gesellschaftsschicht über andere Nationen und Staaten. Vergleichbare Bestrebungen hat es im Alten Orient gegeben (z. B. Reich der Assyrer). Sehr häufig wird I. auf Entstehung und Bestehen des Imperium Romanum verwendet; doch trifft es gerade hierauf nur sehr bedingt zu, denn das Wachstum und die Existenz des römischen Weltreichs war weniger von den oben benannten Bestrebungen bestimmt als vielmehr von innerrömischen Faktoren, die in der gängigen Verwendung des Begriffs I. nicht enthalten sind, wie insbesondere das Wettbewerbsverhalten in der römischen Nobilität. (Mehl)

Kirche meint sowohl ein Gebäude, in dem christliche Kulthandlungen vollzogen werden als auch eine Religionsgemeinschaft christlichen Bekenntnisses. Die christliche K. verstand und versteht sich seit ihren Anfängen als eine von Christus selbst gestiftete Gemeinschaft, die bis zu seiner Wiederkehr am Ende der Zeiten Bestand haben soll. Dabei kam der sichtbaren, institutionalisierten K. seit der Erhebung des Christentums zur Staatsreligion in der Spätantike immer stärkere Bedeutung zu. Gegenüber anderen Bischöfen und Patriarchen (Bischöfen von Gemeinden, die von Aposteln selbst gegründet wurden) beanspruchte der römische Bischof unter Berufung auf das besondere Amt des Petrus (Matth. 16,18) die Lehrautorität und Leitungsfunktion für die Gesamtkirche. Mit Hilfe von Theologen und Kirchenrechtlern wurde dieser päpstliche Primat im Laufe des Mittelalters praktisch durchgesetzt. Roms Führungsanspruch hatte nach jahrhundertelangen Auseinandersetzungen 1054 den offenen Bruch mit der Ostkirche zur Folge. Gleichzeitig verengte sich durch die Abgrenzung einer hierarchisch organisierten, zur Sakramentspendung allein berechtigten Geistlichkeit von den Laien der Kirchenbegriff auf eine Amts- oder Klerikerkirche. Dagegen wandten sich religiöse Reformbewegungen, die Ansprüche der Laien oder die Bedeutung der unsichtbaren K. betonten, aber als ketzerisch bekämpft wurden (»Außerhalb der Kirche ist kein Heil.«). In der von Bischöfen und Geistlichen getragenen Konziliarbewegung des 15. Jh.s erwuchs dem monarchischen Papsttum für einige Jahrzehnte eine ernsthafte Opposition.
In der Reformation definierten evangelische Theologen in Abgrenzung zum Katholizismus die K. als Gemeinschaft von Menschen, die sich allein durch die Predigt des Wortes Gottes und im Bekenntnis zu Jesus Christus in Wort und Tat darstellt. Mit der Lehre vom »allgemeinen Priestertum der Gläubigen« (Aufwertung der Laien!) und der Reduktion der Sakramente wurde das hierarchische Priestertum unnötig. K. wurde gegen den alten Anspruch der Katholizität (Allumfassendheit) nun zu einem Nebeneinander verschiedener Konfessionen.
Das Verhältnis der katholischen K. zu den Staaten (▷ Kirche und Staat) wurde durch zwei Faktoren geprägt: (1) durch die besondere Stellung des Papstes als souveränes Oberhaupt eines Kirchenstaates in Mittelitalien, der auf spätantik-frühmittelalterliche Wurzeln (Patrimonium Petri) zurückging, und (3) sowohl durch die Unterhaltung diplomatischer Beziehungen zu den Regierungen (Nuntiaturen) als auch seit dem 15. Jh. durch Abschlüsse von Verträgen über praktische Regelungen der K.ordnung (Konkordate). (Walther)

Kirche und Staat. Das Christentum der Antike empfand und erfuhr den Staat zunächst als feindliche Macht. Erst unter Kaiser Konstantin bahnte sich eine Angleichung von K. u. S. an (Edikt von Mailand 313). Allgemein verbindliche Bekenntnisformeln sollten nicht nur der kirchlichen, sondern auch der staatlichen »Einheit« dienen. Im Mittelalter wurde die Einheit von weltlichen und geistlichen

Gewalten durch den Caesaropapismus in Byzanz und das Kaisertum Karls d. Gr. und Ottos d. Gr. fortgeführt. Seit dem Investiturstreit des 11. Jh.s, in dem die Päpste die theologisch schon lange behauptete Überordnung des geistlichen über das weltliche Amt (Papst Gelasius I.) in die politische Praxis umzusetzen versuchten, vollzog sich ein Prozeß der Abgrenzung zwischen den beiden Gewalten. Zahlreiche theologische Kontroversen und politische Konflikte führten in den folgenden Jahrhunderten zu einer Trennung und Definition der Funktionen beider Bereiche als K. u. S., an die auch M. Luther (Zwei-Reiche-Lehre) anknüpfte. Demgegenüber war der reformierte Zweig der Reformation (Zwingli, Calvin) stärker von theokratischen Vorstellungen geprägt. Wo politische und Kirchengemeinde identisch waren, wie z. B. in den (Reichs-) Städten, sollte Gottes Gebot staatliches Gesetz, der christliche Glaube für die gesamte Gesellschaft verbindlich sein. Letztlich schuf der Protestantismus durch die Übertragung der bischöflichen Gewalt auf die Landesfürsten (Summepiskopat) ein ausgesprochenes Staatskirchentum (landesherrliches Kirchenregiment bis 1918). Aber auch in katholischen Ländern stärkten Gegenreformation und Absolutismus die staatskirchlichen Tendenzen (Bayern, Gallikanismus, Josephinismus). Das neuzeitliche Staatskirchentum ordnete die Kirche dem Staat de facto unter: Der frühmoderne Staat beanspruchte die Kirchenhoheit, übte auf die Besetzung der hohen Kirchenämter (Bischofsstühle) entscheidenden Einfluß aus, überwachte das konfessionell geprägte Schulwesen und griff durch Gesetzgebung und Verwaltung in Kirchensachen ein. Die säkularisierte Weltsicht der Aufklärung und die liberale Staatstheorie wirkten seit dem 18. Jh. darauf hin, das enge Bündnis von Thron und Altar, von K. u. S. zu lösen.

(Dotterweich)

Konstitutionalismus ▷ Parlamentarismus

Krieg ▷ Frieden

Landesherrschaft entstand seit dem 11. Jh. im Deutschen Reich durch Verschmelzung eigenständiger Adelsherrschaft mit den übertragenen königlichen Rechten. Die adeligen Familien der Stammesherzöge und Grafen besaßen wie die Könige als Grundherren und Vögte kirchlicher Institutionen eigenständige Herrschaften über Land und Leute (Immunitäten). Zusätzlich erhielten sie und Bischöfe und Äbte königliche Rechte verliehen (Blutgerichtsbarkeit, Münz-, Zoll- und Marktrecht). Seit dem 12. Jh. bildeten die Herzöge und Großgrafen (Pfalz-, Mark-, Land- und Burggrafen), die Bischöfe und Reichsäbte einen direkt vom König lehnsabhängigen neuen Reichsfürstenstand (Heerschildordnung). Zuvor hatten die Könige die alten Stammesherzogtümer verkleinert und auch neue größere Fürstentümer gebildet. Die weltlichen und geistlichen Reichsfürsten besaßen keine einheitliche Herrschaftsgewalt, sondern eine Fülle von Einzelrechten, die sie seit dem 13. Jh. erst zu einer L. ausbauten, nachdem königliche Privilegien ihnen den Besitz der Regalien auf Dauer bestätigt hatten. Mit der Hilfe ihres lehn- oder vogteirechtlich abhängigen weltlichen und geistlichen Adels und ihrer Städte, die sich als Landstände organisierten, gelang es den Fürsten, die L. zur Landeshoheit auszubauen, die Gerichts-, Steuer- und Verwaltungshoheit, Gesetzgebungs- und Wehrrecht umfaßte. In Deutschland bildete sich deshalb der »institutionelle Flächenstaat« der Neuzeit in der Form des Territorialstaates aus.

(Walther)

Lehnswesen: die Rechtsverhältnisse, die die Beziehungen zwischen Herren und Vasallen (Lehnsmännern) regeln. Das L. entstand im 8. Jh. im Frankenreich, als das Gefolgschaftswesen der Könige und Adeligen mit der keltischen Vasallität verbunden wurde. Der Gefolgsmann büßt durch Lehnsnahme nicht seine Freiheit ein, sondern erhält eine Grundherrschaft als beneficium oder feudum, die ihm eine Lebensführung als Reiterkrieger ermöglichen soll. Dafür hat der Mann seinem Herrn »Rat und Hilfe« zu leisten, während der Herr seinem Vasallen »Schutz und Schirm« versprach. Das L. verbreitete sich zunächst in allen Nachfolgereichen des Frankenreiches, gelangte durch die Normannen nach England und Süditalien, später auch in die Kreuzfahrerreiche, nach Spanien und ins östliche Mitteleuropa. Seit dem Hochmittelalter wurden alle Herrschaftsrechte als Lehen vergeben. Das L. prägte deshalb die politische Struktur der Reiche und diente den Königen seit dem 12. Jh. als Verwaltungsrecht. Der Belehnungsvorgang zerfällt in einen personenrechtlichen (Mannschaftsleistung, Lehnskuß des Herren und Treueid des Vasallen) und einen sachenrechtlichen Teil (Investitur mit dem Lehen durch Überreichung eines Symbols). Die lehnrechtliche Beziehung endete bald nicht mehr mit dem Tod eines der Partner, da die Lehen erblich wurden. Nur bei schwerem Vergehen (Felonie) war es dem Herrn noch möglich, das Lehen einzuziehen. Da ein Vasall Mann mehrerer Herren sein konnte, mußten Regelungen für den Konfliktfall getroffen werden. In Frankreich war der König stets der bevorzugte

Lehnsherr (sog. »ligesse«). Die ursprünglich nur für ihre Dienstzeit verliehenen Güter der Ministerialen wurden echte Lehen, als jene zum niederen Adel aufstiegen. Im Spätmittelalter erwarben Bürger als Anlageform Höfe, Zins- und Zehntrechte, Holz-, Fischerei- und Bergrechte als sog. »Bürgerlehen«.
(Walther)

Monarchie (von griech. monarchos = Alleinherrscher).
Die **antike Monarchie** ist in Flächen- und Vielvölkerstaaten des Mittelmeerraums und angrenzender Gebiete – einschließlich des Imperium Romanum – *die* Verfassungsform; doch wird sie in Stadtstaaten des Mittelmeerraums für längere Zeit durch andere Formen (Aristokratie, Oligarchie, Demokratie, Republik) abgelöst.
Als Herrschaft eines einzelnen bzw. einer Familie (Erbm.) unterscheidet sich die M. dadurch grundsätzlich von anderen Formen der Ein-Herrschaft, daß sie eine allgemein akzeptierte Legitimation besitzt: Der Herrscher kann selbst als göttlich oder als Gottes Sohn gelten (z.B. im alten Ägypten), ihm kann Abkunft von Heroen zugeschrieben werden (z. B. in Makedonien), ihm kann die Herrschaft durch (einen) Gott verliehen sein (z.B. bei Homer), er kann in besondere Nähe der Götter gerückt sein (so im römischen Kaisertum, auch in seiner späten christlichen Ausprägung), oder er kann sein Reich in göttlichem Auftrag regieren, gleichsam irdischer Verwalter der Gottheit sein (so im alten Mesopotamien, auch im Perserreich der Achaimeniden). Letztlich ist die Begründung monarchischer Herrschaft im Alten Orient und in der Antike immer auf die Götter bezogen und in die jeweilige Religion eingebunden.
Ausformung und Intensität der Herrschaftsausübung sind allerdings höchst unterschiedlich; sie kann bis zur absoluten, d.h. an eine Verfassung oder an sonstige die Herrschaft regelnde Gesetze oder an das Herkommen nicht gebundene M. reichen (so im achaimenidischen Perserreich und unter einigen römischen Kaisern). In der besonderen Form des römischen Prinzipats verbindet sich die Machtausübung des Princeps mit dem Wirken republikanischer Institutionen (Senat, Magistrate). (Mehl)

Die **mittelalterliche Monarchie** blieb im Sinne von Einherrschaft Theorie, die Gelehrte aus antiken Quellen entwickelten. Die praktische Herrschaftsform des Königtums stammte aus germanischer Wurzel (Heerkönigtum). Das Königtum wurde in allen germanischen Reichen schnell verchristlicht, so daß sich der theokratische Amtsgedanke des Gottesgnadentums durchsetzte, der sich in der feierlichen Handlung der Krönung darstellte. Die Kaiserwürde, die seit 800 in Rom von den Päpsten durch Krönung zunächst an die Frankenkönige, dann an die ostfränkisch-deutschen Könige vergeben wurde, galt geistlichen Theoretikern wie später den Herrschern selbst als Fortsetzung des christlichen Kaisertums der Spätantike und damit als letztes Weltreich vor der Wiederkunft Christi. Juristen und Propagandisten stilisierten den Kaiser mit Sätzen des wieder entdeckten römischen Rechts zum Weltherrscher (monarcha mundi). Das Papsttum erhob seit dem 11. Jh. als irdischer Stellvertreter Christi den Anspruch, jeden untauglichen und entarteten König und auch den Kaiser absetzen zu können. Das überkommene Widerstandsrecht des Adels gegen erfolglose oder ungerechte Herrscher wurde gleichzeitig von geistlichen Autoren als Tyrannenlehre neu gefaßt. Das deutsche Königtum entwickelte sich im Hochmittelalter zum Wahlkönigtum, da häufige Dynastiewechsel die Position der Fürsten stärkten. Die Stellung der drei geistlichen und vier weltlichen Kurfürsten als alleinige Königswähler erhob sie im Spätmittelalter zu Mitregenten des Reiches (Dualismus). Auf den Reichstagen der Frühen Neuzeit traten die Reichsstände von Fürsten und Städten hinzu. Wichtigstes Element direkter königlicher Herrschaft war der Hof (curia). Die geistlichen und weltlichen Großen seines Reiches berief der König seit karolingischer Zeit als Ratgeber nach Gefolgschaftsrecht zu Hoftagen auf eine seiner königlichen Pfalzen (Reisekönigtum). Als neue Amtsträger auf Königsgut dienten seit dem 12. Jh. unfreie Ministeriale. Seit dem Spätmittelalter setzte sich das Personal des Könighofes aus Räten, eigens zum Königsdienst gegen Gehaltszahlung verpflichteten Adeligen und auch aus immer mehr studierten Bürgerlichen zusammen. (Walther)

Parlamentarismus bezeichnet ein Regierungssystem, bei dem das Parlament (mittellat. parlamentum = Gespräch) als (repräsentative) Volksvertretung die Regierungsbildung durch Mehrheitsentscheid bestimmt, die Regierung kontrolliert (Mißtrauensvotum) und an der Gesetzgebung beteiligt ist. Das parlamentarische System ist somit nicht allein schon durch Institutionen (Ständeversammlung, Generalstaaten, Reichstage) gegeben, für die sich der Begriff »Parlament« nach englischem Vorbild im 19. Jh. eingebürgert hat. In England hat sich das Parlament nicht nur Steuerbewilligungs- und

Gesetzgebungsrecht (Glorious Revolution) erkämpft, sondern seit dem frühen 18. Jh. auch die Abhängigkeit des jeweiligen Prime Ministers von der Parlamentsmehrheit durchgesetzt. Indes kam in England die Staatsform der parlamentarischen Monarchie erst zur vollen Entfaltung, als die Regierung dem Einfluß des Königs entzogen und das Unterhaus durch Wahlrechtsreformen von einer ständischen zu einer repräsentativen Volksvertretung umgestaltet wurde. Auf dem europäischen Kontinent behauptete sich demgegenüber nach den Theorien Lockes und Montesquieus das System der konstitutionellen Monarchie, bei der die Volksvertretung auf die Bildung und den Bestand der dem Monarchen verantwortlichen Regierung keinen unmittelbaren Einfluß hat. Allerdings wird die monarchische Herrschaftsgewalt (monarchisches Prinzip) durch eine Konstitution (lat. constitutio = Gesetz, Verfassung), meist auch durch Grundrechte und das Prinzip der Gewaltenteilung beschränkt. Als politische Bewegung des späten 18. und 19. Jh.s gehört der **Konstitutionalismus** (wie der P.) in den Zusammenhang der Emanzipation des Bürgertums von Absolutismus und Feudalismus. (Dotterweich)

Religion ist ein Begriff aus dem Lateinischen, über dessen Herkunft schon die Römer keine Einigkeit erzielen konnten. In der Praxis meint er zweierlei: sein Leben von der Macht Gottes (bzw. der Götter) leiten zu lassen wie auch die Glaubensaussagen darüber. Für das Christentum und den Islam galten (und gelten) ihre Glaubensüberzeugungen als R. schlechthin, da sie sich (wie schon das Judentum) als monotheistische Offenbarungsr. von anderen Glaubensformen unterscheiden. Das Bestehen auf dem Wahrheitsanspruch der eigenen Glaubensaussagen war die Grundlage einer Unduldsamkeit in der Auseinandersetzung mit anderen R.en oder auch nur abweichenden Glaubensriten (▷ Toleranz). Die Spannbreite der Bedeutung des Wortes religio im mittelalterlichen Latein von Gewissenhaftigkeit (= dt. Frömmigkeit), über Lebensweise und Andacht bis zum Sammelbegriff für geistliche Orden macht deutlich, daß in der Neuzeit eine Begriffsverengung erfolgte, als R. in eine unlösbare Verbindung mit den Kirchen und ihren Institutionen trat. (Walther)

Republik, römische (von lat. res publica = allgemeine Sache, Volkssache): In Rom bildet sich in der Abwehr monarchischer Strömungen und im inneren Kampf zwischen Patriziern und Plebs eine eigenständige Verfassung heraus, die sich mit der griechischen Demokratie kaum vergleichen läßt. In der R. sind Elemente der Patrizier-Gemeinde mit solchen der Plebs-Gemeinde so kombiniert, daß – verfassungsrechtlich – der Senat das entscheidende Organ darstellt und – gesellschaftlich – eine für mehrere Generationen recht fest gefügte Elite aus Patriziern und wohlhabenden Plebejern – die Nobilität – die Ämter (Magistrate) und über sie den Senat besetzt. Der Senat – und über ihn die Nobilität – kontrolliert die Amtsinhaber und trifft Vorentscheidungen über Gesetzesvorhaben, über Krieg und Frieden usw. In der in mehreren Varianten existierenden Volksversammlung sind zwar wie in der griechischen Demokratie alle volljährigen männlichen Bürger stimmberechtigt, doch ist die Volksversammlung an die Vorgaben des Senats und der obersten Magistrate gebunden, besitzt also kein Initiativrecht, und vor allem ist in ihrer wichtigsten Form als Centuriatscomitien der Wert des Stimmrechts vom Census abhängig.
Die R. war zwar fähig, ein Weltreich zu erobern und dabei monarchisch regierte Staaten zu überwinden, doch gelang es ihr nicht, ihre eigene Elite vor republikfeindlichen Einflüssen aus den besiegten Völkern und Staaten zu bewahren und auch nicht, ein einheitliches Regierungssystem für die Stadt Rom und die übrigen Territorien zu entwickeln; vielmehr blieben typische Elemente der R. in der Stadt Rom bis weit in die Kaiserzeit hinein bestehen, während die Provinzen von vornherein von jeweils einem Amtsträger mit zwar zeitlich begrenzter, aber doch geradezu monarchischer Vollmacht regiert und verwaltet wurden. An ihren inneren Widersprüchen zerbrach denn auch die römische R. in den Bürgerkriegen. (Mehl)

Souveränität (frz. souveraineté = höchste Gewalt, Staatsgewalt) umschreibt die nach innen und außen unbeschränkte Hoheitsgewalt (Gewaltmonopol) des modernen Staates. Zunächst diente der S.begriff den Landesfürsten als angeblich alleinigen Trägern der Staatsgewalt gegenüber den politischen Ansprüchen von Adel (Ständen), Papst (Kirche) und Kaiser (Reich). Bodin, der Begründer der S.lehre, schrieb die höchste und letztentscheidende Gewalt im Staate den Fürsten zu, die somit Gesetzen (lex) nicht unterworfen, wohl aber an ein übergreifendes Recht (ius) gebunden seien. In der Praxis der absoluten Monarchie verlor die Idee eines übergeordneten Rechts immer mehr an Wirksamkeit. Hobbes lehnte jede andere Autorität neben der Staatsgewalt ab und befugte den Monarchen, selbst das Naturrecht verbindlich auszulegen. Die Gegenposition zur Fürstensouveränität des Absolutismus stellt die demokratische Forderung der Volkssouveränität (Rousseau) dar. Sie hat sich heute als Prinzip zur Begründung von Herrschaft durchgesetzt. In Deutschland kam der Kampf um Fürsten- oder Volkssouveränität in der Frühen Neuzeit nicht offen zum Austrag. Hier hat die Formel, daß der Staat souverän sei (Staatssouveränität) im 19. und 20. Jh. die Auffassung begünstigt, der Staat und die ihn hauptsächlich verkörpernden Organe (Monarch, Regierung, Beamte) seien ein dem gesellschaftlichen Leben übergeordnetes Prinzip (Hegel). Um die Ausübung der S. in bestimmten Grenzen zu halten, wurden im Laufe der historischen Entwicklung vor allem Grundrechte, Gewaltenteilung, geschriebene Verfassung, Rechtsstaatsprinzip sowie Durchsichtigkeit und Öffentlichkeit des Regierungshandelns gefordert. Ähnliches gilt für die Ausübung der S. nach außen: Ein auf der Gleichberechtigung aller Staaten beruhendes Völkerrecht (Grotius) soll in Frieden und Krieg die zwischenstaatlichen Beziehungen regeln. (Dotterweich)

Soziale Schichtung: Alle arbeitsteiligen Gesellschaften sind durch eine unterschiedliche Bewertung der Stellung und der Aufgaben ihrer Mitglieder vertikal gegliedert. Die Soziologie nennt Gruppen, die eine ungefähr gleichwertige Position in einer arbeitsteiligen Gesellschaft einnehmen und von anderen höher oder niedriger eingestuft werden, eine soziale Schicht. Die Zugehörigkeit läßt sich sowohl nach objektiven Merkmalen (soziale und ethnische Herkunft, Geschlecht, Bildung, Beruf und Einkommen, Macht und Einfluß) als auch nach subjektiven Merkmalen (Selbst- und Fremdeinschätzung, Prestige) bestimmen. In welchem Verhältnis sie schichtenbildend wirken, ist situationsabhängig und dem historischen Wandel unterworfen. Die Soziologie kennt ganz unterschiedliche Schichtungstheorien und -modelle. Schichten unterscheiden sich durch ihre relative Offenheit von Kasten, Ständen und Klassen, bei denen die Gesellschaft ein geschlossenes System bildet, das sozialen Wandel und soziale Mobilität verhindern oder doch erschweren will. (Walther)

Stand: Ein Stand umfaßt die Mitglieder einer gesellschaftlichen Großgruppe, die sich durch Abstammung (Geburtsstand) und/oder gesellschaftliche Funktion (Berufsstand) besondere Rechte und Pflichten zuerkennt, die in eine bestimmte Lebensführung münden (Standesethik). Eine ständische Herrschaftsordnung zeichnet sich durch strenge Über- und Unterordnung aus, die aus religiösen oder allgemeinen Ordnungsvorstellungen gerechtfertigt wird. Im Mittelalter sind seit dem frühen 11. Jh. Drei-Stände-Modelle bekannt, mit denen die zunehmend arbeitsteiligere Gesellschaft funktional zur Einheit geordnet werden sollte. Auf den Ständeversammlungen des Spätmittelalters und der Frühen Neuzeit treffen sich als General- und Provinzialstände in Frankreich, den Cortes in Spanien, dem Parlament in England und den Landständen im Deutschen Reich Geistlichkeit, weltlicher Adel und Städtevertreter mit den Fürsten. Bauern gelten in der Regel nicht als St., da sie nicht Träger von eigenständigen Herrschaftsrechten sind. Die neue ständische Verfassung wurde oft durch Herrschaftsverträge abgesichert, in denen der Fürst den Ständen ihr Mitbestimmungsrecht verbriefte (so 1215 in der englischen Magna Charta). Bis ins 16. Jh. bildete sich durch den Dualismus von Fürst und Ständen bei der Steuerbewilligung und -verwaltung eine neue Finanzbasis der Herrschaft aus (»Frühmoderner Finanzstaat«), der in der 2. Hälfte des 17. Jh.s eine staatliche Ordnung für Militär, Wirtschaft und Verwaltung folgte. In vielen Staaten konnte nun die fürstliche Seite unter Berufung auf das Prinzip der Monarchie und der Souveränität die Stände politisch entmachten und absolute Regimes errichten. (Walther)

Toleranz bezeichnet ursprünglich das geduldige Ertragen (lat. tolerare) von abweichenden politischen, weltanschaulichen und vor allem religiösen Auffassungen. Religiöse T. reicht von bloßer Duldung Andersdenkender bis hin zur Einsicht, daß jede Religion auf ihre Weise zu Gott führt (Lessing). Politische T. geht von dem Grundsatz aus, daß innere Überzeugung und Gewissen der Bürger der staatlichen Gewalt entzogen sind (Gewissensfreiheit).
Der abendländische T.gedanke ist mit der Geschichte des Christentums untrennbar verbunden. Nach dem Aufstieg der christlichen Lehre zur Staatsreligion versagte die spätantike Reichsgesetzgebung (Theodosius I., Justinian I.) um der Reichseinheit willen allen häretischen und schismatischen Gruppierungen die T. Im Mittelalter führte diese unduldsame Haltung zur Einrichtung der Inquisition als Ketzergericht (auch gegenüber Juden und Muslimen). Eine neue Dimension erhielt das T.problem durch Reformation und Glaubensspaltung. Während sich einzelne Humanisten (Erasmus) und Täufer zu Anwälten religiöser Duldung machten, forderten die großen Reformatoren die Verfolgung der Andersgläubigen. Die Friedensschlüsse von 1555 und 1648 sicherten das Nebeneinander (Parität) der

großen christlichen Bekenntnisse im Reich. In der Folgezeit führten politische und wirtschaftliche Überlegungen zur Preisgabe der konfessionellen Geschlossenheit auch innerhalb der Territorien. Erst die Staatsphilosophie der Aufklärung (Locke, Voltaire) bewertete die Freiheit des Geistes so hoch, daß T. als Menschenrecht eingefordert werden konnte. Die Skepsis der Aufklärer gegenüber absoluten Glaubenswahrheiten und die Zurückdrängung der Religion in den privaten Bereich waren Voraussetzung dafür, daß sich die Forderung nach religiöser Duldung in einen Rechtsanspruch auf Gewissensfreiheit wandelte. Die Erklärung der Menschenrechte in den USA und in Frankreich sowie die Reformgesetzgebung des Aufgeklärten Absolutismus trugen diesem Anspruch Rechnung. Sie gaben zugleich das Ziel vor, dem sich die deutschen Verfassungen des 19. Jh.s annäherten. (Dotterweich)

Wahlen stellen eine Alternative zur Besetzung politischer Führungspositionen durch direkte Erbfolge, Traditionen oder Charisma dar. In der Antike bildeten W. im Prozeß der Ablösung der traditionalen athenischen Adelsherrschaft durch neuartige demokratische Herrschaftsformen eines der wichtigsten formalen und institutionellen Instrumente. Doch zeigen auch die »gesteuerten« W. der Römischen Republik, daß Strukturen der Wahlorgane (Komitien und Senat) zur Wahrung von Vor- und Herrschaftsrechten einer bestimmten Führungsschicht dienen konnten. Im Mittelalter war das Wahlrecht eine typische Form, um Ämter im politischen und kirchlichen Bereich zu besetzen. Es gab dabei kein freies und gleiches Stimmrecht der Wahlberechtigten, sondern oft bloße Zustimmung der übrigen zu einer von einflußreichen Amtsträgern bereits getroffenen Vorentscheidung (Akklamation). In den Reichen ohne festes Erbrecht vollzog sich auf diese Weise die Königswahl. Kam keine einstimmige Entscheidung zustande, mußten die Machtverhältnisse zwischen den Parteien, notfalls die Waffen entscheiden. Bei W. im kirchlichen Bereich ging es im Zeichen der Kirchenreform des 11. Jh.s um die Ausschaltung der Laien. Die Wahlergebnisse der zuständigen Kollegialorgane (Klosterkonvente, Stifts- u. Domkapitel) wurden von der übergeordneten kirchlichen Instanz überprüft und gewichtet (»klügerer« Teil gegenüber dem bloß zahlenmäßig »größeren«). Bei den Bischofsw. ließen sich die Könige nicht völlig verdrängen (Investiturstreit), da die Bischöfe wichtige Herrschaftsfunktionen besaßen (so »Wormser Konkordat«, 1122). Das reine Mehrheitswahlrecht setzte sich erstmals bei der Papstwahl (1179) durch, als eine 3/4-Mehrheit der Kardinäle als stets den klügeren Teil darstellend festgeschrieben wurde. Unter dem Einfluß des Kirchenrechts, das Voraussetzungen und Abläufe gültiger Wahlhandlungen genau festlegte, wurde im 14. Jh. auch die strittige Frage der Kur des römisch-deutschen Königs auf eine einfache Mehrheit der sieben allein zu dieser Wahl berechtigten Fürsten festgelegt (Goldene Bulle, 1356). Nicht selten gingen der Abstimmung (zuerst in kirchlichen Wahlkollegien) Wahlversprechungen voraus. Diese spiegeln, förmlich als Wahlkapitulationen seit 1519 festgelegt, das Ringen zwischen Kaiser und Reichsständen.

Adelsrepubliken wie Venedig und alle großen italienischen Stadtstaaten besetzten ihre Leitungsämter durch periodische Mehrheitsentscheidungen gleichberechtigter Wähler. In den Städten nördlich der Alpen war das Recht, eigene Räte zu wählen, wichtigster Teil ihrer von den Stadtherren privilegierten Autonomie. Doch war das Wahlrecht ständisch beschränkt und durch verschiedene Zwischeninstanzen ein bloß mittelbares. Wegen des Ausschlusses von den wahlberechtigten Gremien kam es in den italienischen Städten des 13. Jh.s zu regelrechten Bürgerkämpfen, während sich im 14. Jh. in Deutschland reiche Handwerker den Zugang zu den Räten erkämpften (»Zunftkämpfe«).

Auch die Ständeversammlungen der frühen Neuzeit (einschließlich des englischen Parlaments) blieben den Traditionen eines solchen auf oligarchischen Machterhalt fixierten Wahlrechts verhaftet. Deswegen gehörte es zu den politischen Forderungen des 18. Jh.s, mit einem nun naturrechtlich begründeten allgemeinen und gleichen Wahlrecht politische Mitbestimmung und Reform der alten Herrschaftsordnung zu erreichen. Doch noch bis ins 20. Jh. wurde das Wahlrecht häufig von Besitz, Bildung und Steuerleistung (Zensuswahlrecht) sowie dem Geschlecht (Ausschluß der Frauen), der Rasse (Neger) oder der Konfession abhängig gemacht. (Walther)

Literaturempfehlungen

Orientalisch-mittelmeerische Frühgeschichte und griechisch-römisches Altertum

Frühe Zivilisationen und Reiche

Fischer Weltgeschichte, Bände 1–4 – Vorgeschichte und politische sowie kulturelle Geschichte Vorderasiens, Ägyptens und des Ägäisraums bis um 500 v. Chr.

M. Grant, Mittelmeerkulturen in der Antike (dtv 1639) – einprägsamer Überblick, der auch die Unterschiede zwischen den Kulturen aufzeigt.

Zur griechischen und römischen Geschichte

dtv Geschichte der Antike 6 Bände (dtv 4400 – 4406) – ausführliche Zitate aus antiken Autoren, Inschriften und Papyri und deren Interpretation und Diskussion; Literaturverzeichnis auf neuestem Stand.

M. Grant, Klassiker der antiken Geschichtsschreibung (dtv 4374) – Historiker wie Herodot, Thukydides, Livius, Tacitus usw.

E. Meyer, Einführung in die antike Staatskunde (Wiss. Buchges., Darmstadt) ^{4}1980 – überwiegend systematische Darstellung der Staatsverfassungen Athens, Spartas, Roms, auch des Vorderen Orients.

Th. Pekáry, Die Wirtschaft der griechisch-römischen Antike (F. Steiner) ^{2}1979 – teils historisch-chronologisch, teils systematisch.

Die Griechen

M. Austin und P. Vidal-Naquet, Gesellschaft und Wirtschaft im alten Griechenland (C. H. Beck) 1984 – die Besonderheiten antiker Gesellschaft und Wirtschaft herausstellende systematische Darstellung unter Beigabe von über 100 übersetzten Quellentexten.

J. Bleicken. Die athenische Demokratie (UTB 1330) 1986 – systematischer Abriß, in dem die Gesellschaft Athens nur kurz skizziert wird. Ein Kapitel zu Gang und Stand der Forschung ist lediglich in der gebundenen (und bedeutend teureren!) Ausgabe enthalten.

M. I. Finley, Die Griechen. Eine Einführung in ihre Geschichte und Zivilisation (C. H. Beck) ^{2}1983 – systematisch über Stadtstaat, Literatur, Kunst usw.

R. Flacelière, Griechenland. Leben und Kultur in klassischer Zeit (Reclam) ^{2}1979 – Landschaft, Polis, Zivilisation, Gesellschaft, Familie, Rechtswesen usw.; viele Zeichnungen und Fotografien.

F. Gschnitzer, Griechische Sozialgeschichte. Von der mykenischen bis zum Ausgang der klassischen Zeit (F. Steiner) 1981 – die Gesellschaft und ihr Verhältnis zur politischen Verfassung.

A. Momigliano, Hochkulturen im Hellenismus. Die Begegnung der Griechen mit den Kelten, Römern, Juden und Persern (C. H. Beck) 1979 – kulturelle Beeinflussungen und Abgrenzungen, Gemeinsamkeiten und Unterschiede.

Rom und das Römische Reich

G. Alföldy, Römische Sozialgeschichte (F. Steiner) ^{2}1979 – Entwicklung und Charakteristika der einzelnen Gesellschaftsschichten sowie Probleme der römischen Gesellschaft insgesamt.

J. Bleicken, Die Verfassung der römischen Republik. Grundlagen und Entwicklung (UTB 460) ^{3}1982 – systematische Darstellung der Bevölkerungsschichten und Verfassungseinrichtungen, unter Einbeziehung der italienischen Bundesgenossen und der Provinzen.

J. Bleicken, Verfassungs- und Sozialgeschichte des Römischen Kaiserreichs, 2 Bände (UTB 839) ^{2}1981 – Darstellung der kaiserlichen Regierung, Außenpolitik, Provinzverwaltung, Bevölkerungsgruppen, Stände, Wirtschaft, Religion, Romanisierung.

E. Meyer, Römischer Staat und Staatsgedanke (Artemis, Zürich u. München) ^{4}1975 (Neuauflage iVb) – Entstehung und Entwicklung der res publica, ihre Umwandlung in der Zeit der Bürgerkriege sowie der Staatsaufbau des Prinzipats; dazu die Grundgedanken, auf denen der römische Staat beruhte.

J. Carcopino, Rom. Leben und Kultur in der Kaiserzeit (Reclam) ^{2}1979 – Stadt und städtisches Leben, Gesellschaft, Familie, Arbeit usw.; viele Zeichnungen und Fotografien.

K. Christ, Die Römer (C. H. Beck) 1979 – zum Kennenlernen der Römer, ihrer politischen Geschichte, Zivilisation, ihres Rechtswesens usw.

W. Kunkel, Römische Rechtsgeschichte (Böhlau) ^{9}1980 – Einführung in die vielleicht wichtigste, bis heute wirksame Errungenschaft der Römer.

S. B. Pomeroy, Frauenleben im klassischen Altertum, Stuttgart 1979

Ch.-M. Ternes, Die Römer an Rhein und Mosel. Geschichte und Kultur (Reclam) ^{3}1982 – politische Geschichte und Verwaltung, Städte, Wirtschaft und Zivilisation im östlichen Gallien und westlichen Germanien; viele Zeichnungen und Fotografien.

Mittelalter

Gesamtdarstellungen

A. Borst, Lebensformen im Mittelalter (Ullstein-Tb. 34004) – eine Einführung in die Welt des Mittelalters anhand von 100 Quellentexten und ihren Interpretationen.

H. Fuhrmann, Einladung ins Mittelalter (C. H. Beck) ^{3}1988 – kann an ausgewählten Problemkreisen das andersartige »Dasein des Mittelalters« anschaulich und verständlich machen.

H. Boockmann (Hg.), Das Mittelalter, Ein Lesebuch aus Texten und Zeugnissen vom 6. bis 16. Jh. (C. H. Beck) 1988 – versucht das gleiche in chronologischer Weise mit ausgewählten Quellen (mit Schwerpunkt auf der deutschen Geschichte).

F. G. Maier, Die Verwandlung der Mittelmeerwelt; *J. Dhont,* Das frühe Mittelalter; *J. Le Goff,* Das Hochmittelalter; *R. Romano/A. Tenenti,* Die Grundlegung der modernen Welt; *F. G. Maier,* Byzanz; *Cl. Cahen,* Der Islam I (*Fischer Weltgeschichte,* Bände 9 – 14) – 6 anspruchsvolle Darstellungen, die sozial- und wirtschaftsgeschichtliche Zusammenhänge betonen.

H. Fuhrmann, Von Petrus zu Johannes Paul II., Das Papsttum: Gestalt und Gestalten (Beck'sche Schwarze R. 223) 1980 – eine angenehm zu lesende, fundierte und gut bebilderte Einführung in die Geschichte dieser für das Mittelalter zentralen Institution.

Frühmittelalter

H. Pirenne, Mohammed und Karl der Große. Untergang der Antike am Mittelmeer und Aufstieg des germanischen Mittelalters (Fischer-TB 4345) ²1986 – die für die historische Erforschung des Übergangs von der Spätantike zum Frühmittelalter so einflußreiche Studie des belgischen Wirtschaftshistorikers.

J. Fleckenstein, Grundlagen und Beginn der deutschen Geschichte (Kl. Vandenhoeck-R. 1397) 1974 – um Allgemeinverständlichkeit bemühte wissenschaftliche Darstellung.

D. T. Rice (Hg.), Morgen des Abendlandes (Knaur- Tb. 3621) – eine weitgespannte, verständliche, sorgfältig bebilderte Darstellung der Entwicklungen.

P. Riché, Die Welt der Karolinger, hg. v. *C.* u. *U. Dirlmeier* (Reclam) 1981 – eine großartige Einführung in die mittelalterliche Sozialgeschichte.

H.-W. Goetz, Leben im Mittelalter vom 7. bis zum 13. Jh. (C. H. Beck) ³1987 – bietet einen guten Überblick darüber, was die historische Forschung zu Alltag und Lebenswelt des Früh- und Hochmittelalters herausgearbeitet hat.

F. Seibt, Glanz und Elend des Mittelalters. Eine endliche Geschichte, Berlin 1987. – In 7 Kapiteln werden Strukturen des Mittelalters und deren Wandlungen vorgestellt. Hervorzuheben ist die gute Bebilderung, die hier Quellenzitatwert besitzt.

Hochmittelalter

H. Fuhrmann, Deutsche Geschichte im hohen Mittelalter (Kl. Vandenhoeck-R. 1438) 1978 – wissenschaftlich fundierte, leicht lesbare Darstellung, die besonders auch Alltagsgeschichte berücksichtigt.

E. Ennen, Frauen im Mittelalter, 3., überarb. Aufl. München 1987 – ist seit der Erstauflage 1984 schon zu einem »Standardwerk« über das Thema geworden. E. verhehlt nicht ihre Kritik an einer einseitig feministisch ausgerichteten Frauengeschichtsforschung.

J. Bumke, Höfische Kultur, Literatur und Gesellschaft im hohen Mittelalter, 2 Bde. (dtv 4442), München 1986 – faßt die bisherige literaturwissenschaftliche und historische Forschung zum Thema zusammen und zitiert dabei ausführlich alle einschlägigen Quellenbelege.

G. Duby, Die Frau ohne Stimme. Liebe und Ehe im Mittelalter, Berlin 1989 – geht von der franz. Entwicklung her kritisch Idealisierungen der Adelskultur an und versucht zugleich eine Revision der von Teilen der modernen Forschung vertretenen These von der Besserstellung und den Emanzipationstendenzen der Frauen seit dem Hochmittelalter.

J. Gimpel, Die industrielle Revolution des Mittelalters (Artemis) ²1981 – leicht lesbare Darstellung mit einer Fülle von Daten und Informationen.

R. Pernoud (Bearb.), Die Kreuzzüge in Augenzeugenberichten (dtv 763) – eine nützliche Zusammenstellung wichtiger (auch islamischer) Quellen, jedoch in den Kommentaren nicht immer zuverlässig.

Spätmittelalter

H. Thomas, Deutsche Geschichte des Spätmittelalters, 1250–1500 (Kohlhammer) 1983 – zeigt die Entwicklung der politischen Strukturen und zugleich die ereignisgeschichtlichen Veränderungen.

J. Miethke/A. Bühler, Kaiser und Papst im Konflikt. Zum Verhältnis von Staat und Kirche im späten Mittelalter, Düsseldorf 1988, – bietet eine Einleitung über die Entwicklung des Verhältnisses beider Gewalten im Mittelalter und die Leistung der politischen Theoretiker bei der Problemanalyse, eine ausführliche (zweisprachige!) Quellendokumentation und kontroverse Äußerungen der Forschung zum Thema.

I. Origo, »Im Namen Gottes und des Geschäfts«, Lebensbild eines toskanischen Kaufmanns der Frührenaissance, Francesco di Marco Datini 1375–1410 (C. H. Beck) ²1986 – die Auswertung des reichhaltigsten erhaltenen Geschäfts- und Privatarchivs eines mittelalterlichen Fernkaufmanns erlaubt detailreiche Einblicke in Lebensumstände, Geschäftsmethoden und Familienleben.

B. Tuchman, Der ferne Spiegel. Das dramatische 14. Jahrhundert (dtv 10060) – an der Biographie eines der wichtigsten französischen Adeligen ausgerichteter Einblick in die Verhältnisse Westeuropas.

R. Pernoud, Christine de Pizan. Das Leben einer außergewöhnlichen Frau und Schriftstellerin im Mittelalter (dtv 11192), München 1990 – mit der Biographie der bedeutendsten Dichterin des Spätmittelalters gibt die Verf. zugleich eine Analyse der Lage der Frau und von Versuchen zur Emanzipation, deren hervorragendste Vertreterin im Mittelalter Christine de Pizan war.

D. Hay (Hg.), Die Renaissance (Knaur-Tb. 3630) – informiert gut in Text und Bildteilen über Ursprünge, Auswirkungen und Bedeutung der Renaissance.

Frühe Neuzeit

Gesamtdarstellungen

I. Mieck, Europäische Geschichte der Frühen Neuzeit (Kohlhammer-Pb.) ⁴1991 – Einführung in die politische, soziale und ökonomische Entwicklung.

E. W. Zeeden, Hegemonialkriege und Glaubenskämpfe 1556–1648, und *R. Mandrou,* Staatsräson und Vernunft 1649–1775 (Ullstein-B. 4772/4773) – reich illustrierte, nicht nur für den Fachhistoriker geschriebene Geschichte Europas.

H. Schilling, Aufbruch und Krise. Deutschland 1517–1648, und Höfe und Allianzen. Deutschland 1648–1763 (Siedler), 1988–1989 – umfassende, moderne Gesamtdarstellung der deutschen Geschichte im europäischen Rahmen.

Reformation und Gegenreformation

H. Rabe, Reich und Glaubensspaltung. Deutschland 1500–1600 (Beck), 1989 – gut lesbares wissenschaftliches Handbuch.

W. Schulze, Deutsche Geschichte im 16. Jahrhundert 1500–1618 (Edition Suhrkamp 1268) – Einführung, unter Einbezug der Sozial-, Bildungs- und Kulturgeschichte.

H. Lutz, Das Ringen um deutsche Einheit und kirchliche Erneuerung (Propyläen-Studienausgabe) 1987 – anschauliche Gesamtdarstellung, auch sozialgeschichtlicher Zusammenhänge.

R. Friedenthal, Martin Luther (Serie Piper 259) ⁶1990 – lebendig geschriebene Biographie.

P. Manns, Martin Luther (Herder-Tb. 1188) – moderne, katholische Annäherung.

M. Brecht, Martin Luther, 3 Bde. (Calwer Verlag) 1983–1987 – umfassende Biographie auf der Grundlage des neuesten Forschungsstands.

Martin Luther, Ausgewählte Schriften (Fischer-Tb. 6547) – die historisch wichtigsten Schriften in Auszügen.

E. Wolgast, Thomas Müntzer (Muster-Schmidt) 1981 – exemplarisch für den »linken« Flügel der Reformation.

R. van Dülmen, Entstehung des frühneuzeitlichen Europa 1550–1648 (Fischer Weltgeschichte 24) – strukturgeschichtliche Darstellung.
M. Heckel, Deutschland im konfessionellen Zeitalter (Kl. Vandenhoeck-R. 1490) 1983 – unter Betonung der Rechts- und Verfassungsgeschichte.
G. Mann, Wallenstein (Fischer-Tb. 3492) – episch breite Biographie, für Leser mit langem Atem.

Absolutismus und Aufklärung

R. Vierhaus, Staaten und Stände. Vom Westfälischen bis zum Hubertusburger Frieden 1648 bis 1763 (Ullstein-B. 33143) – anschauliche Gesamtdarstellung, unter Einbezug der Sozial- und Kulturgeschichte.
N. Hoerster, Klassische Texte der Staatsphilosophie (dtv WR 4455) – Textauszüge mit knappen Einleitungen.
R. van Dülmen, Die Gesellschaft der Aufklärer (Fischer-Tb. 4323) – gut verständliche Einführung in die Organisation der Aufklärungsbewegung.
F. Bluche, Im Schatten des Sonnenkönigs (Ploetz) 1986 – lebendig erzählte Alltagsgeschichte zur Zeit Ludwigs XIV.
G. Lottes, Elisabeth I., 1981; *G. Oestreich,* Friedrich Wilhelm I., 1977; *A. Wandruszka,* Maria Theresia, 1980; *L. Mikoletzky,* Kaiser Joseph II., 1979 (alle Muster-Schmidt) – Grundprobleme der Epoche im Spiegel kurgefaßter politischer Biographien.
Th. Schieder, Friedrich der Große (Ullstein) ²1986 – anspruchsvolle Darstellung und wissenschaftlich fundierte Deutung.
W. Reinhard, Geschichte der europäischen Expansion, 4 Bde. (Kohlhammer) 1983–1990 – umfassende, mit zahlreichen Grafiken und Karten ausgestattete Gesamtdarstellung.
A. und W. P. Adams, Die Amerikanische Revolution und die Verfassung 1763–1789 (dtv 2956) – anschauliche Dokumentation der Entstehungsgeschichte der Vereinigten Staaten.

Quellen- und Literaturnachweise zu Zitaten und zu Fragen der Forschung

Altertum

1 *K.-W. Weeber,* Geschichte der Etrusker, Stuttgart 1979, S. 26–34; *M. Pallottino,* Etruskologie, Geschichte und Kultur der Etrusker, Basel – Boston – Berlin 1988, Kap. 2.
2 *M. Finley,* Die Welt des Odysseus, München 1979.
3 Zu einseitig ist *E. Kirsten,* Die griechische Polis als historisch-geographisches Problem des Mittelmeerraumes, Bonn 1956; desgleichen *V. Ehrenberg,* Der Staat der Griechen, Zürich und Stuttgart 1965, S. 4–5 und 32–37, der aber auch betont, daß der »Partikularismus der Natur« nicht nur »den politischen nach sich zog«, sondern »von ihm noch überboten wurde« (S. 4), und der Beispiele dafür nennt, daß Poleis »einen größeren Landkomplex geschaffen« haben (S. 33). Angemessen differenziert *M. Finley,* Die frühe griechische Welt, München 1982, S. 103.
4 *J. Boardman,* Kolonien und Handel der Griechen vom späten 9. bis zum 6. Jh. v. Chr., München 1981, passim, z. B. S. 191 ff.; *O. Murray,* Das frühe Griechenland (dtv Geschichte der Antike), München 1982, Kap. 4–6; *Finley* (wie Anm. 3), S. 103 ff.
5 *Ehrenberg,* (wie Anm. 3), S. 38.
6 *R. Meiggs* and *D. Lewis,* A Selection of Greek Historical Inscriptions to the End of the Fifth Century B.C., Oxford ²1988, Nr. 8, S. 14–17 sowie 309; das Zitat in Teil C der Inschrift, die in die Zeit 575–550 v. Chr. datiert wird, vielleicht auch noch früher anzusetzen ist (»um 600 v. Chr.« bei *M. N. Tod,* Greek Historical Inscriptions…, Vol. I, Neuausgabe von Al.N. Oikonomides, Chicago 1985, Nr. 1, S. 1–3).
7 *Solon von Athen,* Elegien, Fragment 5, Z. 1–6, in der Ausgabe von *E. Diehl,* Anthologia Lyrica Graeca, Leipzig ³1949–1952. Das Urteil des Aristoteles über Solon im »Staat der Athener«, bes. Kapitel 9.
8 *Ehrenberg,* (wie Anm. 3), S. 38.
9 *Herodot,* Historien, Buch 7, Kap. 228.
10 *Thukydides,* Geschichte des Peloponnesischen Krieges, Buch 2, Kap. 37.
11 *Archilochos von Paros,* Jamben, Fragment 6, in: H. Diels (wie Anm. 7).
12 *Heraklit von Ephesos,* Fragment 91, in: *H. Diels* und *W. Kranz,* Die Fragmente der Vorsokratiker, Berlin ⁵1951.
13 *Platon,* Dialog Kratylos, 387 d–388 a.
14 *G. Walser,* Zur Beurteilung der Perserkriege in der neueren Forschung, in: Schweizer Beiträge zur allgemeinen Geschichte 17, 1959, 219–240; *K. Kraft,* Bemerkungen zu den Perserkriegen, in: Ders., Gesammelte Aufsätze zur antiken Geschichte und Militärgeschichte, Darmstadt 1973, 1–28; zusammenfassend *W. Schuller,* Griechische Geschichte (Oldenbourg Grundriß der Geschichte), München ³1991, S. 118–119.
15 *W. L. Westermann,* The Slave Systems of Greek and Roman Antiquity, Philadelphia 1955, Kap. II. und III; *F. Gschnitzer,* Griechische Sozialgeschichte von der mykenischen bis zum Ausgang der klassischen Zeit, Wiesbaden 1981, S. 117–120.
16 Xenophon, Über die Hauswirtschaft, 7, 5 und 7.
17 Verschmelzung der beiden ›Herrenvölker‹ der Makedonen und Iraner/Perser unter Beeinflussung durch nationalsozialistisches Gedankengut bei *H. Berve,* Die Verschmelzungspolitik Alexanders des Großen, in: Klio 31, 1938, S. 135 ff. (wieder abgedruckt in: *G. T. Griffith,* Alexander the Great. The Main Problems, Cambridge und New York 1966, S. 103 ff.). Die Schaffung *eines* brüderlich verbundenen Menschengeschlechts als Ziel von Alexanders Weltherrschaft hat *W. W. Tarn,* Alexander der Große, Darmstadt 1968 (engl. Original Cambridge 1948), S. 141–152 und 748–822, behauptet. Beiden Thesen ist mit äußerster Skepsis zu begegnen; vgl. hier nur – zusammenfassend – *H.-J. Gehrke,* Geschichte des Hellenismus (Oldenbourg Grundriß der Geschichte), München 1990, bes. S. 133, 143 und 151.
18 Zur Quellen- und Forschungsproblematik *J. Bleicken,* Geschichte der römischen Republik (Oldenbourg

Grundriß der Geschichte), München [3]1988, S. 105–120. Zur frühen Entwicklung Roms jetzt *J. Ch. Meyer,* Prerepublican Rome. An Analysis of the Cultural an Chronological Relations 1000–500 B. C., Odense 1983.

19 Tacitus, Annalen, Buch 1, Kap. 1.

20 Wie Anm. 18; außerdem *R. Werner,* Der Beginn der römischen Republik. Historisch-chronologische Untersuchungen über die Anfangszeit der libera res publica, München 1963, S. 240 ff.

21 *Sueton,* Lebensbeschreibung Caesars (Divus Julius), Kap. 80.

22 *Sueton,* (wie Anm. 21), Kap. 77.

23 *A. Heuß,* Der Untergang der römischen Republik und das Problem der Revolution, in: Historische Zeitschrift, 182, 1956, S. 1–28; Ders., Das Revolutionsproblem im Spiegel der antiken Geschichte, in: Historische Zeitschrift, 216, 1973, S. 1–72.

24 *H. Gesche,* Rom. Welteroberer und Weltorganisator, München 1981, S. 87 ff.: »Zweifelhafter Imperialismus«; *D. Flach,* Der sogenannte römische Imperialismus. Sein Verständnis im Wandel der neuzeitlichen Erfahrungswelt, in: Historische Zeitschrift, 222, 1976, S. 1–42. *T. P. Wisemann,* Competition and Co-operation, in: Ders. (Hg.), Roman Political Life 90 B.C. – A.D. 69, Exeter 1985, S. 3–19.

25 Horaz, Episteln, Buch 2, Brief 1, Verse 156–157.

26 Cicero, Rede für Murena, § 22.

27 Sallust, Die Verschwörung Catilinas, Kap. 9.

28 *F. Bücheler,* Anthologia Latina. Pars posterior: Carmina epigraphica, Leipzig 1895, Nr. 52, Vers 8; vom Thesaurus Linguae Latinae, Band 7, 2, s.v. lana, Spalte 912, Zeile 83, in die Zeit »etwa der Gracchen« datiert. Vgl. Plautus, Komödie Menaechmi, Vers 797 (geschrieben um 200 v. Chr.) und die am – sagenhaften – Ende der römischen Königszeit spielende Geschichte der Lucretia bei Livius, Römische Geschichte, Buch 1, Kap. 57.

29 Cicero, Rede für Murena, § 27; Gaius, Institutionen, I, 144.

30 Corpus Iuris Civilis, Digesten/Pandekten, Buch 23, Abschnitt 1, 11.

31 *H. Dessau,* Inscriptiones Latinae Selectae, Berlin 1892–1916, Nr. 107,5 (handschriftlich im Codex Einsidlensis überliefert).

32 *Westermann,* (wie Anm. 15), S. 126 f.; *G. Alföldy,* Römische Sozialgeschichte, Wiesbaden [3]1984, S. 121–124.

33 *A. N. Sherwin-White,* The Roman Citizenship, Oxford [2]1973, S. 336 (Inschrifttext) und 312.

34 *Plutarch,* Quaestiones Romanae (Römische Fragen), Kap. 30.

35 *Tacitus,* Leben des Agricola, Kap. 6.

36 Paulus, 1. Brief an die Korinther, Kap. 14, Vers 34.

37 Diskussionen des alten Forschungsproblems, inwieweit Diokletian Zweier- und Viererherrschaft systematisch oder situationsbedingt eingerichtet hat, und eigener Lösungsversuch jetzt bei *F. Kolb,* Diocletian und die erste Tetrarchie. Improvisation oder Experiment in der Organisation monarchischer Herrschaft, Berlin und New York 1987.

38 *E. Peterson,* Der Monotheismus als politisches Problem. Ein Beitrag zur Geschichte der politischen Theologie im Imperium Romanum, in: *Ders.,* Theologische Traktate, München 1951, S. 45–147, hier S. 88–93, mit zahlreichen Textstellen aus dem Werk des Eusebios, von denen einige den Gedanken des Weltfriedens hinzufügen.

Mittelalter

1 Prokop von Caesarea, De aedificiis – Die Bauten, hg. v. *O. Veh,* München 1977, I.1, 6–7.

2 Paulus Orosius, Historia adversus paganos, ed. *Zangemeister,* Wien 1882, VII. 43, 5 ff.

3 Prolog der Lex Salica, 100-Titel-Text, hg. v. *K. A. Eckhardt,* Weimar 1953, 82 ff.

4 *H. Pirenne,* Mohammed und Karl der Große (Fischer-Tb. 4345), Frankfurt/M. 1986, mit der Einführung von J. Le Goff u. dem Nachwort von D. Diners. Den Stand der internationalen Forschungsdiskussion dokumentiert der Sammelband: Mohammed und Karl der Große, Stuttgart 1987.

5 Konstantin VII. Porphyrogennetos, De administrando imperio, edd. *Gy. Morovcsik/R. J. H. Jenkins,* Washington 1967, c. 13. Eine deutsche Teilübersetzung findet sich in *H. Hunger,* Byzantinische Geisteswelt, Baden-Baden 1958, S. 32 ff.

6 Sog. Reichsannalen zu den Jahren 749 und 750, in: Quellen zur Karolingischen Reichsgeschichte I, bearb. v. *R. Rau,* Darmstadt 1966, S. 15.

7 *Th. Schieffer* in: Handbuch der Europäischen Geschichte I, Stuttgart 1976, S. 539.

8 *O. Hintze,* Feudalismus – Kapitalismus, hg. u. eingel. v. G. Oestreich, Göttingen 1970, S. 28.

9 *G. Tellenbach,* Vom Karolingischen Reichsadel zum deutschen Reichsfürstenstand, zuerst 1943, Wiederabdruck in: Herrschaft und Staat im Mittelalter, hg. v. *H. Kämpf,* Darmstadt [2]1974, S. 191–242.

10 Die wichtigsten jüngeren Forschungsbeiträge liegen gesammelt und mit weiteren Literaturangaben versehen vor in: Zum Kaisertum Karls des Großen, hg. v. *G. Wolf,* Darmstadt 1972. Classens Bilanz ist jetzt in überarbeiteter Form als selbständiger Band zugänglich: *P. Classen,* Karl der Große, das Papsttum und Byzanz. Die Begründung des karolingischen Kaisertums, Sigmaringen 1985.

11 *G. Duby,* Krieger und Bauern. Die Entwicklung von Wirtschaft und Gesellschaft im frühen Mittelalter, Frankfurt/M. 1977, S. 116 ff.

12 *J. Fleckenstein,* Grundlagen und Beginn der deutschen Geschichte, Göttingen 1974, S. 147.

13 In der ersten Phase handelt es sich um eine Auseinandersetzung zwischen Vertretern eines protestantischen und eines katholischen Geschichtsbildes und zugleich um Anhänger des politischen Ideals eines großdeutschen (Österreich-dominierten) oder kleindeutschen (Preußen-dominierten) Nationalstaats. Sie wurde vom protestantisch-preußischen Historiker *Heinrich von Sybel* (1817–1895) mit einer Polemik gegen eine romantische Verklärung des mittelalterlichen Kaiserreichs durch die mehrbändige Darstellung Wilhelm v. Giesebrechts (1814–1889) eröffnet, dem zunächst der katholische Münsterländer *Julius Ficker* (1826–1902) antwortete. In den sogenannten *Sybel-Ficker-Streit* griffen dann immer mehr Historiker ein. Er hielt bis in die 30er Jahre des 20. Jahrhunderts an, wobei die Diskussion unter veränderten politischen Bedingungen (Niederlage des Reichs im Ersten Weltkrieg) eine neue ideologische Zielrichtung bekam (»Ostkolonisation« als historische Aufgabe der Deutschen). Die Streitschriften der ersten Phase sind herausgegeben von *F. Schneider,* Universalstaat oder

Nationalstaat? Macht und Ende des Ersten deutschen Reiches, Innsbruck ²1943. Zum Konflikt zuletzt: *H. Boockmann,* Ghibellinen und Welfen, Italien- oder Ostpolitik. Wünsche des deutschen 19. Jahrhunderts an das Mittelalter, in: Das Mittelalter. Ansichten, Stereotypen und Mythen zweier Völker im 19. Jahrhundert, Bologna-Berlin 1988, S. 127–150; *W. Wippermann,* ›Der deutsche Drang nach Osten‹. Ideologie und Wirklichkeit eines politischen Schlagwortes, Darmstadt 1981.

14 *J. Gimpel,* Die industrielle Revolution des Mittelalters, franz. Paris 1975, dt. Zürich u. München 1980. – »Landwirtschaftliche Revolution« zuerst bei *L. White,* Die mittelalterliche Technik und der Wandel der Gesellschaft, München 1968; zuletzt *F. Seibt,* Glanz und Elend des Mittelalters, Berlin 1987, S. 145 ff. (»Agrarische Revolution«).

15 *W. Abel,* Agrarkrisen und Agrarkonjunktur. Eine Geschichte der Land- und Ernährungswirtschaft Mitteleuropas seit dem hohen Mittelalter, Hamburg u. Berlin ²1966, S. 32 ff.

16 *Radulfus Glaber,* Les cinq livres de ses histoires, ed. M. Prou, Paris 1886, III, 4 (S. 62 f.).

17 Hugo von St. Victor, Didascalion I. 10, in: *Migne,* Patrologia Latina 176, Sp. 748.

18 *J. Bumke,* Höfische Kultur, München 1986, S. 528.

19 *G. Duby,* Die Frau ohne Stimme, Berlin 1989, S. 89; S. 9 f.: keine tatsächliche Verbesserung der Lage der Frauen im Hochmittelalter.

20 *E. Ennen,* Frauen im Mittelalter, München 1987, S. 95.

21 *H. Boockmann,* Stauferzeit und spätes Mittelalter. Deutschland 1125–1517, Berlin 1987, S. 167.

22 Der Wandel des Stauferbildes in Literatur und Forschung ist dargestellt bei *A. Borst,* Reden über die Staufer (Ullstein-Tb. 34052), Frankfurt/M. 1981; dort auch ein Verzeichnis über die gesamte internationale Forschungsliteratur seit 1927; das Zitat S. 25.

23 Europa 1400. Die Krise des Spätmittelalters, hg. v. *F. Seibt u. W. Eberhard,* Stuttgart 1984.

24 Die ältere Ansicht vom Frauenüberschuß bei *I. Jaskow,* Die Volkszahl deutscher Städte zu Ende des Mittelalters und zu Beginn der Neuzeit, Berlin 1886; nun korrigiert in: *C. M. Cipolla/K. Borchardt,* Bevölkerungsgeschichte Europas in Mittelalter und Neuzeit, München 1971, S. 44 f. u. *R. Fossier,* Histoire sociale de l'Occident médiévale, Paris 1970, S. 132; an Detailbeispielen gezeigt bei *K. Wesoly,* Der weibliche Bevölkerungsanteil in spätmittelalterlichen und frühneuzeitlichen Städten und die Betätigung von Frauen, in: Zeitschrift für die Geschichte des Oberrheins, Bd. 128, 1980.

25 *E. Ennen* (wie Anm. 20), S. 195.

26 *R. Fossier* (wie Anm. 24), S. 287 f.

27 *J. Huizinga,* Herbst des Mittelalters. Studien über Lebens- und Geistesformen des 14. und 15. Jahrhunderts in Frankreich und in den Niederlanden, Stuttgart 1965. – Unter mentalitätsgeschichtlichem Ansatz: *J. Delumeau,* Angst im Abendland. Die Geschichte kollektiver Ängste im Europa des 14. bis 18. Jahrhunderts, 2 Bde., (rororo 7919/20), Reinbek 1985.

28 Briefe des Francesco Petrarca, übers. v. *H. Nachod u. P. Stern,* Berlin 1931, S. 212.

29 *P. Piur,* Petrarcas »Buch ohne Namen« und die päpstliche Kurie, Halle 1925, Brief 11, S. 201 ff.

Frühe Neuzeit

1 Die ständestaatliche Struktur als Besonderheit der europäischen Verfassungsgeschichte (etwa gegenüber Asien) arbeiteten vor allem *O. Hintze,* Typologie der ständischen Verfassung des Abendlandes, in: *Ders.;* Gesammelte Abhandlungen 1, Göttingen 1962, S. 120–139, *O. Brunner,* Vom Gottesgnadentum zum monarchischen Prinzip, in: *H. H. Hofmann* (Hg.), Die Entstehung des modernen Staates, Köln 1967, S. 115–136 und *D. Gerhard,* Regionalismus und ständisches Wesen als ein Grundthema der europäischen Geschichte, in: *Ders.,* Alte und Neue Welt in vergleichender Geschichtsbetrachtung, Göttingen 1962, heraus.

2 *H. Angermeier,* Die Reichsreform 1410–1555, München 1984, S. 318.

3 *E. Hinrichs,* Einführung in die Geschichte der Frühen Neuzeit, München 1980, S. 16.

4 *W. Abel,* Agrarkrisen und Agrarkonjunktur, Hamburg ³1978, S. 64.

5 *J. Blum* (Hg.), Die bäuerliche Welt, München 1982, S. 110.

6 Zur unterschiedlichen Gewichtung der Ursachen der Bevölkerungsentwicklung vgl. beispielhaft *P. Goubert,* Beauvais et le Beauvaisis de 1600 à 1730, Paris 1960, der Hunger, Seuchen und Krieg betont, und *P. Chaunu,* Histoire – Science sociale. La durée, l'espace et l'homme à l'époque moderne, Paris 1974, S. 293 ff., u. La Mort à Paris, Paris 1978, der das Heiratsalter der Mädchen als »Waffe der Geburtenkontrolle« geltend macht.

7 *R. Engelsing,* Analphabetentum und Lektüre, Stuttgart 1973.

8 Übers. nach: *Erasmus von Rotterdam,* Opera omnia 4/2, Amsterdam 1977, S. 90 ff.

9 Denkschrift für Karl V., 12. 7. 1519, in: *E. W. Zeeden,* Europa vom Ausgang des Mittelalters bis zum Westfälischen Frieden 1648, Stuttgart 1981, S. 167.

10 Das Schlagwort der antikaiserlichen Opposition zit. nach: *W. P. Fuchs,* Das Zeitalter der Reformation, München 1973, S. 193.

11 Die Erneuerung der mittelalterlichen Kaiseridee und ihre Klammerfunktion für das Habsburgerreich haben vor allem *P. Rassow,* Die Kaiseridee Karls V., Berlin 1932, und *K. Brandi,* Kaiser Karl V., 2 Bde., München 1937–1941, betont. Von der Rivalität systemverwandter Mächte gehen hingegen *M. Pidal,* La idea imperial de Carlos V., Madrid 1945, *R. Tylor,* Kaiser Karl V., Stuttgart ³1961, und *H. Lutz,* Reformation und Gegenreformation, München 1979, aus.

12 An den frommen Leser, 1545, in: *M. Luther,* Ausgewählte Schriften, hg. v. *K. Steck,* Frankfurt/M. 1983, S. 32.

13 *M. Luther,* Werke, Weimarer Ausgabe, 47, 1912, S. 275.

14 Nach: Luther Deutsch 2, hg. v. *K. Aland,* Göttingen ²1981, S. 32.

15 *Deutsche Reichstagsakten,* Jüngere Reihe 2, Göttingen ²1962, S. 553.

16 (Frz.) Stellungnahme Karls V., 19. 4. 1521, ebd. S. 595; übers. nach: *K. Brandi,* Karl V., München 1973, S. 118.

17 Depesche vom 8. 2. 1521, zit. nach: *H. Diwald,* Anspruch auf Mündigkeit 1400–1555, Frankfurt/M. 1975, S. 336.

18 Zit. nach: *Fuchs* (wie Anm. 10), S. 111.

19 *W. Becker,* Reformation und Revolution, München 1974, stuft die Stadtreformation generell als »Ratsreformation« ein. Die Reformation als Bewegung »von unten« weisen hingegen nach *H. Schilling,* Die politische Elite der nordwestdeutschen Städte in den religiösen Aus-

einandersetzungen des 16. Jahrhunderts, in: *W. J. Mommsen* (Hg.), Stadtbürgertum und Adel in der Reformation, Stuttgart 1979, S. 235–307, und, für Süddeutschland, *B. Moeller*, Reichsstadt und Reformation, Gütersloh [2]1987. Zu den strukturellen Gemeinsamkeiten (Gemeindeprinzip!) von städtischer und ländlicher Reformationsbewegung grundlegend *P. Blickle*, Gemeindereformation, München 1985.

20 Daß eine christliche Versammlung oder Gemeine Recht und Macht habe, alle Lehre zu beurteilen…, 1523, in: *Luther*, Ausgewählte Schriften (wie Anm. 12), S. 162.

21 Ausgedrückte Entblößung des falschen Glaubens, 1524, in: *Th. Müntzer*, Schriften und Briefe, hg. v. *G. Wehr*, Frankfurt/M. 1973, S. 107.

22 Müntzer während seines Verhörs im Mai 1525, in: *Th. Müntzer*, Schriften und Briefe, hg. v. *G. Franz*, Gütersloh 1968, S. 548.

23 Zit. nach: *H. Lutz*, Das Ringen um deutsche Einheit und kirchliche Erneuerung, Berlin 1983, S. 252.

24 *E. A. Koch* (Hg.), Neue und vollständige Sammlung der Reichs-Abschiede 1, Frankfurt/M. 1747, Ndr. 1967, S. 274.

25 *Fuchs* (wie Anm. 10), S. 162.

26 Seit *L. Zimmermanns* »Geschichte des großen Bauernkrieges«, 1841–1843, hat sich die Auffassung gehalten, der Bauernstand sei nach der Niederlage von 1525 politisch bedeutungslos gewesen. Von einem Erlöschen des bäuerlichen Widerstandes kann jedoch nicht die Rede sein. Lediglich die Form widerständigen Verhaltens änderte sich. Zahlreiche Konflikte wurden nun – eine Folge des Bauernkrieges – vor Gericht ausgetragen. Dazu grundlegend: *W. Schulze*, Bäuerlicher Widerstand und feudale Herrschaft in der frühen Neuzeit, Stuttgart 1980.

27 Ausgangspunkt der marxistischen Reformationsdeutung ist *Fr. Engels*: »Der Kampf des europäischen Bürgertums gegen den Feudalismus kulminierte in drei großen Entscheidungsschlachten. Die erste war das, was wir die Reformation in Deutschland nennen. Dem Ruf Luthers zur Rebellion gegen die Kirche antworteten zwei politische Aufstände; zuerst der des niederen Adels unter Franz von Sickingen 1523, dann der große Bauernkrieg 1525«, *Marx-Engels*, Werke 22, Berlin 1960, S. 300. Die Annahme eines derartig engen Zusammenhangs zwischen religiös-kirchlicher und gesellschaftlich-politischer Krise findet in der marxistischen Geschichtsphilosophie ihre Begründung. Auf dem Boden des historischen Materialismus stehend, gab der DDR-Historiker *M. Steinmetz* 1960 in 34 Thesen das Interpretationsmodell der »frühbürgerlichen Revolution« vor, wieder abgedr. in: *R. Wohlfeil* (Hg.), Reformation oder frühbürgerliche Revolution, München 1972, S. 42–55. Zur Kritik *Th. Nipperdey*, Die Reformation als Problem der marxistischen Geschichtswissenschaft, ebd., S. 205–229, und zusammenfassend *P. Blickle*, Die Reformation im Reich, Stuttgart 1982, S. 122–133, die bestreiten, daß Luthers Theologie, die reformatorische Bewegung als Ganzes und der bäuerliche Widerstand als »bürgerlich« einzustufen sind.

28 *W. Schulze*, Herrschaft und Widerstand in der Sicht des »gemeinen Mannes« im 16./17. Jahrhundert, in: *H. Mommsen u. W. Schulze* (Hg.), Vom Elend der Handarbeit, Stuttgart 1981, S. 182–198, Zitat S. 195.

29 So der Berner Chronist Valerius Anshelm, in: *G. Franz* (Hg.), Quellen zur Geschichte des Bauernkriegs, Darmstadt 1963, S. 582.

30 Zit. nach: *P. Blickle*, Deutsche Untertanen, München 1981, S. 137.

31 Zit. nach: *H. Lutz*, Der politische und religiöse Aufbruch Europas im 16. Jahrhundert, in: *G. Mann u. A. Nitschke* (Hg.), Propyläen Weltgeschichte 7, Berlin 1964, S. 100.

32 *M. Weber*, Die protestantische Ethik und der Geist des Kapitalismus u. Die Berufsethik des asketischen Protestantismus, 1905/1920, in: *Ders.*, Die protestantische Ethik, hg. v. *J. Winckelmann*, München 1965. Zur Diskussion der Kapitalismus-These: *C. Seyfarth u. W. M. Sprondel* (Hg.), Seminar: Religion und gesellschaftliche Entwicklung, Frankfurt/M. 1973.

33 Zit. nach: *I. Mieck*, Europäische Geschichte der Frühen Neuzeit, Stuttgart 1970, S. 124.

34 Unabhängigkeitserklärung der Niederlande, 26. 7. 1581, in: *Zeeden* (wie Anm. 9), S. 208 f.

35 Zit. nach: *Hinrichs* (wie Anm. 3), S. 90.

36 *C. Read*, The Tudors, New York 1968, S. 184.

37 *G. Mann*, Das Zeitalter des Dreißigjährigen Krieges, in: *Ders. u. A. Nitschke* (wie Anm. 31), S. 133–230.

38 *F. H. Schubert*, Wallenstein und der Staat des 17. Jahrhunderts, in: *H. K. Rudolf* (Hg.), Der Dreißigjährige Krieg, Darmstadt 1977, S. 198.

39 Exemplarisch für die Abwertung des deutschen Partikularstaates im 19./20. Jahrhundert: *H. v. Treitschke*, Deutsche Geschichte im 19. Jahrhundert 1, 1879, Leipzig [4]1886, und *J. Haller*, Die Epochen der deutschen Geschichte, Stuttgart 1923; Zitate: *Ders.*, Partikularismus und Nationalstaat, Stuttgart 1926, S. 1 u. 7; für die Neubewertung der Verfassungsstruktur des alten Reiches: *R. Vierhaus*, Staaten und Stände. Vom Westfälischen bis zum Hubertusburger Frieden 1648 bis 1763, Berlin 1984.

40 *I. Kant*, Werke 9, hg. v. *W. Weischedel*, Darmstadt 1968, S. 53 u. 55.

41 *J. H. Campe*, Vätherlicher Rat für meine Tochter, Braunschweig [4]1791, S. 14 f.

42 *M. Wollstonecraft*, A Vindication of the Rights of Women, hg. v. *G. Luria*, New York 1974, S. 40 u. 79.

43 Zit. nach: *U. Siems u. K. Kluxen*, Politik, Gesellschaft, Wirtschaft von 800 bis 1776, Paderborn 1979, S. 319.

44 Zur Interpretation der Tudor-Epoche: *G. R. Elton*, The Tudor Revolution in Government, London 1953, u. England under the Tudors, London 1955.

45 Zit. nach: *E. W. Zeeden*, Europa im Zeitalter des Absolutismus und der Aufklärung, Stuttgart 1981, S. 75.

46 Zit. nach: *Zeeden* (wie Anm. 45), S. 42.

47 Zit. nach: *H. v. Rimscha*, Geschichte Rußlands, Wiesbaden o. J., S. 346.

48 Gutachten u. a. von Domingo Betanzo, 4. 5. 1544, zit. nach: *J. Höffner*, Christentum und Menschenwürde. Das Anliegen der spanischen Kolonialethik im goldenen Zeitalter, Trier 1947, S. 156.

49 Beispielhaft hierfür ist die großangelegte Analyse des spanischen Amerika-Handels von *H. u. P. Chaunu*, Séville et l'Atlantique, 1504–1650, 8 Bde., Paris 1955–1959, der die europäischen Konjunkturschwankungen aus dem Atlantikhandel Sevillas abzuleiten versucht, welcher mit dem Niedergang der berühmten Silberminen von Potosi (um 1620) einen deutlichen Einbruch erlitt.

50 An Erzherzog Ferdinand, 17. 9. 1772, übers. nach: *A. v. Arneth* (Hg.), Briefe der Kaiserin Maria Theresia an ihre Kinder und Freunde 1, Wien 1881, S. 151.

51 *W. P. Adams u. A. Meurer Adams* (Hg.), Die Amerikanische Revolution in Augenzeugenberichten, München 1976, S. 262.

52 Zit. nach: *H. R. Guggisberg*, Geschichte der USA 1, Stuttgart 1975, S. 42.

53 Zur Einschätzung als »Verfassungsrevolution«: *R. R. Palmer*, The Age of Revolution, 2 Bde., Princeton 1959–1964, Zitat: 1, S. 185.

54 *L. v. Ranke*, Über die Epochen der neueren Geschichte, hg. v. *Th. Schieder u. H. Berding*, München 1971, S. 417.

Personenregister

Sachregister

Bildnachweis

Bildtafeln. Allen Memorial Art Museum, Oberlin College, Oberlin, Ohio 18; Bayerische Staatsbibliothek, München 8, 10; Bibliothèque Nationale, Paris 11 u; Bildarchiv Jürgens, Köln 16; Bodleian Library, Oxford 9; Chiesa Parrocchiale di S. Giovanni Battista, Monza 7 u; Direktion der Museen der Stadt Wien 20; Giraudon, Paris 13, 15; Heimatmuseum Bad Kreuznach 5 re; Hirmer München 7 o; Kunsthistorisches Museum, Wien 6; Jean Mazenod, Paris 1 li; Gebr. Metz, Tübingen 12; Musée du Louvre, Paris 3, 4 o; Réunion des Musées Nationaux, Paris 17; Scala, Florenz 2 o li, 2 u, 5 li, 14, 19; Staatliche Antikensammlung, München 4 u; Studio Koppermann, Gauting 2 o re; Ludwig Windstoßer, Stuttgart 11o.

Abbildungen im Text. St.-Annen-Museum, Lübeck 210; Archäologisches Nationalmuseum, Neapel 83; Archiv für Kunst und Geschichte, Berlin 18; Bayerische Staatsbibliothek, München 252; Bayerische Staatsgemäldesammlung, München 242; Biblioteca Nacional, Madrid 185; Bibliothèque Nationale, Paris 71, 172, 271; Bildarchiv Foto Marburg 205; Bildarchiv Preußischer Kulturbesitz 226; British Library 297; British Museum, London 69, 74, 79, 284; Freies Deutsches Hochstift, Frankfurter Goethe-Museum, Foto: N. N., Frankfurt a. M. 289; Galleria Nazionale di Capodimonte, Neapel 217; Germanistisches Nationalmuseum, Nürnberg 287; Helbig Konrad, Wiesbaden 14; Herzog August Bibliothek, Wolfenbüttel 199; Hirmer Fotoarchiv 61, 86, 88; Holle Bildarchiv 54, 132; The John Carter Brown Library 318; Klett-Archiv 40, 99, 110, 142, 191, 276; Kunsthistorisches Museum, Wien 237; Landesmuseum Trier 90, 103; Lasserre 309; The Metropolitan Museum of Art, Fletcher Fund, 1931, 31. 11. 10, New York 43; Prof. E. S. Morgan, New Haven 311; Museum of Art, Toledo, Ohio 256; Museum of Fine Arts, Boston, Mass. 36; Office du livre, Fribourg 73; Propyläen-Verlag 66, 136, 315; Roemer- und Pelizaeus Museum, Hildesheim 10; Royal Collections, Windsor Castle 208; Sadea editore, Florenz 57; aus: Pierre Savonne, L'Arithmétique, Kyon 1571, in: Edith Ennen, Frauen im Mittelalter, Verlag C. H. Beck, München 1987 196; Scala, Florenz 157, 267; Staatliche Graphische Sammlung, München 247; Staatliche Museen Preußischer Kulturbesitz 12, 218; Staatsarchiv Nürnberg 222; Tapisserie de Bayeux 160; D. Thomassin, Trier 118; Woburn Abbey, Woburn, Bedfordshire 273; Württembergische Landesbibliothek, Stuttgart 331

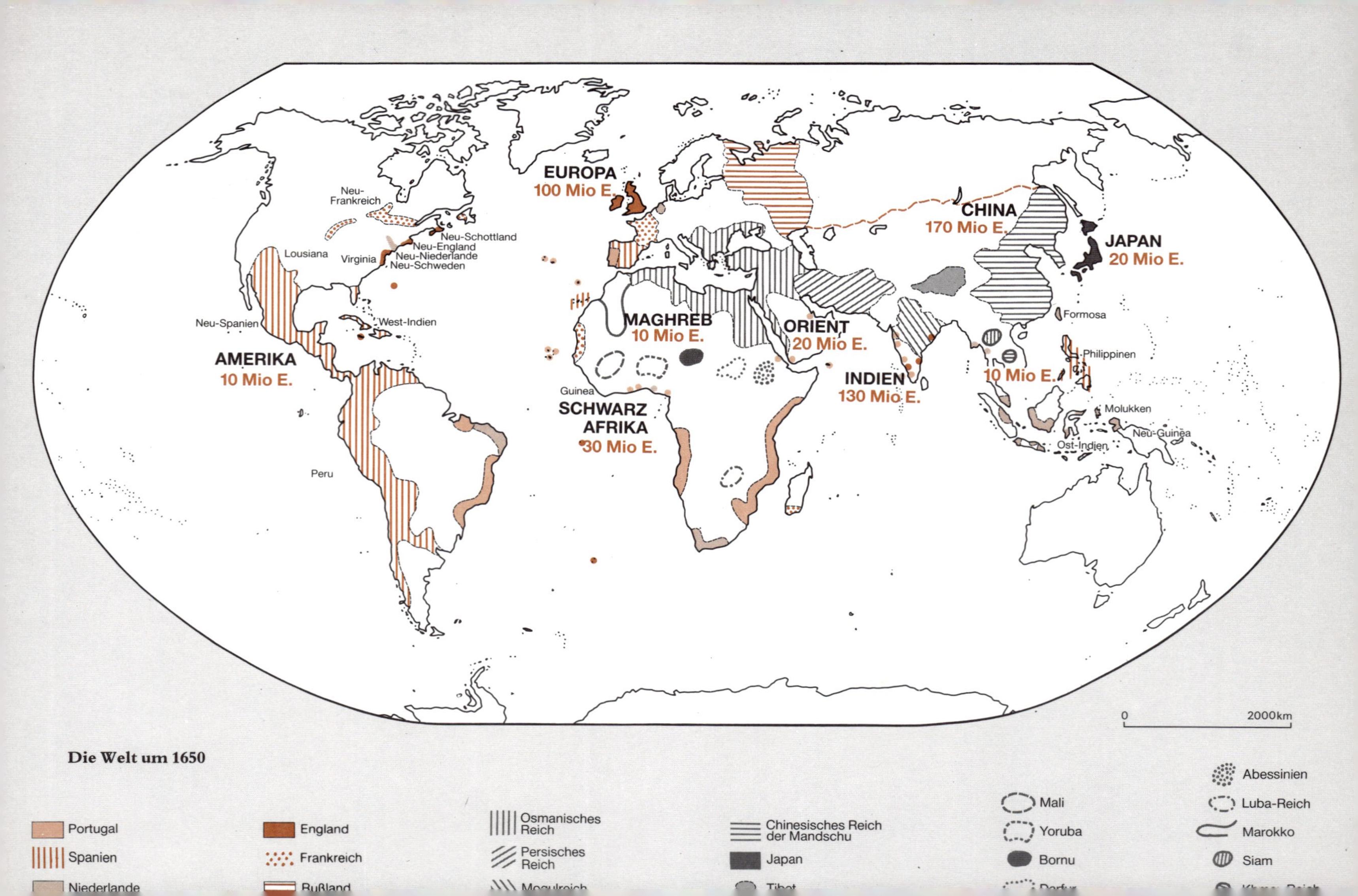

Die Welt um 1650

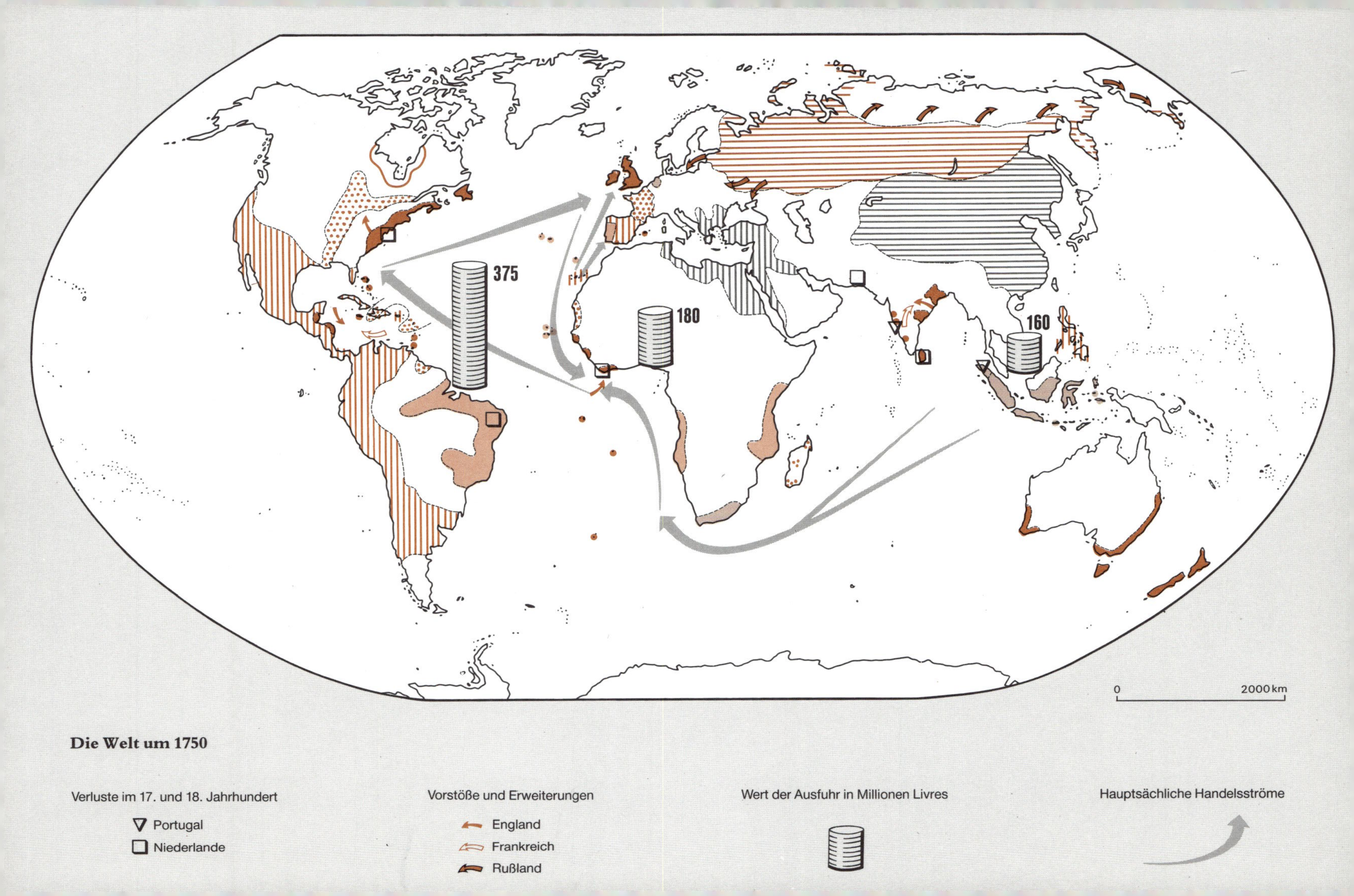

Die Welt um 1750